SOMMAIRE.

TOME II.

IMPRIMÉS

DE LA

DÉLÉGATION D'ALSACE-LORRAINE.

VI⁰ SESSION. JANVIER-AVRIL 1879.

Tome II. Comptes-rendus officiels.

STRASBOURG

TYPOGRAPHIE DE G. FISCHBACH

1879

DÉLÉGATION D'ALSACE-LORRAINE.

Sixième Session.

COMPTE-RENDU OFFICIEL.

1ʳᵉ SÉANCE

23 janvier 1879, 3 heures de l'après-midi.

SOMMAIRE : Discours d'ouverture, Constitution du Bureau et des Commissions; Communications diverses.

Présents : MM. Auscher, Baudry, Bichelberger, Bozon, Ditsch, Goguel, Grad, Helbig, Junger, Kempf, Klein, Kœchlin, Lorette, Mieg-Kœchlin, Nessel, North, Dᶠ Rack, Reuss, Ritzenthaler, Rudolph, Schlumberger, Schnéegans, Simonin, Speckel, Thomas et baron Zorn de Bulach.

Absents : MM. Adt, Blandin, Devicque et Fulter.

M. le *Président supérieur* ouvre la séance par les paroles suivantes :

„Messieurs,

„A l'ouverture de votre dernière session, vous vous êtes fait l'interprète de la douleur éprouvée par le pays à la nouvelle qu'un odieux attentat avait mis en danger les jours de Sa Majesté l'Empereur.

„Aujourd'hui, nous rendons grâces à Dieu de ce que la constitution merveilleuse de Sa Majesté Lui ait fait surmonter ce danger et Lui ait permis de reprendre en main, avec une vigueur presque juvénile, les rênes du gouvernement.

„Outre le budget pour l'exercice 1879 à 1880, le compte général pour l'exercice 1874, et l'aperçu des recettes et dépenses pour l'exercice 1877, il vous sera soumis trois projets de loi, savoir :

„Un projet de loi sur l'exécution des lois de procédure de l'Empire ;

„Un projet de loi sur l'enseignement primaire, et

„Un projet de loi tendant à restreindre la liberté de construction dans les nouveaux quartiers de la ville de Strasbourg.

„En vous recommandant l'examen approfondi de ces divers projets, je déclare ouverte la sixième session du Landesausschuss.“

M. *Kempf*, comme président d'âge, prend place au fauteuil présidentiel, et prononce l'allocution suivante :

„Messieurs,

„Au début de sa dernière session, la Délégation provinciale d'Alsace-Lorraine a cru devoir flétrir énergiquement l'odieux attentat qui venait de mettre en danger les jours précieux du souverain. Je crois être aujourd'hui l'interprète fidèle des sentiments de mes honorables collègues en priant Son Exc. le Président supérieur de vouloir bien transmettre à S. M. l'Empereur nos félicitations empressées et respectueuses à l'occasion de son heureux rétablissement.

„Dans l'intervalle des deux dernières sessions, vous avez perdu un de vos membres, celui auquel j'ai le regret de succéder sur ce siège. M. Flurer nous a été ravi par la mort après une longue carrière signalée par de loyaux services rendus à son pays et particulièrement à sa ville natale. Vous avez tous pu apprécier les nobles qualités de notre vénérable doyen d'âge, son aménité de caractère, son esprit de conciliation, sa droiture, sa fermeté et sa prudence, et surtout son dévouement aux intérêts de notre cher pays, et vous vous êtes associés, je n'en doute pas, au vote solennel par lequel le Conseil municipal de la ville de Saarunion crut devoir témoigner sa reconnaissance à l'administrateur infatigable, au magistrat intègre et impartial qu'il venait de perdre. Je vous propose de vous lever de vos sièges pour honorer au nom du pays tout entier la mémoire de ce collègue aimé et regretté. (L'Assemblée se lève.)

„Messieurs, dans la session qui vient d'être ouverte, et qui sera importante et laborieuse, vous allez être appelés à affirmer de nouveau votre amour bien entendu de la chose publique et votre dévouement inaltérable aux intérêts de nos populations. Vous trouverez, j'en suis certain, pour l'accomplissement de votre tâche délicate autant que difficile, un puissant encouragement dans la confiance toujours croissante de nos concitoyens, et surtout dans l'accueil qui a été fait au sein du Bundesrath à vos décisions de l'an dernier.

„Vous me permettrez toutefois d'ajouter que cette satisfaction morale, si grande qu'elle puisse être, ne saurait nous suffire, et que nous nous devons à nous-mêmes et à ceux que nous représentons d'en ambitionner une plus grande encore, je veux dire cette consécration légale, constitutionnelle, que la Délégation ne s'est pas lassée de demander depuis qu'elle a été appelée à l'existence. Aussi ai-je tout lieu d'espérer que vous voudrez bien vous joindre à votre doyen d'âge, pour prier le Gouvernement de clore une bonne fois l'ère décourageante et énervante des hésitations et des retards, et d'accorder résolûment à l'Alsace-Lorraine cette Constitution autonome qui est l'objet et le but de ses constantes et légitimes réclamations, et qui devra lui assurer définitivement la position qui lui revient de droit parmi les Etats confédérés de l'Empire.“

On procède à la constitution du bureau, en commençant par l'élection du président.

M. *Grad*, le plus jeune membre de l'Assemblée, fait fonctions de secrétaire.

Sur 26 votants, M. Schlumberger obtient 24 voix, M. Klein 1, et M. le baron Zorn de Bulach 1.

En conséquence, M. Schlumberger est proclamé président par le doyen d'âge et prié de prendre possession du fauteuil présidentiel. Il remercie l'Assemblée du témoignage de confiance qu'elle a bien voulu lui accorder, en le nommant à la présidence, et lui promet de diriger les débats avec une impartialité complète.

Sur l'invitation de M. le *Président*, on procède à la nomination des deux vice-présidents de l'Assemblée.

Sur 26 votants, M. le baron Zorn de Bulach obtient 22 voix; M. Thomas, 13; M. Lorette, 6; M. Fulter, 3; MM. Goguel, Ditsch, Bozon, Klein et Bichelberger, chacun 1; bulletin blanc, 1.

M. le baron Zorn de Bulach ayant seul réuni la majorité absolue des suffrages, on passe à un second tour de scrutin pour l'élection d'un deuxième vice-président.

Sur 26 votants, M. Thomas obtient 17 voix; M. Lorette, 6; MM. Bozon, Fulter et Bichelberger, chacun 1.

MM. le baron Zorn de Bulach et Thomas sont proclamés vice-présidents de l'Assemblée.

Suit l'élection des trois secrétaires.

Sur 26 votants, M. Schnéegans obtient 25 voix; MM. Ditsch et Goguel chacun 18; M. Lorette, 5; M. Nessel, 4; MM. Bozon et Grad, chacun 2; MM. Bichelberger, Helbig, Junger et Reuss, chacun 1.

MM. Schnéegans, Ditsch et Goguel, ayant obtenu la majorité absolue des voix, sont proclamés secrétaires.

M. le *Président* donne lecture d'une lettre de M. Fulter, par laquelle il s'excuse de ne pouvoir assister pendant quelques jours aux séances.

M. le *Président* fait ensuite part à l'Assemblée qu'il a reçu du Gouvernement communication des deux pièces suivantes :

1° D'une lettre de M. le Président supérieur informant l'Assemblée que M. Flurer, de Saarunion, étant décédé, M. Antoni, de Phalsbourg, ayant transféré son domicile à Mulhouse et donné sa démission comme conseiller général, et MM. Juste de Verny, Krafft de Soultz, Rœsch d'Altkirch et Adam d'Aumetz ayant déclaré ne pouvoir assister à la présente session, ces membres ont été remplacés par M. Auscher, premier suppléant de la Basse-Alsace, par les deux premiers suppléants de la Haute-Alsace, MM. Speckel d'Illzach, et M. Simonin de Neuf-Brisach, et par les deuxième et troisième suppléants de la Lorraine, MM. Devicque de Bitsch et Adt de Forbach.

2° D'une lettre de M. le Président supérieur, par laquelle il fait part à l'Assemblée que, conformément à l'article 4 du décret impérial du 29 octobre 1874, il a nommé commissaires du Gouvernement :

MM.

1. Ledderhose, président de la Basse-Alsace et curateur de l'Université de Strasbourg ;
2. Mayer, directeur général des forêts ;
3. Stempel, conseiller supérieur du Gouvernement ;
4. Richter,   id.;
5. Metz,   id.;
6. Baron de Puttkamer, premier avocat général à la Cour d'appel de Colmar ;
7. de Sybel, conseiller du Gouvernement ;
8. Schollenbruch, conseiller du Gouvernement, délégué à l'instruction publique ;
9. Dr Baumeister, conseiller du Gouvernement, délégué à l'instruction publique ;
10. Dursy, conseiller du Gouvernement ;
11. Dr Wasserfuhr, conseiller du Gouvernement, délégué aux affaires médicales ;
12. Eberbach, conseiller du Gouvernement ;
13. Friedberg,   id. ;
14. De Rœnne, conseiller du Gouvernement et ingénieur en chef des mines ;
15. Pavelt, conseiller du Gouvernement, délégué aux travaux publics ;
16. Baron du Prel, conseiller du Gouvernement ;
17. Willgerodt, conseiller du Gouvernement, délégué aux travaux publics ;
18. Fleischauer, conseiller du Gouvernement ;
19. Carl,   id. ;
20. Leydhecker,   id. ;
21. Back, administrateur municipal de la ville de Strasbourg ;
22. Rassiga, procureur impérial ;
23. Dr Bickell, assesseur du Gouvernement ;
24. Hack,   id. ;
25. Jacob,   id. ;
26. Dr Roller,   id.

On passe à la formation des 4 Commissions prévues par le règlement.

M. le *Président* invite les membres de l'Assemblée à s'inscrire, comme d'habitude, dans l'une ou l'autre d'entre elles.

A cet effet, la séance est suspendue pour 5 minutes.

A la reprise de la séance, les Commissions sont composées comme suit : .

I.

Administration de l'intérieur.

MM. Adt, Baudry, Fulter, Helbig et Lorette. — 5 membres.

II.

Justice, cultes et instruction publique.

MM. Ditsch, Goguel, Nessel, Reuss et Simonin. — 5 membres.

III.

Finances.

MM. Auscher, Blandin, Devicque, Klein, Mieg-Kœchlin, North, Speckel et Thomas. — 8 membres.

IV.

Travaux publics, commerce, industrie, agriculture et forêts.

MM. Bichelberger, Bozon, Grad, Junger, Kempf, Kœchlin, Dr Rack, Ritzenthaler, Rudolph et baron Zorn de Bulach. — 10 membres.

L'Assemblée approuve les listes des Commissions ainsi constituées.

M. le *Président* communique à l'Assemblée les pièces suivantes déposées par le Gouvernement :

1° Proposition n° 5, contenant un aperçu des recettes et dépenses de l'année 1877, avec proposition de ratifier les excédants de budget détaillés dans l'annexe 4 dudit aperçu.

Une discussion s'engage sur la question de savoir si cette proposition doit être renvoyée dans ses différentes parties à toutes les Commissions, à chacune pour ce qui la concerne, ou bien à la Commission des finances seule, qui ferait alors un rapport général et uniforme, comme dans la dernière session.

MM. *Kœchlin, Goguel* et *Nessel* se prononcent pour le renvoi aux différentes Commissions qui ont examiné les parties correspondantes du budget de 1877 ; M. le conseiller *de Sybel*, commissaire du Gouvernement, MM. *North, Grad* et *Schnéegans* demandent au contraire le renvoi à la Commission des finances ; ces derniers toutefois, en proposant de réserver aux autres Commissions la faculté de présenter sur les questions de leur ressort telles observations qu'elles jugeront convenables, observations que la Commission des finances centraliserait alors en un rapport général.

A la suite de cette discussion, M. le Président *Schlumberger*, en vertu des pouvoirs qui lui sont conférés par le règlement, renvoie la proposition à la Commission des finances, avec recommandation spéciale à cette dernière de consulter les autres Commissions sur les questions qui sont de leur ressort.

2° Proposition n° 4 : compte général de l'exercice budgétaire de 1874, avec les notes de détails à l'appui et les observations de la Cour des comptes de l'Empire.

Renvoyée à la 3e Commission.

3° Proposition n° 1 : projet de loi portant fixation du budget d'Alsace-Lorraine pour l'exercice 1879 à 1880.

4° Proposition n° 2 : projet de loi tendant à restreindre la liberté de construction dans les nouveaux quartiers de la ville de Strasbourg.

5° Proposition n° 3 : projet de loi sur l'enseignement primaire.

6° Proposition n° 6 : projet de loi sur l'exécution du Code de procédure, du Code des faillites et du Code d'instruction criminelle.

Le renvoi des propositions n°s 1 à 3 et 6 à l'une ou l'autre Commission est réservé jusqu'après la première lecture de ces projets.

M. le *Président* communique à l'Assemblée qu'il vient de recevoir les pétitions suivantes :

1° Une pétition de 103 communes d'Alsace-Lorraine demandant la mise à l'étude d'une loi contre la fabrication artificielle du vin.

La pétition, déposée par M. Lorette, est renvoyée à la 4e Commission.

2° Une pétition des trois Consistoires israélites de l'Alsace-Lorraine, demandant la création d'un séminaire israélite.

Renvoyée à la 2e Commission.

3° Une pétition d'un nommé Bihl, d'Ensisheim, demandant un emploi.

Renvoyée à la 3e Commission.

4° Une pétition du directeur de l'établissement d'aliénés de Stéphansfeld, demandant la création d'une station de chemin de fer près dudit établissement.

Renvoyée à la 4e Commission.

5° Une pétition du syndicat des brasseurs et malteurs de Schiltigheim, demandant une subvention de l'Etat pour la construction d'un égout à Schiltigheim.

Renvoyée à la 4e Commission.

L'Assemblée, consultée par M. le Président, décide de fixer l'heure des séances plénières ordinaires à 2 heures et demie de l'après-midi.

M. *Grad* fait part à l'Assemblée que plusieurs de ses collègues de la députation au Reichstag ont manifesté le désir de se voir communiquer les imprimés et les comptes rendus de la Délégation. Ce serait là un usage très-louable, qui d'ailleurs a déjà été pratiqué par exemple par l'ancien préfet du Haut-Rhin, M. von der Heydt, pour les imprimés du Conseil général. Je propose donc d'envoyer d'office des exemplaires de nos imprimés à tous les députés qui ne font pas partie du Landesausschuss.

M. le conseiller supérieur *Stempel*, commissaire du Gouvernement, fait observer qu'on a toujours envoyé jusqu'ici les imprimés de la Délégation aux députés qui en ont exprimé le désir. Du reste, 125 exemplaires sont chaque fois envoyés à Berlin à l'usage du Reichstag.

M. le président *Schlumberger* déclare qu'il sera fait droit à la demande de M. Grad.

La séance est levée à 5 heures.

Prochaine séance : lundi 27 janvier, à 2 heures et demie de relevée.

Ordre du jour : Discussion générale en première lecture de la proposition n° 1 : projet de loi portant fixation du budget d'Alsace-Lorraine pour l'exercice 1879 à 1880.

DÉLÉGATION D'ALSACE-LORRAINE.

Sixième Session.

COMPTE-RENDU OFFICIEL.

2ᵉ SÉANCE

27 janvier 1879, 2 heures et demie de l'après-midi.

SOMMAIRE : Discussion générale en première lecture de la proposition nᵒ 1, projet de loi portant fixation du budget d'Alsace-Lorraine pour l'exercice 1879 à 1880.

Président : M. Schlumberger.

Secrétaire : M. Schnéegans.

Présents : tous les membres, à l'exception de MM. Adt, Blandin, Devicque et Ditsch.

Le Gouvernement est représenté par M. le Président supérieur de Mœller, M. le conseiller supérieur Stempel, M. le directeur général des forêts Mayer, M. le premier avocat général de Puttkamer, MM. les conseillers du Gouvernement de Sybel, de Rœnne, Pavelt, Dursy, Eberbach, Friedberg, du Prel, Fleischauer et Carl, MM. les assesseurs Dr. Bickell et Dr. Roller.

Le procès-verbal de la dernière séance est lu dans les deux langues et adopté.

M. le *Président* communique une lettre de M. le Président supérieur du 24 janvier courant, faisant part que M. Devicque lui ayant écrit que ses affaires l'empêchent de prendre part à la session actuelle, et la liste des suppléants du département de la Lorraine étant épuisée, sa place doit rester vacante.

Il communique également des lettres de MM. Blandin et Ditsch s'excusant, le premier de ne pouvoir assister aux séances de l'Assemblée pour raison de santé, et le second d'être empêché de s'y rendre les 27, 31 janvier et 1ᵉʳ février. La lettre de M. Blandin est communiquée à M. le Président supérieur, et l'Assemblée accorde un congé à M. Ditsch pour les trois jours indiqués.

M. le baron *Zorn de Bulach*. Je tiens à me faire l'organe des plaintes générales qu'a soulevées le retard apporté à la publication des comptes-rendus de nos séances. Nous voici au début d'une nouvelle session, et les comptes-rendus de la dernière n'ont pas encore paru entièrement. C'est là une chose fâcheuse à mon avis. Autrefois on s'occupait peu de ce que nous faisions ou de ce que nous disions. Aujourd'hui, il paraît qu'on s'en occupe, puisqu'on réclame. C'est là un bon symptôme : le pays commence à nous ap-

précier, à s'intéresser à nos travaux. Il n'en importe que plus de hâter la publication des comptes-rendus qui, de la façon dont ils sont publiés actuellement, ne présentent presque aucun intérêt. Je crois qu'il serait bon que nos séances fussent publiques, et que les représentants de la presse pussent y assister. En attendant je prierai le bureau d'examiner la question et de nous dire d'où provient ce retard.

M. *Schnéegans*. Je remercie M. le baron de Bulach de m'avoir fourni l'occasion de donner une explication qui, je l'espère, satisfera tout le monde. La semaine dernière déjà, il m'est tombé sous les yeux un article du *Journal d'Alsace*, où l'on se plaignait de ce que les comptes-rendus du Landesausschuss fussent publiés si tard. D'après ce qui me revient de plusieurs côtés, il paraît que cette plainte a fait son chemin et est devenue générale. Si aujourd'hui les comptes-rendus de la dernière session ne sont pas encore publiés, je dois, quant à moi et pour le bureau de rédaction, décliner toute espèce de responsabilité à cet égard. Je puis dire, sans crainte d'être démenti, qu'à la mi-août de l'année dernière, ainsi quelques jours à peine après la clôture de la session, tous les comptes-rendus étaient terminés et envoyés aux journaux. Seulement ceux-ci se sont contentés d'en publier par-ci par-là des fragments, de sorte qu'il n'y a rien d'étonnant à ce que la publication ne soit pas encore terminée. C'est donc bien à tort que l'on voudrait faire retomber la faute de ce retard sur le secrétariat.

A l'appui de son observation, le *Journal d'Alsace* proposait deux moyens de remédier à l'inconvénient qu'il signalait : le premier était de faire assister à nos séances des représentants de la presse qui seraient chargés d'en rendre compte immédiatement. Ce moyen serait certainement le plus simple, malheureusement il n'est pas en notre pouvoir d'y faire droit, attendu que nos séances n'étant pas publiques, il ne nous est pas possible d'y admettre des représentants de la presse. D'un autre côté, on a demandé si on ne pourrait pas, à côté des comptes-rendus détaillés, faire des espèces d'extraits, de comptes-rendus sommaires, qui tiendraient le milieu entre les procès-verbaux sommaires et les comptes-rendus détaillés et que les journaux pourraient publier immédiatement. C'est là encore une chose impossible : le secrétariat est trop occupé pour pouvoir encore se charger de ce second travail : ce serait plutôt l'affaire des journaux. Le vrai moyen d'arriver à une publication rapide serait de reproduire les comptes-rendus à part, dans des suppléments ou en feuilleton ; seulement ce système a l'inconvénient d'être plus coûteux, aussi les journaux n'en veulent-ils pas. Pourtant ils pourraient se servir de la composition des comptes-rendus officiels pour en faire un tirage à part qui serait donné comme supplément du journal. Ce serait là un moyen d'éviter les retards qui se produisent actuellement et dont, je le répète, ni le secrétariat ni le bureau de l'Assemblée ne sont responsables.

M. *Kœchlin*. Il importerait beaucoup, et je crois que nous sommes tous d'accord sur ce point, que nos comptes-rendus parvinssent plus rapidement à la connaissance du public. Eu égard à l'édit constitutif de la Délégation, qui interdit la publicité de nos séances, je ne veux pas discuter cette question. Pour moi, la présence de journalistes à nos délibérations serait le seul moyen d'arriver à une publication rapide de nos discussions. Il faut que les représentants de la presse aient accès à nos séances, puissent recueillir ce qui s'y dit et le reproduire immédiatement dans les journaux. Je crois même que le système de publication de nos comptes-rendus dans les suppléments ne serait pas encore assez rapide ; il importe avant tout que nos discussions aient un intérêt d'actualité pour le public. Je propose donc à l'Assemblée de prier le bureau d'examiner la question et de voir ce qu'il y aurait à faire.

M. *Schnéegans*. Je ne sais ce que le bureau aurait à voir dans l'affaire. Du moment que, d'après la constitution, nos séances ne doivent pas être publiques, nous ne pouvons y admettre personne, et ce n'est pas le bureau qui pourra changer quelque chose à cette situation.

M. *Kœchlin*. Le bureau pourrait toujours examiner ce qu'il y aurait à faire et transmettre les vœux de l'Assemblée au Gouvernement. Il ne paraît pas y avoir d'empêchement légal à ce que des représentants de la presse soient admis à assister à nos séances.

M. le baron *Zorn de Bulach*. Je viens appuyer l'opinion de M. Kœchlin. Le débat actuel prouve une fois de plus combien il importe que nous sortions du provisoire, comme l'a dit, au début de cette session, notre président d'âge, l'honorable M. Kempf, et que nous ayons enfin une constitution et une représentation du pays avec les éléments de publicité qui existent ailleurs, dans le Luxembourg et dans le pays de Bade, par exemple. Toutes ces petites difficultés qui nous arrêtent aujourd'hui disparaîtraient alors. Je ne crois pas pour moi que nous devions nous renfermer dans un silence complet, parce que le vœu que nous voulons émettre n'est pas conforme à la constitution actuelle, est inconstitutionnel, comme on l'a dit. Je ne puis pas admettre cela, car autrement nous serions condamnés à une immobilité complète. Il entre dans nos attributions de dire ici hautement que nous déplorons que nos séances ne soient pas publiques et d'exprimer le vœu qu'elles le soient à l'avenir. Le Gouvernement devra prendre acte de ce désir et y accéder, comme il l'a déjà souvent fait jusqu'ici et comme j'espère qu'il le fera de plus en plus dans la suite. C'est en émettant des vœux qu'on obtient des concessions. Nous arriverons ainsi, en ne nous lassant pas de la demander, à obtenir enfin l'organisa-

tion du pays, vers laquelle la proposition de M. Kœchlin nous ferait faire un pas de plus. Nous devons donc appuyer cette proposition et profiter ainsi de toutes les occasions pour faire entendre nos vœux, dont nous arriverons ainsi pas à pas à obtenir la réalisation.

M. *Schnéegans*. Il paraît que j'ai été mal compris par l'honorable préopinant. Il a été loin de ma pensée de m'opposer à l'expression d'un vœu à présenter au Gouvernement. J'ai simplement voulu dire que d'après la constitution actuelle, il n'était pas au pouvoir du bureau d'admettre des journalistes aux séances. Mais du moment qu'il ne s'agit que de formuler un vœu tendant à modifier notre situation actuelle, je suis tout prêt à m'y rallier et à voter des deux mains pour la proposition telle que vient de la formuler M. Kœchlin.

M. *Grad*. La presse strasbourgeoise demande qu'il lui soit fourni un compte-rendu sommaire de nos séances. Je ne crois pas que la chose soit aussi impossible que l'a dit M. Schnéegans. Nous avons ici trois secrétaires, et en partageant la tâche, ils arriveraient bien à bout de ce travail. C'est du reste ce qui se fait aussi pour les séances du Conseil général du Haut-Rhin.

M. *Kœchlin*. Quand on voit la peine qu'ont les secrétaires rédacteurs à achever leurs comptes-rendus, on comprend fort bien qu'il leur est impossible d'en faire encore un résumé. D'ailleurs, ce résumé serait alors une pièce officielle, au lieu que s'il était fait par la presse, il le serait sous la propre responsabilité de MM. les journalistes, à qui on pourrait s'adresser pour les rectifications qu'il y aurait à faire. En outre, nos discussions sont si matérielles, si pleines de faits, qu'il serait très-difficile d'en faire un compte-rendu analytique.

M. *Schnéegans*. La proposition de M. Grad est absolument inadmissible, car il est impossible, faute de temps, que le personnel de rédaction fasse encore, en dehors des comptes rendus détaillés officiels, des comptes-rendus spéciaux pour les journaux. C'est ce dont M. Grad pourra facilement se convaincre, en venant une fois le soir, après les séances, assister à la rédaction des comptes-rendus. Je puis lui donner l'assurance que cette rédaction exige un travail long et pénible.

La proposition de MM. Kœchlin, Mieg-Kœchlin et Kempf, „de prier le bureau d'examiner ce qu'il y aurait à faire pour porter plus rapidement les discussions du Landesausschuss à la connaissance du public", est ensuite mise aux voix et adoptée.

M. *Fulter*. Je désire savoir si, après examen de la proposition de M. Kœchlin, le bureau fera communication à l'Assemblée des décisions prises. C'est ce qui n'est pas clairement exprimé dans la proposition.

M. le secrétaire *Schnéegans* répond que le bureau rendra compte de sa mission.

M. le *Président* communique la composition des bureaux des quatre Commissions réglementaires :

1re Commission. Président : M. Lorette.
    Secrétaire : M. Helbig.

2e Commission. Président : M. Goguel.
    Secrétaire : M. Nessel.

3e Commission. Président : M. Mieg-Kœchlin.
    Secrétaire : M. Thomas.

4e Commission. Président : M. le baron Zorn de Bulach.
    Secrétaire : M. Kœchlin.

M. le *Président* communique ensuite les pétitions suivantes adressées à l'Assemblée :

1° Projet d'une loi sur la création d'assurances des bestiaux, de M. E. Schild.

Renvoyé à la 4e Commission.

2° Pétition des agents de change de Metz.

Renvoyé à la 3e Commission.

3° Pétition de Mme veuve Estienne de Maizières, réclamant une indemnité pour pertes subies pendant la guerre de 1870.

Renvoyée à la 3e Commission.

4° Pétition de MM. les maires de l'arrondissement de Schlestadt, demandant la modification de la loi du 8 mars 1852 sur l'emploi des doubles guides.

Renvoyée à la 4e Commission.

5° Pétition de M. Erasme, de Metzerwiese, au sujet de la révision du cadastre.

Renvoyée à la 4e Commission.

Ordre du jour : Discussion générale du projet de loi n° 1 sur le budget.

La discussion générale est ouverte.

M. *Klein :*

Messieurs,

J'ai parcouru le budget qui nous est soumis avec toute l'attention que comporte un sujet aussi important; je l'ai étudié dans la mesure de mes aptitudes financières, et autant que le court intervalle qui s'est écoulé entre la distribution du projet et la discussion générale m'a permis de le faire.

Il va sans dire, Messieurs, que dans les observations que j'aurai l'honneur de vous soumettre, il ne s'agira pas d'entrer dans des détails de chiffres : ce serait sortir de la discussion générale. Je me hâte, du reste, d'ajouter qu'à cet égard, autant qu'une étude préliminaire me permet de le faire, je n'aurai pas d'observations bien graves à adresser au Gouvernement et à l'administration du pays : un esprit de sage économie, autant que j'ai pu m'en convaincre, semble dominer tout l'ensemble du budget.

Mais, Messieurs, je l'ai dit, il ne s'agit pas à l'heure qu'il est de chiffres, mais bien de principes, de principes qui ont guidé le Gouvernement dans l'établissement de la loi du budget. A ce point de vue, Messieurs, cette dernière m'oblige à vous soumettre quelques observations que je recommande à votre attention toute particulière.

Et tout d'abord, je vous signalerai le § 3 de ladite loi.

§ 3.

„Peuvent être perçus dans l'année budgétaire 1879/80, „pour le compte des départements, des communes, des „établissements publics et autres communautés d'habitants „dûment autorisées :

„1. Les centimes additionnels sur les contributions „directes, conformément aux lois existantes et dans les „limites tracées par elles;

„2. Les droits, produits et revenus spéciaux énoncés „dans l'annexe D."

L'alinéa 2 de ce paragraphe nous renvoie à l'annexe D, dont le chapitre XI est ainsi conçu :

XI.

„1. Dixième des billets d'entrée dans les spectacles et „les concerts quotidiens, les représentations dans les „cirques, expositions publiques de tous genres, en tant que „ces dernières ne sont pas de la catégorie sous 2.

„2. Quart de la recette brute dans les bals publics, aux „feux d'artifice, concerts non quotidiens, cours, représen„tations équestres non quotidiens, représentations d'acro„bates, en général dans les lieux de réunion ou de fête où „le public n'est admis qu'en payant.

„Lois des 7 frimaire (27 novembre 1796), 1er floréal „(20 avril 1797) et 8 thermidor V (26 juillet 1797).

„Arrêté gouvernemental du 10 thermidor XI, renou„vellement des droits par le décret du 9 décembre 1809, la „loi du 16 juillet 1840 et les lois de finances françaises sui„vantes jusqu'au 27 juillet 1870.

„Sont exemptées du paiement de ces droits : „toutes les organisations officielles de ce genre et „toutes les organisations de ce genre subventionnées „sur des fonds publics."

„Selon les circonstances, les administrations de bienfai„sance sont autorisées à percevoir, avec l'approbation de „l'autorité de surveillance, une somme en bloc au lieu des „droits indiqués plus haut (ordonnance du 31 octobre 1821), „ainsi que, dans des cas particuliers, à réduire ces droits „jusqu'à la moitié."

Ici, Messieurs, nous nous trouvons en face d'un principe tout nouveau, et si vous voulez bien consulter avec moi le mémoire relatif au projet de loi, vous trouverez à propos de ce chapitre XI les explications suivantes :

„Le N° XI comprend le droit des pauvres sur les réjouis„sances publiques, mentionné aux alinéas 13 et 14 du „tableau français. Ce droit est généralement très-lourd.

„Comme les entrepreneurs de ces réjouissances déter„minent la somme à payer par le public d'après les condi„tions voulues pour la réussite de leurs entreprises, et que, „par conséquent, ils ne réclament pas du public plus qu'il „n'est possible de réclamer à cet effet, ce n'est pas en défini„tive le public qui paye le droit des pauvres, mais bien „l'entrepreneur. Dans la plupart des cas, les entrepreneurs „sont obligés de trouver dans leurs entreprises leurs „moyens d'existence. C'est en considération de cela que „ces droits sont excessifs. Ils empêchent d'engager des „artistes de mérite. Lorsque des subventions sur des fonds „publics sont accordées dans l'intérêt de l'art aux entre„prises théâtrales et musicales, une partie en est de fait „détournée de son but, puisqu'elle est employée dans l'in„térêt de la caisse des pauvres et non pas de celui de l'art. „Si d'après ce qui précède il était utile de supprimer com„plètement ce droit, il ne faudrait cependant pas d'un seul „coup en priver entièrement les bureaux de bienfaisance „pour lesquels le droit des pauvres a été jusqu'ici une „source de recettes considérables. Ces considérations con„duisent à ne supprimer pour le moment le droit des „pauvres que sur les subventions accordées sur les fonds „publics, dans l'intérêt de l'art, aux entreprises théâtrales, „musicales et autres du même genre, mais d'accorder la „possibilité légale de réduire ce droit dans tous les autres „cas."

Comme vous voyez, Messieurs, il ne s'agit de rien moins ici que d'affranchir le théâtre de l'obligation de percevoir de la part du public le dixième en sus du prix d'entrée, sous le fallacieux prétexte que ce n'est pas le public qui paye ce dixième, mais bien l'entreprise théâtrale.

Or, Messieurs, la loi du 7 frimaire an V, en instituant les bureaux de bienfaisance, a déterminé en même temps : „qu'un dixième serait ajouté aux prix des billets d'entrée

„aux spectacles, bals et autres lieux d'amusement public,
„et que le produit de ce dixième serait employé à secourir
„les indigents qui ne sont pas dans les hospices."

Tel a été, Messieurs, le premier revenu affecté aux
bureaux de bienfaisance.

Notez bien, Messieurs, que depuis que la loi de frimaire
an V a été faite, on n'a jamais dérogé à ce principe d'affecter ce supplément des revenus que rapportent les
réjouissances publiques, au soulagement des malheureux,
ni en faveur des théâtres ordinaires non subventionnés ni
en faveur de ceux subventionnés par l'Etat ou les communes.

Aujourd'hui, pour la première fois, on vient nous
proposer une mesure aussi exceptionnelle qui n'a aucune
raison d'être, qui enlèverait aux bureaux de bienfaisance
une grande part de leurs revenus, et qui n'aurait d'autre
but, en définitive, que de battre monnaie sur le dos
des pauvres au profit des caisses des théâtres subventionnés.

Pour le moment, Messieurs, je n'insiste pas davantage;
il me suffit de signaler le fait à votre attention : la discussion des articles de la loi à la seconde lecture, nous con-
duira à des considérations de détail plus précises que je
me réserve de faire au moment opportun.

Un autre point de principe est soulevé, à mon avis du
moins, par le § 9 du même projet de loi, qui dit : „Les
„aliénations à l'amiable de propriétés de l'Etat décrites
„dans l'annexe E sont approuvées.

„Dans les cas où, d'après les dispositions légales en vi-
„gueur, l'aliénation à l'amiable d'immeubles domaniaux ne
„peut avoir lieu qu'en vertu d'une loi, cette aliénation ne
„pourra plus avoir lieu désormais qu'en vertu d'une ordon-
„nance impériale, lorsque le prix estimatif de l'immeuble
„ne dépasse pas cent mille marcs."

Cet article, Messieurs, constitue une innovation que, à
moins de plus amples renseignements, je ne puis approuver,
et que je recommande également à votre attention. Il s'agit
en effet de donner au Gouvernement le droit d'aliénation
sur les propriétés de l'Etat d'Alsace-Lorraine *dans toutes
les occasions où le prix de vente ne dépassera pas cent mille
marcs.*

Loin de moi, Messieurs, la pensée de vouloir mettre un
instant en doute les bonnes intentions du Gouvernement;
mais il s'agit ici d'un principe : du principe du *contrôle.*
Le contrôle doit exister toujours et partout; il doit surtout
exister là où quelqu'un, que ce soit un individu ou une
association d'hommes, veut disposer d'une chose qui ne lui
appartient pas en propre.

Ici il s'agit du bien de tout le monde, et il va sans dire
que si vous votiez le § 9 toutes les opérations d'aliénation
de propriétés de l'Etat dont le prix de vente n'atteindrait
pas cent mille marcs échapperaient à votre contrôle.

Or, Messieurs, quels motifs sérieux le Gouvernement
peut-il faire valoir? Aucuns. Y a-t-il péril en la demeure
que de vendre, s'il y a lieu, sous condition de notre approbation? Je ne le crois pas. Le Landesausschuss se réunit
tous les ans au moins une fois. Pourquoi, dans des affaires
de ce genre, n'attendrait-on pas, pour conclure définitivement, que vous ayez donné la sanction légale?

L'annexe E dresse la liste de biens domaniaux qui,
dans différentes localités, et tout particulièrement à Huningue et à Haguenau, ont été vendus à des particuliers.
„Les contrats de vente ont tous été conclus sous la réserve
de l'approbation ultérieure par une loi."

Quel inconvénient signale-t-on pour continuer ce
système ?

Pas un seul qui me paraisse de nature à modifier la législation actuelle.

Comme précédents de la modification que l'on demande, on cite les lois du 16 brumaire an V, du 30 ventôse an X, des 13 et 16 floréal an X, et enfin la loi du
18 mai 1850.

Je me réserve de vous exposer dans quelles conditions
et pour quels cas particuliers ces lois ont été faites. Pour
aujourd'hui, il me suffit d'attirer votre attention sur ces
points. Nos sessions ne sont d'ordinaire pas longues, nous
sommes peu nombreux et nous nous trouvons par conséquent tous dans la nécessité de redoubler d'activité. Dans
ces conditions, il est bon d'être averti et d'avoir fixé son
attention sur certains points importants : on discutera et on
votera au moment opportun, avec plus de maturité.

M. *Kœchlin.* Je voudrais, Messieurs, vous présenter
quelques considérations générales sur le budget qui nous
est soumis. J'avais également l'intention d'appeler votre
attention sur les deux points que vient de nous signaler
l'honorable M. Klein ; je m'en réfère maintenant à ce qu'il
a dit, en appuyant ses observations.

En général, l'ensemble du budget peut paraître satisfaisant. Il prévoit un remboursement de 2 millions sur les
bons du Trésor émis et une nouvelle émission de 500,000 ℳ
seulement, ce qui équivaut à une économie de 1,500,000 ℳ.
Il est vrai que ce remboursement n'est pas complètement
net, car pour certaines administrations on vit un peu sur
les excédants de l'année précédente qui sont pour l'administration des forêts de 429,497 ℳ et pour celle des ponts et
chaussées de 510,603 ℳ. Les excédants du budget pour
l'exercice 1877 couvrent environ 1 million des bons du
Trésor émis sur le vote du Reichstag. Après le vote du
budget pour l'année 1878, nous nous étions estimés très-
heureux d'avoir pu écarter entièrement les bons du Trésor,
qui avaient figuré avec ces chiffres très-ronds dans les budgets précédents. Cette satisfaction a été de courte durée.
En effet, on a inscrit à Berlin dans le même budget
de 1878, le dernier que le Reichstag ait eu à examiner
après nous, 2 nouveaux millions de bons, et on l'a présenté
ainsi modifié au Reichstag, sans tenir compte des propositions du Landesausschuss.

M. *North.* L'augmentation des parts matriculaires a
nécessité ce changement.

M. *Kœchlin.* Cette augmentation n'a été que de
594,000 ℳ. Je conclus de ce que je viens de dire, qu'il
nous faut tâcher d'en finir définitivement avec cette question des bons du Trésor, et je proposerai dans ce but de
ne pas conserver ou du moins de réduire dans une mesure
très-forte les chiffres portés au § 4 de la loi du budget.

En examinant le budget dans son ensemble, on ne
tarde pas à remarquer un certain nombre d'augmentations
et de positions nouvellement créées. Il est tout naturel que
le Gouvernement soit sollicité de tous côtés de créer des
fonctions nouvelles et d'augmenter les traitements existants.
Mais nous, les représentants du pays, nous devons travailler
en sens contraire, nous devons nous opposer à des augmentations qui ne paraissent pas absolument nécessaires,
et nous offrirons par là même au Gouvernement un moyen
de résistance efficace.

Il est une question qu'il ne faut pas perdre de vue et
qu'il me semble opportun de rappeler en ce moment. Après
1871 il y avait un moment où tout montait. Après ce mouvement fiévreux est venue une réaction profonde. Maintenant, non-seulement rien ne monte plus, mais tout descend,

et pour me servir d'une comparaison de l'ordre économique, la production dépasse la consommation. Raison de plus pour ne pas augmenter le budget, pour chercher au contraire à faire le plus d'économies possibles.

Si de ces considérations générales je passe à un examen sommaire des différents chapitres du budget, j'aperçois tout d'abord que dans l'administration des forêts la somme émargée au chapitre des recettes pour la location des chasses n'a pas été augmentée, malgré les vœux formulés à plusieurs reprises par le Landesausschuss. Ce dernier, en effet, a toujours demandé que la chasse dans les forêts de l'État fût louée dans une mesure plus développée; mais le chiffre des recettes n'ayant pas varié, je suis obligé de croire qu'on n'a pas tenu compte de ces désirs, ce que je constate avec regret.

Dans la même administration, nous voyons dans les recettes une diminution causée par la réduction du prix des bois. Cette diminution est sans doute légitime, mais il semble qu'il devrait y avoir aussi une diminution correspondante dans les dépenses, ce qui n'est pas le cas. Ce fait mérite une sérieuse attention. Dans le chapitre des dépenses extraordinaires on remarque, il est vrai, une diminution assez notable, mais elle provient uniquement des excédants de l'année précédente.

Quant aux contributions directes, il est un point auquel il s'agit de bien faire attention. Ces contributions produiront à l'avenir un déficit, si la crise commerciale et industrielle qui sévit actuellement, continue. Prenez par exemple l'impôt des patentes. Cet impôt n'a pas varié jusqu'à présent, il est toujours resté fixe, sans que jusqu'à ce jour il se soit produit trop de réclamations. À l'avenir, les réclamations viendront en nombre, si notre situation commerciale ne subit pas de modification. Toutes les administrations ont jusqu'ici cherché à maintenir les patentes à un chiffre fixe, pour éviter les difficultés nombreuses résultant d'un autre système. Mais je suis convaincu que la prolongation de la situation actuelle amènerait forcément d'importantes réductions.

Dans le budget de cette année nous trouvons ce fait qu'il y a eu des transferts très-nombreux de chapitre à chapitre, ce qui rend difficile la comparaison avec les budgets des exercices précédents. Je citerai entre autres au chapitre des contributions directes le titre des redevances minières qui a été transféré du bubget du commerce, de l'industrie et de l'agriculture à celui des contributions directes. Je ne veux pas critiquer ces modifications, je tiens seulement à relever qu'elles rendent la comparaison plus difficile. J'appelle encore votre attention sur le chapitre 2 des dépenses extraordinaires aux contributions directes, lequel émarge une somme de 25,000 ℳ en vue de la confection d'un cadastre. Cette somme doit être employée à accorder à des communes pauvres des subventions aux frais d'arpentage et de bornage, indispensables pour arriver au renouvellement du cadastre. Certes, et nous avons insisté bien souvent sur ce point, ce renouvellement est une impérieuse nécessité. Mais c'est précisément pour cette raison que nous croyons absolument insuffisante la voie de subventions aux communes dans laquelle on veut s'engager. Si le renouvellement du cadastre doit dépendre du bon vouloir des communes, on n'arrivera jamais à un résultat complet et satisfaisant. Il faut se placer à un point de vue plus général, plus fondamental. C'est l'État lui-même qui doit prendre en main la confection du cadastre.

Dans les contributions indirectes, nous voyons encore une diminution des sommes que l'Empire nous bonifie pour la perception des douanes. C'est un point sur lequel nous aurons à revenir. A ce sujet, ce sera pour nous le cas de renouveler nos plaintes réitérées sur l'abus de l'eau-de-vie. Il serait désirable aussi d'examiner quels sont les effets produits par la loi que nous avons votée en 1877, dans quelle mesure elle a amené une diminution de la consommation, ou si depuis il n'y a pas encore eu augmentation.

(M. *Fulter*. La consommation a encore augmenté.)

Le budget de l'enregistrement a subi une modification profonde par le fait de la nouvelle organisation judiciaire qui va être introduite.

Pour les tabacs, le budget reproduit tout simplement les chiffres de 1878. Il me semble toutefois qu'on devrait dès à présent tenir compte des effets du nouvel impôt projeté sur le tabac. Cet impôt une fois établi, les sommes émargées au budget pour l'achat du tabac ne seront plus suffisantes. Nous aurons à cette occasion à renouveler le vœu déjà formulé par nous en faveur du rétablissement du monopole.

Dans le budget des cultes figure au chapitre des dépenses une somme considérable pour la réparation de la cathédrale de Metz. Cet émargement m'amène à prier le Gouvernement d'examiner s'il ne serait pas opportun d'assurer les bâtiments de l'Etat dont la valeur dépasse une certaine somme. C'est le principe de mutualité qui à présent domine cette question et qui amène l'Etat à ne pas assurer ses constructions; mais il y aurait peut-être avantage à changer de système pour les bâtiments d'un prix très-élevé.

Dans le budget de l'instruction, le chiffre des dépenses ordinaires de l'Université et de la Bibliothèque s'est élevé. Au chapitre des dépenses extraordinaires nous voyons émargée une somme de 50,000 ℳ pour l'établissement d'une école normale à Sarrebourg, en remplacement de celle de Phalsbourg, qui a été supprimée. Ce n'est là qu'un premier versement; la somme totale de la construction projetée doit s'élever à 360,000 ℳ

Si nous passons aux chapitres suivants des administrations des cours d'eau navigables, des canaux et des ponts et chaussées, nous y voyons figurer des recettes nouvelles provenant de l'administration des domaines. Cela vient de ce qu'on a transféré aux différentes administrations qu'elles concernent les recettes provenant de produits accessoires des canaux, routes, etc., et qui jusqu'ici étaient indistinctement attribuées à l'adminstration de l'enregistrement. D'un autre côté, il y a au chapitre des dépenses extraordinaires une somme de 150,000 ℳ comme premier versement pour une augmentation du tirant d'eau des canaux de la Marne au Rhin et des houillères de la Sarre, qui engagerait une dépense de plus de 1 700 000 ℳ

En dernier lieu, je tiens à signaler une lacune qui me paraît regrettable. Je n'ai pas trouvé de crédit dans le budget pour le bâtiment destiné à la représentation de l'Alsace-Lorraine, dont nous avons proposé la construction il y a deux ans. Ce bâtiment sera nécessaire à un moment donné que je souhaite prochain, et sera la conséquence de la constitution que nous réclamons et du transfert du Gouvernement dans le pays même, que nous ne cesserons de réclamer; il s'agit donc d'aviser à temps aux fonds nécessaires. Cette lacune doit évidemment être comblée.

J'appellerai encore l'attention spéciale de la Commission des finances sur le mémoire relatif aux finances d'Alsace-Lorraine qui nous a été distribué en 1875, et qui faisait prévoir l'attribution d'une rente en faveur de notre pays pour les terrains militaires cédés par ce dernier à l'Empire. Cette rente n'a pas encore été constituée, la question paraît enterrée et il me semble utile de la rappeler à la mémoire de qui de droit.

M. *North*. Je n'ai pas l'intention d'entrer ici dans les détails du budget; il me semble qu'il vaut mieux les réserver pour la discussion des articles. Je tiens seulement à rectifier dès à présent l'observation que vient de faire l'honorable M. Kœchlin au sujet des changements introduits au Reichstag dans notre budget de 1878. Je crois pouvoir affirmer que le Reichstag n'a fait subir au budget aucune modification matérielle. Les changements signalés s'expliquent d'une part par l'augmentation du contingent matriculaire et de l'autre par ce fait, que lors du vote du budget de 1878, le compte de l'exercice pour l'année 1876 n'était pas encore apuré et que le Landesausschuss n'en a pas moins fait figurer aux recettes les excédants provenant de cette année.

Ce mode de procéder n'a pas paru juste; c'est pourquoi on a rayé les positions correspondantes du budget jusqu'à l'apurement du compte.

M. *Kœchlin.* Il paraît que j'ai été mal compris par M. North. Je tenais surtout à relever que le budget en question avait déjà été modifié lors de sa présentation au Reichstag.

Ces changements ont été introduits à Berlin, sans qu'on ait même signalé au Reichstag les modifications apportées d'office aux sommes votées par le Landesausschuss.

M. *Grad:*

Messieurs,

Permettez-moi deux observations seulement à propos de la discussion générale du budget.

Les recettes sur les impôts directs présentent une augmentation sensible pour le prochain exercice. Cette augmentation s'élève à 69 700 ℳ dans l'ensemble et elle porte sur toutes les contributions à la fois. M. Kœchlin vient de vous faire remarquer cependant que, sous l'effet de la crise industrielle, la contribution des patentes risque bien de donner un rendement moins élevé. Il en est de même de l'impôt foncier fondé sur la base du revenu des établissements industriels. Or, à vrai dire, il n'y a plus à parler aujourd'hui de revenu pour beaucoup de ces établissements. En Alsace-Lorraine, les industries du coton et de la métallurgie sont menacées de ruine et ne présentent plus maintenant une source de revenus pour leurs propriétaires. Espérons que les enquêtes récentes ordonnées par le Gouvernement auront pour conséquence une modification du régime douanier de l'Empire susceptible de permettre à nos usines compromises de reprendre ou de continuer le travail.

Au budget de l'administration des contributions indirectes, nous constatons une somme de recettes s'élevant à 2 281 000 ℳ pour l'impôt du vin, et une autre somme de 1 317 710 ℳ provenant de remboursements de la caisse de l'Empire pour les frais du service des douanes et des contributions indirectes. Dans l'ensemble, les frais de ce service commun à l'Empire et à l'Alsace-Lorraine sont augmentés, tandis que les recettes provenant des sommes remboursées par l'Empire présentent une diminution de 52 755 ℳ. A plusieurs reprises, le Landesausschuss s'est plaint du préjudice causé à la caisse du pays par les charges qui lui sont imposées pour le service des douanes impériales, et notre collègue, M. North, a particulièrement insisté sur ce préjudice dans son premier rapport sur le budget de cette administration. De même, la Commission du budget au Reichstag a reconnu l'équité d'un traitement moins onéreux à ce chef pour notre caisse. Nous supportons, une année dans l'autre, pour le compte de l'Empire, au service des douanes près d'un million et demi de francs de plus que l'Empire ne nous rembourse. Comme nous ne sommes pas liés ni par la Constitution ni par des traités conclus avant l'annexion avec le Zollverein, pour les obligations à remplir au sujet du service des douanes et des contributions indirectes, nous pouvons tout au moins exiger le remboursement de nos dépenses. Toutes les fois que nous demandons à Berlin que justice nous soit faite sur ce point, le Gouvernement nous répond que le Bundesrath est saisi de la question. Voilà des années que cela dure, et le Bundesrath n'a pas encore pris de décision. Que faire dès lors, sinon d'introduire nous-mêmes les réductions des charges auxquelles nous avons droit, en refusant de payer à l'avenir l'administration des douanes? Le moyen paraîtra radical, mais le Gouvernement nous obligera d'y recourir s'il ne prend lui-même l'initiative d'un changement dont la Commission du budget au Reichstag a reconnu l'opportunité.

Du jour où nous ne serons plus chargés des frais de l'administration des douanes et des contributions indirectes, en tant que ces frais incombent à la caisse de l'Empire, nous pourrons remplacer les droits actuels sur la distillation de l'eau-de-vie en Alsace-Lorraine par un *aversum*, et en débarrasser nos petits bouilleurs de crû sans augmenter les charges du pays.

Vous savez également avec quelles instances persistantes nos populations réclament le changement de l'impôt du thaler sur la circulation du vin. A Berlin, lors des motions que nous avons faites à ce sujet, les commissaires du Gouvernement nous ont déclaré que l'impôt actuel sur le vin serait modifié du jour où le Landesausschuss sera d'accord sur sa suppression ou sa modification. Eh bien! un bon nombre de nos collègues ont proposé au Landesausschuss de remplacer l'impôt du thaler par une taxe sur les débitants, acquittée sous la forme d'une licence ou d'un droit fixe. Nous obtiendrions ainsi, sans trop de peine, un produit de 1 000 000 à 1 500 000 ℳ, et le changement demandé paraît réalisable. Quant au produit de 2 281 000 ℳ porté au budget provisoire de cette année pour l'impôt du vin, il me semble exagéré et je pense que les commissaires du Gouvernement auront l'obligeance de nous donner des éclaircissements sur ce chiffre. Je me réserve de revenir sur la question au moment opportun, mais j'ai cru pouvoir appeler dès maintenant l'attention de l'Assemblée sur les moyens de changer les impôts actuels sur le vin et sur l'eau-de-vie.

La discussion générale étant close, M. le Président, sur l'avis de l'Assemblée, distribue les différentes parties du projet aux quatre Commissions, savoir :

1° A la 1re Commission :

    a. l'annexe V, Budget de la Présidence supérieure;

    b. l'annexe VII, Budget de l'administration intérieure;

    c. le chapitre 3, nos 1, 2, 3 et 4 de l'administration de l'Etat;

2° A la 2e Commission :

    a. l'annexe VI, Budget de l'administration de la justice;

    b. l'annexe VIII, Budget des cultes;

    c. l'annexe IX, Budget de l'administration de l'instruction publique, des sciences et des arts;

3° A la 3e Commission :

    a. le projet de loi portant fixation du Budget, avec les annexes B, C, D et E;

    b. l'annexe II, Budget des contributions directes;

    c. l'annexe III, Budget des contributions indirectes;

    d. l'annexe XIV, Budget de l'administration générale des finances;

4° A la 4e Commission :

a. l'annexe I, Budget de l'administration des forêts;
b. l'annexe IV, Budget de la manufacture des tabacs ;
c. l'annexe X, Budget de l'administration du commerce et de l'industrie;
d. l'annexe XI, Budget de l'administration de l'intérieur;
e. l'annexe XII, Budget de l'administration du service des cours d'eau navigables et des canaux;
f. l'annexe XIII, Budget de l'administration de la voirie.

La prochaine séance est fixée à demain, mardi, à 2 heures et demie.

Ordre du jour : 1° Projet de loi sur l'instruction élémentaire; 2° Loi sur les restrictions de la liberté de construction à Strasbourg.

La séance est levée à 5 heures et demie.

DÉLÉGATION D'ALSACE-LORRAINE.

Sixième Session.

COMPTE-RENDU OFFICIEL.

3ᵉ SÉANCE

28 janvier 1878, 2 heures et demie de l'après-midi.

SOMMAIRE : 1º Discussion générale du projet de loi sur l'instruction élémentaire et 2º du projet de loi sur les restrictions de la liberté de construction dans les nouveaux quartiers de Strasbourg .

Président : M. Schlumberger.
Secrétaire : M. Schnéegans.

Présents : 27 membres.
Absents : MM. Adt et Blandin.

Le Gouvernement est représenté par M. le Président supérieur, MM. les conseillers supérieurs Stempel et Richter, M. le conseiller du Gouvernement Schollenbruch, M. l'administrateur municipal Back et M. l'assesseur Dr. Bickell.

Le procès-verbal de la dernière séance est lu dans les deux langues et adopté.

M. *Kœch'in* fait remarquer que dans les lois soumises aux délibérations de l'Assemblée se trouvent cités une foule d'articles d'autres lois auxquelles il est renvoyé. Dans l'annexe du budget, par exemple, on ne cite pas moins de 50 articles différents. Pour pouvoir vérifier tous ces articles, il faudrait que chaque membre eût à sa disposition une véritable bibliothèque ; la recherche dans les différents Codes et Bulletins de loi occasionnerait, en outre, une perte de temps considérable. Pour remédier à ces inconvénients, il serait désirable que le secrétariat fît dans la mesure du possible recueillir et imprimer les divers textes cités dans les projets de loi, pour les joindre comme annexes à ces derniers. Il serait alors possible de s'orienter immédiatement.

C'est là une question intérieure dont je ne veux pas faire l'objet d'une proposition formelle, mais je prie le bureau de vouloir bien l'examiner.

M. le secrétaire *Schnéegans* répond que le bureau examinera la question.

M. le *Président* fait part à l'Assemblée qu'il a reçu les pétitions suivantes :

1. Pétition de M. Linthahr, de Mulhouse, concernant une concession d'auberge. Renvoyée à la 4ᵉ Commission.

2. Pétition des huissiers d'Alsace-Lorraine, concernant leur tarif. Renvoyée à la 2ᵉ Commission.

3. Pétition de la commune de Lixheim, concernant l'établissement d'un bureau de perception. Renvoyée à la 3ᵉ Commission.

4. Pétition de 21 communes, concernant le siége d'un Amtsgericht à Remilly. Renvoyée à la 2ᵉ Commission.

On passe à l'ordre du jour.

I.

Discussion générale de la proposition Nº 3, projet de loi sur l'enseignement primaire.

La discussion générale est ouverte.

M. le baron *Zorn de Bulach* : Messieurs, je ne comptais pas, après avoir lu rapidement le projet de loi, prendre part à la discussion générale. Mais en examinant plus sérieusement la loi et l'exposé des motifs, j'ai dû renoncer à mon idée première en raison de l'attention toute spéciale que nous devons accorder à la question si importante de l'instruction primaire.

Avant d'aller plus loin, je tiens à m'associer au regret exprimé hier par mon honorable collègue M. Klein au sujet de la rapidité de nos discussions et du court espace de temps qui nous est laissé pour examiner les projets. Malgré nos plaintes réitérées, ces derniers nous sont toujours communiqués beaucoup trop tard ; nous avons à peine le temps de les lire avant d'entrer en discussion ; quant à les étudier suffisamment, sous toutes les faces, c'est matériellement impossible.

Ainsi hier nous avons rapidement discuté l'ensemble du budget, aujourd'hui des lois très-importantes sont à l'ordre du jour.

Eh bien ! je me suis adressé hier à plusieurs de mes collègues pour leur demander s'ils avaient lu cette loi sur l'instruction primaire et ce qu'ils en pensaient, et les uns m'ont répondu que, faute de temps, il leur avait été impossible jusqu'ici de la lire, les autres, qu'ils l'avaient lue superficiellement, et qu'à première vue elle paraissait peu importante. Il est évident que cette situation qui nous est faite par la communication tardive des projets de loi est très-fâcheuse et qu'il importe de la faire cesser.

Cela dit, j'ai à vous signaler dans le projet deux points surtout qui, après examen, m'ont paru mériter une attention toute spéciale. Je vous dirai d'abord que cette petite loi — car elle a l'air toute petite — me semble très-grosse comme conséquence. C'est surtout l'article 2 du projet qui me donne cette conviction et que je recommande à vos méditations. Il y est dit :

„A partir du 1er avril 1879, les dépenses résultant de „la construction ou de la location, de l'appropriation et de „l'entretien des maisons d'école, ainsi que des logements „pour les instituteurs et les institutrices, seront considérées „comme dépenses obligatoires des communes, dans le sens „de l'article 30 de la loi du 18 juillet 1837 sur l'adminis- „tration municipale (*Bulletin des lois*, IXe série, no 6946).

„A dater de cette même époque, le produit des cen- „times additionnels aux contributions directes, prévu par „les alinéas 3, 3 et 4 de l'article 40 de la loi du 15 mars „1850 (*Bulletin des lois*, Xe série, no 2029) et l'article 14 „de la loi du 10 avril 1867 (*Bulletin des lois*, XIe série, „no 15060), ne pourra être employé à couvrir lesdites dé- „penses, qu'autant qu'il ne sera pas absorbé par les dépenses „ordinaires de l'enseignement primaire, y compris et en „première ligne le traitement des instituteurs et des insti- „tutrices."

Voici comme l'exposé des motifs cherche à justifier cette disposition :

„Sous le régime de l'administration allemande s'est „présenté, non pas souvent, mais plusieurs fois néanmoins, „le cas où des communes disposant de ressoures ont refusé de „voter des fonds pour des constructions scolaires indispen- „sables, et il a fallu, dans la plupart des cas, après de longues „négociations, se résoudre, bon gré mal gré, à racheter, „pour ainsi dire, l'opposition de ces communes récalci- „trantes et à leur accorder, sur les fonds du département „ou de l'État, des subventions plus fortes que celles qui „devaient leur revenir, eu égard à leur position de fortune. „Afin d'empêcher le retour de semblables abus, il est néces- „saire de déclarer obligatoires, dans le sens de l'article 30 „de la loi sur l'administration municipale du 18 juillet 1837, „la construction, l'aménagement et l'entretien des maisons „d'école, et de limiter les dispositions de l'article 40 de la „loi du 15 mars 1850 exclusivement aux autres dépenses „scolaires courantes, y compris et en première ligne le „traitement des maîtres."

Cet article 2, Messieurs, est à mon point de vue très-grave. Il s'agit en effet d'une *obligation* à imposer : nous devons rendre *obligatoires* pour les communes des dépenses qui jusqu'ici ne l'étaient pas. Que va-t-il arriver, si nous votons cette loi ? Dès que l'Administration jugera utile de faire construire une maison d'école dans une commune, on viendra dire aux Conseils municipaux : les dépenses pour la construction sont obligatoires, il faut donc les voter. Jusqu'à présent les communes pouvaient au moins opposer une certaine résistance ou plutôt — pour éviter toute allusion de combat — faire valoir certaines raisons en présence d'exigences qui ne paraissaient pas suffisamment justifiées ; il n'en serait plus de même avec cette loi, il n'y aurait plus qu'à obéir aux injonctions de l'Administration. Et qui est-ce qui paierait finalement ? car qui dit dépenses obligatoires, dit paiement, et où il y a paiement, il doit y avoir quel-qu'un qui paie ! Ce seraient évidemment les communes, et avec quoi, Messieurs ? naturellement avec des centimes additionnels. Voilà le grand mot lâché : des centimes et toujours des centimes ! Mais les centimes font des mark, et

les mark font des cent mille mark ! Et cet argent, c'est en définitive le contribuable qui le paie. En général, il est très-dangereux qu'un pays riche comme l'Alsace-Lorraine, où la plupart des communes disposent de ressources mul-tiples, entre si facilement, si profondément dans la voie des centimes, qui sont une charge lourde pour les contri-buables. Je sais par expérience ce que signifient les cen-times. Je vous citerai entre autres un fait qui s'est produit dans le pays de Bade. Dans ce pays, on fait des *Umlagen* qui équivalent aux centimes additionnels, et il m'est arrivé l'année dernière d'avoir à payer, dans une commune où je suis propriétaire, 1500 *M* d'*Umlagen*, tandis que dans la même commune je ne paie que 1400 *M* de contributions directes. Vous voyez où peut mener un pareil système.

Si nous entrons dans la voie indiquée par le projet, on n'en finira plus avec les demandes de nouvelles construc-tions. Il y a aujourd'hui comme une espèce de fièvre de construction. MM. les Kreisdirectoren ont les cartons tout pleins de beaux projets ; les uns réclament des cimetières, d'autres des écoles, d'autres encore des églises, des pres-bytères, quelques-uns des palais pour la Kreisdirektion même, etc., etc. C'est à qui demandera le plus. Je trouve, pour ma part, que nos communes se sont en général imposé de grands sacrifices et qu'elles ont jusqu'ici fait leur pos-sible dans l'intérêt de leur embellissement. Regardez donc autour de vous, jetez les yeux sur d'autres pays, et dites-moi si ailleurs vous voyez partout des églises et des écoles si belles que chez nous. Et si tout n'est pas encore fait sous ce rapport, il ne faut pas oublier que Rome et Berlin n'ont pas été bâties en un jour ! Si vous allez de ce train, vous aurez bientôt, il est vrai, une foule d'écoles, d'églises, de presbytères neufs, et les gens diront peut-être : „Comme c'est beau en Alsace-Lorraine depuis dix ou douze ans, que de belles constructions, et que l'Administration prend soin de l'embellissement du pays !" Mais n'oubliez pas le point essentiel de la question, songez bien que c'est *nous* qui de-vons payer ces belles choses. Ah ! si l'Administration déliait elle-même les cordons de la bourse, la question changerait de face ; je m'y prêterais des deux mains, et je lui permet-trais volontiers d'embellir à sa guise.

Je conclus qu'il nous est impossible de voter la loi telle qu'elle nous a été présentée. Il s'agit de la soumettre à un examen minutieux et de lui faire subir au moins des amendements très-sérieux, d'y apporter des restrictions très-sévères avant de la voter. Je me réserve de compléter mes observations lors de la discussion des articles et de préciser alors ces restrictions. Je n'ai voulu, pour le mo-ment que vous signaler les dangers du système proposé, et si j'ai été un peu long, c'est que j'ai cru nécessaire de vous montrer, en développant toute ma pensée, les conséquences fâcheuses où nous mènerait inévitablement la loi.

Il me reste à vous faire une dernière observation rela-tive au deuxième point qui m'a frappé dans la loi. Elle a trait au § 3 du projet où il est question des instituteurs et institutrices et de leurs services. Je trouve qu'à cette occa-sion c'est bien le cas de parler aussi des services qu'ont rendus et que peuvent toujours rendre les sœurs dans nos écoles primaires. Ces services sont réels et ont de tout temps été reconnus par les communes. Aussi crois-je devoir insister sur le désir de voir l'instruction rester entre les mains des sœurs dans les communes qui le demanderont.

M. *Kempf*. En examinant attentivement le projet de loi qui nous est soumis, j'ai cru devoir, Messieurs, vous présenter à son sujet quelques courtes observations. Je ferai remarquer tout d'abord que dans le § 1er le projet donne satisfaction à nos propres désirs, en ce qu'il a pour but de mettre en une seule masse et de concentrer entre les mains de l'Etat tous les biens meubles et immeubles des écoles normales et préparatoires. Cette tendance d'unification paraît louable et, à ce point de vue, je n'hésite pas à déclarer mon adhésion au projet. Mais d'un autre côté, j'ai à soulever contre lui de fortes critiques. Ce projet en effet ne représente qu'un simple fragment de loi ; c'est tout au plus une fraction, un lambeau. Si l'on veut se rendre quelque peu compte de la législation actuelle sur l'enseignement primaire, il faut se reporter à toute une série de textes, et notamment aux lois du 15 mars 1850, du 10 avril 1867, du 4 juin 1872 et du 22 décembre 1876. Or, toutes ces lois réunies forment une espèce de labyrinthe, dans lequel il est presque impossible de se retrouver.

Il serait donc grand temps qu'on songeât à codifier la matière et le Gouvernement devrait prendre des mesures à cet effet. La situation actuelle ne doit plus durer ; les dispositions des diverses lois existantes sont souvent — du moins à première vue — contradictoires, et l'on n'en sort point.

Je me réserve, quant aux détails du projet, à présenter plus tard quelques observations spéciales.

M. *Goguel.* Je n'ai guère à ajouter aux observations que viennent de faire mes honorables préopinants. Je vous soumettrai toutefois une réflexion que m'a suggérée la disposition du § 3 du projet. M. le baron de Bulach vient de parler à l'occasion de ce paragraphe en faveur des sœurs ; je voudrais, moi, prendre en main les intérêts d'une autre classe d'institutrices qui méritent également toute notre attention. Je veux parler des directrices des salles d'asile. Je sais bien que de fait celles-ci ont été classées jusqu'ici dans le personnel enseignant de l'instruction primaire, mais leur situation n'est pas nettement définie. A mon avis, il serait donc bon de stipuler explicitement dans la loi qu'elles devront être placées, quant au minimum du traitement et à la retraite, sur le même pied que les autres institutrices. Je compte présenter plus tard un amendement dans ce sens.

Pour ce qui est du § 1er, je comprends la nécessité pour l'Administration supérieure de concentrer entre ses mains les différents immeubles affectés à l'instruction publique. Mais — et c'est là une observation importante selon moi pour l'Administration, et que je recommande tout particulièrement à sa sollicitude — je me demande sérieusement si cette cession, ce transport du département à l'Etat, n'implique pas pour les départements une nouvelle cause d'affaiblissement. Vous savez tous, Messieurs, qu'il a été souvent question dans les derniers temps de diminuer et même de supprimer les départements, je n'ai qu'à vous rappeler la loi sur les Kreis qui nous a déjà été soumise à deux reprises. Or nous tenons beaucoup à nos départements, c'est une institution qui a fait ses preuves. Nous avons donc tout lieu d'examiner si, en lui enlevant certaines propriétés qu'il possède depuis longtemps, on ne tend pas à l'affaiblir et à l'invalider. C'est là encore une question sur laquelle je me permettrai de revenir dans la discussion spéciale.

Le § 4 du projet accorde aux préfets des pouvoirs particuliers, et il y a lieu de se demander si cette espèce de prérogative ne peut pas entraîner des suites graves et qu'on ne saurait prévoir en ce moment. Ce pouvoir n'est-il pas peut-être trop dictatorial? Devons-nous réellement autoriser les préfets à passer où bon leur semble, par-dessus les règles de l'ancienneté et à accorder à tels instituteurs des traitements auxquels, d'après la loi, ces derniers n'auraient pas droit? Je vous fais remarquer à ce sujet que

l'exception posée au § 4 devra — d'après l'exposé des motifs — prendre place entre autres pour des instituteurs qui auraient déjà servi dans un autre Etat de l'Allemagne et qui viendraient prendre service en Alsace-Lorraine. Pour ma part, je suis tenté de croire qu'il y a là réellement danger. Je soumets ces doutes à vos réflexions ; si j'ai tort, j'en conviendrai volontiers, car ce n'est pas par esprit de critique que j'ai signalé les inconvénients devant, selon moi, résulter de certaines mesures, mais uniquement en raison de l'intérêt profond que je porte à tout ce qui concerne l'instruction publique.

Je termine en déclarant que je partage complètement l'opinion de M. Kempf, que le projet de loi qui nous est soumis n'est qu'une fraction de loi et que la multiplicité et diversité de la législation dans le domaine de l'instruction publique est chose extrêmement fâcheuse. A chaque instant du reste, on nous présente de ces lois réglant certains points seulement d'une matière, et nous sommes dotés en Alsace-Lorraine d'une véritable surabondance de lois. Finalement nous nous trouverons enfermés dans une espèce de labyrinthe, dans lequel à l'avenir le législateur lui-même aura peine à se retrouver.

M. *Grad :*

Messieurs,

A mon point de vue le projet de loi sur les dispositions relatives à l'enseignement primaire qui nous est soumis a une tendance analogue au projet de loi sur l'organisation des cercles que nous avons écarté l'été dernier. Cette loi me semble porter atteinte à l'organisation actuelle du département. En enlevant aux départements ses attributions pour l'entretien des routes, pour la dotation de l'instruction primaire, pour la surveillance des différents établissements et des institutions publiques, ils n'auront plus de raison d'être et l'avenir des Conseils généraux qui les représentent se trouve compromis. Tant que le pays n'aura pas sa Constitution et une représentation librement élue, je ne pourrai participer à une mesure susceptible de restreindre les attributions des Conseils généraux. Ces Conseils ont à sauvegarder les propriétés départementales et dans l'état actuel des choses je ne contribuerai pas pour ma part à enlever aux départements la propriété des écoles normales primaires. Il y a là un motif sérieux à prendre en considération dans la discussion de la loi projetée.

M. le *Président supérieur.* En réponse à la dernière observation de M. Grad concernant l'affaiblissement qui pourrait résulter de la loi pour les Conseils généraux, je ferai remarquer que ce sont précisément ces Conseils, celui de la Basse-Alsace notamment, qui ont les premiers exprimé le désir de voir ôter aux départements les charges des écoles normales. Ce désir fut une des causes de l'élaboration du projet actuel, et je crois donc pouvoir admettre que les Conseils généraux ne se jugeront aucunement lésés par la loi.

Quant aux plaintes proférées sur l'état incomplet du projet, j'accorde volontiers que la loi n'est qu'un fragment. Mais il semble impossible, toutes les fois qu'un changement de détail a été reconnu urgent dans telle ou telle matière législative, de régler à nouveau par une loi d'ensemble toute la matière, au lieu d'introduire tout simplement la modification jugée nécessaire. La codification et le rapprochement des différents textes de loi régissant une matière appartiennent en premier lieu à la doctrine. Il se peut d'ailleurs qu'une codification soit faite à l'avenir, mais vouloir l'exiger toutes les fois que le besoin de régler tel ou tel détail s'est fait sentir, serait certainement irrationnel. Je ne crois donc pas que les considérations présentées à ce sujet par MM. Kempf et Goguel puissent vous amener à ne pas voter la loi.

M. de Bulach craint que la loi ne fasse aux communes une situation bien malheureuse ; je ne crois pas, pour ma part, que ces craintes se réalisent. La loi a pour but unique de remédier à des abus qui se sont produits par le passé. Ce ne sont pas tant des communes pauvres que certaines communes riches qui se sont refusées à voter les fonds pour des constructions indispensables et auxquelles l'Etat a été obligé de donner, par suite de ce refus, des subventions plus fortes qu'elles n'auraient dû recevoir en raison de leur position de fortune. Il faut absolument que les dépenses qu'exige l'enseignement primaire, soient couvertes. La question est de savoir qui les couvrira. Quand il s'agit de construire une maison d'école, c'est d'abord la commune qui devra aviser aux fonds nécessaires ; mais si elle s'y refuse, sous prétexte que ces dépenses ne sont pas obligatoires, c'est le département ou l'Etat qui auront à faire les frais, à moins qu'on ne puisse forcer les communes à y pourvoir. C'est dans ce but, et pour empêcher des refus frivoles que le projet de loi vous a été soumis. Maintenant, si le Landesausschuss veut être assez généreux pour prendre toutes ces dépenses indistinctement à la charge de l'Etat, je ne ferai pas, pour ma part, d'objections. Il n'est pas à craindre que la loi projetée impose aux communes des charges trop lourdes ; car, comme il est dit dans l'exposé des motifs, l'Administration devra se tenir dans les limites posées par l'article 59 de la loi du 18 juillet 1837, et en outre le budget de l'Etat permettra, comme par le passé, de venir au secours des communes nécessiteuses qui devront faire des constructions. Les limites susdites sont très-réelles ; le Conseil général fixe tous les ans le maximum de contribution extraordinaire qui pourra être imposé aux communes pour dépenses obligatoires, et le Landesausschuss en a toujours le contrôle. Les motifs invoqués par M. de Bulach ne sont donc pas fondés, et ne pourront en conséquence amener le rejet de la loi. Cette loi mérite au contraire que vous l'examiniez avec soin, article par article.

M. le baron *Zorn de Bulach*. Je n'ai pas dit, Messieurs, que je repoussais en bloc le projet de loi, comme les observations de Son Excellence M. le Président supérieur pourraient le faire supposer. Je n'ai fait qu'appeler l'attention de l'Assemblée sur les centimes additionnels et leurs inconvénients. Maintenant si l'on nous dit que, d'après le projet et l'exposé des motifs, 3 centimes seulement pourront au maximum être affectés aux écoles, j'en suis fort aise, mais je n'en insiste pas moins sur l'opinion émise, car cette question est pour moi une question de principe. Je trouve que c'est un fort mauvais principe d'avoir toujours recours aux centimes additionnels quand on veut faire faire des dépenses aux communes. C'est là une voie très-dangereuse, à mon point de vue, et nous devons être extrêmement sévères quand on veut nous y pousser. Je ne suis pas prophète, Messieurs, et je ne tiens pas à prédire l'avenir, mais je vous rends dès à présent attentifs aux suites funestes d'un pareil système ; vous verrez bientôt où il vous mènera, si vous vous y laissez entraîner. On ne se contentera pas de ce qu'on vous demande aujourd'hui, les exigences augmenteront et l'on viendra plus tard avec bien autre chose.

J'admets qu'il y ait des communes riches qui refusent de faire des sacrifices, et qu'elles ont été, de même que d'autres communes pauvres, subventionnées par l'État, mais c'est là une exception fort rare et la plupart des communes s'imposent de bonne grâce les sacrifices nécessaires. J'opine du reste que dans les rares cas d'opposition de la part des communes, celles-ci pourront être converties par la voie de la persuasion aux vues de l'Administration, si toutefois les réformes proposées par cette dernière sont réellement urgentes. Or il me semble qu'entre les Kreisdirectoren et les maires il y a encore des moyens de persuasion autres que la voie brutale de l'*obligation*. Je persiste à croire que cette dernière n'est pas nécessaire et qu'il serait préférable de s'en tenir aux anciens errements. Dans tout les cas, ce point mérite d'être mûrement examiné.

M. *Nessel*. Je voudrais communiquer à mes honorables collègues un scrupule que m'a inspiré le projet de loi et qui peut-être m'est purement personnel. L'article 1er dispose que la propriété des écoles normales et des écoles préparatoires doit passer à l'Etat. Or le besoin futur de ces écoles préparatoires est une question qui, à mon sens, est loin d'être résolue. Il n'est pas prouvé du tout que le luxe des écoles préparatoires que nous possédons ou qu'on nous prépare encore soit ou reste réellement nécessaire. Ces écoles ont été créées quand il y avait grande pénurie d'instituteurs. A l'heure qu'il est, par suite de l'augmentation des traitements, les circonstances ont complètement changé, et il y a bien plutôt abondance que pénurie de candidats. A-t-on dès lors réellement besoin de quatre écoles préparatoires à côté des neuf écoles normales que nous avons? Cette question me paraît plus que douteuse. D'ailleurs la création d'écoles préparatoires me paraît complètement illogique. Les écoles normales ont pour but de préparer les jeunes gens à la profession d'instituteur, elles sont donc elles-mêmes des écoles préparatoires ; nous avons donc avec le système actuel des écoles préparatoires à des écoles préparatoires ! Je ne vois pourquoi l'on n'ajouterait pas encore un ou plusieurs degrés à cette échelle, en créant plus tard une ou plusieurs nouvelles catégories d'écoles préparatoires aux écoles préparatoires aux écoles normales ! En suivant la filière, on pourrait aller bien loin !

Pour toutes ces raisons la nécessité et l'utilité de ces écoles préparatoires me paraît, je le répète, fort douteuse. Or je me demande si la loi qui nous est soumise ne serait pas une véritable consécration de l'existence future de ces établissements? Voilà pourquoi j'ai du scrupule à la voter.

M. le *Président supérieur*. La question de la nécessité et de l'utilité des écoles préparatoires n'est pas une question absolue, mais relative, dont la solution dépend des besoins et de la situation du jour qui sont toujours sujets à variation. Il ne saurait y avoir aucun doute sur leur nécessité actuelle ; le temps nous apprendra si elles devront être conservées à l'avenir. Le projet de loi ne préjuge en aucune façon l'examen de cette question que l'Administration aura à résoudre selon les besoins du service, sous réserve toujours du contrôle exercé par le Landesausschuss lors de la discussion annuelle du budget. De ce que le projet fait passer à l'Etat la propriété des bâtiments *actuels* de ces écoles, on ne saurait pourtant induire que ces écoles elles-mêmes devront subsister éternellement. Il est certain qu'on ne pourra s'en passer pendant une époque assez longue encore, mais il est impossible de déterminer à présent le temps précis de leur durée ou de leur suppression.

Personne ne demandant plus la parole, la discussion générale est close.

Le projet de loi est renvoyé à la 2e Commission.

L'Assemblée passe au deuxième objet de l'ordre du jour.

II.

Proposition N° 2, projet de loi tendant à restreindre la liberté de construction dans les nouveaux quartiers de Strasbourg.

La discussion générale est ouverte.

M. *North.* Le projet de loi qui est soumis à vos délibérations est d'une importance majeure et pour la ville de Strasbourg et pour les propriétaires intéressés. Je regrette seulement que le projet de loi soit venu en discussion publique déjà aujourd'hui et que le peu de temps que ce projet nous a été donné en communication ne m'ait pas permis de m'entourer de tous les documents nécessaires. Je dois donc me borner aujourd'hui à vous présenter quelques observations, en me réservant une discussion plus détaillée lors de la seconde lecture du projet de loi.

Je n'ai pas à examiner si la ville de Strasbourg a été agrandie, parce que l'Administration municipale a acheté les terrains des fortifications pour un prix très-important, comme l'indique l'exposé des motifs joint au projet de loi, ou si l'agrandissement de la ville a eu lieu pour d'autres motifs. L'agrandissement a eu lieu. Je me contente de constater le fait et j'y applaudis de tout mon cœur. La ville de Strasbourg a vu s'élargir les murs d'enceinte qui la restreignaient depuis si longtemps. Elle pourra s'étendre et se développer pendant de longues années, peut-être pendant des siècles.

Je suis entièrement d'accord avec l'Administration municipale qu'il est impossible de laisser s'établir un chaos dans les nouveaux quartiers. Je considère même comme un devoir de la part de l'Administration de prendre dès aujourd'hui soin que les nouveaux quartiers s'organisent et se développent dans des conditions conformes à l'hygiène et à la santé publiques, qu'il y ait même un certain luxe de construction pour des rues plus spéciales. En un mot, l'Administration de la ville de Strasbourg a le droit, je dirai même le devoir de faire dresser un plan général des rues et places à établir dans les nouveaux quartiers. Elle peut prescrire la hauteur des constructions et exiger qu'il y ait une certaine uniformité de façades sur telle ou telle place ou pour certaines rues. Je suis parfaitement d'accord sous ce rapport avec l'Administration municipale et je lui concède les droits les plus étendus.

Je reconnais également avec l'Administration municipale que par suite de l'agrandissement de la ville les terrains englobés dans la nouvelle enceinte ont reçu une grande augmentation de valeur, et que la ville s'étant déjà imposé de très-lourdes charges pour l'acquisition des terrains de fortifications, ne peut pas aujourd'hui prendre à sa charge l'indemnité à payer pour l'acquisition des terrains dépossédés par l'alignement ou les frais d'établissement des rues et des places publiques. Les ressources de la ville seraient insuffisantes pour le faire.

Je suis donc entièrement d'accord avec l'Administration municipale sur le but qu'on veut atteindre.

Je me suis toutefois demandé si le moyen proposé par le projet de loi est le plus convenable pour arriver au but proposé, et je me suis demandé s'il n'y aurait pas de possibilité de donner à la fois satisfaction aux intérêts de la ville et aux intérêts des propriétaires.

Le projet de loi qui vous est soumis établit dans son premier alinéa qu'après la publication du plan d'alignement pour les terrains englobés dans la ville par les nouvelles fortifications, le propriétaire des terrains tombés dans l'alignement ne peut plus faire de constructions sur ces terrains sans l'autorisation du maire. Il n'a droit à

aucune indemnité jusqu'au moment où l'Administration le fera exproprier.

En vertu de l'article 3, la faculté de construire sur les terrains qui ont une issue sur les rues et les places nouvellement tracées dépend de l'autorisation du maire.

Il y a là une défense que je pourrais admettre si elle était limitée à un certain temps, trois ou cinq ans par exemple, mais qui me paraît exorbitante lorsqu'il s'agit d'une défense qui doit durer quelques dizaines d'années, comme l'indique l'exposé des motifs ; nous pourrions ajouter peut-être pendant des siècles.

Par l'approbation du plan d'alignement, le terrain compris dans l'alignement devient d'utilité publique et le propriétaire ne peut plus en disposer à partir de ce jour. Seulement, en vertu des lois existantes il a droit à une indemnité et cette indemnité doit être fixée conformément à l'article 14 de la loi du 3 mai 1841, dans l'année de l'arrêté préfectoral. Si vous adoptez la loi proposée, on répondra à ses réclamations : vous n'avez droit à rien et il faut attendre le moment où il nous plaira de nous mettre en possession de votre terrain. Seulement gardez-vous bien de faire une construction sur ce terrain sans notre permission, vous n'avez plus la disposition de ce terrain.

Le terrain ainsi compris dans l'alignement n'a plus même la valeur du terrain actuel, il est destiné à être exproprié un jour, seulement cette expropriation aura peut-être lieu dans une centaine d'années ou plus encore. Le terrain voisin au contraire recevra immédiatement une grande augmentation de valeur ; il devient terrain de construction, et cette augmentation de valeur provient justement de la dépréciation des terrains tombés dans l'alignement. Une autre observation qui m'a plus particulièrement frappé, c'est que les terrains pour lesquels l'autorisation de construire serait accordée dans un bref délai jouiraient d'avantages considérables par rapport à d'autres terrains pour lesquels cette autorisation serait longtemps retardée. Le maire pourrait même, s'il le jugeait convenable, limiter l'autorisation de construire aux terrains acquis par la Ville.

Il y a des sociétés étrangères qui ont acheté des terrains, il y a de riches capitalistes étrangers qui sont également devenus propriétaires d'une superficie importante de terrains ; ils sont, par cela seul qu'ils sont propriétaires de terrains, obligés de construire s'ils veulent les rendre productifs. Si vous les retardez dans leur entreprise, si vous les fatiguez par des obstacles, ils finiront par se retirer et par se défaire à tout prix de leurs propriétés. Vous n'aurez alors que le concours des capitalistes de la ville même, et dans ces conditions je craindrai beaucoup que les nouvelles constructions ne se fassent pas avec la rapidité sur laquelle on semble compter.

La loi proposée met entre les mains du maire le sort des propriétés comprises dans la nouvelle enceinte et cela pour une durée dont on ne peut pas prévoir la fin. Un pareil état de choses me paraît peu acceptable et peu désirable.

Mais la loi a encore à mon point de vue une plus grande défectuosité : elle ne règle même pas les principales questions qui peuvent s'élever, comme celle de contribuer à l'établissement des rues, à moins qu'on ne dise que le droit d'autoriser les constructions renferme également le droit d'imposer au propriétaire telles ou telles conditions. Ce serait créer un régime auquel aucun de nous ne voudrait donner son approbation.

La nécessité de régler dès aujourd'hui le futur développement des nouveaux quartiers de la ville étant une chose reconnue par chacun de nous, je me suis demandé s'il n'y aurait pas moyen d'arriver à une autre solution qui donnât en même temps satisfaction aux justes exigences de la Ville, tout en tenant mieux compte des droits des propriétaires.

La difficulté alléguée par l'Administration municipale est le défaut de moyens pour exécuter pour son compte personnel une si vaste entreprise comme celle de l'organisation des rues et des places publiques. Mais à qui profite plus spécialement l'établissement de ces rues publiques si ce n'est aux propriétés riveraines, et je me suis demandé s'il n'y aurait pas lieu de les faire contribuer à l'établissement de ces rues et places, parce que tout l'avantage leur en revient. J'ai trouvé dans notre législation une disposition qui autorise une pareille manière de procéder, c'est l'article 30 de la loi du 16 septembre 1807, ainsi conçu :

„Lorsque par suite des travaux déjà énoncés dans la „présente loi, lorsque par l'ouverture de nouvelles rues, „par la formation de places nouvelles, par la construction „de quais, ou par tous autres travaux publics généraux, „départementaux ou communaux, ordonnés ou approuvés „par le Gouvernement, des propriétés privées auront „acquis une notable augmentation de valeur, ces propriétés „pourront être chargées de payer une indemnité qui pourra „s'élever jusqu'à la moitié des avantages qu'elles auront „acquis."

L'article 31 stipule même le mode de paiement. Il peut se faire en argent ou en une rente à 4 %.

Nous trouvons encore d'autres dispositions légales qui permettent de mettre à la charge des propriétaires riverains les frais de premier établissement des rues et places.

Ne pourrait-on pas par une loi semblable trouver la solution des difficultés que l'Administration de la Ville invoque?

Je me résume, Messieurs. Il me paraît utile, dans l'intérêt général, que la Ville fasse un plan d'ensemble des nouveaux quartiers et qu'elle fixe dès aujourd'hui toutes les conditions qui lui semblent nécessaires ou utiles. Mais là son droit doit s'arrêter. Si elle n'est pas en état de le faire actuellement, une loi semblable à celle proposée pourrait être rendue. Son effet devrait cesser dans un délai assez rapproché. Cinq ans par exemple.

De plus, il me semble que les droits et les obligations des propriétaires doivent être fixés par une loi.

Je vous propose donc de reuvoyer le projet de loi à une Commission spéciale.

M. *Kœchlin.* La loi qu'on nous présente est excessivement grave. Je comprends que l'agrandissement de Strasbourg ne peut pas se faire sans qu'on prenne des mesures empêchant et prohibant tout ce qui pourrait le contrecarrer. De plus, il ne faut pas oublier, comme les motifs le relèvent à bon droit, que les terrains en question sont pour la plus grande partie encore soumis à des servitudes militaires fort lourdes, dont ils doivent être affranchis. C'est là en faveur du projet une considération qui me paraît majeure. D'un autre côté, la loi présente, à mon avis, deux points noirs : le premier, c'est qu'elle constitue une véritable dictature foncière, dictature que j'accepterais peut-être pour moi de la part de l'Administrateur municipal actuel, mais que j'ai des scrupules d'imposer à d'autres, surtout quand je considère que la ville de Strasbourg est toujours encore privée de conseil municipal. Le second défaut que je remarque dans la loi, c'est l'inégalité flagrante qu'elle établit entre les divers propriétaires. L'agrandissement de la ville peut, comme le projet le reconnaît lui-même, durer fort longtemps. Or il est évident qu'entre telle propriété qui pourra être surbâtie tout de suite ou dans deux ans, et telle autre qui restera peut-être cinquante ou soixante ans sous tutelle, il y a une inégalité considérable. J'abonde donc dans le sens de M. North,

et je suis d'avis qu'il faudrait fixer pour la validité de cette loi un délai, après lequel on pourra procéder à un nouvel examen et prendre au besoin une nouvelle décision, d'après l'expérience qu'on aura faite, les plaintes qui se seront produites et la maturité de la question.

M. *Nessel.* A mon avis, la loi est une loi draconnienne et constitue une des plus fortes atteintes à la propriété qu'on puisse s'imaginer. Je dois même dire que, connaissant les scrupules presque excessifs de cette Assemblée dès qu'il s'agit d'une atteinte à la propriété, scrupules qui se sont manifestés notamment à propos de la loi sur la chasse, je m'attendais à l'occasion du présent projet à une explosion de récriminations, à un haro général.

De fait on impose aux propriétés dans les nouveaux quartiers deux servitudes excessivement lourdes : la première empêche le propriétaire de jouir de son immeuble ou d'une partie de son immeuble pour un temps indéterminé. La deuxième, c'est la disposition qui peut être appliquée à certaines rues, d'après laquelle les propriétaires riverains peuvent, dans un intérêt d'embellissement, être obligés de rester en arrière de l'alignement général. C'est là une petite mesure qui n'a l'air de rien et qui pourtant est énorme. Elle ne tend à rien moins en effet qu'à condamner ces propriétaires à n'avoir pas de magasins dans leurs maisons et à les priver ainsi du principal rapport de ces dernières, qui subiraient par là une dépréciation d'environ soixante pour cent. On objecte dans les motifs que ces deux servitudes se justifient d'elles-mêmes, attendu que les immeubles qui en sont frappés étaient déjà précédemment soumis à des servitudes militaires très-lourdes. Cet argument est plus spécieux que réel. Voyons en effet comment les choses se passent : les propriétaires dont les terrains tombent actuellement, par suite de l'agrandissement, dans le rayon militaire, recevront une indemnité ; au lieu que les propriétaires précédemment soumis à ces charges et qui vont en être libérés, n'ont jamais reçu la moindre indemnité. On leur a, dans le temps, soit quand l'Alsace a été réunie à la France, soit plus tard, imposé ces servitudes, non pas d'après les lois de l'équité, mais par le droit du plus fort, et ils ne font, aujourd'hui que ces charges disparaissent, que rentrer dans la franchise naturelle de leurs immeubles. Toute cette argumentation n'est donc pas d'un grand poids.

Je comprends l'intérêt qu'a la ville de Strasbourg à ne pas être forcée d'achever son réseau de rues dans un temps déterminé et à ne pas procéder immédiatement aux expropriations. Je serais donc disposé jusqu'à un certain point à admettre la première servitude à condition qu'elle ne soit imposée que pour un certain temps, pour un espace de cinq ans par exemple. Il faudrait pour cela que la loi elle-même ne fût que passagère et qu'il y eût un délai fixé pour sa validité. Autrement les propriétaires des quartiers futurs seraient soumis au bon plaisir de l'Administration, et quoique je me plaise à reconnaître le bon vouloir de l'Administration actuelle, il faut prévoir aussi ce qui pourrait arriver dans la suite. Quant à la seconde servitude, qui oblige les propriétaires à planter en avant de leurs maisons de petits jardins d'ornement, je la considère également comme une grave atteinte aux droits de propriété, et il faudrait, je crois, nommer une Commission spéciale pour examiner s'il n'y aurait pas lieu de leur accorder une indemnité.

M. *Klein.* Je ne vois pas les choses tellement en noir que l'honorable préopinant. On a de tout temps imposé une série de servitudes aux propriétaires des quartiers nouvellement établis ou des rues embellies. Je ne veux pas entrer dans le détail de toutes ces questions, mais je citerai pourtant comme précédent la loi de 1841. L'article 52 de la loi du 3 mai 1841 contient une disposition analogue à celle du § 2 du projet :

„Les constructions, plantations et améliorations ne donneront lieu à aucune indemnité, lorsque, à raison de l'époque où elles auront été faites ou de toutes autres circonstances dont l'appréciation lui est abandonnée, le jury acquiert la conviction qu'elles ont été faites dans le but d'obtenir une indemnité plus élevée."

A l'appui du § 4 on peut citer comme analogue dans une certaine mesure les articles 3 jusqu'à 6 de la loi du 22 juin 1854 :

3. Un décret impérial déterminera les dispositions des constructions et des clôtures qui devront être observées.... et genres d'industrie et de commerce dont l'exploitation sera interdite dans les maisons construites sur ces terrains.

4...... Aucune construction ne pourra être élevée à une distance moindre de dix mètres des grilles.

5. Aucune plus value ne pourra être démandée aux propriétaires des terrains qui sont assujettis à ces servitudes.

On a encore vu une grave atteinte à la propriété dans la disposition défendant aux propriétaires de bâtir sans l'autorisation du maire. Il ne faut pas oublier pourtant que les terrains dont il s'agit se trouvent presque tous dans la zone militaire et sont par conséquent assujettis à des servitudes très-lourdes. Les propriétaires notamment des 67 hectares qui se trouvaient dans le premier rayon militaire ne pouvaient pas élever une pierre au-dessus du sol sans l'autorisation du génie militaire. Maintenant que toutes ces servitudes vont disparaître, ces terrains, au lieu de 2 francs peut-être qu'ils valaient, vont avoir une valeur de 20 à 40 francs le mètre carré. Il me semble donc qu'on peut bien forcer leurs propriétaires à contribuer pour leur part et sous la forme de la nouvelle servitude qu'on leur impose aux frais de la mesure d'agrandissement qui décuple leur fortune. J'ai tenu à présenter ces quelques observations pour ne pas laisser l'Assemblée sous l'impression des paroles un peu sévères prononcées par l'honorable M. Nessel Si Strasbourg doit devenir une ville régulière et belle, il faut que des règles président à la construction de ses nouveaux quartiers. Ces règles, nous les trouvons dans le projet qu'on nous présente ; nous devons donc les examiner et voir les modifications qu'il faudra peut-être y apporter.

M. le Président supérieur *de Möller.* Je ne crois pas qu'un seul des propriétaires des nouveaux quartiers soit étonné de la servitude qu'on lui impose. Ces propriétaires se partagent en deux catégories : ceux dont la propriété est déjà ancienne et ceux qui n'ont acheté que depuis l'agrandissement. Les premiers verront leurs terrains augmenter considérablement de valeur et seront de plus affranchis des servitudes très-lourdes qui pesaient sur eux jusqu'à présent ; quant aux seconds, ils savaient que les terrains qu'ils achetaient seraient compris dans la nouvelle enceinte de la ville. Or les immeubles urbains sont toujours plus ou moins grevés de servitudes; il ne peut être question pour eux d'une franchise aussi complète que pour les immeubles ruraux. Or, jamais on n'a encore trouvé que c'est porter atteinte au droit de propriété que d'imposer de pareilles restrictions qui dérivent tout naturellement de la situation des immeubles.

M. *Helbig.* J'aurais quelques observations à présenter en réponse à ce que viennent de dire M. Klein et M. le Président supérieur. Je suis d'avis comme eux que la municipalité de Strasbourg a raison de chercher à empêcher qu'il ne s'établisse un chaos dans les nouveaux quartiers de la ville. Mais le droit de propriété est une chose telle-

ment sérieuse qu'on ne peut pas l'attaquer ainsi d'une façon si peu déterminée. La loi ne fixant pas de délai pour sa validité, les propriétaires pourront être tenus très-longtemps peut-être sous le coup des servitudes que leur impose le projet.

La Ville peut demander à ne pas être contrecarrée dans son agrandissement par des spéculations, et même exiger des propriétaires qu'ils ne défigurent pas les nouvelles rues par des constructions laides ou médiocres. Mais je ne comprends pas qu'on puisse défendre aux propriétaires de bâtir sur leur terrain pendant un temps indéterminé et qui pourra être très-long — car le projet lui-même prévoit que l'agrandissement pourra durer des dizaines d'années — ni qu'on puisse diminuer la valeur actuelle de leur propriété en leur imposant de respecter le tracé des rues, alors que la Ville ne s'oblige pas à faire ces rues. Je crois qu'il sera nécessaire de faire examiner ces questions par une Commission spéciale, qui tâchera autant que possible de concilier l'intérêt de la Ville avec celui des propriétaires.

M. *Mieg-Kœchlin.* Dans la loi qui nous est présentée il règne un certain vague, et je suis parfaitement d'accord avec Messieurs les préopinants qu'il y a lieu d'y introduire certaines restrictions et de mieux préciser certaines questions, mais d'un autre côté je trouve que le but de la loi est complètement justifié.

Les terrains qui ont été ajoutés à la ville ne peuvent acquérir une valeur de terrains à bâtir qu'à condition d'y percer des rues et il est évident que ces rues doivent être tracées d'après un plan général. C'est à la municipalité qu'il appartient d'établir ce plan; mais il ne faudrait pas que l'approbation de ce plan entraînât l'Administration à de grosses dépenses, car il en résulterait une injustice en ce sens que pendant qu'on enrichirait les propriétaires des terrains en question au détriment des anciennes propriétés de la ville, ces anciens propriétaires seraient encore appelés à contribuer aux frais de percement des quartiers nouveaux.

Je crois également qu'il serait utile que cette loi pût être revisée dans un délai à fixer, car l'expérience démontrera certainement des inconvénients auxquels il faudra remédier.

M. *Schnéegans.* Je suis complètement d'accord avec l'Administration au sujet des motifs qui ont inspiré le projet. Il est évident que ceux dont les propriétés ont augmenté de valeur par suite de l'agrandissement, peuvent et doivent contribuer aux dépenses nécessitées par l'établissement des nouveaux quartiers. Cette considération doit à mon avis dominer toute la discussion. D'un autre côté, je comprends avec M. Mieg-Kœchlin que le tracé des plans doit être laissé à l'Administration municipale. Ce que je comprends moins, c'est le système adopté dans le projet. Je ne veux pas dire carrément qu'il soit mauvais, j'ai des doutes encore, car je n'ai pas encore pu l'étudier à fond.

Il y a tout d'abord une chose qui me frappe: les terrains dont il s'agit, il ne faut pas nous faire d'illusion à cet égard, devront rester très-longtemps, peut-être 30, 50, 60 ans ou même un siècle, dans la situation actuelle; c'est donc une servitude exorbitante qu'on nous demande d'imposer aux propriétaires, et la dépréciation qu'en subiront les immeubles leur fera perdre non-seulement tous les avantages qu'ils retirent de l'agrandissement de la ville mais peut-être même encore une partie de leur ancienne valeur. Ainsi tel terrain, aujourd'hui parfaitement libre, sera coupé peut-être en plusieurs sens par des rues projetées pour un avenir indéterminé, et, par ce seul fait, il subirait l'interdiction de construire, même pour des besoins d'exploitation de la culture ou de l'industrie du propriétaire. Je ne saurais admettre une mesure si excessive.

Il y aurait, il me semble, un autre système. Que l'Administration municipale fasse les plans et arrête définitivement le tracé des rues nouvelles. Elle ne serait pas forcée pour cela de procéder immédiatement aux expropriations, ce qui, à ce qu'elle prétend, l'entraînerait à des dépenses au-dessus de ses ressources actuelles. Cette mesure ne serait cependant, à mon avis, pas si mauvaise, et je crois qu'il serait même équitable qu''on y recourût, fût-ce au moyen d'un emprunt. Quoi qu'il en soit, elle n'est pas indispensable et je ne m'y arrête pas. Mais le plan définitif une fois terminé, je ne vois pas la nécessité de la servitude. Pourquoi ne laisserait-on pas les propriétaires construire le long de l'alignement ? On me dit que ces constructions seraient faites irrégulièrement, que le sol de la rue deviendrait impraticable, que les bâtiments ne seraient pas de niveau avec la rue qu'on établirait plus tard. Il y aurait un moyen de remédier à tous ces inconvénients, ce serait d'imposer aux propriétaires certaines conditions de niveau et de façade qui vaudraient mieux qu'une interdiction absolue ou abandonnée à l'arbitraire de l'Administration et qui déprécie si gravement les propriétés. J'aurais compris qu'on proposât d'interdire actuellement aux propriétaires de construire, puisqu'on ne sait pas encore où passeront les rues ; mais une fois les plans faits, cette interdiction n'a plus de raison d'être. D'un autre côté je comprendrais parfaitement et je serais même d'avis qu'on forçât les propriétaires riverains à contribuer pour leur part aux frais d'établissement et de construction des nouvelles rues. Cette mesure ne serait que juste et cependant la loi ne contient aucune disposition en ce sens. Je regrette cette lacune et je me déciderai peut-être à en faire l'objet d'une proposition spéciale lors de la discussion des articles. Je le répète, mon opinion sur la loi n'est pas encore entièrement arrêtée. Je trouve pourtant qu'elle va trop loin dans un certain sens et je crois qu'il faudrait la restreindre, tout en donnant à l'Administration municipale toutes les garanties possibles.

M. *North.* Mon collègue Schnéegans a parfaitement fait ressortir la dépréciation actuelle des terrains compris dans l'alignement et dont l'expropriation ne se ferait que dans un temps très-éloigné. Je n'insiste plus sur ce point. Je crois cependant devoir déclarer que nous paraissons tous d'accord sur les droits que possède l'Administration de la ville de Strasbourg de prescrire un plan de construction pour les nouveaux quartiers, et que sous ce rapport elle doit posséder la plus grande latitude. Les intérêts de la Ville recevront donc une entière satisfaction, et je ne doute pas un instant que la Commission que vous choisirez ne tombe d'accord avec le Gouvernement pour donner une entière satisfaction aux droits de la Ville, tout en respectant les droits des propriétaires.

M. le baron *Zorn de Bulach.* Je crois que nous sommes tous d'accord pour souhaiter que Strasbourg devienne une ville importante et belle. Je ne veux donc insister que sur un point qui me semble dominer tous les autres. Quand une ville doit s'agrandir, il faut qu'on aime à y habiter, et je crois que le séjour de Strasbourg aura bien plus de charmes une fois que nous y aurons la Chambre des représentants du pays et un Conseil municipal. En accordant ces deux choses à la ville, vous y attirerez des personnes qui en étaient restées éloignées jusqu'à présent, vous en retiendrez d'autres qui sont prêtes à la quitter ; vous y ranimeriez la vie, la circulation, le commerce ; vous feriez de Strasbourg véritablement une grande ville. La question a donc un côté politique qui mérite d'être pris en sérieuse considération. Donnez une constitution à l'Alsace-Lorraine et faites qu'on ne puisse pas dire d'elle, comme l'a fait à juste titre remarquer M. Klein, dans son rapport sur les Kreis, que c'est un territoire administré, mais que ce n'est pas un pays libre. Alors Strasbourg ne sera pas trop grand ; alors ces palais et ces larges rues que vous voulez construire seront habités ; car vous aurez rendu le séjour de la ville agréable, vous aurez fait qu'on aime à y vivre. Dans la situation actuelle, au contraire, il est à craindre qu'elle ne diminue au lieu d'augmenter.

N'est-il pas vrai que les terrains ont déjà baissé, que les terrains ne valent pas ce qu'ils valaient avant la guerre ? Ce n'est pas là ce que nous espérions, quand nous avons voté l'agrandissement de la ville, la création de l'Université, votes que je suis loin de regretter pour ma part. On nous disait alors : Strasbourg deviendra une ville importante, la capitale intellectuelle du pays. Mais à quoi bon tout cela, si la ville n'est pas habitée ?

Je crois que nous ferons bien de saisir encore cette occasion de faire comprendre, non pas à l'Administration d'ici, qui, je me plais à le reconnaître, partage une partie de nos vœux et s'est déjà plus d'une fois rendue à nos désirs, mais plus loin et jusqu'à Berlin, que nous nous élevons au-dessus de nos intérêts matériels pour réclamer une fois de plus, la constitution politique qu'on nous a refusée jusqu'ici.

Sur la proposition de M. le Président, l'Assemblée décide de renvoyer la proposition à une Commission spéciale de sept membres.

On procède au vote par scrutin secret pour la nomination de cette Commission.

Sur 26 votants ont obtenu : MM. Schnéegans et North, 23 voix ; M. Klein, 22 ; M. le baron Zorn de Bulach, 21 ; M. Helbig, 19 ; M. Mieg-Kœchlin, 18 ; M. Nessel, 16 ; M. Kœchlin, 10 ; M. Fulter, 8 ; M. Goguel, 5 ; M. le docteur Rack, 3 ; MM. Bozon, Ditsch, Reuss, chacun 2 ; M. Kempf, 1 ; bulletin blanc, 1.

En conséquence MM. Schnéegans, North, Klein, de Bulach, Helbig, Mieg-Kœchlin et Nessel ayant obtenu la majorité absolue des suffrages, sont proclamés membres de la Commission.

L'ordre du jour étant épuisé, la séance est levée à 8 heures.

DÉLÉGATION D'ALSACE-LORRAINE.

Sixième Session.

COMPTE-RENDU OFFICIEL.

4ᵉ SÉANCE

30 janvier 1879, 4 heures de l'après-midi.

SOMMAIRE : Mode de publication des comptes-rendus; impression du texte des articles de loi visés dans les projets.

Président : M. Schlumberger.
Secrétaire : M. Schnéegans.
Présents : 25 membres.
Absents : MM. Blandin, Bozon, Lorette, Ritzenthaler et baron Zorn de Bulach.

Le Gouvernement est représenté par M. le conseiller supérieur Stempel et M. le conseiller baron du Prel.

L'Assemblée accorde les congés demandés par MM. Bozon, Lorette, Ritzenthaler et baron Zorn de Bulach.

M. le secrétaire *Schnéegans* donne lecture dans les deux langues du procès-verbal de la dernière séance, lequel est adopté.

M. le *Président* fait part à l'Assemblée que la Commission spéciale chargée de l'examen de la proposition n° 2 a nommé pour président M. Klein, et pour secrétaire M. Nessel.

Il communique ensuite les pétitions suivantes :

1° Une pétition de M. Gley, notaire à Saales, demandant une indemnité pour une partie de sa charge.

Renvoyée à la 2ᵉ Commission.

2° Une pétition de Mgr. l'évêque de Strasbourg, demandant que les frais de son secrétariat soient supportés par l'Etat.

Renvoyée à la 2ᵉ Commission.

3° Une pétition de la commune de Nothalten au sujet d'une loi contre la falsification du vin.

Renvoyée à la 4ᵉ Commission.

On passe à l'ordre du jour.

I.

Mesures à prendre pour la publication des comptes-rendus de l'Assemblée.

M. le *Président*, après avoir fait observer que l'objet de la convocation a semblé très-pressant, attendu qu'il s'agit d'arriver à une publication plus rapide déjà pour les comptes-rendus de la session actuelle, prie M. le secrétaire de communiquer à l'Assemblée les mesures jugées nécessaires à cet effet par le bureau.

M. *Schnéegans* expose que, comme vient de le dire M. le Président, le bureau s'est occupé immédiatement de la question qu'il considère comme très-importante. Quelque fâcheux que soit le mode de publication adopté jusqu'à présent par les journaux pour les comptes-rendus des séances de la Délégation, il s'explique et se justifie jusqu'à un certain point par la considération que ces comptes-rendus étant assez volumineux, leur publication immédiate et d'un seul jet entraînerait des frais considérables, puisqu'il faudrait presque tous les jours joindre un supplément spécial au journal. Comme on ne saurait faire retomber ce sacrifice uniquement sur la presse, le bureau est d'avis que l'Assemblée contribue dans une certaine mesure aux frais de publication et propose dans ce but le moyen suivant qui n'entraînerait qu'une dépense relativement minime. Au lieu du nombre habituel d'exemplaires, on en ferait imprimer un nombre beaucoup plus considérable, 10 000 par exemple. Le prix de revient de ce surplus d'exemplaires serait peu élevé, puisqu'on épargnerait les frais de composition qui à eux seuls sont quadruples des frais d'impression et de papier.

Les comptes-rendus seraient, contre un abonnement à prix réduit, tenus à la disposition des journaux, y compris le *Journal des Communes*, qui les enverraient immédiatement à leurs abonnés. Les comptes-rendus seraient ainsi publiés au fur et à mesure de leur impression, et la dépense qui en résulterait pour la Délégation ne serait que peu considérable.

M. *Grad* demande qu'au lieu d'envoyer les comptes-rendus numéro par numéro, du moins aux communes, on les envoie à la fin de la session en un volume broché.

M. le *Président* fait observer que de cette façon le but de la mesure serait manqué, puisqu'il importe avant tout

— 22 —

que les comptes-rendus soient publiés le plus rapidement possible, afin qu'ils aient un intérêt d'actualité pour le lecteur.

M. le commissaire du Gouvernement baron *du Prel* déclare que l'Administration n'a rien a objecter à la distribution des comptes-rendus aux abonnés du *Journal des Communes*.

M. *Nessel* est d'avis qu'il serait plus simple de faire clicher la composition des comptes-rendus et de mettre les clichés à la disposition des journaux qui voudraient publier les comptes-rendus.

Cette opinion est combattue par M. *Helbig* et par M. *Kœchlin*, qui ajoute toutefois que pour lui la mesure proposée par le bureau ne peut être que transitoire et que le véritable moyen serait de faire assister des représentants de la presse aux débats de l'Assemblée.

MM. *Klein, Fulter, Kœchlin* et *North* parlent encore en faveur de la proposition du bureau, après quoi, M. *Nessel* renonçant à la proposition qu'il avait émise, l'Assemblée décide à la majorité :

1° Que les comptes-rendus seront envoyés à tous les abonnés du *Journal des Communes*, dans les deux langues et aussitôt leur impression;

2° Qu'il en sera fait un tirage suffisant pour mettre à la disposition des journaux qui le demanderont, le nombre nécessaire pour le service de leurs abonnés, soit dans les deux langues, soit dans une seule, et cela avec une réduction sur le prix du tirage et du papier, à la condition de les distribuer au fur et à mesure de la réception; il est laissé à la latitude du Bureau de s'entendre dans ce sens avec les imprimeurs et avec les journaux.

M. *Mieg-Kœchlin* exprime le désir qu'il soit distribué aux membres de l'Assemblée, comme dans les premières années, un volume broché des comptes-rendus.

M. *Simonin* ajoute qu'il arrive parfois que des numéros du *Journal des Communes* se perdent et qu'il serait à désirer que dans ce cas les communes pussent en obtenir le remplacement.

II.

Proposition de M. Kœchlin tendant à faire imprimer et distribuer le texte des articles de loi visés dans les projets et les exposés des motifs.

M. le secrétaire *Schnéegans*, au nom du bureau qui a délibéré sur la proposition, fait un rapport verbal exprimant des doutes sur la valeur pratique de la mesure proposée. Reproduire tous les nombreux articles de loi visés dans les projets serait très-coûteux, prendrait beaucoup de temps et retarderait donc encore la distribution déjà tardive des projets de loi. M. le rapporteur fait du reste observer que dans certains projets de loi, par exemple dans celui concernant des restrictions à la liberté de construction dans les nouveaux quartiers de Strasbourg, le Gouvernement a reproduit plusieurs des lois auxquelles il s'est référé. Dans la plupart des cas l'indication des lois et des articles cités paraît suffire, il est facile de les retrouver dans les diverses bibliothèques qui sont accessibles aux membres de l'Assemblée. Si exceptionnellement l'impression de textes de loi plus difficiles à rechercher paraissait nécessaire, le bureau y avisera. Mais faire de cette impression un principe général et absolu présenterait des inconvénients sérieux.

M. *Kœchlin* insiste sur l'utilité et l'urgence de sa proposition. On pourrait à la rigueur faire abstraction de la reproduction des articles des Codes français et des nouvelles lois judiciaires; mais pour les autres textes cités qui sont disséminés dans une série de recueils qu'il faudrait aller consulter soit à la bibliothèque de la Présidence supérieure, soit à l'Université, il y a impossibilité matérielle pour les membres de l'Assemblée déjà surchargés de travail à faire les recherches nécessaires. Il prie finalement l'Assemblée de décider qu'en règle générale les textes en question soient imprimés, et de réserver au bureau la faculté de faire des exceptions à cette règle, quand il le jugera opportun seulement.

A la suite de ces observations il s'engage sur la question une discussion entre MM. *Schnéegans, Kœchlin, Fulter, Grad, Mieg-Kœchlin* et *North*, dans le cours de laquelle M. Fulter déclare aller plus loin que M. Kœchlin, et appelle l'attention toute particulière de l'Assemblée sur la nécessité absolue de créer une bibliothèque spéciale pour le Landesausschuss, lequel, à l'heure qu'il est, n'a même pas à sa disposition les volumes les plus indispensables.

M. le secrétaire *Schnéegans* s'associe vivement au désir exprimé à plusieurs reprises déjà par l'Assemblée de voir créer une bibliothèque. Ce serait combler une grande et regrettable lacune.

Ce vœu de créer une bibliothèque est également appuyé par MM. *Kœchlin, Grad, North* et *Bichelberger*, et M. *Simonin* propose de voter immédiatement un crédit de 1 000 ℳ pour les premiers frais d'achat de livres. Sur la proposition de M. *Fulter*, l'Assemblée charge le bureau de dresser au préalable un catalogue des ouvrages les plus nécessaires avec indication des prix.

Elle décide ensuite que le texte des articles de loi visés dans les projets sera imprimé à la suite de ces projets, sauf le cas où le bureau le jugerait inutile.

L'ordre du jour étant épuisé, la séance est levée à 5 heures et demie.

DÉLÉGATION D'ALSACE-LORRAINE.

Sixième Session.

COMPTE-RENDU OFFICIEL.

5ᵉ SÉANCE

5 février 1879, 2 heures et demie de l'après-midi.

SOMMAIRE : Communications diverses; Rapport du bureau sur la création d'une bibliothèque; 2ᵉ lecture du budget de la Présidence supérieure; 2ᵉ lecture du chapitre XIII du budget : autorités administratives communes avec l'Empire; 2ᵉ lecture du budget de l'Administration de l'Intérieur; 1ʳᵉ lecture de la Proposition Nᵒ 6 : projet de loi d'exécution pour le Code de procédure civile, la loi des faillites et le Code d'instruction criminelle.

Président : M. Schlumberger.

Secrétaire : M. Schnéegans.

Présents : Tous les membres, à l'exception de M. Blandin.

Le Gouvernement est représenté par M. le Président supérieur, MM. les conseillers supérieurs Stempel, Richter et Metz, M. l'avocat général de Puttkamer, M. le procureur impérial Rassiga et MM. les conseillers du Gouvernement Friedberg, Eberbach, baron du Prel, Carl, Dursy, Fleischauer, de Sybel, et MM. les assesseurs Dʳ Bickell et Jacob.

Le procès-verbal de la dernière séance est lu dans les deux langues par M. le secrétaire Schnéegans et adopté.

M. le *Président* fait part à l'Assemblée qu'il a reçu, de la part du Gouvernement, communication des pièces suivantes :

1ᵒ Projet de loi relatif à l'Administration des revenus domaniaux.

2ᵒ Mémoire sur la construction d'un chemin de fer de Teterchen à Thionville.

M. le *Président* communique ensuite à l'Assemblée que la Commission nommée dans la dernière session pour la création de chemins de fer d'intérêt local, et composée de MM. Ditsch, Fulter, Kœchlin, Nessel, North et Schlumberger, s'est réunie il y a quelque temps à Strasbourg, pour une séance, à laquelle ont assisté M. le conseiller de Sybel et MM. les directeurs des chemins de fer de l'Empire.

Le procès-verbal de cette séance est déposé sur le bureau.

M. le *Président* communique en outre les pétitions suivantes qui lui ont été présentées :

1ᵒ Pétition de M. Martin Müller, horticulteur, formant un supplément à une pétition antérieure du même. Renvoyée à la 4ᵉ Commission.

2ᵒ Pétition de M. Carl Eckert, demandant une concession d'auberge. Renvoyée à la 4ᵉ Commission.

3ᵒ Pétition venue de Sainte-Marie-aux-Mines, demandant la réduction de l'impôt sur le vin. Renvoyée à la 4ᵉ Commission.

4ᵒ Pétition de la commune de Liebsdorf demandant la transformation de sa succursale en cure. Renvoyée à la 2ᵉ Commission.

5ᵒ Une série de pétitions demandant l'établissement d'un Amtsgericht à Mutzig. Renvoyée à la 2ᵉ Commission.

6ᵒ Pétition des architectes agréés de la Haute-Alsace. Renvoyée à la 4ᵉ Commission.

L'Assemblée passe à l'ordre du jour.

I.

Création d'une bibliothèque pour le Landesausschuss.

M. le secrétaire *Schnéegans*, au nom du bureau, présente un rapport verbal duquel il résulte que le bureau a fait dresser une liste des livres les plus indispensables, liste qui est mise à la disposition des membres qui désireraient en prendre connaissance, et que l'achat et la reliure de ces livres, ainsi que l'aménagement du local destiné à la bibliothèque et cédé à cet effet par la Présidence du département de la Basse-Alsace, nécessiteront un crédit d'au moins 2000 ℳ

Le bureau propose de voter cette somme qui serait à prendre sur le budget du Landesausschuss.

Après une courte discussion entre MM. *Kempf, Mieg-Kœchlin, Grad, Kœchlin*, M. le *Président supérieur*, MM. *Nessel, Schnéegans, Fulter* et *Klein*, dans le cours de laquelle MM. *Nessel* et *Fulter* insistent particulièrement sur la nécessité d'installer la bibliothèque dans une pièce assez vaste et assez bien éclairée pour que les membres de l'Assemblée puissent aussi y travailler, la proposition du bureau

> „de voter pour la création et l'installation d'une bibliothèque un crédit de 2000 *M.* à prendre sur le budget du Landesausschuss"

est mise aux voix et adoptée.

M. *Grad.* Je prie M. le Président de vouloir bien prendre en considération une demande signée par un grand nombre de membres du Landesausschuss proposant la fondation d'un secrétariat permanent auquel nous pourrions nous adresser pour les affaires du Landesausschuss dans l'intervalle des sessions. La fondation de ce secrétariat se rattache naturellement à la création de notre bibliothèque, la même personne pouvant remplir à la fois les fonctions de bibliothécaire et de secrétaire. J'espère que le bureau voudra bien examiner notre proposition.

On passe au 2ᵉ objet de l'ordre du jour.

II.

Budget de la Présidence supérieure.

(Annexe V.)

1ʳᵉ COMMISSION.

Rapporteur : M. Baudry.

Le rapport a été imprimé et distribué aux membres vingt-quatre heures avant la séance. (Voy. Annexe 1.)

Recettes.

Le chap. 6, titres 1 à 2, avec 17 159 *M.*, est adopté sans discussion.

Dépenses ordinaires.

Chap. 14. Les titres 1 à 10 (*Traitements*) avec 245 850 *M.* ; 11 à 13 (*Autres dépenses pour le personnel*), avec 25 600 *M.* ; 14 à 19 (*Dépenses pour le matériel*), avec 52 400 *M.* ; 20 (*Fonds secrets*), avec 44 000 *M.* ; 21 (*Bureau littéraire*), avec 20 000 *M.*, et 22 (*Dépenses imprévues*), avec 46 000 *M.*, sont adoptés sans discussion, ainsi que la totalité du chapitre, avec 433 850 *M.*, et l'ensemble du budget de la Présidence supérieure.

III.

Dépenses communes avec l'Empire (Chapitre XIII des dépenses ordinaires).

1ʳᵉ COMMISSION.

M. *Baudry*, chargé par la Commission de présenter un rapport verbal, informe l'Assemblée que ce chapitre n'a pas donné lieu à critique au sein de la Commission. Il y a d'une part au titre 2 (*Cour des comptes de l'Empire*) une augmentation de 6050 *M.* pour indemnités de logement accordées à un conseiller et à cinq réviseurs de Potsdam qui s'occupent des affaires d'Alsace-Lorraine ; mais d'autre part, il y a lieu de signaler aussi une réduction de 8640 *M.*, de sorte qu'en somme il est permis de constater une économie de 2590 *M.* sur le budget correspondant de l'année précédente. La Commission propose donc l'adoption pure et simple du chapitre.

Le chap. 13, titres 1 à 4, avec 158 650 *M.*, est adopté sans discussion.

IV.

Budget de l'Administration de l'Intérieur.

1ʳᵉ COMMISSION.

Rapporteur : M. Baudry.

Le rapport a été imprimé et distribué aux membres conformément au règlement. (Voy. Annexe 2.)

Recettes.

Le chap. 8, titres 1 à 8, avec 408 105 *M.*, est adopté sans discussion.

Dépenses ordinaires.

Chap. 19 (*Présidences de département*). Les titres 1 à 8 (*Traitements*), avec 435 750 *M.* ; 9 à 11 (*Autres dépenses pour le personnel*), avec 67 800 *M.* ; 12 à 15 (*Dépenses pour le matériel*), avec 77 500 *M.*, sont successivement adoptés, ainsi que l'ensemble du chapitre avec 581 050 *M.*

Le chap. 20 (*Caisses départementales*), titres 1 à 7, avec 145 200 *M.*, est également adopté.

Chap. 21 (*Directions d'arrondissement*). Le titre 1, avec 117 300 *M.*, est adopté sans discussion.

Titre 2.

M. *Kœchlin.* Tout à l'heure, au chap. 19, nous avons voté un crédit pour la création d'une nouvelle place de conseiller à la Présidence de la Haute-Alsace. Nous voyons figurer ici, au titre 2, une somme de 72 900 *M.*, représentant les traitements et indemnités de logement de vingt Kreisassessoren. Or, si nous jetons les yeux sur l'aperçu des recettes et dépenses pour l'exercice 1877, nous remarquons qu'au lieu de 72 900 *M.* il n'a été dépensé à cet effet que 52 872 *M.*, ce qui revient à dire que l'Administration, se rendant en cela au désir souvent exprimé au sein de cette Assemblée, a supprimé de fait un certain nombre d'assesseurs. Il me semble que cette suppression de fait, nous devrions désormais l'établir en droit et consolider dans le budget même la diminution du nombre des Kreisassessoren, d'autant plus que nous venons d'augmenter celui des conseillers du Gouvernement. Je ne voudrais pas soumettre à l'Assemblée une proposition formelle tendant à supprimer un nombre déterminé d'assesseurs ; mais je crois que, eu égard aux dépenses économisées de fait, l'on pourrait sans exagération demander la suppression de quatre de ces fonctionnaires et réduire ainsi de vingt à seize le nombre porté au budget.

M. le *Président supérieur* se prononce contre une réduction actuelle du nombre des Kreisassessoren. La question soulevée par M. Kœchlin est encore à l'état d'essai. Le Gouvernement ne manquera pas de proposer lui-même des diminutions, dès que ces essais auront amené un résultat sérieux. A l'heure qu'il est, la suppression inopinée d'une partie des places en question présenterait bien des inconvénients.

M. *Grad.* Messieurs, Je ne vois pas d'inconvénient à maintenir provisoirement, suivant le désir de M. le Président supérieur, le crédit porté au budget de 1879 pour honoraires de vingt assesseurs des directeurs de cercle. L'Administration paraît disposée à nous diminuer successivement une partie des dépenses inscrites à ce chef. Toutefois, nous devons insister sur la suppression des emplois d'assesseurs partout où ces suppressions seront possibles, d'autant plus que ce rouage superflu n'existe pas dans l'organisation des cercles en Prusse, sur laquelle se trouve calquée cette partie de l'Administration en Alsace-Lorraine.

L'Administration des cercles m'oblige à faire une autre observation. Lors de notre dernière session, vous le savez, le Landesausschuss a écarté un projet de loi tendant à modifier l'organisation des cercles en Alsace-Lorraine. Nous nous sommes prononcé contre ce projet, parce qu'à nos yeux il devait entraîner une augmentation des pouvoirs des Kreisdirektors. Plusieurs de nos collègues se sont plaints à la même occasion d'une ingérence excessive des directeurs de cercles dans les affaires municipales. Nous avons constaté que ces fonctionnaires ont une tendance à empiéter trop sur les attributions des maires. J'ai là, entre les mains, une série de documents qui mettent en évidence des abus de pouvoir regrettables de nos Kreisdirektors. Je vous demande la permission de vous donner lecture d'une seule de ces pièces. Il s'agit d'une lettre du directeur de cercle de Colmar, prescrivant au maire de Sainte-Croix-en-Plaine la révocation de son secrétaire et de l'appariteur de la commune. La lettre est ainsi conçue :

„Monsieur le maire, je vous engage à dénoncer immé-
„diatement après lecture de cette disposition, leur emploi,
„au secrétaire de mairie Birgentzlé et à l'appariteur Weiss,
„pour cause d'une attitude inconvenante pour des fonction-
„naires municipaux lors des dernières élections.
„Dans l'espace de deux jours, vous aurez l'obligeance de
„m'indiquer que vous vous êtes conformé à cela. J'attends
„aussi, pour la fin de ce mois, votre rapport sur les per-
„sonnes que vous aurez nommées en place des susdits à
„l'emploi de secrétaire de mairie et d'appariteur.
„Le Kreisdirektor.
„Colmar, 15 août 1878."

Se je relève ce fait, entre beaucoup d'autres récemment survenus sur différents points du pays, c'est que les fonctionnaires municipaux ne dépendent nullement des directeurs de cercle. La loi du 18 juillet 1837 réserve la nomination et le remplacement des fonctionnaires municipaux aux maires des communes. La liberté électorale n'autorise pas non plus nos administrateurs à se venger sur les personnes qui ne se soumettent pas à la candidature officielle. L'apaisement des esprits ne se trouve pas favorisé par ces mesures de rigueur. Si le Gouvernement désire le respect de la loi, à ses fonctionnaires d'en donner l'exemple. En tout cas, l'ordre de révocation signifié au maire de Sainte-Croix-en-Plaine constitue un abus de pouvoir qui ne peut passer sans désaveu. Un acte pareil fait toujours une impression fâcheuse sur l'opinion publique. Nous espérons que ces faits ne se reproduiront plus à l'avenir et ne soulèveront plus dans nos communes des dissensions regrettables, dissensions auxquelles l'ordre public ni le Gouvernement n'ont rien à gagner.

M. *Baudry.* Il se peut que les faits allégués par M. Grad se passent dans certains cercles, mais de pareilles ingérences de la part des Kreisdirectoren dans des affaires qui ne sont pas de leur ressort doivent se produire bien rarement, et je puis affirmer, pour ma part, que jamais rien de semblable ne s'est passé dans le Kreis de Thann.

Le titre 2 est adopté, ainsi que les titres 3, 4 et 5 et le total des titres 1 à 5 avec 338 025 ℳ

Sont de même adoptés les titres 6 à 7 (*Dépenses pour le matériel*) avec 90 000 ℳ, et le total du chapitre 21 avec 428 025 ℳ

Le chapitre 22 (*Directions de police*), titres 1 à 9 avec 454 725 ℳ, 10 avec 1 800 ℳ, 11 à 14 avec 34 270 ℳ est également adopté et arrêté au total de 490 795 ℳ

Au chapitre 23 (*Commissaires de police cantonaux*), M. *Kœchlin* appelle de nouveau l'attention bienveillante de l'Administration sur la position des commissaires de police, laquelle est absolument provisoire et, par suite, très-précaire.

M. *Kempf* demande si la situation de ces fonctionnaires ne sera pas modifiée par la nouvelle organisation judiciaire et principalement par la loi sur les „Amtsgerichte".

M. le *Président supérieur* répond qu'en effet la nouvelle organisation des „Amtsgerichte" touche aussi les commissaires de police. La position future de ces derniers dépend surtout de la question de savoir, parmi quels fonctionnaires se recruteront les „Amtsanwälte". C'est pourquoi il ne serait pas rationnel d'introduire dès à présent des modifications dans cette matière; il paraît indiqué d'attendre jusqu'après l'organisation des „Amtsgerichte" et la nomination des „Amtsanwälte".

Le chapitre 23, avec 220 000 ℳ, est adopté, de même le chapitre 24 (*Gendarmerie*), titre 1 à 14, avec un total de 793 481 ℳ.

Chapitre 25 (*Etablissements pénitentiaires*), titre 9 (*Rémunérations*).

M. *Grad.* Le budget rectificatif ou, pour parler plus correctement, la révision des comptes pour l'exercice de 1877 indique une dépense en moins de 507 ℳ sur la somme votée pour cette année comme rétributions des aumôniers attachés au service des prisons.

A la maison des jeunes détenus de Haguenau, les fonctions d'aumônier catholique ont été remplies, à titre intérimaire, par un vicaire de la localité, depuis la fin de 1876 jusqu'en 1878. Cet aumônier a touché ses honoraires pour les huit premiers mois de l'année 1878, mais sans rien obtenir pour la durée de ses services en 1876 et en 1877. La somme des honoraires pour le poste en question s'élève à 350 ℳ, et des raisons d'équité nous engagent à d'en prélever le montant sur le crédit disponible de 507 ℳ en faveur du vicaire qui a rempli les fonctions. Cela pour l'année 1877 au moins, les honoraires ayant été payés pour l'année 1876 à l'aumônier de la Maison centrale de Haguenau, qui a fait pendant la même année quelques instructions à la Maison des jeunes détenus. Une somme votée pour un poste déterminé revient nécessairement à la personne qui a rempli ce poste.

M. *Baudry*, rapporteur, répond que, tout en reconnaissant l'exactitude des observations de M. Grad, il n'a pas cru devoir les mentionner dans le rapport sur le budget pour l'exercice 1879/80.

M. *Fulter* fait observer que la première Commission a été récemment saisie d'une pétition contenant les réclamations de l'intéressé, mais qu'elle ne s'en est pas encore occupée, vu qu'elle veut au préalable recueillir les explications de M. le commissaire du Gouvernement. La Commission se réserve de présenter plus tard un rapport écrit ou verbal sur la question.

M. *Grad*. Je tiens à constater que la somme demandée pour l'aumônier catholique de la Maison des jeunes détenus a été votée au budget de 1877 et que l'aumônier qui a rempli les fonctions n'a rien touché pour ses services en 1877. Cette somme étant encore disponible, il est juste d'accorder à l'aumônier la somme qui lui est due.

Les titres 1 à 9, avec 302 546 *M*, sont adoptés, de même le titre 10, avec 19 280 *M* et les titres 11 à 19 avec 596 570 *M*, après les observations suivantes échangées entre M. Goguel et M. le conseiller du Gouvernement Friedberg, au sujet du titre 18 (*Frais d'entretien des établissements pénitentiaires d'Ensisheim et de Haguenau et de la Maison de correction pour garçons à Haguenau*).

M. *Goguel*. Le titre 18 a subi sur le crédit du budget précédent une augmentation de 1500 *M*, destinée à la Maison de correction pour garçons de Haguenau.

D'après l'estimation de l'architecte, l'installation de cet établissement est incomplète, à l'heure qu'il est, et insuffisante ; il faut donc des fonds pour les travaux d'installation nécessaires. Mais je me demande quelle est la différence entre les travaux à exécuter à l'aide du crédit de 78 000 *M* porté au chap. 5 des dépenses extraordinaires pour la construction de nouveaux bâtiments et ceux pour lesquels est émargée cette somme de 1500 *M* Il me semble que cette dernière somme est insuffisante pour l'installation définitive de la Maison de correction, et je demanderai à l'Administration si réellement et pour quelles raisons ce crédit lui paraît suffire.

M. le conseiller *Friedberg*, commissaire du Gouvernement, répond que le crédit émargé au chap. 5, titre 2 de l'extraordinaire, est destiné à couvrir les frais de construction des nouveaux bâtiments pour la Maison de correction, et que le titre 18 ne sert qu'à couvrir les frais d'entretien courants de cet établissement. Le crédit du titre 18 a dû être augmenté de 1500 *M*, par suite du surcroît de frais d'entretien qu'amèneront les nouveaux bâtiments, et cette augmentation paraît complètement suffire aux besoins.

L'ensemble du chap. 25, avec 918 396 *M*, est adopté, ainsi que les chap. 26 (*Frais de recrutement militaire*), avec 11 500 *M*, et 27 (*Frais de confection des registres de l'état civil*) avec 12 000 *M*

Au chap. 28 (*Frais d'édition des feuilles officielles*) M. *Kœchlin* recommande à l'Administration de chercher à faire parvenir plus exactement aux abonnés le *Journal des communes*. Le dernier numéro du journal qui ait paru est celui du 31 octobre 1878. Dans le courant de l'année 1878, on envoyait aux communes quatre ou cinq numéros à la fois, puis l'on laissait s'écouler un long espace de temps sans en distribuer aucun. Or il importe beaucoup qu'on fasse arriver régulièrement le *Journal des communes*, pour que les personnes qui le lisent puissent se tenir au courant des nouvelles officielles.

M. le *Président supérieur* reconnaît le bien-fondé de la plainte formulée par M. Kœchlin et ajoute que les retards ont été occasionnés par des lenteurs d'imprimerie. L'Administration tâchera de porter remède à l'inconvénient signalé et engagera, en cas de besoin, un autre imprimeur.

M. *Reuss* fait observer que dans la journée d'hier il a été au bureau du journal et qu'on lui a remis à cette occasion les numéros 20, 21 et 22. Ces numéros n'ont pas encore été distribués à domicile.

Le chap. 28, avec 71 988,66 *M*, est adopté, ainsi que le chap. 29 (*Frais généraux de police*) avec 9000 *M*

Chap. 30 (*Service médical*).

M. *Nessel*. A l'occasion des médecins d'arrondissement, j'ai formulé, il y a quelques années déjà, dans une autre enceinte une proposition qui n'a pas été acceptée et que, pour ne pas fatiguer l'Assemblée, je ne veux pas renouveler aujourd'hui. Cette proposition tendait à supprimer les médecins d'arrondissement. Je suis ancore aujourd'hui du même avis ; mais puisque le Gouvernement paraît attacher une grande importance au maintien de ces fonctionnaires, je m'abstiens de recommencer une lutte inutile.

Cependant, je profiterai de cette occasion pour demander au Gouvernement si, tout en maintenant les médecins d'arrondissement, il n'y aurait pas moyen d'améliorer la situation des médecins cantonaux. La proposition citée plus haut avait en effet pour but de reporter sur ces derniers les traitements des médecins d'arrondissement supprimés. Actuellement les médecins cantonaux ont des traitements vraiment ridicules. C'est 600 francs dans tous les cantons où il y a deux médecins, et 1000 francs dans les rares cantons qui n'ont qu'un seul médecin cantonal. Aussi ce traitement ne suffirait-il même pas pour couvrir leurs frais matériels, frais de voiture par exemple, s'ils voulaient accomplir consciencieusement une partie seulement de leur mission. Il est évident qu'à ce prix on ne peut rien exiger. De là, des plaintes multiples contre les médecins cantonaux que la population accuse de ne pas remplir leur devoir. Ces plaintes sont souvent fondées, mais les médecins me paraissent excusables en ne remplissant que la partie la plus indispensable de leurs fonctions, car en définitive on ne saurait exiger d'un homme plus qu'il ne peut donner. Pour obtenir de bons services, il faut rémunérer en conséquence. Je crois que si l'on supprimait, à l'heure qu'il est, les médecins cantonaux, le dommage ne serait pas grand et les populations rurales n'en seraient guère émues ; mais il faut reconnaître aussi que le peu de services que ces médecins rendent actuellement sont une conséquence forcée de leur rétribution insuffisante. Si l'on veut retirer de l'institution un véritable avantage, il faut se décider à une augmentation de traitement ; dans ce cas, je suis convaincu que les médecins cantonaux rendront des services réels. Je serais enchanté si cette augmentation pouvait-être amenée comme suite naturelle de la suppression des médecins d'arrondissement. En tout état de cause, je recommande la position des médecins cantonaux à toute la sollicitude du Gouvernement.

M. le *Président supérieur*. Les médecins cantonaux sont une institution départementale ; leur traitement concerne donc uniquement le budget du département, et non celui de l'Etat. Pour ma part, je n'aurais aucune objection à ce que le département augmentât ce traitement. Quant aux médecins d'arrondissement, il ne paraît guère opportun de les supprimer. Leurs services sont indispensables dans l'intérêt de l'hygiène publique et de la police médicale, qui n'est pas toujours bien compris des médecins cantonaux.

M. *Speckel*. Je trouve que M. Nessel a parfaitement raison de se plaindre du peu de services rendus par les médecins cantonaux. Mais il est impossible à ces derniers de visiter pour 600 francs tous les malades qui sont sur leurs listes dans les différentes communes, et il s'ensuit que les malades pauvres ne reçoivent en général pas de soins. Souvent aussi, il arrive que les médecins cantonaux soient pris de la ville et négligent alors complètement les malades des petites communes rurales qui sont un peu éloignées de leur domicile. Cet inconvénient disparaîtrait, si l'on nommait les médecins cantonaux parmi ceux demeurant dans les communes rurales, au lieu de les chercher dans les villes. Actuellement, les médecins cantonaux des villes ne visitent pas les petites communes, et celles-ci paient donc sans avoir de médecin.

M. le Dr *Rack*. Je me permettrai de faire observer que ce ne sont pas les soins des médecins cantonaux qui manquent aux pauvres, mais bien plutôt les moyens de se procurer les médicaments prescrits par le médecin. Les communes devraient également payer les médicaments, et les plaintes dont on parle disparaîtraient.

M. *Kœchlin*. Quoique ce soit là une question purement départementale, je ferai remarquer à M. Rack que dans mes environs toute ordonnance délivrée par le médecin cantonal à un indigent est tout simplement présentée au pharmacien qui fournit gratuitement les remèdes, et est ensuite rapportée à la mairie, pour être payée par la commune.

M. *Baudry*. Chez nous, c'est également la commune qui paie les médicaments en question. Seulement il arrive parfois — et c'est là un fait qu'en général on ignore — que les pauvres vendent l'ordonnance au lieu d'employer les médicaments prescrits. Un cas de ce genre s'est présenté dernièrement encore dans ma commune.

M. *Lorette*. A Thionville on en agit de même que dans le canton de M. Kœchlin. Cependant, il y a des plaintes générales contre les médecins cantonaux, parce que ceux-ci se dispensent de visiter les indigents.

M. *North* fait observer que le chapitre 30 du budget ne concerne que les médecins d'arrondissement qui ont été institués dans un intérêt d'hygiène générale. Les médecins cantonaux sont rétribués par le département. Or, l'Assemblée doit se restreindre ici à discuter et à voter les chapitres du budget qui lui sont soumis.

Le chapitre 30, titres 1 à 4, avec 38 500 ℳ, est adopté.

Chapitre 31 (*Assistance publique*).

M. *Goguel*. Je désirerais appeler la sollicitude de l'Administration sur la situation des sourds-muets et des aveugles. Les ressources émargées pour secourir ces malheureux sont loin d'être suffisantes.

D'après les renseignements officiels acquis en 1873, l'Alsace-Lorraine comptait 1724 sourds-muets, savoir :

La Basse-Alsace	672
La Haute-Alsace	571
La Lorraine	481
Total	1724

Parmi ces 1724 sourds-muets, il y avait 340 enfants de 6 à 14 ans, se répartissant comme suit sur les trois départements :

Basse-Alsace	130
Haute-Alsace	110
Lorraine	100
Total	340

Ces enfants devraient tous aller à l'école, mais, faute d'un nombre suffisant d'établissements spéciaux, ils sont pour la plupart abandonnés à eux-mêmes ou à leurs parents qui ne peuvent pas les élever convenablement. Les trois établissements spéciaux existants en possédaient 115, savoir :

L'école de Metz	52
L'institut Kilian	18
L'institut Jacoutot	45
Total	115

Parmi ce nombre, il se trouvait sans doute encore des enfants étrangers à l'Alsace-Lorraine.

Il est évident que l'Etat devrait accorder des subventions plus grandes pour venir plus efficacement en aide à ces déshérités et mettre les établissements ci-dessus à même d'en recevoir un plus grand nombre. En dehors des établissements de l'Etat, il y a des établissements privés qui méritent toute confiance et qu'il serait bon d'encourager en créant un plus grand nombre de bourses.

Dans la situation actuelle, les directeurs sont souvent obligés de refuser des demandes d'admission et de renvoyer des enfants. En offrant des secours plus larges, l'État accorderait non-seulement un bienfait, mais ferait un acte de première nécessité.

La situation précaire des aveugles mérite à un plus haut degré encore notre sollicitude. Il y avait en Alsace-Lorraine, d'après les données officielles de 1873, 1374 aveugles, savoir :

Dans la Basse-Alsace	508
„ „ Haute-Alsace	464
„ „ Lorraine	402
Total	1374

Parmi ces 1374 aveugles se trouvaient 205 enfants de 6 à 14 ans. Et il n'y a qu'un seul établissement pour tous ces malheureux ! C'est l'établissement privé d'Illzach, dans la Haute-Alsace, qui certes accomplit noblement sa tâche, mais dont les ressources sont insuffisantes pour subvenir à tous les besoins. Ici aussi l'Etat devrait donner des encouragements et accorder des bourses en plus grand nombre.

M. le *Président supérieur* répond que son attention a toujours été portée sur cette question. L'Etat a déjà créé un établissement de sourds-muets à Metz ; d'autres établissements de ce genre peuvent encore être créés dans la suite. De même, la création d'un établissement d'aveugles a été mise à l'étude, mais ce projet s'est heurté à bien des difficultés. Il est à croire cependant que bientôt un crédit pourra être dans ce but émargé au budget.

M. *Goguel* insiste sur la nécessité de fonder un plus grand nombre de bourses.

M. *Kœchlin*. Dans l'aperçu des recettes et dépenses pour l'année 1877, nous trouvons une série de chiffres qui nous intéressent au point de vue financier. Mais en dehors de la question financière, il serait intéressant de connaître aussi les attributions des différentes sommes dépensées en 1877. Comment, dans l'espèce, les 11 268 ℳ du titre 4 et les 27 303 ℳ du titre 5 de l'aperçu des dépenses ont-ils été attribués ? L'Administration pourrait-elle nous indiquer les établissements subventionnés et les sommes accordées à chacun d'eux ?

M. le *Président supérieur* répond que cette indication pourra être donnée.

Le chap. 31 est adopté avec un total de 128 196,29 ℳ

Sont de même adoptés les chap. 32 (*Frais d'entretien des tombes de militaires*), avec 17 000 ℳ, et 33 (*Frais de voyage, etc.*), avec 9 600,05 ℳ

La récapitulation des dépenses ordinaires est mise aux voix et adoptée. Le total des dépenses ordinaires est arrêté à 3 874 732 ℳ

Dépenses extraordinaires.

Chap. 3 (*Subvention au département de la Haute-Alsace pour la construction d'un bâtiment pour la direction de police à Mulhouse*), 1er versement, 30 000 ℳ

M. *Kœchlin.* La subvention portée à ce chapitre se rapporte à la construction d'un bâtiment pour la Kreis-direction de Mulhouse, lequel doit en même temps servir à la direction de police qui est à la charge de l'Etat. D'après l'explication donnée en marge, la dépense totale pour le nouveau bâtiment est évaluée à 190 000 ℳ Cette évaluation n'est qu'approximative ; le montant des dé-penses dépend beaucoup de l'emplacement choisi pour la construction, c'est-à-dire du prix du terrain. Je crois qu'il serait utile de ne subordonner la subvention qu'à la con-dition que le bâtiment fût construit suivant un plan agréé par l'Etat et sans la faire dépendre d'une dépense donnée.

Le chap. 3 est adopté.

Au chap. 4 (*Subventions à des départements et à des communes pour la construction de tribunaux cantonaux et de prisons*), M. *Baudrg*, rapporteur, fait observer que ce cré-dit n'a pas encore été discuté au sein de la Commission, parce qu'on a cru utile d'attendre, avant d'en aborder l'examen, les décisions y relatives de la Commission de justice.

M. *Kœchlin.* A l'occasion du chap. 4, je ferai remar-quer à l'Assemblée que, dans sa dernière session, le Con-seil général de la Haute-Alsace a pris la résolution sui-vante relativement aux prisons départementales :

„Der Bezirkstag ist bereit, die dem Bezirk an Ge-fängnissgebäuden und Grundstücken zustehenden Eigen-thums- und Nutzungsrechte dem Staate unentgeltlich gegen Uebernahme der fraglichen Kosten zu überlassen, und würde darnach die Bewilligung eines Credits aus Bezirksfonds erst dann in Frage kommen, wenn nach Be-rathung im Landesausschusse der Staat es ablehnen sollte, die fraglichen Einrichtungs- und Unterhaltungskosten zu übernehmen."

Ces „fragliche Kosten" étaient des frais demandés au Conseil général du Haut-Rhin, comme du reste aux autres Conseils généraux, pour la part des départements dans les dépenses pour l'augmentation et l'installation nouvelle des prisons nécessitées par l'introduction des lois judiciaires de l'Empire.

Je crois que décharger les départements de ces frais aux conditions indiquées par le Conseil général du Haut-Rhin, serait la véritable solution de la question. Les com-munes garderaient alors les charges actuelles ; l'Etat supporterait le reste.

M. *le Président supérieur.* La question soulevée par M. *Kœchlin* a été prise en sérieuse considération par le Gouvernement, et il est possible que dans le courant de la session actuelle, il soit encore soumis à ce sujet une propo-sition à l'Assemblée.

Sur la proposition de M. *Kœchlin*, l'Assemblée décide d'ajourner provisoirement le vote du chapitre 4.

Le chapitre 5 (*Administration des prisons*), titres 1 à 4, avec 87 460 ℳ, est adopté sans discussion, ainsi que le chapitre 6 (*Assistance publique*), avec 100 000 ℳ

Le total des dépenses extraordinaires avec 357 460 ℳ, est mis aux voix et adopté, sauf le chapitre 4 réservé avec 140 000 ℳ

L'ensemble du budget de l'Administration de l'intérieur est ensuite adopté sous la même réserve.

V.

Première lecture du projet de loi sur l'exécution du Code de procédure civile, du Code des faillites et du Code d'instruction criminelle; Proposition N° 6.

La discussion générale est ouverte.

M. *Goguel.* En prenant la parole sur ce projet, je ne veux pas entrer dans la question même, je veux simple-ment exprimer le regret que nous n'ayons pas été saisis plus tôt d'une proposition aussi importante. Autant que je puis en juger, elle exigerait une étude toute spéciale et je crains bien que nous n'ayons pas été en état de lui consa-crer toute l'attention qu'elle mériterait. Pour moi, j'ai fait mon possible ; mais je regrette d'avoir à dire que le temps m'a manqué pour un examen approfondi.

M. *Schnéegans.* Je n'aurai que peu de chose à dire à titre de discussion générale sur le projet de loi qui nous est présenté. Ce projet consiste en une série de dispositions de détail et ne présente pas, comme celui de l'année dernière concernant la loi sur l'organisation judiciaire, des questions générales d'une nature aussi élevée. Les trois lois auxquelles il a rapport ont exclusivement le caractère de lois de procédure et de pratique judiciaire.

Ce n'est pas à dire pour cela que le projet soit peu intéressant et ne mérite pas grande attention. La tâche qui lui est assignée est au contraire des plus impor-tantes : il s'agissait en effet tout d'abord de remplir les lacunes que la législation de l'Empire avait laissées avec intention à la réglementation des législations particulières, ensuite de mettre les lois nouvelles en harmonie avec la législa-tion civile existante et de déterminer certaines formes de la matière non contentieuse ; enfin, il fallait, pour la période de transition, prendre certaines dispositions relatives aux affaires pendantes à l'époque de l'entrée en vigueur des nouvelles lois. Tout cela constitue un travail extrê-mement long et important et je ne puis que m'associer au regret exprimé par M. Goguel sur la brièveté du temps qui nous a été laissé pour examiner le projet. Moi, par exemple, je n'ai pas été en mesure jusqu'ici de lui consa-crer toute l'étude et toute l'attention qu'il exige.

Je sens ma responsabilité particulière engagée dans la question et je crois qu'elle serait compromise par un examen peu approfondi de la loi, j'hésite donc pour ma part à entrer en discussion. Il est évident que même pour le juriste une loi de cette nature ne doit pas seulement être lue, ou même relue superficiellement. Elle ne traite il est vrai que des points de détail, qui à première vue paraissent peu importants ; mais une étude plus attentive y fait rencontrer une foule de questions épineuses et difficiles et de disposi-tions importantes, touchant aux principes mêmes de notre droit civil. Comme je ne puis faire cette année une étude préalable en pleine liberté et à tête reposée, je déclare qu'il m'est impossible d'accepter la responsabilité d'une discus-sion précipitée. Cette discussion exigerait un travail prépa-ratoire, pour lequel j'ai besoin d'un terme un peu prolongé, car je ne crois pas qu'en dehors des travaux courants de cette session, il me reste assez de temps pour étudier suffi-samment la loi.

Si donc nous ne voulons pas voter, les yeux fermés, le projet du Gouvernement, en lui en laissant seul la respon-sabilité, il n'y aurait qu'un moyen, ce serait d'obtenir une suspension ou une prorogation de la session actuelle. Nous achèverions les autres travaux jusque vers la fin du mois et on reprendrait la session dans deux ou trois mois, ce qui permettrait à une Commission nommée à cet effet de préparer pendant cet intervalle la seconde discussion du projet. Je déclare quant à moi que dans la situation actuelle il me serait impossible d'entrer dans ce travail d'une façon sérieuse.

Il ne s'agit pas seulement en effet d'étudier le projet actuel, il faut encore revoir les lois de l'Empire elles-mêmes auxquelles il a rapport. Car ces matières, quoiqu'on les ait déjà étudiées, ne sont pas encore suffisamment connues, elles n'ont pas encore passé *in succum et sanguinem*. Quand on a comme moi, par exemple, blanchi sous les harnais de la procédure française et qu'il faut à un certain âge redevenir étudiant, le travail n'est plus aussi aisé, l'assimilation ne se fait que difficilement. Je conseille donc très-sérieusement à l'Assemblée de suivre le moyen que je lui ai indiqué.

M. le *Président supérieur*. Je désirerais faire observer que le mode de procéder recommandé par M. Schnéegans n'a été suivi jusqu'ici dans aucune session de la Délégation, et que je ne puis donc savoir s'il sera adopté ou non. Nous sommes en première lecture : il faut donc avant tout nommer une Commission qui devra se mettre immédiatement à l'examen du projet. La première difficulté que je verrais à cette façon d'agir, serait que le Reichstag ne serait plus réuni à l'époque indiquée. Or, cette Assemblée ayant toujours le droit de s'occuper de la législation particulière du pays, il faudrait attendre la prochaine réunion, et il serait à craindre que la loi ne pût plus être votée à temps. La mesure me paraît donc présenter des inconvénients; en tous cas, je ne crois pas qu'il faille dès le début se prononcer en faveur d'une prorogation.

M. *Kœchlin*. Je crois que nous devons avoir pour premier point de vue de charger le moins possible notre session d'été, dans laquelle la besogne ne nous manquera pas, ainsi qu'il est facile de le prévoir en lisant l'exposé des motifs du présent projet. Nous aurons en effet à examiner une loi sur les Conseils de prud'hommes, une loi sur la procédure en matière forestière et encore deux autres lois judiciaires. Il y aurait donc tout avantage à terminer dans la session actuelle les propositions qui nous sont soumises. Quand jusqu'ici nos Commissions étaient saisies d'une question, elles ont travaillé, discuté, fait leur rapport et la session était close après discussion en séance plénière. Aujourd'hui M. Schnéegans nous propose de nommer une Commission qui travaillerait plus longtemps que les autres et dans l'intervalle des deux sessions. Je crois que ce n'est pas absolument nécessaire et surtout qu'il ne faut pas remettre à une session déjà chargée la discussion de la loi. On pourrait, quand les autres propositions seraient votées, s'ajourner pour quelques jours, sans fixer la date de la prochaine séance et laisser ainsi, par une interruption de fait, à la Commission le temps de préparer son rapport. J'ajouterai que, comme profane, il me semble que cette loi renferme bien des dispositions qui ne donneront pas lieu à grande discussion; je ne crois pas qu'elle nous donne plus de travail que celle qui nous a été présentée l'été dernier.

M. *North*. Si notre mission devait se borner à l'examen des divers paragraphes du projet de loi qui vous est soumis, la tâche qui vous est imposée serait bien simplifiée. Le projet de loi ne réglemente que quelques questions spéciales dont la solution présente plus ou moins de difficultés qu'il faut examiner en détail et qui ne peuvent pas donner lieu à des observations générales.

Mais si on pense qu'il serait utile que notre législation actuelle, en tant qu'elle existe encore, fût mise en rapport avec la nouvelle législation de l'Empire, alors, Messieurs, la tâche est énorme, et sous ce rapport je partage entièrement les susceptibilités de mon collègue M. Schnéegans. Un pareil examen nécessite non-seulement une parfaite connaissance de notre ancienne législation, mais encore une parfaite connaissance des nouvelles lois de l'Empire que nous ne pouvons modifier d'aucune façon. Ces lois sont rédigées dans un tout autre esprit que celui qui a servi de base à notre ancienne législation. Elles tiennent compte d'usages et de lois qui nous sont étrangers.

J'ai parcouru, pour ma part, ces lois; j'y ai trouvé des dispositions sur la portée desquelles je ne puis pas encore bien me fixer et que la Cour de cassation interprétera peut-être dans un tout autre sens que nous pourrions le faire d'après nos habitudes. J'ai entrevu une foule de difficultés dont il est très-difficile de donner la solution aujourd'hui, et qui ne pourront se régler que par la jurisprudence, c'est-à-dire après une foule de procès engagés entre les particuliers.

Je crois que c'est à cause de ces difficultés mêmes que le Gouvernement a introduit le § 48 du projet de loi, qui abroge toutes nos lois anciennes, en tant qu'elles sont contraires aux lois de l'Empire sur la procédure civile et la procédure criminelle, ou aux dispositions réglant les faillites et à la loi que vous êtes appelés à voter.

Ce n'est pas là la solution que j'aurais voulu voir donner aux diverses questions qui peuvent se présenter et il y aurait un avantage pour le public de savoir nettement quelles sont les lois qui restent encore en vigueur. Malheureusement, je crois qu'il est matériellement impossible d'arriver à faire une loi semblable. Les difficultés sont trop grandes et on serait exposé à donner des interprétations aux lois de l'Empire qui ne seront pas consacrées par la Cour de cassation, et je crains beaucoup que la solution indiquée par le projet de loi soit la seule possible. Un examen attentif et consciencieux de la Commission que vous nommerez pourra seul vous fixer sur ce qui lui semblera le plus utile sous ce rapport.

Si j'ai demandé la parole, c'est plutôt pour me livrer à quelques observations générales qu'à des questions de détail.

Les lois judiciaires de l'Empire sont le premier pas de l'Empire vers une législation uniforme, et, à ce point de vue, l'Allemagne n'a qu'à s'en féliciter. Mais pour nous, ils nous apportent une très-grande perturbation dans notre situation. Nous avions une législation uniforme, une jurisprudence qui s'est nettement établie par une pratique de 75 à 80 ans. Les procès étaient rares chez nous, et ces nouvelles lois nous font recommencer une série d'expériences nouvelles et occasionneront chez nous une foule de procès jusqu'à ce qu'une nouvelle jurisprudence se soit établie. Ces lois aussi n'ont pas seulement trait à la procédure, mais elles apportent de très-graves modifications même à notre loi civile. Une des plus graves est l'admission indéfinie de la preuve testimoniale. Bien plus, la preuve testimoniale est placée au-dessus de toutes les autres preuves. Un acte authentique qui jusqu'ici faisait foi de son contenu, qui ne pouvait être attaqué que par la procédure difficile de l'inscription en faux, peut désormais être contesté par la simple preuve testimoniale.

Ce sont là des principes qui étaient bons autrefois, mais à notre époque où chacun doit savoir lire et écrire, il me paraît plus rationnel de forcer les parties à constater leurs conventions par écrit. Nous ne pouvons pas repousser cette innovation, mais il me semble qu'il est utile dès aujourd'hui de signaler notre opinion à ce sujet, afin que plus tard, lorsque les nombreux inconvénients de cette procédure se seront manifestés, on arrive à une modification de cette disposition.

Quant au projet de loi qui vous est soumis, j'appuie la demande faite par M. Schnéegans de le renvoyer à une Commission spéciale.

M. le baron *Zorn de Bulach*. Je ne comptais pas prendre la parole dans cette discussion; car je n'entends pas grand'chose, je l'avoue, aux questions de justice. Mais il y a un mot de M. Schnéegans qui m'a vivement frappé. Sentant bien que c'est à lui que nous nous adresserions s'il s'agissait de voter cette loi rapidement, M. Schnéegans a dit qu'il ne pouvait pas assumer la responsabilité d'étudier le projet en si peu de temps. Mais si un homme comme M. Schnéegans, qui est au courant de toutes ces questions, n'a pas le temps de l'étudier, nous autres, à qui elles sont étrangères, nous l'avons bien moins. J'en reviens donc à ce que j'ai toujours dit: qu'il est bien fâcheux que notre Assemblée soit si peu nombreuse. Je demande pardon de revenir toujours à cette même question, qui devient un peu mon *delenda est Carthago*; mais cela est nécessaire. Dans un pays jouissant d'une Constitution, le nombre des membres serait plus grand et il y aurait plus de spécialistes pour chaque matière, de sorte qu'on ne serait pas forcé de recourir toujours pour certaines questions aux lumières d'un seul membre, qui, quels que soient sa compétence et son bon vouloir, ne peut pas suffire à tout ce travail. Ce qui se présente ici, se présentera dans une foule d'autres circonstances. La loi qu'on nous soumet a 48 articles; or, je le demande, qui de nous pourra étudier ces articles, quand M. Schnéegans demande deux à trois mois à cet effet? Je me joins donc aux conclusions présentées par M. Schnéegans, pour demander que la loi soit renvoyée à une Commission spéciale.

M. le premier avocat général *de Puttkamer*, commissaire du Gouvernement. Je ne crois pas devoir entrer dans la discussion sur le mode de procéder qu'adoptera le Landesausschuss au sujet du projet de loi qui lui est présenté. Je tiens seulement à faire valoir que, malgré l'étendue et l'importance de la loi, elle n'exigera pourtant pas une délibération aussi longue et aussi difficile qu'on paraît le croire. Une grande partie des dispositions qui s'y trouvent ne sont que des conséquences des lois de l'Empire; qu'on les approuve ou qu'on ne les approuve pas, on ne peut donc rien y changer. Il en est ainsi, par exemple, de l'admission de la preuve testimoniale dont a parlé M. North; c'est une disposition d'exécution des lois de l'Empire; les autres pays de droit français ont été obligés de l'adopter également. A cette occasion, je tiens aussi à donner quelques explications sur le retard apporté dans la présentation du projet. Aussitôt après l'adoption des lois de l'Empire, les gouvernements des divers pays se sont mis à l'œuvre pour adapter leurs lois particulières à la nouvelle législation. Comme on a voulu, dans l'intérêt de l'unité de la législation, établir une certaine uniformité entre les lois d'exécution des différents pays de droit français, il a fallu attendre que ces derniers aient élaboré leurs projets. Or, la Bavière et la Prusse rhénane viennent seulement de les présenter aux Chambres, de sorte qu'il a été impossible d'avoir plus tôt un aperçu des dispositions prises dans ces pays pour y faire subsister l'un à côté de l'autre le Code civil et les Codes de procédure de l'Empire. Si l'on n'avait pas attendu jusqu'à ce moment, on aurait couru risque d'introduire pour l'Alsace-Lorraine des dispositions trop en désaccord avec celles de ces pays, et on aurait ainsi gravement compromis l'unité de législation que l'on cherche à atteindre pour toute l'Allemagne.

Nous possédons maintenant les délibérations et les votes des Chambres bavaroise, prussienne et badoise, et je me ferai un devoir de les mettre à la disposition de la Commission que vous nommerez pour l'examen du projet. Cet aperçu des lois d'introduction aux lois judiciaires de l'Empire qui ont été adoptées dans les autres pays de droit français facilitera considérablement les travaux du Landesausschuss, et c'est là un avantage qui compense suffisamment la présentation tardive du projet. J'ajouterai encore que le projet prussien, quoique beaucoup plus volumineux, a été débattu en très-peu de temps au Landtag et n'a fait l'objet que d'un rapport très-court, justement parce que la plupart des dispositions ne peuvent être indifféremment adoptées ou rejetées, mais sont la conséquence logique des lois de l'Empire. Je répondrai encore à la critique que M. North a faite de l'article 48 du projet. Deux voies étaient ouvertes au législateur: il pouvait ou bien codifier et énumérer toutes les dispositions abrogées, ou bien ordonner dans une clause générale l'abrogation de toutes les dispositions contraires, en laissant à la jurisprudence le soin de résoudre tous les doutes qui pourraient s'élever. La Prusse, la Bavière ont pris ce dernier parti.

Le Gouvernement badois était d'avis de l'adopter également; mais le Landtag a été d'une opinion contraire et s'occupe depuis un an d'énumérer spécialement chacune des dispositions abrogées, travail si long que très-probablement il ne pourra être terminé à temps. D'ailleurs ce système présente aussi des inconvénients matériels. Si les tribunaux étaient d'avis qu'une disposition quelconque du droit civil devait être considérée comme abrogée par une des lois de l'Empire, ils seraient en droit de ne pas appliquer cette disposition quand même elle ne serait pas comprise dans l'énumération officielle des dispositions abrogées, attendu que la loi de l'Empire passe avant les lois particulières. Il est donc beaucoup plus simple et plus pratique de ne pas entrer dans tous ces détails et de s'en remettre à la jurisprudence des tribunaux et notamment du tribunal suprême de l'Empire.

A l'appui de cette opinion, je ferai valoir encore qu'elle a été très-vivement soutenue par l'un des jurisconsultes les plus éminents de l'Allemagne, M. le professeur Renaud, de Heidelberg. Le scrupule exprimé par M. North ne me paraît donc pas fondé.

Je crois, en terminant, devoir répéter encore une fois que la délibération de la loi ne présentera pas autant de difficultés que l'ont cru les honorables préopinants.

M. *Schnéegans*. Je partage l'avis de M. de Puttkamer au sujet de la clause générale établie à la fin du projet. Mais pour le reste, je crois qu'il se place un peu dans la situation de celui qui se trouve devant une difficulté vaincue, devant une œuvre accomplie. S'il veut bien se reporter au travail préparatoire qu'il a dû faire pour élaborer le projet, il m'accordera qu'il faut une étude longue et sérieuse. J'ai vu que les autres pays se sont longuement occupés de cette loi. Si devant le Landtag prussien la question a passé plus vite, cela tient à ce que la loi est en Prusse chose tout à fait nouvelle et fait table rase avec la législation actuelle, tandis qu'en Alsace-Lorraine, où les principes les plus fondamentaux de la législation existante restent en vigueur, il est bien plus difficile d'adapter les nouvelles dispositions aux anciennes. En Bavière le travail a déjà été plus long, et dans le pays de Bade, je sais qu'il a été très-long et très-pénible. M. le professeur Renaud y a soumis le travail de la Commission à une critique sérieuse, et ce n'est qu'après beaucoup de peines qu'on est arrivé à faire une loi. Il y a donc des difficultés très-sérieuses, et je sens, quant à moi, ma responsabilité particulièrement engagée, puique je suis à peu près seul au courant des intérêts et des besoins de la procédure. Pour l'organisation judiciaire, MM. les notaires pouvaient également nous prêter leur concours : ici, comme c'est exclusivement de procédure qu'il s'agit, c'est sur moi que retombera tout le travail, et je ne voudrais pas m'en charger sans m'y être sérieusement préparé. Nous pouvons toujours en attendant nommer une Commission, en réservant la question de la prorogation.

Sur la proposition de M. Mieg-Kœchlin, l'Assemblée décide qu'il sera nommé une Commission de sept membres.

La séance est suspendue pour cinq minutes.

On passe ensuite à la nomination des membres de la Commission.

Sur 28 votants, MM. Schnéegans et North obtiennent chacun 26 voix; M. Nessel, 23; MM. Kœchlin et Kempf, 18; M. Thomas, 15; M. Ditsch, 12; M. Simonin, 11; MM. Klein et Lorette, 9; M. Grad, 6; M. Fulter, 5; M. Auscher, 4; MM. Goguel, de Bulach et Rack, 3; M. Junger, 2; MM. Rudolf, Ritzenthaler et Mieg-Kœchlin, chacun 1.

MM. Schnéegans, North, Nessel, Kœchlin, Kempf et Thomas ayant obtenu la majorité des voix sont proclamés membres de la Commission.

On procède ensuite à un nouveau scrutin pour la nomination du septième membre.

MM. Ditsch, Klein et Simonin prient leurs collègues de reporter sur quelque autre membre les voix qu'ils ont bien voulu leur donner.

Sur 28 votants obtiennent :

M. Simonin, 15 voix; M. Goguel, 3; MM. baron de Bulach, Klein, Ditsch, Helbig et Auscher, chacun 2.

M. Simonin ayant obtenu la majorité des voix, est proclamé membre de la Commission.

La séance est levée à 5 heures moins le quart.

DÉLÉGATION D'ALSACE-LORRAINE.

1ʳᵉ Commission.

RAPPORT DE M. BAUDRY.

Budget de la Présidence supérieure.

Messieurs,

Votre première Commission chargée d'examiner le budget de la Présidence supérieure pour l'année 1879-1880 n'a aucune observation à faire, car sauf une augmentation de 14 ℳ au chapitre des recettes et une autre de 6600 ℳ à celui des dépenses, augmentation justifiée par le besoin d'un conseiller en plus pour la surveillance des travaux publics, le présent budget reste le même que celui de 1878.

Il y a lieu de féliciter et de remercier le Gouvernement de l'économie qui préside à l'administration de la Présidence supérieure.

Le rapporteur,

CH. BAUDRY.

DÉLÉGATION D'ALSACE-LORRAINE.

1re Commission.

RAPPORT DE M. BAUDRY.

Budget de l'Administration de l'Intérieur..

Messieurs,

Votre première Commission, après un examen sérieux du budget de l'Administration de l'intérieur pour l'exercice de 1879-80, a constaté au chapitre des recettes une augmentation sur le budget de 1878 de

ℳ 15 000 produit du travail d'un plus grand nombre de détenus,

„ 73 684 des amendes de police, etc., etc.

Par contre il y a lieu de signaler au même chapitre une réduction de 630 marcs pour indemnités de chauffage perçues en moins.

Dans les dépenses ordinaires figure une augmentation de ℳ 6 300 pour la création d'une place de conseiller à la Présidence du département à Colmar reconnue nécessaire. Toutefois cette dépense se trouve amortie par une réduction de ℳ 150, portant sur trois fonctionnaires qui, tant à Strasbourg qu'à Colmar, sont logés gratuitement.

Le nombre des prisonniers ayant augmenté dans une assez forte proportion, le chapitre des dépenses concernant les prisons s'en ressent tout naturellement, et il en résulte les augmentations qui suivent et qui sont assez marquantes, mais qu'on ne saurait en quelque sorte éviter.

ℳ 9 075 pour un plus grand nombre de surveillants par suite de l'augmentation du chiffre des prisonniers;

„ 480 rémunération d'une troisième surveillante à la Maison de correction près de Haguenau;

„ 240 augmentation du traitement de l'aumônier de la prison de Haguenau;

„ 2 400 traitement d'un troisième instituteur pour la Maison de correction près de Haguenau;

„ 150 rémunération à l'organiste catholique de la prison départementale à Metz.

„ 120 pour indemnités de logement à divers fonctionnaires;

ℳ 500 augmentation jugée nécessaire et à ajouter au fonds de 4 000 marcs, toujours par suite du plus grand nombre de prisonniers, dans le but de couvrir les frais d'employés auxiliaires ainsi que les dépenses de l'instruction;

„ 3 000 augmentation prévue par le budget du premier trimestre de 1879;

„ 80 000 augmentation prévue par le budget du premier trimestre de 1879;

„ 1 500 conséquence de l'agrandissement des bâtiments de la Maison de correction près de Haguenau;

„ 3 500 pour transport d'un plus grand nombre de prisonniers.

L'augmentation du chiffre des dépenses quant aux prisons est notable, mais elle est justifiée par de grands besoins. Un de nos collègues qui tout dernièrement a visité l'établissement de Haguenau, ainsi que la Maison de correction qui en est tout près, a reconnu non-seulement l'urgence, mais encore la nécessité absolue de faire quelque chose en faveur de ces institutions. Sans doute qu'il en est des autres établissements de ce genre comme de ceux de Haguenau.

Le recrutement militaire nous vaut également une nouvelle dépense de 1 000 ℳ pour loyer, éclairage, chauffage et balayage des salles de recrutement dans les communes qui ne possèdent point de local ad hoc.

La grande quantité de publications à faire ayant exigé des suppléments, il résulte de ce fait une augmentation de dépenses de 500 marcs.

Enfin l'entretien des tombes militaires et les indemnités dues aux propriétaires de terrains sur lesquels se trouvent ces tombes ont exigé 7 350 ℳ en sus de la somme portée an budget précédent.

Le *Journal des communes d'Alsace-Lorraine* doit percevoir une somme inférieure de 51 988 ℳ à celle de l'exercice précédent, et les subventions aux communes sont plus élevées de 21 696 ℳ, ceci uniquement parce que les amendes de police ont eu un rendement supérieur. Ce n'est donc pas à proprement parler une augmentation de dépenses, la chose étant prévue par les ordonnances du 30 décembre 1823 et du 25 juin 1852.

Si les dépenses ordinaires présentent une augmentation sensible sur le budget précédent, il est bon de faire observer qu'il existe une diminution de 12 940 ℳ sur les divers services.

Aux dépenses extraordinaires se trouvent portées les sommes suivantes:

ℳ 30 000   Subvention de la Haute-Alsace pour la construction d'un bâtiment de direction de police à Mulhouse;

" 140 000   pour subventions aux départements et aux communes pour la construction de tribunaux cantonaux et des prisons;

ℳ 78 000   pour construction d'écuries et d'une grange avec grenier à houblon et d'un calorifère destiné à la Maison de correction près de Haguenau;

" 780   pour l'aménagement d'une troisième salle d'école dans la susdite Maison de correction, dépense reconnue urgente;

" 7 800   pour la construction de cellules à coucher isolées réclamées par les besoins de surveillance pour les deux établissements de Haguenau.

Sauf ces modifications, le présent budget ne diffère point de celui de 1878.

Le rapporteur,

Ch. Baudry.

DÉLÉGATION D'ALSACE-LORRAINE.

Sixième Session.

COMPTE-RENDU OFFICIEL.

6ᵉ SÉANCE
7 février 1879, 2 heures et demie de l'après-midi.

SOMMAIRE : Communications diverses; 2ᵉ lecture du budget de l'Administration des douanes, des contributions indirectes et de l'enregistrement.

Président : M. Schlumberger.

Secrétaire : M. Schnéegans.

Présents : Tous les membres, à l'exception de MM. Blandin et Lorette.

Le Gouvernement est représenté par M. le Président supérieur, M. l'avocat général de Puttkamer, MM. les conseillers de Sybel, Fleischauer et Carl, et M. l'assesseur Dʳ Roller.

M. le secrétaire *Schnéegans* donne lecture, dans les deux langues, du procès-verbal de la dernière séance, qui est adopté.

M. le *Président supérieur* : Messieurs, je suis chargé de vous transmettre les remercîments de Sa Majesté l'Empereur aux félicitations que vous avez bien voulu exprimer dans votre séance d'ouverture, par l'organe de votre doyen d'âge, à l'occasion de l'heureux rétablissement de Sa Majesté. Voici la lettre que Sa Majesté a adressée à ce sujet au Chancelier de l'Empire :

„Dans votre rapport du 28 janvier courant, j'ai lu avec plaisir que le Landesausschuss d'Alsace-Lorraine, lors de l'ouverture de sa session actuelle, a prié, par l'organe de son doyen d'âge, le Président supérieur de vouloir bien me transmettre les félicitations de l'Assemblée à l'occasion de mon rétablissement. Je suis agréablement touché de cette marque de cordiale sympathie et vous charge de faire parvenir au Landesausschuss, par l'entremise du Président supérieur, l'expression de mes remercîments.

„Berlin, le 3 février 1879.

Signé : GUILLAUME.

Pour le Chancelier de l'Empire,
Signé : Herzog.“

Au Chancelier de l'Empire.

L'Assemblée se lève et M. le président *Schlumberger* exprime les sentiments de tous les membres de l'Assemblée, en déclarant qu'ils sont vivement touchés de cette réponse de Sa Majesté.

M. le président fait part que la Commission spéciale II, chargée d'examiner le projet de loi Nᵒ 6, s'est constituée et a nommé pour président M. *Kœchlin* et pour secrétaire M. *Schnéegans*.

Il fait part ensuite qu'il a renvoyé à la 3ᵉ Commission la proposition Nᵒ 7 relative au chemin de fer de Teterchen à Thionville, en y joignant le procès-verbal de la séance tenue récemment à Strasbourg par la Commission spéciale pour les chemins de fer d'intérêt local.

M. le président communique en outre à l'Assemblée qu'il a reçu les pétitions suivantes :

1ᵒ Pétition d'un certain nombre de propriétaires de Strasbourg au sujet du projet de loi tendant à restreindre la liberté de construction dans les nouveaux quartiers de Strasbourg. Renvoyée à la Commission spéciale I.

2ᵒ Pétition de plusieurs représentants de Compagnies d'assurance contre l'incendie. Renvoyée à la 1ʳᵉ Commission.

3ᵒ Pétition d'un vicaire de Haguenau relative à son traitement. Renvoyée à la 1ʳᵉ Commission.

On passe à l'ordre du jour.

I.

2ᵉ lecture du budget de l'Administration des douanes, des contributions indirectes et de l'enregistrement.

3ᵉ Commission.

Rapporteur : M. *Thomas*.

Le rapport a été imprimé et distribué à tous les membres conformément au règlement (voir l'annexe).

RECETTES.

Chapitre 4. *(Compensation par l'Empire, des frais de perception et d'administration des douanes.)*

M. *Grad.* Messieurs, le rapport de notre Commission des finances demande que la caisse de l'Empire rembourse à l'Alsace-Lorraine le montant total de nos dépenses pour l'Administration des douanes et des contributions indirectes. A plusieurs reprises le Reichstag a reconnu le fondé de cette proposition, dont M. North vous a déjà exposé les motifs lors de votre première session. N'ayant encore pu obtenir satisfaction, je vous prie de vouloir m'autoriser à y revenir aujourd'hui. On nous dit depuis des années que le Conseil fédéral est saisi de la question, mais la solution se fait trop attendre. Le pays nous presse de persister dans nos instances auprès du Gouvernement.

Si nous jetons un coup d'œil sur le projet de budget pour le prochain exercice nous constatons ceci: D'une part les douanes et les contributions indirectes sont sensées fournir à l'Empire un *rendement proportionnel* de 12 077 676 *M.* pour l'Alsace-Lorraine, somme sur laquelle le Gouvernement nous fait une remise de 1 327 830 *M.* pour l'année budgétaire de 1878-1879, le chiffre des recettes présumées pour l'année prochaine ne m'étant pas encore connu. La bonification pour les frais d'administration des douanes et des contributions indirectes au compte de l'Empire, s'élèverait ainsi à moins de 11 pour 100 du *rendement proportionnel* compté pour l'Alsace-Lorraine. J'emploie à dessein l'expression de *rendement proportionnel*, le rendement réel de ces taxes étant probablement plus élevé chez nous où la quantité des articles consommés par tête d'habitant paraît dépasser la moyenne générale de l'Allemagne, en sorte que la proportion des bonifications doit être même inférieure à 11 pour 100. J'ajoute que pour l'exercice de 1879-1880, la bonification ou la remise inscrite au budget provisoire est de 1 317 710 *M.* seulement, par conséquent un peu moindre que l'année dernière, ainsi que les frais.

Dans notre organisation actuelle, l'Administration des douanes et des contributions indirectes est également chargée du contrôle et de la perception des impôts particuliers de l'Alsace-Lorraine. Elle est chargée pour le compte propre du pays des impôts sur le vin et la bière, tandis qu'elle administre pour le compte de l'Empire les douanes et les impôts sur le sel, le tabac et l'eau-de-vie, sur les cartes à jouer et le timbre des effets de commerce. De plus, notre service de l'enregistrement se trouve réuni au service des contributions indirectes sous une direction commune. Mettons-nous à part le service de l'enregistrement et admettons-nous pour ce service un tiers des frais de direction et des dépenses générales qui lui sont communes avec le service des contributions indirectes et des douanes, le projet de budget actuel nous donne pour cette dernière Administration 3 306 895 *M.* de dépenses annuelles contre 5 338 430 *M.* de recettes. Ces recettes se décomposent ainsi: bonifications de l'Empire, 1 317 710 *M.*; impôt du vin, 2 281 000 *M.*; impôt sur la bière, 1 247 400 *M.*; droits de licences, amendes et recettes diverses, 501 320 *M.*

A raison d'une bonification de 1 317 710 *M.*, comptée à 11 pour 100 du rendement présumé des douanes et des contributions indirectes au compte de l'Empire, les recettes de ce service au compte de l'Empire doivent s'élever chez nous à environ 11 979 200 *M.* Les recettes propres à l'Alsace-Lorraine sont estimées par contre à 4 020 720 *M.* Cela fait ensemble 15 999 920 *M.* de recettes en tout, contre 3 306 865 *M.* de dépenses communes au pays et à l'Empire, soit plus de 20 pour 100 de frais d'administra-

tion. Or, l'Administration a soutenu que les frais de contrôle et de perception pour l'impôt du vin et de la bière ne dépassent en aucun cas la proportion de 15 pour 100 des recettes. D'après les débats antérieurs du Landesausschuss, les dépenses de ces deux impôts, les seules qui soient propres au pays, restent même au-dessous de 12 pour 100 des recettes. Pourtant, nous admettons pour un instant 15 pour 100 de frais sur le produit de ces deux impôts sur le vin et sur la bière, ce qui fait sur 3 528 400 *M.* de recettes, environ 529 000 *M.* de frais. Mais nous avons 3 306 895 *M.* de dépenses communes pour l'Empire et le pays, et l'Empire nous bonifie seulement de 1 317 710 *M.* Déduction faite de la bonification de l'Empire et des frais provenant des impôts sur le vin et la bière, il reste un excédant de dépenses de 1 460 000 *M.* au préjudice de la caisse du pays, déboursé pour l'Administration des douanes et des contributions indirectes de l'Empire. Depuis huit ans que dure cette situation, l'Alsace-Lorraine subit à ce chef une charge de dix à douze millions de marcs, dont en bonne justice la restitution nous serait due!

Messieurs, dans le décompte ci-dessus nous avons admis 15 p. 100 de frais d'administration pour les impôts particuliers du pays, au lieu de la proportion de 12 p. 100 constatée antérieurement. Sous le régime français les frais d'administration des douanes et des contributions indirectes n'ont pas dépassé 8 p. 100 des recettes; ils ont atteint seulement 6,2 p. 100, en y comprenant le service de l'enregistrement. Un même rendement des impôts nous coûtait donc trois fois moins cher en 1870 qu'en 1878, car le dernier budget voté en France, avant l'annexion, se chiffrait pour l'exercice de 1871 par 1 232 366 000 fr. de recettes contre 76 081 645 fr. de dépenses. Non-seulement la proportion des frais a augmenté pour nous par rapport à l'Administration française, mais ces frais sont encore plus élevés en Alsace-Lorraine qu'en Prusse, par le fait de l'augmentation des traitements. Quelques chiffres puisés dans les documents officiels expliqueront mon assertion. Ainsi dans l'Administration des contributions indirectes et des douanes, qui nous occupe en ce moment, le traitement d'un inspecteur s'élève de 4000 à 6000 fr. en France, de 4125 à 6375 fr. en Prusse, de 5060 à 7500 fr. en Alsace-Lorraine; le traitement d'un contrôleur de 2700 à 3000 fr. en France, de 2710 à 3750 fr. en Prusse, de 3560 à 4875 fr. en Alsace-Lorraine; le traitement d'un douanier ou préposé ordinaire de 800 à 850 fr. en France, de 1125 à 1687 fr. en Prusse, de 1687 à 1962 fr. en Alsace-Lorraine. Pour bien faire ressortir la situation, avant et après l'annexion, rappelons simplement qu'en 1870 un capitaine des douanes touchait de 2000 à 2400 fr. au poste de Saint-Louis, sur la frontière de la Suisse, tandis qu'en 1878 un simple garde touche sur le même point de 1687 à 1960 fr. par année. Si le Gouvernement, qui a organisé sur notre frontière le service des douanes, accordait les mêmes traitements sur les frontières de la Prusse, nous n'aurions point d'objection contre l'élévation de ces traitements. Nous ne serions pas non plus fondés à nous plaindre si ces dépenses exagérées étaient supportées directement par l'Empire au lieu d'être prélevées sur notre caisse particulière. A eux seuls, les suppléments locaux, les *Ortszulagen* payés chez nous comme une solde de campagne en pays étranger, suppléments inconnus dans les autres Etats de l'Allemagne, s'élèvent à plus de 600 000 *M.* pour l'Administration des contributions indirectes et des douanes.

Nous ne récriminons pas. Nous demandons seulement que nous soyons traités sur un pied d'égalité avec les autres pays allemands. Nous payons volontiers nos contributions, à condition que ces contributions ne dépassent pas la part proportionnelle des autres citoyens de l'Empire. Or l'Empire ne nous rembourse pas la moitié des sommes que nous dépensons, ou plutôt qui sont prélevées sur notre caisse pour le service des douanes et des contributions indirectes. Chiffres officiels en main, je viens de vous montrer que nous dépensons au compte d'une Administration de l'Empire la somme de 2 777 000 ℳ contre une remise de 1 317 000 ℳ Chaque année l'Alsace-Lorraine subit ainsi un sacrifice de près d'un et demi million, contrairement à toute obligation. Quoi d'étonnant que notre population se plaigne d'être maltraitée? quoi d'étonnant que ses représentants se fassent l'écho de ces plaintes? A ne considérer pour le moment que les douanes, en dehors du service des contributions indirectes, le produit des recettes est évalué au budget de l'année courante à 10 144 260 ℳ, avec une bonification de 1 166 160 ℳ seulement, soit 11,6 p. 100 du produit brut. Au lieu d'une remise de 11,6 p. 100 faite à l'Alsace-Lorraine pour des dépenses beaucoup plus élevées relativement que dans n'importe quel autre pays allemand, le pays de Bade obtient sur le produit des douanes une bonification de 15 p. 100, la Bavière 18 p. 100, le duché d'Oldenbourg 64 p. 100, les sommes payées par la caisse de l'Empire pour les bureaux des douanes des villes anséatiques étant encore de 16 p. 100 à Hambourg, de 23 p. 100 à Lubeck, de 27 p. 100 à Brême. Bref, l'écart entre les déboursés et les bonifications est beaucoup plus considérable chez nous que partout ailleurs, comme l'a reconnu la Commission du budget de l'Alsace-Lorraine au Reichstag. Le rapporteur de cette Commission, M. Bühl, constata à la séance du 10 décembre 1875 que si en Bavière et en Wurtemberg l'excédant des dépenses sur la remise pour le service des douanes imposait à ces deux pays une charge de quelques pfennigs par tête d'habitant, il y avait en Alsace-Lorraine, „par tête de la population, environ *un mark* que le pays verse, pour le prélèvement des impôts de l'Empire et des droits de douanes, *en plus* qu'elle ne perçoit pour cela.“

Afin de vous faire toucher du doigt l'inégalité des bonifications et le préjudice éprouvé par notre pays, permettez-moi, Messieurs, de vous indiquer d'après l'état des douanes au budget de l'Empire pour l'exercice de 1878-1879, en regard des recettes proportionnelles calculées pour les différents pays que je citais à l'instant, la somme des remises pour bonification et le développement des frontières ou de la ligne des douanes. Nous avons ainsi :

1878-1879	RECETTES BRUTES.	BONIFICATION totale.	p. 100.	Frontière douanière.
Alsace-Lorraine. . .	10 144 160 ℳ	1 166 160 ℳ	11	65 6 milles
Baden.	4 830 500 »	768 240 »	15	41 9 »
Bavière	6 109 820 »	1 149 840 »	18	151 5 »
Oldenbourg	523 350 »	338 600 »	64	35 1 »
Lübeck	997 810 »	234 190 »	23	?
Brême.	1 678 560 »	437 420 »	26	?
Hambourg.	4 388 170 »	713 400 »	16	?

Pourquoi les bureaux des douanes en Alsace-Lorraine seraient-ils placés dans des conditions différentes des bureaux douaniers des villes hanséatiques? Comment justifier la différence entre les offices de Lübeck et de Brême et ceux de Strasbourg ou de Metz? On nous objectera que l'Administration des douanes dans les villes hanséatiques se trouve en dehors de l'ancien domaine du Zollverein, et que, par conséquent, elle dépend directement de l'Empire, qui en doit supporter les charges. Mais notre pays a-t-il jamais fait partie du Zollverein allemand? L'Administration des douanes chez nous ne dépend-elle pas aussi directement de l'Empire? Entre le service des douanes à Strasbourg et à Hambourg, il n'y pas d'autre différence que celle-ci. A Hambourg, l'*Empire* paie la totalité des frais, tandis que l'*Alsace-Lorraine* les couvre à Strasbourg. La Constitution de l'Empire, qui règle le mode de perception des douanes pour les différents Etats allemands, mais sans rien stipuler pour l'Alsace-Lorraine, dit à l'article 36 : „La „perception et l'administration des douanes et impôts de „consommation (art. 35) incombe à chaque Etat dans la „mesure où il les a jusqu'à présent exercées dans son „domaine.“ Et la Constitution ajoute comme quoi le *produit des douanes coule dans la caisse de l'Empire, après déduction des frais d'administration et de perception.* En ce qui concerne particulièrement les douanes, sont à déduire du produit brut des recettes, les *dépenses exigibles pour la garde et la perception des douanes sur les frontières extérieures et dans la zone des frontières.*

Une loi du *25 juin 1873* introduit en Alsace-Lorraine la Constitution de l'Empire revisée. Nulle part notre pays est désigné comme un Etat de l'Union ; nulle part il n'est question pour nous de stipulations particulières concernant l'Administration des douanes. Le droit de souveraineté sur notre pays appartient à l'Empire. Dans tous les actes publics, l'Alsace-Lorraine a la modeste qualification de *Reichsland*, non celle d'un Etat souverain. Nous n'avons pas conclu de traité avec le Zollverein. Nous n'avons pas organisé l'Administration des douanes dans notre domaine. En aucune manière, l'article 36 de la Constitution ne s'applique chez nous. Tous les Etats allemands sont liés entre eux par des traités douaniers. Chacun organise à sa convenance l'Administration des douanes et des contributions indirectes dans son ressort. Chacun nomme les fonctionnaires et les agents dans son domaine. Chacun obtient la remise en bonification de ses frais, suivant les stipulations fixées à l'article 16 de la loi du 8 juillet 1867 sur l'Administration des douanes. Encore une fois, tandis que les conditions de l'Administration des douanes et des contributions indirectes, au profit de l'Empire, sont fixées régulièrement pour les anciens Etats de l'union douanière allemande, nous n'avons aucun traité, aucune convention pour régler chez nous ces conditions. Sans un déni de justice, que le Gouvernement ne peut laisser subsister, les charges excessives que nous supportons pour compte de l'Empire ne peuvent être maintenues à notre détriment.

J'ai fini, Messieurs, et je vous prie d'excuser ce long exposé. La dernière fois que notre budget a été voté au Reichstag, il y a deux ans, j'ai déclaré que si le Conseil fédéral persistait à ne pas donner satisfaction à nos légitimes revendications, le Landesausschuss se trouverait dans l'alternative de refuser les crédits proposés pour le service des douanes et des contributions communes de l'Empire. Aujourd'hui, je ne vous proposerai pas de recourir à ce moyen extrême. Mais vous n'avez pas oublié la déclaration des commissaires du Gouvernement, qui nous ont promis à Berlin de soumettre la question à l'examen du Bundesrath. Plusieurs années de suite, le Reichstag a adopté, sur la proposition de la Commission du budget, une résolution demandant un traitement plus équitable de l'Alsace-Lorraine et la modification du mode de perception des douanes et des contributions indirectes dans notre pays. Nous demandons instamment au Gouvernement de hâter la solution de cette difficulté. Nous ne réclamons point de privilége ni de faveur. Nous voulons simplement que l'Alsace-Lorraine ne supporte pas de charges exceptionnelles plus élevées que celles des différents Etats de l'Empire. De deux choses l'une : ou bien l'Empire devra nous rembourser intégralement toutes les dépenses pour le service des douanes et des contributions communes, ou bien il prendra à sa charge directe ou immédiate toute cette Administration. Le jour où justice nous sera faite, où nous obtiendrons satisfaction, l'économie réalisée sur le service des contributions indirectes nous permettra de changer, sans gêner notre budget, l'impôt sur le vin et l'impôt sur les bouilleurs de crû, dont notre population réclame depuis si longtemps la réforme.

M. *North*. Dans votre première session, en 1875, j'avais été chargé par votre Commission des finances de faire le rapport sur ce chapitre du budget. J'ai examiné la question que M. Grad vient de traiter, et au point de vue du droit, et au point de vue financier. — J'ai établi que l'article 36 de la Constitution de l'Empire ne s'applique qu'à un Bundesstaat, que nous ne formons qu'un Reichsland administré par l'Empire, et qu'aucune des raisons qui ont pu déterminer les autres Bundesstaaten de l'Empire d'Allemagne à se charger de la perception, pour le compte de l'Empire, des droits de douanes et autres impôts indirects, n'existent pour nous. — J'ai fait ressortir, en outre, qu'on comprend parfaitement que ces pays se soient imposés certains sacrifices pour rester maîtres de leur administration intérieure, mais que nous n'avons pas les mêmes motifs qu'eux, puisque c'est l'Empire qui nous administre. A ces motifs, il a été répondu à Berlin que, si nous ne formons pas un Bundesstaat, nous n'en faisons pas moins partie de l'Empire d'Allemagne, et que nous devons supporter les mêmes charges que les autres pays de l'Empire. — Je dois déclarer que nous ne sommes pas les seuls à protester contre l'inégalité qui existe entre les divers Etats pour les charges résultant de la perception des droits de douanes pour le compte de l'Empire. — Il y a des pays, comme la Bavière, la Saxe, par exemple, qui ont une grande frontière à surveiller comme nous, et qui supportent ces charges dans une plus grande proportion que les pays qui ont une frontière plus restreinte, ou les pays intérieurs qui n'ont aucune frontière à surveiller. — Ces pays réclament également une plus juste répartition des charges. Aucun de ces pays cependant, je dois le dire, n'est frappé dans la même proportion que l'Alsace-Lorraine. — On nous promet toujours le règlement de cette question, mais nous en attendons en vain la solution. — Quant à moi, Messieurs, je suis tout disposé à supporter les mêmes charges que celles imposées aux autres Etats; mais ayant les mêmes charges, je réclame également pour nous les mêmes droits. Je réclame également pour l'Alsace-Lorraine les droits que possèdent le pays de Bade, le Wurtemberg, la Bavière et les autres Etats allemands. S'il y a égalité de charges, il doit y avoir aussi pour nous égalité de droits, et nous devons avoir au Bundesrath le droit d'y défendre nos intérêts.

Sous le rapport financier, j'ai établi dans mon rapport, d'une manière mathématique, en prenant pour base de mes calculs les chiffres fournis par le budget même, que l'Alsace-Lorraine paie pour le compte de l'Empire environ 1,200,000 *M* de plus que la somme qui lui est bonifiée. M. Grad a repris dans son discours mon argumentation au point de vue du droit; mais sous le rapport financier, il a basé ses calculs sur les recettes des droits de douanes opérées par les divers Etats pour le compte de l'Empire. — Cette base n'est pas juste. — Les frais que l'Empire doit nous rembourser sont, en dehors de certains impôts spéciaux tarifés, les frais faits pour la perception des droits de douanes. — Les résultats qui vous ont été ainsi donnés par M. Grad ne sont pas exacts; ce sont des chiffres de statistique générale, mais ils ne nous indiquent pas d'une manière précise

les frais de perception des droits de douanes. Ces frais ne sont pas en rapport avec les sommes perçues; ils dépendent de la plus ou moins grande étendue de la frontière à surveiller.

On vous a parlé également de Hambourg et de Brême, qui ne font pas partie du Zollverein, et dont la situation n'est pas à comparer à la nôtre. Quant à Lübeck, cette ville se trouve dans une situation exceptionnelle par le petit nombre de ses habitants.

J'ai cru devoir vous présenter ces observations pour rétablir la situation telle qu'elle est. Au fond, les conclusions de votre troisième Commission sont d'accord avec ce que vous a proposé M. Grad.

Nous réclamons le remboursement des sommes payées à la décharge de l'Empire; nous demandons instamment la modification de la situation actuelle. Ayant les charges d'un Bundesstaat, nous en réclamons également les droits. Si nous obtenons ce résultat, nous supporterons volontiers toutes les charges qui incombent à un Bundesstaat.

M. *Kœchlin* dépose la proposition „d'exprimer de nouveau le désir qu'il soit restitué à l'Alsace-Lorraine les sommes qu'elle débourse pour la perception des impôts d'Empire.“

M. *Grad* déclare préférer que l'Empire prenne complètement et directement à sa charge l'administration des douanes, comme il le fait à Lübeck et à Brême, où les bureaux de perception sont directement administrés par des employés de l'Empire. Notre situation devrait être la même.

M. *Thomas*, rapporteur, fait remarquer que la proposition déposée par M. Kœchlin est déjà contenue dans le rapport de la Commission.

M. *Auscher* donne lecture du passage y relatif du rapport, lequel est ainsi conçu :

·„Votre troisième Commission a aussi l'honneur de vous proposer de renouveler la demande d'obtenir le remboursement des dépenses de perception faites pour le compte de l'Empire.“

L'orateur engage M. Kœchlin à se rallier au vœu de la Commission et à retirer sa proposition, qui paraît superflue.

M. *Kœchlin* déclare qu'il se rattache complètement au vœu formulé par la Commission, mais qu'il a cru néanmoins devoir faire sa proposition, parce que le rapport ne lui paraissait pas proposer à l'Assemblée d'appuyer la demande par un vote formel. Du moment que la Commission soumet cette demande au vote de l'Assemblée, il n'hésite pas à s'y rallier et à retirer sa proposition.

M. *Fulter*. Je suis complètement d'accord avec M. North, pour réclamer de nouveau à l'Empire le remboursement des frais que l'Administration des douanes occasionne à l'Alsace-Lorraine. Je pense encore, avec lui, que nous devons être traités comme les autres Etats d'Allemagne et avoir une représentation au Bundesrath. Mais je ne suis pas disposé à admettre que cette représentation puisse être le prix d'une renonciation à nos revendications pécuniaires. Il y a là deux choses complètement étrangères l'une à l'autre, et j'insiste pour qu'on les distingue nettement.

M. *North*. M. Fulter a mal interprété ma pensée. Il n'est nullement entré dans mes idées de faire un sacrifice pécuniaire pour obtenir nos droits comme Bundesstaat. J'ai seulement voulu dire que si nous avons les droits d'un Bundesstaat, nous en supporterons aussi volontiers les charges. Il y a des Bundesstaaten qui paient bien plus que les autres, ils paient également de trop; mais ils peuvent supporter volontiers ces charges, parce qu'ils sont dans une plus grande mesure maîtres de leur administration intérieure. C'est là le sens qu'il faut donner à mes paroles, et je n'ai jamais voulu dire autre chose.

M. *Fulter*. J'avais bien supposé que la pensée de M. North était trahie par l'expression. Mais je lui demande pardon de ne pas admettre que j'aie mal compris ses paroles. M. North a dit littéralement : „Nous ne sommes pas un Bundesstaat; qu'on nous donne les droits d'un Bundesstaat', et alors nous supporterons volontiers les frais que les douanes nous causent; ou bien que l'on nous rembourse ces frais." On pouvait voir dans cette phrase une proposition de marché; or, je ne veux pas de marché de ce genre; j'ai eu soin de le dire. Je suis d'avis que nous avons le droit de demander une représentation au Bundesrath et que nous avons droit, en outre, au remboursement des frais de douane.

La résolution proposée par la Commission est mise aux voix et adoptée dans les termes formulés par le rapport.

M. *Kœchlin*. Le titre 1er du chapitre 4 relatif aux droits d'entrée fournit l'occasion de traiter une question bien grave, sur laquelle je n'ai pas voulu aujourd'hui, en raison de son importance même, vous soumettre une proposition. Il importe qu'on ait le temps d'y réfléchir mûrement avant de voter, et je me contenterai donc de vous signaler rapidement la question, en me réservant d'y revenir en troisième lecture.

Vous savez tous, Messieurs, que le régime économique qui régit le Zollverein est en ce moment en discussion. Il est question d'établir des droits en faveur des produits de l'agriculture et de l'industrie. A mon avis, ils en ont fort besoin; pour l'agriculture, je le crois; pour l'industrie, je le sais. Ces droits, je les leur souhaite donc de tout cœur, et je suis d'avis que nous exprimions un vœu favorable au changement projeté dans la législation économique de l'Empire.

Je répète que je ne fais aujourd'hui que poser la question; je me réserve de la développer ultérieurement.

Le titre 1er, avec 1 140 000 *ℳ*, est adopté.

La discussion est ouverte sur les titres 2 à 6. (*Impôts sur le sel, le tabac et l'eau-de-vie; droits de timbre des lettres de change et des cartes à jouer.*)

Au sujet de l'impôt sur l'eau-de-vie, M. *Kœchlin*, présente la proposition suivante signée par lui, M. *Kempf* et M. *Mieg-Kœchlin*.

„L'Assemblée exprime le désir que les mesures nécessaires pour remédier aux dangers toujours croissants qui résultent de l'augmentation dans la consommation de l'eau-de-vie soient prochainement étudiées et mises à exécution le plus tôt possible, notamment en cherchant à augmenter considérablement le prix de l'eau-de-vie."

Il recommande l'adoption de cette proposition qui n'est que le renouvellement d'un désir déjà exprimé à plusieurs reprises. Inutile, par conséquent, d'abuser des instants de l'Assemblée, en entrant dans de plus longs détails. Le besoin est toujours le même et il importe de maintenir la question à l'ordre du jour.

M. *Ritzenthaler*. Si nous passions sous silence le titre 4, le Gouvernement pourrait croire que, peu à peu, le public s'habitue à l'impôt sur la distillation des eaux-de-vie, introduit en Alsace-Lorraine par la loi du 16 mai 1873.

S'il devait en être ainsi, je tiens à saisir cette occasion pour le détromper et affirmer que cet impôt n'a absolument rien gagné en popularité depuis son introduction. La loi de 1873 est considérée chez nous comme une charge nouvelle

qui nous a été imposée par le Gouvernement allemand; et en effet, dans le temps, celui qui distillait ses produits n'avait ni formalité à remplir ni impôt à payer. Il est vrai qu'il existait alors un fort droit de consommation; mais qui est-ce qui s'en plaignait? N'avait-on pas, au contraire, généralement trouvé qu'il était juste de chercher à restreindre l'abus des boissons alcooliques?

On a donc fait une grande faute en abolissant un droit reconnu juste, pour le remplacer par une loi unanimement réprouvée.

Et, du reste, faut-il s'étonner que cette loi n'ait pas trouvé un meilleur accueil dans notre pays? N'a-t-elle pas été repoussée par tous les États de l'Allemagne du Sud? En France aussi, on avait créé, peu après 1870, une loi analogue; mais bientôt on a reconnu, en voyant le mécontentement général qu'elle a provoqué, qu'il était impossible de la maintenir. Et nous qui nous trouvons, sous le rapport de la production de l'eau-de-vie, identiquement dans les mêmes conditions que tous ces pays, nous serions traités d'une manière si exceptionnelle par le maintien d'une loi aussi généralement détestée!

Je sais bien qu'en abolissant cette loi en Alsace-Lorraine, nous aurions à payer à l'Empire une somme plus élevée comme contribution matriculaire; mais je me demande si on ne pourrait pas couvrir une partie de cette augmentation en imposant la vente en détail de l'eau-de-vie. On se plaint généralement de l'abus de cette boisson, et dans le moindre village on sollicite comme une faveur le droit de vendre de l'eau-de-vie en détail. Eh bien! puisqu'il y a tant de compétitions, qu'on fasse payer aux débitants un droit de 40 ou 50 *ℳ*, et l'Administration ne sera plus tellement obsédée par des demandes de concessions, tout en voyant augmenter les recettes de l'Etat. Cette mesure aurait donc l'avantage de réduire le trop grand nombre de débitants et de produire une partie de l'aversum que nous aurions à payer à l'Empire.

Et les débitants qui accepteraient ces conditions, auraient-ils le droit de se plaindre? Qu'ils se souviennent donc qu'avant 1870 ils payaient un droit de circulation de 90 fr. par hectolitre d'alcool, et ils seront obligés d'accorder que les droits proposés sont très-modérés.

Même dans le nord de l'Allemagne on commence à reconnaître que cet impôt est mal établi.

Le Landwirthschaftsrath de Berlin a pris, l'an dernier, une résolution d'après laquelle le droit de distillation actuel doit être converti en impôt de consommation. Les alcools servant à l'industrie devront être, d'après cette résolution, dénaturés et exemptés de tout impôt. Ne devront être imposés que les alcools servant de „Genussmittel".

Vous voyez, Messieurs, que si nous ne nous empressons pas de demander l'abolition de la loi sur l'eau-de-vie en Alsace-Lorraine, nous risquons d'être devancés par la Prusse elle-même.

Je vous propose donc d'émettre le vœu que la loi du 16 mai 1873, concernant la distillation des eaux-de-vie, cesse d'être appliquée en Alsace-Lorraine et qu'elle soit remplacée par un droit sur la vente en détail.

M. le *président* fait remarquer que la discussion porte actuellement sur deux propositions distinctes, celle de M. Kœchlin et celle de M. Ritzenthaler.

M. *North*. Je ne viens pas combattre la proposition Ritzenthaler, mais à mon point de vue, elle ne peut aboutir à aucun résultat. L'impôt sur la distillation est un impôt de l'Empire et il ne peut être modifié chez nous que du consentement de ce dernier. Or l'Empire cherche actuellement à étendre à tous les pays de l'Allemagne un mode uniforme de percevoir l'impôt sur la distillation des eaux-de-vie. Il y a bien encore quelques pays, comme le Wurtemberg et la Bavière qui, jusqu'ici, n'ont pas voulu admettre cet impôt de l'Empire et qui versent leur aversum comme nous le faisions autrefois. Mais l'Empire fait tous ses efforts pour faire tomber les barrières intérieures et arriver à un mode uniforme de perception de cet impôt. Si nous venons dans un moment pareil demander le retour à l'ancien état de choses, il est évident que nous n'avons aucune chance de réussir. La Prusse rhénane, les pays de l'Allemagne du Sud se trouvent dans la même situation que nous. Les uns réclament contre le mode de perception de l'impôt, les autres ne veulent l'admettre qu'avec des modifications qui le mettent plus en rapport avec leurs habitudes et leurs besoins. Nous nous sommes occupés de cette question au Reichstag, et déjà l'année dernière nous étions sur le point d'introduire une proposition tendant à demander la modification de la perception de l'impôt. Cette modification, à mon point de vue, aura nécessairement lieu, si les Etats de l'Allemagne du Sud doivent consentir à l'introduction de cet impôt chez eux.

Cet impôt peut être plus ou moins gênant quant à la perception, mais il n'est pas exorbitant. Si nous ne versions pas à l'Empire l'impôt sur la distillation des eaux-de-vie, nous aurions à lui bonifier un aversum qui dépasserait d'un million de marcs le chiffre actuellement payé. Nous aurions alors, tout en laissant à la charge des distillateurs les mêmes droits qu'ils paient actuellement, un million d'impôts nouveaux à mettre à la charge de nos populations. Ajoutez à cela que nous serions en outre obligés de garder nos frontières pour empêcher la contrebande des eaux-de-vie chez nous, et vous trouverez, Messieurs, que les inconvénients que l'impôt actuel présente pour nos populations sont minimes en proportion des charges qu'il faudrait leur imposer en l'abolissant.

Mais encore une fois le pays voudrait-il même s'imposer toutes ces charges, vous ne verriez pas votre demande accueillie par l'Empire. Ce dernier veut que les impôts qui lui reviennent soient perçus uniformément dans toute l'Allemagne.

M. *Ritzenthaler*. J'ai suivi avec beaucoup d'intérêt les explications que vient de nous donner l'honorable M. North, et je vais vous soumettre en réponse à ces observations quelques courtes réflexions. S'il s'agissait réellement d'une loi de l'Empire qui fût uniforme pour tous les pays de l'Allemagne, il n'y aurait certainement plus rien à dire, et quelque peu satisfaits que nous soyons de la loi même, quelque lourde que soit la charge qui en résulte pour une partie notable de nos concitoyens, nous n'aurions pas le droit de nous plaindre, parce que nous serions alors traités sur un pied d'égalité avec le reste de l'Empire et que nous ne subirions que le sort réservé également à tous les autres Etats. Mais l'uniformité que, d'après M. North, l'Empire tend à introduire dans toute l'Allemagne pour la perception de ces impôts, n'existe pas encore à l'heure qu'il est; jusqu'à ce que cette tendance se soit réalisée, nous pouvons et devons constater que nous sommes soumis en Alsace-Lorraine à un régime exceptionnel qui, selon moi, n'est pas tolérable. Pourquoi nous traiterait-on autrement que la Bavière, le Wurtemberg et le pays de Bade? Ces Etats ont repoussé l'impôt pour ne pas mécontenter leurs populations; les mêmes raisons existent en Alsace-Lorraine. Cet impôt n'est pas fait pour nous, il irrite profondément notre population, et je ne vois vraiment pas pourquoi nous le subirions exceptionnellement, tant que l'Allemagne du Sud en est exempte.

Pour ce qui est des frais nouveaux qui seraient la conséquence de l'abolition demandée, il me semble qu'il ne serait pas difficile d'arriver à un décompte satisfaisant.

M. *North*. Il me semble peu pratique de voter une motion, lorsqu'on est certain d'avance qu'elle n'a aucune chance de réussite. La proposition, telle qu'elle est faite par M. Ritzenthaler, ne peut pas aboutir. Il a signalé au nom de nos populations les inconvénients qui sont attachés au mode de perception de cet impôt, et c'est là tout ce qu'on peut faire dans le moment. Il faut agir d'accord avec les autres Etats de l'Allemagne du Sud qui ont les mêmes intérêts que nous, et nous parviendrons probablement ainsi sous peu à faire modifier le mode de perception de cet impôt. Cette modification est absolument nécessaire si l'impôt des eaux-de-vie doit se faire d'une manière uniforme dans tout l'Empire. C'est une question qui se réglera peut-être dans une ou deux années. En présence de cette situation, il serait peut-être plus utile que M. Ritzenthaler veuille bien retirer sa proposition, car le rejet de cette dernière pourrait être interprété comme une adhésion de notre part au système actuel.

M. *Kœchlin*. Je serais très-désireux d'appuyer la proposition de M. Ritzenthaler. Je crois, pour ma part, que le régime proposé par lui est légalement possible, car nous l'avions déjà avant l'introduction de la loi actuelle. Nous étions alors obligés de payer à l'Empire un aversum annuel d'environ 1 800 000 $\mathcal{M}$, et c'est précisément pour nous débarrasser de cet aversum qu'on a introduit la loi du 16 mai, en vertu de laquelle l'Empire ne perçoit, il est vrai, qu'environ 700 000 $\mathcal{M}$ par an. Il est incontestable que cette loi a fait beaucoup crier, et j'admets qu'on en soit encore mécontent à l'heure qu'il est. Cependant j'ai, au point de vue financier, des scrupules qui m'empêchent de demander l'abolition de la loi; les voici. Comme je viens de le faire ressortir, cette dernière ne coûte au pays que 700 000 $\mathcal{M}$ environ. En supprimant le droit actuel, nous nous verrions obligés de payer à nouveau l'aversum de 2 millions, et il nous faudrait donc remplacer la loi par un autre impôt et charger notre budget d'une nouvelle dépense de plus d'un million. Pourriez-vous réellement vous résoudre à une pareille mesure? Le nouvel impôt, comme toute charge nouvelle, ferait nécessairement crier, et il serait par la force des choses plus élevé que le droit actuel. D'ailleurs, la question de l'impôt sur les eaux-de-vie est à l'ordre du jour en Allemagne, comme vient de l'exposer M. North, et nous devons nous attendre à ce qu'elle soit résolue très-prochainement. Il me semble donc, tout bien pesé, qu'il vaut mieux conserver le régime actuel.

Je me résume, en répétant qu'il s'agit ici principalement d'une question d'argent. L'impôt actuel est lourd, c'est vrai, et l'on est loin de s'y être fait dans le pays, mais il existe, et pour nous en affranchir, il faudrait renoncer à une économie de plus d'un million. Devons-nous, en présence de ces circonstances, voter la proposition Ritzenthaler, et l'abolition de la loi serait-elle réellement profitable au pays? Je ne le crois pas, et nous pouvons d'autant plus facilement nous abstenir de demander des modifications à l'heure qu'il est, que la question de l'impôt des eaux-de-vie est soulevée en Allemagne et qu'elle sera, dans un ou deux ans au plus, résolue par voie de réglementation générale.

M. *Goguel*. Conformément à nos louables traditions depuis plusieurs années, je viens appuyer énergiquement la proposition de M. Kœchlin relativement à l'eau-de-vie, ce poison qui se répand de plus en plus dans notre pays et menace d'en ruiner l'existence intellectuelle et morale. Je ous demande donc de vous associer tous à cette proposition et de la recommander vivement à la sollicitude du Gouvernement, pour qu'il la prenne en très-sérieuse considération.

M. *Grad*. Dans la question de l'eau-de-vie, nous sommes en présence de deux propositions distinctes. D'une part, on nous demande de supprimer l'impôt sur la distillation en faveur des bouilleurs de crû. D'un autre côté, nous désirons diminuer la consommation de l'eau-de-vie par un impôt sur le débit. En ce qui concerne la contribution des bouilleurs de crû, on s'en plaint moins à cause de son taux qu'à cause des tracas qu'elle cause à nos vignerons. L'Assemblée nationale de France établit également un impôt sur les bouilleurs de crû après la guerre ; mais les plaintes furent telles que le gouvernement français abolit de nouveau cet impôt trop impopulaire deux ans après l'avoir adopté. Chez nous, l'impôt sur la distillation est un impôt de l'Empire, et nous ne pourrions nous en débarrasser qu'en payant à la caisse de l'Empire un aversum de 700 000 *M*, proportionnel à la population de l'Alsace-Lorraine, soit le double de ce qu'il coûte au pays sous sa forme présente. En ce qui concerne l'impôt sur la consommation ou sur le débit de l'eau-de-vie, que certains d'entre nous songent à rétablir, il donnait en 1871 un produit de passé 1 000 000 fr. Depuis l'annexion, la consommation des alcools importés du nord de l'Allemagne a augmenté dans une proportion effrayante. Rien qu'à Mulhouse, on boit aujourd'hui dix fois plus d'eau-de-vie qu'en 1870. Cela au grand détriment de la santé publique et de nos populations ouvrières. Entrez dans nos fabriques, et vous verrez dans quel abrutissement tombent les hommes adonnés à l'abus de l'eau-de-vie. L'autre jour, un médecin de Sainte Marie-aux-Mines constata dans une seule semaine deux cas de mort subite par alcoolisme. Donnons plus de facilité au commerce du vin, et l'usage de l'eau-de-vie sera diminué par ce seul fait.

M. le président *Schlumberger* donne itérativement lecture de la proposition déposée par MM. Kœchlin, Kempf et Mieg-Kœchlin.

M. *Mieg-Kœchlin*. Au sujet de la proposition que vous venez d'entendre, on a parlé tout à l'heure de la nécessité de réduire le nombre des débits d'eau-de-vie, pour remédier aux abus de la consommation excessive de cette boisson. Je ne crois pas, pour ma part, qu'une mesure de ce genre puisse avoir le résultat voulu. Le point capital, la véritable source du mal, c'est le bon marché de l'eau-de-vie. Tant que l'eau-de-vie se vendra à si bas prix qu'une dépense de 5 *₰* suffise pour griser un homme, vous n'arriverez absolument à rien, vous ne parviendrez jamais à diminuer les abus. Je me rallie donc complètement à M. Grad pour demander qu'on cherche à grever d'un impôt très-lourd le débit des eaux-de-vie, car c'est là, j'en ai la ferme conviction, le seul moyen d'arriver au but et de restreindre avec succès la consommation.

M. *Nessel*. Je viens appuyer de tout cœur toute proposition ayant pour but de frapper d'un impôt, mais d'un impôt très-élevé et très-lourd, les débitants d'eau-de-vie quels qu'ils soient, non-seulement les petits, mais encore et surtout les gros. Car c'est par les débits que ce poison funeste est déversé sur nos populations, et il faut boucher ces canaux pour remédier au mal.

M. *Fulter*. Je partage l'opinion de M. Nessel parce que la gravité du mal gît surtout, je crois, dans le bon marché excessif de l'eau-de-vie. Pour rendre la chose plus compréhensible, la faire toucher en quelque sorte du doigt, il me suffira de faire ressortir une circonstance, qui est sans doute connue de la plupart d'entre vous. L'alcool fourni par les fabricants du nord de l'Allemagne est livré chez nous, quand on l'achète par quantités un peu considérables, à un prix tel qu'en ajoutant environ une moitié d'eau on obtient une boisson coûtant à peu près 40 cent. le litre, c'est-à-dire moins que le vin du pays vendu dans les auberges. Dans ces conditions, comment les consommateurs résisteraient-ils à la tentation d'en boire? Un litre leur offre la possibilité de s'enivrer deux fois et comme, chose triste, c'est l'ivresse que beaucoup poursuivent, ils dédaignent le vin, le vin qui leur serait salutaire, les fortifierait, mais qui les laisserait calmes.

On ne saurait arriver à diminuer la consommation qu'en frappant l'eau-de-vie d'un impôt très-élevé. Quel devra être cet impôt? C'est ce que je ne dirai pas, car il ne sera pas facile de le trouver. J'indique seulement le but à atteindre.

J'ajouterai que je suis opposé à tout système d'aversum.

MM. *Auscher, Bichelberger, Bozon, Ditsch, Fulter, Grad, Nessel* et *Thomas* déposent la proposition „d'inviter le Gouvernement à étudier sérieusement l'établissement d'un impôt sur la circulation et les débits, en général sur le commerce de l'eau-de-vie. "

M. *le Président* fait remarquer que trois propositions sont en ce moment soumises à l'Assemblée, savoir : la proposition ci-dessus, celle de M. *Ritzenthaler* et celle de MM. *Kempf, Kœchlin* et *Mieg-Kœchlin*.

M. *Kœchlin*. Je crois que nous ferons mieux de demander d'une manière générale que l'eau-de-vie soit vendue plus chère, sans indiquer les moyens d'arriver à ce but. Ce qui me paraît hors de doute, c'est que l'eau-de-vie devra être imposée aux dépens du consommateur. Le véritable danger vient surtout des débits clandestins autorisés à vendre de l'eau-de-vie à emporter, et qui débitent généralement sur place. C'est là qu'il importe de frapper.

A ce sujet, je demanderai au Gouvernement dans quelle mesure la loi que nous avons votée en 1877 sur le commerce d'eau-de-vie et d'alcool en détail, loi qui soumet ce commerce à une autorisation préalable de l'Administration politique, laquelle ne doit être accordée qu'en cas de *besoin* du débit, dans quelle mesure, dis-je, cette loi a eu pour effet de diminuer le nombre des licences. Je crains bien que ce nombre n'ait pas diminué.

M. le *Président supérieur* répond qu'il a ordonné une enquête à ce sujet et que les chiffres pourront bientôt être communiqués.

M. *Speckel*. Je me rallie à la proposition de M. Nessel et consorts, mais je tiens à faire observer qu'il doit être bien entendu que les alcools servant à l'industrie ne seront pas frappés par l'impôt en question. L'industrie souffre déjà suffisamment; la frapper encore d'un nouvel impôt, serait très-fâcheux.

M. le baron *Zorn de Bulach*. Je n'ai que deux mots à dire pour confirmer les observations de l'honorable M. Fulter sur la consommation excessive de l'eau-de-vie. Je m'en réfère en général aux plaintes que j'ai proférées à ce sujet dans les sessions précédentes; la situation n'a pas changé; le mal est toujours là, terrible et effrayant; je ne puis donc que répéter ce que j'ai déjà dit. La consommation de l'eau-de-vie a fait des progrès tels, depuis quelques années, que même les enfants de 10, 12, 14 et 15 ans ne sortent plus à la campagne, ne vont plus aux champs sans avoir en poche une bouteille de cette liqueur funeste. Autrefois, les papas seuls allaient boire la goutte à l'auberge; maintenant, puisque l'eau-de-vie est à si bon marché, les petits enfants s'en donnent déjà à cœur-joie. Eh bien! Messieurs, je vous le demande, que deviendront ces enfants? que feront-ils plus tard, si maintenant déjà ils prennent ces détestables habitudes!? Il y a là, et je ne fais que répéter tout ce que j'ai dit l'année dernière, un véritable danger social que nous devons prendre à cœur de signaler à toute occasion.

M. *Goguel*. La proposition faite par MM. Kempf, Kœchlin et Mieg-Kœchlin me semble la plus rationnelle. L'essentiel, en effet, est de recommander avec instance à l'Administration d'étudier les moyens propres à écarter le fléau signalé, et la proposition atteint parfaitement ce but. Inutile que nous proposions nous-mêmes les moyens : c'est là une question d'intérieur qui concerne le Gouvernement seul. Nous n'avons pas à entrer dans des détails d'exécution.

M. *Ritzenthaler*. Je me permettrai de faire observer que la proposition recommandée par M. Goguel aboutirait à un résultat qui, selon moi, serait très-regrettable. Elle tend en effet à demander l'établissement d'un nouvel impôt sur l'eau-de-vie, sans vouloir en même temps abolir l'ancien. Il me semble pourtant rationnel et logique de faire disparaître le droit sur la distillation, du moment que l'on veut imposer la consommation. Or, c'est là précisément ce que nous demandons, et c'est, il me semble, le moins qu'on puisse demander.

M. *Kœchlin*. Dans cette matière, il s'agit avant tout de s'entendre et de bien préciser les points en discussion. Il y a deux questions absolument distinctes, savoir :

1° La question de l'impôt sur l'eau-de-vie, en vertu de la loi du 16 mai 1873, et

2° le désir que nous avons, je crois, tous, de voir trouver des remèdes aux abus et au danger de la consommation immodérée de l'eau-de-vie.

La première question me paraît excessivement simple. Ou bien l'impôt reste et il ne coûtera au pays que 700,000 *M*; ou bien il est supprimé et le pays aura à payer un aversum d'environ 1 800 000 *M* Le choix ne semble pas difficile.

Quant à la seconde question, elle n'a aucun lien avec la première. Nous voulons chercher à élever le prix de l'eau-de-vie pour en diminuer la consommation exagérée, et il est évident que ce désir ne touche en rien le maintien ou la suppression de la loi de 1873. Cette suppression serait, je le répète, achetée au prix de plus d'un million de marcs au détriment du pays.

M. *Ritzenthaler*. J'avoue que je ne comprends pas bien le calcul de M. Kœchlin, qui l'amène à trouver que ma proposition coûterait un million au pays. Je suis obligé d'en contester la justesse, et je fais observer à l'honorable préopinant que le droit nouveau proposé par nous à la place de l'ancien, produirait aussi, sinon une somme égale au déficit causé par la suppression de l'ancien impôt, du moins la moitié de cette somme.

M. *Kœchlin*. Quel est notre but, Messieurs, en voulant frapper la consommation de l'eau-de-vie? C'est de *tuer* cette consommation. Ce n'est pas un revenu que nous voulons par là procurer à l'Etat; nous ne voulons pas créer un impôt, mais une barrière à la propagation d'une boisson funeste. Or, pour atteindre ce but, le droit doit être assez lourd pour qu'il ne puisse pas être payé; s'il est payé, le

but sera manqué. D'ailleurs, il est facile de se convaincre qu'un droit nouveau ne produirait pas la somme que, le cas échéant, nous aurions à payer comme aversum à l'Empire. L'Alsace-Lorraine compte environ 1600 communes; il faudrait donc en moyenne tirer plus de 1000 fr. d'une commune pour arriver à la hauteur de l'aversum. Cela me paraît impossible.

La modification d'un impôt est toujours chose grave, et l'on peut dire que la meilleure qualité d'un impôt, c'est son âge. Prenez, par exemple, l'enregistrement qui, certes, est l'un des droits les moins équitables qui existent. S'il était encore à introduire aujourd'hui, je crois qu'on n'y réussirait pas; il a fallu la législation draconienne de la fin du dix-huitième et du commencement du dix-neuvième siècle pour pouvoir l'introduire. Eh bien! l'on a fini par le supporter à peu près.

Je répète finalement — et ce n'est pas là le moindre des motifs qui militent contre la proposition Ritzenthaler — que, dans un ou deux ans, il y aura sans doute une modification de la législation de l'Empire relativement à l'impôt des eaux-de-vie, et nous ferons bien d'attendre jusque là.

M. le *Président supérieur*. Il me paraît ressortir de la discussion que l'Assemblée est d'avis qu'il appartient à la législation particulière du pays d'abroger la loi du 16 mai 1873. Je puis vous assurer qu'il n'en est pas ainsi. Le pays peut désirer cette suppression, mais elle ne saurait être introduite que par la législation de l'Empire. Vous savez tous, Messieurs, que la constitution de l'Empire réserve à ce dernier la législation sur l'impôt de la bière et de l'eau-de-vie; ce n'est que pour la Bavière, le Würtemberg et le Grand-duché de Bade qu'il est fait temporairement exception à la règle. Il n'est pas probable que cette exception, en ce qui concerne l'impôt de l'eau-de-vie, soit étendue aujourd'hui à l'Alsace-Lorraine, d'autant moins qu'on cherche en ce moment, par un changement du mode d'imposition, d'établir en Allemagne une plus grande uniformité dans cette matière.

Les moyens d'augmenter le prix de l'eau-de-vie et de diminuer ainsi la consommation doivent être cherchés ailleurs que dans la suppression de lois de l'Empire.

M. *Mieg-Kœchlin*. Je crois devoir faire remarquer que notre proposition est tout à fait distincte de la question soulevée par M. Ritzenthaler et n'a rien à voir avec celle-ci. Nous avons proposé d'engager le Gouvernement à étudier une loi ayant pour but d'élever le prix de l'eau-de-vie et, par suite, d'en restreindre autant que possible la consommation. Il est évident que l'expression de ce désir ne porte aucun préjudice à la proposition de M. Ritzenthaler. L'Assemblée peut donc se prononcer sur notre proposition, tout en laissant la question de l'impôt complètement intacte.

MM. *Auscher*, *Grad*, *Nessel* et consorts retirent leur proposition et déclarent se rallier à celle déposée par MM. *Kempf*, *Kœchlin* et *Mieg-Kœchlin*, laquelle tend au même but, mais sans indiquer de moyen spécial.

Cette dernière proposition et celle présentée par M. Ritzenthaler restent donc seules soumises au vote de l'Assemblée.

M. *Fulter*. Il me semble que les propositions qui restent s'excluent réciproquement.

Le but essentiel que nous cherchons à atteindre, c'est la diminution de la consommation d'eau-de-vie.

Y arriverait-on en modifiant la loi sur la distillation?

C'est douteux. D'ailleurs, si nous demandons cette modification, nous risquons de donner un coup d'épée dans l'eau.

Nous reconnaissons tous qu'il est très-difficile de spécifier les moyens à employer, parce que chacun d'eux entraîne plus ou moins d'inconvénients.

L'élévation du prix de l'eau-de-vie provoquera sans nul doute une contrebande active à laquelle il faudra parer et qui ne sera pas la seule complication.

Je considère donc comme prudent de rester dans les termes de la proposition de M. Kœchlin.

La proposition de MM. *Kempf, Kœchlin* et *Mieg-Kœchlin* est mise aux voix et adoptée.

Avant de passer au vote de la proposition Ritzenthaler, M. *Kœchlin* fait encore une fois ressortir la situation difficile dans laquelle se trouve l'Assemblée vis-à-vis de cette proposition. Il est incontestable qu'on est mécontent de la loi du 16 mai 1873. D'un autre côté, la suppression de cette loi aurait pour effet d'imposer au pays, pour les raisons développées ci-dessus, une nouvelle charge de plus d'un million. Dans ces circonstances, si M. Ritzenhaler ne peut pas se laisser convaincre par les motifs indiqués et retirer sa proposition, l'orateur ne pourra la voter quoiqu'il soit loin d'être partisan de la loi du 16 mai.

M. *Ritzenthaler* déclare retirer sa proposition, puisque d'après les déclarations du Gouvernement et les observations de MM. *Kœchlin* et *North*, il y a lieu d'espérer dans un ou deux ans un changement de la législation actuelle.

Le titre 2 (*Impôt sur le sel*) est adopté avec 36 300 ℳ

Titre 3 (*Impôt sur le tabac*), 31 860 ℳ

MM. *Adt, Auscher, Bozon, Grad, Nessel, Ritzenthaler* et baron *Zorn de Bulach* proposent :

„d'émettre de nouveau le vœu déjà exprimé à diverses reprises, de voir le monopole du tabac introduit en Allemagne à la place des droits qu'on paie actuellement."

M. le baron *Zorn de Bulach*, qui a pris l'initiative de cette proposition, la dépose sur le bureau et ajoute qu'il ne s'agit que de renouveler un vœu déjà émis antérieurement. Il rappelle à cette occasion que le monopole, à en croire les journaux, ne l'a pas emporté dans la Commission des tabacs instituée par le Gouvernement de l'Empire. Cependant le monopole paraît avoir tenu la corde de bien près, et il n'a été repoussé, d'après ce qu'on dit, qu'à une voix de majorité. L'orateur croit qu'il est d'autant plus opportun de revenir sur cette question, que l'on pourrait mal interpréter le silence de l'Assemblée et croire qu'elle est satisfaite de la décision de la Commission des tabacs. Or, il n'en est rien, et il est permis de croire que l'Assemblée s'associera avant comme après au vœu adopté à l'unanimité dans les sessions précédentes.

M. *Fulter*. Il y a une petite rectification à faire dans ce que vient de dire M. de Bulach. Suivant lui, le vœu émis dans la dernière session du Landesausschuss aurait passé à l'unanimité. Ce n'est pas tout à fait exact; le vœu a provoqué une certaine dissidence.

Maintenant, Messieurs, permettez-moi, avant que l'on procède au vote, et bien que je ne m'illusionne pas sur le résultat de mon intervention dans le débat, de vous exposer diverses considérations qui ont, je crois, une assez grande importance.

Je reconnais, avec vous tous, que le tabac est un objet de luxe et que sa consommation est très-importante, deux raisons pour qu'on le frappe tout d'abord si l'on veut établir des impôts indirects.

La question est donc de savoir, non pas si le tabac doit être imposé, mais bien de quelle façon il sera imposé.

Vous demandez le monopole parce qu'on le considère comme devant tirer les planteurs de la situation fâcheuse où ils se trouvent et que d'un autre côté il donnera un bénéfice très-considérable à l'Empire. Mais c'est justement là ce qu'il faudrait démontrer. Voyons un peu quelle est, en ·général, la situation faite à l'agriculture.

Elle est mauvaise, très-mauvaise même. Vous avez entendu formuler assez de plaintes à cet égard; on a répété assez souvent que les bras manquent. Hé bien! croit-on que l'introduction du monopole atténuera le manque de bras? Il est vrai que j'ai entendu soutenir l'affirmative! Mais vraiment, dire aux populations rurales : „Vous avez déjà plus de travail que vous n'en pouvez faire; nous allons augmenter notablement ce travail et alors vos affaires iront mieux," c'est tenir un langage quelque peu paradoxal.

L'espoir, je dirai l'illusion des planteurs, c'est que le monopole leur rendra la situation d'avant la guerre, qu'il leur prendra le tabac aux prix d'alors. C'est là qu'est l'erreur. Comprenons donc bien qu'au point de vue qui nous occupe il y a, entre la France de 1870 et l'Allemagne d'aujourd'hui, une différence du tout au tout. Les effets du monopole en France ne s'étaient pas manifestés d'un jour à l'autre. Le monopole datait de loin; les prix de vente avaient haussé peu à peu et permis au Gouvernement de hausser de même ses prix d'achat.

Si l'on essayait de se mettre vis-à-vis de nous dans la même posture qu'en 1870, il arriverait de deux choses l'une : ou le Gouvernement reprendrait les anciens prix et alors la consommation tomberait immédiatement, car il n'y a pas que l'Alsace-Lorraine en jeu, mais toute l'Allemagne; le monopole deviendrait improductif, peut-être même onéreux, chose inadmissible; ou bien le Gouvernement se bornerait à s'approprier les bénéfices des fabricants actuels; il maintiendrait les prix du jour et alors les planteurs n'y gagneraient absolument rien; les anciens impôts continueraient à subsister et il y aurait un impôt nouveau en plus. Or vous savez ce que les impôts nouveaux, quels qu'ils soient, suscitent de plaintes.

Il ne faut pas s'y tromper, Messieurs, les indemnités à payer aux fabriques existantes absorberaient en Allemagne des sommes considérables si l'on y introduisait le monopole. Le monopole, en prenant les choses au mieux, ne deviendrait productif qu'après un assez grand nombre d'années; et ce n'est pas là ce qu'il faut au Gouvernement qui cherche des ressources immédiates.

Si la loi passait, le Gouvernement, qui y voit purement une mesure fiscale, s'occuperait surtout de vendre ses produits le plus cher possible; il ne se laisserait influencer, dans la fixation du taux, que par la préoccupation de ne pas diminuer la consommation; voilà pour la vente. Quant aux achats, on les effectuerait sans aucun doute en prenant pour base les prix actuels; car ce n'est pas pour favoriser les planteurs que le projet de loi a été introduit.

Dans un autre ordre d'idées, j'ai encore quelques considérations à vous soumettre.

La question qui nous occupe a, vous ne l'ignorez pas, Messieurs, un côté essentiellement politique sur lequel il serait sans doute superflu d'insister. Lorsque le Reichstag a repoussé le monopole, il avait, j'aime à le croire, de bonnes raisons pour agir ainsi. La Commission spéciale pour le monopole du tabac s'est prononcée dans le même sens que le Reichstag et pour d'autres motifs. Hé bien, Messieurs, je crois qu'en face de cette opposition, c'est tout à fait le cas pour nous, Alsaciens-Lorrains, de nous montrer circonspects dans nos manifestations. J'aurais des scrupules à mettre dans la balance le poids de notre opinion et à contribuer peut-être à forcer la main au Reichstag, qui a envisagé surtout les raisons politiques. Les partisans du monopole ne manqueraient pas de faire ressortir que nous qui l'avons eu et qui devons en connaître les inconvénients et les avantages, nous nous sommes prononcés pour son rétablissement. Ils exagéreraient dans les circonstances présentes, et pour les besoins de leur cause, la portée de notre opinion. Voilà pourquoi, tout en reconnaissant que le tabac est un des premiers articles à imposer, je préfère me borner à une déclaration conçue en termes généraux plutôt que de préconiser le monopole d'une manière absolue, excluant l'emploi de tous autres moyens.

M. le baron *Zorn de Bulach*. L'honorable M. Fulter me reproche d'avoir dit tout à l'heure, en appuyant par quelques paroles notre proposition, que le même vœu avait déjà été émis *à l'unanimité* dans les années précédentes. Cette prétendue unanimité n'existe pas, dit-il; il le sait pertinemment. Eh bien! Messieurs, je n'hésite pas à donner raison à mon honorable contradicteur. Ce n'est pas *unanimité* que j'aurais dû dire — et si je l'ai dit, c'est que la langue m'a fourché — mais bien *presque unanimité*, car je me rappelle parfaitement qu'il y a un ou deux membres qui se sont abstenus lors du vote, ou qui ont voté contre. C'est donc bien une presque unanimité. Je tenais à rétablir ce fait, car je suis d'avis qu'il ne faut jamais avancer ni surtout maintenir une chose qui n'est pas. Je me hâte donc de reconnaître que j'ai fait erreur sur ce point, ou plutôt que mes paroles ont dépassé mes pensées.

Cela dit, j'entre en matière. Certes je ne pensais pas que notre proposition pût rencontrer au sein de l'Assemblée la moindre objection et que la question du monopole dût encore être discutée. Aussi ne suis-je nullement préparé à cette discussion. Je tâcherai donc de répondre aussi brièvement que possible et me bornerai à suivre M. Fulter pas à pas dans ses observations, afin de réfuter l'un après l'autre les arguments produits. M. Fulter a avancé tout d'abord que la question du tabac n'avait plus aujourd'hui la même importance qu'autrefois, vu que, les bras manquant, la culture du tabac ne pourrait plus se faire à l'avenir sur une aussi vaste échelle que par le passé. Cet argument, je le repousse avec énergie. Il se peut qu'il soit applicable en Lorraine — je n'en sais rien, puisque je ne connais pas la Lorraine — mais pour la Haute- et Basse-Alsace, je puis donner à M. Fulter l'assurance formelle que les bras ne manquent nullement pour la culture du tabac. J'en appelle au témoignage de mes collègues de la Haute- et de la Basse-Alsace; je suis persuadé qu'ils vous diront, d'accord avec moi, que la culture du tabac se retrouverait dans la situation prospère d'autrefois si le monopole était rétabli. L'exemple de la manufacture le prouve à l'évidence. Si aujourd'hui les tabacs se vendent encore à un prix raisonnable, c'est à la manufacture seule que nous le devons, car c'est elle qui, en commençant à payer des prix dont, à la rigueur, les planteurs peuvent se montrer satisfaits, nous a tirés des mains des spéculateurs qui ne cherchent qu'à étrangler le cultivateur. Or la manufacture est l'héritage du monopole et représente, en définitive, elle-même un reste, un vestige du monopole. Je puis donc maintenir qu'avec le monopole le tabac ferait encore la richesse du pays, du moins celle de la Haute- et de la Basse-Alsace.

M. Fulter a dit en outre : Comment, vous allez soutenir le monopole qui sera si difficile à établir en Allemagne! Je ne conteste pas, Messieurs, que l'établissement du monopole puisse rencontrer en Allemagne certaines difficultés, puisque c'est là chose tout à fait nouvelle, et qu'il n'y a pas encore existé comme chez nous. Mais il n'en est pas moins vrai que cet argument ne peut — pas plus que les autres — être pris en sérieuse considération. Ce n'est certes pas là une raison pour abdiquer nos préférences et renoncer aux avantages que peuvent nous procurer des institutions qui ont fait leurs preuves chez nous. Du reste, je suis sûr qu'en Allemagne aussi, les premières années passées et les indemnités une fois payées, le monopole rapporterait, comme en France, des sommes considérables à l'État. De cette façon, on arriverait peut-être à dégrever tant soit peu les contribuables, ou si l'on ne pouvait diminuer les impôts — ce qui, en réalité, paraît assez difficile, puisqu'on nous demande d'année en année plus d'argent — du moins pourrait-on alors se dispenser de créer de nouvelles contributions. L'établissement du monopole serait donc également favorable à l'Allemagne.

Je passe à la dernière objection de M. Fulter. Il est fâcheux, dit-il, qu'en Allemagne on ait pu s'appuyer dans cette question sur le vote de notre petite Assemblée.

Franchement, Messieurs, j'ai été extrêmement surpris d'entendre un pareil argument, et j'ai peine à le comprendre. Quel mal y a-t-il donc à ce qu'on s'occupe et se recommande de nos votes? Comment, nous sommes Allemands, nous appartenons à un pays important, — non pas tant, il est vrai, par le nombre de ses habitants que par sa richesse et le développement de son industrie et de son agriculture, — et l'on s'étonne de ce que l'on tienne compte de nos opinions, de ce qu'on nous cite! Mais nous devons au contraire être très-contents de ce que l'on s'appuie sur notre autorité, et il me semble qu'il y aurait bien plutôt lieu de s'étonner et de se plaindre, si l'on ne faisait en Allemagne aucun cas de ce que nous disons et désirons.

Nous pouvons donc adopter la manière de voir de M. Fulter ; je ne saurais croire qu'il soit dangereux d'émettre des vœux sur lesquels l'Allemagne puisse s'appuyer.

Je crois avoir réfuté toutes les objections présentées par l'honorable préopinant. Je termine en vous recommandant l'adoption de notre proposition, et je suis convaincu d'avance qu'elle réunira aujourd'hui encore l'énorme majorité, la *presqu'unanimité* d'autrefois.

M. *Grad*. Si nous demandons l'introduction du monopole du tabac en Alsace, c'est pour exprimer un désir de nos cultivateurs. Tout à l'heure, on nous disait que les meilleurs impôts sont ceux auxquels on est habitué. Eh bien, Messieurs, l'Alsace-Lorraine a été habituée de longue date au monopole du tabac, à l'exploitation de ce monopole par l'État. Je m'associe donc complètement à la proposition de M. le baron de Bulach. Des raisons politiques pourraient bien nous inspirer quelque réserve sur l'introduction du monopole. Toutefois, je ne considère maintenant que le côté économique de la question. Je crois aussi que les planteurs n'obtiendront plus avec l'exploitation du monopole par l'Administration allemande les mêmes avantages qu'avant l'annexion. Je doute, enfin, que le rendement du monopole nous amène le dégrèvement des contributions directes. Néanmoins, le monopole du tabac constitue un impôt de luxe, plus facile à porter, susceptible de nous dispenser de la contribution matriculaire. Ces raisons suffisent pour le recommander. Non-seulement son introduction peut faciliter la vente du tabac récolté par les planteurs, mais elle assure au Trésor public un revenu certain de 100 000 000 au moins. Interrogez la statistique, voyez les budgets du Gouvernement français, de l'Italie, de l'Autriche. Selon la statistique, la consommation du tabac équivaut à 1 500 grammes par an et par tête en Allemagne, au lieu de 800 grammes seulement en France. En France, l'Etat tire du monopole du tabac un produit net annuel de 250 000 000 fr., soit plus de 6 francs par tête d'habitant, au lieu de 0 45 c. en Allemagne donné par l'impôt actuel sur la culture et la douane, dont le produit total ne dépasse pas 16 000 000 francs. En Angleterre, l'impôt sur le tabac produit 150 000 000 fr. ou 6 fr. par tête; en Autriche, 95 000 000 fr. en tout ou 2 fr. 50 c. par tête; en Italie, 75 000 000 en tout ou 2 fr. 75 c. par tête. Appuyons donc l'introduction du monopole, dût-il nous débarrasser seulement de la contribution matriculaire qui coûte à l'Alsace-Lorraine plus de 3 000 000 ℳ par année. Au Reichstag, je voterai en tous cas pour le monopole.

M. *Auscher*. Je viens appuyer les paroles prononcées par MM. le baron de Bulach et Grad, en y ajoutant quelques mots. Nous autres, nous habitons près des planteurs, et nous voyons donc de près la situation. Or, je puis certifier que le prétendu danger signalé par M. Fulter et consistant dans le manque de bras pour la culture du tabac, n'existe pas chez nous. Je puis également vous assurer que, si la plantation continuait à être taxée comme aujourd'hui ou si l'impôt venait à être augmenté, les planteurs seraient immanquablement ruinés et la belle culture du tabac serait à jamais perdue pour notre pays.

M. *Fulter*. Je ferai remarquer à M. Auscher que dans tout ce que j'ai dit il n'y a pas un mot duquel on puisse inférer que je souhaite voir l'impôt frapper de préférence le planteur. Je me suis borné à dire qu'un impôt est justifié.

M. de Bulach a cru comprendre que je faisais bon marché de ce que l'on peut penser de nos débats en dehors de cette enceinte. Nous devons désirer, dit-il, que l'on attache de l'importance à nos décisions.

A cet égard nous sommes complètement d'accord. Quelle que soit la satisfaction qu'il puisse éprouver, elle ne dépassera pas la mienne lorsque je verrai que nos demandes sont suivies d'un effet réel. C'est précisément le désir de ménager notre crédit qui m'a porté à prendre la parole. Je ne voudrais pas qu'un vœu dicté par des motifs de pure économie pût être détourné de sa signification à cause des circonstances où il se produit; qu'on lui prêtât, en un mot, un sens politique qu'il n'a pas et ne doit pas avoir. Ma réserve s'applique donc seulement, j'ai eu soin de le dire, au cas spécial que nous traitons.

Toutes les objections qui m'ont été faites tablent sur l'hypothèse qu'avec le monopole les prix d'achat pourront être élevés sans que la consommation du tabac diminue en Allemagne. Mais cette hypothèse n'est pas fondée; je la conteste absolument; il faudrait donc d'abord la démontrer et c'est ce qu'on ne fait pas.

Parmi les membres du Reichstag qui ont discuté la question aussi bien que dans la Commission spéciale de Berlin, il y avait des gens dont la compétence est peut-être bien égale à la nôtre en cette matière; ils n'ont dû se prononcer qu'à bon escient. Pourtant le monopole n'a pas eu gain de cause. Que conclure de là? Que l'hypothèse dont je viens de parler ne leur a pas non plus paru évidente.

M. Grad nous a dit qu'en France le produit net du monopole est de 6 fr. par tête de la population. J'admets volontiers son chiffre. Mais ce qui est possible en France ne l'est peut-être pas en Allemagne. Quel garant avons-nous qu'en élevant les prix au même taux qu'en France l'Empire ne verrait pas tomber la consommation de moitié? Et alors que deviendrait le monopole ?

M. de Bulach a signalé les avantages offerts aux planteurs par la manufacture de Strasbourg qu'il appelle un reste, une dernière trace du monopole. Expliquons-nous. Si en dehors des mesures qu'elle a à prendre pour assurer ses approvisionnements en tabacs de qualité convenable, mesures qui peuvent entraîner quelques légers sacrifices, la manufacture avait payé aux planteurs des prix plus élevés que ceux des autres fabricants, je dirais nettement qu'elle n'a pas agi au mieux des intérêts de l'Etat. Elle ne saurait pas plus offrir de primes aux producteurs de tabac qu'aux producteurs de céréales. L'Empire serait dans une situation identique avec le monopole.

Que les planteurs ne s'y trompent pas. Si la culture du tabac n'est plus rémunératrice, cela tient à des causes que le monopole ne ferait pas disparaître.

Le monopole n'aurait pas le pouvoir de rétablir l'ancien état de choses. On ne l'a proposé que pour créer des ressources à l'Empire. Ses deux conséquences nécessaires sont donc la vente à un taux élevé et l'achat à bas prix.

Mais ma conviction est que l'on s'est trompé aussi sur les résultats immédiats du monopole. Il vous a été cité des paroles d'un homme d'Etat français dont l'autorité est grande en la matière. Je m'empare de ces paroles qui sont pour moi un appui inattendu et je crois pouvoir dire à mon tour que le monopole ne fournirait pas les ressources qui sont actuellement recherchées. Etant donnée la situation particulière de l'Allemagne, on est même fondé à croire qu'il demeurerait improductif pendant un assez grand nombre d'années.

J'ai donc de bonnes raisons pour ne pas le demander.

M. *Kœchlin*. Je ferai remarquer tout d'abord qu'en exprimant le vœu proposé, nous ne faisons que renouveler ce que nous avons fait jusqu'ici dans chaque session. Je crois même que ce vœu a déjà été adopté précédemment à l'*unanimité*. Dans ce moment on va probablement établir en Allemagne un nouvel impôt sur la culture du tabac ou augmenter les droits actuels. Entrer dans cette voie me paraît regrettable. L'impôt projeté sur le tabac aurait certainement un résultat funeste; il serait lourd et ne ferait qu'affaiblir davantage encore notre culture.

Quant au monopole, nous le connaissons; il a fait ses preuves chez nous. Il est productif sans être une charge. Je ne veux pas parler d'un revenu de 400 millions pour tout l'Empire, mais seulement de 100 millions; c'est déjà, il me semble, un résultat satisfaisant, et l'on pourrait, selon moi, y arriver en donnant au consommateur du véritable *tabac* sans élever les prix. Les cultivateurs aussi auront grand avantage à ce qu'on achète de nouveau les tabacs en Alsace-Lorraine; le débouché qu'ils ont perdu depuis 1870 doit se refaire. Quant à la crainte exprimée par M. Fulter que le Gouvernement, sous l'empire du monopole, ne paie des prix supérieurs à la valeur réelle de la marchandise, je ne la crois pas fondée : le Gouvernement ne paiera pas des prix exagérés, mais équitables.

Le monopole semble donc avantageux sous tous les rapports, au point de vue du planteur, du consommateur et de l'Etat. Le planteur aura un débouché sûr et des prix raisonnables, le consommateur des produits authentiques, et non plus ce qu'on appelle aujourd'hui des „Surrogate", qui souvent ne sont que des racines et des feuilles de plantes autres que du tabac, le pays enfin tirera du monopole des revenus considérables.

M. Fulter a finalement insisté sur ce point que nous ne devons pas ici, dans l'intérêt de la politique générale du Gouvernement de l'Empire, nous opposer à la manière de voir et aux décisions du Reichstag. Il me semble que cette question est bien simple. Nous demandons et faisons ici ce qui est avantageux pour notre pays; nous avons demandé le rétablissement du monopole, avant que la question du tabac ne fût devenue brûlante en Allemagne et ne fût en discussion au Reichstag; il n'y a aucun motif de ne pas renouveler maintenant une proposition tant de fois répétée, et je ne crois pas qu'on puisse voir autre chose dans le renouvellement de ce vœu que la confirmation de notre manière de voir antérieure, que nous continuons à considérer comme la plus utile et la plus avantageuse pour notre patrie.

M. *le baron Zorn de Bulach.* A mon avis, il n'y a rien de plus fâcheux dans une discussion que de la clore avant que tous les points ne soient bien élucidés. C'est pourquoi je reviens encore une fois à l'argumentation de M. Fulter. Mon honorable contradicteur a relevé à plusieurs reprises qu'il y a dans cette question du tabac un côté essentiellement politique. Qu'entend-il par là? J'avoue, pour ma part, que je ne saisis pas cette pensée, et j'attends sur ce point des éclaircissements. Sans cela, il arriverait de deux choses l'une : ou bien nous aurions l'air de n'avoir pas compris ce côté politique, ou bien nous serions censés voter contre cette politique, en adoptant la proposition. Je prie donc M. Fulter de vouloir bien s'expliquer plus largement sur ce mot de politique. Si ce côté politique, explication donnée, paraît avoir une gravité majeure, nous changerons peut-être d'opinion, et il se peut fort bien que M. Fulter, en nous développant la question avec sa verve accoutumée et l'éloquence persuasive que nous sommes accoutumés à lui voir, parvienne à nous faire adopter son opinion. Quoi qu'il en soit, une explication semble indispensable, en raison même de la gravité de la question et de l'importance qu'elle a pour le pays. Une fois que des questions pareilles ont été soulevées, il faut qu'elles soient complètement vidées, sans quoi on aurait l'air de n'avoir pas étudié la matière ou de ne pas savoir répondre. Je regrette seulement de ne pouvoir soumettre à l'Assemblée tous les documents qui sont réunis dans mes cartons sur cette matière; je ne les ai pas apportés, parce que je ne m'attendais pas à ce qu'une discussion fût soulevée à ce sujet.

J'arrive à la manufacture des tabacs. M. Fulter déclare ne pas admettre que la manufacture paie des prix supérieurs au cours, des prix exagérés, dans l'unique but de favoriser les planteurs. Que M. Fulter se tranquillise sur ce point. Si la manufacture achète des tabacs, c'est qu'elle est fabricante et que, comme telle, elle en a besoin; si elle offre des prix raisonnables et rémunérateurs, — et il est très-bon pour le pays qu'elle le fasse, — elle ne fait que son devoir et agit dans son propre intérêt pour avoir de bons produits. Les prix offerts ne sont rien moins qu'exagérés. Vous n'avez qu'à consulter les chiffres. La manufacture paie aujourd'hui 36 fr. en moyenne par quintal, tandis que la régie française payait 45 fr. J'espère que ces considérations serviront à dissiper les scrupules de M. Fulter.

Je ne veux pas insister sur les avantages du monopole pour les planteurs, que le système actuel menace de ruiner complètement. L'honorable M. Kœchlin a si bien défendu les intérêts de ces derniers, qu'il me semble inutile d'y revenir, d'autant plus que son autorité en cette matière doit avoir bien plus de poids que la mienne, qui suis moi-même planteur et dont l'opinion pourrait par suite ne pas paraître entièrement désintéressée.

M. *Simonin.* Je ne désirerais qu'ajouter un mot aux observations de M. le baron de Bulach pour convaincre M. Fulter que les prix de la manufacture sont loin d'être exagérés. J'ai été moi-même dans le temps planteur de tabac, et je sais donc par expérience qu'il faut au moins retirer un prix de 32 fr. des 50 kilogrammes pour arriver à faire ses frais. Il résulte de là que les planteurs ne gagnent guère avec les 36 fr. que paie la manufacture.

M. *Fulter.* M. de Bulach est vraiment trop aimable quand il me reconnaît un talent de persuasion auquel je n'ai jamais prétendu. Le résultat de la discussion, je le répète, n'est pas le moins du monde douteux pour moi; mais ceci importe peu à l'affaire.

M. de Bulach paraît avoir été surpris de ce que j'aie dit que la question du monopole du tabac a un côté politique; il est revenu sur le mot, demandant que je fasse voir ce côté politique, et a insisté de telle sorte que ses paroles impliquent une certaine apparence de défi à mon adresse.

N'ayant ni motifs de dissimuler ma manière de voir ni l'habitude de refuser une déclaration catégorique, je vais répondre clairement, quoique brièvement, à la demande qui m'est faite.

Vous savez tous, et M. de Bulach sans doute aussi bien que qui que ce soit, comment les choses se sont passées au Reichstag lorsque le monopole y a été discuté. Entre autres arguments, les promoteurs de la mesure faisaient valoir que le monopole donnerait des revenus considérables à l'Empire et permettrait l'abolition des contributions matriculaires, etc., etc. Malgré cette perspective qui sourit beaucoup à tout le monde, la majorité du Reichstag a refusé de se laisser entraîner. Quels pouvaient bien être ses motifs ? On prétend qu'elle s'est fait le raisonnement que voici : Les contributions matriculaires sont votées par nous, Reichstag; nous pouvons les modifier suivant les circonstances. Si nous votons le monopole, nous créons des revenus fixes à l'Empire, des revenus indépendants de notre volonté. Or c'est nous qui jusqu'à présent avons tenu les cordons de la bourse; nous entendons les tenir encore à l'avenir, rester les maîtres du budget; nous ne voulons pas qu'on puisse légalement faire quelque chose sans nous. On me dira qu'il y a là un sentiment de méfiance vis-à-vis du Gouvernement. Soit. Il est inutile, je pense, d'examiner si cette méfiance paraît justifiée ou non. Je me borne à constater le fait. Eh bien ! Messieurs, en présence de ce fait, nous aurions d'autant moins raison de contrecarrer la décision du Reichstag que le vœu proposé n'a que fort peu de chances d'être suivi d'effet.

Pour ma part, je m'incline devant l'opinion de nos représentants et je repousse le vœu.

J'ose espérer que mes explications auront paru suffisantes à M. de Bulach.

M. *North.* Ne craignez pas que j'entre dans une discussion politique. Nous avons eu jusqu'à présent pour habitude de nous occuper ici plus spécialement de nos affaires et de nos intérêts, sans nous préoccuper de politique extérieure. Je resterai fidèle à ces traditions. Mais si certains scrupules politiques retiennent M. Fulter de voter le monopole du tabac, les mêmes scrupules doivent le retenir également d'augmenter l'impôt sur le tabac. Car l'impôt sur le tabac une fois voté se percevra en Allemagne sans avoir besoin d'être voté tous les ans, et sous ce rapport il n'y a aucune différence.

Mais j'ai hâte de quitter ce terrain. La question est pour nous très-simple, et elle a été discutée et résolue par vous à diverses reprises. Le pays a-t-il intérêt au rétablissement du monopole du tabac? Dans ce cas, il faut voter la proposition. Notre intérêt est grand au point de vue agricole, mais il est encore plus grand au point de vue financier. Il est utile que chaque pays particulier soit débarrassé des parts matriculaires qui viennent bouleverser son budget. Nous ne pouvons jusqu'ici pas limiter nos impôts à nos besoins réels, parce que nous sommes toujours exposés à avoir à payer une part matriculaire plus ou moins considérable. Nous avons donc tout intérêt à voir le monopole du tabac se rétablir, et quelle que soit la solution qui sera donnée aujourd'hui à la question de l'impôt sur le tabac, on finira toujours et sous peu par introduire le monopole.

M. le baron *Zorn de Bulach*. M. Fulter vient de nous expliquer franchement sa pensée, et je l'en remercie. Mais je me hâte d'ajouter qu'il ne m'a nullement convaincu. En effet, Messieurs, la crainte de pouvoir être agréable au Gouvernement allemand ou au Grand-Chancelier doit-elle réellement nous empêcher de voter une mesure que nous considérons comme nécessaire et comme favorable à notre pays? Poser la question, c'est la résoudre, et je me demande franchement si un pareil argument veut être pris au sérieux. Le monopole du tabac sera avantageux sous tous les rapports; il augmentera considérablement les revenus du pays et nous amènera peut-être un dégrèvement de contributions; et nous devrions dès lors nous laisser arrêter par des considérations politiques et ne pas le voter?! Certes non. Je trouve les idées politiques en général très-respectables, mais elles ne sauraient m'influencer dans une situation pareille, et je déclare carrément que j'appuie le monopole, même avec le côté politique dont on se plaît à l'entourer.

Je ne puis quitter ce sujet, sans ajouter une réflexion d'un autre ordre. Quand tout à l'heure on a commencé à parler de ce côté politique, j'ai entendu plusieurs voix craintives prononcer des *Chut! St!*, voulant dire sans doute: Taisez-vous donc, ne parlez pas politique, c'est trop dangereux. Eh bien! Messieurs, je proteste hautement contre l'expression de pareils sentiments! Sommes-nous donc ici à l'école, et devons-nous être traités en enfants? Ces faits nous rappellent instinctivement l'image du maître d'école qui, la férule à la main, se tient à côté de l'enfant, prêt à lui imposer silence et à le châtier au premier mouvement. Il est de notre devoir de nous élever carrément contre ces tendances, et je trouve que non-seulement nous pouvons, mais que nous *devons* même parler parfois politique. Et j'espère que jamais nous ne nous laisserons entraver dans l'exercice de nos droits et de nos devoirs.

M. *Bozon*. M. le baron de Bulach vient de recommander le monopole du tabac, et a exprimé les désirs de la Haute- et de la Basse-Alsace pour son rétablissement en Alsace-Lorraine. J'ai eu l'honneur de faire partie de la Commission chargée d'examiner cette question; cet examen, je l'ai fait uniquement au point de vue des planteurs. Je crois avoir déclaré qu'en Lorraine le monopole était demandé par la petite culture, qui en avait tiré autrefois de grands avantages, et j'ai ajouté que les manières de procéder des petits manufacturiers vis-à-vis des planteurs, pour l'achat des tabacs, avaient presque complètement dé-

tourné ces derniers de la plantation. Mais j'ai déclaré aussi que la grande culture désirait beaucoup moins le monopole à cause de la pénurie des bras. — En général, on désire le rétablissement du monopole d'après les renseignements qui m'ont été donnés.

La proposition relative au monopole du tabac est mise aux voix et adoptée à l'unanimité, sauf 3 voix et 3 abstentions.

Le titre 3 est ensuite adopté.

Les titres 4 et 5, avec 104 100 et 4850 *M.*, sont successivement adoptés.

La séance est suspendue pour 5 minutes.

A la reprise de la séance, le titre 7 est adopté avec 6200 *M.*; de même le titre 8 avec 4750 *M.*

Au titre 9, MM. *Baudry, Grad, Kempf, Ritzenthaler, Simonin* et baron *Zorn de Bulach* déposent une proposition tendant à remplacer l'impôt du thaler sur la circulation du vin par un droit fixe sur les débitants en détail.

M. *Grad*. Messieurs, je n'ai pas besoin de vous rappeler les plaintes qui continuent à s'élever contre l'impôt du thaler sur la circulation du vin. Depuis plusieurs années, le Landesausschuss émet le vœu d'un changement de cette contribution si impopulaire. Dans les premiers jours de cette session, vingt-et-un de nos collègues ont signé une proposition priant la Commission des finances „de vouloir bien réserver la fixation des recettes sur l'impôt du vin, jusqu'après la solution de leur demande de changement du droit de circulation actuel, en un impôt sur le débit en détail.“ Ce document porte la signature de MM. Kempf, Speckel, Baudry, Ditsch, Bozon, Junger, Ritzenthaler, Bichelberger, Fulter, Rack, Rudolf, baron de Bulach, Thomas, Auscher, Nessel, Goguel, Simonin, Reuss, Helbig, Lorette, Grad.

Les motifs invoqués en faveur de cette modification nous sont connus et nous comptons la réaliser aisément quand nos charges pour l'Administration des douanes et contributions indirectes au compte de l'Empire seront diminuées. Pour cette année, nous voterons le crédit porté comme recettes sur l'impôt du vin tel qu'il se trouve inscrit au budget, en recommandant toutefois au Gouvernement de nous présenter un projet de loi susceptible de nous donner satisfaction. Le Landesausschuss lui-même n'a pas le droit d'initiative. D'ailleurs, l'adhésion de vingt-et-un de nos collègues à la proposition que j'ai eu l'honneur de vous signaler, me dispense d'entrer pour le moment dans de plus amples détails sur la question. Si quelques éclaircissements étaient nécessaires, nous aurions occasion d'y revenir à propos de la pétition qui nous est adressée de la vallée de Sainte-Marie-aux-Mines pour la suppression de l'impôt du thaler. Le Conseil général de la Haute-Alsace a émis un vœu dans le même sens lors de sa dernière session.

M. *Kempf*. Il n'en est pas de l'impôt sur le vin comme de celui sur l'eau-de-vie. Ce dernier est un impôt de l'Empire, auquel nous ne pouvons rien changer. L'impôt sur le vin au contraire ne concerne que l'Alsace-Lorraine; son produit lui appartient exclusivement. Si donc vous trouvez qu'il est susceptible de modification, de réduction, ou même de suppression, c'est à vous qu'il appartient d'en décider. Or cet impôt pêche, à mon avis, par la base: au lieu d'atteindre également tout le monde, il ne frappe qu'un tiers ou un quart des consommateurs et épargne les viticulteurs, qui, par suite du droit d'entrée dont sont frappés les vins étrangers, possèdent déjà le monopole de la production.

Je crois donc que ce serait le cas de supprimer ou de réduire cet impôt, et en émettant cette opinion, je parle au nom de toute la population agricole des environs de Mulhouse. Mais, me dira-t-on, comment remplacer cet impôt? Tout d'abord par celui indiqué dans notre proposition. En second lieu, par une rétribution mieux proportionnée sur la vigne, qui résulterait d'une révision du revenu foncier des vignes, lequel n'est plus en rapport avec la situation actuelle. J'ajouterai qu'en rendant le vin plus abordable, vous parvenez du coup à diminuer la consommation de l'eau-de-vie. Nos populations, permettez-moi de le dire, sont habituées aux spiritueux; si le vin est trop cher, elles se rejettent sur l'eau-de-vie. Le vin est un élément nécessaire à l'agriculture, et je ne crois pas qu'il soit juste que l'agriculteur qui ne produit pas de vin, doive payer un impôt pour le vin qu'il consomme, au lieu que le viticulteur n'en paye pas. J'insiste donc sur la nécessité de remplacer l'impôt actuel et de procéder à une révision cadastrale.

M. *Mieg-Kœchlin*. Ce que vient de dire M. Kempf au sujet de l'avantage que la loi actuelle donne aux viticulteurs, est incontestable et vrai. Mais je ne sais pas si, en supprimant le droit du thaler, on supprimerait cet avantage. Qui est-ce qui règle le prix du vin? C'est la concurrence étrangère. Or le droit d'entrée dont sont frappés les vins étrangers est tel qu'il permettra au viticulteur, après la suppression de l'impôt actuel, de vendre son vin un thaler plus cher. Il n'y aurait donc rien de changé dans le prix du vin, et le but qu'on se propose serait manqué : au lieu d'entrer dans la caisse de l'État, le thaler passerait dans la poche du viticulteur.

M. *Kempf*. M. Mieg-Kœchlin n'a pas répondu au premier point que j'avais relevé, c'est-à-dire l'inégalité que présente l'impôt actuel, qui n'atteint pas les producteurs. Quant au second argument, il me paraît spécieux. Si vous supprimez le thaler, le consommateur sera plus à même d'acheter les vins étrangers.

Quand au lieu de payer 18 francs par exemple, il n'aura plus qu'environ 15 francs à payer, il est évident que le consommateur pourra consacrer cette économie à faire venir une plus grande quantité de vins étrangers.

M. *North*. J'ai déjà, dans nos séances précédentes, fait connaître mon opinion sur l'impôt du vin. Je ne viens donc pas combattre directement la proposition qui vous est faite par MM. Grad, Kempf et consorts. Mais je vous prierai de la rejeter comme étant inopportune. Il ne s'agit pas seulement d'abolir un impôt qui ne vous convient pas, mais il faut avant tout savoir si l'on peut s'en passer et, dans le cas contraire, le remplacer par un autre.

Or, Messieurs, je puis le déclarer dès aujourd'hui, la situation de notre budget ne permet pas actuellement encore une diminution d'impôts. Nos recettes actuelles suffisent à peine pour équilibrer les dépenses. Mais nos recettes même sont prévues sur la moyenne des trois dernières années, et je crains beaucoup que la présente année ne soit pas une année moyenne, mais plutôt une année défavorable. Il faudrait donc absolument remplacer l'impôt sur le vin par un autre impôt. M. Grad nous parle d'un million et demi de marks que l'Empire devra nous bonifier pour la perception des droits de douane. C'est là une recette que nous sommes encore bien éloignés de pouvoir réaliser.

M. Kempf vous parle de la révision du cadastre et de l'augmentation de l'impôt qui pourrait frapper la vigne. Toutes ces questions sont des questions d'avenir, et pour satisfaire aux besoins du budget, il nous faut des recettes immédiates. On a parlé du droit de circulation, du droit de débit sur le détail. J'espère toutefois qu'on ne voudra pas revenir à l'ancien exercice des droits réunis, qui a été si impopulaire chez nous.

Un impôt introduit doit généralement être maintenu aussi longtemps qu'on en a besoin. Un nouvel impôt présente de nouveaux inconvénients ; il lèse de nombreux intérêts, et les réclamations seraient peut-être encore plus nombreuses que pour l'impôt du thaler, auquel on est déjà habitué.

L'impôt sur le vin est un des premiers à modifier lorsque notre situation budgétaire le permettra. Il est aujourd'hui question de créer à l'Empire les ressources directes nécessaires pour satisfaire aux besoins de son budget. Si cela arrive, nous serons dégrevés de nos parts matriculaires, c'est-à-dire que nous aurons annuellement dans notre budget une dépense de 3 000 000 à 3 500 000 *M* de moins à porter. Alors seulement, Messieurs, notre situation nous permettra de modifier cet impôt et de l'abolir peut-être totalement. Je crois donc, Messieurs, qu'il faut réserver la question pour le moment où notre budget permettra une diminution de recettes, et je vous prierai de renvoyer purement et simplement la proposition qui est faite au Gouvernement.

M. *Schnéegans*. Je n'entends pas rentrer dans la discussion de la question. En définitive, nous sommes tous d'accord pour reconnaître que l'impôt du thaler est mauvais dans la forme. Nous ne sommes divisés que sur la question de savoir quelle espèce de taxe il faudrait y substituer. Diverses propositions ont été faites : les uns veulent un impôt sur les débitants, d'autres un impôt foncier sur la vigne, d'autres enfin un système mixte, et toujours nous avons fini par prier le Gouvernement de mettre le mode de l'impôt à l'étude, sans nous prononcer sur la forme à substituer à l'ancienne. La question n'a pas fait un pas depuis ; nous ne sommes pas encore d'accord.

Permettez-moi de relever un point dans la résolution présentée par M. Kempf : cette résolution ne me paraît pas atteindre le but qu'elle se propose, c'est-à-dire de faire peser aussi sur les producteurs l'impôt du vin. Elle tend en effet à frapper d'un impôt les débitants. Or je ne vois pas comment le producteur serait grevé davantage par cet impôt ; c'est au contraire la marchandise et par conséquent encore le consommateur qui le supportera. D'un autre côté on a fait à ce système le reproche très-fondé qu'en supprimant tout impôt sur le vin et en ne frappant que les débitants, cet impôt ne serait supporté que par ceux qui achètent leur vin chez les débitants et que par suite la grande majorité du vin serait exempte de tout droit. Nous devons donc nous en tenir au vœu exprimé l'année dernière et recommander itérativement au Gouvernement l'étude de cette question.

M. *North*. L'impôt sur le vin, l'impôt du thaler m'est peu sympathique, et si j'avais été appelé à le créer, je lui aurais jamais prêté mon appui. Mais dans la situation actuelle il nous faut des ressources, et si on veut abolir l'impôt sur le vin, il faut commencer d'abord par créer les ressources nécessaires. C'est donc par le contraire qu'il faudrait commencer ; il faudrait avant tout commencer par créer des ressources budgétaires, car le budget ne peut pas se contenter de promesses, il lui faut de l'argent. Or, si vous commencez par étudier les nouveaux impôts à établir, vous y trouverez peut-être tant d'inconvénients que vous finirez par maintenir les anciens. Dans tous les cas vous ne pouvez pas abolir cet impôt avant d'en avoir créé d'autres, à moins que vous ne veuillez attendre le moment où notre budget pourra s'en passer.

M. *Speckel*. Je me joins aux conclusions de l'honorable M. Schnéegans, et je crois que nous devons nous en tenir à la proposition de l'année dernière. Nous commettrions en effet une injustice en nous ralliant à la proposition de M. Grad, d'après laquelle les débitants seuls seraient imposés. L'impôt ne frapperait en effet que ceux des consommateurs qui, au lieu de faire venir directement leur vin, l'achètent chez le débitant. Pour abolir une injustice, nous ne devons pas en commettre une autre. Je voterai donc pour ma part le crédit demandé, mais avec la proposition de l'année dernière, dans laquelle on pourrait peut-être fixer un terme au Gouvernement pour l'étude à faire, au lieu de lui laisser latitude complète.

M. *Bichelberger.* Je suis moi-même commerçant de vin et, comme tel, en relations d'affaires avec l'Alsace et la France. Ma conviction est que la proposition de M. North doit être maintenue. La loi actuelle n'est pas si mauvaise qu'on veut bien le dire. En France, je citerai à cet égard un article qui vient de paraître dans le *Moniteur viticole,* on la propose même comme exemple à suivre. Ce n'est pas à dire pour cela que je trouve que tout soit pour le mieux dans le meilleur des mondes. Mais je ne crois pas que la loi soit plus mauvaise qu'une autre. Certes, si nous pouvions la supprimer complètement, je n'aurais rien de plus pressé que de me rallier à la proposition de l'honorable M. Grad; mais comme il faudrait toujours remplacer la loi actuelle par une autre, nous risquerions d'en faire une qui ne valût pas mieux.

La proposition de MM. Baudry et consorts est modifiée par ses auteurs de la manière suivante : Les soussignés proposent de remplacer l'impôt sur la circulation du vin par un droit fixe sur le débit en détail et une contribution mieux proportionnée sur la vigne, après révision du cadastre.

M. *Schnéegans* présente la proposition suivante : „l'Assemblée, en se référant au vœu qu'elle a exprimé à plusieurs reprises de voir la question de l'impôt sur le vin soumise à de nouvelles études, passe à l'ordre du jour.“

M. *Schnéegans* ajoute que l'ordre du jour n'a absolument rien de blessant pour les auteurs de la proposition précédente ; il ne fait que renouveler le vœu déjà exprimé par l'Assemblée de voir supprimer l'impôt du thaler, sans se prononcer sur le système à adopter dans ce but, système sur lequel les opinions sont partagées.

M. *Kempf.* Voter la proposition de M. Schnéegans serait enterrer la nôtre. Le Gouvernement n'a rien fait jusqu'à présent, parce qu'il ignore les moyens de remplacer l'impôt dont nous demandons la suppression; or ces moyens, notre proposition les lui indique.

M. *Schnéegans.* Ce serait effectivement en quelque sorte enterrer la proposition; mais nous n'avons pas d'autre alternative, car il est à prévoir que la majorité se prononcerait contre la proposition de MM. Baudry et Kempf. Or ce serait là une chose bien plus fâcheuse que de l'écarter simplement par l'ordre du jour, qui laisserait la question intacte.

M. *Kempf.* La révision du cadastre comprend deux opérations : le mesurage des diverses parcelles et l'évaluation de leur revenu net; cette dernière pourrait se faire dès maintenant, avec l'état actuel du cadastre, et servirait de base à une nouvelle répartition de l'impôt.

M. *Mieg-Kœchlin.* Je crois qu'en se servant de l'ancien cadastre pour déterminer la nouvelle valeur du revenu des vignes et imposer en conséquence les propriétaires, nous commettrions une grave injustice, en ce sens que l'ancien cadastre, ne contenant pas une très-grande quantité des vignes nouvellement plantées, on imposerait trop

les anciens propriétaires et on n'atteindrait pas les nouveaux.

M. *Kempf* objecte que le recolement des différentes cultures pour la nouvelle évaluation, peut se faire d'une manière très-pratique sur le terrain même.

La proposition de M. Schnéegans de passer à l'ordre du jour, est ensuite mise aux voix et adoptée.

Sont également adoptés: le titre 9, avec 2 281 000 ℳ; le titre 10, avec 1 247 400 ℳ; le titre 11, avec 161 350 ℳ; le titre 12, avec 135 250 ℳ; le titre 13, avec 92 770 ℳ; le titre 14, avec 101 000 ℳ; et le total des titres 7 à 14, avec 4 029 720 ℳ

Au titre 15 (taxes d'enregistrement), M. *Kœchlin* fait observer que dans les années précédentes, l'Administration de l'enregistrement avait l'obligeance de communiquer à la Délégation le détail des sommes perçues pour les ventes, les baux, les contrats, les droits de timbre, etc., et qu'il serait à souhaiter qu'elle continuât à fournir ces renseignements très-intéressants.

M. le commissaire du Gouvernement *Carl* répond que ces renseignements sont déjà entre les mains du président de la 3ᵉ Commission.

L'Assemblée adopte ensuite les titres 15, avec 7 347 000 ℳ; 16, avec 31 000 ℳ; 17, avec 235 500 ℳ; 18, avec 1 100 ℳ; 19, avec 1 086 650 ℳ; 20, avec 5 700; 21, avec 1 119 000 ℳ; 22, avec 400 ℳ; 23, avec 16 000 ℳ; et le total des recettes propres avec 13 872 070 ℳ

C. *Recettes pour compte d'autres Administrations.*

M. *Fulter.* Je désirerais placer ici une observation générale. Il est arrivé dans différents bureaux d'enregistrement qu'on a fait des recherches dans de très-vieux papiers et qu'on a retrouvé ainsi des traces de condamnations contre des individus insolvables à cette époque et dont, par conséquent, on ne pouvait recouvrer les amendes.

Et maintenant après 10, 20, 25 ans on a ressuscité ces papiers, et l'on est venu contrarier et molester les héritiers des condamnés pour poursuivre l'exécution de ces vieux jugements. Je crois que ce sont là des excès de zèle de la part de certains fonctionnaires.

Il me semble utile d'appeler l'attention du Gouvernement sur ces faits, pour qu'il prenne des mesures à l'effet de faire cesser les poursuites en question, car on ferait bien de laisser dormir ces choses que l'administration française avait abandonnées depuis longtemps.

M. *Grad.* Je ne puis qu'appuyer les observations de M. Fulter, et j'ajouterai que certains fonctionnaires ont commis des excès de zèle tels, qu'ils ont même redemandé des amendes pour procès-verbaux que les condamnés avaient payées il y a 20 ans déjà. Je cite par exemple la commune de Wintzenheim, où pareil fait s'est passé. Les sommes qui dans le temps ne pouvaient pas être recouvrées pour cause d'insolvabilité des débiteurs, le gouvernement français les a considérées comme non-valeurs, et l'on ne devrait plus les exiger maintenant.

M. le commissaire du Gouvernement *de Sybel.* La question soulevée par M. Fulter a été examinée par le Gouvernement et est à l'étude en ce moment.

M. *Thomas,* rapporteur, déclare que la Commission a déjà fait des réclamations en ce sens à MM. les Commissaires du Gouvernement qui ont déclaré qu'elles seraient soumises à un examen sérieux et que, le cas échéant, ils feraient leur possible pour faire donner aux employés les instruction nécessaires pour remédier aux inconvénients signalés.

L'Assemblée adopte ensuite le titre 24 avec 91 864 ℳ, et le total des recettes avec 15 281 644 ℳ

Dépenses ordinaires.

Sont adoptés successivement :

Le chapitre 8, titres 1 à 9, avec 256 875 $\mathcal{M}$; titre 10, avec 3 600 $\mathcal{M}$; titre 11, avec 30 000 $\mathcal{M}$; titres 12 à 17, avec 42 700 $\mathcal{M}$; titre 18, avec 1 000 $\mathcal{M}$, et le total du chapitre 8 avec 334 175 $\mathcal{M}$

Chapitre 9.

M. *Grad.* Messieurs, les nécessités de la situation nous amènent à appuyer la demande des réformes douanières et le changement de politique commerciale sur laquelle notre honorable collègue, M. Kœchlin, vient d'appeler l'attention. Ces changements, je le reconnais, n'entrent pas dans les attributions du Landesausschuss. Mais nous avons le droit, nous avons le devoir de signaler ici les besoins du pays et de signaler au Gouvernement les mesures susceptibles d'améliorer la situation. La politique commerciale de l'Allemagne est la principale cause du trouble économique dont nous souffrons. Les pays voisins se ressentent bien aussi actuellement de malaise; seulement la crise dont ils se plaignent a un caractère passager, tandis que pour nous, elle se montre sans issue, à moins d'établir ou d'introduire dans notre tarif douanier des droits compensateurs, qui placent notre agriculture et notre industrie sur un pied d'égalité avec la concurrence étrangère.

Avons-nous besoin de le rappeler une fois de plus ! Au moment de l'annexion notre pays était prospère et le bien-être public, l'aisance générale s'étaient élevés, sous l'égide de la politique économique du gouvernement français, à un niveau que nous avons perdu sous l'effet du système douanier de l'Allemagne. Pour ne parler que d'une seule branche de travail, celle dont l'importance est la plus considérable, l'industrie cotonnière occupe en Alsace près de 60 000 ouvriers. Près de 200 000 personnes vivent dans notre pays de la filature, du tissage et de l'impression du coton. Menacée dans ses moyens d'existence, cette population mérite bien la sollicitude du Gouvernement. Dès maintenant, quantité de fabriques sont ruinées ou ne marchent plus qu'avec le concours de capitaux étrangers. Les pertes réelles dépassent de beaucoup la gêne apparente. Sans protection, l'industrie cotonnière d'Alsace est condamnée à disparaître. Ceux de nos établissements qui marchent encore continuent le travail avec les économies réalisées sous le régime français. De jour en jour, ces économies se réduisent.

Ce que nous voulons, c'est d'être placés sur le pied d'égalité avec la concurrence étrangère. Si nous vendons nos produits en France, en Autriche ou en Russie, nous avons à payer des droits de douane beaucoup plus élevés que ceux imposés en Allemagne aux articles similaires des autres pays. Notre tarif des douanes accorde des faveurs à l'étranger sans réciprocité. Nous ne demandons point de prohibition, ni même une protection plus forte dans le sens absolu du mot. Sous le régime actuel, les produits manufacturés de qualité inférieure sont protégés suffisamment, et nous demandons seulement que les articles de qualité supérieure, ceux que l'industrie alsacienne était habituée à produire, soient soumis à des droits proportionnels à ceux qui existent maintenant pour les produits communs. Au lieu d'une taxe unique pour tous les articles d'un même genre de produits, il nous faut des taxes proportionnées à la valeur, comme dans le tarif français. Rien de plus légitime que cette demande. Un kilogramme de filé fin, par exemple, valant de 12 à 15 fr., est soumis dans le tarif allemand à la même taxe qu'un kilogramme de filé gros ou commun valant 2 fr. et au-dessous, c'est-à-dire 15 centimes. Ce que je dis des filés s'applique également aux tissus. D'une part, l'article commun jouit d'une protection de 7 à 8 p. 100 de la valeur, tandis que, d'autre part, la protection sur l'article fin, qui coûte plus de travail, ne dépasse pas 1 p. 100. Il y a là une inégalité de traitement dont l'industrie alsacienne souffre plus que l'industrie allemande, et dont le poids pèse sur la masse du peuple, à l'avantage des classes plus aisées qui consomment des produits plus fins. Du jour où le tarif allemand sera modifié dans le sens que nous indiquons et établi sur une base plus rationnelle, la situation de notre industrie deviendra meilleure et nous pourrons de nouveau fabriquer les articles de qualité supérieure importés de l'étranger. A elle seule, l'Angleterre vend en Allemagne près de 40 000 000 de livres de fils de coton par année en numéros fins. Ce que je dis du coton s'applique également à d'autres marchandises. Les prétentions des industriels sont plus modestes d'ailleurs que celles des vignerons, qui, avec le droit actuel de 20 fr. par 100 kilogrammes de vins étrangers, jouissent d'une protection de plus de 50 p. 100 sur la valeur. En résumé, nous proposons de demander un tarif de douanes plus équitable et plus rationnel, avec suppression de la *clause du traitement de la nation la plus favorisée* dans les nouveaux traités de commerce.

M. le conseiller *de Sybel*, commissaire du Gouvernement. Cette proposition ne peut, à raison de sa nature, être adressée qu'au Gouvernement de l'Empire. Le Gouvernement d'Alsace-Lorraine n'a pas qualité pour s'en occuper.

M. *Mieg-Kœchlin.* Je crois qu'il y aurait lieu de modifier légèrement le texte de la proposition, puisque nous ne pouvons pas demander absolument qu'on supprime la clause de la nation la plus favorisée. Cette clause existe entre la France et l'Allemagne en vertu du traité de paix de Francfort, en sorte que nous ne pouvons rien y changer. Il y aurait donc à ajouter à la proposition ces mots : „dans les traités à conclure à l'avenir".

M. *Fulter* demande si les auteurs de la proposition consentiraient pas à rayer le passage que M. Mieg a en vue ; autrement il serait impossible à l'Assemblée de voter leur proposition.

M. *Grad.* La clause du traitement de la nation la plus favorisée introduite dans les traités de commerce est une attrape dont M. Fulter va reconnaître la portée. En effet, quel est le but des traités de commerce ? C'est d'assurer pour une période fixe à l'industrie d'un pays la sécurité nécessaire, de lui permettre d'entamer des transactions dans des conditions bien connues et sûres. On stipule un tarif général des douanes, puisque douanes il y a et que les besoins de l'Etat exigent le maintien de cette forme d'impôt, on fixe un droit d'entrée quelconque que devront payer tous les produits étrangers sans distinction d'origine. Si un des pays avec lesquels on traite nous accorde des réductions de taxe sur certains articles, on peut en compensation consentir à lui faire des réductions sur les taxes imposées à ses produits à lui au *tarif général*. C'est qu'on appelle faire un *tarif conventionnel*, mesure à la fois rationnelle et juste. Mais du moment où un traité de commerce introduit la clause *du traitement de la nation la plus favorisée*, le pays qui accepte cette clause subit l'effet de toutes les modifications favorables ou défavorables introduites dans les tarifs des autres pays avec lesquels il est en rapport. Un exemple expliquera mieux ma pensée. Voici l'Allemagne qui se trouve placée avec la France sous le régime du traitement de la nation la plus favorisée par suite du traité de paix de Francfort. Sous l'effet des traités actuels, les vins introduits en Allemagne paient 20 fr. les 100 kilogrammes. Or, si l'Empire allemand venait conclure avec l'Autriche un traité de commerce avec un tarif conventionnel fixant à 10 fr. les droits d'entrée des vins autrichiens, aussitôt les vins de France entreront également en Allemagne avec 10 fr. de droits au lieu de 20 fr., en sorte que la protection dont le vignoble alsacien jouit actuellement serait diminuée de moitié. Autre exemple : si au lieu du droit de 30 ℳ par quintal de tissus en coton porté au tarif actuel, l'Allemagne, par suite de concessions réciproques, abaissait cette taxe à 15 ℳ dans un tarif conventionnel avec l'Autriche, aussitôt les tissus anglais entreront à 15 ℳ également, à cause de la même clause existant pour l'Angleterre, au grand détriment de l'industrie nationale. En un mot, avec cette clause, les conditions d'un marché risquent d'être modifiées à tout moment, et la sécurité garantie par les traités de commerce disparaît. Rappelons que nous devons à l'empereur Napoléon III l'introduction de la clause fatale de la nation la plus favorisée dans les traités de commerce conclus depuis 1860. Tout récemment, l'industrie de la laine et de la métallurgie d'Alsace en ont senti l'effet fâcheux de la manière la plus inattendue, par contre-coup de la dénonciation du traité de commerce entre l'Autriche et la France.

M. *Kœchlin.* Je ferai observer qu'en ce qui concerne la disparition de la clause de la nation la plus favorisée, nous ne faisons que confirmer un vote émis par l'Assemblée, il y a deux ans si je ne me trompe, à l'occasion d'une pétition. La clause existe dans le traité de paix conclu avec la France; elle doit donc y être maintenue et personne n'en demande le retrait. Seulement il ne faudrait pas l'introduire dans les nouveaux traités à conclure, autrement on ne parviendrait à rien sur le continent, l'Angleterre étant le seul pays qui ait avantage à cette clause. Il semble irrationnel d'introduire dans un traité entre deux nations une clause qu'on ne songerait jamais à établir dans une affaire conclue entre particuliers. Dans un traité, chacun des gouvernements fait à l'autre des concessions et c'est l'ensemble de ces concessions qui constitue le traité. Avec cette clause, au contraire, on s'interdit de faire à une nation des concessions qu'on ne ferait pas en même temps à d'autres. Aussi les effets de la clause sont-ils désastreux. La clause a été introduite subrepticement dans le traité de 1860 et elle fait actuellement le fond de tout le système d'économie politique. On doit la maintenir pour la France; mais si on la supprime pas dans les traités ultérieurs, le Gouvernement aura les mains liées. La question ayant d'ailleurs été amenée un peu à l'improviste et l'Assemblée n'y étant peut-être pas suffisamment préparée, je proposerai de l'ajourner à une prochaine séance, où je me réserve de la présenter une seconde fois.

L'Assemblée, se ralliant à ce dernier avis, ajourne le vote de la proposition.

Titre 7.

M. *Ritzenthaler.* Je vois, d'après l'ordonnance annexée au rapport de M. Thomas, que les emplois subalternes dans l'Administration des contributions indirectes doivent être donnés de préférence aux Alsaciens-Lorrains. Seulement l'ordonnance ajoute qu'ils doivent avoir servi au moins huit ans ou même douze ans dans l'armée allemande. Que devient alors cette prétendue préférence accordée à nos compatriotes? Ils se trouvent en réalité complètement exclus de ces fonctions; car il n'y en a pas jusqu'ici qui aient eu le temps de servir le nombre d'années voulu.

M. *Auscher* fait remarquer au préopinant que son observation est contenue dans le rapport de la Commission.

M. le conseiller *Fleischauer*, commissaire du Gouvernement. La situation est celle-ci : Les militaires, à partir du grade de Feldwebel, qui ont obtenu le Civilversorgungsschein ou même seulement le Civilanstellungsschein, sont appelés „Militäranwärter".

Le Civilversorgungsschin en est accordé, abstraction faite des invalides, qu'aux soldats ayant servi douze ans, ayant eu une bonne conduite et devenus sous-officiers. Ce certificat donne *droit* à un emploi civil. Le Civilanstellungsschein peut être délivré, après douze ans de service, aux gendarmes et aux agents de police, sans qu'ils aient besoin d'être invalides. Ce certificat ne donne que l'*espoir* d'être admis à un emploi civil. L'intérêt de l'armée exige qu'on favorise la formation et le maintien d'un noyau de bons sous-officiers, ayant servi longtemps, en leur accordant le droit d'être admis à un emploi civil. L'Administration des douanes, et notamment le service de la surveillance des frontières, ont une organisation en quelque sorte militaire, et la nature même du service ne permet d'y employer utilement que des gens aptes au service militaire en campagne. C'est sur ces considérations que se basent les dispositions prises dans l'ordonnance annexée au rapport, ordonnance qui a reçu l'approbation de l'Empereur. D'après ces dispositions, ce sont en première ligne et de préférence à tous autres, les Militäranwärter nés en Alsace-Lorraine, qui doivent être employés comme douaniers; à leur défaut, sont admis les Militäranwärter des régiments en garnison en Alsace-Lorraine; et enfin, dans le cas où ceux-ci manqueraient également, les Militäranwärter des autres régiments. Les Alsaciens-Lorrains sont donc préférés à tous les autres.

M. *Ritzenthaler.* D'après ce que vient de dire M. le commissaire du Gouvernement, ma réclamation est fondée. S'il n'y a que les sous-officiers ayant servi pendant douze ans qui puissent être admis au service des douanes, la porte de cette Administration est donc actuellement complètement fermée aux Alsaciens-Lorrains. C'est un fait profondément regrettable.

M. le conseiller *Fleischauer*, commissaire du Gouvernement. Il a été communiqué à la 3e Commission une liste des Alsaciens-Lorrains employés dans la douane et dans les contributions indirectes. Ils se répartissent de la façon suivante : 2 secrétaires assistants, 2 assistants de 1re classe, 8 assistants de 2e classe, 19 surveillants, 161 douaniers, 1 surnuméraire, 29 garçons de bureau et 2 employés de la chancellerie. Presque tous ont été soldats français.

Maintenant que l'organisation est devenue définitive, les admissions ultérieures ne pourront plus avoir lieu que conformément aux dispositions de l'ordonnance d'après lesquelles l'accès, non-seulement du service des douanes, mais encore d'une foule d'autres emplois, est facilité aux Militäranwärter.

M. *Ritzenthaler.* J'avais déjà remarqué dans le rapport qu'il y avait un certain nombre d'Alsaciens employés dans les douanes. Mais cela tient, si je ne me trompe, à ce que ce sont d'anciens employés qui ont été maintenus dans leurs fonctions. Mais il reste hors de doute que pour le moment, d'après l'ordonnance, la carrière est complètement fermée aux Alsaciens-Lorrains.

M. le baron *Zorn de Bulach.* La question que vient de soulever M. Ritzenthaler est très-grave, et je ne puis que le remercier de nous y avoir rendus attentifs. Il est incontestable que les Alsaciens-Lorrains sont actuellement complètement exclus du service des douanes. Pourtant c'est l'Alsace-Lorraine qui paie ces employés, et quoique je ne veuille pas frapper les autres candidats d'ostracisme, je crois qu'il est naturel que nous cherchions à favoriser nos compatriotes. Il faut donc demander que l'ordonnance soit modifiée.

M. *Fulter.* Je sentais instinctivement qu'il y avait quelque chose à ajouter à la suite des observations de M. le commissaire du Gouvernement, et je remercie M. le baron de Bulach de l'avoir fait. Moi aussi, je demande si l'ordonnance annexée au rapport est chose immuable, et si pendant 5 ou 6 ans encore, l'on ne pourrait pas faire une exception en faveur des Alsaciens-Lorrains qui, en dehors des 8 ou 12 ans de service militaire, auraient les capacités requises. A l'heure qu'il est, vous ne trouverez pas de soldats alsaciens-lorrains qui aient servi plus de 5 ans; il semble donc matériellement impossible qu'ils aient été, pendant 8 ou 12 ans, sous-officiers. Il est évident que dans ces circonstances, les dispositions de ladite ordonnance ne sauraient nous satisfaire, et il n'est que juste qu'on fasse une exception en faveur des Alsaciens-Lorrains, jusqu'au moment où il leur sera matériellement possible de se prévaloir du nombre voulu d'années de service.

M. le conseiller *Fleischauer,* commissaire du Gouvernement. J'ai déjà fait remarquer tout à l'heure que le service des douanes exige une certaine instruction militaire et qu'en conséquence les places dans cette Administration sont réservées aux sous-officiers, mesure qui intéresse également la bonne organisation de l'armée.

A défaut de sous-officiers, d'autres personnes peuvent être admises; mais tant qu'il se présente des sous-officiers, l'intérêt du service et celui de l'armée exigent qu'ils aient la préférence.

M. le baron *Zorn de Bulach.* Je crois, pour compléter la proposition de M. Fulter, que nous devons demander qu'il soit fait une exception pour les Alsaciens-Lorrains jusqu'au moment où ils se trouveront dans la possibilité de concourir avec les sous-officiers allemands. On nous objecte que l'ordonnance prescrit le contraire; mais il n'y a pas de règle sans exception, d'ailleurs tout est exception ici depuis une dizaine d'années.

M. le conseiller de *Sybel,* commissaire du Gouvernement. Je tiens à faire remarquer que l'ordonnance dont il s'agit est toute récente et ne date que de 1878.

Son but principal est d'assurer pour l'avenir la priorité aux Militäranwärter alsaciens-lorrains, et ce qu'elle prescrit est donc conforme aux désirs de l'Assemblée. Les Alsaciens-Lorrains ne jouissaient pas précédemment de cette préférence; il régnait une libre concurrence entre tous les candidats. Le moment actuel a été choisi pour accorder cette faveur aux Alsaciens, parce que c'est à partir de maintenant qu'il pourra y avoir des Militäranwärter originaires du pays. Il faut encore prendre en considération que dans certaines Administrations l'intérêt du service exige que les emplois soient remplis par des Militäranwärter. Comme, jusqu'à présent, il n'y a pas eu parmi ces derniers d'Alsaciens-Lorrains, il a bien fallu en prendre d'autres; mais les premiers auront la préférence dès qu'il s'en présentera. J'ajouterai que leur nombre augmente d'année en année.

M. le baron *Zorn de Bulach.* Le Gouvernement nous dit qu'en ce moment les Alsaciens-Lorrains peuvent avoir servi pendant 8 ans dans l'armée allemande. Cela est vrai. Mais je ferai observer que les premières années on n'a trouvé personne en Alsace-Lorraine pour le service militaire. Ce n'est guère que depuis 5 ou 6 ans que nous avons des militaires et que le recrutement se fait d'une manière satisfaisante. Ce serait donc le cas d'insister pour qu'il soit fait une exception en faveur des Alsaciens-Lorrains, au moins pendant 3 ou 4 ans encore. Car, je le demande au Gouvernement, y a t-il réellement en ce moment des Alsaciens qui aient servi pendant 8 ans? Non, il pourrait y en avoir, mais il n'y en a pas, il n'y en aura que dans quelques années. Dès lors je crois que le Gouvernement devrait nous faire la concession que nous demandons.

Nous nous plaignons toujours que les Alsaciens-Lorrains n'entrent pas dans les administrations. Nous devons donc favoriser ceux qui se présentent: c'est là un sentiment que le Gouvernement doit comprendre. Il nous dit toujours qu'il ne demande pas mieux que d'admettre les Alsaciens-Lorrains aux emplois publics; s'il en est ainsi, qu'il accorde à nos compatriotes la faveur que nous réclamons pour eux.

M. *Goguel* présente la proposition suivante: „Au sujet de l'ordonnance concernant les emplois à donner en Alsace-Lorraine aux Militäranwärter, le Landesausschuss croit devoir appeler l'attention du Gouvernement sur le préjudice qui en résultera pour les Alsaciens-Lorrains, et le prie de remédier dans les premières années à ce préjudice par des mesures exceptionnelles en conformité avec la situation."

M. *Grad.* Je crois que nous devons être reconnaissants au Gouvernement d'avoir voulu assurer aux Alsaciens-Lorrains la priorité parmi les Militäranwärter. Je demanderai toutefois si le règlement en question émane du Gouvernement prussien ou bien de l'Empire.

M. le conseiller *de Sybel,* commissaire du Gouvernement. Je prie M. Grad de croire que les documents soumis au Landesausschuss n'émanent pas d'une souveraineté étrangère, mais bien du Gouvernement de l'Empire.

M. *North.* La question actuelle est en rapport intime avec celle qui a été agitée au commencement de cette séance. Les différents Etats allemands ont conservé pour leur compte l'Administration des douanes, parce qu'ils trouvaient dans cette Administration un placement facile pour leurs anciens militaires. Chaque pays, Messieurs, se préoccupe toujours avec raison du placement de ses anciens militaires. Nous devons faire de même chez nous. Je reconnais qu'il est parfaitement juste que l'Administration des douanes et des droits réunis ne place dans son Administration comme gardes que d'anciens militaires, mais je voudrais que ce fussent principalement les militaires alsaciens. Vous donnerez ainsi un attrait aux jeunes Alsaciens qui les engagerait à entrer au service militaire. Ne posez donc pas de conditions impossibles. Si vous ne trouvez pas de soldats qui aient huit ou douze années de service, prenez-en qui en aient quatre ou cinq, mais prenez surtout des Alsaciens. Vous engagerez ainsi les jeunes gens à rester dans leur pays, et si nous payons des frais d'administration trop élevés, nous le faisons dans le même but que les autres Etats de l'Allemagne. Nous le faisons dans notre propre intérêt pour retenir nos jeunes gens dans notre pays en leur offrant une carrière.

M. *Auscher,* rapporteur, croit pouvoir déclarer au nom de la Commission qu'elle se rallie à la proposition de M. Goguel.

M. le conseiller *de Sybel,* commissaire du Gouvernement. Je puis donner ici l'assurance que l'intention du Gouvernement n'a jamais été de donner la préférence à d'autres qu'aux Alsaciens-Lorrains. Il est évident qu'il a fallu tenir compte des aptitudes et de la qualification; mais partout où il a été possible d'accorder la priorité aux Alsaciens-Lorrains, le Gouvernement l'a fait avec plaisir.

La proposition de M. Goguel est mise aux voix et adoptée.

L'Assemblée adopte ensuite les titres 1 à 8, avec 2 514 360 $\mathcal{M}$; 9 à 11, avec 147 600 $\mathcal{M}$; 12 à 19, avec 296 967 $\mathcal{M}$, et le total du chap. 9, avec 2 958 927 $\mathcal{M}$

La continuation de la discussion est remise à demain, à 10 heures.

La séance est levée à 7 heures.

DÉLÉGATION D'ALSACE-LORRAINE.

3ᵉ Commission.

RAPPORT DE M. THOMAS.

Budget de l'Administration des Douanes, des Contributions indirectes et de l'Enregistrement.

(Annexe III.)

RECETTES.

CHAPITRE IV.

Douanes et contributions indirectes.

En général, les recettes sont fixées d'après la moyenne de trois années.

Enregistrement.

Les changements apportés dans l'établissement des recettes sont causés par l'application de la loi judiciaire du 18 juin 1878, qui entrera en vigueur le 1ᵉʳ octobre 1879.

Le titre 20 a été diminué de 147 900 ℳ provenant des recettes des Domaines qui en ont été distraites et portées à d'autres chapitres.

DÉPENSES.

CHAPITRE VIII.

Le titre 11 a été diminué de 7000 ℳ Des explications sur ce changement seront données au titre 2, chap. 10 ci-après.

Le titre 15 a subi une diminution de 4000 ℳ Le chiffre émargé est conforme à la dépense réelle effectuée jusqu'ici.

CHAPITRE IX.

Le titre 9 indique 5400 ℳ de diminution, compensés avec des dépenses portées à d'autres chapitres. Le tout sera expliqué au chap. 10, titre 2 ci-après.

Le titre 11 a été augmenté de 42 000 ℳ qui résultent en partie de la moyenne de la dépense effective, et le surplus en la délivrance d'un plus grand nombre de quittances.

Au titre 13 on constate une diminution de 29 700 ℳ, qui proviennent notamment de frais de bureau qui sont payés en sommes fixes.

CHAPITRE X.

Le titre 2 a été augmenté de 7800 ℳ Cette augmentation a été causée par la nomination de deux vérificateurs d'enregistrement ayant leur siége à Strasbourg.

La création de deux vérificateurs ne constitue pas en réalité une augmentation de dépenses, attendu que jusqu'ici des receveurs de l'enregistrement avaient été chargés de la vérification, pour laquelle ils étaient rémunérés, et que ces receveurs devaient être remplacés par d'autres employés, aussi spécialement rémunérés, ce qui n'aura plus lieu à l'avenir. Cette organisation de service diminuera la dépense de 200 ℳ, ainsi qu'il résulte des chiffres ci-après :

Les budgets précédents ont émargé les dépenses suivantes :

Chap. 9, titre 9 . . . . . 18 400 ℳ
et chap. 10, titre 6 . . . . 9 600 ″

Total . . . 28 000 ℳ

Le projet de budget émarge en remplacement :

Chap. 9, titre 9 13 000 ℳ
et chap. 10, titre 6 14 000 ″ } 27 000 ℳ

La dépense est diminuée de . . 1 000 ℳ

La dépense portée au projet de budget chap. 10, titre 2 ci-dessus donne une augmentation de 7 800 ℳ

Et celle portée aussi au projet de budget, chap. 8, titre 11, indique une diminution de . . . . 7 000 ″

Différence en moins . . . 800 ℳ

D'où en réalité une diminution de dépenses de 200 ℳ

Titre 3 avec une augmentation de 12 000 ℳ est justifié par les explications qui se trouvent en marge de ce titre.

Au titre 6, une augmentation de 4400 ℳ est justifiée par les explications données ci-dessus, chap. 10, titre 2.

Le titre 13 a été augmenté de 17 000 ℳ, également justifiés par les explications fournies en marge de ce titre.

— 55 —

Au titre 15 on trouve une augmentation de 2 500 ℳ, résultant de la moyenne des dépenses effectives.

Titre 20. 100 000 ℳ émargés pour la première fois, par suite de l'application de la loi du 18 juin 1878. — Même somme figure en recette, chapitre 4, titre 21 *b*.

CHAPITRE XI.

Au titre 1 on constate une augmentation de 2 000 ℳ. Le total de la dépense répond aux besoins du service.

Votre Commission des finances a l'honneur de vous proposer de voter l'annexe III sans changement.

Votre 3ᵉ Commission a aussi l'honnneur de vous proposer de renouveler la demande d'obtenir le remboursement des dépenses de perception faites pour le compte de l'Empire.

Les motifs à l'appui de cette demande sont développés dans le rapport de la Commission des finances, qui est joint au procès-verbal de la séance du 16 juillet 1875, pages 215 et suivantes du Recueil des comptes-rendus officiels.

Recrutement du personnel administratif.

L'Administration des douanes et des contributions indirectes compte environ 1 200 employés dont 232 Alsaciens-Lorrains.

Et l'Administration de l'enregistrement en compte 122 dont 31 Alsaciens-Lorrains.

Nous joignons à notre rapport une copie du règlement renfermant les conditions d'admission.

Comme vous le voyez, Messieurs, les Alsaciens-Lorrains sont en petit nombre; aussi croyons-nous devoir signaler cet état de chose à l'attention du Gouvernement, et lui renouveler de nouveau le ferme désir qu'a la Délégation de voir entrer dans les différentes Administrations le plus grand nombre possible de jeunes gens originaires du pays.

Le rapporteur,
Thomas.

ORDONNANCE

concernant les emplois à donner en Alsace-Lorraine aux « Militäranwärter » (anciens militaires munis des brevets respectifs).

§ 1.

En Alsace-Lorraine les emplois de fonctionnaire de l'Empire et de fonctionnaire du pays désignés au tableau ci-joint, doivent être occupés, dans la proportion y indiquée, par des *Militäranwärter* (§§ 58 et 75 de la loi du 27 juin 1871, *Bulletin des lois de l'Empire*, p. 275; § 10 de la loi du 4 avril 1874, *Bulletin des lois de l'Empire*, p. 25; n° 3 de la loi du 8 février 1875, *Bulletin des lois pour l'Alsace-Lorraine*, p. 9), et cela, à capacité égale, dans l'ordre de préférence suivant: d'abord :

    a) les *Anwärter* nés en Alsace-Lorraine, ensuite

    b) ceux qui sont sortis de corps de troupes en garnison en Alsace-Lorraine, y compris les gendarmes ou sergents-de-ville de Strasbourg, Metz et Mulhouse, enfin

    c) les autres *Militäranwärter*.

Dans chacune de ces classes, les individus ayant l'aptitude requise se suivent, quant à leur emploi dans le service civil, dans l'ordre de préférence suivant :

    1. Les titulaires du *Civilversorgungsschein*;
    2. les titulaires du *Civilanstellungsschein*.

Parmi les titulaires du *Civilversorgungsschein*, la préférence appartient d'abord aux sous-officiers qui ont quitté l'armée après un service de huit ans au moins. Pour le reste, l'ordre de succession des *Militäranwärter* dépend du jour où l'individu a fait sa demande d'emploi; à dates égales, du temps de service.

§ 2.

Pour tout emploi dans le service civil, l'aptitude requise est absolument nécessaire.

Lorsqu'un examen spécial est prescrit pour un emploi ou une catégorie d'emplois, la nomination à un emploi de cette espèce ne pourra avoir lieu qu'après que le candidat aura passé l'examen avec succès.

La nomination des *Militäranwärter* est généralement précédée d'un service à titre d'essai de six mois, fait à la satisfaction de l'autorité civile préposée. Pour la durée de ce service, il sera accordé au candidat des rémunérations convenables.

DÉLÉGATION D'ALSACE-LORRAINE.

Sixième Session.

COMPTE-RENDU OFFICIEL.

7ᵉ SÉANCE
8 février 1879, 10 heures du matin.

SOMMAIRE : Communications diverses; Continuation de la 2ᵉ lecture du budget des douanes et des contributions indirectes; 2ᵉ lecture du budget des contributions directes et 1ʳᵉ lecture du projet de loi sur l'Administration des produits domaniaux.

Président : M. Schlumberger.

Secrétaire : M. Schnéegans.

Présents : tous les membres, à l'exception de MM. Blandin, Helbig, Lorette, North et Rudolph.

Le Gouvernement est représenté par Son Exc. M. le Président supérieur, MM. les conseillers de Sybel, Fleischauer et Carl et M. l'assesseur Jacob.

Le procès-verbal de la dernière séance est lu dans les deux langues et adopté.

M. le *Président* fait part à l'Assemblée qu'il a reçu hier une dépêche de M. Lorette, demandant un congé pour cause d'indisposition. Le congé est accordé.

M. le Président annonce, en outre, qu'il a reçu les documents suivants :

1º Une pétition de la commune de Mutzig, concernant l'établissement d'un Amtsgericht dans cette commune; elle est renvoyée à la 2ᵉ Commission.

2º Une pétition de la commune de Courcelles, au sujet de la suppression de l'Amtsgericht de Pange. Renvoyée à la 2ᵉ Commission.

Suite de l'ordre du jour de la sixième séance.

I.

Continuation de la 2ᵉ lecture du budget des douanes et des contributions indirectes.

L'Assemblée adopte successivement :

Chapitre 10, titres 1 à 5, avec 608 755 ℳ;
Titres 6 à 7, avec 15 200 ℳ;
Titres 8 à 22, avec 634 310 ℳ,
et le total du chapitre, avec 1 258 265 ℳ

Chapitre 11, titres 1 à 3, avec 177 694 ℳ

Le total des chapitres 8 à 11, avec 4 729 061 ℳ, et l'excédant des recettes, avec 10 552 583 ℳ, ainsi que l'ensemble du budget des douanes et des contributions indirectes.

M. *Kœchlin* présente la rédaction suivante de la proposition réservée dans la dernière séance et signée de lui, de M. Kempf et de M. Grad :

„Le Landesausschuss voit avec satisfaction le Gouvernement de l'Empire adopter une voie économique dans laquelle il sera tenu compte des besoins réels de l'agriculture et de l'industrie, et exprime le vœu que l'adoption d'un nouveau tarif général donne très-prochainement à l'agriculture et à l'industrie les compensations qui leur sont nécessaires et dont elles sont actuellement privées.

„Le Landesausschuss renouvelle à cette occasion le vœu qu'il a émis dans sa séance du 14 juin 1876, que le Gouvernement de l'Empire s'abstienne d'insérer dans les conventions commerciales qui viendraient à être conclues après l'adoption du nouveau tarif général, la clause de la nation la plus favorisée, qui restreint la liberté d'action du Gouvernement, en l'empêchant d'une manière regrettable de réclamer de telle nation des avantages particuliers, ainsi que de lui en accorder en compensation. "

La proposition de M. Kœchlin est adoptée à l'unanimité.

II.

Budget de l'Administration des contributions directes.

3ᵉ COMMISSION.

Le rapport de M. Auscher a été imprimé et distribué aux membres avant la séance.

Recettes.

Chapitre 2. Les titres 1 à 5 sont adoptés, avec 9 285 300 ℳ

M. *Kempf.* Je désirerais savoir si, dans la fixation de la contribution personnelle et mobilière, on a tenu compte des sollicitations du Conseil général du Haut-Rhin en faveur de Neuf-Brisach et de Huningue. Ces deux villes ayant eu beaucoup à souffrir pendant la guerre et depuis, notamment par la perte de leur garnison, il ne serait que juste de leur accorder une réduction de ces contributions, comme on l'a fait d'ailleurs pour Metz, où la contribution foncière a été diminuée.

M. le conseiller *de Sybel*, commissaire du Gouvernement. La question a été prise en considération par le Gouvernement, mais n'a pu encore être résolue jusqu'à présent. Toutefois il y a lieu d'espérer qu'il pourra être pris une décision d'ici à l'année prochaine.

Sont adoptés les titres 6 et 7, avec 367 000 ℳ, et le total des titres, avec 9 652 300 ℳ

Les titres 8 à 12, avec 622 700 ℳ, et le total du chapitre, avec 10 275 000 ℳ; chapitre 3, titres 1 à 5, avec 280 512 ℳ; titres 6 et 7, avec 58 488 ℳ, et le total du chapitre, avec 339 000 ℳ, ainsi que le total des recettes, avec 10 614 000 ℳ

Dépenses ordinaires.

Chapitre 6. M. *Goguel* demande, au sujet de la perception des rétributions scolaires, si tous les percepteurs qui en sont chargés reçoivent un supplément de traitement spécial.

M. le conseiller *de Sybel*, commissaire du Gouvernement, répond que, d'après la loi votée l'année dernière, ils touchent tous une indemnité de 1 1/2 p. 100 des sommes perçues.

L'Assemblée adopte ensuite :

Chapitre 6. Titres 1 à 8, avec 975 600 ℳ; titres 9 à 12, avec 75 600 ℳ; titres 13 à 20, avec 415 000 ℳ, et le total du chapitre, avec 1 466 200 ℳ;

Chapitre 7. Titres 1 et 2, avec 280 512 ℳ; titre 3, avec 758 ℳ, et le total des dépenses ordinaires, avec 1 747 470 ℳ

Dépenses extraordinaires.

Chapitre 2. M. le *Président* fait observer que la Commission propose de substituer à l'intitulé du titre 2 de ce chapitre la rédaction suivante : „Pour expériences et études préparatoires à faire pour le renouvellement du cadastre et subventions aux communes dans ce but.“

M. *Auscher*, rapporteur, explique, au nom de la Commission, que cette dernière a cru devoir faire le changement proposé pour ne pas être engagé par un vote sans connaître l'ensemble des dépenses à faire. Le crédit de 25 000 ℳ n'est accordé qu'à titre provisoire, pour permettre au Gouvernement de faire les travaux et les études préparatoires nécessaires.

M. *Kempf.* Puisque, d'accord avec le Gouvernement, la Commission propose d'accorder le crédit de 25 000 ℳ, je demande à savoir de quelle manière on procédera aux opérations cadastrales.

M. *Auscher*, rapporteur. M. Kempf trouvera la réponse à sa question dans le mémoire annexé au budget.

M. *Kœchlin.* Je remarque dans le mémoire qu'il est à peu près question de renouveler le cadastre de la façon dont ce renouvellement est prévu par la loi française, c'est-à-dire que si une commune veut s'imposer la charge de cette opération, le Gouvernement y contribue par une subvention. Or si nous entrons dans ce système, le renouvellement durera non pas 10 ou 20 ans, mais 150 et 200 ans, et il y aura même des communes dont le cadastre ne sera jamais renouvelé. J'approuve donc beaucoup le changement proposé par la Commission dans l'intitulé de ces 25 000 ℳ; il montre l'intérêt que nous portons à la question du renouvellement du cadastre et des études préparatoires à faire à cet effet. Mais le mémoire ne répond pas à la question posée tout à l'heure par M. Kempf. Il serait bon qu'on nous donnât des explications sur la manière dont on entend mener ces études préparatoires. En 1878 on avait nommé au sein des Conseils généraux une Commission qui n'a jamais fonctionné. Ce serait peut-être le cas d'en nommer aujourd'hui une autre chargée d'étudier avec le Gouvernement le procédé à employer, et de s'entendre avec lui sur les expériences à faire et la manière d'entrer dans la grande œuvre du renouvellement du cadastre.

M. le conseiller *de Sybel*, commissaire du Gouvernement. Le vœu de voir réviser et renouveler le cadastre du pays a déjà été exprimé plusieurs fois, tant au Landesausschuss que dans les représentations des départements et des communes, et le Gouvernement partage entièrement l'opinion que l'état actuel du cadastre a besoin d'amélioration. Mais l'importance de cette question, tant au point de vue de l'intérêt public qu'à celui de l'intérêt privé des propriétaires fonciers, ne permet de procéder qu'avec la plus grande circonspection et en s'appuyant sur certains principes fondamentaux qu'il fallait d'abord trouver. A cet effet, le Gouvernement provoqua des études préparatoires d'une nature plutôt théorique, et c'est pour les compléter par des travaux pratiques dont la nécessité a été reconnue qu'elle demande aujourd'hui à la Délégation le crédit de 25 000 ℳ porté au budget. Cette demande de crédit doit donc être considérée comme un premier pas fait vers la solution de la question.

A côté de cela, il faut mentionner qu'un certain nombre de communes avaient, en vertu de la loi de 1850, demandé la révision de leur cadastre, et malgré les inconvénients que présentent ces révisions partielles, le Gouvernement est obligé de faire droit à ces demandes, puisque d'après la loi les communes ont le droit de faire réviser leur cadastre. D'un autre côté il a paru désirable de rattacher et de relier ces opérations partielles au travail de la révision générale, de sorte que ces opérations ne laissent pas que d'avoir un certain intérêt pour l'Etat. Le crédit doit donc encore servir à accorder des subventions à ces communes. Abstraction faite de ces révisions partielles, la première et la plus importante question qui ait occupé le Gouvernement, était celle de savoir si, pour obtenir un cadastre bon et durable, il n'était pas nécessaire de faire une nouvelle loi. On fit un essai : un projet de loi fut élaboré. Mais on se trouva en présence de difficultés sérieuses. L'importance du cadastre pour la conservation de la propriété et des autres droits réels, rendait nécessaire de traiter dans le projet certaines matières du droit civil d'une manière qui n'était pas en harmonie avec la législation existante, et il a paru peu opportun de modifier cette dernière au moment où la législation de l'Empire s'occupe d'une réforme générale du droit civil. Cette première question en fit naître une seconde : est-il possible d'arriver avec les lois actuellement en vigueur à une révision et à un renouvellement du cadastre? Ces lois prévoient, il est vrai, une révision, mais n'ont jusqu'à présent presque pas trouvé d'application dans ce sens. Il était donc indiqué de faire un essai pratique, afin de voir jusqu'à quel point il était possible, sur la base de ces lois, de procéder à une révision de quelque étendue et de satisfaire aux besoins qui se feraient sentir sous le rapport de la rectification des limites et de la répartition des impôts. Cet essai fournirait en même temps, sur la base d'observations pratiques, une analyse exacte du travail général à entreprendre.

La révision comprend deux opérations.

La première, le travail géométrique, comprend le mesurage des parcelles, la rectification des limites, le tracé des cartes et l'indication de la nature économique des divers terrains. On acquiert ainsi une base pour la rectification des limites dans l'intérêt privé et sur une large échelle de travaux d'amélioration agricole. Ce travail est avant tout de nature administrative et ne dépend presque pas de la législation, de sorte que les lois existantes suffisent complètement sous ce rapport.

La deuxième et la plus importante des opérations concerne l'évaluation du revenu des terrains et des immeubles, pour servir de base à la répartition de l'impôt foncier. Ce travail est plein de difficultés. Parcourez même superficiellement les lois de notre pays, celles des pays voisins, vous reconnaîtrez immédiatement combien il est difficile de se procurer des notions justes sur la mesure dans laquelle les divers terrains doivent être frappés d'impôts. L'Administration a besoin pour cela du concours actif des intéressés eux-mêmes, des représentations des départements et du pays; c'est là le terrain sur lequel devront opérer et travailler les Commissions. Mais pour que ce travail soit couronné de succès, il faut que certaines conditions préliminaires soient remplies. Tout d'abord l'Administration doit avoir entre les mains un certain matériel qui lui permette de formuler les travaux à résoudre par les Commissions. A ce propos, Messieurs, je crois pouvoir faire ici la déclaration que la Commission nommée il y a quelques années au sein des Conseils généraux a été nommée trop tôt. Il était encore fort douteux à cette époque que l'Administration allemande, qui n'était en fonctions que depuis quelques années, eût déjà à ce moment la connaissance nécessaire de la situation économique du pays. Même aujourd'hui l'Administration est loin de prétendre que tous les éléments pouvant servir à déterminer exactement le revenu des terrains dans tout le pays, lui soient entièrement connus. Votre concours, Messieurs, c'est-à-dire le concours d'hommes expérimentés en cette matière et jouissant de la confiance du pays, est indispensable à cet effet, et vous pouvez être assurés que l'Administration sent la nécessité de ce concours et qu'elle se l'adjoindra. Avant cela, il y aura encore à examiner comment cette Commission devra être composée, quels sont les travaux préparatoires et autres qu'elle aura à exécuter, et même s'il ne sera peut-être pas nécessaire de rendre une loi spéciale.

C'est à vous, Messieurs, de délibérer là-dessus et à vous prononcer sur les mesures à prendre. Le renouvellement complet du cadastre est une œuvre qui demande des années et des millions. Comment voulez-vous prendre une décision dès aujourd'hui, quand le Gouvernement n'est pas en état de vous dire d'une manière quelque peu fondée si ce travail durera 5, 8 ou 10 ans, s'il coûtera 3, 6, 10 millions ou davantage? Pour pouvoir vous donner quelques renseignements à cet égard et acquérir à cet effet les notions nécessaires, le Gouvernement a l'intention de faire des études pratiques qui vous permettront de prendre une décision en connaissance de cause. Le Gouvernement croit que la création d'un bon cadastre, qui puisse servir pendant un espace de temps considérable, est chose si importante qu'il faut absolument éviter tout faux pas, et qu'il vaut mieux procéder un peu plus lentement et avec circon-

spection que trop rapidement. C'est dans ce but, Messieurs, que le Gouvernement demande le crédit de 25 000 ℳ porté au budget.

En terminant, Messieurs, je vous rendrai encore attentifs à ce fait que le moment actuel est particulièrement favorable pour les travaux qui doivent être entrepris. Comme vous le savez, la triangulation du pays dirigée par l'état-major de l'armée est déjà avancée dans certains cercles de la Lorraine jusqu'au réseau de la troisième catégorie. Ce travail se continue vers l'est et vers le sud, de sorte qu'il sera complet dans quelques années jusqu'à la frontière suisse. On a là une base précieuse et d'une certitude absolue pour les opérations de mesurage du cadastre. Aussi le Gouvernement a-t-il prescrit que ces opérations seront entreprises tout d'abord dans les cercles de la Lorraine où la triangulation du pays est arrivée au point indiqué. C'est là une nouvelle preuve que l'Administration a l'intention de ne procéder qu'avec la plus grande prudence, et j'espère que vous ratifierez les mesures qu'elle a prises jusqu'ici, en accordant le crédit demandé.

M. *Goguel.* Le changement proposé par la Commission me paraît parfaitement inutile, puisque le mémoire renferme déjà les explications nécessaires. Il est évident que le fonds demandé est destiné aux communes qui ont demandé la révision de leur cadastre. On pourrait donc à mon avis conserver l'intitulé du budget et s'en référer à ce qui est dit dans le mémoire.

M. *Kœchlin.* L'observation de l'honorable M. Goguel prouve quelle confusion il y a dans la question: c'est justement l'observation du mémoire que la Commission a voulu écarter. Il me semble donc indispensable de nommer une Commission composée d'un petit nombre de membres pour examiner de concert avec le Gouvernement ce qu'il y aurait à faire.

D'après ce que vient de vous dire M. le commissaire du Gouvernement, il serait possible de procéder dès maintenant à ce qu'on appelle la cartographie; quant à la seconde opération, elle ne pourrait se faire qu'après et nécessiterait même un changement dans la législation.

Pour ma part, je suis convaincu que les deux opérations sont inséparables et doivent être immédiatement successives, et que surtout il ne faut pas entrer dans le système des subventions aux communes. Qu'arrivera-t-il en effet? Les unes demanderont la révision de leur cadastre, les autres ne la demanderont pas et finalement on arrivera à reconnaître que c'est le pays qui doit faire les frais de l'opération. Il ne faut donc pas aller plus loin, à mon avis, que d'imposer aux communes la charge de fournir les bornes nécessaires pour la délimitation non pas des diverses parcelles, mais des cantons; car autrement l'abornement seul reviendrait presque aussi cher que tout le renouvellement du cadastre. Je me rallie donc avec plaisir à la proposition de la Commission de consacrer une somme de 25 000 ℳ à des expériences et à des études, pour lesquelles le Gouvernement devra s'adjoindre un certain nombre d'habitants du pays qui pourront lui donner les renseignements nécessaires.

M. *Fulter.* Je ne saurais, pour ma part, adhérer sans réserve à ce qui est dit dans le mémoire qui forme le supplément de l'annexe 2. Parmi les mesures proposées il s'en trouve qui méritent notre approbation, mais on pourrait en indiquer d'autres que l'on devra étudier plus à fond.

Messieurs, je crois être fondé à dire, d'une manière générale, que lorsqu'on veut aborder et mener rapidement à bonne fin une entreprise de quelque importance, il faut commencer par dresser un plan d'exécution; étudier et arrêter un programme qui prévoit, dans les limites du possible, les diverses phases par lesquelles on devra passer.

En dehors de cette règle absolue, on s'agite dans le vide, on gaspille sa peine, son temps et son argent.

Cela est vrai surtout dans une opération comme celle que nous discutons, opération considérable par la mise en mouvement de personnel, la somme de travail et la dépense qu'elle occasionnera.

Depuis plusieurs années la question de la révision du cadastre est nettement posée. Nous avons décidé la nomination d'une Commission spéciale qui devait s'entendre avec les agents de l'Administration. Or, au moment actuel les choses ne sont pas plus avancées que le premier jour; la Commission n'a pas encore été réunie; la confusion dans les idées, ainsi que l'a fait remarquer justement M. Kœchlin, est toujours aussi intense.

On nous a dit tout à l'heure que l'Administration, malgré sa bonne volonté, n'a pas encore pu réunir les renseignements dont elle a besoin pour rédiger un programme; que c'est une affaire difficile et de longue haleine; que, ne pouvant pas faire de propositions fermes à la Commission, elle n'a pas cru utile de convoquer celle-ci dont la nomination d'ailleurs a pu paraître un peu prématurée.

Je reconnais volontiers les difficultés que l'on a à combattre; mais c'est parce qu'elles sont grandes que je voudrais enfin les voir attaquer franchement.

Nous ne sommes pas d'accord, je crois, avec le Gouvernement sur le rôle que doit jouer la Commission, et il me semble que l'on tourne dans un cercle vicieux. On n'a pas pu réunir la Commission, parce qu'il n'y avait pas de programme à lui soumettre. Mais l'absence de programme ne vient-elle point de ce que la Commission n'a pas encore été consultée?

Il faut absolument faire un pas en avant; il faut que l'on se réunisse, que l'on se consulte, qu'on discute. Peut-être que l'on tâtonnera tout d'abord; mais quelque idée pratique finira bien par surgir. Quand on n'établirait pour commencer qu'un rudiment de programme, où serait le mal? On l'examinera à nouveau, on le détaillera, on le scrutera et les améliorations propres à le rendre applicable arriveront d'elles-mêmes.

Pour faciliter sa tâche, il est utile qu'on laisse à la Commission la faculté de s'adjoindre par cooptation, suivant qu'elle le jugera utile, telles personnes, agents techniques ou autres, connues pour s'être spécialement occupées de la question et en situation de fournir des renseignements.

Sur le crédit alloué au budget on pourra prélever les dépenses occasionnées par les réunions de la Commission.

En demandant avec instance la révision du cadastre, nous poursuivons deux buts essentiels. Nous voulons fixer le revenu vrai actuel de la propriété pour permettre une répartition plus équitable de l'impôt. Nous voulons en outre que le cadastre devienne un titre légal pour les propriétaires, au lieu d'être, comme aujourd'hui, un renseignement servant surtout au fisc.

Pour arriver à notre double but nous aurons à exécuter diverses séries d'opérations en tête desquelles je place:

I. L'abornement des *confins* ou *cantons*.

J'entends par ces mots l'ensemble des sillons portant une désignation commune et qui courent généralement, à peu de chose près, parallèlement les uns aux autres. L'abornement des voies de communication résulte implicitement de celui des cantons.

L'abornement nécessite l'intervention de Commissions locales à nommer dans chaque commune. Ces Commissions se composeraient de 4 ou de 6 membres, auxquels on pourrait adjoindre un géomètre. Le rôle de ce dernier sera d'ordinaire fort simple et consistera à donner quelques conseils que son habitude du métier lui pourra suggérer. De difficulté technique, il ne s'en produira guère, car la Commission n'aura qu'à montrer sur le terrain les endroits où les bornes devront être plantées; et pour déterminer la ligne suivant laquelle confinent deux cantons, on ne peut recourir qu'aux gens qui connaissent bien la localité.

Le complément indispensable de l'abornement des cantons sera l'établissement ou plutôt, pour beaucoup de communes, la *reconstitution* du *pied terrier*, c'est-à-dire du registre où sont consignés par numéros d'ordre les noms des propriétaires de chaque canton avec l'indication des surfaces possédées exprimées en unités et fractions d'unité autres que l'are; par exemple en *jour*, *arpent*, *fauchée*, etc. Ici, Messieurs, permettez-moi une petite digression.

Vous savez tous que depuis 1844 il est interdit d'employer dans les actes publics les désignations de jour, arpent, etc., dont je viens de me servir. La vieille mesure du jour a été considérée comme correspondant à 20 ares 44 centiares. Or, nulle part cela n'est vrai. La contenance du jour varie suivant les communes, suivant les confins et même entre les sillons d'un même confin. Il y a des jours de 20 ares; il y en a de 25 ares; il y en a de 32 ares, et même plus. Qu'est-il résulté de la loi de 1844? Les gens qui n'entendaient pas malice ont fait mettre dans leurs contrats de vente ou d'acquisition, lorsqu'il s'agissait d'un jour: „environ 20 ares 44 centiares, le plus ou le moins devant être au profit ou à la perte. . . ., etc.“

D'autres, plus retors et agissant dans plus d'un cas avec une arrière-pensée, ont eu soin de reproduire la contenance portée à la matrice cadastrale, surtout quand cette surface dépassait la mesure ordinaire, par exemple 26 ou 28 ares. Le chiffre a été maintenu dans les titres de partage des biens de la famille, et pour peu qu'une pièce de terre se composât de quelques parcelles réunies successivement, on a pu, au cas de location en gros ou en détail, faire six jours ou davantage dans une surface qui n'en contenait primitivement et loyalement que cinq. Notez, en effet, Messieurs, que malgré la tendance de la loi de 1844, l'expression de 20 ares 44 centiares, qui n'est d'ailleurs nulle part une vérité, ne s'est pas introduite dans la langue courante; le mot *jour* est encore le seul usité au moment où je parle.

Il résulte de ce qui précède qu'une notoriété est en train de se créer en faveur de certains individus peu scrupuleux, et que, si l'on n'y met obstacle, ils auront perpétré la spoliation de leurs copropriétaires d'un même confin au moyen de titres inexacts, mais devenus inattaquables.

Ceci était nécessaire pour justifier le système suivant lequel je voudrais voir reconstituer le pied terrier.

L'abornement des cantons et le pied terrier étant choses faites, chaque propriétaire sera en repos sur l'avenir de son bien, et les neuf dixièmes des procès pour anticipation, etc., seront évités.

Il y a encore aujourd'hui dans chaque commune rurale des gens qui connaissent bien l'origine des parcelles, qui savent comment elles se sont transmises dès avant le cadastre et peuvent dire quelle en est la surface relative. La possibilité existe donc encore de faire disparaître la confusion qui tend à s'établir et que j'ai signalée tout à l'heure. Mais les gens dont je parle deviennent de jour en jour moins nombreux. Si l'on veut qu'ils donnent les renseignements dont on a besoin en vue de l'abornement et du pied terrier, on n'a pas de temps à perdre; d'ici à quelques années ils auront disparu.

Pour que les Commissions locales ne risquent pas d'être empêchées dans leurs opérations, il faut qu'elles soient investies d'un droit incontestable de recherches et aussi de décision, au moins sauf appel. La législation actuelle fournit-elle le moyen de leur attribuer ce droit? Peut-être que non, et alors il faut une loi nouvelle et complète.

M. le commissaire du Gouvernement a fait ressortir le danger qu'on courrait de léser certains droits des propriétaires si l'on édictait une nouvelle loi sans avoir procédé avec la prudence et la maturité désirables. Je suis bien éloigné de demander qu'on précipite la chose. En définitive, l'opération par laquelle on doit nécessairement commencer, c'est l'abornement des cantons; elle exigera un certain temps et ne paraît pas devoir soulever de contestations insolubles. Dans l'intervalle, on peut étudier, formuler et soumettre à la Délégation le projet de loi nouvelle qui réglera le rôle du nouveau cadastre, en tant que titre de propriété; puis de quelle façon on devra procéder pour assurer une répartition plus équitable des contributions foncières, etc., etc.

Ce qu'il faut donner avant tout aux propriétaires, c'est la certitude que leur héritage sera exactement délimité dans un prochain avenir. Même dans le cas où quelqu'un d'entre eux saurait qu'il paie une partie de la foncière de son voisin, soyez persuadés, Messieurs, qu'il prendra volontiers patience quand il verra que l'on met sérieusement la main à l'œuvre.

II. La seconde grande opération est celle de l'arpentage proprement dit.

Je crois bien qu'on pourrait l'entreprendre dès maintenant, du moins dans certaines communes. Monsieur le commissaire du Gouvernement nous a dit tout à l'heure que la triangulation du pays confiée aux officiers d'état-major est assez avancée pour que l'on ait déjà attaqué une partie notable du réseau dit de troisième ordre. Or, chaque côté des triangles de cette catégorie, s'il se trouve sur un terrain bien plat, régulier, peut être pris comme base d'opérations par les géomètres du cadastre. Rien n'empêcherait donc ceux-ci de se mettre au travail prochainement.

Il n'est peut-être pas superflu de se demander maintenant s'il est absolument nécessaire que l'arpentage du terrain soit refait partout. Nous ne contestons pas l'intérêt du pays à posséder des cartes communales aussi exactes que possible ; mais cet intérêt diminue peut-être si l'on envisage simplement les plans parcellaires au point de vue de la figuration sur le papier des diverses propriétés d'un même ban.

On doit être convaincu d'une chose, à savoir que les cartes détaillées ne seront jamais qu'une image plus ou moins exacte, on pourrait dire plus ou moins inexacte des diverses parcelles. Si l'on compte pouvoir mesurer rigoureusement à l'échelle, sur la carte, par exemple une longueur de 4 ou 500 mètres, on risque fort de se tromper d'un ou deux mètres et souvent plus. Personne ne sera surpris de ce que j'avance, si l'on songe que beaucoup de cartes sont dressées à l'échelle d'un à 2 500.

L'exactitude d'une carte dépend de bien des détails ; de la température, de l'humidité, de la sécheresse ; de la manière dont le papier aura été collé et lavé et aussi de la nature même du papier, etc.

Je crois que beaucoup de cartes cadastrales sont suffisamment justes, et qu'il suffirait de les faire recopier d'après l'original qui existe à la direction des contributions

directes. On adopterait une échelle d'un à 1 000 ou même à 500. On y ferait les suppressions et les additions utiles, maisons, voies de communication et le reste. Les nouvelles cartes seraient toujours tenues au courant des mutations de propriétés, ce qui n'a pas lieu aujourd'hui.

On pourrait même faire lithographier les feuilles parcellaires à un certain nombre d'exemplaires, afin de pouvoir remplacer celles qui, après quelques années, présenteraient de la confusion, par suite de la multiplicité des traits.

Ce n'est sans doute pas avec une allocation de 25 000 M. que l'on peut songer à attaquer l'ensemble des opérations que je viens d'énumérer. Mais cette somme est suffisante pour défrayer les réunions de la Commission spéciale renforcée, comme je l'ai dit, de quelques personnes parfaitement au courant des questions cadastrales, géomètres ou autres.

Elle permettra en outre de commencer le travail de révision dans quelques communes.

Je ne doute pas que si la Commission ouvre ses délibérations sous peu, elle ne puisse arriver avant un an à se mettre d'accord sur un programme vraiment pratique. Dans cette persuasion je voterai les 25 000 M. demandés.

III. Le complément obligé et comme la conclusion de la révision du cadastre, c'est la nouvelle répartition de l'impôt. Ce ne sera pas la moins compliquée ni la moins difficile. Pour la conduire à bonne fin, on a besoin de tous les renseignements qui seront fournis par les deux premières séries d'opérations.

M. *Auscher*. Je crois que nous sommes tous d'accord sur la nécessité de la révision du cadastre. En modifiant l'inscription du chapitre, la Commission a cru exprimer ce que vient de nous dire l'honorable M. Fulter. Le Gouvernement nous avait dit qu'il ne pouvait donner aucune espèce d'explications à une Commission sans avoir fait des études préparatoires, et pour ne pas enterrer la question, nous avons cru devoir mettre à sa disposition une somme qui sera affectée à ces études. Je crois d'ailleurs que la Commission se ralliera à M. Fulter pour demander que l'Administration s'adjoigne une Commission spéciale qui examinerait la question avec elle.

M. *Kempf*. La question est obscure et vague tant de la façon dont elle est posée par le Gouvernement que de celle dont elle est posée par la Commission. Il s'agit de savoir d'abord si l'on veut faire un essai général ou local. Il faut s'entendre à ce sujet ainsi que sur la question très-importante de savoir par qui seront supportés les frais. Je répéterai encore avec M. Fulter qu'il faut tâcher de mettre la main à l'œuvre le plus tôt possible, afin de pouvoir encore profiter des indications et des renseignements que pourront fournir les vieilles gens qui ont assisté à la confection du premier cadastre. Ces renseignements sont presque indispensables, et éviteront une foule de procès ruineux.

M. *Auscher*, rapporteur, prie M. le commissaire du Gouvernement de vouloir bien renouveler à l'Assemblée les explications déjà données à la Commission au sujet de l'emploi des 25 000 M. demandés.

M. le conseiller *de Sybel*, commissaire du Gouvernement. Je ne puis que répéter ce que j'ai déjà dit. Le Gouvernement n'est pas en état en ce moment de fournir à une Commission un aperçu certain du temps et des frais qu'exigera l'opération de la révision du cadastre, attendu qu'il n'a pas pu faire jusqu'à présent les expériences pratiques nécessaires. Il attache d'ailleurs la plus grande importance aux considérations qui viennent d'être émises par les honorables préopinants et il saura en tenir compte. Mais il ne faut pas perdre de vue le but dans lequel le crédit est demandé. Cette petite somme doit mettre tout d'abord le Gouvernement en état de faire des essais et des études pratiques, pour pouvoir présenter de bons plans à une Commission. Nous espérons que la somme portée au budget sera suffisante, puisque certaines communes ont demandé la révision et contribueront donc pour leur part aux frais. En vous demandant ce crédit, le Gouvernement avait un double but : d'abord de faire lui-même des essais; ensuite d'accorder, quand il le jugerait à propos, des subventions aux communes; mais dans les deux cas, elle n'a en vue qu'un but principal : la révision et la réforme totale du cadastre.

M. *Kœchlin*. A mon avis, le plus simple serait de laisser de côté les mots : „et subventions aux communes dans ce but“ et de ne mettre que : „25 0000 ℳ pour expériences et études préparatoires à faire pour le renouvellement du cadastre.“

M. le conseiller *de Sybel*, commissaire du Gouvernement. De cette façon, le Gouvernement ne pourrait pas accorder de subventions aux communes qui voudraient procéder à leurs frais à la révision du cadastre. Or, il n'y a aucun motif d'exclure cette faculté. L'Assemblée devrait avoir, dans cette question, quelque confiance dans la discrétion du Gouvernement. Le crédit proposé est destiné : 1° aux études préparatoires à faire d'office par l'Administration, qui engagerait dans ce but des géomètres, etc., et 2° aux subventions à accorder aux communes qui voudraient procéder elles-mêmes aux travaux de renouvellement. Le Gouvernement avait proposé comme intitulé du chapitre les termes généraux de „révision et renouvellement du cadastre“; il pouvait alors affecter le crédit aux deux buts que je viens d'indiquer, sa responsabilité eût été parfaitement à couvert. C'est à la suite des observations de M. North, au sein de la Commission, que cette dernière s'est décidée à remplacer les termes proposés par l'intitulé précis et déterminé qui vous est soumis actuellement. M. North avait un scrupule constitutionnel contre l'adoption d'une expression générale; il craignait que de cette façon le Landesausschuss ne prît l'engagement moral de voter, dans la suite, toutes sommes que le Gouvernement demanderait pour la révision et le renouvellement du cadastre.

Toutes les difficultés dont il a été question aujourd'hui disparaîtront d'elles-mêmes, si l'Assemblée adopte le chapitre dans la forme proposée par le Gouvernement. L'Administration pourra alors, à son choix, engager des géomètres, etc., pour faire faire, aux frais de l'Etat, des travaux préparatoires et subventionner les communes. Quant aux scrupules de M. North, ils ne sont nullement fondés; le Landesausschuss ne prendrait ainsi aucun engagement moral pour l'avenir; il serait toujours libre d'accorder ou de refuser des crédits ultérieurs.

M. *Kœchlin*. Je ne demande pas mieux que de voter le crédit de 25 000 ℳ Mais j'insiste sur la nécessité de créer, à côté et en dehors de l'Administration, une Commission spéciale, qui soit tenue au courant de tout ce qui se fera et soit appelée à donner son avis sur les mesures à prendre. Le Gouvernement lui-même n'est pas en état de dire en ce moment ce que sera et comment on fera le cadastre. Mais, au fur et à mesure des études et des dépenses qu'on fera dans ce but, nous demandons qu'il soit fait communication à ladite Commission du mode de ces dépenses et des procédés employés, pour qu'elle soit à même de les examiner et de donner son avis. Quant à accorder des subventions aux communes qui le demanderont, j'avoue franchement que j'ai certains scrupules à cet égard. Car si vous avez maintenant une commune honnête, je dirais presque naïve, qui s'offre, conformément à la loi de 1850, à procéder à ses frais, mais au moyen d'une subvention, à la révision du cadastre, qu'arrivera-t-il plus tard, — et ce jour viendra forcément — quand on reconnaîtra la nécessité, pour arriver au but, de faire faire entièrement, aux frais de l'Etat, les opérations de révision et de renouvellement? Il est évident que cette commune subira un préjudice plus ou moins considérable vis-à-vis des communes qui seront restées dans l'inaction, et il est à prévoir dès maintenant qu'elle viendra alors demander à l'Etat le remboursement des sommes dépensées. Et la justice nous commandera de faire droit à ces demandes.

A mon avis, les communes sont déjà excessivement chargées à l'heure qu'il est. Il n'y a qu'un moyen de trancher nettement la question, c'est de faire les dépenses de révision et de renouvellement pour le compte de l'Etat, et de ne mettre à la charge des communes que les frais résultant du bornage des points de repère, lesquels se monteraient à environ 1 1/2 ou 2 millions.

Je termine en répétant qu'il est indispensable que la Commission nommée ou à nommer soit rigoureusement tenue au courant de la marche des opérations. A cette condition, je voterai le crédit.

M. le *Président supérieur*. En émargeant ce crédit, le Gouvernemant a eu pour but principal d'arriver à bien connaître les intentions et les vœux du pays relativement à la question du cadastre. Il importe, avant tout, d'apprendre, par des expériences pratiques, si une nouvelle loi sera nécessaire pour la révision et le renouvellement du cadastre, ou si la loi actuelle peut suffire à cet effet. Les expériences et les études nécessaires sont facilitées par des demandes de diverses communes qui veulent procéder aux opérations cadastrales, conformément à la loi du 7 août 1850. La loi non-seulement permet à l'Etat, mais l'oblige même à accorder, dans ces cas, des subventions aux communes. C'est à des subventions de ce genre qu'une partie du crédit doit être affecté.

En procédant de la sorte dans diverses communes, on verra peu à peu s'il est possible d'arriver au but avec la législation actuelle. Dans ce cas, on continuera à procéder de la même manière, c'est-à-dire à accorder des subventions aux communes. Si au contraire le Gouvernement acquiert la conviction que la législation actuelle n'est pas suffisante et ne permettrait pas d'arriver à un résultat satisfaisant, il se verra dans la nécessité d'élaborer une loi nouvelle. Mais pour se former une conviction bien arrêtée sur tous ces points, il faut avant tout être renseigné sur les intentions et les vœux du pays. Or dans ce but il est indispensable de faire des expériences pratiques, car à l'heure qu'il est personne n'est en état d'émettre une opinion bien assise au sujet du mode et des moyens de révision.

La confection du cadastre exige tout d'abord des levées topographiques. C'est la partie cartographique de l'opération. Dans les deux tiers des communes les cartes actuelles sont encore bonnes; dans les autres on ne peut absolument plus s'en servir, et il faudra en faire de nouvelles. Dans telle commune il y aura donc beaucoup plus de travail que dans telle autre.

Cette diversité des opérations cadastrales dans les différentes communes exige, avant qu'on ne procède à une révision générale, un examen sérieux et approfondi, et des études préalables pour voir surtout si l'on pourra continuer les travaux en prenant pour base la loi actuelle, ou bien si une loi nouvelle deviendra nécessaire. Moi, pour ma part, je n'ai pas encore là-dessus d'opinion bien arrêtée. C'est pour acquérir les expériences pratiques nécessaires à la solution de la question que nous demandons le crédit.

M. *Kempf*. Il ne s'agit pas simplement de faire de nouvelles cartes; l'essentiel est de fixer le revenu des terres pour acquérir une nouvelle base pour l'assiette de la contribution foncière. C'est là, je le répète, la question capitale. Or l'Etat est évidemment le plus intéressé à la solution de cette question; il est donc juste qu'il en supporte aussi les frais.

M. *Fulter*. Je suis d'accord avec M. Kempf pour mettre à la charge de l'Etat les dépenses de la révision du cadastre, sauf pourtant celles de l'abornement. M. Kœchlin pense que les communes devraient pourvoir à ces dernières. Je suppose qu'en disant les communes il a eu en vue les intéressés, c'est-à-dire les propriétaires. Il ne me paraîtrait pas justifié que l'on imposât aux communes, en tant que telles, une part plus grande que celle qui leur incombe en leur qualité de propriétaires de biens situés sur le ban.

Le système consistant à fournir des subventions aux communes qui feraient la révision du cadastre à leurs frais me paraît gros d'inconvénients. Il a surtout celui de reporter la fin des opérations à je ne sais quelle époque.

On nous a dit que les essais ainsi tentés fourniront des renseignements précieux au Gouvernement et lui aideront à trouver sa voie; ils diront si oui ou non on a besoin d'une loi nouvelle.

Mais, Messieurs, les essais qu'on a en vue sont faits et parfaits depuis longtemps. Chacun de vous sait qu'il y a des communes où la révision du cadastre est finie; qu'il y en a d'autres où elle s'exécute en ce moment.

Les dépenses d'arpentage peuvent être évaluées en moyenne à 10 *M* par hectare. Voilà un premier renseignement.

On a établi un pied terrier. Là où les propriétaires l'ont approuvé et signé, il forme titre; là où il y a eu des opposants, il n'est plus qu'un document d'une valeur relative; partout il lui manque le caractère légal.

Dans les communes où les propriétaires étaient d'accord, la révision a pu être faite sans grandes difficultés. Dans d'autres communes, il a suffi des objections de quelques individus pour tenir l'affaire en suspens durant des années ou même pour la rendre impossible. Quelle conséquence tirer de tout cela? C'est que la législation actuelle ne suffit pas pour assurer une révision générale et uniforme et qu'il est nécessaire de la modifier en quelques points et de la compléter. Il faut de nouvelles dispositions qui donnent le moyen de vaincre la résistance que pourraient opposer des esprits inquiets ou chicaneurs.

Sans doute l'étude de la nouvelle loi présentera bien des difficultés; mais ces difficultés ne peuvent pas être insolubles; on en a résolu bien d'autres.

En attendant, il faut qu'on les étudie et, pour les étudier, que l'on réunisse la Commission. Si elle avait déjà tenu séance, il est probable que quelqu'un aurait dit tout ce que je viens de dire et bien autre chose que j'ignore; on serait plus avancé que nous ne le sommes. En tout état de cause, et n'aurait-on rien de mieux que le rudiment du programme que je viens d'esquisser, ce serait déjà suffisant pour ouvrir une discussion sérieuse.

M. le *Président supérieur*. Je n'ai pas d'objection à ce que la Commission instituée il y a quelques années soit réunie prochainement pour être consultée, car le Gouver-

nement a grand intérêt à connaître les intentions et les vœux du pays.

Le Gouvernement entendra donc avec plaisir les opinions diverses qui pourront être émises sur la matière, et en fera son profit dans la mesure du possible. L'essentiel, je le répète, est de savoir si la législation actuelle pourra mener au but ou s'il sera nécessaire de faire une loi nouvelle. Si le pays se prononçait dans ce dernier sens, je ne m'opposerais pas, pour ma part, à un changement de législation. Mais la nouvelle loi ne devrait pas se borner à faciliter l'établissement d'une base équitable pour l'assiette de la contribution foncière; elle devrait aussi aviser aux moyens d'effectuer les diverses améliorations agricoles qui paraissent utiles et nécessaires. A tous ces points de vue, il est indispensable de faire au préalable des expériences pratiques. Dans les communes, qui voudront procéder au renouvellement du cadastre, j'ai l'intention de faire rechercher en même temps si les travaux d'améliorations agricoles peuvent être utilement entrepris avec et à côté les opérations cadastrales, et si les intérêts multiples se rattachant à ces améliorations peuvent être sauvegardés par la révision cadastrale. Je crois donc qu'il est très-utile de combiner les deux buts auxquels est destiné le crédit, savoir: les études générales préparatoires à faire par l'Administration et les subventions à donner aux communes. L'expérience seule nous montrera si une nouvelle loi est nécessaire et, le cas échéant, quel devra être le contenu de cette loi.

Je répète que le Gouvernement est très-désireux d'apprendre l'opinion et les vœux du pays, mais ce but ne saurait être atteint sans faire des études pratiques.

M. *Grad* propose à l'Assemblée de décider que le Gouvernement devra réunir prochainement la Commission instituée pour examiner les mesures à prendre dans le but de la révision et du renouvellement du cadastre.

M. le *Président supérieur*. D'après la législation actuelle, le Gouvernement n'a pas l'*obligation* de réunir et d'entendre la Commission. Certes, le Gouvernement n'a rien à cacher à cette Commission; il la réunira et tâchera de s'entendre avec elle sur la manière de procéder. Mais on ne saurait lui imposer d'une manière formelle le devoir de la convoquer.

M. *Grad* fait remarquer que sa proposition ne doit contenir que l'expression d'un vœu.

Le crédit de 25 000 *M* est adopté, avec la rédaction de l'intitulé présentée par la Commission.

Le total des dépenses avec 1 772 470 *M* est mis aux voix et adopté, de même que l'excédant des recettes avec 8 841 530 *M* et l'ensemble du budget des contributions directes.

M. *Auscher* prie l'Assemblée de vouloir bien se joindre au vœu exprimé à la fin du rapport au sujet de la nomination des Alsaciens-Lorrains dans le personnel des divers services administratifs.

M. le *Président supérieur*. Le Gouvernement d'Alsace-Lorraine a eu pour principe, dès le début, de nommer autant que possible des Alsaciens-Lorrains aux emplois dans les divers services de l'Administration. Ce principe le guide encore aujourd'hui, et il ne s'en est jamais départi.

Seulement, il est regrettable qu'il ne se présente pas un nombre suffisant d'aspirants alsaciens-lorrains qui aient les capacités requises. Les Alsaciens-Lorrains qui ont passé les examens prescrits ou qui ont la capacité requise, ont toujours la préférence sur les autres candidats.

M. *Kœchlin*. Je crois que nous sommes ici pour dire

franchement ce que nous pensons. Or, je suis obligé de déclarer que, si les intentions de l'Administration supérieure de Strasbourg, au sujet de la nomination d'Alsaciens-Lorrains aux emplois, sont excellentes, il n'en est pas ainsi dans les couches moyennes de l'Administration. On y cherche souvent des difficultés aux Alsaciens-Lorrains et l'on facilite plutôt la situation des candidats qui ne sont pas Alsaciens-Lorrains. C'est là un fait regrettable, mais vrai.

Je crois que nous devons prendre acte, avec grand plaisir, des paroles que Son Exc. M. le Président supérieur vient de faire entendre. Mais je tiens à constater que le vœu de la Commission a pris sa source dans une espèce de résistance sourde dans les couches moyennes de l'Administration aux intentions de l'Administration supérieure.

M. *Klein.* Je ne puis que me rallier à l'opinion émise par M. Kœchlin. J'ai cité, au sein de la Commission, une série d'exemples pour illustrer le fait. Très-souvent on cherche à faire des difficultés sans fin aux Alsaciens-Lorrains qui se présentent à un emploi, et je ne crains pas de dire qu'il y a des chefs de service qui sont même systématiquement hostiles aux candidatures alsaciennes-lorraines, et qui cherchent à les écarter le plus possible.

D'un autre côté, il y a aussi dans les règlements fixant les conditions d'admission aux divers emplois un fait désavantageux pour les Alsaciens-Lorrains. Tantôt ces règlements prescrivent certaines conditions préliminaires d'instruction primaire ou secondaire, tantôt ils exigent que le candidat ait suivi une „Realschule" ou un „Gymnasium" jusqu'à telle ou telle classe déterminée, etc., etc. De pareilles conditions peuvent se trouver parfaitement à leur place en Allemagne, où l'on y est habitué; mais elles sont inapplicables en Alsace-Lorraine, où il a été impossible aux jeunes gens de les prévoir et, par conséquent, de s'y préparer. Il est donc tout naturel que les aptitudes requises par ces règlements manquent aux Alsaciens-Lorrains; c'est un fait amené par la force même des choses. C'est ainsi qu'à l'aide de ce mot „apte", „geeignet", comme disent les règlements, beaucoup de nos compatriotes se trouvent écartés des emplois si, comme cela se fait en général, lesdits règlements sont strictement appliqués. Je me hâte, du reste, d'ajouter que les intentions du Gouvernement peuvent être, je le reconnais, très-bonnes, mais il est fâcheux qu'en fait ces intentions ne puissent pas toujours se réaliser et qu'il ait souvent les mains liées par des règlements imposés.

M. le *Président supérieur.* Comme vient de le faire remarquer M. Klein, il y a des règlements qui prescrivent d'une manière précise les conditions d'admission aux emplois, et qui exigent une certaine instruction et certaines connaissances de la part des candidats. Mais les chefs des diverses Administrations, moi-même entre autres, nous sommes autorisés à dispenser de ces conditions dans des cas particuliers. Or je puis vous assurer que, jusqu'à présent, j'ai fait un grand usage de cette faculté en faveur de candidats alsaciens-lorrains, presque jamais au contraire en faveur de non-Alsaciens.

J'ai été surpris d'entendre parler tout à l'heure d'une espèce de résistance qui se montrerait dans certains services contre les intentions de l'Administration supérieure. Je n'en ai eu jusqu'ici aucune connaissance, mais je ne demande pas mieux que d'être mis au courant si des faits de ce genre se sont présentés.

M. le baron *Zorn de Bulach.* En présence des déclarations bienveillantes de M. le Président supérieur, j'exprime mes regrets que Son Excellence n'ait plus assisté à la séance d'hier soir, au moment où nous avons émis le vœu que l'Administration soit plus coulante pour la nomination des Alsaciens-Lorrains dans le service des douanes. Nous avons eu hier une application particulière et très-intéressante de la thèse générale que nous soutenons aujourd'hui. Nous savons tous que M. le Président supérieur est toujours bien disposé envers nos compatriotes, et je suis convaincu que si Son Excellence avait été là hier, nous aurions trouvé son appui immédiat pour le vœu que nous avons exprimé. Ce vœu aurait alors pu être pris immédiatement en sérieuse considération.

M. le *Président supérieur.* J'ai été empêché hier d'assister à la fin de la séance; je ne connais donc pas la discussion à laquelle fait allusion M. de Bulach. Je suppose toutefois qu'on s'est plaint du fait que certaines catégories de fonctionnaires doivent se recruter parmi les soldats émérites, les „Militäranwärter". Ce fait est basé sur la loi; il n'y a donc rien à y changer. Je fais cependant remarquer que même parmi les catégories d'emplois auxquelles doivent être nommés, en général, des „Militäranwärter", il y a toujours — en égard précisémen à la situation particulière de l'Alsace-Lorraine — certaines places réservées à d'autres personnes, de sorte que, même dans ces cas, il est possible que des Alsaciens-Lorrains n'ayant pas le „Civilversorgungsschein" ou le „Civilanstellungsschein" soient promus à ces emplois. C'est précisément en faveur des Alsaciens-Lorrains que le règlement relatif aux „Militäranwärter" a été changé ici, et qu'il y a été introduit des modifications qui n'existent pas dans les autres pays. Ici comme partout, on a donc voulu faciliter aux Alsaciens-Lorrains l'accès des emplois pour les faire entrer au service du pays.

M. le baron *Zorn de Bulach.* Je suis heureux d'avoir provoqué cette explication, et j'en remercie M. le Président supérieur. Nous prenons acte de ces déclarations bienveillantes et nous les ferons connaître au pays. Nous saurons aussi dorénavant à qui nous adresser quand des faits analogues à ceux que nous a cités l'honorable M. Klein viendront à se reproduire.

Personne ne demandant plus la parole, on passe au dernier objet de l'ordre du jour.

III.

Première lecture du projet de loi sur les produits domaniaux. — Proposition N° 8.

La discussion générale est ouverte et close sans observations.

Le projet est renvoyé à la 3ᵉ Commission (Finances).

L'ordre du jour étant épuisé, la séance est levée à midi et demi.

DÉLÉGATION D'ALSACE-LORRAINE.

3ᵉ Commission.

RAPPORT DE M. AUSCHER.

Budget de l'Administration des Contributions directes.

RECETTES.

CHAPITRE II.

Fonds généraux et recettes diverses.

Les prévisions d'augmentations sur les titres 1, 2, 3, 4, 5 et 6 estimées à 73 700 ℳ, sont expliquées par l'établissement de constructions nouvelles, par l'accroissement de la population et par la moyenne des recettes des trois dernières années.

Le titre 7 de 25 000 ℳ n'est qu'un virement de la même somme, retirée du budget de l'Administration de l'industrie et de l'agriculture et ajoutée au budget des contributions directes.

Les bases des titres 8, 9, 10, 11 et 12 reposent aussi sur la moyenne des recettes des trois dernières années.

CHAPITRE III.

Fonds spéciaux.

Les modifications introduites dans ce chapitre vous sont suffisamment expliquées par les émargements, et ne demandent pas d'observations.

DÉPENSES.

CHAPITRE VI.

Dépenses ordinaires sur des fonds généraux.

Le titre 1 ne présente pas de changement, le titre 2 présente une augmentation de 900 ℳ, qui vous est suffisamment expliquée sous la rubrique des observations.

Les titres 3, 4, 5 et 6 présentent des modifications qui sont la conséquence de l'organisation du nouveau service des contrôleurs de caisse.

Les titres 7, 8, 9 et 10 ne provoquent pas d'observations.

Le titre 11 comprend une augmentation de 2 600 ℳ, qui est surtout justifiée par le motif de venir en aide aux percepteurs malades.

Les titres 12 à 20 ne provoquent pas d'observations.

CHAPITRE VII.

Dépenses sur fonds spéciaux.

Les titres 1, 2 et 3 ne donnent pas lieu à observations.

CHAPITRE II.

Dépenses extraordinaires.

Révision et renouvellement du cadastre, 25 000 ℳ.

Notre Commission est d'avis de changer l'inscription de ce chapitre dans le sens suivant :

25 000 ℳ pour expériences et études préparatoires à faire pour le renouvellement du cadastre et subvention aux communes dans ce but.

Cette modification faite, votre 3ᵉ Commission a l'honneur de vous proposer de voter le budget des contributions directes tel qu'il nous est présenté.

Votre Commission vous prie en outre de vouloir bien vous associer à ses vœux, en priant le Gouvernement d'avoir égard autant que possible aux Alsaciens-Lorrains pour les nominations dans le personnel des divers services administratifs, et en ce qui concerne plus spécialement le service des contributions directes, de leur réserver une large part aux emplois de percepteur et de contrôleur de caisse.

Le rapporteur,

Auscher.

DÉLÉGATION D'ALSACE-LORRAINE.

Sixième Session.

COMPTE-RENDU OFFICIEL.

8ᵉ SÉANCE

13 février 1879, 2 heures et demie de l'après-midi.

SOMMAIRE : Communication d'une demande de congé de M. le baron Zorn de Bulach et de plusieurs pétitions; 2ᵉ lecture du budget de l'Administration forestière.

Président : M. Schlumberger.
Secrétaire : M. Schnéegans.
Présents : 28 membres.
Absents : MM. Blandin et baron Zorn de Bulach.
Le Gouvernement est représenté par M. le Président supérieur, M. le directeur général des forêts et M. le conseiller supérieur Stempel.

M. le *Président* donne lecture d'une lettre de M. le baron Zorn de Bulach, par laquelle il demande un congé pour la séance d'aujourd'hui. Le congé est accordé.

M. le secrétaire *Schnéegans* donne lecture, dans les deux langues, du procès-verbal de la dernière séance, qui est adopté.

M. le *Président* fait part à l'Assemblée qu'il a reçu les pétitions suivantes :

1° Pétition des habitants de Metzerwiese, demandant des audiences périodiques de l'Amtsgericht et la réunion en une seule des études de Kédange et de Lottange.

Renvoyée à la 2ᵉ Commission.

2° Pétition de M. Gandar, notaire à Rémilly, relative à des questions d'enregistrement.

Renvoyée à la 3ᵉ Commission.

3° Pétition de plusieurs habitants de Saverne, demandant qu'une communication soit établie entre le canal et le chemin de fer.

Renvoyée à la 4ᵉ Commission.

Ordre du jour :

Budget de l'Administration des forêts.

4ᵉ COMMISSION.

Rapporteur : M. Bichelberger.

Le rapport a été imprimé et distribué aux membres, conformément au règlement. (Voir l'annexe.)

Recettes.

Chapitre 1 (Administration des forêts).
Titre 1 (Bois de l'année forestière, 1ᵉʳ octobre 1879— 1880), 6 000 000 ℳ.

M. *Nessel.* Au risque de vous fatiguer, Messieurs, par l'exposé d'une question aride et compliquée d'une série de détails techniques, je me permettrai d'appeler votre attention sur un point qui me paraît extrêmement important vu qu'il forme une des sources principales de nos revenus budgétaires. Je veux parler des ventes de bois et de la manière dont se fait, en général, l'exploitation des forêts. Vous avez tous remarqué, en examinant ce chapitre, que les recettes de bois prévues se chiffrent par une diminution de 530 000 ℳ sur le budget de l'exercice précédent. Cette somme est déjà relativement très-considérable quand on la met en regard du montant des recettes qui n'est que de 6 millions ; — mais, et ici je ne demande pas mieux que d'être mauvais prophète, je crains que ce déficit ne soit singulièrement dépassé par la réalité et qu'il n'aille encore croissant d'année en année.

Permettez-moi, Messieurs, de rechercher succinctement les causes de cette diminution. Ce que je vais dire se rapporte plus spécialement à la partie nord de l'Alsace, aux districts compris entre Strasbourg, la Lorraine et la frontière de la Bavière; mais je crois, d'après les renseignements que je possède, que mes observations pourraient également s'appliquer au reste du pays; pourtant ces renseignements ne sont peut-être pas assez explicites, et j'espère qu'un de mes honorables collègues voudra bien les confirmer ou les compléter en ce qui concerne les autres parties du pays.

Jetons tout d'abord un regard en arrière et remontons au temps de l'administration française, car les causes de la diminution de nos recettes de bois, on doit les trouver, selon moi, dans les changements radicaux opérés par l'Administration actuelle, dans l'abandon complet des anciens errements. L'administration française vendait, en grande partie, le bois sur pied. Ce système présentait d'énormes avantages et facilitait, dans l'intérêt du pays entier, le développement du commerce, en lui donnant la libre disposition des bois. De cette manière, en effet, chaque commerçant pouvait utiliser son bois suivant les besoins particuliers de son industrie, système dont les avantages sont si évidents qu'il semble inutile d'y insister.

A côté des ventes sur pied, le gouvernement français faisait des coupes de façonnage. Le façonnage était mis à l'adjudication publique au rabais; le bois façonné était ensuite divisé en gros lots et vendu de même au rabais.

A la suite de cette manière de procéder s'était formé chez nous une industrie florissante et prospère; le commerce de bois était représenté par un grand nombre de maisons assises sur des bases larges et solides. Ce commerce était en même temps un soutien puissant de l'Administration forestière, puisqu'il était lui-même intéressé à maintenir le bois à un niveau raisonnable. De cette manière, les fluctuations dans la valeur des bois n'étaient pas trop grandes, et l'Administration était toujours sûre d'avoir un débouché facile et des prix rémunérateurs.

Survient 1870 et l'entrée en fonctions de l'Administration actuelle. Il se produit alors un fait, qui malheureusement s'est renouvelé dans trop de nos services administratifs. Une foule de fonctionnaires arrivent du dehors, apportant avec eux des habitudes et des traditions très-différentes des nôtres et dont ils n'ont pas pu ni voulu se défaire, ni tenir compte de l'expérience acquise, ni des habitudes de nos populations, mais ils ont imposé *leurs* traditions et *leur* système à la totalité du pays.

Cette manière de procéder n'a pas toujours donné des résultats heureux; elle a souvent lésé les intérêts du pays, tout en froissant ses sentiments.

On a donc commencé par faire table rase en matière d'exploitation des forêts et de vente des produits. Aujourd'hui, l'Administration ne vend plus sur pied, elle façonne elle-même le bois et le met en vente non plus par ensemble, mais par tout petits lots; en un mot, elle est descendue au rang de petit marchand.

J'ai là des affiches de ventes faites par l'Administration qui démontrent ce que je dis et qui contiennent souvent des choses vraiment curieuses; on y voit des lots de *30 fagots*, représentant une valeur de *30 sous*, puis de 90 fagots, de 2 stères, 6 stères, etc. Vous voyez à ces exemples que la qualification de „petit marchand" est pleinement justifiée.

Voilà le système général que suit l'Administration actuelle. Pour pouvoir l'appliquer, des titres entiers du Code forestier ont dû être abrogés d'un coup. Il doit exister une ordonnance quelconque édictant cette abrogation, puisque les dispositions dont je parle ne sont plus suivies; mais, à ma connaissance du moins, cette ordonnance n'a jamais été publiée. Pourtant notez bien, Messieurs, que les dispositions abrogées — je vous cite entre autres les articles 15 à 28 sur l'aménagement des bois et les adjudications — imposaient à l'Administration un certain contrôle et des obligations précises sur la manière de procéder. Par contre, on s'est gardé d'abroger les dispositions vraiment draconiennes que renferme ce Code vis-à-vis du public, et l'on a même remis en vigueur celles que le gouvernement français avait laissé tomber en désuétude. Ce sont là des faits qui frappent et qu'il est bon de noter en passant.

Autrefois, les ventes avaient quelque chose d'imposant et se faisaient avec une certaine solennité. Elles avaient lieu à jour fixe, au chef-lieu du département, à l'hôtel de la préfecture, et étaient présidées par le préfet lui-même ou par son délégué. Elles étaient suivies par un grand nombre de représentants de ce commerce important dont j'ai parlé plus haut, qui, disposant de capitaux considérables, venaient enchérir les coupes de l'Etat. Aujourd'hui, la scène a bien changé. Le théâtre représente une infime salle d'auberge. En entrant, vous voyez installé à une table M. l'Oberförster, dans le reste de la salle des courtiers, des paysans, toute sorte de monde interlope, qui mange, boit et fume, pendant que l'Oberförster proclame les lots. Faut-il s'étonner que le public qui assiste à ces ventes tienne à peine son sérieux! Souvent l'Oberförster est obligé de courir après les chalands pour se défaire des lots. C'est un spectacle pénible à voir et, pour ma part, je plains sincèrement les Oberförster qui doivent s'abaisser à pareil métier.

En dehors de ces détails de forme, le système actuel est financièrement et économiquement mauvais; car l'Administration n'a aucune des bonnes qualités qui font le bon marchand, mais possède tous les défauts du mauvais. Le véritable but de ce système est de supprimer les intermédiaires entre l'Administration et les consommateurs. Il se peut que ce but soit atteint et que ce système réussisse dans les contrées où il est appliqué depuis longtemps et où il répond à des besoins locaux; mais dans notre pays il repose sur une utopie, car les consommateurs des villes sont, avant comme après, les clients d'une maison déterminée, et les paysans n'achètent que ce qu'ils voient. Le seul résultat que le système a eu chez nous, a été de détruire le grand commerce dont j'ai parlé tout à l'heure, qui a disparu ou est en train de disparaître. Il existe encore en partie pour les grumes, les bois de construction, pour lesquels l'Administration n'a pas pu employer son système et a dû s'adresser au commerce, le monde interlope de marchands dont j'ai parlé plus haut n'achetant pas de gros lots, et la vente de ces bois ne se prêtant pas aux petits. Quant au bois de feu, il est évident qu'il est impossible à un marchand sérieux d'acheter des lots isolés, peu importants, souvent séparés de plusieurs kilomètres les uns des autres; le marchand de bois est obligé de faire surveiller ses lots; mais une surveillance efficace n'est pas possible avec le système indiqué, ses agents ne pouvant être dans plusieurs endroits à la fois. Il importe donc avant tout au marchand que son bois soit réuni dans la forêt à un seul endroit. Le système actuel va à l'encontre de toutes ces exigences, et le commerce de bois en gros ne peut donc plus exister. Mais les agissements de l'Administration ont eu pour résultat de mettre en goût les anciens agents subalternes du commerce de bois, les garde-coupes, les courtiers et autres, qui, ayant vu jadis leurs patrons faire de bonnes affaires, voulurent devenir patrons à leur tour. Ils prirent leurs petites économies et se firent marchands de bois, sans songer qu'il leur manquait l'essentiel, le capital.

On a vu alors des gens, des paysans, acheter quelques lots à terme, et immédiatement après l'adjudication, colporter le bois dans les communes des environs et le vendre souvent au-dessous du prix, au comptant, pour vivre de cet argent pendant quelque temps. Mais quand l'heure du paiement arrivait, ils se sont souvent vus obligés de vendre une vache ou un autre objet non moins nécessaire dans la maison, pour pouvoir acquitter leur dette envers l'Administration. Tout le monde voulut s'en mêler; les petits lots étaient accessibles à tous, et créèrent une concurrence momentanée qui exagéra pendant un certain temps le prix des bois. Mais cette hausse factice fut de courte durée, et eut pour résultat de consommer la ruine d'un grand nombre de malheureux qui s'étaient jetés dans cette spéculation; la réaction ne tarda pas à arriver; il y eut bientôt des stocks considérables; les nouveaux marchands se trouvèrent avec des approvisionnements dont ils ne purent se défaire, et ils virent rapidement périr leur petite fortune. Cette hausse factice a encore eu d'autres résultats déplorables. Elle a considérablement favorisé la concurrence étrangère. C'est ainsi qu'en présence des prix élevés payés pendant quelque temps, on a pu importer de grandes quantités de bois de Sarrebrück, qui s'est procuré ainsi un débouché avantageux.

On a également favorisé dans une proportion énorme la consommation de la houille, produit étranger, au détriment du bois, produit du pays. Je puis vous citer à ce sujet des chiffres éloquents, fournis par les relevés de l'octroi de la ville de Strasbourg. En voici quelques-uns :

En 1868, il est entré à Strasbourg, qui, soit dit en passant, a toujours été chez nous le régulateur du prix des bois, 78 000 stères de bois et 270 000 quintaux de houilles; en 1878, l'importation n'a été, pour le bois, que de 72 000 stères; pour la houille, au contraire, de 418 000 quintaux.

Ces chiffres sont constatés officiellement pour Strasbourg. Mais il est certain que pareil fait s'est produit dans toutes nos villes et jusque dans les villages.

De tous ces faits, il est facile de conclure au mérite du système suivi. Son résultat a été la destruction du grand commerce remplacé par une spéculation sans avenir et sans moyens d'existence; de là, des stocks considérables, la réaction et la crise actuelles, et enfin cette énorme dépréciation dans les prix du bois que nous remarquons depuis deux ans. Et tout cela ne fait que commencer; le mal ira grandissant. Nous sommes, en ce moment, dans la saison des ventes; eh bien, j'ai eu connaissance du résultat de plusieurs ventes faites dans ces derniers temps, résultat tellement défavorable, que s'il se généralisait, notre déficit serait à porter au triple des prévisions. Le bois s'est vendu, comme M. le directeur général doit le savoir, à 50 % au-dessous de la taxe, et encore la plupart des lots n'ont-ils pas trouvé d'amateurs. Je crains que ce résultat ne se généralise, ce qui serait un véritable désastre pour l'Alsace-Lorraine, car les produits forestiers forment une des parties les plus importantes de nos revenus budgétaires.

La situation actuelle ne saurait donc durer, et il y a lieu d'inviter énergiquement l'Administration à y porter remède. Pour moi, je ne vois qu'un seul moyen efficace, c'est de remettre en vigueur les articles du Code forestier qu'on a abrogés, et d'en revenir à l'ancienne manière de procéder pour l'exploitation et la vente des bois.

Que si l'Administration, pour des raisons basées sur des considérations techniques qu'il nous est impossible d'apprécier, refuse de revenir aux ventes sur pied, ce qui serait certainement le meilleur, je la prierai au moins de vouloir bien vendre dorénavant par gros lots et de ne pas poursuivre d'utopie en se faisant elle-même „marchande" et en se substituant au grand commerce, qu'elle empêche ainsi de vivre.

Ma demande est fondée sur des faits incontestables, et je ne doute donc pas que l'Assemblée ne s'y rallie. J'espère, pour le même motif, que le Gouvernement voudra bien y faire droit. Je me réserve d'en faire en troisième lecture l'objet d'une proposition formelle.

M. le directeur général des forêts *Mayer*, commissaire du Gouvernement :

Je répondrai à l'honorable M. Nessel qu'il est exact que la somme prévue dans les recettes du budget de cette année, comme produit de la vente de bois, est inférieure de 530 000 ℳ à celle de l'année 1878. Mais je dois faire remarquer que si l'on avait, pour la fixation de cette somme, pris la recette moyenne des trois dernières années, ainsi que cela a été pratiqué jusqu'à présent, la somme émargée aurait été de 6 483 451 ℳ, somme peu inférieure, comme on le voit, à celle prévue l'année dernière. Mais le Gouvernement a cru devoir inscrire au budget une somme d'un chiffre tel que sa rentrée fût certaine. Dans les dernières années, et surtout en 1877 et en 1878, la stagnation des affaires a été telle, et par suite le prix du bois est tombé si bas qu'il n'a pas paru prudent de porter au budget la somme moyenne ordinaire. D'après le résultat des adjudications qui ont eu lieu dans les derniers temps, il y a lieu toutefois d'espérer que les recettes nonseulement atteindront, mais dépasseront cette somme.

Ce qui prouve d'ailleurs que les forêts du pays n'ont pas été si mal administrées que M. Nessel paraît le croire, c'est que dans les six années de 1872 à 1877, l'Administration des forêts a produit un excédant de recettes de 3 184 816 ℳ, soit, déduction faite de la recette extraordinaire de 580 000 ℳ en 1876, pour le champ de manœuvres de Haguenau, un excédant net de 2 604 816 ℳ Ce résultat nous prouve aussi que le mode de procéder suivi jusqu'à présent, c'est-à-dire la vente en détail après façonnage préalable, a fait ses preuves. Je dois donc me prononcer contre la proposition faite par M. Nessel d'en revenir au système de la vente du bois sur pied, et j'ai la ferme conviction que ce système entraînerait une diminution considérable de nos recettes. Quant aux autres observations présentées par l'honorable M. Nessel, elles me paraissent en partie inexactes et en partie exagérées.

L'Administration n'a nullement pour principe, ni même pour pratique constante de ne former que de petits lots pour les adjudications de bois, comme M. Nessel paraît l'admettre. Les lots sont souvent considérables et il y en a même d'une valeur de 5 à 10,000 ℳ et au-dessus; les petits lots ne sont formés que quand les besoins locaux l'exigent et pour donner à tout le monde l'occasion de s'approvisionner de bois, sans recourir à l'intermédiaire du marchand. S'il arrive parfois, comme nous l'a dit M. Nessel, que l'Administration mette en adjudication de tout petits lots d'une valeur presque insignifiante, comme 30 fagots ou quelques stères de bois, ce fait prouve tout à fait en faveur de l'Administration. Quand il arrive, en effet, que, dans un district un peu écarté, le vent fasse quelques dégâts, ou qu'un arbre isolé dépérisse, l'Administration, au lieu de laisser perdre ce bois, comme cela se faisait dans le temps, le fait façonner et mettre en vente. Or, il est évident qu'une petite quantité de bois de ce genre, si elle se trouve dans un district un peu éloigné, ne peut pas toujours être transportée à la coupe principale pour y être jointe aux autres lots.

Pour ce qui est de la publication des ventes de bois, je dois faire remarquer qu'elle se fait strictement d'après les dispositions de la loi, c'est-à-dire quinze jours au moins avant l'adjudication. Les affiches et la répartition des lots sont envoyées à tous les marchands de bois, ainsi qu'aux communes intéressées; de plus, dans ces dernières, la vente est encore publiée conformément à la coutume locale.

Passant à un autre reproche adressé à l'Administration par M. Nessel, je dois dire qu'il est vrai que parfois les adjudications se font dans les auberges, mais seulement quand il n'est pas possible de faire autrement. Son Exc. M. le Président supérieur a ordonné que, dans les cas où il y aurait un local public à la disposition du fonctionnaire chargé de l'adjudication, c'est dans ce local que cette dernière doit se faire, et c'est ce qui arrive aussi partout où il existe des locaux semblables : à Haguenau, par exemple, c'est dans la grande salle de l'Hôtel-de-Ville que se font les adjudications ; ailleurs, dans la maison commune. Mais il n'existe pas partout des locaux dont on puisse disposer ; d'un autre côté, il peut être utile de donner aux amateurs l'occasion de visiter le bois avant l'adjudication, et pour cela, de rester à proximité de la coupe ; dans ces cas, on se trouve souvent obligé de choisir une auberge pour procéder à la vente.

M. Nessel a encore exprimé l'opinion qu'il vaudrait mieux vendre le bois au rabais. Je répondrai qu'il y a déjà plusieurs années que l'Administration a donné ordre d'appliquer également ce mode d'adjudication, partout où il y aurait opportunité à le faire. A Haguenau, par exemple, l'adjudication ne se fait pas au rabais, parce que les essais qui ont été faits ont démontré que la population ne s'habituera jamais à ce mode de procéder. Malgré cela, j'ai ordonné hier à Haguenau que, pour la vente de bois qui aura lieu le 15 de ce mois, on essayera encore une fois l'adjudication au rabais pour le bois façonné qui sera vendu en lots d'une certaine importance. Aux environs de Schirmeck et dans d'autres endroits, où l'on vend principalement du bois façonné et en lots considérables, on n'adjuge déjà depuis assez longtemps qu'au rabais, et le système a été reconnu bon. Le système contraire est préférable, ainsi que l'expérience l'a démontré, pour la vente de lots peu considérables, notamment de bois de chauffage. On a aussi parlé de la concurrence étrangère.

Il est malheureusement vrai que dans les dernières années des quantités considérables de bois provenant des forêts prussiennes avoisinantes ont été importées sur notre marché. Mais c'est là un fait tout à fait isolé et qui ne se répétera plus, surtout dans la mesure dans laquelle il s'était produit. Ces masses de bois avaient été façonnées à la suite des ravages considérables exercés par le vent et avaient été cédées à des prix extraordinairement bas aux entrepreneurs, qui les ont alors fait transporter par les bateaux de la Sarre en Alsace. C'est ainsi que dans une seule année il a été importé rien qu'à Strasbourg environ 20 000 stères de bois, et on ne peut pas se dissimuler que cette concurrence étrangère ait eu une influence sensible sur le prix de notre bois. Une autre cause de la dépréciation de ce dernier est l'augmentation considérable de l'importation de la houille, par suite de la mauvaise situation où se trouve en ce moment l'exploitation des houilles de mine. Mais la cause principale de cette concurrence faite à notre bois par la houille et par le bois étranger est certainement le prix élevé que le bois avait atteint chez nous dans les années 1875 et 1876. Il est donc de beaucoup préférable, tant sous le rapport économique que sous le rapport financier, de n'obtenir pour le bois qu'un prix moyen qui se maintiendrait plus sûrement.

D'ailleurs la concurrence étrangère n'exerce de loin pas une influence aussi grande qu'on a bien voulu le dire, attendu qu'elle ne s'étend jusqu'à présent qu'au bois de chauffage, qui n'est pas notre principale source de recettes et n'a pas encore atteint le bois de façonnage, qui est seul d'une importance décisive pour le rendement de nos forêts et pour lequel il existe en ce moment des conjonctures si favorables que nous pouvons pour l'avenir nous attendre à une augmentation de recettes.

M. *Ditsch*. Il est un point sur lequel je ne suis pas d'accord avec M. Nessel, c'est quand il se récrie contre la composition de lots de peu d'importance.

Je trouve, au contraire, qu'il est avantageux de supprimer l'intermédiaire entre le vendeur et le consommateur, et celui-ci ne demande que des petits lots pour les besoins de sa maison et de son ménage. Sous ce rapport, je suis donc loin de blâmer les procédés de l'Administration.

Il n'en est pas de même au sujet d'un autre point, sur lequel je ne partage nullement la manière de voir de la Direction générale des forêts.

Je veux parler des ventes elles-mêmes qui persistent à se faire dans les auberges, malgré nos vœux pressants et réitérés. Dès notre première session, en 1875, nous avons signalé les nombreux inconvénients de cette méthode, en exprimant vivement le désir de la voir disparaître, désir que nous n'avons cessé depuis de renouveler. Ces vœux sont restés sans résultat. Dans les chefs-lieux d'arrondissement même — je citerai par exemple Sarrebourg — où d'autres locaux propres à ces ventes ne font pas défaut, les adjudications n'en ont pas moins lieu dans les auberges, au grand déplaisir et détriment de nos populations, qui sont ainsi forcées de faire des dépenses inutiles pour consommations et qui sont en outre exposées dans ces petites salles d'auberge à de nombreux inconvénients matériels, tandis qu'il y a souvent à proximité des locaux très-commodes. C'est là un fait profondément regrettable, que nous désirons instamment voir disparaître.

M. *Bichelberger*. Je constate que dans le rapport sur le budget de l'Administration forestière pour l'exercice 1878 ce vœu a été formellement exprimé, sans que depuis l'Administration ait pu se décider à changer de système. Je puis ajouter aux faits cités par M. Ditsch mon témoignage personnel ; je connais des communes où il y avait un local disponible et parfaitement propre à une adjudication ; mais l'Administration n'a pas demandé à s'en servir et a continué à faire les ventes dans les auberges.

M. *Mayer*, directeur général des forêts. Je ne puis que répéter que, d'après les instructions réitérées de M. le Président supérieur, les adjudications de bois ne doivent se faire dans les auberges que quand il n'existe pas d'autre local convenable. S'il devait être contrevenu à cette règle, je prierais de signaler le fait à l'Administration.

M. *Kœchlin*. Ce fait nous prouve une fois de plus les ordres partant de Strasbourg n'arrivent pas à destination et ne sont pas suivis par les agents de l'Administration forestière. MM. les gardes généraux, pour procéder aux ventes dans les auberges, se retranchent derrière le prétexte qu'il n'y a pas dans la commune d'autre local suffisant. Il y aurait, à mon avis, un moyen bien simple de leur enlever ce prétexte. Les ventes ne devraient pouvoir se faire dans les auberges que lorsque le manque d'un autre local serait dûment constaté par un avis du maire de la commune et une délibération du Conseil municipal. Je suis convaincu que, de cette manière, on trouverait presque partout des locaux satisfaisants.

M. *Lorette*. En procédant aux ventes dans les auberges, MM. les Oberförster cèdent à un usage introduit à la suite des ordres donnés par les présidences de département. En Lorraine, il a été interdit aux notaires de faire des adjudications dans les maisons d'école, et ceux-ci sont donc obligés de se retirer à cet effet dans les auberges. Il est probable que les Oberförster ont tout bonnement suivi ce mouvement. D'ailleurs les instituteurs, se faisant fort des ordres susdits, ne permettent pas que des ventes quelconques se fassent dans les salles d'école, et souvent il n'y pas dans les maisons communes de salle de mairie spéciale. J'ai cru devoir ajouter ces explications qui, je l'espère, aideront à faire le jour dans cette question tant soit peu compliquée.

M. Nessel a fait ressortir tout à l'heure que la consommation de la houille augmente, et que celle du bois diminue de jour en jour. J'accorde le fait, mais je conteste les motifs allégués par M. Nessel. Je lui ferai remarquer tout d'abord que j'habite un pays très-boisé, trop boisé peut-être, et que nous avons vendu nos bois de chauffage à 2 fr. 50 cent. le stère. Vous voyez bien comme c'est rémunérateur! Mais je crois que M. Nessel fait erreur en attribuant l'augmentation considérable dans la consommation des houilles à la suppression de l'intermédiaire entre le vendeur et le consommateur, ou au mode des ventes de bois. Chez nous, on consomme tous les jours plus de houille et moins de bois; moi-même, je vends mon bois et j'achète de la houille. En voici la cause : c'est que le façonnage, le transport, le sciage, en un mot, la main-d'œuvre du bois est beaucoup trop chère aujourd'hui. Voilà ce qui augmente dans une si forte mesure la consommation de la houille, qui n'exige pas tant de travaux préparatoires.

M. *Nessel.* Je n'ai fait que constater l'augmentation de la consommation des houilles, et j'ai eu soin de dire que mes paroles ne s'appliquaient qu'à la région que j'habite. J'ai ajouté que cette augmentation me paraissait être la conséquence de la hausse excessive et factice amenée dans le prix des bois, il y a 3 ou 4 ans. Ce fait est, à mon avis, déplorable. Mais il est le résultat de l'esprit d'économie de nos populations, et je suis persuadé que, du jour où le bois sera à meilleur marché et reviendra à son prix normal, la consommation de la houille diminuera en proportion. En parcourant les chiffres officiels que j'ai cités, vous ne sauriez contester que, depuis 1873, la consommation de la houille ait toujours, et dans une proportion alarmante, augmenté à Strasbourg.

Ces observations, j'ai cru devoir les faire, en réponse à M. Lorette, pour rétablir les faits.

Quant à M. Ditsch, je regrette fort qu'il ne partage pas ma manière de voir au sujet du mode des ventes; mais je ne puis me rallier à son opinion. Je persiste à croire que l'Etat ne doit pas se faire marchand, ni surtout petit marchand, et qu'il ne doit pas détruire des industries pour se substituer à elles.

(Plusieurs voix : Et le monopole du tabac que vous avez voté!)

M. *Nessel.* C'est là une tout autre question, qui n'a aucune analogie avec le sujet en discussion. Je continue donc, en faisant remarquer à M. Ditsch que le système qu'il dit préférer a déjà été employé exceptionnellement par l'administration française, mais dans des cas très-rares. Il se peut que ce cas se soit précisément présenté dans la contrée de M. Ditsch, et qu'ainsi les populations de cette contrée soient habituées aux ventes par petits lots. Alors je comprends sa manière de voir. Mais chez nous, je le répète, nous avions toujours la vente au rabais et par grands lots.

M. le directeur général des forêts a répondu à mes plaintes au sujet des ventes actuelles que l'adjudication au rabais n'est plus en usage, parce que nos populations n'y sont pas habituées. J'avoue que j'ai été extrêmement surpris d'entendre cet argument. En effet, jamais, avant 1870, nos populations n'ont connu d'autre système que la vente au rabais, et l'argument tire donc complètement faux. Je le répète, l'administration française ne faisait jamais de vente aux enchères; elle ne connaissait même pour les coupes façonnées d'autre système que la vente au rabais.

Je ne veux pas, Messieurs, abuser de votre temps et rentrer dans la discussion des détails, cela nous mènerait trop loin. Je m'en réfère entièrement à mes observations premières, et maintiens tout ce que j'ai dit.

M. *Lorette* constate de nouveau que la consommation du bois en Alsace-Lorraine a diminué d'une façon désolante, tandis que celle de la houille a augmenté.

M. *Kœchlin.* A mon avis, l'augmentation de la consommation de la houille est due au mouvement général et au développement de la civilisation. Il y a quelques dixaines d'années, on ne savait guère encore ce que c'était que la consommation de la houille dans les ménages; aujourd'hui, grâce aux progrès toujours croissants des appareils dans lesquels ont peut employer la houille, cette consommation augmente de jour en jour dans les ménages, et celle du bois diminue en conséquence.

M. Nessel parle et se plaint d'une hausse extrême des prix du bois; je n'y vois, quant à moi, que la preuve que l'Administration a tiré des forêts les produits les plus élevés possibles. Si vous ne voulez pas que l'Etat se fasse marchand lui-même, et si vous demandez qu'il favorise au contraire le commerce de bois, comment voulez-vous qu'il agisse pour atteindre ce dernier but? Jusqu'où doit-il aller? quelle place doit-il laisser aux marchands de bois? combien de pour 100 doit-il leur donner?

Je vous rappellerai à ce sujet ce qui a été dit lors de la discussion de la question du tabac. Quelques-uns de nos collègues demandaient alors que la manufacture payât en général des prix plus élevés aux planteurs, mais on leur a fait observer que ce serait favoriser ces derniers au détriment du reste de la population.

Le même cas se présente ici, mais en sens inverse. Il me semble évident que le Gouvernement doit vendre au prix le plus élevé possible, résultant de l'offre et de la demande. Ne pas appliquer dans l'espèce cette grande loi de tout commerce régulier, serait non-seulement irrationnel, mais causerait un grand préjudice aux revenus de l'Etat et, par suite, à la collectivité des contribuables. Chaque corporation cherche à obtenir de ses produits les meilleurs prix possibles.

M. *Ditsch.* En parlant tout à l'heure en faveur du maintien du système des petits lots, j'ai agi dans la supposition que le mode d'aménagement actuel serait également maintenu.

Si cependant un de nos honorables collègues se résout à faire une proposition tendant à changer le système général d'exploitation et d'aménagement, j'entends réserver mon opinion, et il n'est pas dit que je ne voterai pas cette proposition.

M. *Grad.* C'est la loi de l'offre et de la demande qui règle le commerce du bois. Or la houille fait concurrence au bois, comme combustible et l'abaissement du prix du bois provient surtout de la baisse de la houille. Si le prix de la houille a baissé, il faut tout d'abord en voir la cause dans le ralentissement ou le chômage de la métallurgie. Par suite les consommateurs achètent également le bois de chauffage à meilleur marché, à des prix moindres. Les règlements administratifs sur la vente des bois n'ont qu'une action secondaire sur le mouvement des prix.

M. *Simonin.* M. le Landforstmeister nous a dit tout à l'heure que les „Eintheilungslisten“ sont distribuées aux marchands de bois et aux communes.

Je suis heureux d'apprendre cette manière de voir bienveillante de l'Administration supérieure. Mais je dois déclarer que depuis 4 ou 5 ans que je fréquente la vente des bois de la forêt domaniale du Kastenwald, j'ai toujours dû acheter mes listes. Savez-vous ce qui en est, de ces listes? Elles constituaient un bénéfice du commis de M. l'Oberförster, qui les vendait 1 fr. 25 c. 15 jours, et 3 fr. 75 c. 3 ou 4 jours avant la vente. En voyant cette hausse, on n'a commencé à les vendre, l'année dernière, que 8 jours avant l'adjudication, et j'ai dû payer 5 fr. la liste. C'est un procédé déplorable que je me contente de constater, pour l'opposer à la déclaration de M. le Landforstmeister.

M. le directeur général des forêts *Mayer*, commissaire du Gouvernement. La question sera examinée par l'Administration. D'ailleurs, l'employé dont a parlé M. Simonin a été changé depuis.

M. *Fulter*. Je crois que le Landesausschuss ne pourra guère s'exprimer autrement que ne l'a fait le rapport de la Commission, où il est dit :

„Votre Commission a également exposé à M. le Landforstmeister que, pour la vente du bois, il n'est pas tenu assez compte des vrais besoins du consommateur, ou, pour mieux dire, on ne sait pas assez modifier la façon de vendre suivant que les circonstances sont autres. L'Administration, par le fait, est devenue elle-même „marchand de „bois"; en devenant marchand, elle doit forcément adopter, du moins en partie, la façon d'agir du marchand. Le commerçant sait se prêter aux circonstances, il les exploite même; le marchand a recours à la publicité la plus large; il cherche à connaître la demande, il va au delà des désirs du consommateur; il est prévenant, abordable, et laisse discuter les prix. Procède-t-on d'une façon semblable dans l'Administration forestière?... Certes, pas toujours."

Voilà, il me semble, la seule recommandation que nous ayons à adresser à l'Administration forestière; nous ne devons rien spécifier. Je reconnais, pour ma part, qu'il y a quelque chose de très-fondé dans les observations de M. Nessel. Si vous supprimez les intermédiaires, vous vous trouverez quelquefois dans l'impossibilité de vendre. Je vous citerai à ce sujet que, lors d'une vente qui s'est faite dernièrement à Remilly, une quantité considérable de bois est restée sans preneur. Cela ne serait pas arrivé, s'il y avait eu à l'adjudication de véritables marchands de bois. Ils l'auraient peut-être, en profitant des circonstances, acheté à un prix relativement minime, mais au moins l'auraient-ils acheté, et l'on n'eût pas été obligé de le donner, pour ainsi dire, gratis. C'est pour moi une preuve que l'intermédiaire a parfois du bon. Ce dernier, d'ailleurs, n'est pas seulement utile en matière de ventes de bois, mais encore en matière de finances. Je sais bien que, depuis un certain nombre d'années, il est admis en principe pour les emprunts de l'Etat, des départements, etc., qu'il vaut mieux s'adresser directement au public; mais je n'en soutiens pas moins que souvent il est préférable de s'adresser à un banquier. Nous avons eu récemment en Lorraine un exemple frappant. Le département a voulu faire un emprunt et s'est adressé directement au public dans ce but, mais il lui a été impossible de placer ainsi toutes les obligations, et il s'est vu obligé de recourir finalement à une maison de banque qui, naturellement, n'a pas non plus fonctionné gratis. Le banquier, dans l'espèce, a joué le rôle du marchand de bois dans les adjudications.

Je ne veux pas, je me hâte de le dire, poser de principe absolu, et je ne proposerai pas de rétablir un système complet d'intermédiaires; mais je crois devoir m'élever contre la suppression complète de ces agents. Finalement je recommande à l'Administration, puisqu'elle est „marchande de bois", de toujours se conduire comme telle, c'est à-dire d'agir suivant les circonstances.

Personne ne demandant plus la parole, la discussion est close et le titre 1er est mis aux voix et adopté.

Au titre 2 (*Produits accessoires*), avec 93 000 ℳ.

M. *Auscher* signale à l'attention du Gouvernement le fait suivant : Il est arrivé souvent, contrairement aux règles de l'humanité et, je ne crains pas de le dire, de la bonne politique administrative, qu'on ait défendu aux pauvres malheureux de chercher dans les forêts des fougères, des ronces et des broussailles. Une pareille rigueur est certainement hors de saison, et je demande franchement : Les ronces et les fougères valent-elles bien la peine qu'on enlève aux pauvres un petit gagne-pain, qu'on tracasse le monde et qu'on fasse infiniment de mauvais sang. D'ailleurs, je demanderai à M. le commissaire du Gouvernement si la défense faite par les agents subalternes est vraiment légale et, en cas d'affirmative, par quels motifs cette défense se justifie aux yeux de l'Administration. Car je le répète, le public ne peut la comprendre.

M. le directeur général des forêts *Mayer*, commissaire du Gouvernement, répond qu'il n'est nullement défendu aux pauvres de chercher les ronces et les fougères dans les forêts.

M. *Auscher* remercie M. le commissaire du Gouvernement de cette réponse bienveillante. Il est heureux de l'avoir provoquée; il en prend acte avec une satisfaction sans mélange et s'empressera de la faire connaître au pays. Elle calmera, sans nul doute, bien des agitations.

Le titre 2 est mis aux voix et adopté.

Titre 3 (*Produits de la chasse*), 40 000 ℳ.

M. *Kœchlin*. Lors de la discussion générale du budget en première lecture, nous avons déjà constaté avec déplaisir que la somme émargée pour les produits de la chasse est absolument la même que l'année dernière. Nous ne pouvons voter ce titre sans réitérer nos plaintes. Il est profondément regrettable et triste que les observations du Landesausschuss aient abouti, au moment de la relocation des chasses qui a eu lieu l'année dernière, au résultat que voici :

Dans les locations précédentes il y avait

54 000 hectares de forêts louées et
96 000   „   de forêts non louées.

Maintenant il y a

60 000 hectares de forêts louées et
90 000   „   de forêts non louées.

Ainsi, après trois ans d'observations incessantes et instantes, nous avons obtenu ce piètre résultat qu'il y a 6000 hectares, par conséquent 4 p. 100 de toutes les forêts qui ont été loués en plus. Eh bien! cela est profondément déplorable, et nous devons, plus que jamais, insister sur le fait qu'il y a beaucoup trop de chasses administrées et trop peu de chasses louées, au grand préjudice financier du pays. Les chasses administrées ne rapportent en effet qu'environ 7000 ℳ, dont il faut encore déduire 1500 ℳ pour frais d'administration. Ce produit, qui autrefois était beaucoup moindre, s'est un peu élevé dans les dernières années. Tandis que le revenu moyen des chasses louées est de 55 ₰ par hectare, celles administrées ne donnent qu'un produit moyen de 8 ₰ par hectare.

Je ne puis pas comprendre pourquoi l'Administration 'a pas donné suite à nos observations et à nos vœux.

Qu'avons-nous demandé ? Que l'Administration donne lus de chasses en location et qu'elle s'entende au préa-ble avec les notables des différents districts au sujet des hasses à louer et des conditions à poser. Or qu'est-il rrivé de ces observations ? L'Administration s'est plue à s ignorer. M. le Landforstmeister nous a bien dit que Administration a cherché, lors de la relocation, à donner atisfaction, dans la mesure du possible, aux vœux expri-és par le public ; mais ce n'est pas là ce que nous deman-ions. On ne devait pas se contenter d'enregistrer les vœux résentés de la propre initiative des populations ; nous oulions que l'Administration forestière, que les gardes énéraux *consultassent eux-mêmes* les notables désintéressés ans la question sur les mesures à prendre. Il n'en a rien té, et qu'est-il advenu ?

D'abord, les chasses ont été louées dans certains cas la moitié ou au tiers seulement de leur véritable valeur, uisque la mise à prix trop faible de l'Administration a été urement et simplement acceptée. Si cette dernière avait oublé ou même triplé la mise, elle n'en aurait pas moins ouvé acquéreur.

On a ensuite, toujours sans se renseigner sur les inté-ts et les vœux du pays et par cela même, introduit dans s procès-verbaux de baux certaines conditions nouvelles, ussi inutiles que vexatoires. Je n'en citerai que deux : xclusion des étrangers de la location des chasses et la éfense d'employer des chiens courants avant le 1er no-embre. Pourquoi ne permettrait-on pas aux étrangers de uer des chasses en Alsace-Lorraine, si d'ailleurs ils pré-ntent toutes les garanties voulues ? Ce sont certes des oses regrettables qui ne seraient pas arrivées si l'on avait ulu consulter le pays et tenir compte de ses désirs.

Je crois devoir attribuer ces négligences à ce fait que Administration des forêts présente dans son organisation a vice fondamental, sur lequel je me permettrai tout à heure de revenir. Tant que nous ne serons pas satisfaits r ce point, nous n'obtiendrons jamais rien. Je veux par-r de la nécessité absolue de supprimer la collégialité des irections de forêts et de placer ces dernières sous l'auto-té centrale et hiérarchique d'une Direction générale à rasbourg. Du jour où ces Directions seront centralisées, s nombreux inconvénients dont j'ai parlé plus haut dis-araîtront, car les ordres de l'Administration centrale qui nous le reconnaissons tous, des intentions excellentes à us égards, devront être immédiatement suivis.

Je reviendrai sur cette question au chapitre suivant s dépenses ordinaires.

M. *Mayer*, directeur général des forêts, commissaire u Gouvernement. Je ne puis que répondre à l'honorable réopinant que dans l'année qui vient de s'écouler l'Admi-stration a fait mettre aux enchères une portion de chasse -tablement plus considérable que les années précédentes que cette fois-ci encore il n'a été fait sur certains stricts que des offres insignifiantes. Il ne faudrait pas n plus en conclure que ce sont les mauvaises chasses qui t été mises en adjudication; on a au contraire choisi les eilleures. Je crois encore devoir mentionner que le pro-uit des chasses administrées a augmenté d'année en née depuis 1872 et ne fera qu'augmenter à l'avenir, et e l'on peut s'attendre à une augmentation de recettes ême pour l'année prochaine, quoique la somme prévue budget n'ait pas été élevée. Enfin il ne faut pas non plus rdre de vue, comme je l'ai d'ailleurs déjà fait remarquer à diverses reprises, que les chasses administrées ne doivent pas seulement servir à l'instruction des fonctionnaires de l'Administration forestière, mais doivent encore donner à l'Administration les moyens de prévenir un accroissement trop considérable du gibier, et de travailler efficacement à la destruction des sangliers et autres animaux nuisibles.

M. *Bichelberger*, rapporteur. Je n'ai que quelques mots à dire pour indiquer, à mon tour, les causes qui paraissent avoir empêché la location satisfaisante des chasses.

Pour ce qui est de la chasse aux chiens courants, je ferai remarquer à M. Kœchlin qu'elle est permise chez nous avant le 1er novembre, mais seulement avec l'autori-sation préalable de l'Oberförster.

Aux conditions signalées comme inopportunes par M. Kœchlin, je voudrais en ajouter une autre bien gênante. Elle consiste en ce que les adjudications ont eu lieu au bureau même de l'Oberförster. Or il faut connaître les relations entre les personnes notables du pays et MM. les Oberförster, pour comprendre les conséquences funestes de cette clause. Il s'en est suivi que beaucoup de chasseurs se voyant dans l'alternative de se rendre chez l'Oberförster ou de ne pas soumissionner, ont préféré renoncer à la loca-tion.

Il y a un autre point encore qui a retenu bien des chasseurs. S'il se trouve à côté d'une chasse louée une forêt administrée et que par hasard un chien s'égare et entre dans cette dernière, le chasseur est très-sûr d'avoir un procès-verbal, le garde ayant l'ordre formel de verba-liser indistinctement, mais il n'est pas sûr du tout de voir revenir son chien. Pour ces procès-verbaux, les gardes forestiers qui chassent aussi sont juges et partie en même temps, ce qui certainement ne devrait pas être.

J'appellerai encore l'attention du Gouvernement sur une dernière question. On prétend dans nos pays que les gardes forestiers chassent souvent sans permis. En ont-ils le droit ? Je serais heureux d'obtenir à ce sujet de M. le commissaire du Gouvernement une réponse explicative.

M. le directeur général des forêts *Mayer* répond qu'il n'est pas permis aux gardes forestiers de chasser sans per-mis de chasse et que toute contravention à cette défense est punie. Je prie donc l'honorable préopinant de nommer les coupables, s'il y en a.

M. *Lorette*. J'ajouterai quelques mots pour confirmer les observations de M. Kœchlin, et je citerai un exemple pour en prouver le bien-fondé. En Lorraine, on réclame vivement et de tous côtés une plus vaste location de la chasse. Nous avons dans l'arrondissement de Thionville, par exemple, plusieurs forêts domaniales, entre autres la „forêt des Allemands", d'environ 4 000 hectares et située entre Moyeuvre et Hayange. Cette forêt a été coupée en deux par la nouvelle frontière, mais la plus grande partie en est restée à l'Alsace-Lorraine. Cette partie est adminis-trée, tandis que la partie restée française est louée, et par qui est-elle louée, Messieurs? par des Lorrains qui ne trouvent pas de chasse à louer dans le pays et sont donc forcés d'aller chasser à l'étranger en passant près des belles forêts de la Lorraine qu'ils auraient à proximité, mais qui sont réservées à quelques fonctionnaires et à leurs amis et invités. Ce matin même, nous avons eu dans la Commis-sion la visite d'un de nos compatriotes lorrains, un des plus grands industriels de l'Europe, qui désirerait vive-ment louer une chasse dans le pays même, sans pouvoir en trouver.

Voilà, Messieurs, la situation qui est faite à nos chasseurs. Ils sont obligés d'aller en France pour trouver des chasses, tandis que les forêts du pays sont exploitées sous leurs yeux par quelques fonctionnaires et quelques privilégiés que ceux-ci veulent bien inviter à les accompagner. Il saute aux yeux que cette situation est profondément triste et qu'elle ne saurait durer.

Essayez donc une fois l'adjudication en cinq lots par exemple de la „forêt des Allemands", et vous verrez que vous obtiendrez un brillant résultat. Je dirai la même chose pour les forêts de Callenoven et des Quatre-Seigneurs, qui sont situées au couchant, car l'adjudication qu'on a faite de certaines parties de ces forêts n'est pas concluante. En effet, on a loué les parties les plus mauvaises, les plus éloignées du centre des populations qui vont à la chasse, tandis que la partie la plus importante et vraiment bonne, qui est à proximité de Thionville, de Hayange, etc., n'a pas été louée, mais continue à être administrée. C'est juste le contraire qu'on aurait dû faire en agissant rationnellement, et je suis sûr que l'on aurait obtenu des résultats très-avantageux et bien supérieurs au prix de location actuel. Cette même observation, qui, du reste, a déjà été faite dans le courant de la discussion, s'applique en général à tout le système de location adopté par le Gouvernement : on loue les mauvaises chasses, on garde les bonnes ; et l'on s'étonne du résultat !

Je répète finalement que mes observations avaient trait surtout à la „forêt des Allemands", située entre Moyeuvre et Hayange.

M. *Kœchlin*. Il est regrettable que les annexes du rapport donnant les chiffres ne soient pas encore imprimées. Mais si j'ai bonne mémoire, la quantité des forêts mises en adjudication et restées sans preneur lors de la relocation des chasses est d'environ 5 000 hectares. En ajoutant ce chiffre à celui des chasses louées, nous arrivons à un total de 65 000 hectares dont la chasse a été mise en adjudication. Ce chiffre est même inférieur à celui de la mise en location précédente, et il est absolument insuffisant.

M. le directeur général des forêts *Mayer* confirme que le nombre d'hectares mis en adjudication et restés sans preneur est de 5 000.

M. *Bichelberger*, rapporteur. Lors de la dernière relocation, l'Administration forestière a mis en adjudication 10 000 à 11 000 hectares de plus qu'on n'en avait loués avant six ans. Sur ces 11 000 hectares, 6 000 ont trouvé preneur, 5 000 n'en ont pas trouvé ; mais il faut constater que ces derniers sont tous situés en pays de montagne, où jamais personne ne s'avisera de louer une chasse.

M. *Lorette*. Je crois que c'est ici le cas de revenir sur une question qui souvent déjà a été agitée au sein de notre Assemblée, que jusqu'ici nous avons demandée en vain et qui se complique par la stérilité même de nos efforts.

J'entends parler de la loi sur la chasse, si souvent déjà, si unanimement et si vainement réclamée!

Il serait désirable que les vœux exprimés à ce sujet par les trois Conseils généraux et la Délégation reçussent enfin leur exécution, et je serais obligé au Gouvernement s'il voulait nous donner une réponse à cet égard.

M. *Bozon*. De nombreuses pétitions ayant pour but d'obtenir une nouvelle loi sur la chasse vous ont été adressées les années précédentes. Elles ont été l'objet de rapports concluant tous à la nécessité d'une loi nouvelle.

Le Gouvernement n'a pas reconnu néanmoins la nécessité de nous en présenter le projet. Je ne veux pas répéter tout ce qui a été dit sur le projet et sur la nécessité toujours plus pressante d'obtenir la loi demandée. Je ferai une seule observation, c'est qu'actuellement le braconnage devient plus que jamais général et impuni. Les braconniers prennent presque tous des permis de chasse et se considèrent comme chasseurs, mais sans chasses. Les bans des communes n'étant pas loués ni gardés, ils peuvent impunément détruire le gibier. Dans nos contrées, si cet état de chose dure encore quelques années, nous ne trouverons plus aucun gibier dans les campagnes. Cette question devient donc une question alimentaire, et je prie l'Administration de la prendre en grande considération pour nous faire accorder, si faire se peut, le projet de loi demandé.

M. le *Président supérieur*. Si je ne me trompe, une nouvelle loi sur la chasse n'a pas encore été présentée parce que le désir n'en a été, en somme, exprimé jusqu'à présent que par des chasseurs, et non encore par les communes.

Il ressort de ce fait que, sur cette matière, les opinions sont partagées dans le pays.

M. *Helbig*. A mon avis, si les communes n'ont pas demandé jusqu'ici de nouvelle loi sur la chasse, c'est parce qu'elles se trouvent en présence d'une loi existante. On constate d'ailleurs que le vœu d'une nouvelle loi a été aussi exprimé par des personnes qui ne sont pas chasseurs. Moi par exemple, je ne le suis pas, et je n'en trouve pas moins que la loi demandée est extrêmement nécessaire.

Il y a bien des personnes qui s'arrêtent à la question du droit de propriété; elles croient que ce droit se trouve lésé par la nouvelle loi.

J'avoue, pour ma part, que je ne comprends pas ces scrupules.

Je ne vois vraiment pas en quoi peut consister le droit de propriété sur un lièvre, qui maintenant se trouve sur tel terrain et qui, une seconde après, saute sur le terrain d'un autre propriétaire! Dans tous les cas, ce droit ne me paraît guère efficace. Les communes devraient pouvoir louer les chasses au profit de tous les propriétaires de la commune, en dégrevant la contribution foncière au prorata des produits des parties louées.

Je ne doute pas que bien des communes ne déclarent entrer dans cet ordre d'idées, si le Gouvernement veut bien prendre des renseignements dans les différentes communes.

M. *North*. Je ne veux pas entrer dans la discussion de la question de la loi sur la chasse. Mon opinion vous est assez connue, et je ne crois pas devoir la développer de nouveau devant vous. Je me permets seulement de constater qu'en France il a été depuis longtemps réclamé une loi sur la chasse, et cependant aucun gouvernement n'a jusqu'ici voulu prendre l'initiative d'une pareille loi, parce que chaque gouvernement savait qu'il froisserait au plus haut degré le sentiment public. Ce que ni le gouvernement de Louis XVIII, ni celui de Charles X et celui de Napoléon II n'ont voulu faire, vous le demandez aujourd'hui au Gouvernement actuel. Pouvez-vous lui faire un reproche de ses scrupules? pouvez-vous lui reprocher d'hésiter à faire ce qu'aucun gouvernement jusqu'ici n'a voulu faire, ou doit-il moins tenir compte du sentiment public que les précédents gouvernements? Je crois, au contraire, que le Gouvernement agit avec beaucoup de prudence s'il évite de présenter une loi qui léserait au plus haut degré les sentiments de nos populations et produirait infailliblement une très-grande agitation. Je ne demande pas mieux que de voir consulter les communes sur cette question; mais j'ai la conviction intime que le résultat qu'on obtiendrait serait contraire à celui qu'on désire.

M. *Kœchlin*. Je n'irai pas si loin Je suis d'avis que les communes, quand même elles voudraient louer la chasse, ne le pourraient pas; car finalement elles ne peuvent pas disposer de ce qui ne leur appartient pas. A ce sujet, je ferai observer, que ce n'est pas le lièvre ou le gibier en général qui constitue la propriété en question, mais bien le fait de pouvoir librement disposer de ses terres et de pouvoir en défendre l'accès aux tiers. Charbonnier est maître chez lui; c'est cette maxime qui serait renversée par la loi demandée et qui ne doit pas l'être. Je veux pouvoir défendre aux tiers de parcourir à leur guise mes propriétés, et je veux pouvoir leur dresser un procès-verbal si je les y rencontre malgré cela. Autrement le droit de propriété serait lésé.

Mais, je trouve qu'on pourrait arriver au même résultat sans toucher au droit de propriété. Ce que j'admettrais volontiers, ce seraient des mesures restrictives interdisant aux propriétaires d'exercer le droit de chasse sur leurs propres terres, à moins qu'ils ne possèdent en un même endroit ou ne réunissent les droits de chasse sur des propriétés contiguës d'une contenance de......, qu'on pourrait fixer à un chiffre assez élevé. Mais qu'on vienne donner à quelqu'un le droit de chasse sur la propriété d'autrui, contre le gré du propriétaire, me paraît complètement inadmissible. Une pareille loi serait impopulaire, elle amènerait des dissentiments sans nombre parmi nos populations.

M. *Mieg-Kœchlin*. Je me bornerai à une observation générale. Je veux simplement faire remarquer à M. Kœchlin que la loi que nous demandons existe déjà dans d'autres pays, et cela sans amener les incriminations dont M. Kœchlin s'est plu à nous effrayer.

Le titre 3 est mis aux voix et adopté. De même, sans discussion, le titre 4, avec 31 000 ℳ

Titre 5 (*Parts contributives des communes et des établissements publics aux frais d'administration et de garde*), 221 000 ℳ

M. *Kœchlin*. Je poserai à ce titre une première question à l'Administration, pour la recommander tout simplement à sa sollicitude. Vous savez, Messieurs, que dans ce moment nos communes se trouvent être dans le budget spécial du 1er trimestre de 1879. Le vingtième imposé aux communes pour leur part contributive a été payé pour l'exercice 1878, et les fonds affectés à cet effet sont épuisés. Mais, en ce moment, il y a certaines contrées où les „Forstkassen" réclament déjà le terme suivant pour l'année entière. Il me semble plus rationnel de ne réclamer ce vingtième que pour le premier quart de l'année 1879, sans quoi il y aura défaut de coïncidence avec l'année budgétaire. Je ne demande pas de réponse au Gouvernement; je ne fais que signaler le fait à son attention.

M. *Mayer*, directeur général des forêts, commissaire du Gouvernement. Je dois, avant tout, faire remarquer que le vingtième payé par les communes comme contribution aux frais d'administration forestière, n'est pas perçu *præ-*, mais *postnumerando*, et qu'il ne peut être perçu que de cette manière, attendu que la part des communes se détermine d'après les recettes de l'année précédente. C'est pour cette raison que les sommes en question ne sont définitivement portées en recettes qu'une année après l'année budgétaire. Par suite du changement de cette dernière, il a été possible de percevoir, pendant l'exercice correspondant, les sommes fixées pour la dernière année budgétaire, et c'est ainsi qu'il s'explique que les contributions pour les années 1877 et 1878 ont pu être perçues pendant l'exercice 1878-1879.

M. *Kœchlin*. Je continue l'exposé de mes observations au titre 5 que j'avais commencé tout à l'heure. Je désire vous parler encore de la question des gardes communaux, qui ne peut plus être laissée dans la situation actuelle. Il faut absolument porter remède à un état de choses intolérable. De bien des côtés on n'entend que des plaintes contre ces gardes : ils boivent au lieu de surveiller leurs triages, et grâce à cette négligence, le braconnage augmente dans des proportions effrayantes, comme vient de le faire ressortir l'honorable M. Bozon. Il n'est pas possible que cela continue; il faut statuer des exemples, il faut sévir. Tant que vous ne serez pas sévères envers les gardes, vous n'en ferez jamais rien. Je ne sais quels motifs peuvent paraître suffisants à l'Administration pour renvoyer ces agents, mais je la prie d'user de rigueur souvent. Les gardes n'obéissent pas aux maires, ils ont perdu le respect des autorités communales, d'autant plus que, quoique ce soient les communes qui paient, l'argent est versé à la Steuerkasse, et que ce sont les Oberförster qui mandatent les dépenses.

Ces plaintes, nous les avons formulées bien des fois déjà; nous sommes malheureusement obligés d'y revenir, puisque rien n'est encore fait.

Nous avons d'autres administrations, celles des travaux hydrauliques et des ponts et chaussées, par exemple, qui obtiennent notre entière satisfaction et où nous n'avons que des félicitations à adresser au Gouvernement; mais pour l'Administration forestière — il est regrettable d'avoir à le dire — nous ne pouvons nous en montrer satisfaits. A la suite des plaintes vives que nous avons exprimées l'année dernière, il a paru dans le *Journal d'Alsace* deux articles signés des initiales F. v. E., dans lesquels l'auteur s'est déclaré d'accord en principe avec les vues de l'Assemblée, et demande des réformes complètes et fondamentales. Voilà les conclusions de ces articles :

Dies sind ungefähr die Gesichtspunkte, welche wir in der vorliegenden hochwichtigen Angelegenheit als maßgebend erachten, und erlauben wir uns dieselben dem Herrn Köchlin und den übrigen Mitgliedern des Landesausschusses zur weiteren Erwägung vorzulegen. In den Zielen sind wir ja Alle einig, — auch in den Mitteln dazu wird eine Uebereinstimmung zu erreichen durchaus nicht schwer fallen.

L'auteur reconnaît donc le besoin d'une réforme, mais propose d'autres moyens que nous. Il y a dans ces articles des choses très-intéressantes, et il sont — je tiens à le dire — très-courtoisement écrits. Je vous citerai encore les passages que voici :

In Bezug auf letzteren Punkt gibt Herr Köchlin zu, daß die wenigsten der jetzt im Dienste befindlichen Gemeindeförster dieser Bedingung Genüge geleistet hätten — der geehrte Herr hätte auch sagen können: kein einziger — da man in den meisten Fällen wegen Mangels an qualificirten Bewerbern davon hätte Abstand nehmen müssen.

Schließlich empfiehlt das ehrenwerthe Mitglied, die Regierung möchte das ganze Institut der Gemeindeförster und die Bedingungen für die Anstellung derselben einer Revision unterziehen, um die nöthigen Maßregeln zu einer durchgehenden Verbesserung treffen zu können.

Indem wir in Bezug auf den Schlußsatz uns dem Wunsche des Herrn Köchlin in jeder Beziehung anschließen, worauf wir noch zurückzukommen gedenken, werden wir jedoch nachzuweisen suchen, daß der von der Commission und von Herrn Köchlin gemachte Vorschlag eines Stellenwechsels im weitesten Umfange der untauglichen Forstschutzbeamten nicht ein geeignetes Mittel ist, eine Besserung des jetzigen Zustandes im Allgemeinen herbeizuführen, wenn dasselbe auch in einzelnen von Herrn Köchlin besonders bezeichneten Fällen angewendet werden kann und angewendet wird.

En résumé, ces articles contiennent bien la confirmation de ce que nous disions. Et quand une autorité aussi haut placée se prononce dans ce sens, on ne saurait douter que les abus n'existent réellement. Je sollicite donc le Gouvernement d'examiner à fond cette question excessivement grave et sérieuse, et d'aviser aux remèdes à y apporter. La situation actuelle ne peut plus durer sans exercer dans nos communes un effet complètement démoralisateur. Nous devons demander surtout qu'on ne laisse pas aux gardes ni aux brigadiers le droit de chasser dans les forêts.

M. *Reuss*. Puisqu'il est question des gardes communaux, j'appellerai l'attention de l'Administration forestière sur l'opportunité de créer des voies et moyens permettant d'accorder une pension à ces agents. Cette question a déjà été traitée au Conseil général du Bas-Rhin, où nous avons, en 1877, exprimé le vœu qu'il soit accordé des pensions à tous les employés communaux en général.

Pour ce qui concerne particulièrement les gardes forestiers communaux, nous trouvons dans le „Verwaltungsbericht" de M. le Président de la Basse-Alsace pour l'année 1878 le passage suivant :

Bezüglich der Pensionirung der Gemeindeförster unter analoger Anwendung der für die Staatsförster geltenden Pensionsbestimmungen ist bereits vor längerer Zeit zwischen meinem Amtsvorgänger und der Kaiserlichen Forstdirektion ein Gesetzentwurf vereinbart und dem Herrn Ober-Präsidenten überreicht worden. Es handelt sich hier um eine Frage, die ohne Zweifel gleichheitlich für das ganze Land zu regeln ist.

Je prierai M. le commissaire du Gouvernement de vouloir bien nous dire si depuis il a été fait quelque chose dans ce sens. Je ferai encore remarquer que ce serait là, à mon avis, un excellent moyen de mettre les gardes forestiers plus à la hauteur de leur tâche, en assurant leur position et leur avenir.

M. le directeur général des forêts *Mayer*, commissaire du Gouvernement. Le jugement que vient de porter l'honorable M. Kœchlin sur les gardes communaux me paraît trop rigoureux, surtout dans la forme générale dans laquelle il est exprimé. Il est incontestable qu'il existe aussi un grand nombre de gardes très-bons, et si l'on considère le grand nombre de ces employés — il en existe en Alsace-Lorraine environ 600 — on ne sera pas trop étonné qu'il y en ait quelques-uns dans le nombre qui ne remplissent pas complètement leur devoir. Il y a d'ailleurs un moyen bien simple de mettre à la raison un garde négligent: c'est de faire une déclaration à ses supérieurs, qui prendront des mesures disciplinaires contre lui. M. Kœchlin m'a cité, il est vrai, un cas spécial où un garde accusé d'ivrognerie n'a pas été destitué sur la demande qui en avait été faite, bien que l'instruction ait fait reconnaître que les faits allégués contre lui étaient exacts. C'est que, dans ce cas, M. le Président de département a cru devoir user d'indulgence en considération de ce que l'employé en question venait de perdre sa femme et avait huit enfants à nourrir. Toutefois le garde a reçu une réprimande, et il lui a été signifié qu'à la première infraction au service il serait immédiatement relevé de ses fonctions.

En réponse à M. Reuss, je ferai observer que la question de la pension des gardes communaux est depuis longtemps en examen et que le Gouvernement cherchera à la résoudre, conformément aux vœux exprimés par le Landesausschuss. Je crois qu'en accordant une pension à cette catégorie d'employés, on arrivera en même temps à trouver à l'avenir des candidats plus convenables sous tous les rapports. Aujourd'hui que la position des gardes est encore des plus incertaines, il est facile de comprendre qu'il n'est pas toujours possible de se procurer de bons employés.

M. *Bichelberger*, rapporteur. Je ne conteste pas qu'il y ait des gardes communaux dont on soit content. Mais je dois constater qu'il m'est arrivé — après qu'on a su, à ce qu'il paraît, dans le pays que j'étais chargé de faire le rapport sur l'Administration des forêts — un véritable flot de plaintes contre ces employés. Les maires de presque toutes les communes ont à se plaindre de l'attitude insolente de leurs gardes ; ceux-ci se refusent de leur obéir et ne veulent reconnaître d'autre supérieur que l'Oberförster, qui leur donne presque toujours raison.

M. *Simonin*. Il est arrivé l'année dernière que plusieurs communes du Kreis de Colmar, dix ou douze environ, ont été invitées, contrairement à ce qui a eu lieu jusqu'à présent, à se présenter à Colmar pour y procéder à l'adjudication du façonnage de leurs coupes respectives. Cette manière de procéder, que j'ai eu l'honneur de signaler déjà au Conseil général du Haut-Rhin, est non-seulement sans avantage pour les communes, mais leur occasionne des frais considérables.

Chaque commune, en effet, est obligée d'envoyer au loin le maire, des assesseurs, un garde forestier et de plus un certain nombre d'amateurs, qui, outre qu'ils perdent un temps précieux, sont entraînés à des dépenses inutiles et assez considérables.

Or il est constant que ceux qui se rendent adjudicataires sont des journaliers qui s'associent dans ce but et désignent l'un des leurs pour conclure l'adjudication. Ces journaliers ne se rendent adjudicataires qu'à condition de ne pas être obligés de travailler au loin, afin de pouvoir rentrer chez eux le soir. Vous voyez donc que la considération que des étrangers aux communes respectives peuvent prendre part à l'adjudication est illusoire. Du reste, je ne sache pas que l'essai qui a été fait ait amené de meilleurs résultats. Il est à remarquer qu'il ne s'agit pas ici d'un adjudicataire qui se déplace, mais de deux mille personnes qui ont dû se rendre le même jour à Colmar; car il est notoire que l'adjudicataire officiel n'a pas plus de droit que les autres et n'est qu'un simple prête-nom, qui a dans les bénéfices la même quote-part que les simples travailleurs.

On me dira peut-être que les maires ont donné leur adhésion à la manière de faire de l'Administration; c'est possible, c'est même vrai. Mais les conséquences qui sont résultées de cet assentiment ont été désastreuses pour le pays, et il serait à désirer que le fait ne se renouvelât plus. Je prie donc M. le Landforstmeister de vouloir bien nous dire s'il entend généraliser cette pratique de l'Administration ou si l'exemple de Colmar est un fait particulier dont il laisse la responsabilité à celui qui l'a provoqué.

M. *Mayer*, directeur général des forêts, commissaire du Gouvernement. C'est aux communes seules qu'il appartient de déterminer la manière dont les adjudications se feront dans leurs forêts. Dans certaines régions, les communes se réunissent à plusieurs pour faire leurs adjudications; ailleurs chaque commune y procède isolément.

M. *Simonin*. J'ai signalé le fait pour prier M. le directeur général de veiller à l'avenir à ce que ses Ober-

förster ne se permettent plus de donner des ordres catégo-
riques aux maires, en leur disant : „il faut que cela soit“,
mais les prient poliment de faire ou de ne pas faire une
chose. A la campagne, quand M. l'Oberförster a élevé sa
grosse voix, bien des maires croient qu'il ne leur reste plus
qu'à courber la tête et à obéir.

M. *Kœchlin.* Le fait relevé par l'honorable préopinant
est une preuve de plus de la nécessité qu'il y aurait pour
l'Administration de prendre un peu plus l'avis des populations, au lieu d'agir trop souvent sans consulter personne. Le
système dont se plaint M. Simonin est pratiqué dans nos
environs depuis assez longtemps, il n'a jamais donné lieu
au moindre inconvénient et y a été reconnu avantageux.

Les titres 5 et 6 sont ensuite adoptés sans discussion,
ainsi que la totalité du chapitre 1er, avec 6 406 000 ℳ.

Dépenses ordinaires.

Titre 3.

M. *Kœchlin.* Il ne doit pas être agréable pour l'Administration d'entendre les mêmes plaintes chaque année;
il n'est pas non plus agréable pour nous de les former, et
si nous le faisons, ce n'est que parce que nous savons être
l'écho fidèle du pays. Les plaintes sont générales et excessivement vives. De l'avis de tout le monde, l'Administration forestière a besoin d'une réforme fondamentale: il faut
que les fonctionnaires désignés au titre 2 de ce chapitre
cessent d'être constitués dans les départements en directions
collégiales à peu près indépendantes. Autrement il n'y aura
jamais d'entente. Il arrivera toujours que nous trouverons
ici, chez M. le Landforstmeister, les meilleures intentions,
qu'il nous dira que telle chose, dont nous nous plaignons,
n'est pas *zulässig*, mais que ces bonnes intentions ne seront pas réalisées et que les mêmes faits se reproduiront.
Ainsi, aujourd'hui encore, on nous a dit que les Oberförster ne doivent pas faire venir les gardes chez eux pour
leur donner des ordres, mais aller dans leur triage, et
pourtant cela se fait tous les jours. Nous devons donc soutenir ce qui est dit dans le rapport au sujet de la suppression de la collégialité des directions. Ces dernières ne sont
pas en contact avec le pays et ses représentants : ce n'est
qu'à Strasbourg que ce contact a lieu et que l'Administration est donc au courant des intérêts et des désirs de la population. Il est temps que l'Administration soit constituée hiérarchiquement, qu'il y ait de l'obéissance et que
les bonnes intentions de l'Administration centrale ne soient
plus arrêtées par les directions des départements.

M. *Bichelberger.* Ce que vient de dire l'honorable
M. Kœchlin est exprimé à la page 1re du rapport, où se
trouve formulé un vœu net et précis. Je crois que, par
l'adoption du rapport, ce vœu sera implicitement adopté.

M. *Grad.* Pour rétablir la bonne harmonie entre l'Administration et les populations, il faudrait que ces dernières fussent consultées plus souvent sur les questions forestières. De même qu'il y a des Kreisausschüsse pour les
routes, ne pourrait-on pas en établir pour les forêts ? Je
crois donc devoir recommander l'organisation de Commissions locales donnant leur avis sur les différentes questions
intéressant l'Administration forestière.

M. *Lorette.* Je tiens à appuyer l'opinion émise tout à
l'heure par l'honorable M. Kœchlin. Il est étonnant de
voir quel chemin cette idée a fait dans le pays. Partout
on parle des Forstdirectionen comme d'états-majors inutiles, on demande leur suppression. J'ai même, dans une
société où je me suis trouvé dernièrement, dû promettre

de faire une motion en ce sens. J'ai donc l'honneur de
soumettre à l'Assemblée la proposition que voici : „Le
Landesausschuss invite le Gouvernement à étudier une
modification de l'Administration forestière, en supprimant
les directions des forêts et en organisant une Administration hiérarchiquement constituée ayant son centre à Strasbourg.“

La proposition de M. Lorette est mise aux voix et
adoptée.

Titre 3.

M. *Grad.* Nous avons eu dernièrement dans cette
Assemblée, au sujet de l'admission des Alsaciens-Lorrains
aux emplois publics, une discussion intéressante, à la suite
de laquelle M. le Président supérieur a dit qu'il prendrait
en sérieuse considération le vœu que nous avions exprimé.
Je crois que nous devons tous lui savoir gré de cette disposition, et je me permettrai, à l'occasion du titre où nous
nous trouvons, de renouveler la même observation et de
demander qu'il soit fait une part plus large à certains Alsaciens qui sont employés dans les Administrations depuis
l'annexion. Je vous citerai, entre autres, le cas suivant :
il y a à la Direction de Colmar un secrétaire qui a en ce
moment 25 ans de service. En 1870, on le força d'opter
entre l'expulsion et l'entrée au service immédiate. Il prit
ce dernier parti et eut donc à initier les nouveaux fonctionnaires aux us et aux pratiques de l'administration française.
Malgré ses services, il n'a passé secrétaire qu'en 1877, et
s'est vu préférer un grand nombre de jeunes employés allemands, qui ont passé avant lui, de sorte qu'il n'a pas encore aujourd'hui une position en rapport avec ses services
et ses capacités. Il serait à désirer que le Gouvernement
eût égard à cette situation et le plaçât au rang qu'il mérite.

M. le *Président supérieur.* Il m'est impossible de donner des explications précises sur le fait individuel signalé
par M. Grad. Ce fait tient probablement à ce que l'employé en question a été nommé secrétaire à une époque où
les employés de l'Administration des forêts faisaient encore
classe à part, tandis que maintenant ils concourent pour
le rang d'ancienneté avec les employés de la présidence
supérieure et des présidences de département. C'est là,
comme je le présume, le motif du retard qu'a subi dans son
avancement l'employé dont a parlé M. Grad ; sa qualité
d'Alsacien-Lorrain n'est pour rien dans ce retard.

Les titres 1 à 5 sont ensuite adoptés, avec 142 575 ℳ.

De même les titres 6 à 9, avec 16 800 ℳ, et les titres
10 et 11, avec 40 440 ℳ, ainsi que l'ensemble du chapitre,
avec 169 815 ℳ.

Chap. 2 (*Traitements des sous-inspecteurs des forêts*).

Au titre 2. M. *Kœchlin.* Jusqu'à présent on avait cru
dans la Commission que les „Miethsentschädigungen“
représentaient le loyer ; mais nous avons vu dans bien des
cas que ces indemnités allaient beaucoup au delà des loyers
payés en réalité. Je crois que nous devons appeler l'attention de l'Administration sur ce point; il ne faut pas que les
fonctionnaires en question, qui touchent déjà tous des *Ortszulagen*, perçoivent encore un supplément de traitement
sous forme d'indemnité de logement.

M. le directeur général des forêts *Mayer*, commissaire
du Gouvernement. Je ne puis nier que certains Oberförster
ne fassent des économies sur l'indemnité de logement qui
leur est allouée ; d'autres au contraire, et sourtout ceux
qui demeurent dans des villes un peu importantes, comme
Strasbourg, Metz, Colmar, sont obligés de payer un loyer
plus élevé que leur indemnité. Je suis convaincu pour ma
part que si l'on voulait rembourser aux Oberförster le loyer

qu'ils sont obligés de payer en réalité, le crédit à porter au budget devrait être beaucoup plus considérable que celui émargé actuellement.

Au titre 3.

M. *Bichelberger*, rapporteur. D'après la loi, les Oberförster sont obligés d'entretenir un commis de bureau pour les écritures ou de renoncer à une partie des frais de bureau.

J'appelle l'attention sur ce point, qui est d'ailleurs déjà relevé dans le rapport, car il est à ma connaissance que cette disposition n'est pas observée partout.

Les titres 1, 2 et 3 du chap. 2 sont adoptés, avec 399 090 ℳ

De même, le chap. 3 (*Dépenses pour le personnel chargé de la garde des forêts*, titres 1 à 3, avec 475 820 ℳ; le chap. 4 (*Autres dépenses d'administration pour le personnel*), titres 1 et 2, avec 88 100 ℳ; le chap. 5 (*Dépenses pour le matériel de l'administration et de l'exploitation*), titres 1 à 13, avec 1 617 025 ℳ, et la récapitulation des dépenses ordinaires, avec 2 779 850 ℳ

Dépenses extraordinaires.

Chap. 1, titre 1 (*Acquisition de terrains pour arrondir les forêts de l'Etat et construction ou acquisition de maisons forestières de sous-inspecteurs et de gardes forestiers*), 150 000 ℳ

La Commission propose à ce titre dans le rapport une réduction de 30 000 ℳ, qui devra porter uniquement sur les constructions de maisons.

M. *Klein*. Pour plus de précision, il faudrait, je crois, scinder ce titre en deux, dont l'un comprendrait l'achat de terrains et l'autre l'acquisition de maisons. Il y a dans certaines localités, de la Lorraine allemande surtout, un grand nombre d'enclaves dans les forêts domaniales, et il ne faudrait pas trop limiter l'Administration dans l'achat de ces enclaves très-gênantes pour l'exploitation forestière ; il faudrait au contraire lui laisser une certaine latitude et même peut-être avoir une caisse de réserve pour ces acquisitions. Il y a en outre des bandes de forêt trop minces pour être jamais productives, puisqu'elles ne sont pas assez protégées contre les coups de vent, et qui en même temps sont nuisibles aux terres environnantes à cause de l'ombre que les arbres projettent sur elles ; il est donc bon d'acquérir des terrains autour de ces forêts pour les arrondir et augmenter leur rapport. Je ne crois donc pas que nous devions limiter l'Administration sur ce chapitre.

M. *Kœchlin*. Les observations de M. Klein tendent à affecter la totalité de la somme restante aux acquisitions de terrain et à rayer la mention concernant les maisons forestières. Dans l'intention de l'Administration, il devait, sur la somme de 150 000 ℳ portée à ce titre, être consacré 40 000 à 50 000 ℳ à l'achat de maisons. Comme nous ne voulions affecter à ce dernier but qu'une dizaine de mille marcs environ, nous avons proposé une réduction de 30 000 ℳ, de sorte qu'il resterait 110 000 ℳ pour les terrains à acquérir.

M. le directeur général des forêts *Mayer*, commissaire du Gouvernement. La réduction proposée par la Commission me paraît regrettable, attendu que la somme émargée est en majeure partie destinée à l'achat d'enclaves gênantes ; en outre, elle doit encore servir à l'achat de quelques maisons forestières d'un prix peu élevé et dont le besoin se fait vivement sentir. Une partie considérable du crédit — la somme de 60 000 ℳ — est déjà absorbée par l'achat du terrain de Hoh-Barr, achat conclu dans des conditions fort avantageuses. Le terrain forestier est de 87 hectares et non de 83, comme je l'avais dit par erreur à la Commission. Du côté de l'est, du nord et du nord-ouest, ce terrain a des pentes qui auraient pu faire craindre des éboulements, si ces pentes avaient été défrichées et n'avaient pas été consolidées par des plantations forestières. En outre, ce terrain longe sur un parcours assez long la forêt domaniale voisine, et son achat était désirable pour l'établissement de meilleures voies de transport pour le bois. Du reste, il s'y trouvait encore pour environ 6 000 ℳ de bois de coupe, qui devra être abattu sans retard dans l'intérêt des jeunes plants et des taillis existants. Ces derniers, qui sont assez nombreux, pourront avec des soins être conservés, de sorte que les frais de culture. seront peu considérables pendant les prochaines années. Par suite de cette acquisition, il pourra en outre être fait des coupes plus considérables dans la forêt domaniale voisine, et l'augmentation de recettes qui en résultera peut être évaluée à environ 5 500 ℳ par an. Comme il est facile d'en juger par ces chiffres, l'argent dépensé dans cette circonstance par l'Etat portera intérêt à environ 10 %.

L'Administration se propose toutefois d'acquérir encore d'autres enclaves gênantes, et je crois devoir rappeler encore une fois qu'elle ne destine qu'une faible somme à l'achat de maisons forestières. L'acquisition de ces maisons est toutefois commandée par un besoin si pressant que je ne puis qu'inviter avec instance l'Assemblée à accorder toute la somme demandée.

M. *Kœchlin* propose au nom de la Commission de réduire l'émargement à 120 000 ℳ en rayant simplement dans l'intitulé du titre les mots „et acquisition de maisons forestières de sous-inspecteurs et de gardes forestiers."

M. Klein se rallie à cette proposition.

M. *Mayer*, directeur général des forêts, commissaire du Gouvernement. Si la proposition de M. Kœchlin était adoptée, l'Administration se verrait dans la nécessité d'ajourner certains projets urgents relatifs à l'achat de maisons forestières.

M. le *Président supérieur*. La rédaction proposée par M. Kœchlin fera naître pour l'Administration certaines difficultés auxquelles il ne serait pas facile de remédier. Je proposerai donc à l'Assemblée de ne rayer que les mots „de maisons de sous-inspecteurs." Quant à l'achat de certaines maisons de gardes forestiers, le besoin s'en fait sentir si vivement, qu'il est impossible de remettre la chose plus longtemps.

La Commission se rallie à la rédaction proposée par M. le Président supérieur.

M. *Fulter*. Au chapitre 5 des dépenses ordinaires, nous avons voté une somme de 145 000 ℳ pour frais d'entretien, et d'achat ou de construction de nouveaux logements de service. Je désirerais savoir si ce crédit ne suffirait pas aux acquisitions nouvelles à faire et en tout cas quelle est la fraction de cette somme affectée à l'entretien des logements existants et quelle est celle qui devra servir à l'achat ou à la construction de logements nouveaux.

M. *Bichelberger*, rapporteur. Dans l'esprit de la Commission les 145 000 ℳ devaient suffire aux deux dépenses et la somme de 120 000 ℳ émargée au titre où nous nous trouvons ne devait être consacrée qu'à l'acquisition de terrains.

M. *Fulter*. Du moment que l'opinion première de la Commission était que ces 145 000 ℳ suffisaient tant aux frais d'entretien qu'à l'achat et à la construction de nouveaux logements, nous pouvons parfaitement diminuer de 30 000 ℳ la somme affectée à cette dernière dépense au titre 1 des dépenses extraordinaires. Il y aura déjà assez de constructions avec les 145 000 ℳ de l'ordinaire.

Pour moi il me semble au moins hasardeux de persister dans le système que nous avons commencé à suivre pour les maisons forestières. On en est arrivé à construire pour de simples gardes des maisons coûtant 16 et jusqu'à 20 000 fr., ce qui représente un loyer annuel de 1 000 à 1 200 fr.

C'est là un loyer évidemment exagéré et hors de proportion avec le traitement d'en moyenne 1 200 ℳ que touchent les gardes forestiers; bien des propriétaires ayant 15 ou 20 000 fr. de revenu, se contentent de logements dont le loyer n'est pas plus considérable. Je propose donc de maintenir purement et simplement la proposition première de la Commission.

M. *Klein*. Je ne voudrais pas limiter la somme de 120 000 ℳ destinée à l'acquisition de terrains. Si nous laissons subsister la mention des maisons forestières, ce ne seront plus 120 000 ℳ qui seront consacrés à ce but, mais une somme moindre, puisqu'il en sera déduit une certaine fraction pour l'achat et l'entretien des maisons. Il vaudrait donc peut-être mieux ne pas réduire la somme portée au budget.

M. *Kœchlin*. Les 145 000 ℳ portés aux dépenses ordinaires ont pour objet principal l'entretien ou la modification des maisons forestières.

Quant aux 120 000 ℳ du titre actuel, je crois qu'après les explications que vient de nous donner M. le Président supérieur, nous pouvons être sûrs qu'il ne sera fait sur cette somme pour les maisons forestières que les dépenses tout à fait indispensables. D'ailleurs, comme l'a expliqué M. le Directeur général, l'emploi de la majeure partie de cette somme est déjà arrêté et il ne pourra plus rester grand'chose pour les maisons. D'un autre côté, j'aurais des scrupules à mettre une très-forte somme à la disposition de l'Administration forestière pour l'achat d'enclaves, et cela encore à cause de l'organisation des Forstdirectionen.

C'est en effet sur le rapport des Oberförster que l'Administration aura à décider de la nécessité de l'achat d'une enclave. Or nous savons tous ce que c'est que d'acheter des propriétés de convenance et avec quelle facilité on peut se laisser entraîner, pour le plaisir de s'arrondir, à des acquisitions peut-être désavantageuses.

Il ne faut donc pas laisser trop de fonds entre les mains de l'Administration, afin qu'elle puisse résister aux demandes qui lui seront faites.

M. *Fulter* reproduit la proposition primitive de la Commission de réduire l'émargement à 120 000 ℳ, avec l'intitulé suivant : „Acquisition de terrains pour arrondir les forêts de l'Etat".

M. *Kœchlin*. Il ne me semble pas qu'il y ait une grande différence entre la proposition du rapport et la proposition actuelle de la Commission. En réduisant l'émargement de 150 à 120 000 ℳ, c'était sur les constructions et non sur l'acquisition d'enclaves que la réduction devait porter. La Commission est donc restée fidèle au rapport en se ralliant à la rédaction proposée par M. le Président supérieur.

M. *Schnéegans*. Il est nécessaire de préciser l'état de la question : la proposition primitive de la Commission, reproduite par M. Fulter, réduit de 30 000 ℳ la somme émargée et veut consacrer les 120 000 ℳ restants uniquement à l'acquisition d'enclaves. Cette proposition me paraît

trop radicale. M. le Président supérieur nous a dit que l'Administration a besoin de certains fonds pour l'achat de maisons forestières absolument indispensables, ou la continuation de travaux commencés. Or personne n'est meilleur juge de la nécessité de ces travaux que l'Administration elle-même. Nous devons donc, tout en admettant que les 120 000 ℳ de ce titre doivent être en première ligne destinés à l'acquisition de terrains, laisser une certaine latitude à l'Administration et lui permettre, dans les cas d'urgence, de consacrer aussi une partie de la somme aux maisons forestières, d'autant plus que l'acquisition d'enclaves n'est pas une chose urgente en elle-même et peut, au besoin, être remise à une année ultérieure. Il ne faut pas, sans nécessité, lier pieds et mains à l'Administration.

M. *Fulter*. Je pense que l'Administration forestière, en nous disant qu'elle a besoin de 120 000 ℳ pour l'acquisition de terrains, est restée dans la stricte vérité et sait quelles parcelles elle veut acheter et à quel prix. De plus, ces acquisitions sont urgentes, puisque je n'admets pas qu'on vienne nous demander un crédit pour des achats qui seront faits dans deux ou trois ans. Nous devons donc accorder ces 120 000 ℳ, en stipulant qu'ils ne pourront être employés qu'à l'achat d'enclaves. M. Schnéegans voit à cela un inconvénient, en ce sens que si des réparations ou des acquisitions de maisons devenaient urgentes, l'Administration aurait les pieds et les mains liés. Cet inconvénient n'est pas à redouter, à mon avis, car n'avons-nous pas déjà voté pour les dépenses de ce genre une somme de 145 000 ℳ, figurant aux dépenses ordinaires? Il y a donc de la marge et l'Administration pourra toujours subvenir aux cas de quelque urgence.

D'ailleurs, notre but doit être aussi, comme je l'ai déjà dit, d'arrêter l'Administration dans la voie où elle est entrée, en construisant pour de simples gardes forestiers des logements d'un revenu de 800 à 1000 ℳ. C'est pour cela que je demande la suppression des 30 000 ℳ affectés à la construction de maisons neuves.

M. *Mayer*, directeur général des forêts, commissaire du Gouvernement. Il ne s'agit pas de la construction mais de l'achat de maisons forestières. S'il est arrivé, dans l'un ou l'autre cas, qu'on a payé des prix trop élevés, c'est par exception : les prix moyens sont de 7, 8 ou 10 000 ℳ Pour l'exercice 1879-1880, l'Administration avait prévu une somme de 30 000 ℳ pour l'acquisition de quelques maisons absolument nécessaires. Une somme de 60 000 ℳ étant déjà absorbée par l'achat du Hohbarr, il ne restera plus qu'une faible somme pour l'acquisition d'enclaves, et il y aurait donc tout intérêt pour le pays à ce que l'intégralité de la somme demandée fût accordée.

M. *Schnéegans*. L'argumentation de l'honorable M. Fulter ne me paraît pas juste : l'Administration ne demande pas 120 000 ℳ pour l'achat de terrains, elle demande 150 000 ℳ pour les terrains et pour les maisons forestières. Maintenant qu'il a été question de réduire la somme demandée, elle nous dit : soit, mais faites porter la réduction sur les deux points. Cette demande me paraît tout à fait fondée. M. Fulter ajoute qu'il croit que le crédit de 145 000 ℳ porté à l'ordinaire est suffisant. Il me semble que personne n'est mieux à même que l'Administration de juger s'il en est ainsi ou non. Si elle nous dit qu'en dehors de cette somme, elle aura peut-être encore besoin d'une faible partie des 120 000 ℳ du titre actuel, je ne vois pas pourquoi nous n'aurions pas assez de confiance en elle pour lui accorder la latitude qu'elle demande.

M. *Fulter*. Il ne s'agit pas d'avoir simplement confiance en l'Administration; autrement notre présence ici serait superflue : nous sommes ici pour contrôler l'Administration, et ce contrôle, nous devons l'exercer. L'Administration veut acheter trois logements de garde à raison de 10 000 $\mathcal{M}$ chacun. Ce chiffre me paraît encore exagéré, et je pose en principe que l'on doit trouver des logements de garde meilleur marché que cela. Je maintiens donc ma proposition de réduire le crédit demandé à 120 000 $\mathcal{M}$, avec cette modification que cette somme devra être uniquement consacrée à l'acquisition de terrains.

La proposition de M. Fulter est mise aux voix et rejetée.

Celle de la Commission, d'après laquelle le titre 1 est modifié comme suit : „Acquisition de terrains pour arrondir les forêts de l'Etat et acquisition de maisons de gardes forestiers, 120 000 $\mathcal{M}$", est ensuite adoptée, ainsi que le titre 2, avec 120 000 $\mathcal{M}$, le total du chapitre, avec 240 000 $\mathcal{M}$, et l'excédant de recettes, élevé à 3 386 150 $\mathcal{M}$.

La séance est levée à 6 heures.

DÉLÉGATION D'ALSACE-LORRAINE.

4e Commission.

RAPPORT DE M. BICHELBERGER.

Budget de l'Administration des Forêts.

J'ai l'honneur de vous présenter, au nom de votre 4e Commission, le rapport sur le chapitre 1er du budget, concernant l'Administration forestière. Ce budget présente tout d'abord une sensible réduction des recettes prévues, et, malgré cela, une augmentation sensible des dépenses ordinaires et une plus sensible encore des dépenses extraordinaires. Les chiffres de ces recettes et de ces dépenses vous sont donnés par le projet de budget, et dans le courant du rapport, votre attention sera éveillée par une observation de votre Commission relative à chaque augmentation ou diminution. Mais avant d'entrer dans la discussion des différents titres, votre Commission doit porter à votre connaissance qu'elle a eu avec M. le commissaire du Gouvernement de longues conférences, où ont été traitées et élucidées de nombreuses questions relatives à l'Administration forestière et que je vais avoir l'honneur de vous exposer.

Je ne vous reparlerai pas de ces questions, en tant qu'elles ont déjà été discutées dans les rapports des années antérieures, si ce n'est pour leur donner plus de développement ou pour vous faire voir que nos observations d'alors n'ont point encore obtenu complète satisfaction.

Votre Commission a signalé à M. le Landforstmeister, en première ligne et d'une manière pressante, l'absence d'uniformité dans les manières de procéder des diverses directions forestières. Il semble fâcheux à votre Commission que, pour un petit Etat comme l'Alsace-Lorraine, on ne soit pas encore parvenu à une uniformité complète. La cause principale de cet état de choses est, suivant nous, dans la constitution des „Forst-Directionen" en autorités collégiales. Déjà l'année dernière, vous avez adopté le vœu de votre Commission tendant à obtenir la suppression de cet état de choses, qui, du reste, n'existe dans aucun autre Etat.

Votre Commission vous propose de renouveler ce vœu, c'est-à-dire de demander la suppression de la collégialité des Directions, tout en maintenant les Oberforstmeister et les Forstmeister, qui alors se trouveront placés sans conteste sous la suprématie et sous les ordres directs de M. le Landforstmeister, leur chef hiérarchique. Nous avons la conviction qu'il en résulterait une amélioration pour toute l'Administration forestière.

Votre Commission a porté à la connaissance de M. le Landforstmeister le peu d'harmonie qui semble régner entre certains Oberförster, ayant à gouverner des forêts communales et les maires des communes respectives, notamment en ce qui concerne les observations faites par ceux-ci contre les Culturpläne, les travaux pour chemins, ponceaux, etc., etc. On oublie trop souvent, en prescrivant des travaux, de tenir compte de la situation de la caisse communale, et, malheureusement trop de maires ne savent pas qu'en cas de désaccord avec M. le Oberförster, ils peuvent en appeler à M. le Président du département. Il importe à ce sujet de rappeler que les Hau-, Cultur- et Nebennutzungs-Pläne doivent être soumis aux communes en trois cahiers différents, de façon que si des difficultés surviennent par exemple pour le Culturplan, cela n'empêche pas de retourner les autres pièces avec l'approbation du Conseil municipal. Il est à la connaissance de votre Commission que des communes n'ayant pas accepté dans son entier le Culturplan, on leur fit croire qu'elles n'auraient pas leur coupe ordinaire ou celle extraordinaire, dont elles avaient un urgent besoin. Nous nous demandons aussi s'il serait bien difficile, en cas de différence d'opinions sur le Culturplan, de convenir d'une vue des lieux à faire d'un commun accord par le maire et M. l'Oberförster? Que d'écritures, que d'ennuis seraient ainsi évités !

Votre Commission, dans son rapport de l'an dernier, a signalé la position indépendante, hautaine même, que beaucoup de gardes communaux affichent vis-à-vis des maires. Il ne semble pas qu'une amélioration soit survenue dans cette situation. Les fonctions de maire, souvent si ingrates et toujours gratuites, sont déjà entourées de trop d'ennuis pour que de simples gardes, se croyant soutenus par leurs chefs, puissent continuer à ne pas reconnaître l'autorité des maires et puissent se permettre de tracasser ces magistrats, sans respect pour leur caractère, sans égards pour les intérêts des communes. Il est urgent qu'un remède soit apporté à cette situation.

Votre Commission a également exposé à M. le Landforstmeister que pour la vente du bois il n'est pas assez tenu compte des vrais besoins du consommateur, ou pour mieux dire, on ne sait pas assez modifier la façon de vendre suivant que les circonstances sont autres. L'Administration par le fait est devenue elle-même „marchand de bois" ; en devenant marchand, elle doit forcément adopter, du moins en partie, la façon d'agir du marchand. Le commerçant sait se prêter aux circonstances, il les exploite même ; le marchand a recours à la publicité la plus large, il cherche à connaître la demande, il va au devant des désirs du consommateur, il est prévenant, abordable, et laisse discuter ses prix. Procède-t-on d'une façon semblable dans l'Administration forestière?.... Certes, pas toujours.

Dans l'intérêt de nos finances, il serait aussi nécessaire de ne pas toujours vendre aux enchères ascendantes ; il est telle circonstance où la vente au rabais est à recommander. Et ce qui est à recommander surtout, c'est à MM. les Oberförster présidant les ventes plus de complaisance et d'aménité pour le public. Les façons d'être de certains de ces fonctionnaires laissent fort à désirer.

Nous vous prions d'appuyer toutes ces observations, et dans l'espoir qu'elles porteront des fruits, nous abordons la discussion des différents titres du projet de budget des forêts.

RECETTES.

Chap. 1er, titre 1. *Pour bois* . . . 6 000 000 ℳ, c'est-à-dire 530 000 ℳ en moins. La moyenne des recettes des trois années antérieures est de 6 483 153 ℳ En présence de la baisse survenue dans les prix des bois, il était prudent de rester en dessous de cette moyenne, et nous avons pour ce motif admis le chiffre de l'Administration. Nous devons ajouter qu'en ce moment même on parle d'une reprise dans les prix des bois tant de service que de feu. Nous pouvons donc espérer que ce chiffre sera réalisé.

Titre 2. *Produits accessoires.* . . . . 93 000 ℳ soit une augmentation de 10 000 ℳ Le chiffre porté est la moyenne des recettes des trois dernières années ; nous avons cru devoir l'admettre.

Nous joignons au rapport l'annexe A donnant des renseignements intéressants sur ce titre.

Titre 3. *Chasse* . . . . 40 000 ℳ Comme chaque année, votre Commission a de nouveau débattu longuement avec M. le commissaire du Gouvernement la question *chasse*. Nous vous exprimons tout d'abord à cette occasion le regret que nous éprouvons de ne pas avoir à délibérer sur une nouvelle loi sur la chasse, loi que la Délégation a déjà demandée à plusieurs reprises et que nous avions espoir de voir paraître enfin. Nous continuons à solliciter cette loi, qui est absolument nécessaire si l'on veut éviter la destruction complète de tout gibier.

Votre Commission constate aussi avec un profond regret que le revenu des chasses ne soit pas porté au budget pour une somme supérieure aux années antérieures. Les premiers baux de chasse ayant expiré en 1878, nous avions lieu d'espérer qu'à la suite des désirs si souvent exprimés, des vœux émis par la Délégation à chacune de ses sessions, on se déciderait à entrer largement dans les idées du pays, c'est-à-dire à amodier *la plus grande partie* des chasses domaniales.

L'Administration en faisant relouer les chasses en automne dernier ne nous a satisfaits qu'en partie. Elle n'a procédé que lentement et comme à regret; la quantité louée n'est guère augmentée : 6,000 h^t en plus.

Nous croyons que l'on n'a pas donné partout assez de publicité aux adjudications projetées, surtout on ne les a pas annoncées assez longtemps à l'avance. On a mis dans les cahiers des charges des clauses qui ont éloigné les amateurs, on n'a pas loué les parties les plus recherchées.

On n'a pas tenu compte de notre demande de l'an dernier, par laquelle nous avions prié de consulter les notables des pays où se trouvaient les chasses à louer, et qui auraient pu éclairer l'Administration sur les vrais intérêts de l'Etat. Aussi qu'en est-il résulté? c'est que l'on a mis en adjudication des chasses qui n'ont pas trouvé preneurs, et que l'on en a conservé d'autres qui se seraient louées fort cher. La situation est donc peu changée, et aujourd'hui encore l'Administration forestière, malgré les désirs et même les droits du pays, n'a pas encore loué *la moitié* des chasses domaniales, laissant toujours le reste, sous le nom de chasses administrées, à la disposition des fonctionnaires forestiers. En s'élevant sans cesse contre cet usage, pour ne pas dire contre cet abus, nous posons une question de principe et non de personnalité.

Vous savez que c'est par une décision du prince Chancelier, en date du 31 décembre 1871, que l'on nous a privés d'une partie notable de nos revenus. C'est ainsi que l'on a décidé et réglementé au loin, à Berlin, une question qui aurait dû être élucidée et étudiée sur les lieux, en s'inspirant des vœux du pays.

Aux arguments en faveur de cette disposition d'avoir des chasses administrées, présentés par M. le commissaire du Gouvernement, votre 4me Commission répond à l'unanimité : Pourquoi dans le duché de Bade, dont on admire la bonne organisation, cet usage emprunté au moyen âge a-t-il été supprimé?

Votre Commission vous prie donc de renouveler le vœu demandant que *la majeure* partie des chasses domaniales soient louées à l'avenir, et cela avec des conditions de jouissance qui ne fassent pas reculer les amateurs.

Si votre Commission, au lieu de ne porter la discussion que sur la question de principes, c'est-à-dire de revenus, entrait dans les questions de détail, elle aurait pu faire observer que lorsqu'on divise le nombre total d'hectares de chasses administrées, qui est de 85 697, plus 5 097 n'ayant pas trouvé d'amateurs, soit ensemble 90 794 hectares par 76, nombre de fonctionnaires forestiers supérieurs, qui réduit à peut-être 60, si l'on déduit les non-chassants par situation ou par goût, on arrive au chiffre de 1 500 hectares par fonctionnaire. Elle aurait pu vous faire voir que par suite d'invitations, bien des personnes fortunées jouissent de ces chasses sans bourse délier et qu'enfin bien des gardes simples seraient heureux d'être débarrassés des chasses officielles, où on les convoque à jour et heure fixes, souvent à 15 kilomètres de leur domicile, laissant sans surveillance leur propre triage, bien que cela soit contraire aux prescriptions de l'autorité supérieure.

Arrivons à la discussion du chiffre de 40 000 ℳ inscrit au titre Chasse.

M. le commissaire du Gouvernement nous a expliqué que quoique un certain nombre de chasses administrées aient été louées en octobre 1878, il n'avait pu porter un chiffre plus élevé, parce que dans les années antérieures on n'avait jamais en réalité atteint le chiffre qui était prévu.

Ci-joint l'annexe B qui fait clairement ressortir la situation.

Un point surtout est à en faire remarquer : c'est que le revenu moyen des chasses louées est de 0 ℳ 55 par hectare. Par contre voici le produit des chasses administrées pour les cinq dernières années :

Recettes brutes en 1873. . . . 1 820,62 $\mathcal{M}$
     „   1874. . . . 1 997,60 „
     „   1875. . . . 3 340,66 „
     „   1876. . . . 4 585,05 „
     „   1877. . . . 7 314,91 „

Prenant ce dernier chiffre et le divisant par 96 276 hectares qui était la quantité administrée, nous trouvons 0 $\mathcal{M}$ 08 δ par hectare.

Il est à remarquer que si l'on déduisait des chasses louées et de celles administrées les parties situées dans les montagnes où on ne peut chasser, on aurait des chiffres moyens supérieurs dans les deux positions.

Votre Commission, avant de clore le chapitre chasse, est heureuse de porter à votre connaissance les réponses que M. le Landforstmeister à faites à certaines questions relatives aux chasses communales.

L'Administration n'entend nullement forcer les communes à l'insertion de la clause qui se trouve dans les formules imprimées des procès-verbaux d'adjudication, clause qui donne aux gardes le droit de chasser le loup et le sanglier. La commune est libre de l'insérer ou de la rejeter; c'est son affaire, c'est son droit incontesté.

L'Administration n'admet pas que les gardes forestiers communaux ou impériaux louent des chasses, soit au bois, soit en plaine, encore moins qu'ils recueillent des signatures de propriétaires pour avoir le droit de chasse en plaine, faits qui se sont pourtant produits. L'Administration n'admet pas non plus que les gardes abandonnent leur triage pour aller au loin chasser en plaine ou au bois; mais que pourtant il peut être toléré quelques exceptions à cette dernière décision. Les chefs directs des gardes peuvent accorder des autorisations en certains cas exceptionnels.

Titre 4. — *Scieries.* . . . . 31 000 $\mathcal{M}$ soit une augmentation de 4 000 $\mathcal{M}$ sur l'année dernière, expliquée par la note du budget.

Titre 5. — *Apport des communes.* . . 221 000 $\mathcal{M}$ soit 600 $\mathcal{M}$ de moins qu'au budget précédent. On a admis la moyenne des trois dernières années.

Dans sa session de 1877, la Délégation avait exprimé le vœu que le $1/20$ forestier pût être versé à la Steuercasse locale. L'Administration nous a répondu que cela n'est pas praticable. Nous joignons sa réponse au rapport. (Voir Annexe C.)

A ce titre on a fait encore observer dans votre Commission, que dans la Haute et Basse-Alsace on a introduit, comme pratique générale, et en Lorraine, comme fait exceptionnel, l'usage d'imposer aux communes l'obligation de verser dans la Steuercasse le montant des traitements des gardes forestiers communaux.

La Steuercasse agit comme Sammelcasse des apports des diverses communes et paye aux ayants droit sur mandats ordonnancés, non par le maire (ce qui devrait être légalement et logiquement), mais par le Oberförster. Cette façon de procéder, outre qu'elle est illégale, enlève aux maires une certaine autorité vis-à-vis des gardes communaux et en outre elle force les gardes à des déplacements éloignés pour toucher leur mandat. De nombreuses plaintes se - sont également fait entendre au sujet de la manière dont maints gardes communaux remplissent leurs fonctions.

Votre Commission exprime le vœu qu'il soit apporté une prochaine modification à cette situation.

Une autre observation relative aux forêts communales a été faite par votre Commission, à savoir : dans une instruction de M. le Président supérieur, transmise à MM. les Maires sous le titre de *Hauordnung*, un paragraphe prescrit de faire mention sur les procès-verbaux d'adjudication du façonnage, non-seulement de la personne qui a fait la dernière mise, mais aussi de celle qui a fait l'avant-dernière; puis de les faire signer toutes deux, *avec la réserve que l'Administration aura le droit de choisir entre elles.* Cette façon de procéder a quelque chose d'anormal que nous ne pouvons comprendre et que rien ne semble justifier. Le maire et les conseillers ne sont-ils pas meilleurs juges de la valeur et de la solvabilité d'un entrepreneur habitant dans la commune, ou au moins tout proche d'elle, qu'un fonctionnaire habitant au loin, quelquefois récemment arrivé et obligé de s'en rapporter aux dires de simples gardes? Votre Commission signale cette situation à l'Administration avec prière de la faire disparaître.

Il devrait en être de même du paragraphe qui prescrit de faire les mises en tant pour cent, car cette façon de faire est incompréhensible pour la population ouvrière qui se présente aux adjudications.

Il nous reste à toucher encore un mot de la chasse dans les forêts communales. D'après les règlements existants, il est permis à l'adjudicataire de faire encore, après la clôture de la chasse, des battues aux loups et sangliers, sous réserve que l'autorité forestière puisse les faire surveiller. Suivant ce qui a été dit à votre Commission, il suffit en cette occurence de prévenir par écrit, et trois jours à l'avance, MM. les Oberförster respectifs, afin qu'ils puissent y assister ou déléguer un garde. Si M. l'Oberförster oublie ou néglige de répondre, on peut procéder à la battue au jour fixé sans être en contravention.

Titre 6. *Recettes diverses* . . . . . . 21 000 $\mathcal{M}$

Augmentation de 6 500 $\mathcal{M}$ Le chiffre porté est celui de la moyenne des trois dernières années, et il est admis par la Commission.

DÉPENSES.

Chap. 1er, titres 1er, 2, 3.
Landforstmeister . . . . 9 000 $\mathcal{M}$
2 Oberforstmeister et 10 Forstmeister . . 78 300 $\mathcal{M}$
Secrétaires . . . . , . . 41 375 $\mathcal{M}$

Ces titres ne subissent pas de changement et ont été admis avec l'observation suivante :

La Commission rappelle simplement ici ce qu'elle a dit au commencement de son rapport, concernant son vif désir de voir bientôt supprimer la collégialité des Forst-Directions. Elle veut encore ici redire, à l'appui de son vœu, que ces directions ne sont point en contact avec les représentants des populations, puisqu'elles n'ont rien de commun, rien à discuter, rien à exposer aux Conseils généraux ni aux Conseils d'arrondissement. Elles ne sont donc pas touchées des besoins et des désirs souvent faciles à réaliser qu'éprouve le pays.

Une direction centrale et générale, ayant son siège à Strasbourg, outre qu'elle gagnerait en prestige, se trouverait dans une situation tout autre, car, par son contact avec le Landesausschuss, elle serait toujours mise au courant de ce que demandent les populations.

Alors seulement le Landforstmeister occuperait la vé-

.iitable position qu'il doit avoir, et nous avonsla conviction que ce haut fonctionnaire, dont le zèle et le bon vouloir sont reconnus par tous, saurait, tout en ayant égard aux vœux du pays, que lui transmettrait le Landesausschuss, donner à l'ensemble de l'Administration forestière, une impulsion, une homogénéité et une hauteur de vues qui lui font défaut aujourd'hui.

Les titres 4, 5, 6, 7 et 8 ne donnent lieu à d'autre remarque qu'à celle concernant une augmentation de 600 ℳ au titre 6. Après explication avec M. le Landforstmeister, votre Commission vous propose de l'admettre.

Le titre 9 nous donne une économie de 1200 ℳ.

Le titre 10 (*Frais de bureau des directions*) est augmenté de 1500 ℳ, et n'a été admis que par la majorité de la Commission.

Chap. 2. Les titres 1, 2 et 3 concernant les Oberförster ont éprouvé une réduction de 2010 ℳ, parce que de nouveaux logements de service ayant été construits, on n'a plus à payer d'indemnité de logement pour les Oberförster de Selz et de Guebwiller, et par suite de délivrance de bois en nature au lieu d'indemnité pécuniaire. Votre Commission sait fort bien que les traitements des Oberförster sont fixés par une loi; mais elle ne peut se dispenser de répéter qu'ils lui paraissent trop élevés, et elle espère bien qu'un jour viendra où ils seront notablement réduits. Elle fait remarquer que les Oberförster sont légalement obligés d'entretenir un commis de bureau ou de renoncer à une partie des frais de bureau.

Votre Commission critique également le luxe et les dimensions des logements de service des Oberförster, et elle est certainement l'interprète de l'Assemblée, en déclarant que la pratique de la fourniture de pareils logements de service, de la prestation de tant de bois de chauffage et de la jouissance de tant de chasse n'entrera jamais dans les idées du pays. Et en ce qui concerne spécialement les logements, elle estime qu'il est préférable d'en *louer* que d'en *construire*, car les capitaux engloutis par ces luxueuses constructions constituent un bien mauvais placement des fonds de l'Etat.

Chap. 3, titre 1. Augmentation de dépenses de 900 ℳ expliquée et admise par la Commission. M. le Landforstmeister nous a donné le ferme espoir de voir disparaître du prochain budget plusieurs postes de simples gardes et admet déjà une autre suppression dans le budget actuel.

Titre 2. Par suite de la suppression du poste de garde sus-expliquée, ce titre est aussi à diminuer de 150 ℳ.

Chap. 4, titres 1 et 2. Admis sans observation.

Au titre 1, pas de changement; néanmoins votre Commission, en rappelant ce qu'elle a dit à propos des logements des Oberförster, se réserve de présenter encore des observations à l'extraordinaire.

Chap. 5, titre 2. *Frais d'exploitation.*

Une augmentation de 10 000 ℳ expliquée et admise. Votre Commission croit qu'il est utile de vous donner quelques renseignements relatifs aux frais d'exploitation. (Voir l'annexe D.)

Titre 3. Augmentation de 27 640 ℳ.

Toutes les dépenses incombant de ce chef à l'État, étant obligatoires, nous avons dû admettre l'augmentation inscrite au budget.

Titre 4. Nous trouvons une réduction expliquée de 15 000 ℳ

Ce sont aussi des dépenses obligatoires.

Titre 5. Sans changement. (Voir les annexes E et F).

La somme émargée pour chemins est en majeure partie employée à l'entretien, et vous trouverez à l'extraordinaire inscrite une somme de 120 000 ℳ pour les chemins neufs.

Dans la somme appliquée aux arpentages figurent aussi les frais occasionnés par la confection des cartes, plans et levers, dont le dépôt central est à Strasbourg, sous la haute surveillance de M. le Landforstmeister.

Titre 6. Pas d'observations de la Commission.

Titre 7. Pas de changement; nous faisons remarquer que ces dépenses sont autant à diminuer en fait aux recettes pour chasse.

Titre 8. Ici se trouve une augmentation de dépense de 2750 ℳ. En vous faisant remarquer d'abord la note explicative du budget, nous appelons votre attention sur une augmentation de produit de 4 000 ℳ portée au titre correspondant des Recettes. Chap. 1, titre 4.

Titre 9. Nous trouvons encore une augmentation de dépenses. De la note explicative, il résulte que la plus grande partie de la somme émargée est absorbée par l'obligation de payer des droits d'enregistrement pour forêts indivises. Ce n'est donc qu'une dépense fictive : l'Etat donne et reçoit.

Titre 10. Admis avec la diminution.

Titre 11. Pas de changement. Nous avons appris que les trois stations météorologiques existant en Alsace-Lorraine sont comprises dans les dépenses de ce titre et nous avons reçu avec intérêt des explications à ce sujet.

Titre 12. Pas de changement. A propos des frais de changement des gardes, votre Commission a appris avec plaisir que le recrutement de ces employés se fait principalement parmi les Alsaciens-Lorrains; pourtant on est forcé d'admettre encore des vieux-Allemands, parce que sans cela on ne trouverait pas assez de sujets capables.

Titre 13. Admis sans observation.

Dépenses extraordinaires.

Chap. 1er, titre 1er. L'augmentation de 60 000 ℳ est justifiée par l'acquisition de la forêt de Hoh-Barr. Les explications et documents relatifs à cette affaire, fournis à votre Commission par M. le Landforstmeister, lui ont fait reconnaître l'utilité et l'avantage qu'il y avait eus de faire cette acquisition. Un seul point pourra déjà fixer votre jugement : cette forêt, d'une contenance de 87 hectares, a été acquise au prix de 54 050 ℳ, soit 60 000 ℳ avec les frais, parmi ceux-ci figurent les droits d'enregistrement qui font retour à l'Etat. Elle était hypothéquée de 90 000 ℳ au profit de divers particuliers. Votre Commission est heureuse d'avoir à féliciter M. le Landforstmeister de la façon sage et intelligente avec laquelle il a conduit à bien cette importante affaire, et croit que ce fonctionnaire intéresserait beaucoup l'Assemblée en lui donnant des explications verbales sur cette acquisition.

La Commission propose une diminution de 30 000 ℳ et critique à nouveau la construction des maisons forestières, tant pour Oberförster que pour gardes. La façon si large, si luxueuse quelquefois, dont on procède est contraire aux principes de sage économie qui doivent être notre règle. C'est pour ces motifs qu'elle vous propose la réduction susdite, dans le sentiment qu'elle portera uniquement sur les constructions de maisons. (Voir les annexes G et H).

Titre 2. — Admis par la Commission.

Par conséquent le chapitre 1 des dépenses extraordinaires est réduit à. . . . . 240 000 ℳ

RÉCAPITULATION.

Par suite des réductions de dépenses proposées par la Commission, à savoir :

à l'ordinaire chapitre 3, titre 2 . . . . 150 ℳ
à l'extraordinaire chapitre 1, titre 2. . . 30 000 „

par suite le budget se balance comme suit :

Recettes. . . . . . . 6 406 000 ℳ
Dépenses ordinaires.. . . 2 779 700 „

Excédant. . . . 3 626 300 „

à déduire dépenses extraordinaires. 240 000 „

Reste. . . . . 3 386 300 „

Le rapporteur,

BICHELBERGER.

DÉLÉGATION D'ALSACE-LORRAINE.

Sixième Session.

COMPTE-RENDU OFFICIEL.

9ᵉ SÉANCE

18 février 1879, 2 heures et demie de l'après-midi.

SOMMAIRE : Communications diverses; 2ᵉ lecture des budgets de l'Administration des Travaux hydrauliques, de la Manufacture des tabacs et de l'Administration de la Voirie.

Président : M. le vice-président baron Zorn de Bulach.
Secrétaire : M. Schnéegans.
Présents : tous les membres, à l'exception de MM. Baudry, Grad, Helbig, Schlumberger et Speckel.
Le Gouvernement est représenté par Son Excellence M. le Président supérieur, M. le conseiller supérieur Stemmel, MM. les conseillers Dursy, Friedberg et Pavelt, et M. l'assesseur Dᴿ Bickell.

M. le *Président.* J'ai le regret d'annoncer à l'Assemblée que notre honorable collègue et président M. Schlumberger est empêché pour cause de maladie de présider notre séance aujourd'hui et m'a chargé de le remplacer. J'espère que son indisposition sera de courte durée et lui permettra de reprendre bientôt sa place au fauteuil présidentiel.

M. le secrétaire *Schnéegans* donne lecture, dans les deux langues, du procès-verbal de la dernière séance, qui est adopté.

M. le Président communique des demandes de congé de MM. Schlumberger, Goguel et Helbig. Les congés sont accordés.

Un congé de trois jours est demandé verbalement pour M. Baudry; il est accordé.

M. le Président fait part à l'Assemblée qu'il a reçu des pétitions suivantes :

1° Pétition du Conseil municipal de Thionville relative à la fabrication du vin; renvoyée à la 4ᵉ Commission.

2° Pétition de M. Stef à Maizières au sujet de prestations de guerre; renvoyée à la 3ᵉ Commission.

L'Assemblée passe à l'ordre du jour.

I.

Deuxième lecture du budget de l'Administration des travaux hydrauliques.

Rapporteur : M. Kœchlin.

Le rapport a été imprimé et distribué aux membres avant la séance, conformément au règlement (V. l'annexe 1).

Recettes.

Le chapitre 18, titres 1 à 5, avec 119 210 ℳ, est adopté sans discussion.

Dépenses.

L'Assemblée adopte :

Chapitre 56, titres 1 à 8, avec 393 775 ℳ; titres 9 à 11, avec 13 150 ℳ; titres 12 à 15, avec 25 614 ℳ.

Titre 16.

M. *Simonin.* Par arrêté de M. le Président supérieur du 7 décembre 1878, il est enjoint aux propriétaires d'îles du Rhin d'ouvrir des tranchées sur leurs terrains et de les tenir ouvertes à l'avenir. Cet arrêté se fonde sur les articles 6, 11 et 12 de la convention franco-badoise du 5 avril 1840, où il est dit :

ART. 6.

Les propriétés appartenant au domaine public, aux communes riveraines et aux établissements publics de la France et du grand-duché de Bade sont séparées par une série de lignes, laquelle sera désignée sous le nom de limite de propriété ou des bans.

Les propriétés particulières pourront seules être traversées par la limite des bans.

ART. 11.

Chacun des deux gouvernements concourra à l'entretien et à la conservation de la limite des propriétés et des repères, ainsi qu'au prolongement de ces lignes dans les nouveaux atterrissements.

Les tranchées pratiquées dans les bois pour marquer, soit la limite, soit les transversales qui lui servent de repères, devront toujours être tenues ouvertes, et les divers signes de la limite seront successivement placés, à mesure que de nouvelles formations de terrains permettront de les rétablir, sur les points indiqués dans sa description géométrique.

Les deux gouvernements se communiqueront réciproquement les mesures qu'ils auront adoptées pour l'exécution du présent article.

Art. 12.

Les tranchées qui auront servi à établir la ligne de la limite fixe, sont déclarées propriétés domaniales indivises entre les deux États.

Les tranchées qui auront servi à établir les transversales, ainsi que l'emplacement des bornes repères, sont déclarées propriétés domaniales de l'État, dans les communes duquel ces signes ou repères sont situés.

Les possesseurs seront indemnisés, s'il y a lieu, par leurs gouvernements respectifs.

Il résulte de l'article 11 que les transversales devront toujours être tenues ouvertes; mais à l'article 12 il est parlé d'indemnités, tandis que l'arrêté précité et surtout l'acte de notification sont muets à cet égard. Or comment procédait-on avant 1870? Je vous parle du Haut-Rhin, où un crédit annuel extraordinaire de 3000 à 5000 francs était ouvert et est resté ouvert tant qu'ont duré les opérations. Après l'achèvement de ces dernières, l'Administration des travaux du Rhin parvint à l'aide de 100 francs par an à assurer l'essartement quand il était nécessaire, mais alors le bois coupé était acheté comme bois de fascines, et de plus, les propriétaires étaient indemnisés. Les états de dépenses de 1840 à 1850 relatent un grand nombre d'indemnités payées aux propriétaires sur le terrain desquels une tranchée était ouverte.

Il me semble donc qu'en ne parlant pas d'indemnités, l'arrêté de M. le Président supérieur s'écarte de l'esprit et de la lettre de l'article 11 de la convention franco-badoise et ne se trouve nullement d'accord avec l'article 545 du Code civil qui dit: „Nul ne peut être contraint à céder sa propriété, si ce n'est pour cause d'utilité publique et moyennant une juste et préalable indemnité.“

Reste maintenant à savoir si l'acquisition des terrains pour l'établissement des lignes est bien nécessaire et si le pays devra être chargé de la dépense des sommes considérables que coûterait l'acquisition de ces lignes de Bâle à Lauterbourg.

Sous le régime français on n'a acheté que des ares de terrain pour y planter des bornes entourées de quatre peupliers et jamais le terrain des lignes; et cependant c'est avec ce système qu'on a mené à bout le travail énorme des délimitations qui ont occupé l'administration pendant 10 ans.

L'administration française a si peu acheté qu'aujourd'hui le Gouvernement reconnaît que le terrain des lignes appartient aux particuliers, puisqu'on leur fait des notifications. Et comment se fait-il que l'on parle d'acheter, quand tout le travail est terminé et que les bornes aménagées ne sont plus renversées en temps ordinaires, mais seulement peut-être en cas d'inondation?

L'Administration française a semblé croire qu'il suffirait d'indemniser par-ci par-là un propriétaire et qu'il ne s'agissait nullement d'engager les fonds publics dans une grande proportion. J'aimerais voir renoncer l'Administration actuelle à son projet, tant dans l'intérêt de nos finances, que pour éviter les nombreux procès qui ne manqueront pas de lui être intentés.

Je demanderai au Gouvernement de nous donner quelques explications sur les points que je viens de signaler.

M. le *Président supérieur*. Cette question est soulevée tout à fait *ex abrupto* et sans que j'y sois préparé; je ne puis donc que répondre que mon ordonnance ne parle absolument pas des questions de propriété et d'indemnité. Le Gouvernement allemand s'est trouvé en présence d'un système mis en pratique par l'administration française et n'a nullement l'intention de s'en départir. Je ne sais donc pas sur quel point doivent porter les explications demandées par l'honorable M. Simonin. Si quelqu'un demande une indemnité ou a une réclamation à faire, qu'il s'adresse au Gouvernement. Jusqu'à présent il ne s'est produit aucune plainte et je ne sais pas non plus sur quoi elle pourrait se fonder, puisque mon arrêté ne fait que rappeler une mesure appliquée de tout temps, mais momentanément tombée en oubli. Il n'y a eu aucune innovation : l'ouverture des tranchées est prescrite par la convention conclue entre la France et le duché de Bade; je n'ai rien ajouté ni changé à cela. Je le répète, il n'y a pas eu de plaintes jusqu'à présent.

M. *Simonin*. S'il n'y a pas eu de réclamation jusqu'à ce jour, cela tient tout simplement à ce que l'arrêté de M. le Président supérieur est de date toute récente et qu'il laisse aux propriétaires le temps de s'exécuter jusqu'au 28 février. L'administration française se contentait de faire un peu déblayer, nettoyer la tranchée; aujourd'hui on veut faire raser complètement le terrain, qu'on frappe ainsi de stérilité. C'est là une atteinte à la propriété, et je préviens le Gouvernement que s'il n'en revient pas aux errements de l'administration française, il s'attirera un véritable flot de procès.

M. *Auscher*. Je dois faire remarquer que chez nous l'arrêté en question n'a soulevé aucune espèce de plaintes. C'est une ancienne servitude à laquelle on s'est habitué et qu'on supporte de bonne grâce. Il existe d'ailleurs des charges analogues pour les propriétaires dont les terrains avoisinent une rivière.

Sont ensuite adoptés sans discussion :
Titre 16 avec 711 000 ℳ
» 17 » 28 000
» 18 » 3 200
» 19 » 352 000

ainsi que la totalité des titres 16 à 19, avec 1 094 200 ℳ

Titre 20.

M. *Schnéegans*. Il s'agit à ce titre d'une dépense relative au service de touage à établir sur l'Ill dans l'intérieur de la ville de Strasbourg. C'est un travail entrepris pour un besoin local et dont l'Administration veut prendre occasion pour faire un essai sur le Rhin avant d'installer l'appareil sur l'Ill. L'expérience que veut faire l'Administration met donc cette question en rapport avec la question de la navigation du Rhin lui-même et a évidemment pour but de fournir les éléments nécessaires pour résoudre la grande question de savoir si le Rhin est navigable ou non. Je désirerais, au sujet de ce dernier point, présenter quelques observations et faire un appel nouveau à l'Administration. Ce qui me frappe tout d'abord dans la question c'est que depuis huit ans elle reste toujours dans la même phase d'études préparatoires et de mémoires se combattant les uns les autres. L'Administration est d'avis qu'il est possible de rendre le Rhin navigable et est restée dans cette opinion jusqu'aujourd'hui.

Une autre opinion que je partage pour mon compte trouve la chose impossible et conclut de là qu'il est indispensable de construire un canal entre Strasbourg et

Ludwigshafen. Je ne veux pas récriminer ici contre la manière de voir de l'Administration ; mais je crois que c'est trop longtemps rester inactif et qu'il est temps enfin de sortir de la période des études et des mémoires. L'année dernière encore, M. l'ingénieur de département Angele a écrit un mémoire pour établir que le Rhin peut être rendu navigable ; mais je crois qu'il perd un peu trop de vue le caractère capricieux de notre fleuve qui se refuse à toute espèce de joug et de discipline. Ce mémoire en a suscité un autre, où un ingénieur civil s'attache à démontrer le contraire de ce qu'avait soutenu M. Angele. Je ne veux pas rechercher ici laquelle de ces deux opinions opposées est dans le vrai ; mais je supplie le Gouvernement de sortir enfin de la période des hésitations et des scrupules pour entrer dans une voie pratique d'exécution et faire sur le Rhin un essai qui n'entraînera d'ailleurs qu'une dépense relativement peu considérable. Tant que nous resterons à écrire des livres et des mémoires, la question n'avancera pas, et pendant ce temps nos voisins se mettent à l'œuvre sans rien dire et exécutent des travaux beaucoup plus considérables et plus coûteux que le canal de Ludwigshafen, de sorte qu'un beau jour, leurs canaux étant terminés, le transport nous sera complètement enlevé. Je demande donc qu'on prenne une résolution dans un sens ou dans l'autre et qu'on se mette enfin à l'œuvre pour faire un essai pratique. Aussi suis-je heureux de voir que l'Administration, en émargeant cette somme de 4 000 $\mathcal{M}$, manifeste une légère tendance d'entrer enfin dans cette voie. Mais je crois que la petite expérience qu'elle veut faire, et qui réussira peut-être, ne mènera à aucun résultat, parce qu'au bout de trois mois il y aura peut-être un changement complet dans le lit du Rhin, de sorte que ce qui aujourd'hui se trouvait à telle place ne s'y trouvera plus demain.

Je crois donc qu'il vaudrait mieux rayer ce petit crédit et procéder à l'installation immédiate sur l'Ill du matériel de touage. Il s'agit d'une question vitale pour l'Alsace-Lorraine, et nous ne pouvons assez nous hâter de sortir de la période des paroles et des discussions pour passer à l'exécution. C'est un défaut trop répandu en Allemagne et en même temps une cause d'infériorité à laquelle il faut attribuer en partie la pauvreté relative de ce pays que cette manie de discuter des dix et des vingt ans, avant d'entreprendre quelque chose. En France, la discussion dure quinze jours ou un mois, après quoi on se met immédiatement à l'œuvre, et on arrive de cette manière à exécuter de beaux et de grands travaux. Avec notre système, au contraire, nous n'arriverons à rien, et c'est ainsi qu'il se fait que cette question des canaux, dont dépend la prospérité future du pays, reste ensevelie dans les cartons de l'Administration.

Je prie l'Administration de prendre en bonne part les observations que je viens de faire ; elles ne sont pas inspirées par un esprit d'injuste critique, mais n'ont d'autre objet que de faire faire un pas en avant à une question à laquelle je crois que nous devons tous attacher la plus haute importance.

M. le *Président supérieur*. Je ne discuterai pas ici la question de l'importance ou de l'utilité d'un canal à établir ; le Gouvernement a soumis à l'Assemblée les éléments nécessaires pour apprécier la question au point de vue technique, et il a été décidé alors qu'il fallait inviter la Chambre de commerce de Strasbourg à fournir encore les éléments statistiques nécessaires. Jusqu'à présent, ces éléments ne nous ont pas été fournis. On a simplement exprimé à plusieurs reprises l'opinion qu'il ne fallait pas songer à la construction d'un canal aux frais du pays, qu'un canal ne pourrait être creusé qu'aux frais de l'Empire. Par contre, la question de la navigation sur le Rhin n'a jamais été perdue de vue, et l'essai actuel n'a d'autre but que de résoudre la question de savoir si un service de touage pourrait être établi sur le fleuve ou non. Les doutes qui ont été exprimés à ce sujet se rapportent tous aux grands mouvements qui se produisent dans les sables du Rhin. Ces mouvements ne sont pas irréguliers à la vérité, mais très-considérables, plus peut-être que sur tout autre cours d'eau pourvu d'un service de touage. Il s'agit donc de savoir si, malgré ces variations, un service de ce genre pourra être installé sur le Rhin.

J'ai chargé, il y a quelque temps, l'ingénieur d'une grande société de touage, qui a déjà installé un grand nombre d'appareils, de descendre le cours du fleuve pour s'assurer *de visu* de la possibilité de l'entreprise. Cet ingénieur est convaincu que le service peut être établi sur le Rhin comme ailleurs ; et c'est seulement pour lever tous les doutes et pour permettre au public de prendre par lui-même connaissance de la chose, que j'ai proposé de faire un essai pratique. On a choisi pour cet essai une place particulièrement défavorable et exposée à de grands bouleversements par suite du mouvement des sables, de sorte que l'extrémité du cable aura beaucoup à souffrir et sera fréquemment englouti. On verra alors s'il est possible de le dégager des masses de sable ou non ; car c'est là la seule difficulté technique qui s'oppose à l'entreprise.

Notre budget ne sera pas grevé par cet essai, attendu que la ville de Strasbourg s'offre à en supporter les frais : rien ne s'oppose donc à la mesure projetée, dont l'utilité et l'importance pratique sont incontestables. Si, contre toute attente, l'essai tenté devait montrer que l'entreprise d'un service de touage sur le Rhin est irréalisable, le projet serait abandonné et il faudrait chercher mieux. Si, au contraire, l'expérience devait réussir, je crois que le pays y trouverait un avantage considérable, attendu que la construction d'un canal exigerait une dépense d'au moins 20 millions de Mark, au lieu que l'installation du touage se ferait à très-peu de frais.

M. *Auscher*. Je tenais seulement à exprimer que je me rallie entièrement à l'opinion de l'honorable M. Schnéegans. Bien des personnes ignorent que dans les derniers temps un écrit de la Chancellerie a été adressé au Conseil municipal de Lauterbourg, dans lequel il était question de relier la station du chemin de fer de cette ville au port. Le Rhin est navigable jusqu'à Lauterbourg, et si le canal de Strasbourg à Ludwigshafen ne devait pas être réalisable, je crois qu'on pourrait toujours en construire un de Strasbourg à Lauterbourg. Ce n'est pas un esprit d'étroit patriotisme local qui me fait parler ainsi : l'entreprise dont je parle est d'un intérêt général pour tout notre pays.

M. *Schnéegans*. Si l'expérience qu'on veut tenter avec les 4 000 $\mathcal{M}$ du crédit donnait un résultat négatif, il est certain qu'elle serait concluante et que le projet de navigation sur le Rhin devrait être écarté ; si, au contraire, elle donnait un résultat favorable, je ne pourrais pas la considérer comme décisive ; car pour cela elle aurait besoin d'être prolongée pendant une année ou deux au moins, puisque c'est de saison à saison que se produisent les grandes variations du fleuve et non dans le court délai de trois mois. Une expérience en petit, comme celle qu'on veut faire, ne me convaincrait donc pas du tout : les caprices du Rhin sont si violents et si subits qu'il est impossible de prévoir à l'avance, et avec quelque régularité, les variations qui se produiront.

M. *Kœchlin*. Je ferai observer que les 4 000 $\mathcal{M}$ inscrits au budget ne doivent pas servir à faire un essai sur le

Rhin, mais que ce sont les frais d'exploitation — compensés d'ailleurs par les recettes — que coûtera le service de touage une fois qu'il fonctionnera. L'expérience ne coûtera rien au pays, puisque le matériel est là et que les frais sont couverts comme il est dit au rapport : il s'agit simplement de savoir si le câble sera plus ou moins englouti, et dans ce cas si on pourra le retirer du galet.

M. *le Président supérieur.* Je crois que M. Schnéegans peut se rassurer : l'essai qui va être tenté ne sera pas entrepris à la légère, et les résultats n'en seront pas renversés d'un moment à l'autre. Comme je l'ai déjà dit, on a choisi une place particulièrement exposée à des bouleversements, par suite du mouvement des sables ; en outre, c'est dans la saison actuelle que les variations sont les plus fortes. On pourra donc tirer de cet essai des conclusions à peu près certaines, non-seulement pour un espace de temps de plusieurs années, mais encore pour tout le parcours sur lequel devra être établi le touage. Je ne puis pas admettre que le Rhin soit capricieux; il obéit, comme les autres cours d'eau, à des lois naturelles immuables. Les bancs de sable qui s'y forment sont soumis à des règles déterminées et leurs mouvements dépendent en grande partie de la hauteur des eaux. Comme il est à prévoir que les eaux seront très-hautes l'été prochain, à cause des masses de neige tombées cet hiver, l'essai sera donc décisif aussi sous ce dernier rapport.

M. *North.* M. Schnéegans vient de dire qu'on ne s'occupait pas en Allemagne de la construction des canaux. C'est là une allégation erronée et que je ne puis laisser passer sous silence. Encore l'année dernière, j'ai assisté à Berlin à une conférence où la question des canaux a été très-vivement débattue. On y a parlé notamment aussi du canal de Strasbourg à Ludwigshafen, et la grande utilité de ce canal a été unanimement reconnue. On a été d'avis même qu'après l'achèvement de la ligne du Saint-Gothard, il y aurait peut-être lieu de construire ce canal aux frais de l'Empire. Il est donc inexact de dire qu'on ne s'occupe pas des canaux en Allemagne.

M. *Schnéegans.* Je n'ai jamais contesté qu'il ne fût pas question en Allemagne de canaux à construire; au contraire, l'on en parle beaucoup, mais on ne fait que discuter et écrire des mémoires. Ce dont je me plains, c'est précisément de ce que les projets restent indéfiniment en question, de ce que l'on ne sorte pas des discussions pour passer à l'exécution.

Il y a de ces canaux qu'il est question de construire depuis vingt ans déjà, et peut-être dans dix ans d'ici M. North pourra-t-il encore me répondre qu'il est beaucoup question d'exécuter un canal de Strasbourg à Ludwigshafen.

L'Assemblée adopte ensuite les titres 20, avec 4000 $\mathcal{M}$; 21, avec 1600 $\mathcal{M}$; 22, avec 5000 $\mathcal{M}$; 23 à 26, avec 6040 $\mathcal{M}$; 27, avec 4500 $\mathcal{M}$, et le total du chapitre 56, avec 1 547 879 $\mathcal{M}$

Dépenses extraordinaires.

Sont successivement adoptés :
Chapitre 16, titres 1 et 2, avec 370 000 $\mathcal{M}$; chapitre 17, avec 25 000 $\mathcal{M}$; chapitre 18, avec 10 500 $\mathcal{M}$, et chapitre 19, titres 1 à 4, avec 296 100 $\mathcal{M}$

Titre 5 (augmentation de l'alimentation des canaux de la Marne-au-Rhin et de la Sarre, et pour porter le tirant d'eau de ces canaux à 2 mètres, premier terme, 150 000 $\mathcal{M}$).

M. *Klein.* Messieurs, aux observations que j'ai eu l'honneur de vous présenter depuis une série d'années sur la nécessité d'exhausser nos canaux et de porter leur tirant d'eau de 1^{m},60 à 2 mètres, on avait l'habitude de répondre que les canaux n'avaient plus de raison d'être, qu'ils ne pouvaient pas lutter de concurrence avec les chemins de fer, et qu'ils étaient destinés à mourir. Je constate avec une certaine satisfaction que du moins ces canaux ne sont pas encore à l'agonie, puisque le Gouvernement d'Alsace-Lorraine, qui, de son côté, s'était montré passablement tiède dans cette question, est venu vous proposer cette année l'inscription au budget d'une somme de 150 000 $\mathcal{M}$, comme premier versement pour l'augmentation du tirant d'eau.

Votre Commission vous propose de ne pas voter cette somme. Je comprends les motifs qui l'ont guidée. De mon côté, je ne vous proposerai pas de maintenir le crédit; mais il me semble que la Commission a été un peu trop radicale, et il serait bon, selon moi, d'ajouter au moins aux conclusions du rapport que nous reconnaissons en principe que les travaux projetés ont leur utilité, et que nous n'entendons pas rompre les négociations avec la Prusse, qui pourront, je l'espère, aboutir à une entente. Je proposerai donc d'ajouter à la dernière phrase du rapport les mots : „*tout en reconnaissant en principe l'utilité de ces travaux.*“

M. *Kœchlin.* Je ne crois pas qu'on puisse changer quelque chose à un rapport de Commission. Une fois adopté par la Commission et déposé, un rapport n'est plus à modifier. C'est une question qui, d'ailleurs, a déjà été discutée et tranchée. Le seul moyen d'obtenir une modification serait, à mon avis, de renvoyer le titre à la Commission qui l'examinerait à nouveau.

M. *Schnéegans.* J'appuie très-vivement la proposition de M. Klein et j'accepte d'ailleurs le renvoi du titre à la Commission. En cas de non-renvoi à la Commission, je me verrai forcé de combattre dès maintenant la décision de cette dernière, en demandant le maintien des 150 000 $\mathcal{M}$ émargés au titre 5. La question des canaux est pour notre pays d'une importance capitale, et j'ai été très-étonné de voir la Commission rejeter cette somme que l'Administration s'est enfin décidée, après bien des hésitations, à porter à ce titre. Remarquez bien, Messieurs, qu'il ne s'agit pas de creuser de nouveaux canaux, mais bien d'approfondir les existants, afin de les mettre en rapport avec la partie française du canal de la Marne-au-Rhin, qui a ou va avoir un tirant d'eau de deux mètres. Dans la situation actuelle, les bateaux français venant à la frontière ne peuvent plus passer et sont obligés de s'arrêter, notre tirant d'eau n'étant pas suffisant. Nos bateaux, en arrivant à la frontière, peuvent bien passer, mais ils se trouvent, par suite de l'inégalité du tirant d'eau, dans une position très-désavantageuse vis-à-vis des bateaux français.

L'ensemble des travaux d'approfondissement des canaux de la Marne-au-Rhin et de la Sarre et de l'agrandissement du lac-réservoir de Gondrexange est évalué à une somme totale de 1 705 000 $\mathcal{M}$

La mise en exécution de ces travaux dépend d'un projet d'association avec la Prusse, qui doit y concourir. Je crois, à ce sujet, que la Commission s'est méprise sur le vote émis dernièrement dans la Chambre prussienne. Il est dit dans le rapport que cette dernière a refusé le vote d'un crédit destiné à contribuer aux travaux en question. Je ferai observer qu'il ne s'agit là que d'un refus temporaire, la Chambre ayant été d'avis qu'il fallait d'abord voir plus clair dans la question, faire certains travaux préparatoires, connaître le montant des dépenses totales, la contribution de l'Alsace-Lorraine à ces dépenses, etc., etc. Le concours n'a donc pas été rejeté en principe; on y reviendra plus tard, pourvu que nous persistions à réclamer les travaux, car les intérêts des deux pays sont également engagés dans la solution de la question.

Les raisons alléguées par la Commission ne m'ont nullement convaincu. Le rapport dit que sur 518 000 tonnes de houille sorties du canal de la Sarre, 302 000 tonnes sont allées vers l'Ouest, principalement en France, et que, sur les 216 000 tonnes qui sont venues vers l'Est, 148 000 sont entrées dans le canal du Rhône-au-Rhin et 68 000 seulement sont restées en dehors. Je ferai remarquer tout d'abord que ce raisonnement ne porte que sur les houilles. Or les canaux transportent autre chose encore que la houille. Dans un Mémoire de l'année dernière qui nous a été remis, nous constatons qu'on transporte également des cokes, des pierres de construction, du bois de construction et de chauffage, des matières premières, des céréales, etc. Il est évident qu'en présence de ces faits, on ne saurait baser un calcul exact sur les houilles seules. Il y a un grand nombre de marchands qui ont besoin des canaux et qui en profitent.

Que signifie, en outre, ce raisonnement que 302 000 tonnes sont allées vers l'Ouest, et principalement en France? Pour arriver là, elles ont bien dû parcourir les canaux de la Sarre et de la Marne-au-Rhin, et ont, par conséquent, profité à l'Alsace-Lorraine.

D'ailleurs, il ne faut pas seulement envisager la question de transport en elle-même, il faut aussi considérer la question de concurrence. Si le projet d'établir un tirant d'eau de 2 mètres est réalisé en France, mais non en Alsace-Lorraine, notre marché sera exclusivement fourni par les houilles de Sarrebrück, et les houilles belges n'arriveront plus chez nous. D'un autre côté, celles de Sarrebrück ne pourront plus concourir avantageusement en France.

Qu'en résultera-t-il pour nous? Le prix des houilles sera augmenté au détriment de l'industrie. Si, au contraire, la concurrence est favorisée par un tirant d'eau bien proportionné, le prix sera réduit, et les industries qui ont besoin de houilles en retireront un grand avantage.

Permettez-moi, Messieurs, de vous citer quelques chiffres sur la fréquentation des canaux de la Sarre et de la Marne-au-Rhin en 1872, année défavorable : 1195 bâtiments les ont parcourus en tout, savoir : 305 bateaux alsaciens-lorrains, 219 prussiens, 567 français, 83 belges et luxembourgeois et 17 badois. Il ressort de ces chiffres qu'il est d'un intérêt majeur pour le pays de ne pas mettre nos canaux dans une situation d'infériorité vis-à-vis des canaux français, dont ils ne sont que la continuation. J'insiste donc sur le maintien au budget des 150 000 ℳ

Les dépenses de l'Alsace-Lorraine doivent se combiner avec les dépenses correspondantes à faire par la Prusse. Les négociations à cet effet sont pendantes. Je ne saurais dire, en ce moment, de quelle manière seront répartis entre les deux pays les 1 705 000 ℳ ; mais d'après des données officieuses, la Prusse serait prête à accorder un concours de 600 000 ℳ, et il est probable que ce chiffre sera encore augmenté. Les dépenses incombant à l'Alsace-Lorraine se réduiraient donc à 1 million de Mark environ, somme minime relativement aux avantages considérables qu'elle procurera au pays.

Le second raisonnement de la Commission est celui-ci : L'augmentation du tirant d'eau devrait s'étendre à tout le réseau des canaux d'Alsace-Lorraine. Il faudrait donc entreprendre le travail non-seulement pour les canaux de la Marne-au-Rhin et de la Sarre, mais aussi pour celui du Rhône-au-Rhin et ses embranchements, sauf la partie de Mulhouse au Valdieu. Or les frais pour le canal du Rhône-au-Rhin feraient monter la dépense totale à 3 millions de Mark, somme qu'on ne saurait engager. La Commission est donc d'avis que, ne pouvant pas tout exécuter, il ne faut rien faire du tout. Ce raisonnement, permettez-moi de le dire, ne me paraît pas logique. Si nous avons des chemins de fer à construire, comme il est relevé dans le rapport, nous avons aussi des canaux à faire, et l'un n'empêche pas l'autre. Qui nous empêche, si nous ne pouvons pas tout entreprendre à la fois, de ne faire d'abord qu'une partie des travaux et d'exécuter le reste plus tard ? On pourrait répartir ainsi la dépense sur un certain nombre d'années. Mais condamner ces travaux en principe, malgré leur nécessité reconnue, pour la seule raison qu'ils coûteraient 3 millions et que nous avons d'autres dépenses à faire, me paraît tout-à-fait impossible ; un pareil raisonnement n'est pas admissible dans l'administration financière d'un pays.

Je tiens donc à ce qu'en principe on maintienne l'exécution de ces travaux. Je comprends les difficultés du moment, puisque l'accord ne s'est pas encore fait avec la Prusse au sujet des parts à supporter par chacun des deux pays dans les dépenses totales. Aussi peut-on, même en maintenant le principe et le crédit, attendre le concours définitif de la Prusse avant de commencer les travaux.

M. *Kœchlin*, rapporteur. L'honorable M. Schnéegans vient de faire observer que le rapport manquait de logique. Je regrette le reproche, mais je ne puis le considérer comme fondé de par les observations de M. Schnéegans. En disant qu'il nous faudrait non pas 1 705 000 ℳ, mais 3 millions pour les travaux en question, la Commission est partie de ce fait que, quand on veut engager une dépense, ce n'est pas d'une fraction, mais bien de la totalité qu'il faut parler. En relevant que sur 518 000 tonnes de houille sorties des houillères de la Sarre, 302 000 tonnes sont allées vers l'Ouest et que 148 000 sont entrées dans le canal du Rhône-au-Rhin, nous avons voulu faire ressortir le contingent d'intérêt de Sarrebrück à l'accomplissement des travaux vis-à-vis de l'intérêt beaucoup moins considérable de l'Alsace-Lorraine. En effet, pour les 1 705 000 ℳ exigés pour les travaux des canaux de la Marne-au-Rhin et de la Sarre, nous n'aurions d'avantage que pour les 68 000 tonnes de houille restées en Alsace-Lorraine et qui représentent une bien petite fraction de la quantité totale transportée sur ces canaux.

D'un autre côté, en considérant les avis émis par les Chambres de commerce de Mulhouse et de Colmar, qui se sont prononcées en faveur de l'approfondissement, mais à condition qu'il s'étende à la totalité du réseau des canaux d'Alsace-Lorraine, nous avons dû reconnaître le bien-fondé de cette manière de voir et en même temps l'impossibilité de suffire à toutes les dépenses nécessitées par la totalité de ces travaux.

On nous a parlé tout à l'heure de la manière dont les dépenses devront se répartir entre la Prusse et l'Alsace-Lorraine et de la *part* de l'Alsace-Lorraine dans ces dépenses. A mon avis, la question est mal posée. Il ne s'agit pas de la *part* de l'Alsace-Lorraine, mais de la part de la Prusse, car nous sommes ici chez nous, et c'est nous qui devons faire le travail. Seulement nous demandons un concours à notre voisin qui a un avantage énorme, presque exclusif, à l'exécution des travaux. Permettez-moi, Messieurs, de vous lire ici un passage des débats du Landtag prussien au sujet de cette question :

Die Frachtermäßigung würde nach dieser Vertiefung wenigstens 10 Prozent betragen, welches einer Preisermäßigung von 3 Pfennigen pro Centner gleichkäme. Also um diesen Preis müßte die Saarbrücker Kohle mindestens heruntergehen, und da man naturgemäß dem französischen Consumenten keinen billigeren Preis machen kann als dem inländischen, so würde dieser Preis einen Rückgang auf die ganze Production des Saarbeckens hervorbringen.

Pour moi, il est hors de doute que l'administration de Sarrebrück sera obligée d'abaisser ses prix, si le canal n'est pas fait, et que, s'il est fait, elle les élèvera. Elle vendra meilleur marché chez nous, si elle a plus de frais de transport pour la France. Maintenant, je ne conteste pas qu'il y ait toujours avantage pour un pays à avoir les transports à bon marché, mais dans l'espèce, l'avantage pour l'Alsace-Lorraine ne serait certainement pas en proportion avec une dépense de 3 millions.

Si la Prusse voulait offrir un concours s'élevant à la majeure partie de la dépense, je crois qu'il y aurait lieu d'examiner sérieusement la question, mais pas autrement. Le concours de 6 à 700 000 *M.*, dont on parle aujourd'hui, est complètement insuffisant.

M. *Lorette* déclare se rallier entièrement aux observations de M. Kœchlin.

M. *le Président supérieur.* Il est hors de doute que la Prusse et l'Alsace-Lorraine ont un intérêt commun à l'exécution des travaux. Comme il est dit dans les explications marginales du budget, la Prusse fournira un concours proportionné à son intérêt, et les travaux ne seront commencés qu'après que l'accord se sera fait sur ce point entre les deux pays. Vous avez là une garantie que les frais ne seront pas supportés par l'Alsace-Lorraine seule; car le crédit sera seulement employé, lorsque la Prusse aura définitivement accordé une subvention convenable. On pourrait, à ce point de vue, attendre jusque-là pour inscrire le crédit au budget; mais il y a un motif très-sérieux qui milite en faveur de l'inscription immédiate et que je vais vous indiquer. Un travail capital, c'est l'augmentation des bassins d'alimentation qui s'opère au moyen de l'exhaussement des digues. Ce travail est très-long, car les digues se composent de différentes couches auxquelles il faut toujours laisser le temps de s'asseoir solidement. Il importe donc de le commencer dès maintenant, et il serait très-regrettable d'avoir à l'ajourner faute de crédit. C'est dans ce but surtout que la somme portée au titre 5 a été demandée. Le vote de cette somme n'est, en aucune façon, préjudiciel pour l'avenir, car l'augmentation de l'alimentation des canaux est nécessaire, même si nous restons dans la situation actuelle. Je désirerais donc que la Commission se décidât à proposer le vote du crédit, en changeant simplement l'intitulé du titre, c'est-à-dire en laissant de côté les mots : „et pour porter le tirant d'eau de ces canaux à 2 mètres" et en mettant simplement : „augmentation de l'alimentation des canaux de la Marne-au-Rhin et de la Sarre."

Je crois que c'est là le meilleur moyen de trancher les difficultés et de garantir les intérêts de l'Alsace-Lorraine, sans léser en même temps l'intérêt commun des deux pays. Si l'Assemblée est d'avis que ce changement, ainsi que mes déclarations et les explications fournies en marge du budget, ne lient pas encore suffisamment le Gouvernement et ne l'obligent pas d'attendre l'accord avec la Prusse pour entreprendre les travaux, rien n'empêche de faire une réserve formelle dans ce sens dans le procès-verbal.

Sur la proposition de M. *Kœchlin,* rapporteur, l'article 5 est renvoyé à la Commission pour l'examiner à nouveau dans le sens indiqué par M. le Président supérieur. Par conséquent, le vote en est ajourné.

Le total des dépenses extraordinaires, avec 851 600 *M.*, est ensuite adopté, sauf le titre 5, qui est réservé.

L'ensemble du budget de l'Administration des travaux hydrauliques est adopté avec la même réserve.

On passe au deuxième objet de l'ordre du jour.

II.

Budget de la Manufacture impériale des tabacs.

4e Commission.

Rapporteur : M. Bozon.

Le rapport a été imprimé et distribué aux membres, conformément au règlement. (Voir annexe 2.)

Recettes.

Le chapitre 5, titres 1 à 4, avec 2 555 752 *M.*, est adopté sans discussion.

Dépenses.

Chapitre 12. Les titres 1 à 3 sont successivement adoptés.

Titre 4 (frais d'exploitation, 1 603 138 *M.*).

M. *Fulter.* Je ne puis laisser passer sans observations le rapport concernant la Manufacture des tabacs. Je trouve que certains passages sont d'un optimisme parfait, quant aux qualités des tabacs récoltés en Alsace-Lorraine, et, pourtant, un autre passage dit : „Il a été reconnu, depuis un siècle, que si le tabac d'Alsace n'est pas de tous les goûts, il a une propriété remarquable : c'est, par le mélange, de s'assimiler les qualités des autres tabacs."

Le rapporteur a évidemment voulu parler des faits antérieurs à l'annexion, alors que le tabac d'Alsace était mêlé avec les excellents tabacs du sud de la France? Veut-il, au contraire, parler de ce qui existe actuellement, il fait l'aveu indirect de l'infériorité du tabac du pays, puisqu'il dit que celui-ci s'assimile les qualités des autres tabacs; plus encore, il nous fait voir que la Manufacture est obligée d'acheter de fortes quantités de tabac hors d'Alsace-Lorraine.

Du reste il est reconnu par tout le monde que les tabacs de notre pays sont âcres et forts; ces propriétés n'éloignaient pas le consommateur français d'autrefois; elles ne répugnent pas à notre population indigène; mais jamais les consommateurs allemands, pas même les immigrés n'adopteront nos tabacs qui sont tout l'opposé de ce qu'ils recherchent. Ce qui le prouve, c'est que la Manufacture n'a pu parvenir à se créer une clientèle sérieuse en Allemagne.

Cela étant, je ne puis admettre que l'établissement du monopole changerait la position (certainement digne d'intérêt) de nos planteurs. Vous aurez beau faire, vous n'augmenterez pas la consommation de nos tabacs, puisque le fumeur allemand n'en veut pas. Par une conséquence naturelle, la demande de nos produits ne pourra devenir plus active, ni les prix devenir plus rémunérateurs. Par ces mêmes considérants, je ne puis admettre que si la régie française pouvait, sur une consommation totale de 40 millions de kilogrammes, employer 10 millions de kilogrammes de tabacs d'Alsace, il serait facile d'en écouler autant en Allemagne, où la consommation est de 80 millions de kilogrammes. L'Allemagne produit à meilleur marché des tabacs plus recherchés que les nôtres, et il ne lui viendra pas à l'idée de venir chercher chez nous, même à prix égal, de la marchandise qu'elle n'aime pas, qu'elle ne peut placer.

Je me résume : le monopole ne ramènera pas en Alsace-Lorraine, pour la culture du tabac, la prospérité d'autrefois. Cela est fâcheux, je l'accorde, mais cela est ainsi. Je ne puis donc partager l'avis de la 4e Commission, qui regrette le vote par lequel le Bundesrath a rejeté l'institution du monopole des tabacs dans l'Empire d'Allemagne. Ma conviction est basée sur des faits patents, et la Commission ne produit pas d'arguments pouvant modifier cette conviction.

Je ne combats pas les propositions de la Commission, en ce qui concerne les chiffres à porter à notre budget au chapitre Manufacture des tabacs. J'ai simplement voulu combattre, ce que je me permettrai d'appeler les idées roses de la Commission relatives aux avantages que procurerait à nos planteurs l'introduction du monopole.

M. *Kœchlin*. Je crois que l'Alsace et la Lorraine prouvent par le fait qu'elles aiment le tabac d'Alsace, car d'après les aperçus des années 1876 et 1877 les débouchés tant en Alsace qu'en Lorraine sont de plus en plus considérables. Les produits sont donc bons, puisque la vente augmente toujours.

Quant au vœu d'introduction du monopole ou au regret consigné dans le rapport d'avoir vu ce dernier rejeté par le Conseil fédéral, ce n'est pas au point de vue platonique de l'amélioration qu'on attend du monopole que cette phrase a été introduite dans le rapport, mais c'est parce que le rejet du monopole ne nous laisse pas dans la situation actuelle, il nous met, au contraire, dans une situation plus mauvaise. Car notez bien que le nouvel impôt qu'on veut introduire, la „Gewichtssteuer", causera un préjudice tant au consommateur qu'au cultivateur. Tandis que le monopole produirait sans doute une amélioration sensible pour le planteur et le consommateur, nous sommes sûrs que cet impôt nouveau ne nous laissera même pas dans la situation présente, mais que notre position sera aggravée.

J'ai dit lors de la première lecture du budget qu'il serait peut-être sage, en vue de l'impôt projeté, d'augmenter dès maintenant le crédit pour l'achat des tabacs qui, avec l'impôt, ne serait plus suffisant, et j'ai songé alors à une augmentation d'environ 100 000 ℳ Depuis, nous avons reconnu en Commission qu'en réalité le nouvel impôt nécessiterait une augmentation d'un million. Or les dépenses doivent être couvertes par des recettes, et celles-ci, il faudra les prendre sur le consommateur. Vous voyez que la situation est grave. La „Gewichtssteuer" aurait aussi pour résultat d'introduire un monopole, mais un monopole de famine.

M. *Schnéegans*. Je ne veux pas revenir sur la question du monopole qui, pour nous, est tranchée. Je ferai simplement observer que, même dans le Palatinat et la Prusse rhénane, les cultivateurs, qui avaient longtemps hésité, se sont prononcés maintenant en faveur du monopole. Dans tous les cas, notre avis pèsera, et à bon droit, d'un grand poids dans la balance, à raison de l'expérience qui nous est acquise.

M. *Fulter*. Je ne conteste pas la qualité des produits de la Manufacture, je ne critique pas ses procédés et je reconnais sans hésitation que sa fabrication est appréciée en „Alsace-Lorraine." Mais c'est justement là un argument en faveur de mon opinion ! Puisqu'aujourd'hui vous ne trouvez pas de marché en Allemagne pour les tabacs d'Al-

sace-Lorraine, quoiqu'ils soient intelligemment manipulés, mélangés et préparés par la Manufacture, en trouverez-vous par l'établissement du monopole ? C'est admettre qu'en décrétant le monopole, on décrétera aussi un changement dans le goût des consommateurs ! L'Allemagne veut fumer un autre tabac que nous, et vous n'y pouvez rien changer. Est-ce affaire de climat, de tempérament, d'habitude, je n'ai pas à m'en occuper, je constate le fait. S'il en était autrement, en présence des bas prix existant chez nous, le commerce, le meilleur juge de ses intérêts, viendrait enlever nos tabacs. Avec le monopole rien ne sera changé à la situation, et nos planteurs ne pourront pas plus alors qu'aujourd'hui lutter contre les tabacs allemands. Je maintiens que la Commission se trompe, en faisant espérer aux planteurs que le monopole leur rendrait la situation florissante qu'ils avaient avant l'annexion.

Le titre 4 est mis aux voix et adopté, ainsi que les titres 5 et 6, et le total des dépenses.

L'ensemble du budget de la Manufacture est ensuite adopté, avec un excédant de recettes de 500 614 ℳ

III.

Lecture du budget de l'Administration de la voirie.

4e COMMISSION.

Rapporteur : M. Ritzenthaler.

Le rapport a été imprimé et distribué aux membres, conformément au règlement (voir annexe 3).

Recettes.

Le chapitre 19, titres 1 à 3, est adopté, avec un total de 299 200 ℳ

Dépenses ordinaires.

Sont successivement adoptés sans discussion :

Chapitre 57, titres 1 à 3, avec 347 700 ℳ; titres 4 et 5, avec 12 000 ℳ; titres 6 à 9, avec 121 260 ℳ; la totalité des titres 1 à 9 (frais d'administration), avec 480 960 ℳ; titres 10 à 12 (dépenses pour travaux), avec 784 000 ℳ, et le total des dépenses ordinaires, avec 1 264 960 ℳ

Sur la proposition de M. le rapporteur et conformément au rapport de la Commission, l'Assemblée adopte ensuite les résolutions suivantes :

1° De rayer dans les observations marginales au titre 1er des recettes, les mots : „ainsi que la moitié des pensions de „retraite de ces fonctionnaires," et au titre 2, les mots : „ainsi que les deux tiers des pensions de retraite de ces „fonctionnaires."

2° De rayer dans les observations marginales au chapitre 57, l'alinéa suivant se rapportant aux titres 1, 2 et 3 : „Les départements ont, dans les proportions de leurs parts „contributives aux traitements des fonctionnaires de la „voirie, à contribuer également à leurs pensions et à celles „de leurs survivants."

Au chapitre 20, titre unique, des dépenses ordinaires, (subventions pour la construction de routes départementales et de chemins vicinaux), le rapport de la Commission propose une augmentation de 30 000 *M.*, devant être affectée à subventionner la Haute-Alsace pour les travaux neufs des routes d'arrondissement.

Cette proposition est adoptée, et les dépenses extraordinaires sont donc portées de 150 000 à 180 000 *M.* Le total général des dépenses, élevé 1 444 960 *M.*, est ensuite adopté, ainsi que l'ensemble du budget de la voirie avec cette augmentation.

L'ordre du jour étant épuisé, la séance est levée à 5 1/4 heures.

Prochaine séance : demain, à 2 1/2 heures de l'après-midi.

Ordre du jour : 2ᵉ lecture des budgets de l'Administration des cultes et de l'Administration du commerce et de l'industrie.

DÉLÉGATION D'ALSACE-LORRAINE.

4ᵉ Commission.

RAPPORT DE M. ÉD. KŒCHLIN.

Budget de l'Administration des Travaux hydrauliques.

Messieurs,

J'ai l'honneur de vous présenter au nom de votre quatrième Commission le rapport sur le chapitre XII du budget, dont vous lui avez confié l'examen et qui concerne l'Administration des travaux hydrauliques.

Les recettes s'élèvent à 119 210 ℳ, soit 108 786 ℳ de plus qu'en 1878, mais cette augmentation n'est qu'apparente, et ainsi qu'il résulte des explications qui seront fournies plus loin, les recettes comparées à celles de 1878, seraient prévues pour 214 ℳ de moins que dans ladite année.

Les dépenses ordinaires sont prévues pour 1 547 879 ℳ, soit 807 ℳ de moins qu'en 1878.

Les dépenses extraordinaires sont prévues à 851 600 ℳ, tandis que le budget de 1878 les estimait à 894 000 ℳ.

Nous allons passer en revue, Messieurs, les différents articles du budget qui ont paru à votre Commission devoir donner lieu à des observations nouvelles ou à des explications qui n'auraient pas été fournies les années précédentes, ainsi que ceux qui présentent en ce qui concerne les recettes et les dépenses ordinaires, des différences avec les chiffres du budget 1878.

RECETTES.

Chap. 18. — Titre 1. — Loyers de logements et bureaux, 214 ℳ de moins. Nous nous bornerons à nous référer aux indications marginales du budget.

Au sujet du titre 3, subvention de la ville de Lauterbourg, pour le bac du Rhin, resté sans changement, votre Commission a appris qu'il s'était constitué, sous la présidence de notre collègue, M. Auscher, un Comité pour provoquer l'établissement d'un pont de bateaux sur le Rhin à Lauterbourg. Cette entreprise exige le consentement et le concours des Gouvernements d'Alsace-Lorraine et de Bade. Or les budgets badois sont établis tous les deux ans seulement et pour deux ans, et les négociations n'ont été entamées qu'après la fixation du budget actuellement en cours; la question ne peut donc pas venir utilement cette année.

Un retard est survenu aussi parce que l'Administration avait examiné la possibilité de l'établissement d'un pont fixe sur le Rhin à Huningue, et aurait dans ce cas pensé à utiliser à Lauterbourg le pont de bateaux existant à Huningue, mais l'étude de ce pont fixe a fait reconnaître qu'il serait trop cher et que cette combinaison était à abandonner.

Il y aura lieu aussi de voir si la Bavière ne devrait pas être appelée à concourir au pont projeté à Lauterbourg.

Titre 4. Revenu des produits accessoires des fleuves et canaux, 105 000 ℳ Ces recettes figurent pour la première fois dans le budget de l'Administration des travaux hydrauliques; elles figuraient auparavant dans le budget des contributions indirectes. Leur inscription dans le budget qui nous occupe est la conséquence du projet de loi Nº 8 concernant l'administration des produits domaniaux qui se trouve actuellement soumis à votre décision. Sans vouloir préjuger celle-ci, votre Commission croit pouvoir vous dire qu'en ce qui concerne l'administration des travaux hydrauliques, elle estime que la modification projetée ne peut être qu'avantageuse. L'état A annexé à ce rapport vous fera connaître quelles sont, d'après les prévisions, la nature et les sommes des produits dont il s'agit.

Titre 5. Recettes du touage sur l'Ill dans la ville de Strasbourg entre les canaux de la Marne-au-Rhin et du Rhône-au-Rhin, 4 000 ℳ Ce titre qui figure pour la première fois doit être l'équivalent des frais d'exploitation et ne fait que traverser, il est compensé par une dépense correspondante pour les frais d'exploitations au titre 20 du chapitre 56 et est la conséquence du vote du titre 7 du chapitre 16 des dépenses extraordinaires du premier trimestre de 1879, par lequel vous avez autorisé l'établissement de ce touage qui devait commencer à fonctionner au printemps. Le câble de 6000 mètres de longueur est fait, le remorqueur qui est terminé, va être livré aussi. Mais l'Administration désire profiter de ce matériel pour faire un essai de touage et se renseigner ainsi sur la possibilité de ce genre de propulsion sur le Rhin, et est entrée en pourparlers à ce sujet avec l'Administration badoise. La Compagnie anglaise qui a fourni le matériel se chargerait des frais d'installation et d'enlèvement; la ville de Strasbourg supporterait ou avancerait les frais d'exploitation, et à l'issue de cet essai qui devrait durer environ quatre mois, et serait fait sur une partie exceptionnellement difficile, le matériel recevrait sa destination primitive, et le touage sur l'Ill dans Strasbourg serait mis en exploitation.

DÉPENSES ORDINAIRES.

Chap. 56. Titre 1. Appointements des ingénieurs, 22 500 ℳ au lieu de 26 400 en 1878, soit 3 900 ℳ de moins; nous nous référons pour les explications de cette diminution aux indications marginales du projet de budget, et nous nous bornerons pour le moment à appeler votre attention sur la disposition concernant le titre 1 par lequel les ingénieurs hydrauliques prendront dorénavant rang avec les catégories de fonctionnaires techniques désignées, dans le but d'étendre la classe et de donner plus d'uniformité à l'avancement.

Titre 2. Appointements des assistants, reste sans changement à 19 050 ℳ, mais la rédaction en a été modifiée par substitution du mot de „Gehältern" à ceux der „fixirte Diäten" employés précédemment. Ce changement est motivé par une injonction de la Cour des comptes. Deux seulement de ces fonctionnaires, les plus anciens, sont nommés à titre définitif; les autres sont „auf Kündigung". Votre Commission estime qu'il y a lieu d'engager l'Administration à maintenir cet état de choses qui réduit au minimum les inconvénients du changement de rédaction, et permet d'échapper dans la mesure du possible aux effets regrettables pour l'autorité hiérarchique, et par suite pour l'Administration, de la loi sur les droits des fonctionnaires.

Titre 3. Appointement des secrétaires (Bauschreiber) 13 500 ℳ au lieu de 15 825 ℳ en 1878, soit 2 325 ℳ de moins. Nous nous référons pour les motifs de cette diminution aux explications marginales du projet de budget.

Titre 4. Appointements des chefs de ponts du Rhin. A l'occasion de ce titre resté sans changement à 7 075 ℳ, votre Commission revenant sur la question de nécessité de renseigner sur la marche des eaux du Rhin les populations riveraines et notamment les chefs de ponts, a appris avec satisfaction que sauf en ce qui concerne Gerstheim, le nécessaire a été fait. Huningue et Brisach ont des stations télégraphiques, Rheinau a une station télégraphique située à 1 500 mètres de la tête du pont. Pour Kehl et les points en aval, le service est organisé à l'aide de la ligne spéciale badoise du littoral dont il a été parlé déjà. En ce qui concerne Gerstheim, il est question d'y établir un téléphone reliant cette localité à Erstein, et l'Administration est disposée à concourir aux frais d'établissement. Mais la commune a refusé jusqu'à présent de participer à ces frais. Votre Commission estime qu'il y a lieu d'engager l'Administration à se mettre en rapport avec la commune de Gerstheim et à chercher à provoquer un concours de sa part pour parvenir à l'établissement d'une communication téléphonique avec Erstein.

Titre 6. Appointements des surveillants, 42 000 ℳ au lieu de 43 500 ℳ en 1878, soit 1 500 ℳ de moins. Nous nous référons pour les motifs de cette diminution ainsi que pour ceux du changement de rédaction de ce titre et du suivant, concernant les éclusiers, etc., qui sont sans importance, aux explications marginales du projet de budget.

Le titre qui figurait avec 9 000 ℳ sous n° 8, pour les appointements des surveillants de la pêche de l'État, a été distrait du budget de l'Administration des travaux hydrauliques et transféré au budget de l'agriculture (chap. 53, titre 10).

Titre 13. Indemnité de voyage pour la surveillance des carrières de l'Administration, aux surveillants des digues 900 ℳ au lieu de 750 ℳ en 1878, soit 150 ℳ en plus, pour lesquels nous nous référons aux indications marginales du projet de budget.

Titre 14. Indemnité pour frais de bureau aux employés subalternes, 864 ℳ au lieu de 882 ℳ en 1878, soit 18 ℳ de moins, conséquence de la suppression d'une place de surveillant des canaux au titre 6.

Votre Commission a été informée que des plaintes s'étaient fait entendre du fait de la résidence sur la rive badoise du Rhin de surveillants de digues alsaciens; mais elle a appris de M. le commissaire du Gouvernement qu'il avait été mis un terme à cet état de choses, et que les surveillants de digues alsaciens habitaient maintenant tous en Alsace.

Votre Commission a été informée aussi de plaintes provenant de l'emploi d'ouvriers badois de préférence à des ouvriers alsaciens aux travaux du Rhin; elle a été heureuse d'apprendre que l'Administration recommandait d'employer de préférence et dans la mesure où cela est possible et opportun, des ouvriers alsaciens.

En résumé, Messieurs, et déduction faite des 9000 ℳ pour les surveillants de pêche, transférés au budget de l'agriculture, les titres 1 à 15 du chapitre 56 présentent sur l'année 1878 une diminution de 7593 ℳ, dont nous ne pouvons que féliciter l'Administration, qui a su réaliser des économies tout en maintenant ce service dans une situation satisfaisante. Si nous comparons les mêmes titres du budget de 1876 à celui qui nous occupe, nous trouvons une différence en moins de 32 501 ℳ, et nous sommes heureux de constater par ces chiffres que l'administration des travaux hydrauliques a tenu largement compte des désirs qui lui avaient été exprimés par la représentation du pays.

Au sujet du titre 16 a, Entretien des travaux du Rhin, resté sans changement à 640 000 ℳ, plusieurs membres de la Commission, qui ont l'occasion de suivre ces travaux, ont fait part à votre Commission que les travaux étaient très-bien exécutés et faits dans des conditions qui assureraient leur bonne durée.

Votre Commission a été saisie de nouveau par un de ses membres de la question de correction de la rive alsacienne du Rhin près de Huningue, en face du confluent de la Wiese, dont vous avez déjà été entretenus précédemment. Il y a là une situation fâcheuse, qui est tout près de produire de graves dégâts, mais à laquelle il est difficile de porter remède. Cette portion de rive se trouve en amont de la partie pour laquelle a été fait avec Bade le traité du 5 avril 1840, et la correction entre Huningue et Bâle n'a pas été prévue; il s'agit donc d'une protection de rive qui n'incombe pas au Gouvernement. Le travail coûterait 93 000 ℳ environ; l'Administration, tenant compte de la situation et de l'intérêt que ce travail peut avoir pour le pays au point de vue de la solidité de l'écluse qui se trouve à l'entrée du canal du Rhône-au-Rhin, avait offert de concourir pour 36 000 ℳ; mais les intéressés n'ont offert que 5720 ℳ. L'Administration a fait faire quelques dépôts de fascines pour protéger le pied de la partie concédée, et a dépensé à cet effet entre 4 et 5000 ℳ; mais ce n'est là qu'un palliatif insuffisant. Votre Commission vous propose de recommander cette question à la bienveillante attention du Gouvernement. Peut-être aussi sera-t-il possible d'obtenir un concours de Bâle?

Titre 16 *b*. Entretien des digues du Rhin, 15 000 ℳ au lieu de 7000 ℳ en 1878, soit 8000 ℳ de plus, provenant de ce qu'il y a une plus grande longueur de digues à entretenir, et de ce que les digues récemment exhaussées exigeront, pendant les premiers temps, plus d'entretien que les anciennes.

Au sujet de ce titre, un de nos collègues a appelé l'attention de la Commission sur les difficultés qui ont été la suite de l'exhaussement des digues, tant en ce qui concerne l'emploi de ces digues comme chemins, qu'en ce qui concerne les rampes d'accès au couronnement de ces digues.

Les digues qui servaient de chemins auparavant, et qui ont été exhaussées, ont été laissées jusqu'à présent par l'Administration à l'état de sol naturel, alors qu'auparavant elles étaient empierrées, et que souvent elles l'avaient été aux frais des communes. L'Administration fait observer que les digues ne peuvent servir à la circulation de chars et de chevaux qu'autant que ce sont des chemins classés. Elle rétablira dans leur état antérieur les parties de digues classées comme chemins publics, dont l'empierrement a été recouvert lors de l'exhaussement des digues. L'entretien ultérieur des chaussées devra naturellement rester comme précédemment à la charge des intéressés. Il sera fait de même à l'égard des rampes d'accès classées comme chemins publics. Il sera entamé partout des négociations locales à ce sujet, et l'Administration espère parvenir à résoudre ainsi prochainement cette question d'une manière satisfaisante.

Au sujet du titre 19, Entretien du canal de la Bruche, resté sans changement à 10 000 ℳ, un membre de la Commission a soulevé la question de savoir si en présence du faible trafic de ce canal, il n'y aurait pas lieu de renoncer à l'exploiter et à l'entretenir. Il a semblé à votre Commission que la question pouvait être examinée et que sa solution dépendrait en grande partie de l'intérêt que la ville de Strasbourg pourrait avoir à ce que l'exploitation fût maintenue.

Titre 20. Frais d'exploitation du touage sur l'Ill dans Strasbourg, entre les canaux de la Marne-au-Rhin et du Rhône-au-Rhin, 4000 ℳ Ce titre est nouveau ; il ne fait que traverser le budget, ainsi que nous l'avons expliqué au titre 5 des recettes, dont il est la cause et auquel nous nous référons.

Titre 21. Subventions pour des bacs — 1600 ℳ au lieu de 1200 ℳ en 1878 — augmentation de 400 ℳ motivé par des augmentations de subvention pour le bac de Lauterbourg, et pour celui de l'île Chambière à Metz, où le passage du chemin de halage d'une rive à l'autre oblige au transbordement des chevaux de halage.

Titre 22. Frais d'administration des produits accessoires des fleuves et canaux, 5000 ℳ Ce titre est nouveau ; il est la conséquence des recettes portées au titre 4 et est expliqué par les indications marginales du projet de budget auxquelles nous nous référons ainsi qu'à l'annexe A à ce rapport.

DÉPENSES EXTRAORDINAIRES.

Chap. 16, titre 1. Travaux neufs du Rhin 250 000 ℳ Les états B, C, D et E joints à ce rapport fournissent des indications au sujet du degré d'avancement de ces travaux pour lesquels, ainsi qu'il est dit aux explications marginales du projet de budget, la somme prévue paraît suffisante pour l'exercice 1879-1880.

Titre 2. Exhaussement, renforcement et nouvelle construction de digues du Rhin, 120 000 ℳ Ainsi que cela est dit aux explications marginales du projet de budget, il faudra encore en 1880/81 une somme de 57 000 ℳ pour terminer ce travail.

Chap. 17, titre 1. Travaux neufs de la Moselle, 25 000 ℳ Les indications marginales du projet de budget fournissent l'explication de ces dépenses, très-nécessaires, nous a dit un de nos collègues de la Commission.

Chap. 18, titre 1. Curage extraordinaire de l'Ill, 10 500 ℳ Ces travaux qui s'appliquent à la partie navigable de l'Ill sont motivés dans les explications marginales du projet de budget.

Chap. 19, titres 1 à 4. Travaux extraordinaires sur les canaux, ensemble 296 100 ℳ L'état F annexé à ce rapport fournit le détail des travaux prévus. Dans le titre 1 du chap. 19 sont prévus 20 000 ℳ pour premier terme de travaux extraordinaires à l'écluse 83 dans Strasbourg, près du Pont-Couvert ; ce travail coûtera en totalité environ 40 000 ℳ

Titre 5. Augmentation de l'alimentation des canaux de la Marne-au-Rhin et de la Sarre et pour porter le tirant d'eau de ces canaux à 2 mètres, premier terme, 150 000 ℳ La dépense totale serait, ainsi qu'il est dit au projet de budget, de 1 705 000 ℳ Vous vous rappellerez, Messieurs, qu'au sujet de cette question de l'augmentation du tirant d'eau des canaux, les chambres de commerce de Mulhouse et de Colmar ont émis des avis favorables, mais subordonnés à ce que cette augmentation s'étende à la totalité du réseau des canaux d'Alsace-Lorraine. Votre Commission a appris que la dépense pour le canal du Rhône-au-Rhin et ses embranchements, sauf la partie de Mulhouse au Valdieu, serait de 1 200 000 ℳ, et que pour cette partie de Mulhouse au Valdieu, l'augmentation du tirant d'eau était impossible par suite de l'exiguité du bassin d'alimentation (Niederschlagsgebiet) du bief de partage. Si même il eût été possible, ce travail eût été fort cher à cause des quarante écluses de dimensions encore réduites existant sur ce petit parcours.

Il faut donc renoncer à augmenter le tirant d'eau entre Mulhouse et le Valdieu, mais il serait de toute nécessité si l'on entreprenait le travail pour les canaux de la Marne-au-Rhin et de la Sarre, de l'étendre aussi au canal du Rhône-au-Rhin. En effet, si nous prenons la moyenne des chiffres cités pour les années 1875-1876-1877 par un fonctionnaire des houillères de Saarbrück dans une publication récente[1], nous voyons que sur 518 000 tonnes de houille sorties du canal de la Sarre, 302 000 tonnes sont allées vers l'Ouest, principalement en France, et sur les 216 000 tonnes qui sont venues vers l'Est, 148 000 sont entrées dans le canal du Rhône-au-Rhin et 68 000 seulement sont restées en dehors. Il faut donc considérer s'il y a lieu d'engager non pas seulement les 1 705 000 ℳ indiqués, mais aussi les 1 200 000 ℳ du canal du Rhône-au-Rhin, soit ensemble 2 905 000 ℳ — disons en chiffres ronds trois millions de marcs. Votre Commission ne l'a pas cru, Messieurs ; il lui a semblé qu'avec les dépenses que nous allons avoir pour les chemins de fer, pour le cadastre, les autres dépenses de toute nature que nous pouvons avoir à consentir, il n'était pas prudent d'engager en ce moment une dépense si considérable et d'un rendement très-problématique, et elle a décidé à l'unanimité de vous proposer de ne pas voter les 150 000 ℳ portés au titre 5 du projet de budget.

[1] Der Saarkanal und seine Verkehrsentwickelung, von B. Jordan, Bergassessor. Saarbrücken 1877.

Relativement à ce qui avait été dit dans le rapport sur le budget du premier trimestre de 1879 de l'intérêt que pouvaient avoir les houillères de Saarbrück à l'augmentation du tirant d'eau des canaux de la Marne-au-Rhin et de la Sarre, nous ferons remarquer que dans la brochure dont il vient d'être question il est dit, page 66 : „Speziell für die Saargruben ist es geradezu eine Lebensfrage...“ et ceci au point de vue des débouchés dans les départements de Meurthe-et-Moselle, de la Meuse et de la Marne ; cet intérêt à pouvoir mieux concourir en France avec les houilles belges s'était affirmé par l'inscription dans le projet de budget prussien de 1879-1880 d'une somme de 300 000 ℳ, destinée à concourir à ces travaux: Le vote de cette somme a été refusé, le 31 janvier dernier, dans le Landtag prussien, par une résolution motivée dans laquelle il a été reconnu qu'une subvention paraissait justifiée.

Votre Commission a l'honneur de vous proposer, sous le bénéfice de ce qui précède, de voter pour le budget de l'Administration des travaux hydrauliques de 1879-1880, les recettes, ainsi que les dépenses ordinaires, telles qu'elles vous ont été proposées, et les dépenses extraordinaires, après radiation des 150 000 ℳ du titre 5, au chiffre total de 701 600 ℳ

Le rapporteur,

ED. KŒCHLIN.

DÉLÉGATION D'ALSACE-LORRAINE.

4ᵉ Commission.

RAPPORT DE M. BOZON.

Budget de la Manufacture impériale des Tabacs.

J'ai l'honneur de vous présenter, au nom de votre 'ommission, le rapport sur la Manufacture impériale des ᵏcs de Strasbourg. Le budget pour 1879-80 se soldera une dépense de 2 055 138 ℳ et par une recette de ᵇ57 52 ℳ La Commission n'a trouvé aucune observation ire sur les chapitres des recettes et des dépenses, par séquent nous avons un excédant de recettes de 500 614 ℳ

Vous voyez, Messieurs, que, comme par le passé, la ᵘufacture reste dans un état de prospérité. Elle le doit bonne administration de MM. les Directeurs ; elle le à la bonne fabrication ; elle le doit à l'heureux mélange tabacs indigènes avec les tabacs exotiques, qui entrent, ʳ une proportion relativement grande, dans la fabrica-. Il a été reconnu depuis un siècle que, si le tabac ʰsace n'est pas de tous les goûts, il a une propriété arquable : c'est par le mélange, de s'assimiler les qua-ᵇ des autres tabacs. Ce mélange bien proportionné fait ᵘpériorité des tabacs de la Manufacture. Aussi la vente ᵍresse-t-elle chaque année, et on a tout lieu d'espérer ᵉlle ira en augmentant.

Votre 4ᵉ Commission a dû se préoccuper de savoir, si pôt au poids prévu sur le poids du tabac pouvait nuire Manufacture. Elle ne le pense pas, si celle-ci peut ᵗinuer à faire des approvisionnements, car elle pourra ᵒurs soutenir avantageusement la concurrence avec les ᵗes manufactures, et, en raison de son outillage, fournir , consommateurs des produits qu'ils apprécient de plus ᵖlus.

Ce qui est à craindre, ou plutôt ce qui est certain, ᵗ que l'impôt au poids non-seulement fera diminuer en ᵃce la plantation du tabac, mais entraînera sa ruine ᵖplète. Ce sera une perte énorme pour le pays, surtout ʳ l'Alsace, qui ne retire plus, il est vrai, la somme ʳme qu'elle percevait sous la régie française, mais qui, ᵒre aujourd'hui, grâce à la Manufacture de Strasbourg,

qui est un semblant de petit monopole, se trouve légère-ment indemnisée et a encore pu maintenir la culture dans les environs de Strasbourg.

Tout système d'impôt entraînant avec lui les incon-vénients, je pourrais dire les chicanes du contrôle, sans lui prouver les avantages du monopole, découragera et ennuiera les planteurs. Qu'en résultera-t-il ? c'est que, comme remède au mal, on finira peut-être par réclamer de nouveau le monopole.

Votre 4ᵉ Commission, Messieurs, a voulu ici témoigner le regret d'avoir vu le monopole rejeté par le Conseil fédéral. Par son introduction en Allemagne, la culture du tabac devenait ce qu'elle était sous le régime français. L'intérêt de l'Allemagne, malgré des opinions contraires, eût été d'employer du tabac d'Alsace le plus possible en raison de son bon marché et de ses qualités, dont nous avons fait mention plus haut.

Comme le fait remarquer M. Schmitter, dans une bro-chure sur cette matière : Si la régie française pouvait em-ployer 10 000 000 de kilogr. de tabac d'Alsace-Lorraine pour une consommation de 40 000 000 de kilogr., il serait plus facile de les employer en Allemagne avec une consommation de 80 000 000 de kilogr. Le résultat serait que l'Alsace-Lorraine bénéficierait au moins des im-positions matriculaires, qui sont montées de 1 600 000 ℳ à 3 600 000 ℳ

Votre 4ᵉ Commission ne perd pas l'espoir qu'un jour on en reviendra d'une décision si préjudiciable au pays.

Sous le bénéfice de ces observations, votre 4ᵉ Commis-sion vous propose de voter le budget de la Manufacture impériale de Strasbourg, tel qu'il est présenté par l'Admi-nistration.

Le rapporteur,

Cʜ. Bozon.

DÉLÉGATION D'ALSACE-LORRAINE.

4ᵉ Commission.

RAPPORT DE M. RITZENTHALER.

Budget de l'Administration de la Voirie.

Votre 4ᵉ Commission, Messieurs, m'a chargé de vous rendre compte de l'examen qu'elle a fait du budget de l'Administration de la voirie.

RECETTES.

Chap. 19. Titre 1. L'augmentation de 10 500 ℳ que vous remarquerez au titre 1ᵉʳ est la part contributive des départements (la moitié) aux traitements des trois architectes départementaux, qui jusqu'à présent ont touché des rémunérations sur les fonds des constructions de l'Etat et des départements qu'ils étaient appelés à diriger. Ces fonctionnaires, par suite de l'inscription de leurs traitements au budget, auront droit à une pension de retraite.

Votre Commission ne s'oppose pas à cette inscription, mais elle recommande au Gouvernement de ne nommer après une période d'essai, à titre définitif, que des personnes offrant les garanties de capacité et de caractère désirables.

Votre Commission est d'avis que dorénavant les départements ne devront plus supporter une partie des pensions de retraite des architectes départementaux, des ingénieurs d'arrondissement et de leurs commis, ni de celle des agents-voyers. C'est à l'Etat seul que devra incomber cette charge; et elle vous propose en conséquence de rayer dans les Erläuterungen, aux titres 1 et 2 les mots: „ebenso wie Hälfte resp. zwei Drittheile der Pensionen."

Votre Commission vous propose d'émettre un vote à ce sujet.

Titre 2. Diminution de 2 400 ℳ par suite de la suppression de deux places d'agents-voyers dans la Haute-Alsace.

Titre 3. Ces recettes (*Produits accessoires des routes*) étaient portées jusqu'à présent, avec d'autres produits des domaines, au budget de l'Administration de l'enregistrement, et figurent pour la première fois dans la voirie. (Voir annexe A.)

Votre Commission trouve que l'Administration ne devrait pas appliquer un règlement absolu pour la profondeur et les profils des fossés longeant les routes. Surtout dans le but de faciliter aux cultivateurs le passage de route sur leurs champs, on pourrait, là où l'on trouve terrain léger, sablonneux et absorbant facilement l'eau contenter de pratiquer de petites rigoles ; tandis que là la nature du terrain exige, pour l'écoulement des ea des fossées d'une certaine profondeur, on pourrait leur ner un profil assez évasé pour permettre d'y passer une voiture ou une charrue.

Votre Commission constate aussi que, sous le rap de la plantation des arbres fruitiers, l'Administration selon les vœux exprimés par les Conseils généraux, et l'engage à continuer dans cette voie, là où les circ stances semblent s'y prêter.

DÉPENSES.

A. *Frais d'administration.*

Chap. 57. Titre 1. Voir titre 1 des recettes.

Titre 2. Sans changement.

Titre 3. Voir titre 2 des recettes.

Titres 4 et 5. Point d'observation.

Titre 6. Voir titre 1 des recettes.

Titre 7. Comme on n'a pas l'intention de nommer commis pour les architectes départementaux avec des tra ments inscrits au budget, on accorde provisoiremen chacun des architectes 1 800 ℳ pour rétribuer employé.

Il y aura lieu de voir si ce titre devra être maint pour le même chiffre au prochain budget.

Titre 8. Voir titre 2 des recettes.

Titre 9. Sans observation.

B. *Dépenses pour travaux.*

Chap. 57. Titre 10. Les routes de l'État se trouv dans un état d'entretien très-satisfaisant, et comme il certain qu'une somme assez considérable restera disponi à la fin du présent exercice, on a pu réduire ce crédit 90 000 ℳ pour cette année.

Au sujet des répartitions des fonds, voir annexe B.

En ce qui concerne l'emploi des matériaux pour les
.tes, votre Commission est d'avis qu'il ne peut pas être
.scrit d'une manière absolue. La composition géologique
notre sol étant loin d'être uniforme, il faut tenir compte
prix de revient, de la distance, de la grande fréquenta-
a d'une route, et il faut laisser l'Administration juge des
.ntages qu'il y a d'employer tels ou tels matériaux.
Titres 11 et 12. Sans changement.

DÉPENSES EXTRAORDINAIRES.

Selon les promesses qui nous ont été faites depuis
.x ans, le crédit de 120 000 ℳ porté au budget de 1878
.r construction de nouvelles routes de l'Etat et répara-
.s extraordinaires des anciennes, a complètement disparu
présent budget.
Il reste encore à l'extraordinaire :
Chap. 20. Titre 1. Subventions aux départements.
Là aussi nous trouvons une réduction de 140 000 ℳ
Les 150 000 ℳ restants doivent être répartis de la
.ière suivante :

Haute-Alsace. — Construction de chemins vicinaux
.inaires.. . . . .   30 000 ℳ
Lorraine. — Construction de routes
.rrondissement et de chemins vicinaux
.inaires.. . . . .   90 000 „
                            120 000 „
A la disposition de M. le Président
.érieur. . . . .   30 000 „
        Total. . . . .   150 000 „

De cette manière la Haute-Alsace aura bien les fonds
habituels déjà insuffisants pour la construction des chemins
vicinaux ordinaires, mais elle n'aurait rien des 51 000 ℳ
qu'elle recevait depuis plusieurs années pour subventions
aux travaux neufs des routes d'arrondissement, et qui lui
sont nécessaires.

Pour l'année 1879-1880 la Haute-Alsace pourrait,
grâce à des existants, se contenter de 30 000 ℳ — au lieu
de 51 000 ℳ — mais pour l'avenir il y a lieu de prévoir de
nouveau la somme de 51 000 ℳ

Votre Commission vous propose donc de porter à
180 000 ℳ la somme prévue à l'extraordinaire pour subventions, en exprimant le désir que cette augmentation de
30 000 ℳ soit destinée à subventionner la Haute-Alsace
pour les travaux neufs des routes d'arrondissement.

En admettant cette augmentation au titre 1er de l'extraordinaire, nous trouvons encore une réduction totale de
302 600 ℳ sur le dernier budget.

Votre Commission constate cette diminution avec satisfaction, sans prévoir qu'elle puisse être maintenue
pour le prochain exercice ; elle se borne à exprimer l'espoir
que les dépenses extraordinaires, hormis celles affectées à
subventionner les départements, ne reparaissent plus dans
les prochains budgets.

Le rapporteur,

RITZENTHALER.

DÉLÉGATION D'ALSACE-LORRAINE.

Sixième Session.

COMPTE-RENDU OFFICIEL.

10ᵉ SÉANCE

19 février 1879, 2 heures et demie de l'après-midi.

SOMMAIRE : Communication d'une demande de congé de M. le Président Schlumberger; 2ᵉ lecture des budgets de l'Administration des Cultes et de l'Administration du Commerce et de l'Industrie.

Président : M. le vice-président baron Zorn de Bulach.

Secrétaire : M. Schnéegans.

Présents : 25 membres.

Absents : MM. Baudry, Blandin, Schlumberger et Speckel.

Le Gouvernement est représenté par M. le Président supérieur, M. le conseiller supérieur Stempel, MM. les conseillers de Sybel, Dursy et de Rönne.

M. le *Président* communique une lettre de M. le président Schlumberger demandant la continuation de son congé pour cause d'indisposition. Le congé est accordé.

L'Assemblée passe à l'ordre du jour.

I.

2ᵉ lecture du budget de l'Administration des cultes.

2ᵉ Commission.

Rapporteur : M. Reuss.

Le rapport a été imprimé et distribué à tous les membres, conformément au règlement. (Voir annexe 1ʳᵉ.)

Dépenses ordinaires.

Chapitre 34 (culte catholique). Le titre 1ᵉʳ, avec 76 160 ℳ, est adopté sans discussion, de même les Nᵒˢ *a* et *b* du titre 2.

Au Nᵒ *c* du titre 2, la Commission propose une augmentation de 1 080 ℳ pour la création d'une place de desservant dans la commune de Russange, en Lorraine.

M. *Fulter*. Si je suis bien informé, les évêques de Strasbourg et de Metz ont présenté dernièrement au Gouvernement des listes tendant à l'érection d'un certain nombre de vicariats d'Alsace-Lorraine en succursales. J'ignore si ces listes ont été communiquées à la Commission ; j'ignore aussi le nombre des vicariats en question ; mais il me semble que le chiffre n'est pas très-important. Ces vicariats existent, en général, dans des communes qui ne sont pas riches et qui cependant sont obligées de parfaire les traitements des vicaires. Ces communes subissent donc une charge exceptionnelle qui n'est pas toujours justifiée. Or, je me demande si, au lieu d'ériger par-ci par-là un ou deux vicariats en succursales, il ne serait pas sage de trancher une fois pour toutes cette question, en votant des fonds suffisants pour que le Gouvernement puisse opérer ces changements partout où la nécessité en aura été reconnue, et payer sur le budget de l'Etat les améliorations de traitement résultant de ces modifications.

Depuis le Concordat, un certain nombre de communes paient des subventions aux traitements des vicaires. On leur objectait alors, pour les forcer à cette dépense, que la population peu considérable de la commune ne justifiait pas l'érection d'une succursale; mais cette objection, fondée autrefois, ne l'est plus partout aujourd'hui. Elle diminue d'importance, à mesure que le chiffre de la population augmente, et telle commune qui, à l'époque du Concordat, n'avait pas 200 âmes, en a maintenant 400 et plus. Je crois qu'il y a lieu de se demander sérieusement si de pareilles communes, ayant bâti un presbytère et une église, ne devraient pas être érigées en succursales, d'autant plus que bien d'autres communes, dont la population est inférieure à 500 âmes, sont dotées de desservants. A mon avis, la charge ne serait pas considérable pour le budget de l'Etat, si l'on accordait — après vérification des listes — les demandes faites dans ce sens par les évêchés, et nous serions alors débarrassés définiti vement d'une question qui, sans cela, nous reviendra tous les ans.

Je propose donc „de surseoir au vote sur le total du budget des cultes, jusqu'à ce que la Commission ait pu examiner si l'on possède dès maintenant les moyens de doter les vicariats qui restent encore à ériger en succursales. "

M. le *Président supérieur*. L'érection des succursales a sa marche régulière et déterminée. Quand un évêque fait une demande dans ce sens, elle est examinée par l'Administration, qui y fait droit si elle est reconnue fondée. C'est alors seulement que le crédit nécessaire est inscrit au budget. Il est inadmissible que l'Assemblée émette un vote général en faveur de l'établissement de succursales pour lesquelles il n'y a encore eu aucune espèce d'instruction, et pour des communes qui ne sont même pas nommées.

M. *Fulter*. Il paraît nécessaire d'ajouter quelques mots d'explication sur la portée du vote que j'ai proposé. Il n'est pas entré dans mes intentions de contrecarrer en quoi que ce soit les mesures que voudra prendre le Gouvernement dans la question que j'ai soulevée. Je pose au contraire comme condition *sine qua non* de la transformation d'un vicariat en succursale, que le Gouvernement, après avoir examiné chaque demande en particulier, en ait reconnu le bien-fondé. Mais, dans ce cas, l'assentiment du Gouvernement seul ne suffit pas; il faut aussi que le pays fournisse les fonds nécessaires, et c'est précisément ce dernier but que poursuit ma proposition. Je n'ai donc pas cherché de *conflit* avec le Gouvernement, ni voulu anticiper sur ses décisions. Ma proposition suppose que ce dernier ait trouvé acceptables les demandes formées par les évêques; elle tend à mettre à sa disposition, pour ces cas seulement, le crédit connu nécessaire.

Il est évident qu'il vaut mieux vider d'un seul coup cette question de la conversion des vicariats en succursales, que de la voir revenir chaque année pour tel et tel cas particulier. Je demande donc qu'on la soumette maintenant à un examen très-sérieux, afin d'aboutir, si possible, à une solution.

M. *Schnéegans*. Je n'ai qu'une simple observation à présenter. Je comprends la manière de voir de M. Fulter et j'admets que la question soit soumise à un examen sérieux. Mais il semble inutile de surseoir, à cet effet, pendant trois ou quatre semaines au vote du budget entier. Ce n'est là, en définitive, qu'une question accessoire et d'une importance secondaire que nous pouvons renvoyer à une session prochaine, pour être débattue quand toutes les études seront faites.

M. *Klein*. Il me semble que la proposition de M. Fulter n'aurait une raison d'être que s'il était connu que, dans des cas plus ou moins nombreux, le Gouvernement s'est trouvé en désaccord avec les évêchés sur la création de succursales. Mais du moment qu'il n'y a pas de conflit, je ne vois pas pourquoi, de notre propre initiative, nous nous mêlerions dans des affaires qui doivent émaner des évêchés seuls. Nous ne pouvons pas voter des fonds pour des besoins incertains et de simples éventualités.

M. *Fulter*. Je ferai observer à M. Schnéegans que la demande de surseoir au vote ne reculera pas ce dernier de trois ou quatre semaines, mais de trois ou quatre jours au plus. D'ailleurs, on pourrait alors se contenter du vote en troisième lecture.

Quant aux observations de M. Klein, je crois savoir qu'il a été fait par les évêques une demande d'ériger un certain nombre de vicariats (7 ou 8) en succursales, et j'ai cru que peut-être le Gouvernement hésitait à donner suite à ces demandes, faute des fonds nécessaires.

Si des considérations de ce genre retenaient le Gouvernement, la chose pourrait être vidée dans un très-bref délai. La Commission examinerait la question, verrait si les fonds nécessaires sont actuellement disponibles; au cas affirmatif, nous les voterions pour faciliter les créations de succursales reconnues nécessaires ou utiles par le Gouvernement.

Ma proposition n'a donc évidemment rien de subversif et n'empiète en aucune façon sur les attributions du Gouvernement. Elle a une portée essentiellement financière et présente l'avantage, si la question peut être résolue dans la session actuelle, de nous débarrasser une bonne fois des demandes de ce genre.

M. *Lorette*. Je viens confirmer ce qu'a dit M. Fulter; je sais que des demandes de conversion ont été faites par les évêchés, du moins par celui de la Lorraine. J'ajouterai que beaucoup de communes ont élevé des plaintes vives au sujet des dépenses nécessitées par les vicariats. D'ailleurs le vicaire résidant n'est, spirituellement parlant, autre chose que le desservant de son vicariat. Il est le chef de sa paroisse et ne dépend pas du curé. Il a son église et son conseil de fabrique qui existe légalement, tout comme celui de la succursale. Il n'y a que le titre qui varie, et la seule différence est que les communes sont obligées de payer 480 ou 500 $\mathscr{M}$ pour parfaire le traitement des vicaires.

M. *Klein*. A mon avis, il y aurait un moyen bien simple de résoudre la question. Je prierai le Gouvernement de vouloir bien nous déclarer s'il y a eu des cas nombreux où les demandes de conversion des évêchés n'ont pas pu être prises en considération faute de crédit.

En cas de réponse négative, je demanderai l'ordre du jour.

M. le *Président supérieur*. Il n'est pas nécessaire d'inscrire un crédit dans le budget actuel. Il est vrai que des négociations sont pendantes au sujet de la création de succursales, mais elles ne sont pas encore terminées et ne peuvent donc, à l'heure qu'il est, donner lieu à l'émargement d'une somme quelconque.

M. *Fulter*. Je tiens à constater que les demandes en question sont déjà parvenues à plusieurs reprises au Gouvernement; elles ont été présentées et représentées, de cette manière, la question menace de s'éterniser.

Cependant, en présence de la déclaration de M. le Président supérieur, je n'insiste pas sur ma proposition et je la retire, espérant qu'il n'aura pas été inutile de la formuler.

Le N° *c* est adopté avec l'augmentation proposée par la Commission et se trouve donc élevé à 1 364 160 $\mathscr{M}$ au lieu de 1 363 080 $\mathscr{M}$

Les titres 3 à 6, avec 46 360 $\mathscr{M}$ sont adoptés sans discussion.

Au titre 7 (Entretien de mobiliers et de bâtiments, 12 000 $\mathscr{M}$) la Commission propose de porter le titre à 24 000 $\mathscr{M}$ et de consacrer cette augmentation aux travaux d'entretien de la cathédrale de Metz.

M. *Bozon*. Je vois avec plaisir au chap. 7, titre 1, la somme de 30 000 $\mathscr{M}$ pour travaux de restauration de la cathédrale de Metz. J'aurais voulu la voir plus forte. M. le rapporteur nous dit que M. l'architecte de Metz a démontré la nécessité absolue d'allouer pour les travaux *courants* et *annuels d'entretien* et de *réparation* une somme plus forte en dehors de celle portée au chap 7. Il est incontestable que tous les ans une somme assez forte devra être émargée au budget pour l'entretien de ce bel édifice; mais à part la reconstruction de la toiture, qui forme un article à part, je me permettrai de demander à M. le rapporteur si on prévoit que les frais de restauration doivent durer encore longtemps? Sait-on si cette somme de 30 000 ℳ peut être diminuée bientôt, ou si les frais d'entretien seuls doivent l'absorber complètement dans la suite ou du moins une somme approximative comme celle de 24 000 ℳ reconnue nécessaire au titre 7 *a*?

M. *Reuss*, rapporteur, répond que la somme de 30 000 ℳ émargée à l'extraordinaire n'est, par ce fait même, pas permanente.

La somme portée au titre 7 est principalement destinée aux frais d'entretien des cathédrales de Strasbourg et de Metz. D'après un rapport de l'architecte de cette dernière, qui nous a été lu au sein de la Commission par M. le commissaire du Gouvernement, l'augmentation demandée sera nécessaire annuellement pour entretenir convenablement la cathédrale de Metz.

M. *Bozon*. Je demande si tous les ans nous aurons au moins une somme de 21 000 ℳ pour l'*entretien seul* de la cathédrale en dehors de la somme émargée au budget pour travaux de construction?

M. *Reuss*. Oui, d'après les déclarations faites par M. le commissaire du Gouvernement au sein de la Commission.

M. *Bozon*, C'est ce que je désirais connaître et ce que j'apprends avec plaisir.

M. le baron *Zorn de Bulach* quitte à ce moment le fauteuil présidentiel, et y est remplacé par M. Thomas, 2ᵉ vice-président.

M. le baron *Zorn de Bulach*. Je désirerais adresser une question à M. le rapporteur. Le bureau a dû être saisi d'une demande de Mᵍʳ l'évêque de Strasbourg au sujet des frais de son secrétariat. Je voudrais savoir quelle suite a été donnée à cette demande. Permettez-moi, Messieurs, de vous donner quelques renseignements sur la question. L'évêché n'a pas de somme spéciale allouée pour frais de bureau; l'évêque, que je sache, entretient à ses frais deux secrétaires, et il aurait besoin d'en avoir un troisième. En présence de ces besoins considérables, l'évêque demande donc s'il ne pourrait pas obtenir une certaine somme, pour pouvoir suffire aux traitements des trois secrétaires. La preuve que le besoin existe, résulte des chiffres suivants. Nous avons en Alsace 689 paroisses et 216 vicaires, ce qui fait en tout 905 curés et vicaires. Un si nombreux personnel exige évidemment une grande correspondance. Je trouve donc qu'il ne serait que juste d'allouer une certaine somme pour frais de bureau de l'évêché, comme du reste cela se fait pour le Consistoire d'Augsbourg.

Je me suis permis d'appeler sur ce point votre attention toute particulière, d'autant plus que notre honorable collègue, M. Baudry, m'avait témoigné le désir de signaler cette question, et que, ne pouvant assister à la séance d'aujourd'hui, il m'a prié de le faire à sa place. Je prierai le Gouvernement de nous donner aussi quelque explication à ce sujet.

M. *Goguel*. C'est un fait positif que la 2ᵉ Commission a été saisie d'une demande de Mᵍʳ l'évêque de Strasbourg relative à ses frais de bureau. La Commission a examiné la question avec toute l'attention et tout l'intérêt que méritaient une demande pareille et son éminent auteur. Pour pouvoir juger de la réponse que nous avons cru devoir y donner, je vais vous donner lecture de la demande même. Elle est contenue dans une lettre rédigée en allemand et adressée à M. le Président de la Délégation. La voici:

Straßburg, den 28. Januar 1879.
An
den Präsidenten des Landesausschusses,
Herrn Schlumberger
hierselbst.

Ich beehre mich, dem Herrn Präsidenten ergebenst mitzutheilen, daß ich seit beinahe zwei Jahren bei der hohen Landesverwaltung mit dem begründeten Ersuchen eingekommen bin, daß die Kosten meines Sekretariats, nämlich die Besoldung der Sekretäre, der Kanzleidiener, sowie die Auslagen für Büreaubedürfnisse vom Staate oder vom Reichslande getragen werden, nach der Maßgabe dessen was für das Sekretariat der Augsburgischen Confession und der Israelitischen Consistorien geschieht. Bis jetzt bin ich nicht offiziell berichtet worden, daß diese Angelegenheit mit gehöriger Würdigung verhandelt wurde; ich erlaube mir deshalb in gegenwärtiger Tagung des Landesausschusses, bei der ehrenwerthen Versammlung die Sache in Erinnerung zu bringen und Ihre Wohlgewogenheit hiefür in Anspruch zu nehmen.

† Andreas, Bischof von Straßburg.

Je répète que notre Commission s'est sérieusement occupée de cette pétition et en a conféré avec les commissaires du Gouvernement. Il lui a semblé finalement qu'elle n'avait pas à trancher la question, d'autant plus que la lettre demandait seulement d'appuyer la demande faite auprès du Gouvernement. Voici la résolution que la Commission a prise à ce sujet: „La 2ᵉ Commission est d'avis que la pétition de Mᵍʳ l'évêque de Strasbourg, en date du 28 janvier dernier, à l'effet d'obtenir une subvention pour le secrétariat de l'évêché, est à transmettre à l'Administration avec prière de l'examiner.

La Commission appuie la demande susdite pour le cas où la nécessité d'accorder une subvention, serait démontrée.“

Cette résolution, nous l'avons remise à notre honorable président pour la transmettre au Gouvernement qui avisera.

Nous n'avons pas cru devoir faire autre chose. Il s'agit d'une simple question d'administration pour laquelle on nous a demandé notre appui, et cet appui, nous l'avons donné.

M. le conseiller *Dursy*, commissaire du Gouvernement. Pour éclairer l'Assemblée, je ferai remarquer que la loi du 18 germinal X permet aux évêques de créer des chapitres et des séminaires, mais sans que l'Etat leur fournisse aucune dotation à cet effet. Plus tard, il est vrai, une espèce de dotation a été inscrite au budget, en ce que l'Etat prit à sa charge les traitements des chanoines et des vicaires généraux. Mais jamais il n'a été émargé de crédit au budget pour frais de bureau des évêchés, et cela eu égard aux dispositions positives de la loi de germinal. Les évêques ont essayé de mettre ces frais à la charge des fabriques d'église; mais celles-ci ayant réclamé, le Conseil d'Etat se prononça contre la manière de voir des évêques. Plus tard, en 1820 ou 1821, le ministre des cultes a décrété que les frais en question devaient être pris sur les produits des dispenses épiscopales que je ne veux pas énumérer ici en détail.

C'est ainsi qu'il en a toujours été en France, et aucun budget d'avant 1870 n'émarge un crédit pour frais de bureau d'un évêché quelconque. L'Administration allemande n'a eu aucun motif de se départir en 1871 des anciens errements.

Il y a quelques années cependant, l'évêque de Strasbourg essaya, non pas directement, mais par l'entremise du Conseil général de la Basse-Alsace, d'amener un changement en sa faveur. Il n'eut pas de réponse pour la raison bien simple qu'il ne s'était pas adressé directement à l'Administration. Depuis, la situation n'a pas changé ; le Gouvernement s'est conformé aux usages existants.

La demande dont il s'agit en ce moment s'appuie sur une considération toute nouvelle, savoir que le budget de l'Etat alloue des frais de bureau au Directoire de la Confession d'Augsbourg. C'est à l'Assemblée d'examiner si ce motif est concluant. Toutefois je vous ferai observer que les frais du Directoire reposent sur une tout autre base que ceux de l'évêché, le Directoire ayant sa fortune propre qui se trouve sous le contrôle direct de l'Administration de l'Etat. Ces biens sont considérables et exigent un personnel d'administration nombreux.

Je puis faire entrevoir dès maintenant que sans doute le Gouvernement agira à l'avenir comme par le passé. La demande de l'évêque ne contient d'ailleurs aucune indication — sur le personnel, le matériel, etc. — qui fasse ressortir en quoi que ce soit le besoin ou l'opportunité d'une subvention de l'Etat aux frais de bureau de l'évêché.

Je finirai par faire remarquer que l'évêque de Metz n'a pas fait de demande de ce genre.

M. le baron *Zorn de Bulach.* Je suis enchanté d'avoir entendu la manière de voir de l'Administration par l'organe de M. le commissaire du Gouvernement. Je me permettrai de répondre en quelques mots.

M. le commissaire nous a dit tout d'abord que d'après une décision ministérielle de 1820 ou 1821, les frais de bureau des évêchés devaient être payés sur les „Sporteln", c'est-à-dire les dispenses, le casuel, etc. Je ne crois pas pouvoir me rallier à cette manière de voir, mais je passe outre.

Quant à la demande de Mgr l'évêque, on a dit qu'il s'était d'abord adressé au Conseil général, au lieu de venir droit à l'Administration, et qu'il a eu tort de suivre cette voie. Je me permettrai de faire observer qu'après avoir saisi le Conseil général, Monseigneur s'est aussi directement adressé à l'Administration, et c'est précisément parce qu'il n'a pas obtenu de réponse à sa lettre qu'il a saisi la Délégation de la demande que nous discutons aujourd'hui, afin qu'elle puisse interpeller le Gouvernement sur ses intentions.

Je crois donc que, dans ces circonstances, il serait bon que l'Assemblée fît connaître par un vote sa manière de voir, pour que le Gouvernement fût informé de notre opinion et que la question ne fût pas plus longtemps renvoyée de Pierre à Paul.

Il est un point sur lequel je suis d'accord avec M. le commissaire du Gouvernement, c'est quand il a dit que le culte de la Confession d'Augsbourg possède des biens considérables à administrer.

Le culte catholique au contraire n'a pas de biens et n'a donc pas besoin d'administrateurs. Mais il me semble plus juste et plus équitable que l'évêque, qui a besoin de trois secrétaires pour le service de son bureau, obtienne de l'Etat une rétribution légitime pour les payer.

C'est là aussi une question qui ne devra pas revenir constamment sur le tapis, mais qui doit être tranchée immédiatement.

M. le *Président supérieur.* Les paroles de M. de Bulach, qui demande un vote de l'Assemblée, m'obligent à faire observer qu'il me semble dangereux pour le Landesausschuss d'entrer dans une voie pareille. J'entendrai toujours avec plaisir l'opinion de l'Assemblée; mais s'il s'agit d'émettre un vote formel au sujet d'une pétition, je me vois forcé de rappeler que le Landesausschuss n'a pas le droit d'initiative. Ce qu'a fait votre Commission est, selon moi, parfaitement suffisant. Le Gouvernement examinera la chose. L'évêque s'est adressé au président de la Basse-Alsace,

mais tout récemment seulement. Si ce dernier ne lui a pas encore donné de réponse, il le fera prochainement. Quant à la demande soumise à l'Assemblée, je ne veux pas la critiquer, quoiqu'elle prête certainement à critique, car Monseigneur n'aurait pas dû saisir le Landesausschuss de la question.

Quoi qu'il en soit, la demande sera soumise de la part du Gouvernement à un examen sérieux. Si le résultat de cet examen mène à un changement de la situation actuelle, il sera soumis à l'Assemblée une proposition dans ce sens. Mais je conseillerai à l'Assemblée d'attendre jusque-là; il serait dangereux pour elle d'agir de sa propre initiative.

M. *North.* Je ne veux pas prolonger la discussion qui me paraît épuisée. Mais je tiens à constater de quelle manière le Conseil général du Bas-Rhin traite la question de subvention aux cultes. Le département du Bas-Rhin a dans son budget annuel une dépense de 17 200 ℳ alloués à Mgr l'évêque, à ses deux vicaires généraux et à neuf chanoines. Cette subvention se trouve régulièrement inscrite tous les ans dans le budget départemental, et elle n'a jamais donné lieu à la moindre observation, et cependant aucune subvention semblable n'est accordée aux ministres des autres cultes. C'est une dépense purement facultative que le département s'impose ainsi, et il ne le fait que pour compléter la dotation portée dans le budget de l'Etat, qui lui paraît insuffisante.

M. *Simonin.* En réponse à ce qu'a dit M. le conseiller du Gouvernement, je tiens à établir que la principale source de revenus du fonds du casuel consiste dans les frais dûs pour dispenses de publications de bans. Et encore les lois ecclésiastiques défendent-elles de se servir de ce casuel pour autre chose que pour des aumônes et des bonnes œuvres.

Si en France, et notamment en Alsace-Lorraine avant 1870, on n'a jamais rien vu figurer dans les budjets pour les frais en question, cela tient à ce que des fonctionnaires rétribués à un autre titre desservaient le secrétariat, comme par exemple le chanoine qui, comme tel, était rétribué par l'Etat et le vicaire qui faisait fonction de prosecrétaire.

Si le secrétaire n'est plus chanoine, cela vient de l'incompatibilité des deux fonctions et de la défense édictée dans l'ordonnance ministérielle du 21 mai 1832. Elle est reproduite dans ces termes dans le livre de M. Dursy à la page 80 :

„Der Bischof darf ohne triftige Gründe keine über einen
„Monat andauernde Entfernung eines Canonicus bewilligen. Die
„Regelmäßigkeit des Gottesdienstes in den Cathedralen erfordert
„dies unbedingt."

Quant au prosecrétaire, il suffit de dire qu'il suppléait un curé dans une paroisse, pour faire ressortir les difficultés créées par la cumulation des deux fonctions.

En réponse à ce qu'a dit M. North, je ferai observer que la Haute-Alsace ne subventionne pas les cultes.

M. *Lorette.* En Lorraine, nous n'avons pas non plus de crédit au budget départemental. Quant au casuel, je crois que l'honorable préopinant fait erreur. Il ne se compose pas seulement des dispenses de publication de mariage, mais aussi des ordonnances épiscopales relatives aux biens temporels, qui sont taxées à 6 francs pièce.

Je vous citerai entre autres les ordonnances servant à régulariser les acceptations de fondation.

M. *Nessel.* Je crois que dans cette discussion il s'est glissé un argument, qui me paraît regrettable, c'est la comparaison d'un culte avec un autre. C'est un genre de preuve qu'il me semble opportun d'éviter ; car on risque ainsi d'établir des situations fâcheuses. Nous aimons à nous appuyer sur les errements de l'administration française ; or en France l'Etat ne s'occupe nullement des frais de secrétariat des évêchés. Aujourd'hui l'on vient nous réclamer ces frais par le motif surtout qu'un pareil crédit est alloué aux autres cultes dans le budget.

Cet argument est fâcheux, je le répète ; on pourrait aller bien loin en entrant dans cette voie. Une foule de communes pourraient venir nous dire : Un tel a ceci, un tel cela, donnez-le nous également pour rétablir entre nous l'égalité. Je crois donc qu'il vaut mieux ne pas s'appuyer sur de pareils motifs.

M. le baron *Zorn de Bulach*. Je partage complètement la manière de voir de M. Nessel.

Quand j'ai abordé tout à l'heure ce sujet, je n'ai certainement pas entendu en faire une question de confession religieuse, mais une question d'équité et de justice. Partout où l'équité et la justice ont été en jeu, je les ai toujours défendues dans la mesure de mes faibles moyens, sans distinction de culte ni même d'opinion politique. Aussi n'ai-je pas fait de comparaison entre les deux cultes avant les observations de M. le commissaire du Gouvernement, et ce n'est qu'après que ce dernier eût parlé de la Confession d'Augsbourg et des grands biens qu'elle a à administrer, et m'eût, par là, mis tout naturellement sur cette voie en m'obligeant à répondre, que j'ai fait cette réflexion : Le culte catholique n'ayant pas de biens, mais un personnel beaucoup plus considérable que les autres confessions, il n'en est que plus juste d'accorder à l'évêché une allocation pour les frais de bureau.

M. *Fulter*. Je ne partage pas la manière de voir absolue que vient d'exprimer M. Nessel, et je n'admets pas, pour ma part, qu'il faille s'abstenir complètement et *dans tous les cas* de toute comparaison entre les différents cultes. En faisant cette déclaration, je n'entends me poser comme partisan ni de l'un ni de l'autre de nos trois cultes ; je suis dans une situation tout à fait impartiale. La preuve, Messieurs, vous la trouverez dans ce fait que jusqu'à présent, dans tous nos votes, la préoccupation de savoir à quel culte tel ou tel crédit était destiné, n'a jamais joué aucun rôle. Et pourtant, nous aurions pu critiquer certaines allocations. Je sais qu'en général les dépenses faites par l'Etat pour le culte catholique sont les moins considérables ; elles le sont un peu plus pour le culte protestant, et beaucoup plus pour le culte israélite. Or est-il jamais venu à l'esprit de qui que ce soit d'entre nous d'entrer dans ces comparaisons et de s'en servir pour refuser à l'un ou à l'autre culte ce qui a paru juste et équitable ? Certes non.

Nous ne devons jamais faire de comparaison entre les différents cultes, quand on court risque que la passion ne s'en mêle ; mais poser cette abstention en principe absolu, pourrait nous entraîner bien loin. Personne ne viendra nous accuser d'avoir jamais fait preuve de parti pris dans ces questions de culte ; nous ne nous sommes jamais laissé entraîner par la passion, nous avons toujours examiné ces questions avec un calme et une objectivité complets ; la seule chose dont nous nous soyons préoccupés, a été de nous demander : telle ou telle dépense est-elle, oui ou non, nécessaire ? et c'est de la réponse à cette question qu'a dépendu uniquement notre décision.

J'ai cru devoir produire ces observations, pour ne pas laisser l'Assemblée sous l'impression des paroles de M. Nessel. Si celles-ci étaient restées sans aucune espèce de réplique, on aurait pu croire dans le public qu'en réalité nous n'avons pas toujours fait preuve d'une impartialité complète.

M. *Grad*. Je ne veux pas entrer dans une comparaison des dépenses des différents cultes. Je ferai seulement observer que si l'évêque demande une subvention pour ses frais de secrétariat, il en a certainement besoin. Si, pour les refuser, le Gouvernement s'appuie sur les anciens errements, je rappellerai qu'on a introduit dans notre pays, dans l'administration intérieure surtout, une foule de dépenses nouvelles qui n'existent même pas en Prusse. Je cite entre autres les traitements alloués aux Kreisassessoren. Je crois que, dans ces circonstances, on ne devrait pas hésiter à accorder la demande de l'évêque.

M. *Nessel*. Je regrette vivement que le mot de *passion* ait été prononcé dans le courant de la discusion, et je tiens à relever que, si la chose existe, ce n'est pas moi qui ai pu l'introduire. Je crois avoir présenté mes observations d'une façon complètement objective, et je ne vois pas où l'on a pu découvrir de la passion. J'ai dit ceci : Dans la pétition présentée par l'évêque et dans la discussion qui l'a suivie, il n'y a guère qu'un motif présenté à l'appui, savoir que la subvention réclamée est allouée à d'autres cultes et ne l'est pas au culte catholique. C'est à ce point de vue seul que la demande paraît faite, et c'est aussi au point de vue de ce seul motif que j'ai entendu l'examiner. Si elle eût été présentée pour des motifs d'équité, de besoin, de nécessité, la question changerait de face ; mais on réclame une somme pour la seule raison qu'elle est allouée à la Confession d'Augsbourg, et c'est ce motif que je critique, parce qu'il ne me paraît pas fondé. La question elle-même reste intacte ; elle est celle-ci : la demande est-elle, oui ou non, justifiée, un besoin existe-t-il réellement ? Si oui, je serai le premier à voter le crédit, mais, encore une fois, je ne le voterai pas pour le seul motif qu'une allocation analogue est faite à la Confession d'Augsbourg ou aux Consistoires israélites.

M. *Fulter*. Si j'ai bien compris la lettre de Mgr l'évêque, la demande a été adressée au Président de la Délégation avec invitation de la communiquer à l'Assemblée.

M. *Goguel* donne itérativement lecture de la pétition de l'évêque et de la résolution de la Commission communiquée plus haut. Il ajoute qu'on ne saurait critiquer cette résolution, vu qu'elle répond complètement à la situation. Monseigneur n'a prié le Landesausschuss que d'intervenir auprès du Gouvernement pour que celui-ci donnât une réponse à la demande à lui adressée par l'évêque ; c'est ce que notre Commission a fait, en appuyant en même temps la demande.

M. *Fulter* est d'avis *qu'en général* une pétition adressée au Président pour être communiquée à l'Assemblée, ne doit pas être perdue de vue par cette dernière ni enterrée dans une Commission. La Commission, après l'avoir examinée, n'a qu'à présenter en séance plénière un rapport écrit ou verbal, pour que le Landesausschuss puisse, le cas échéant, faire connaître son opinion.

M. le baron *Zorn de Bulach*. Je désirerais présenter quelques observations au sujet des pétitions. Je partage pour mon compte entièrement la manière de voir de M. Fulter. Le Landesausschuss ne doit pas être une simple boîte à lettre, dans laquelle on jette les lettres sans obtenir de réponse. Jusqu'à présent on nous avait toujours dit que notre Assemblée ne devait être saisie d'une pétition qu'en dernier ressort, après les directions du Cercle, la présidence du département et la Présidence supérieure, et c'est ainsi que nous avons toujours agi dans notre Commission. Quand une pétition nous arrivait sans avoir épuisé d'abord la filière des instances, nous répondions : „Adressez-vous d'abord à l'Administration supérieure; ce „n'est qu'après cela que nous pourrons accepter votre „pétition."

Mais, dans le cas qui nous occupe, l'évêque, comme je crois le savoir, a déjà fait une demande à la Présidence supérieure, et c'est parce qu'il n'en a pas obtenu de réponse qu'il s'adresse à nous. Ce serait donc peut-être le cas pour l'Assemblée de se prononcer au sujet de cette pétition.

M. le *Président supérieur*. La discussion étant devenue une discussion de principe au sujet des pétitions et des droits du Landesausschuss à cet égard, je crois devoir exprimer ici l'opinion que le Landesausschuss n'a pas, à proprement parler, qualité pour recevoir des pétitions. Il faudrait pour cela qu'il eût le droit d'initiative, et ce droit, il ne l'a pas. Je ne me suis pas opposé jusqu'à présent à ce qu'elle s'occupe des pétitions qui lui sont adressées, et je ne le ferai pas tant qu'elle se contentera de vider la question à l'amiable avec le Gouvernement. C'est ainsi que la pétition qui nous occupe sera sérieusement examinée par le Gouvernement, si elle lui est transmise par la Commission.

Mais si l'on devait soutenir ici que le Landesausschuss est une espèce d'instance en dernier ressort, de recours suprême contre les instances administratives, je serais obligé de m'élever avec force contre une pareille assertion qui est entièrement inexacte.

M. *Schnéegans*. Je dois faire une réserve quant au principe posé par M. Fulter, principe que je ne puis pas admettre pour mon compte. Il n'est pas exact que toutes les pétitions doivent revenir en séance plénière.

Nous avons de très-nombreux précédents de pétitions qui, à raison de leur nature ou de leur peu de d'importance, ont été enterrées par les Commissions, en ce sens qu'elles ont été ou bien rejetées comme inacceptables ou bien simplement transmises au Gouvernement. Je ferai d'ailleurs observer que voilà une heure que nous discutons sur un point tout à fait incident et que nous pourrions peut-être passer à l'ordre du jour, d'autant plus que la recommandation faite par la Commission elle-même au Gouvernement paraît parfaitement suffisante.

M. le baron *Zorn de Bulach*. Je suis aussi d'avis que nous pourrions passer à l'ordre du jour, en nous contentant de la déclaration de M. le Président supérieur qui nous a dit qu'il s'occuperait de la question.

Mais je demanderai encore un instant d'attention à propos d'une autre observation qui a été faite au sujet des pétitions et qu'il me paraît nécessaire de relever. Il arrive très-souvent que nous sommes saisis de pétitions, et je ne vois là rien que de très-naturel, puisque nous sommes les représentants du pays. Mais du moment qu'on s'adresse à nous et en vertu du proverbe que toute lettre mérite réponse, nous ne pouvons pas faire autrement que de répondre aux pétitionnaires. Nous savons très-bien, et il n'est pas nécessaire de nous le répéter à tout instant, que nous avons fort peu d'initiative, mais ce peu que nous avons, nous devons être jaloux de le conserver, en faisant comprendre au Gouvernement que nous entendons en user. C'est en raison de ce peu de droit, qui ne saurait nous être contesté, que nous avons jugé dans la Commission que nous ne devions pas simplement renvoyer les pétitions qui nous sont adressées, en disant que nous ne pouvons rien y faire. Nous nous sommes dit, au contraire, que nous pouvons faire quelque chose, que si, dans une pétition, nous

trouvons une chose qui nous paraisse juste et fondée, nous devons, nous avons le droit de dire notre manière de voir et de la soutenir. Ne sommes-nous pas, en définitive, les représentants du pays et, comme tels, appelés à défendre ses intérêts?

D'un autre côté, nous avions compris qu'il ne fallait pas non plus aller trop loin, et dans l'embarras où nous mettait la question délicate de savoir où s'arrêtaient nos pouvoirs, nous avons dit, dans bien des cas, aux pétitionnaires : „Vous n'avez pas encore épuisé la filière hiérarchique; adressez-vous d'abord à l'Administration; peutêtre votre demande sera-t-elle reconnue juste et accueillie." Il y a là en même temps une question de dignité pour l'Assemblée, qui ne doit pas intervenir tant que d'autres voies sont encore ouvertes. C'est là notre manière de voir, je ne crois pas qu'elle soit inconstitutionnelle et empiète en rien sur les attributions de M. le Président supérieur, qui s'est d'ailleurs toujours montré très-bienveillant et a accueilli un grand nombre des pétitions que nous lui avions transmises. Ces quelques mots d'explication étaient nécessaires : nous ne pouvions pas rester sous le coup des paroles qui avaient été prononcées et qui tendaient à réduire notre rôle à bien peu de chose.

M. *Fulter*. Il me semble que la manière dont nous avons traité jusqu'à présent les pétitions qui nous étaient adressées ne donne nullement lieu au Gouvernement de nous accuser d'empiéter sur ses attributions. En définitive, nous n'avons fait qu'appeler l'attention du Gouvernement sur une pétition, ou exprimer que telle chose nous paraissait juste. Mais jamais notre action n'est sortie de cette sphère restreinte; on ne pourra citer aucun de nos actes qui suppose la revendication d'un droit d'initiative que nous n'avons pas, et je crois que le Landesausschuss saura, comme la prudence le lui commande, ne jamais transgresser ces limites.

M. Schnéegans vient de nous dire que beaucoup de pétitions ont été enterrées jusqu'ici par les Commissions; cela est vrai, et je ne veux pas faire de récriminations à ce sujet. Cependant je ne verrais aucun inconvénient à procéder comme je l'ai dit tout à l'heure, c'est-à-dire à faire examiner la pétition par la Commission, qui ferait alors son rapport à l'Assemblée. Cela ne prendrait pas beaucoup de temps, et les intérêts qui sont en jeu ont, dans bien des cas, assez d'importance pour qu'on y consacre quelques instants.

M. *Grad*. Je n'entrerai pas dans de longs développements sur la question : il s'agit ici des droits du Landesausschuss relativement aux pétitions qui lui sont adressées. Je rappellerai à ce sujet un fait : tout citoyen a le droit de pétition et il arrivait précédemment une foule de pétitions d'Alsace-Lorraine au Reichstag. Depuis nos attributions ont été augmentées et l'un des motifs de cette augmentation a été précisément le désir de décharger le Reichstag du tracas que lui causaient toutes ces pétitions. C'est donc à nous que s'adresse maintenant la population, et je crois que nous devons avoir le droit de donner notre avis sur ces pétitions.

M. *Kœchlin*. J'aurais quelques observations à présenter, tant sur la question générale des pétitions que sur la pratique intérieure observée à leur égard jusqu'ici. Nous recevrons toujours et quoi qu'on fasse des pétitions. Si l'on empêche les gens de nous les adresser directement, elles seront produites par l'un des membres, qui en fera l'objet d'une proposition. Quant à la question du rapport à faire sur les pétitions, c'est une question de règlement intérieur, qui n'est pas visée par notre règlement, mais au sujet de laquelle il existe une pratique constante. Jusqu'à présent, la Commission a toujours examiné la pétition avec le commissaire du Gouvernement, et prenait sur elle, quand la demande avait peu d'importance, de la renvoyer au Gouvernement ou au pétitionnaire, sans faire de rapport à l'Assemblée. Quand, au contraire, la chose était importante, on présentait un rapport soit verbal, soit même écrit et imprimé. C'est ainsi qu'ont toujours agi les Commissions, et je ne trouve pas que cette pratique ait eu de mauvais résultats; je crois donc que nous pourrions y persister. Si chaque pétition devait être portée en séance plénière, le Landesausschuss serait souvent forcé de donner son avis sans être suffisamment au courant de la question; car souvent il serait matériellement impossible de prendre connaissance même de la pièce principale. C'est ainsi que dernièrement nous avons reçu une pétition de 7 pages in-folio, d'une écriture très-serrée, où il était question d'une concession d'auberge. J'ajouterai que, comme le pétitionnaire n'avait pas épuisé la filière hiérarchique, la Commission a simplement remis la pièce au Gouvernement. On le voit, il serait impossible à l'Assemblée de s'occuper de toutes ces petites questions de détail, et il faut donc laisser à la Commission le soin de juger s'il est nécessaire de faire un rapport ou non.

M. *Klein.* Je ne voudrais pas prolonger le débat; mais la question soulevée tout à l'heure par M. le Président supérieur et par M. de Bulach me paraît assez grave pour qu'on s'y arrête un peu. Il résulterait de ce qui a été dit par le Gouvernement que nous aurions à peine le droit d'examiner les pétitions qui nous sont adressées. C'est là une manière de voir que je ne puis pas admettre. Toute pétition a trait à une question du budget ou d'administration du pays. Nous avons donc le droit de discuter la valeur des pétitions et de donner des avis et des conseils au Gouvernement, auquel nous savons d'ailleurs fort bien que nous n'avons pas d'injonctions à faire.

Autrement nous serions de simples machines à voter le budget, et c'est là un rôle dont personne de nous ne voudrait. Puisque nous prenons les allures de représentants du pays, nous devons prendre en considération les pétitions qui nous sont adressées en cette qualité. Par le fait même que nous avons le droit d'examiner le budget, nous pouvons aussi nous occuper de l'administration du pays et par conséquent des questions d'administration ou de budget qui nous sont déférées par voie de pétition.

M. le *Président supérieur.* Je suis le premier à souhaiter que le Landesausschuss ait beaucoup de droits, et même des droits plus étendus que ceux qu'il possède à présent. Mais je crois qu'il arrivera plus facilement à les obtenir en se renfermant strictement dans les limites qui lui sont assignées et en ne faisant de ses droits que l'usage indiqué par la loi. Je ne conteste pas à l'Assemblée le droit de s'occuper des pétitions; seulement je ne puis pas admettre qu'elle s'érige en instance supérieure aux instances administratives.

Or c'est ce qui résulterait évidemment d'une pratique qui consisterait à dire aux pétitionnaires: Adressez-vous d'abord à l'Administration; quand la filière hiérarchique sera épuisée, le Landesausschuss interviendra. Ce n'est que contre une prétention de ce genre que j'ai entendu me prononcer.

M. *Klein.* Nous ne voulons pas être une instance supérieure aux instances administratives; mais nous prétendons que nous avons le droit de discuter les pétitions qui nous parviennent et d'exprimer notre avis à leur sujet.

L'Assemblée adopte ensuite :

Titres 7 à 9, avec 110 000 ℳ

Chapitre 35 (*Culte protestant*).

Titre 1, avec	24 480	ℳ
Titre 2, avec	8 400	„
Titre 3, avec	371 133,04	„
Titre 4, avec	72 354,20	„
Total des titres 1 à 4, avec.	476 367,24	ℳ
Titres 5 à 7, avec	46 400	ℳ
Titres 8 à 13 avec. . . .	35 192,76	„
Total du chap. 35, avec. .	557 960	ℳ

Chapitre 36 (*Culte israélite*).

Titre 1, avec.	116 000	ℳ
Titre 2, avec.	1 200	„
Titre 3, avec.	17 000	„
Titre 4, avec.	1 400	„
Titre 5, avec.	8 000	„

Titre 6 (*Bourses pour les étudiants en théologie israélite*).

M. *Mieg-Kœchlin.* Il est bien reconnu que, par suite de l'annexion, le culte israélite a été privé de l'établissement d'études théologiques, qui a été transporté de Metz à Paris, et que la petite subvention spéciale par laquelle on voulait combler cette lacune, n'a pas produit d'effet pratique.

Je vois donc avec plaisir que la Commission a reconnu en principe qu'il y avait lieu de venir en aide à cette religion qui manque de ressources nécessaires pour le maintien de son culte, en lui allouant une subvention un peu plus forte, et cela dans des termes qui lui permettent de disposer de la somme, mais je crois que nous devrions être un peu plus larges dans cette circonstance.

Je sais bien qu'on pourrait alléguer que proportionnellement au nombre des coreligionnaires, la religion israélite est mieux dotée que les autres, mais je suis parfaitement d'accord avec MM. Nessel et Fulter, qu'il ne faut pas raisonner ainsi, d'autant plus que les situations ne sont pas les mêmes.

Pourquoi a-t-on accordé aux écoles primaires de la Lorraine des subventions plus fortes qu'à celles des autres départements? parce que d'un côté il y avait certaines communes récalcitrantes, mais d'un autre côté surtout parce que beaucoup de communes de la Lorraine sont plus pauvres, ou si vous le préférez, moins riches que les communes alsaciennes.

Eh bien, il en est de même pour la religion israélite vis-a-vis des autres et je crois que c'est une raison sérieuse pour la seconder efficacement.

Je ne crois pas devoir entrer dans l'examen des détails intimes de son organisation intérieure, pas plus que je ne voudrais le faire pour les autres cultes.

Je laisserai également de côté la question de tolérance, c'est un sentiment qui anime certainement toute l'Assemblée, et je ne veux voir devant moi que le faible qui fait appel au secours du plus fort.

J'ai donc l'honneur de vous proposer, Messieurs, de porter à 8 000 ℳ le chiffre de la subvention en question, ce qui en définitive ne fait qu'une augmentation de 6 000 ℳ sur le budget de ce culte vu que 2 000 ℳ environ s'y trouvaient déjà inscrit les années précédentes.

M. *Goguel.* Tous les membres de votre 2ᵉ Commission ont été unanimes à reconnaître ce qu'il y avait de légitime dans la réclamation des trois Consistoires israélites. Les pétitionnaires vous rendent surtout attentif à la difficulté qu'ils éprouvent à l'heure qu'il est et qu'ils éprouveront incontestablement à l'avenir d'une manière bien plus sensible encore au sujet du recrutement normal de leurs aspirants ministres du culte. Il est certain que ce recrutement est sérieusement menacé, et qu'il importe que l'Etat prenne au plus tôt des mesures propres à rassurer à cet égard les populations israélites de l'Alsace-Lorraine. L'Etat ne saurait se refuser à entrer dans cette voie sans encourir le reproche d'indifférence et même de partialité à l'égard d'un des trois cultes reconnus et soutenus par lui. Vous vous rappellerez sans doute, Messieurs, qu'avant 1870 le culte israélite possédait une école rabbinique, en faveur de laquelle l'Etat français émargeait, chaque année, à son budget une somme assez ronde ; que cette école, pour des motifs plus ou moins fondés, qu'il est inutile de reproduire en ce moment, fut transférée en 1866 à Paris et que par le fait de l'annexion la population israélite d'Alsace-Lorraine s'est vue tout à coup privée de cette ressource indispensable ; à partir de ce moment, les communautés se trouvèrent dans l'impossibilité d'assurer comme par le passé le recrutement de leurs ministres du culte, et il en est résulté une inégalité choquante vis-à-vis des autres cultes reconnus par l'Etat, lesquels possèdent des ressources suffisantes, provenant de fondations diverses, la plupart séculaires, et ne demandent à l'Etat, pour leur venir en aide à cet effet, que la collation de bourses, qui continuent de leur être accordées comme sous les gouvernements précédents.

Votre Commission a été également unanime pour repousser les voies et moyens proposés par les trois Consistoires à l'effet de remédier à la lacune qu'ils signalaient. Il lui a semblé que l'institution qu'ils se proposaient de fonder n'aurait pas de grandes chances de réussite, et que l'Administration scolaire ne consentirait jamais à soutenir, voire même à autoriser une école établie dans des conditions d'infériorité aussi notables.

C'est pour cette raison qu'elle s'est décidée à vous proposer d'augmenter purement et simplement le crédit de 1920 M que l'Administration actuelle a cru devoir allouer pour des bourses en faveur d'étudiants en théologie du culte israélite, et à modifier en même temps l'intitulé du titre 5, où ce crédit figure.

Or c'est précisément sur ce point que l'unanimité a cessé d'exister au sein de la Commission ; lorsqu'il s'est agi de fixer le chiffre de l'augmentation, les voix se sont divisées ; tandis que la majorité décidait que la Commission vous proposerait de substituer, au titre 5, le chiffre de 4 000 M à celui de 1920 M, la minorité demandait, au contraire, que ce chiffre de 4 000 M fût doublé.

J'ai fait partie de la minorité, et à ce titre j'ai cru qu'il était de mon devoir de défendre devant vous ma manière de voir, avec le désir de vous la faire partager.

Lorsqu'il s'agit de venir en aide à des minorités religieuses, il convient, ce me semble, d'envisager les besoins existants d'un point de vue plus élevé que celui qui peut être fourni par les chiffres ; je n'admets donc pas qu'on vienne vous dire, par exemple, que le crédit de 1920 M, alloué jusqu'ici pour des bourses, dépasse déjà la mesure proportionnelle, quant au chiffre relatif de la population israélite, et que celle-ci doit à plus forte raison se montrer satisfaite du chiffre de 4 000 M proposé par la majorité de votre Commission.

Mais, Messieurs, il ne faut pas oublier que plus les minorités religieuses sont minimes, plus les dépenses qu'elles occasionnent deviennent relativement plus fortes, et que nous nous trouvons en présence d'un culte placé vis-à-vis des deux autres dans un état d'infériorité notoire au point de vue des ressources qui peuvent être employées à faciliter le recrutement des ministres. Je cherche en vain chez les israélites d'Alsace-Lorraine des legs, des donations, des fondations, comme on en rencontre dans une large mesure chez les catholiques et les protestants ; rendre la population israélite responsable de l'absence de ressources de cette nature, ce serait, à mon sens, commettre une injustice sociale en même temps qu'un non-sens historique. Si donc les catholiques et les protestants peuvent se passer, à l'exception des bourses, de toute subvention de l'Etat, pour former leurs ministres, il ne saurait en être de même des israélites, chez lesquels les besoins sont plus grands et plus pressants.

Si jusqu'à l'heure présente les Consistoires israélites n'ont pas fait usage des bourses que l'Administration actuelle a mises libéralement à leur disposition, c'est qu'ils se sont trouvés dans l'impossibilité de le faire ; ce qui leur manquait, c'étaient précisément ceux-là même qui étaient appelés à profiter de ces bourses. Mettez-les à même de trouver et de former des élèves, et vous ne tarderez pas à reconnaître que les libéralités de l'Etat trouveront bien certainement leur emploi.

D'après ce qui nous a été affirmé par MM. les représentants des Consistoires, les jeunes gens qui se destinent à la carrière israélite appartiennent généralement à des familles pauvres, et pour que leur éducation se fasse d'une manière convenable, conformément aux exigences d'un culte très-compliqué et aux besoins du siècle, il faut qu'on leur vienne en aide de bonne heure et que l'assistance pécuniaire qui leur sera accordée leur soit assurée pendant tout le temps de leurs études secondaires, c'est-à-dire depuis au moins l'âge de 10 ans jusqu'à celui de 18 ou de 19, puis au delà de cet âge, lorsqu'il s'agira pour eux de suivre les cours d'une université, soit à Strasbourg, soit à Berlin, soit à Breslau. Or vous ne me persuaderez jamais qu'une subvention annuelle de 4000 M puisse suffire pour un pareil besoin. Vous voudrez bien, en outre, remarquer que sur les 43 postes de grands-rabbins et de rabbins, il y en a 7 qui ne sont pas occupés à l'heure qu'il est, et que ce ne sera pas trop exiger que de réclamer à l'avenir une instruction au moins suffisante pour les 103 ministres officiants subventionnés par l'Etat, et dont un grand nombre sont appelés à suppléer dans l'exercice de leurs fonctions ceux d'entre les rabbins empêchés par leur âge avancé, ou dont la circonscription est par trop étendue. Les bourses auxquelles devrait servir ce crédit de 4000 M qui vous est demandé par la majorité de votre Commission, majorité, qui, soit dit en passant, n'a été que d'une voix, il faudra les accorder à un nombre relativement considérable d'élèves de tout âge, au moins depuis leur 10e année jusqu'à la fin de leurs études ecclésiastiques ; il en résultera nécessairement une dépense qui dépassera de beaucoup le crédit en question, qui vous est proposé par votre Commission, d'autant plus qu'il s'agira de prévoir à l'avenir des vacances plus nombreuses que par le passé.

Par ces divers motifs, j'ai l'honneur de vous proposer, conformément à l'avis de la minorité de la Commission, d'élever à 8000 M le crédit porté au titre 6, tout en conservant pour ce dernier la rédaction proposée par la Commission.

M. *Klein*. Je serais tout disposé pour mon compte à appuyer la proposition de MM. Mieg et Goguel ; mais je ne vois pas encore comment on emploiera les 8 000 M qui doivent être votés, puisque même le crédit de 1 920 M que nous avions accordé jusqu'à présent n'a jamais été épuisé. Je crois que, même dans le culte israélite, on ne sait pas encore bien ce qu'on veut faire. Je serais prêt, je le répète, à accorder les 8 000 M, et même plus, si cela était nécessaire. Peut-être même vaudrait-il mieux voter une fois

our toutes une somme plus considérable pour créer une
cole israélite qui serait un intermédiaire entre l'école
econdaire et l'Université. Car si les 1 920 ℳ pour bourses
'ont pas été épuisés, pourquoi en voter 8 000 dans le
ême but ? Je crois que cela ne nous avancerait à rien.

M. *Nessel*. J'éprouve un certain embarras à prendre
a parole dans cette discussion, car j'ai l'intention de ne
as appuyer la proposition que viennent de faire MM. Mieg
t Goguel. Mais puisque nous avons le regret de voir notre
onorable Président combattre nos conclusions, je crois,
omme membre de la Commission, devoir donner quelques
xplications à l'Assemblée. MM. les délégués israélites
ous ont exposé, pour la création d'une école rabbinique,
n plan qui ne nous a paru ni très-mûr ni très-étudié ; tantôt
s'agissait d'une école préparatoire à créer à Colmar,
antôt d'une école de perfectionnement à Strasbourg.
ntérieurement déjà, et sur l'invitation de M. le Président
upérieur, les Consistoires ont fourni un plan complet d'or-
anisation et d'études pour une école rabbinique ; ce travail
ous a été également communiqué, et il arrivait au résultat
ue, moyennant 15 000 ℳ par an, il serait possible de
ettre l'école sur pied et de la soutenir. Or il nous a paru de
rime-abord impossible de faire marcher une école avec
5 000 ℳ par an ; nous avons tous occasion de constater
ans le budget qu'il faut une somme beaucoup plus consi-
érable. Quant au chiffre lui-même, il se basait sur une
ubvention de 8 000 ℳ à accorder par le Landesausschuss
t sur 7 000 ℳ de contributions volontaires, dont on croyait
ouvoir garantir la rentrée, puisque, disait-on, il est au
ouvoir des Consistoires d'édicter des contributions sur les
ommunautés et de les faire percevoir comme les impôts de
État. C'est là une erreur : depuis 1830, les Consistoires
'ont plus le droit d'imposer ces contributions ; ils ne peuvent
gir sur les contribuables que par la voie gracieuse, et ceux-ci
ont libres de payer ou non. Il n'y a donc plus de garantie
éelle ; autre chose est naturellement la garantie person-
elle qui pourrait être fournie par certains membres du
onsistoire. Dans ces circonstances, et pour ne pas lancer
e pays dans une entreprise qui ne serait pas viable et qui
ôt ou tard retomberait entièrement à la charge de l'Etat,
uisqu'on ne peut pas compter longtemps sur les contribu-
ons volontaires, la Commission a cru devoir écarter la
ombinaison consistant à créer une école spéciale. D'un
utre côté, elle a voulu donner satisfaction aux vœux
es Consistoires en donnant aux jeunes israélites la faculté
e suivre les établissements secondaires de l'Etat. C'est
ans ce but qu'elle a élevé de 1 920 à 4 000 ℳ la somme
estinée à accorder des bourses aux étudiants en théologie
sraélite. On dira peut-être que cette somme n'est pas assez
levée pour créer un nombre de bourses suffisant ; la Com-
ission pense qu'on pourra ainsi assurer largement l'avenir
n présence du chiffre de candidats qu'exige le recrutement
u clergé israélite. Il y a en tout 41 rabbins en Alsace-
orraine ; en mettant à 40 ans la durée moyenne de leur
ie — et je crois qu'en général MM. les rabbins vivent
lus longtemps — nous arrivons au résultat qu'il suffit, en
oyenne, d'une promotion par an pour assurer le recrute-
ent. Il ne faut pas oublier que les ministres officiants ne
nt pas partie intégrante du clergé israélite : ce sont des
nctionnaires laïques, dont le principal rôle consiste dans
e chant liturgique et dont les autres fonctions peuvent en
artie être remplies par les membres de la communauté.
e clergé proprement dit ne se compose donc que de 41
embres, avec un recrutement annuel d'un membre. La
omme de 4 000 ℳ proposée par la Commission permet de
urnir au minimum cinq à six bourses par an. Le recru-
ment est donc largement assuré et mieux qu'il ne pour-

rait l'être par une école où l'enfant devrait entrer à l'âge
de 8 ou 10 ans déjà, et qui, dans les conditions où elle aurait
été établie, n'eût pas été reconnue comme école publique,
de sorte que les élèves qui en seraient sortis n'auraient
jamais pu entrer dans une université, ni par conséquent
terminer complètement et convenablement leurs études.

Cet ensemble de considérations a déterminé la Commission à ne pas entrer dans la combinaison proposée.
Elle a donc l'honneur de vous proposer à l'unanimité
moins une voix de voter une somme de 4 000 ℳ destinée
à fonder des bourses aux lycées de l'État, en nombre
suffisant pour pourvoir au recrutement du clergé israélite.

M. *Goguel*. La majorité dans la Commission a été de
trois voix et la minorité de deux. Je ne veux d'ailleurs
opposer qu'un simple calcul à ce que vient de dire l'honorable M. Nessel : il faut au moins trois ans pour les études
du rabbinat, et les frais d'études dans une ville comme
Breslau ou Berlin ne sont pas minimes ; c'est donc trois
bourses assez considérables qu'il faut par an. Mais à côté
de cela, vous avez des enfants qu'il faut entretenir depuis
l'âge de 9 ou 10 ans au moins, de sorte que la somme de
4 000 ℳ n'est donc pas suffisante.

M. *Auscher*. Je ne comptais pas prendre la parole dans
cette discussion ; mais je crois devoir relever une observation de notre honorable collègue, M. Klein. Il a dit : pourquoi voter 4 000 ou même 8 000 ℳ, puisque jusqu'à présent on n'a même jamais épuisé les 1 920 ℳ que nous
avions votés. Je répondrai que la même chose était arrivée
pour les instituteurs israélites. Il y a quatre ou cinq ans,
M. le grand-rabbin nous disait qu'il avait beaucoup de
peine à trouver des jeunes gens qui voulussent se consacrer
à la carrière de l'instruction, parce qu'ils étaient pour la
plupart émigrés en France. Or il a suffi que le Gouvernement ait ouvert une porte aux israélites dans la Präparan-
denschule de Lauterbourg pour qu'immédiatement il se
soit présenté des candidats en nombre suffisant : il y en a
cinq ou six en ce moment, et je crois que le Gouvernement
ne pourrait donner que les meilleurs renseignements sur
leur rang et leur conduite à l'école. Il en sera tout à fait
de même pour les aspirants au rabbinat. Seulement je crois
qu'on ne trouvera guère d'Alsaciens qui veuillent aller à
Breslau et à Berlin. Les habitudes ne sont pas les mêmes ;
on aurait de la peine à se faire comprendre et à comprendre
les autres, et il vaudrait donc mieux avoir une école
dans le pays même.

M. *Ditsch*. Je rappellerai à l'Assemblée que déjà lors
de notre dernière session, nous avons été saisis de la question qui nous occupe ; un rapport a été fait alors en commission et a conclu au rejet de la demande, par le motif
notamment que le crédit porté annuellement jusqu'à présent à nos divers budgets pour bourses aux écoles rabbi-
niques, était resté disponible en totalité ; ce rapport se
trouve au dossier.

En quoi la situation est-elle plus désavantageuse aujourd'hui qu'avant l'annexion ?

Précédemment, les élèves rabbins étaient obligés de
se rendre à l'école de Paris ; aujourd'hui nous leurs offrons
des bourses aux écoles de Berlin, Breslau et même Munster
au choix.

La majorité de votre Commission cependant, tenant à
prouver de ses intentions bienveillantes envers un culte
qui n'est représenté que par une faible minorité, a porté le
crédit à 4 000 ℳ, afin d'aider les jeunes gens qui voudraient se vouer à la carrière rabbinique, à faire leurs
études premières dans les établissements d'instruction qui
existent dans notre pays.

Elle a pensé que ce chiffre était suffisant, quant à présent, surtout si l'on considère les besoins du culte israélite.

Je ne puis donc qu'appuyer le vote de l'article, tel qu'il est proposé au rapport.

M. *Mieg*. Je ne trouve pas utile de suivre les honorables MM. Nessel et Ditsch dans tous les détails qu'ils nous ont donnés, je voudrais seulement faire remarquer deux points principaux.

D'abord on a reconnu l'opportunité d'allouer une subvention plus forte, et puis on a cherché à ne pas engager l'avenir, en stipulant que ce serait pour la création d'un séminaire.

J'admets parfaitement ceci, mais je trouve l'allocation insuffisante et je maintiens ma proposition.

M. *North*. Il me paraît utile de bien préciser la question sur laquelle vous êtes appelés à voter. On vous a parlé d'un établissement privé à créer qui sous peu pourrait retomber à la charge de l'État. On vous a entretenu des explications qui ont été fournies au sein de la Commission par les délégués des Consistoires israélites. Tout cela peut être plus ou moins intéressant, mais vous n'avez pas à vous prononcer sur ces questions. Il ne vous est soumis aucune proposition formelle à cet égard; vous n'êtes appelés qu'à voter un chapitre du budget nettement déterminé: Stipendien für israelitische Theologie-Aspiranten; la question est bien précisée, et votre vote ne peut pas vous engager au delà de la somme votée. Vous votez une subvention pour accorder des bourses, mais rien n'indique que les boursiers seront placés dans un établissement privé ou dans un établissement publique quelconque. Les boursiers peuvent être placés dans tout établissement existant, et si un établissement venait à cesser, ils pourraient profiter de la subvention dans un autre établissement.

La majorité de la Commission vous propose 4 000 ℳ. M. Mieg-Kœchlin vous propose de porter le chiffre de la subvention à 8 000 ℳ. Si votre vote devait vous engager en principe, il vous engagerait aussi bien pour le vote de 4 000 ℳ que par le vote de 8 000 ℳ. Mais en votant le chapitre du budget encore une fois, vous n'engagez en rien l'État, si ce n'est à payer la somme votée.

La question se pose donc ainsi: Une subvention de 4 000 ℳ est-elle suffisante pour atteindre le but proposé, ou faut-il augmenter la subvention et la porter au double?

Telle est toute la question.

Les jeunes gens israélites qui se consacrent au culte appartiennent le plus souvent à des familles pauvres. Il faut prendre les enfants dès leur jeune âge, il faut leur faire des études préparatoires qui prennent généralement de huit à dix ans. Ensuite seulement ils peuvent se livrer aux études théologiques, qui leur prennent au moins trois à quatre ans. On peut donc dire qu'il faut de douze à quinze ans d'études pour former un rabbin. Les subventions qui devront être accordées aux jeunes gens israélites qui se destinent au rabbinat sont donc bien plus nombreuses qu'on a bien voulu le dire. Elles sont même insuffisantes, et les consistoires israélites devront au moins consacrer un chiffre égal, s'ils veulent arriver à recruter le nombre suffisant de rabbins.

Quant à l'argument qu'on a tiré de ce que jusqu'ici la subvention de 1 920 ℳ portée au budget pour les étudiants en théologie israélite n'a jamais été utilisée, il est sans valeur.

Pour faire des études théologiques, il faut des études préparatoires, et ce sont justement ces études préparatoires qui faisaient défaut et qui pourront être organisées moyennant la subvention proposée.

Je me joins à la demande de M. Mieg-Kœchlin, et je vous prierai de voter la somme de 8 000 ℳ à porter dan le budget sous la rubrique indiquée par votre Commission

Sur la demande de MM. Bichelberger, Fulter, Junger, Lorette et Simonin, il est procédé au vote par scrutin secret sur la proposition de M. Mieg-Kœchlin, signée également par MM. Kempf, Kœchlin et Ritzenthaler. Su 24 votants, la proposition est adoptée par 14 voix contre et un bulletin blanc.

Le titre 6 est donc adopté avec 8 000 ℳ, ainsi que l total des titres 1 à 6 avec 17 400 ℳ et le le total des chap 34, 35 et 36 avec 2 650 760 ℳ

Dépenses extraordinaires.

Chap. 7, titre 1ᵉʳ (travaux de restauration de la ca thédrale de Metz), avec 30 000 ℳ; titre 2 (toiture), ave 60 000 ℳ, et le total des dépenses extraordinaires, ave 90 000 ℳ, sont adoptés.

Enfin l'Assemblée adopte l'ensemble du budget de cultes avec les modifications ci-dessus.

II.

2ᵉ lecture du budget de l'Administration du commerce et de l'industrie.

Rapporteur : M. Rack.

Le rapport a été imprimé et distribué aux membre avant la séance. (Voir annexe 2).

L'Assemblée adopte :

Recettes.

Chap. 10, avec 8 000 ℳ
11, avec 86 000
12, avec 320
13, avec 500

et le total des recettes, avec 94 820 ℳ

Dépenses.

Chap. 44, titres 1 à 3, avec 21 450 ℳ
titres 4 et 5, avec 9 000 ℳ
et le total du chapitre, avec 30 450 ℳ

Chap. 45, titre 1 a, avec 1 050 ℳ
b (rémunération des membres de l Commission pour les recherches géologiques du pays).

M. *Kempf* demande si dans ces recherches on donner aussi des indications sur la géologie agricole. Il serait in téressant d'avoir aussi des renseignements sur ce point, non pas seulement sur la géologie scientifique.

M. *Grad*. Je crois pouvoir répondre à M. Kempf qu la Commission géologique est chargée de l'étude compara tive du sous-sol et non du sol arable qui est de la compé tence des agronomes.

M. *Kempf*. Mon observation a été l'objet de différente demandes dans le Conseil général du Haut-Rhin; il y au rait un grand intérêt pour l'agriculture à ce que la Com mission pût aussi fournir des renseignements sur la géolo gie agricole.

M. *Grad* répond que cette dernière n'a rien de com mun avec les recherches dont a à s'occuper la Commi sion; il ne faut pas confondre les cartes géologiques avec les cartes agronomiques.

M. le conseiller *de Rönne*, ingénieur en chef des mines, commissaire du Gouvernement. Déjà dans la première session du Landesausschuss, en juin 1875, le Gouvernement a déclaré qu'il a l'intention de faire élaborer la carte géologique d'Alsace-Lorraine de manière qu'elle puisse servir en même temps de carte agronomique, comme cela a été fait pour la carte géognostico-agronomique de la plaine de l'Allemagne du Nord éditée par l'Institut géologique de Berlin. Le même travail serait fait pour la vallée du Rhin; mais il ne pourra être entrepris avec fruit que quand la base topographique nécessaire aura été fournie par la nouvelle carte à l'échelle de 1 : 25 000 et après qu'on sera plus avancé dans l'examen des anciennes formations géologiques.

Le titre 1 *b* est adopté avec 4 950 ℳ, ainsi que l'ensemble du titre 1 avec 6 000 ℳ

L'Assemblée adopte ensuite :

Titre 2 *a* et *b*, avec 11 400 ℳ
Titre 3 , avec 43 500
Titre 4 , avec 320

ainsi que le total du chap. 45, avec 61 220 ℳ

Chap. 46, titres 1 et 2, avec 25 200 ℳ
Titre 3, avec 25 200
Titre 4, avec 33 600
Titre 5, avec 1 000

et le total du chap. 46, avec 85 000 ℳ

Chap. 47, titres 1 à 3, avec 2 900 ℳ, et le total des dépenses ordinaire avec 179 570 ℳ, ainsi que l'ensemble du budget.

La prochaine séance est fixée au vendredi 21 février, à 2 heures et demie de l'après-midi.

La séance est levée à 6 heures et demie.

DÉLÉGATION D'ALSACE-LORRAINE.

2ᵉ Commission.

RAPPORT DE M. REUSS.

Budget de l'Administration des Cultes.

Votre 2ᵉ Commission a l'honneur de vous présenter le résultat de son examen du budget des cultes.

Ce budget tel qu'il a été établi dans le projet de loi présente quelques variations sur celui de l'année précédente, les observations et les explications qui les accompagnent dispensent de les élucider ici, elles ont été examinées et reconnues fondées par votre Commission; dans son rapport elle peut donc se borner à vous rendre compte des changements par elle introduits postérieurement.

DEPENSES ORDINAIRES.

Chap. 34. *Culte catholique.* Titre 2, al. *c.*

Votre Commission a accordé les fonds pour un desservant à la commune de Russange, département de la Lorraine, desservie jusqu'ici par un vicaire résidant; M. le commissaire du Gouvernement ayant déclaré que l'instruction concernant cette transformation en a fait reconnaître la nécessité et que probablement il n'y aura pas de difficultés quant à l'érection, il y avait lieu d'y faire droit.

Une place de vicaire (al. *d*) étant par là devenue disponible, on a pu donner satisfaction à la commune de Liebesdorf, département de la Haute-Alsace, qui comme elle l'a fait valoir dans la pétition adressée au Landesausschuss, s'est imposé de lourds sacrifices en construisant de ses propres deniers église, presbytère et cimetière et en fournissant de plus le traitement d'un vicaire.

Le titre 2, al. *c*, se trouvera donc porté à 1 364 160 ℳ et le titre entier à 1 708 680 ℳ

Titre 7 du même chapitre, entretien de mobiliers et de bâtiments.

Le crédit émargé est réparti entre les deux diocèses de Metz et de Strasbourg, le premier reçoit 7 200 ℳ, le second 4 800 ℳ; il sert à l'entretien des bâtiment diocésains, grands séminaires, résidences épiscopales, et pour Metz à l'entretien de la cathédrale qui n'a pas comme celle de Strasbourg de fonds particuliers pour cette destination.

Or, M. le commissaire du Gouvernement a exposé à votre Commission que postérieurement à l'établissement du budget, un rapport de M. l'architecte diocésain de Metz est venu démontrer la nécessité absolue, si l'on ne veut pas laisser se détériorer ce beau monument, d'allouer pour les travaux courants et annuels d'entretien et de réparation une somme plus forte, en dehors de celles portées au chapitre des dépenses extraordinaires et qui sont spécialement destinées à des travaux neufs et de reconstruction.

Votre Commission a été de son avis, et le titre 7 est à porter à 24 000 ℳ reconnus nécessaires.

Chap. 35. *Culte protestant.* Ici une seule rectification est à signaler, et il s'agit d'une radiation de crédit au titre 3, al. *c.*

Le Gouvernement a prévu dans le présent budget la création d'une place de pasteur à Saint-Avold (Lorraine), mais des difficultés matérielles ont surgi dans l'intervalle et retarderont l'érection de cette paroisse pour un temps indéterminé. Il y a donc lieu de la rayer du budget de cette année, sauf à la rétablir plus tard, lorsque ces difficultés auront été aplanies.

L'alinéa *c* du titre 3 se trouve par cela réduit à 324 480 ℳ, et le titre entier à 371 133,₀₄ ℳ

Chap. 36. *Culte israélite.* La Délégation et le Gouvernement ont été saisis d'une pétition des trois Consistoires israélites d'Alsace-Lorraine à l'effet d'obtenir une subvention pour l'entretien d'une école préparatoire à la carrière rabbinique.

Votre Commission a soumis cette demande à un examen scrupuleux et à une discussion contradictoire entre elle et deux délégués des Consistoires en présence de M. le commissaire du Gouvernement.

Il résulte de cette discussion que par suite de l'annexion de l'Alsace-Lorraine à l'Empire allemand, le culte israélite s'est vu privé de l'établissement d'études théologiques existant à Metz et transféré à Paris dès 1866.

Le Gouvernement a cru pouvoir y suppléer, et il a fondé des bourses pour les étudiants qui voudraient fréquenter des établissements analogues en Allemagne.

Ces bourses sont restées sans emploi, et l'on vient

nous demander de les remplacer par une subvention pour une école préparatoire en Alsace même.

Si d'un côté il est allégué que les intérêts religieux des Israélites ont été selon eux lésés par suite de l'annexion et que l'on devait y porter remède, il y a lieu d'un autre côté à se demander, si les moyens proposés par les pétitionnaires sont les bons, votre Commission ne le pense pas, et surtout elle ne voudrait pas engager les finances de l'Etat à la suite d'un établissement qui tôt ou tard pourrait retomber à la charge de ces dernières.

Elle vous propose donc, à la majorité des voix, de remplacer la rédaction du titre 6 par la suivante :

Bourses pour des aspirants aux études théologiques israélites, 4 000 ℳ.

La fixation du montant et l'allocation de ces bourses sont réservées au Président supérieur.

Le chapitre entier se trouvera porté à 147 600 ℳ.

Votre Commission a appris avec satisfaction que la question de l'érection de certains vicariats en succursales, ainsi que la question de l'augmentation du traitement des ministres des différents cultes, est encore l'objet d'une étude sérieuse de la part du Gouvernement.

En résumé, Messieurs, et sauf votre approbation, le budget des cultes se trouvera fixé comme suit :

Dépenses ordinaires.

Chap. 34.	1 941 200 ℳ
„ 35.	557 960
„ 36.	147 600
	2 646 760 ℳ

Dépenses extraordinaires.

Chap. 7, titre 1. . . .	30 000 ℳ
„ 2. . . .	60 000
	90 000 ℳ

Le rapporteur,

Eug. Reuss.

DÉLÉGATION D'ALSACE-LORRAINE.

4e Commission.

RAPPORT DE M. RACK.

Budget de l'Administration du Commerce et de l'Industrie.

Votre 4e Commission m'a chargé de vous présenter en son nom le rapport sur le budget de l'Administration du commerce et de l'industrie qui a été soumis à son examen.

RECETTES.

Dans le budget de 1878 figurent sous le titre *Impôt sur les mines* 25 000 ℳ qui ont été portés au budget de l'Administration des contributions directes (voy. chap. 2, titre 7 des recettes) et ne figurent plus par conséquent dans le budget de l'Administration du commerce et de l'industrie.

Le chap. 10, Droits et brevets d'invention, a été diminué de 20 000 ℳ, parce qu'un certain nombre de titulaires des brevets d'invention seront déchus de leurs droits par suite de non-paiement de leur annuité en 1878 et qu'il ne sera plus délivré de nouveaux brevets, la délivrance de ces derniers étant maintenant réservée à l'Empire.

Le chap. 11, Droits de vérification des poids et mesures, a été augmenté de 36 000 ℳ

D'après les renseignements fournis par M. le commissaire du Gouvernement, les recettes pour droits de vérification des poids et mesures en 1877 ont été :

Première vérification . . .	13 902,55	ℳ
Vérification périodique . .	43 866,75	„
Ensemble . . .	57 769,30	ℳ

Pour 1879/80, sont proposés :

Première vérification des poids et mesures	14 000	ℳ
„ „ des compteurs à gaz (Gasmesser) . . .	7 000	„
Jaugeage des tonneaux	21 000	„
Ensemble . . .	42 000	ℳ
Vérification périodique	44 000	„
Ensemble . . .	86 000	ℳ

L'augmentation de ce chapitre a pour cause celle des droits de première vérification, notamment des droits de jaugeage des tonneaux, par suite de l'exécution en Alsace Lorraine pour l'année 1879/80 de l'art. 12 de la loi sur les poids et mesures du 18 août 1869.

Les chap. 12 et 13 ont été adoptés sans changements.

En conséquence, votre 4e Commission a l'honneur de vous proposer de fixer pour l'année 1879/80 les recettes à la somme de 94 820 ℳ, conformément aux propositions du Gouvernement.

DÉPENSES.

Administration des mines et police industrielle.

Dans les titres 1, 2 et 3 figure une augmentation de 4 500 ℳ

Cette augmentation est due à la nécessité de nommer un assistant technique de plus.

Le titre 4 a été augmenté de 3 600 ℳ

Par contre, le chap. 29, p. 146, Frais généraux de police du budget de l'Administration de l'intérieur, a été diminué de pareille somme, de sorte que ces 3 600 ℳ ne sont qu'une transposition de chiffre.

Le titre 5 est proposé sans changement.

Dans le budget de 1878 figurent 500 ℳ pour remises aux percepteurs, lesquels ont été supprimés.

Le total des dépenses du chap. 44 est de 30 450 ℳ, avec une augmentation de 7 600 ℳ

Le chap. 45, Géologie et triangulation, s'élevant à la somme de 61 220 ℳ, avec une diminution de 27 265 ℳ, a été admis par votre Commission tel que vous le propose le Gouvernement.

Voir une annexe ci-jointe.

Chap. 46, Vérification des poids et mesures.

Titre 1er, proposé sans changement.

Titre 2, augmentation de 150 ℳ, par suite du déplacement du siège d'un vérificateur de Saverne à Strasbourg.

Titre 3, augmenté de 18 000 ℳ Comme dans le courant de l'année la nouvelle loi sur les poids et mesures 'est-à-dire le jaugeage obligatoire des tonneaux, sera mise en vigueur en Alsace-Lorraine, il a été reconnu nécessaire d'adjoindre à chaque vérificateur un employé auxiliaire et les journaliers nécessaires pour chaque établissement de jaugeage. En outre la création d'un personnel spécial pour la vérification des gazomètres est devenu indispensable.

M. le commissaire du Gouvernement nous a déclaré que cette augmentation, par suite de la création de ces employés, n'aura lieu qu'au fur et à mesure que la nécessité s'en fera sentir et ne sera que partiellement transitoire.

Le titre 4 est augmenté de 13 000 ℳ (voir les annexes où se trouvent les motifs qui expliquent la nécessité de cette augmentation).

Titre 5, 1 000 ℳ comme l'année précédente.

Par suite de la normalisation des percepteurs, cette somme devra disparaître à l'avenir.

Votre Commission a par conséquent l'honneur de vous proposer d'adopter le chap. 46, s'élevant à 85 000 ℳ, avec une augmentation de 31 750 ℳ, tel que cela vous est proposé par le Gouvernement, et elle vous propose également d'adopter le chap. 47 sans modification.

Le rapporteur,

RACK.

DÉLÉGATION D'ALSACE-LORRAINE.

Sixième Session.

COMPTE-RENDU OFFICIEL.

11ᵉ SÉANCE

21 février 1879, 2 heures et demie de l'après-midi.

SOMMAIRE : 2ᵉ lecture du budget de l'Administration de la Justice; 2ᵉ lecture de la proposition N° 8, projet de loi concernant l'Administration des produits domaniaux.

Président: M. le baron Zorn de Bulach, premier vice-président.

Secrétaire : M. Schnéegans.

Présents : tous les membres, à l'exception de MM. Blandin et Schlumberger.

Le Gouvernement est représenté par Son Exc. M. le Président supérieur, M. l'avocat général de Puttkamer, M. le procureur impérial Rassiga et M. le conseiller de Sybel.

Le procès-verbal de la dernière séance est lu dans les deux langues et adopté, après que l'Assemblée, sur les explications de M. Speckel, eut prolongé, à la dernière séance, le congé qu'elle lui avait accordé pour la 9ᵉ séance.

M. le *Président* fait part à l'Assemblée qu'il a reçu deux communications, savoir :

1° Une lettre de M. Pasquay, directeur du Haras, par laquelle il envoie 30 exemplaires du tableau de répartition des étalons pour 1879, avec prière de les distribuer aux membres de l'Assemblée;

2° Une lettre de M. Fleischauer, président de la Chambre de commerce de Colmar, relative à la question des chemins de fer et des canaux.

Renvoyée à la 4ᵉ Commission.

On passe à l'ordre du jour.

I.

2ᵉ lecture du budget de l'Administration de la justice.

2ᵉ COMMISSION.

Rapporteur : M. Ditsch.

Le rapport a été imprimé et distribué aux membres avant la séance (voir annexe 1).

Première partie du budget (du 1ᵉʳ avril au 1ᵉʳ octobre 1879).

Recettes.

L'Assemblée adopte le chap. 7, titres 1 à 5, avec 87 315 ℳ

Dépenses ordinaires.

M. le *Président supérieur.* Depuis que le budget a été établi, il s'est produit dans les budgets de la Prusse et des autres pays de l'Allemagne certains changements sous le rapport des traitements à accorder aux fonctionnaires de l'ordre judiciaire. Ces traitements ont presque partout été notablement augmentés, et il est à prévoir que, quoique le Gouvernement ait renoncé à présenter un budget supplémentaire dans cette session, cette augmentation sera aussi introduite en Alsace-Lorraine. Je fais donc observer à l'Assemblée que les chiffres actuels ne sont pas définitifs, et qu'elle peut s'attendre à ce que, l'année prochaine, le crédit demandé pour le traitement de la magistrature sera plus considérable. Il est probable aussi que cette augmentation en entraînera une autre, qui portera sur les traitements des fonctionnaires administratifs.

M. *Kempf.* Je crois que l'augmentation des traitements de la magistrature, que nous fait prévoir M. le Président supérieur, produira une mauvaise impression sur le pays; tout le monde trouve les traitements actuels déjà bien élevés, surtout ceux des juges de paix.

M. *Ditsch.* Je ne partage pas la manière de voir de M. Kempf. La Commission de Justice est aussi désireuse que toute autre de faire toutes les économies possibles. Mais en comparant les traitements des magistrats avec ceux des fonctionnaires des autres Administrations, on voit que ce sont eux qui, jusqu'à présent, ont été les moins bien partagés, surtout si l'on considère qu'ils n'ont aucun revenu accessoire. Si donc la Prusse et les autres Etats voisins jugent nécessaire d'élever les traitements des magistrats, nous devons suivre cet exemple et nous mettre au même niveau que ces pays. Je crois pouvoir dire que si une proposition en ce sens est faite par le Gouvernement, la Commission de Justice y donnera son adhésion.

M. *Schnéegans*. Je voulais faire la même observation que l'honorable M. Ditsch. S'il y a lieu d'augmenter les traitements, c'est surtout dans l'Administration de la justice. Les fonctions de magistrat, à raison des longues études qu'elles exigent et de la considération dont elles doivent être entourées, méritent plus que toutes autres d'être rémunérées d'une façon convenable. Je regarde, pour moi, comme un grand vice de l'Administration française l'exiguité des traitements accordés aux magistrats; il en résultera nécessairement, dans un avenir plus ou moins éloigné, une certaine dépression de la magistrature, qui ne pourra plus se recruter dans les capacités et les forces vives du pays. Je suis heureux qu'en Alsace-Lorraine les traitements aient été considérablement augmentés, et je ne crois pas que nous devions nous opposer à ce qu'ils le soient encore.

M. *Kempf*. Je ne partage pas la manière de voir de M. Schnéegans : les traitements des magistrats sont très-élevés en comparaison de ce qu'ils étaient dans le temps, et je ne vois pas pourquoi on les augmenterait encore. Il ne s'agit pas seulement d'élever les traitements, il faut encore se demander où l'on prendra les fonds nécessaires; je ne le sais pas trop pour mon compte, et je crois qu'il sera assez difficile de se les procurer dans le moment de crise actuel, qui pèse si lourdement sur l'agriculture. Je le répète, cette augmentation de dépenses produira un mauvais effet quand elle sera connue du public, et je ne puis que la désapprouver.

M. *Ditsch*. Les motifs qui militent en faveur d'une élévation des traitements de la magistrature sont, je le répète, suffisamment justifiés pour que, le cas échéant, nous ne repoussions pas cette mesure.

M. *Grad*. Je crois que, dès maintenant, les traitements sont plus considérables en Alsace-Lorraine que dans la Prusse rhénane, par exemple. Si donc on les élève là-bas, ils ne seront pas pour cela supérieurs, mais seulement égaux aux nôtres, et je ne vois pas pourquoi le niveau serait plus élevé chez nous que dans la Province rhénane ou la Westphalie.

M. l'avocat général *de Puttkamer*, commissaire du Gouvernement. La dernière observation de M. Grad au sujet des traitements accordés en Prusse est inexacte et je me vois forcé de la rectifier. D'après le budget prussien les traitements, pour tout le royaume, sont fixés en moyenne de telle manière que ceux des juges, y compris les indemnités de logement, dépasseront de 200 à 300 *M.* et ceux des présidents, de 400 à 600 *M.* les chiffres portés au budget de l'Alsace-Lorraine. Il en est de même pour la plupart des autres pays, notamment de l'Allemagne du Nord. L'augmentation de traitement que M. le Président supérieur a fait prévoir à l'Assemblée, repose sur la nécessité où se trouve l'Administration de la justice en Alsace-Lorraine de recruter ses magistrats dans les autres pays de l'Allemagne. Dès à présent, il n'y a plus assez de candidats pour remplir les places vacantes, et il est évident que ce n'est pas en Prusse qu'on les trouvera aussi longtemps que les traitements dans ce pays seront plus élevés que chez nous. La Prusse, étant le plus grand pays de l'Allemagne, est aussi le réservoir principal où nous aurons à puiser le personnel manquant en Alsace-Lorraine; or tant que les jeunes candidats auront l'espoir de toucher en Prusse un traitement plus élevé que chez nous, ils ne se décideront certainement pas à quitter leur pays pour venir s'établir ici.

Je voudrais encore faire remarquer à M. Kempf, que les besoins de l'Administration de la justice n'ont absolument rien de commun avec la crise actuelle, attendu que les dépenses de ce service sont en majeure partie couvertes par ses recettes. Même dans le cas où les traitements subiraient une nouvelle augmentation, il n'en résulterait pas une charge plus lourde pour le pays, car les recettes, qui sont prévues à un chiffre peu élevé dans le budget actuel, suffiront encore, selon toute probabilité, à couvrir cette augmentation.

M. *Kœchlin*. Que nous soyons amenés par la force des choses à élever les traitements des magistrats, je l'admets, mais sans y apporter l'enthousiasme exprimé par certains de nos collègues. Nous ne devons pas nous engager à la légère dans cette voie. M. le commissaire du Gouvernement vient de nous dire qu'il est nécessaire d'augmenter les traitements, parce que nous n'aurions pas sans cela un nombre suffisant de magistrats en Alsace-Lorraine; le raisonnement ne me paraît pas tout à fait exact.

Ce n'est pas seulement en Alsace-Lorraine que le manque de magistrats se fera sentir. Avec les modifications profondes qui seront introduites le 1er octobre dans le service de la justice, il faut s'attendre à voir un grand nombre de magistrats d'un certain âge prendre leur retraite quelques années plutôt, pour ne pas être forcés d'étudier encore les nouvelles lois. Il y aura donc partout un recrutement considérable d'éléments plus jeunes, de sorte qu'il ne faudra pas trop compter sur les ressources que nous fourniront les autres pays et que nous serons bien obligés de nous arranger comme nous pourrons.

Il y a d'ailleurs un autre point qui ne me paraît pas moins grave que celui-ci : M. le Président supérieur a dit que de l'augmentation des traitements de la magistrature, il résulterait une série d'autres élévations. Je ne puis naturellement pas discuter une observation aussi générale; mais je me demande pourtant si au lieu de recourir toujours à des élévations de traitement, il ne vaudrait pas mieux établir une marge plus grande entre les petits traitements et les traitements élevés. Ce n'est pas précisément des traitements supérieurs qu'on se plaint, mais des traitements moyens, qui s'appliquent à un nombre beaucoup plus grand de fonctionnaires. D'après les idées que nous avions sur les traitements, nous croyions qu'ils devaient être autant que possible proportionnés à la position du fonctionnaire. Or c'est ce qu'ils ne sont pas actuellement. Les grands traitements sont moins considérables et les petits traitements, au contraire, plus élevés qu'ils ne l'étaient sous l'administration française; il en résulte, puisque ces derniers sont les plus nombreux, une charge beaucoup plus lourde pour le budget. S'il est absolument nécessaire de changer les traitements actuels, je crois qu'on pourrait le faire en n'élevant que les traitements supérieurs, de façon à ouvrir aux fonctionnaires qu'on voudra attirer l'espoir d'une belle position.

M. *Ditsch*, rapporteur. Ce n'est certainement pas avec enthousiasme que nous nous sommes déclarés prêts à voter un crédit plus élevé pour les traitements de la magistrature. En fait d'économies, nous désirons vivement en assurer le plus possible; mais nous avons aussi à assurer le service de la justice dans le pays.

Déjà dans la Commission, M. le commissaire du Gouvernement nous avait fait prévoir ce qui vient de nous annoncer M. le Président supérieur, et nous avons reconnu que la Prusse augmentant ses traitements, nous étions forcés d'en faire autant, puisqu'autrement le recrutement ne pourrait plus se faire et que les magistrats viendraient à nous manquer. Quant au mode et au degré d'élévation, nous ne pouvons pas encore nous en occuper maintenant; ce sera à la Commission à examiner la question lors du vote du prochain budget. Mais, je le répète, ce n'est nullement de l'enthousiasme que nous éprouvons quand il s'agit d'imposer des charges plus lourdes au pays.

M. *Schnéegans*. La remarque de l'honorable M. Kœchlin au sujet de l'enthousiasme avec lequel aurait été accueillie la proposition d'augmenter les traitements de la magistrature, paraissant s'adresser particulièrement à moi, je dois lui répondre que je n'ai manifesté aucun enthousiasme. J'ai simplement dit, et ceci je le maintiens, que j'étais heureux de voir qu'on ait augmenté ces traitements, attendu que je vois dans cette augmentation un grand bienfait tant pour l'Administration de la justice que pour les justiciables.

Dans l'ancien système, les traitements, surtout dans les positions inférieures, étaient évidemment insuffisants : un juge, par exemple, touchait environ 1 500 ou 2 000 fr. ; il n'y avait naturellement pas moyen de vivre avec ces traitements, il fallait encore avoir une certaine fortune personnelle. Que résultait-il de cet état de choses? que la magistrature se recrutait en majeure partie dans la classe des jeunes gens de famille habitués plutôt à une existence facile qu'au travail et à l'étude. Quant aux jeunes gens dépourvus de rentes, mais accoutumés à un travail sérieux, ils se voyaient forcés d'entrer dans d'autres carrières, de sorte que l'entrée dans la magistrature était en quelque sorte le privilège exclusif de la classe riche.

Je suis très-heureux, je le répète, qu'on ait remédié à cet inconvénient en ouvrant la magistrature à tout le monde et en permettant aux jeunes gens studieux et capables d'y trouver une carrière assez rétribuée pour qu'ils puissent vivre honorablement de leur traitement. Je vous citerai encore une fois l'exemple de la France dans ces vingt ou trente dernières années. Je ne veux pas dire qu'il y ait eu décadence dans la magistrature française; mais il est certain qu'on y remarque une certaine stagnation qui ne tient, à mon avis, qu'au manque de forces vives par suite de l'insuffisance des appointements. Les capacités se rejettent sur d'autres carrières et les fonctions judiciaires sont remplies par des gens qui n'y cherchent qu'une position commode et entourée de considération.

Nous ne pouvons que nous féliciter qu'il en soit autrement chez nous et que la magistrature soit enfin élevée, par une augmentation considérable des traitements, à la position qu'elle doit occuper dans l'intérêt de la justice et des justiciables.

M. *Klein*. J'aurais une observation à faire au sujet des dernières paroles que vient de prononcer M. Schnéegans, quand il a dit qu'il espérait que les traitements des magistrats seraient considérablement augmentés. Je voudrais cependant rendre M. Schnéegans attentif à ce fait que la seconde moitié du budget de la justice, c'est-à-dire celle pour la période du 1er octobre 1879 au 1er avril 1880, présente déjà une augmentation de 38 000 *M* sur les traitements, soit 76 000 *M* par an. Si nous allons encore plus loin dans cette voie, nous arriverons à un chiffre énorme et qui, je le crains, ne sera plus en rapport avec les ressources de notre budget.

M. *Schnéegans*. Je n'ai pas dit que j'espérais que les traitements seraient encore considérablement augmentés, mais seulement que j'ai vu avec plaisir qu'ils l'aient été. Pour ce qui est d'une augmentation future, je suis prêt également, dans une certaine mesure, à y donner la main.

M. l'avocat général *de Puttkamer*, commissaire du Gouvernement. Les chiffres que vient d'indiquer M. Klein ne sont pas exacts : l'augmentation ne se monte qu'à 2 020 *M* par an, et encore cette somme comprend-elle les trois nouvelles places de présidents des Chambres commerciales de Strasbourg, Mulhouse et Colmar. En réalité, le chiffre total est donc moins élevé qu'il ne l'était, ce qui tient à ce qu'un certain nombre de crédits, comme par exemple ceux destinés aux présidents de Chambre, aux greffiers et aux secrétaires des tribunaux de commerce, ainsi que les suppléments de traitement de certains juges d'instruction, disparaîtront à l'avenir. Il n'y a donc pas eu d'augmentation effective dans le budget de l'Administration de la justice, et l'observation de M. Klein n'est pas exacte.

M. *Ditsch*, rapporteur. Nous perdons notre temps à discuter sur des questions futures, qui en définitive ne manqueront pas d'être soumises à notre contrôle. Je ne crois pas qu'il soit nécessaire de s'engager dès maintenant avec M. Klein dans une appréciation du budget que nous allons avoir à examiner, appréciation qui sera beaucoup mieux à sa place lors de la discussion des différents titres du budget. Je propose donc de passer au vote de ce dernier.

M. *North*. Je ne peux que me joindre aux observations faites par M. Ditsch. Il me paraît peu opportun de continuer la discussion dans l'état actuel des choses, et nous ne pourrons nous prononcer que lorsqu'il nous sera soumis une proposition formelle et après un examen approfondi.

Toutefois je crois devoir constater dès aujourd'hui qu'en parcourant les divers chapitres du budget, j'ai vu que certaines Administrations étaient beaucoup mieux dotées que ne l'est la magistrature. Et cependant la magistrature exige des études très-longues et très-dispendieuses, et il faut que le traitement qui lui est alloué lui permette de vivre honorablement et d'une manière conforme au rang qu'elle doit tenir dans la société.

M. *Kœchlin*. Je ne crois pas que nous perdions notre temps dans la discussion actuelle. En face d'une déclaration de la gravité de celle que vient de faire M. le Président supérieur, il était important que l'opinion du Landesausschuss fût exprimée. J'insiste particulièrement sur un point, c'est que quoi que nous fassions, nous aurons des difficultés pour le recrutement de la magistrature. Comme j'ai eu l'honneur de le dire, le besoin de magistrats se fera sentir dans tous les pays de l'Allemagne, et nous ne réussirons pas à les attirer chez nous. Les traitements étant les mêmes, chacun préférera rester chez soi.

M. *Fulter*. On a beaucoup insisté sur l'effet que produirait sur le public la présente discussion, et je crois qu'on a eu parfaitement raison. C'est à ce point de vue aussi que j'aurais à présenter certaines observations sur ce que vient de dire M. Schnéegans. J'ai cru trouver dans les paroles de mon honorable collègue une comparaison entre l'ancienne magistrature et la nouvelle, qui ne tournait pas précisément à l'avantage de la première. Je crois qu'on ne saurait être trop circonspect en pareille circonstance. M. Schnéegans a eu en vue la catégorie inférieure des fonctionnaires de l'ordre judiciaire, et surtout les juges de paix qui, d'après lui, étaient trop peu payés et, peut-être pour cela même, ne présentaient pas les garanties voulues d'intégrité. Si la chose est exacte pour certains d'entre eux, je dois dire pourtant que j'en ai connu beaucoup d'autres d'une parfaite honorabilité. D'ailleurs on en trouverait bien encore aujourd'hui qui ne sont pas des plus recommandables.

M. Schnéegans a dit, avec raison, que le magistrat doit pouvoir vivre de son traitement; puis il a fait une nouvelle comparaison entre les juges sortant de familles riches et leurs collègues moins favorisés par la fortune.

Il a signalé que les fils de famille ne brillent pas précisément par leur application au travail. Que cela soit vrai de quelques-uns, je n'en disconviens pas. Mais je doute qu'on soit fondé à exprimer cette opinion d'une manière générale; nous avons tous vu de nombreux exemples du contraire.

L'un des motifs pour lesquels on accorde de forts traitements aux juges, c'est qu'avec une rétribution convenable ils pourront rester complètement intègres vis-à-vis des justiciables. La conséquence à tirer de là est qu'on ne doit pas se montrer absolu ni prétendre qu'il y ait des inconvénients majeurs à ce que la magistrature se recrute parmi les jeunes gens riches, car la fortune que possèdent ces derniers est déjà un gage d'intégrité qui ne coûte rien à l'Etat.

Si l'on voulait admettre d'une façon absolue le principe de M. Schnéegans, il faudrait l'appliquer dans bien d'autres sphères. Il faudrait, pour ne citer qu'un exemple, accorder une indemnité aux députés du Reichstag. Pourtant on ne le fait pas (je ne dis pas qu'on ait raison) et cela dans le but d'empêcher, à ce qu'on assure, que le mandat de député ne soit exploité comme un véritable métier par certains individus. On voit que le principe de M. Schnéegans est loin d'avoir trouvé une application générale.

J'en viens à ce qu'a dit M. Kœchlin au sujet du grand nombre d'anciens magistrats qui prendraient leur retraite au 1er octobre et du manque de juges qui en serait la suite. Par le fait même que les magistrats qui se retireront seront d'un certain âge, ils appartiendront, pour la plupart, à une catégorie supérieure, et je crois qu'il ne sera pas difficile de trouver des jeunes gens qui seront disposés à venir les remplacer, même si les traitements ne devaient pas être aussi élevés dès l'abord. On fera d'ailleurs comme on pourra : si une nécessité absolue se faisait sentir, nous serions bien obligés d'augmenter les traitements, mais il me semble que les chiffres actuels sont assez rémunérateurs pour assurer un recrutement suffisant.

M. *Schnéegans*. Je ne veux pas rentrer dans la discussion : en définitive M. Fulter n'a fait que dire que tout ce j'avais dit était vrai, mais qu'il ne pouvait pas l'admettre ; mais je dois me garantir contre le reproche qu'il m'a fait d'avoir comparé, sous le rapport des personnes, notre magistrature actuelle avec l'ancienne. Je n'ai parlé que du système, et j'ai dit que les traitements insuffisants accordés à la magistrature française menaient nécessairement aux inconvénients que j'ai signalés ; mais il n'a nullement été question de M. un tel ou de M. un tel; ce n'est pas non plus spécialement des juges de paix que j'ai voulu parler, mais de la magistrature en général. Quant aux jeunes gens de famille, je ne veux nullement exclure de la magistrature ceux d'entre eux qui veulent travailler; la carrière leur reste ouverte au contraire comme par le passé, et, en demandant des traitements rémunérateurs pour la magistrature, je n'ai d'autre but que d'en ouvrir aussi l'accès aux autres.

L'Assemblée adopte ensuite sans discussion :

Chap. 15, titres 1 à 8, avec 381 450 ℳ
      „ 9 à 16, avec 39 835 „
      „ 17 à 19, avec 30 875 „
et le total du chapitre, avec 452 160 ℳ

Chap. 16, titre 1.

M. *Fulter* demande si ce ne serait pas le cas d'entrer, à propos de ce titre, dans une discussion sur la pétition de la commune de Remilly au sujet de l'établissement d'un Amtsgericht, ou si la Commission a l'intention de présenter un rapport verbal sur la question.

M. le *Président* répond que cette pétition fera l'objet d'un rapport spécial.

L'Assemblée adopte ensuite :

Chap. 16, titres 1 et 2, avec 290 910 ℳ
      „ 3 et 4, avec   3 300 „
      „   5, avec 16 000 „
et le total du chapitre, avec 310 210 ℳ

Chap. 17, titre 1, avec 12 120 ℳ
      „   2, avec 1 700 „
et le total du chapitre, avec 13 820 ℳ

Chap. 18, titres 1 à 8, avec 39 850 ℳ
et le total des dépenses ordinaires, avec 816 040 ℳ

Deuxième partie du budget de la Justice (du 1er octobre 1879 au 1er avril 1880).

Recettes.

Chap. 7ᵃ, titre 1 (Emoluments et droits d'écriture du greffe du tribunal régional supérieur et des greffes des tribunaux régionaux).

M. *Kœchlin* demande ce que signifie le passage du rapport où il est dit qu'à l'avenir l'Administration de l'enregistrement sera *probablement* chargée du recouvrement des frais de justice.

M. *Ditsch*, rapporteur, répond que d'après les renseignements qui ont été fournis à la Commission par le commissaire du Gouvernement, le recouvrement des frais de justice ne se fera plus comme il se faisait jusqu'ici, mais qu'il est à supposer que c'est l'Administration de l'enregistrement qui en sera chargée.

M. *Schnéegans*. Comme l'a dit M. Ditsch, il y aura avec l'entrée en vigueur des nouvelles lois judiciaires, une modification sous le rapport du recouvrement des frais de justice. Jusqu'à présent ces frais étaient avancés par l'avoué ou l'avocat, tandis que maintenant ils seront réglés directement par la partie, et cela probablement entre les mains du greffier qui les versera au receveur de l'enregistrement.

M. *Kœchlin*. Je demanderais alors si l'enregistrement touchera des remises sur les sommes qui passeront ainsi entre ses mains.

M. l'avocat général *de Puttkamer*, commissaire du Gouvernement. Le recouvrement des frais de justice se fera à partir du 1er octobre sur une base toute autre que jusqu'à présent. Les divers droits de timbre, d'enregistrement, de greffe, etc., qui se percevaient en détail pour chaque acte, seront remplacés pour les affaires civiles, criminelles et de faillite, par les droits fixés par la loi et le tarif de l'Empire sur les frais judiciaires qui devront être payés en bloc par la partie succombante. Quant au mode du recouvrement et à l'Administration qui en sera chargée, il n'a encore rien été arrêté de définitif. Toutefois je crois pouvoir dire que des négociations ont été entamées avec l'Administration de l'enregistrement et que c'est à elle probablement qu'incombera la perception des frais de justice.

Mais, je le répète, il n'y a encore rien de définitif; d'autres pays ont adopté des systèmes différents ; en Bavière, par exemple, il sera créé auprès des tribunaux des caisses spéciales, d'après ce qu'on m'a dit, tandis que dans la Prusse, c'est également l'enregistrement qui sera chargé du recouvrement.

Pour ce qui est des conventions spéciales à passer avec l'Administration de l'enregistrement et notamment les remises à accorder aux receveurs pour les sommes qu'ils auront à percevoir, elles n'ont pas encore pu être arrêtées. Toute la question est encore à l'état de projet, et l'on ne peut encore rien prévoir avec certitude, sinon que ce sera probablement à l'enregistrement que sera confié le recouvrement en question. J'ajouterai en terminant qu'on travaille en ce moment à un projet de loi réglant les frais de la juridiction volontaire et de la juridiction spéciale sur les mêmes bases que ceux de la juridiction contentieuse, et que ce projet pourra probablement être soumis au Landesausschuss avant le 1er octobre.

Sont ensuite adoptés sans discussion :
Chap. 7 a, titres 1 et 2, avec 45 000 ℳ

Dépenses ordinaires.

Chap. 18 a, titre 1, avec 15 000 ℳ
  „   „   titre 2, avec 35 400 ℳ
  „   „   titre 3, avec 105 600 ℳ
Titre 4.

M. *Grad.* L'augmentation des traitements pour l'Administration de la justice nous oblige à insister sur ce que son personnel soit réduit au nombre strictement nécessaire. Lors de la réorganisation de ce service, le Gouvernement a pris des dispositions très-sages pour la diminution numérique des tribunaux de première instance et des justices de paix. Cette disposition produisit le meilleur effet sur nos populations. Par contre, on a vu avec regret les demandes pour la multiplication des Amtsgerichte demandée pour satisfaire à de purs intérêts de clocher. Je me suis prononcé, pendant notre dernière session, lors de la discussion sur la nouvelle organisation judiciaire, contre la création de nouveaux sièges de justice de paix ou d'Amtsgerichte. Tout particulièrement ai-je recommandé la suppression du siège de Truchtersheim, comme insuffisant pour occuper un homme ou un juge et ne répondant pas au besoin réel.

M. *North.* M. Grad a cru devoir soulever inopinément la question du futur Amtsgericht de Truchtersheim. Selon lui, on ne demande pas le maintien de l'Amtsgericht; cet Amtsgericht ne sera pas occupé, et la commune se soucie fort peu d'en payer les frais d'établissement. Vous avez, dans votre dernière session, résolu cette question après un examen approfondi et une assez longue discussion. La question a été définitivement résolue par vous, et la commune de Truchtersheim n'a plus qu'à exécuter les conditions que vous avez posées. Je veux bien admettre que M. Grad soit mieux renseigné que moi sur ce qui se fait dans le canton de Truchtersheim. Quant à moi, j'ai des renseignements positifs qui me permettent d'affirmer que la commune de Truchtersheim est prête à remplir les conditions imposées et qu'elle a déjà pris ses mesures pour les exécuter. M. Grad se contente d'allégations et il n'apporte aucune preuve à l'appui. Je serais très-curieux de savoir d'où il les tient, car il ne peut les avoir ni de la commune de Truchtersheim ni des villages du canton qui ont tous un intérêt majeur à la conservation de l'Amtsgericht et qui se sont prononcés à l'unanimité en faveur du maintien. A Truchtersheim, je ne connais qu'une seule personne qui pourrait être défavorable, parce que cette personne aurait un intérêt direct à demeurer à Strasbourg, qui, je le reconnais, offre un séjour plus agréable que Truchtersheim. Mais en dehors de cette personne, je ne sais pas qui aurait pu fournir à M. Grad les renseignements sur lesquels il s'appuie, à moins qu'ils ne lui soient tombés du ciel.

M. Grad vous propose de réunir le canton de Truchtersheim à l'Amtsgericht de Schiltigheim, et il déclare que, d'après ses renseignements, un seul Amtsrichter suffira pour les deux cantons. Je ne peux répondre qu'une chose, c'est que la personne qui lui a fourni ces renseignements n'a pas la moindre notion de la tâche qui incombera à l'Amtsgericht de Schiltigheim. Pour moi, je crains beaucoup que les forces d'un seul juge ne suffisent pas à la tâche, et très-souvent il aura besoin d'un suppléant.

Je n'insiste pas davantage ; la question est résolue par vous, et je trouve peu sérieux de revenir aujourd'hui aussi légèrement sur une affaire sur laquelle vous vous êtes prononcés après une longue discussion.

M. *Klein.* J'ajouterai à ce que vient de dire l'honorable M. North que quand la question a été examinée l'année dernière, il a été soumis à la Commission des documents qui établissaient que la suppression de l'Amtsgericht de Truchtersheim entraînerait des frais énormes pour certaines communes, attendu qu'elles auraient à traverser une grande partie du canton de Schiltigheim pour arriver à Strasbourg, ce qui évidemment n'aurait pas de sens. La disposition géographique des deux cantons est en effet telle qu'une large bande du canton de Schiltigheim s'étend entre Truchtersheim et la ville de Strasbourg. Comme cette discussion a été soulevée tout à fait à l'improviste, nous n'avons pas en ce moment sous la main les chiffres et les documents qui ont été produits à cette époque ; mais je me rappelle fort bien et je puis dire ici qu'ils ont été de nature à déterminer la Commission en faveur du maintien de l'Amtsgericht de Truchtersheim.

M. *Grad.* Comme M. North veut bien me mettre à l'épreuve, les preuves que je viens recommander à votre attention, Messieurs, me viennent directement du canton même de Truchtersheim et ne tombent nullement du ciel. Et d'abord, de l'aveu du juge de paix de Truchtersheim, les affaires soumises au tribunal du canton n'occupent pas un homme pour plus d'une journée de travail par semaine. Aussi le juge insuffisamment occupé trouve le séjour du canton tant soit peu ennuyeux, si je puis me servir de cette expression, et par suite il demande à être placé ailleurs. D'un autre côté, le juge du canton voisin de Schiltigheim reconnaît avoir suffi facilement autrefois aux affaires de son ressort dans les deux cantons, en sorte que les deux circonscriptions pourraient sans inconvénient être réunies en une seule pour l'Amtsgericht. Puis les frais de déplacement à la charge de la population pour visite des lieux et autres à payer aux agents de l'Amtsgericht ne dépassent pas une année dans l'autre la somme de 300 à 400 ℳ; il est donc inutile d'imposer au pays une charge de 8 000 à 10 000 ℳ pour en économiser 400. D'un autre côté, le projet d'établissement d'un tramway reliant le canton à Strasbourg facilitera les communications dans un avenir très-prochain. Enfin la commune de Truchtersheim se montre peu disposée à faire les frais d'installation de l'Amtsgericht en question et ne trouve pas un avantage suffisant pour se charger de ces dépenses. Un ou deux aubergistes sont les principaux intéressés, et cela ne suffit pas pour imposer à l'Alsace-Lorraine une dépense annuelle de 8 000 à 10 000 ℳ Pour tous ces motifs, je suis contre l'Amtsgericht de Truchtersheim et je vous recommande l'économie.

M. *de Puttkamer,* premier avocat général, commissaire du Gouvernement. Je crois devoir donner quelques explications sur l'attitude de l'Administration de la justice au sujet de l'Amtsgericht de Truchtersheim. Vous vous rappelez, Messieurs, que dans sa dernière session le Landesausschuss a exprimé l'avis de voir maintenir un Amtsgericht à Truchtersheim, à condition que cette commune fournisse les locaux nécessaires, ainsi qu'une prison. J'ai déclaré alors que le Gouvernement donnerait sans doute suite à ce vœu, et en effet l'Administration de la justice a décidé de maintenir l'Amtsgericht en question, si la commune de Truchtersheim voulait remplir les conditions indiquées par l'honorable Assemblée. À l'heure qu'il est, les négociations avec la commune sont encore pendantes au sujet de l'accomplissement de ces conditions, comme du reste avec la plupart des communes qui auront des Amtsgerichte. Si la commune se refusait à remplir les conditions voulues ou se trouvait dans l'impossibilité de le faire, l'Administration se verrait forcée de revenir sur sa décision qui n'a été que conditionnelle. Mais je ne saurais donner à ce sujet d'indications précises, les négociations n'étant pas terminées. Tout ce que je puis dire, c'est que le Gouvernement est décidé, conformément au vœu de l'Assemblée, à maintenir un Amtsgericht à Truchtersheim, à condition que la commune fournisse les locaux nécessaires.

M. *North.* En présence de la déclaration de M. le commissaire du Gouvernement, je renonce à la parole.

M. *Schnéegans.* Je désirerais demander au Gouvernement quelques renseignements sur une question de principe qui me paraît importante. Par la loi que nous avons votée dans la dernière session, les Amtsrichter sont placés, quant au rang, sur le pied d'égalité complète avec les juges des Landgerichte. C'est là, à mon avis, un très-bon principe, car les fonctions des Amtsrichter sont, en somme, plus difficiles que celles des juges aux Landgerichte. Ces derniers, en effet, sont toujours à plusieurs pour délibérer et peuvent s'éclairer les uns les autres; ils ont, en outre, à côté d'eux, le barreau qui expose les points de fait et de droit et facilite considérablement le travail des juges, tandis que l'Amtsrichter est seul et abandonné à ses propres lumières, tout en ayant une compétence très-étendue. Ainsi le principe précité est d'une justice absolue, et nous voyons avec satisfaction que, dans le budget qui nous est présenté, les traitements des deux catégories de juges sont parallèles et fixés à une moyenne de 4 500 ℳ par an.

Mais à côté de ce principe, il y a une question qui n'est pas encore résolue, et sur laquelle je désirerais connaître la manière de voir de l'Administration. L'augmentation des traitements doit avoir lieu par rang d'âge; elle est graduelle et dépend de l'ancienneté de service. Or je me demande, si cet avancement s'établira en deux parties distinctes, d'un côté pour les Amtsrichter entre eux et de l'autre pour les juges des tribunaux entre eux, ou bien si tous, Amtsrichter et juges des Landgerichte, concourront entre eux, en ne formant qu'une seule catégorie? Souvent il arrive qu'un Amtsrichter entre dans un tribunal collégial. Quelle sera alors sa situation? Les années de service pendant ses fonctions d'Amtsrichter lui seront-elles comptées pour le rang d'ancienneté dans sa nouvelle position, ou sera-t-il obligé, sans distinction aucune, d'entrer comme le plus jeune membre dans la classe des juges au Landgericht? C'est ainsi que cela se pratiquait jusqu'ici pour les juges de paix et, par suite, il pouvait fort bien arriver que ces derniers ne vinssent en rang qu'après des collègues plus jeunes qu'eux en temps de service, mais qui étaient entrés avant eux au tribunal civil. Cette situation était évidemment peu acceptable pour les juges de paix d'un certain âge, surtout dans notre pays, où beaucoup de juges de paix sont venus du dehors, en quittant des positions parfois plus avantageuses. En arrivant plus tard dans les tribunaux, sans que les anciens services leur fussent comptés, ils se sont vus, permettez-moi l'expression, mettre à la queue et furent ainsi souvent placés derrière des collègues qui avaient été leurs inférieurs dans leur pays et qui, maintenant, se trouvaient être leurs supérieurs.

Cette question me paraît très-sérieuse, et il y aurait incontestablement des inconvénients très-graves à ce que dorénavant, quand un Amtsrichter passera au Landgericht, les anciens services ne lui fussent plus comptés pour le rang d'âge. Un principe pareil serait d'ailleurs, selon moi, en contradiction avec les lois judiciaires. Nous désirons donc que les Amtsrichter et les juges des Landgerichte concourent tous entre eux dans une même catégorie pour l'augmentation de traitement, et je demanderai à l'Administration de la justice quelle est son opinion à ce sujet et si elle compte donner satisfaction au vœu que je viens d'exprimer.

M. le *premier avocat général de Puttkamer,* commissaire du Gouvernement. Le mode d'avancement actuel a pour base le budget qui fixe les traitements des juges des tribunaux et des juges de paix dans deux chapitres différents, et prévoit ainsi deux clauses de traitement distinctes, en donnant la priorité de rang et de traitement aux juges des tribunaux. Dans ces circonstances, le juge de paix appelé au tribunal civil entrait forcément comme le plus jeune dans la nouvelle classe de traitement.

Je ne crois pas qu'à l'avenir cette manière de procéder puisse être maintenue, vu que le rang des deux catégories de juges sera désormais le même et qu'il ne doit plus y avoir pour eux deux positions différentes dans le budget. Les principes d'après lesquels se règlera le rang d'ancienneté et, par suite, le mode d'avancement, seront établis par ordonnance impériale. Il sera dressé une liste dans laquelle seront portés les juges des Landgerichte, les procureurs impériaux et les juges de paix actuels, et qui servira de base à l'avancement par rang d'ancienneté. Je ne saurais dire aujourd'hui d'après quels principes ces listes seront dressées, puisqu'ils doivent être établis à Berlin et que l'ordonnance impériale en question n'a pas encore paru. Mais, sans y être spécialement autorisé, je crois pouvoir déclarer dès maintenant que les craintes exprimées par M. Schnégans ne sont pas fondées, et que le cas ne se présentera plus qu'un Amtsrichter, en entrant dans un tribunal collégial, soit obligé d'y prendre indistinctement rang de plus jeune membre, sans égard pour ses services passés.

M. *Schnéegans* remercie M. le commissaire du Gouvernement de ses explications et s'en déclare satisfait.

M. *Fulter.* Je n'ai pas bien compris quelques-unes des expressions de M. l'avocat général, et je me permettrai donc de lui poser une question. Résulte-t-il de l'explication donnée que les juges de paix devenus Amtsrichter seront portés sur la même liste d'ancienneté que les juges de Landgerichte, et les droits d'avancement seront-ils les mêmes pour tous ces juges? S'il en est ainsi, je remercie également M. le commissaire du Gouvernement.

M. le *premier avocat général de Puttkamer,* commissaire du Gouvernement. J'ai dit que, conformément à la loi d'exécution de la loi d'organisation judiciaire et au budget, il n'y aura, à l'avenir, qu'une seule liste d'ancienneté pour les procureurs impériaux, les juges des Landgerichte et les Amtsrichter, dans laquelle seront portés par rang d'âge tous ces fonctionnaires. J'ai ajouté que les principes réglant le mode d'avancement par rang d'ancienneté et servant de base à la confection de la *première* liste d'an ciennceté seront établis par une ordonnance impériale, et que par conséquent je ne saurais indiquer aujourd'hui ces principes qui ne sont pas encore connus. Mais une fois que la première liste sera établie, conformément aux principes à édicter par S. M. l'Empereur, le mode d'avancement d'après ces principes sera le même pour tous les fonctionnaires que je viens de nommer : ils avanceront tous sur la même liste par rang d'ancienneté.

M. *Fulter*. Puisque, d'après les déclarations que nous venons d'entendre, il existe encore des doutes sur les principes devant régir le mode d'avancement, j'appellerai l'attention du Gouvernement sur les inconvénients qu'il pourrait y avoir à établir une différence arbitraire entre les juges de paix ayant la qualification voulue pour être Amtsrichter et les juges des Landgerichte. Il pourrait se faire, par exemple, qu'un Amtsrichter fût en fonctions depuis 4 ou 5 ans déjà, et un juge du Landgericht depuis 2 ans seulement ; il ne serait pas juste alors que le premier fût mis en arrière du second de 14 à 20 rangs peut-être, mais ils devraient être mis tous deux dans la même catégorie et dans la même classe de traitement.

M. le *premier avocat général de Puttkamer*, commissaire du Gouvernement. Je puis donner dès maintenant l'assurance à l'honorable M. Fulter, si cela peut servir à calmer ses appréhensions, que la liste d'ancienneté ne sera pas établie de façon à ce que le plus ancien juge de paix ne soit placé qu'après les plus jeunes procureurs impériaux et juges des Landgerichte. Pour faire cette première liste et déterminer le rang d'ancienneté des magistrats actuels, on fera certainement entrer en ligne de compte le montant des traitements respectifs actuels, les années d'études et de service, etc., etc. Il faut naturellement s'attendre à ce que tel ou tel fonctionnaire se sente choqué et lésé dans ses droits par la confection de la liste ; cela est inévitable. Mais ce qui est certain et incontestable, c'est que la position et l'expectative d'avancement des juges de paix seront notablement améliorées par le nouvel état des choses, tandis que le minimum et la moyenne des traitements des juges des tribunaux sont diminués.

Je répéterai finalement que, quoique les principes sur l'avancement par rang d'ancienneté ne soient pas encore définitivement fixés, je n'en suis pas moins convaincu personnellement que *toute* la série des juges de paix ne sera pas placée sur la liste derrière la série des procureurs impériaux et des juges des Landgerichte.

M. *Auscher* demande au Gouvernement quel sera, à l'avenir, le sort des juges de paix actuels qui n'ont pas fait leurs études de droit. Seront-ils maintenus à leurs places comme Amtsrichter ?

M. le premier avocat général *de Puttkamer* répond que les lois existantes ne s'opposent pas au maintien de ces juges comme Amtsrichter.

M. *Auscher* remercie M. le commissaire du Gouvernement de cette réponse.

Le titre 4, avec 350 000 *M.*, est mis aux voix et adopté.

Sont de même adoptés : titre 5, avec 19 900 *M.* ; titre 6, avec 48 525 *M.* ; titre 7, avec 11 400 *M.* ; titre 8, avec 101 300 *M.* ; le total des titres 1 à 8, avec 687 125 *M.*, et titres 9 à 16, avec 39 455 *M.*

Titre 17 (Suppléance de fonctionnaires judiciaires et de fonctionnaires du ministère public, etc., 12 500 *M.*, au lieu de 500 *M.* comme l'année précédente).

M. *Kœchlin*. A cet article, je me demande — et je

reproduirai la même observation au titre 19 — s'il n'aurait pas mieux valu, dans l'état d'incertitude où se trouve l'Administration de la justice sur les dépenses qu'occasionneront les nouvelles lois judiciaires, remettre à plus tard une augmentation aussi considérable. En attendant jusqu'au prochain budget, on aurait pu, le cas échéant, fixer l'augmentation d'après le résultat des premiers mois de pratique des nouvelles lois.

M. le premier avocat général, commissaire du Gouvernement. Je ferai remarquer à l'honorable M. Kœchlin que la fixation du prochain budget aura lieu dans le courant de cette année, et qu'il paraît donc impossible d'acquérir jusque-là des expériences pratiques au sujet des nouvelles lois. D'ailleurs, une expérience d'un ou de deux mois serait absolument insuffisante et ne saurait servir de base à un système définitif. En adoptant la manière de voir de M. Kœchlin, il faudrait donc ajourner pour un an et demi au moins le vote de l'augmentation proposée. Or je ne crois pas qu'une pareille mesure soit opportune, ni que l'Assemblée doive assumer la responsabilité des conséquences fâcheuses qu'elle pourrait entraîner.

Pour ce qui concerne spécialement le titre 19 — pour accorder des rémunérations aux greffiers en chef, aux huissiers, etc., — le nouveau tarif des huissiers est tel que l'on peut prévoir avec certitude une forte diminution des revenus de ces fonctionnaires, et l'on ne peut dire encore si ces derniers sauront se créer, dans la nouvelle organisation, de nouvelles sources de revenus remplaçant tant soit peu celles qui disparaissent. Dans tous les cas, la situation n'est pas assez claire pour que le Gouvernement puisse, dès aujourd'hui, faire à l'Assemblée la proposition de régler dans tel ou tel sens déterminé la position future des huissiers au point de vue pécuniaire.

Si l'expérience prouvait que les revenus nouveaux des huissiers sont insuffisants pour vivre, l'Etat pourrait leur garantir un minimum fixe de revenu, comme c'était le cas jusqu'ici dans la province de Hanovre et comme ce sera dorénavant dans tout le royaume de Prusse. Si les recettes annuelles n'atteignent pas ce minimum, la différence est payée par l'Etat. Il est impossible de prévoir dès maintenant s'il sera nécessaire d'introduire une pareille mesure en Alsace-Lorraine ou si les huissiers auront chez nous, à l'avenir comme par le passé, des revenus suffisants. C'est en raison de cette incertitude même que nous vous demandons le crédit. Il est évident qu'il n'en sera fait aucun usage si les revenus des huissiers restent suffisants. Le crédit a donc un caractère éventuel ; il ne sera attaqué qu'en faveur des fonctionnaires qui, par leurs livres, etc., fourniront la preuve qu'ils ne gagnent pas de quoi vivre. C'est une mesure de prévoyance commandée par les circonstances, car on ne saurait dire aujourd'hui, même approximativement, quel sera le chiffre moyen des émoluments et la position des huissiers d'après le nouveau tarif. D'ailleurs, en émargeant le crédit, le Gouvernement n'a fait que suivre la voie indiquée par le Landesausschuss lors de la dernière session, à l'occasion d'une pétition d'un certain nombre d'huissiers. J'en appelle aux souvenirs de M. Schnéegans, l'honorable rapporteur de la Commission chargée d'examiner la loi d'exécution pour la loi sur l'organisation judiciaire. Il n'a pas été donné suite à cette pétition, parce qu'on fut d'avis que le vote du budget fournirait l'occasion naturelle d'aviser aux moyens de remédier à la situation fâcheuse faite aux huissiers par les nouvelles lois judiciaires.

Le crédit ne doit pas être, je le répète, un article de budget définitif, c'est une mesure de précaution que nous prenons en regard d'une situation toute nouvelle dont on ne saurait encore prévoir les conséquences. Dans ces circonstances, il paraît impossible d'ajourner à un an et demi le vote du crédit.

M. *Schnéegans.* Les renseignements fournis par M. l'avocat général au sujet de la pétition des huissiers sont parfaitement exacts. Vous vous rappellerez, Messieurs, que cette pétition nous a été présentée et que nous avons été unanimes dans la Commission à reconnaître le fait que les huissiers sont placés par les lois judiciaires de l'Empire dans une situation peu satisfaisante et que leurs plaintes sont donc fondées. Mais nous avons reconnu en même temps que la question n'était pas assez élucidée pour être immédiatement vidée, et qu'il y avait lieu de l'ajourner jusqu'à ce que l'expérience eût pu être faite.

Cette année-ci, il y a de nouvelles pétitions d'huissiers qui ont été renvoyées à la Commission judiciaire, laquelle sans doute présentera un rapport. Je crois qu'il vaudrait mieux réserver jusqu'à ce moment la discussion de la question même et voter aujourd'hui le crédit demandé, qui ne comprend en définitive qu'une somme minime, sauf à recommander à l'Administration de n'en faire usage qu'en cas de besoin et de nécessité réels. Nous pouvons à ce sujet nous en rapporter à l'appréciation de l'Administration, qui certainement ne fera pas de dépenses inutiles. Une solution définitive ne pourra être donnée à la question qu'après des expériences pratiques concluantes.

M. *Kœchlin.* Mon observation de tout à l'heure ne portait que sur le titre 17, et je m'étais réservé de la reproduire au titre 19. Cependant on m'a répondu sur le titre 19 plutôt que sur le titre 17. Cette „Vorsorge" dont a parlé M. l'avocat général n'est autre chose que de la compassion préventive, qui, à mon avis, est déplacée. Si des besoins réels se font sentir, il sera parfaitement temps d'y parer l'année prochaine. En inscrivant le crédit dès maintenant, vous créerez un précédent et vous serez obligés de maintenir la position au budget quoi qu'il arrive. Pendant les six mois du 1er octobre prochain au 1er avril 1880, il n'arrivera certainement pas de catastrophe et les huissiers ne mourront pas de faim. Je ferai observer d'ailleurs que les positions d'huissiers ont été remboursées, et maintenant nous viendrions encore mettre de l'argent entre les mains de l'Administration pour le distribuer à ces fonctionnaires ! Et nous nous exposerions à nous voir dire, quand plus tard nous voudrions attaquer le crédit : Mais il y a précédent, il faut bien continuer ce que vous avez commencé !

Il faut nous garder, Messieurs, de prendre des mesures de ce genre, sur lesquelles nous ne pourrions plus revenir. Le seul moyen de ne pas établir de précédent est de ne rien inscrire au budget. Je proposerai donc de réduire le titre 17 à son ancien chiffre, c'est-à-dire à 5 000 *M.*, et de rayer entièrement le titre 19.

M. *Ditsch.* Votre Commission s'est occupée de toutes les positions nouvelles inscrites dans la seconde partie du budget de la justice. Voici comment s'exprime le rapport au sujet de ces positions nouvelles en général et du titre 19 en particulier :

„Quant à la seconde partie du budget embrassant la période nouvelle, votre Commission a cru prudent de maintenir les divers crédits qui y sont proposés, par le motif que toutes les sommes autres que celles relatives à des traitements fixés ne sont basées que sur de simples suppositions résultant d'une situation entièrement neuve qui va être embrassée, et que l'expérience seule pourra justifier leur bien-fondé.

„Quant à la somme de 30 000 *M.* inscrite au titre 19 du même chap. 18, en tant qu'elle tend à accorder des rémunérations à des huissiers, votre Commission, d'accord avec M. le commissaire du Gouvernement, a cru prudent de n'entrer dans aucun détail, voulant laisser à l'avenir le soin de déterminer leur situation future, sur laquelle les suppositions ne pourraient du reste quant à présent s'asseoir sur aucune base certaine."

J'ajouterai à l'appui du maintien de l'émargement que nous avons reçu dans la Commission un document qui se trouve entre les mains de M. Simonin et qui compare, à l'aide de chiffres, la situation actuelle des huissiers avec leur situation future.

Il ressort de ce document que tel huissier qui aujourd'hui a un revenu de 3 000 à 4 000 *M.*, ne gagnera plus à l'avenir que 800 ou 1 200 *M.*

Il s'agit de pourvoir à une situation qui commencera le 1er octobre prochain et qui est toute nouvelle. On a parlé d'huissiers auxquels on a remboursé les offices ; mais il y en a bien d'autres auxquels rien n'a encore été remboursé.

Il me semble opportun, pour toutes ces raisons, d'inscrire dès maintenant une somme au budget ; l'Administration n'en disposera, bien entendu, que dans le cas de nécessité reconnue.

M. *Schnéegans.* Je prie M. Kœchlin de croire qu'on peut réellement mourir de faim, si invraisemblable que cela paraisse à des personnes qui ont toujours vécu dans une situation florissante et qui n'ont jamais vu la misère de près. A l'avenir, dans les petites localités, certains huissiers pères de famille seront peut-être littéralement dans ce cas. Et dès lors, avec une énergie budgétaire que j'appellerai de la dureté, vous voudriez les laisser crier famine, quand vous pouvez aviser aux moyens de leur venir en aide ! vous connais la situation, vous pouvez donc m'en croire. Il y aura des besoins impérieux et très-urgents qui exigeront des secours immédiats, et, dans ces circonstances, on ne saurait se laisser arrêter par des considérations de technique financière. D'ailleurs, le crédit n'est que provisoire, il doit simplement donner à l'Administration la possibilité de venir en aide dans des cas pressants et de fournir des secours là où la nécessité en sera dûment reconnue.

M. *Lorette.* Moi aussi, je crois qu'il serait dangereux de suivre la voie indiquée par M. Kœchlin et d'ajourner à un ou deux ans le vote du crédit demandé. Il serait fort à craindre alors que le service des huissiers ne fût complètement abandonné. J'ai vu, dans les derniers temps, beaucoup de ces fonctionnaires, j'ai discuté avec eux la question et je me suis convaincu que leurs moyens d'existence seront absolument insuffisants et qu'en un mot, leur situation sera déplorable. Permettez-moi, Messieurs, de vous citer un seul exemple :

Pour signifier des actes à distance, les huissiers percevront dorénavant 10 ₰ par kilomètre. Cela peut aller, s'ils peuvent signifier plusieurs actes en même temps. Mais il y a des actes, les protêts par exemple, qui ne souffrent aucun retard, pour lesquels on ne peut donc pas attendre et qui, par suite, devront souvent être faits séparément. Dans ce cas, le fonctionnaire aura donc 2 *M.* pour franchir une distance de *20 kilomètres*. Mais un manœuvre, Messieurs, n'accepterait jamais une commission à ce prix ! Et si l'huissier voulait prendre une voiture, il ne l'aurait pas à moins de 8 *M.*, et serait donc obligé de donner 6 *M.* de sa poche, outre les soins de son ministère. Vous voyez, par là, ce que la situation a d'effrayant.

Je proposerai toutefois d'ajourner le vote de la somme

jusqu'après la discussion de la pétition des huissiers, à la suite du rapport qui nous sera présenté à ce sujet par la Commission.

M. le premier avocat général de *Puttkamer*, commissaire du Gouvernement. Je voudrais ajouter encore quelques observations au sujet du titre 17. Quant aux huissiers et au titre 19, je puis m'en rapporter à ce que viennent de dire les honorables préopinants.

L'augmentation du titre 17 a été nécessaire, parce que la suppléance des Amtsrichter (je renvoie à cet égard à la discussion du projet de loi pour l'exécution de la loi sur l'organisation judiciaire) ne pourra pas toujours se faire par les juges suppléants ordinaires, mais exigera dans bien des cas des personnes ayant fait leurs études de droit. Ce seront, par exemple, des assesseurs de justice ou des référendaires qui seront souvent chargés de suppléer les Amtsrichter et qui percevront alors les rémunérations réglementaires. Auprès des grands Amtsgerichte, où les fonctions des Amtsanwälte seront plus difficiles, ces derniers devront également être remplies par des assesseurs, si du moins l'Administration de la justice peut disposer d'un personnel suffisant. Ces fonctionnaires devront aussi toucher des rémunérations à prendre sur ce titre.

D'un autre côté, il n'est pas sûr que pour des grands Amtsgerichte, comme Guebwiller, Sarreguemines, un seul juge puisse faire à la longue tout le travail. En cas de négative, il faudra attacher à l'Amtsrichter un juge auxiliaire, auquel il sera nécessaire d'accorder un traitement. Il peut y avoir aussi de grandes faillites qui à elles seules absorberont temporairement tout le temps du juge titulaire et qui nécessiteront, pour un certain temps, l'adjonction à l'Amtsrichter d'un juge auxiliaire.

Nous nous trouvons donc en présence d'une situation nouvelle et tout à fait inconnue ; et, dans ces circonstances, il faut s'entourer de toutes les précautions possibles. L'Administration a le devoir de veiller à ce que le cours de la justice ne reçoive aucune entrave ni interruption. C'est dans ce but que nous vous demandons le crédit. Si malgré tous les efforts de l'Administration ce but n'est pas atteint, elle sera au moins déchargée de toute responsabilité.

M. *Simonin*. Pour me rendre compte des sommes nécessaires pour rémunérer les huissiers, je me suis procuré les états de revenus de deux huissiers, dont l'un habite Strasbourg, l'autre un chef-lieu de canton agricole situé sur les confins des deux départements de la Haute et de la Basse-Alsace.

Le premier a gagné en 1878. . . . 9 387,64 $\mathscr{M}$
qui se répartissent comme suit :

80	saisies	593,36 $\mathscr{M}$
25	ventes de meubles. . .	393,04 „
2 574	actes divers.	7 830,00 „
	voyages.	406,70 „
380	actes du Palais. . .	102,50 „
517	appels de cause. . . .	62,04 „
	Recette brute. . . .	9 387,64 $\mathscr{M}$

D'après le noveau tarif, le même huissier ne percevait que les sommes suivantes :

80	saisies	124,00 $\mathscr{M}$
25	ventes	275,00 „
2 574	actes divers	3 132,00 „
900	actes de ministère public.	360,00 „
	voyages.	0,00 „
	Recette brute. . .	3 891,00 $\mathscr{M}$

L'autre huissier a gagné en 1878. . 5 939,22 $\mathscr{M}$
se répartissant comme suit :

1 167	actes divers	3 085,90 $\mathscr{M}$
174	actes du ministère public.	198,00 „
	voyages	272,40 „
		2 382,92 „
	Recette brute. . . .	5 939,22 $\mathscr{M}$

D'après le nouveau tarif, il ne gagnerait que :

1 128	actes civils.	451,20 $\mathscr{M}$
33	saisies	99,00 „
6	ventes	66,00 „
174	actes du ministère public.	69,60 „
	Recette brute. . . .	685,80 $\mathscr{M}$

En appliquant donc le nouveau tarif aux actes relevés sur les répertoires de ces deux huissiers,

l'huissier de Strasbourg gagnera net. . . 3 891 $\mathscr{M}$
l'huissier de campagne . . . . 685,80 „

ces chiffres sont assez éloquents pour se passer de commentaire.

Je ne veux pas me servir des chiffres que je viens de produire pour indiquer le montant des rémunérations à accorder. L'Administration de la justice fera ce travail et je sais que toute sa bienveillance est acquise aux fonctionnaires lésés. Je dirai seulement que ne pas venir en aide à ces fonctionnaires en détresse, serait forcer ceux dont vous connaissez le caractère intègre à se retirer et les voir remplacés par des gens qui n'inspireraient pas la confiance des anciens.

Remarquez bien, Messieurs, que les huissiers restent chargés des exécutions et par conséquent des rentrées de sommes considérables. Ne pas leur garantir des produits rémunérateurs, ce serait les exposer, au détriment de leurs mandants, à certaines tentations dont il vaut mieux les préserver.

Pour toutes ces raisons, je trouve le crédit complètement justifié.

M. *North*. La question n'a jusqu'ici été examinée qu'au point de vue de la position personnelle des huissiers, elle me paraît surtout devoir être envisagée au point de vue du service public. L'insuffisance des émoluments attribués aux huissiers peut les décider à abandonner une carrière qui ne leur offre plus de ressources suffisantes. Ils pourraient s'établir soit comme agents d'affaires, soit comme défenseurs officieux auprès des Amtsgerichte. Il est de l'intérêt public de prévenir un pareil état de choses, et c'est pour ce motif qu'il faut mettre à la disposition du Gouvernement un certain crédit, au moyen duquel il peut remédier aux inconvénients qui peuvent se présenter.

M. *Kœchlin*. Vous venez d'entendre, Messieurs, les chiffres cités par M. Simonin. Je ne puis pas admettre qu'on fasse une comparaison avec les mêmes actes d'après l'ancien et le nouveau tarif, car ces actes seront tout autres sous l'empire de la nouvelle législation. Je conteste donc la justesse du calcul.

Ce qui m'engage surtout à insister sur ma manière de voir, c'est que, par le fait de la dépense la plus minime en faveur de tel ou tel huissier, nous nous trouverons en présence d'un précédent, et l'Administration viendra nous dire dans notre prochaine session : Nous avons procédé de telle manière dans tel cas, il faut agir de même dans la suite. Je ne voterai donc pas le crédit ; je ne veux pas avoir les mains liées par des précédents. Je persiste à croire que, si l'on a des fonds, à partir du 1er mai 1880 seulement, on pourra parfaitement bien parer aux besoins qui se seront fait sentir.

M. *Ditsch*, rapporteur. Je ferai remarquer encore qu'il nous reste une garantie réelle pour l'emploi du crédit demandé, c'est la révision des comptes. Nous verrons, à cette occasion quels sont ceux des huissiers auxquels on aura accordé des subventions, et nous pourrons, le cas échéant, critiquer l'emploi des sommes et demander que d'autres mesures soient prises à l'avenir.

M. *Kœchlin*. L'observation de M. Ditsch ne répond pas à mon objection. Les comptes de l'exercice 1879 ne nous seront soumis qu'en 1882, et le Gouvernement s'appuiera, dès la fixation du prochain budget, sur le précédent que nous créerons par le vote du crédit.

M. *North*. Je suis parfaitement d'accord avec M. Kœchlin au point de vue des principes. Il ne faut dépenser l'argent des contribuables qu'en parfaite connaissance de cause, et après avoir constaté l'utilité de la dépense. — Si j'insiste néanmoins en faveur de la position du budget, c'est uniquement pour fournir au Gouvernement le moyen d'empêcher que le service des huissiers ne soit entièrement désorganisé. — Le jour où les huissiers auront choisi une autre carrière, vous ne pourrez plus les faire retourner à leurs anciennes fonctions. Le service sera alors confié à des personnes recrutées à la hâte et qui n'offriront probablement plus toutes les garanties désirables. Le public qui doit confier ses intérêts, ses recouvrements à des personnes dans lesquelles il n'a pas une confiance entière, se trouvera lésé. La dépense qui est proposée a donc entièrement lieu dans un but d'intérêt public, et si vous vouliez la remettre jusqu'à ce que la pratique vous en eût demontré la nécessité, elle viendrait trop tard. Les anciens titulaires auront quitté leurs fonctions et vous n'arriverez plus à réorganiser convenablement le service des huissiers.

M. *Schnéegans*. J'appuie vivement la manière de voir de M. North, et j'ajouterai que par le vote du crédit, nous n'établirons en aucune façon un précédent fâcheux.

Le Gouvernement nous dit que le crédit n'a qu'un caractère éventuel, qu'il ne sera utilisé qu'en cas de nécessité réelle. Si donc le besoin d'accorder des secours ne se fait pas sentir, la raison de l'émargement tombera et le crédit disparaîtra par cela même.

Les titres 17 avec 12 500 ℳ; 18 avec 15 000 ℳ; 19 avec 30 000 ℳ; 20 avec 4000 ℳ; 21 avec 2750 ℳ et le total des titres 9 à 21 avec 103 705 ℳ, sont successivement adoptés; de même les titres 22 à 27 avec 74 200 ℳ et le total du chapitre 18 avec 855 030 ℳ.

L'ensemble du budget de l'Administration de la justice est ensuite mis aux voix et adopté.

On passe au 2e objet de l'ordre du jour.

II.

2e lecture de la proposition n° 8; projet de loi concernant l'Administration des produits domaniaux.

3e Commission.

Rapporteur: M. Mieg-Kœchlin.

Le rapport a été imprimé et distribué aux membres conformément au règlement (Voir l'annexe 2).

Les articles 1 et 2 du projet sont adoptés sans discussion.

Article 3. M. *Kœchlin*. Je n'ai pas l'intention de proposer une modification de cet article, et je considère en général la loi comme très-bonne, mais je crois cependant devoir faire ici une réserve. Je tiens à dire que nous espérons bien que dans un temps donné nous *toucherons* à l'Administration des recettes forestières et que nous supprimerons les „Forstkassen", qui présentent bien des inconvénients.

M. le conseiller *de Sybel*, commissaire du Gouvernement, fait observer que presque toutes les „Forstkassen" — 85 % — sont réunies aux bureaux d'enregistrement, et qu'elles n'ont été établies isolément que là où il a été impossible d'en agir autrement.

M. *Kœchlin*. Mon observation avait la portée d'une simple réserve. Il est dit dans l'article 3: „Cette loi ne touche en rien aux prescriptions applicables à l'Administration des recettes forestières. Or je n'entends pas approuver le système actuel des „Forstkassen", et c'est pour cette raison que je n'ai pas voulu laisser passer l'article sous silence.

L'article 3 est mis aux voix et adopté, ainsi que l'ensemble du projet de loi.

L'ordre du jour étant épuisé, la séance est levée à 5 heures 1/2.

La prochaine séance est fixée à mercredi, 26 février, à 2 heures 1/2 de relevée.

DÉLÉGATION D'ALSACE-LORRAINE.

2e Commission.

RAPPORT DE M. DITSCH.

Budget de l'Administration de la Justice.

J'ai l'honneur de soumettre à l'Assemblée le résultat du travail auquel votre Commission s'est livrée sur ce chapitre de notre budget.

Le projet tout d'abord est divisé en deux parties : l'une embrassant la période du 1er avril à fin septembre 1879, et l'autre celle du 1er octobre à la fin de mars 1880.

Cette division a été nécessitée par les modifications qui, à partir du 1er octobre, seront introduites par la nouvelle organisation du service judiciaire, et qui entraînent avec elles, comme conséquence, aussi des modifications nombreuses dans les diverses positions des chiffres du budget.

Outre ces modifications de détail, l'application du nouvel état de choses fait disparaître, à partir du 1er octobre, du chapitre des recettes de l'Administration de la justice, les crédits émargés jusqu'ici pour droits de timbre et d'enregistrement, pour les comprendre dans le budget relatif à l'Administration de l'enregistrement, laquelle à l'avenir sera chargée probablement du recouvrement des frais de justice.

Pour plus de détails sur ce point, il est renvoyé aux articles spéciaux du budget y relatifs, et dont les motifs ont reçu l'approbation de votre Commission.

Nous signalerons cependant un point de détail important, concernant une innovation survenue dans la perception du droit de timbre en matière judiciaire contentieuse, innovation qui consiste pour l'avenir à substituer au droit fixe le droit proportionnel suivant l'importance de l'objet de la demande.

Ce changement, qui a paru à votre Commission aussi juste qu'équitable, a reçu sa pleine approbation.

Ces divers points principaux constatés, votre Commission a examiné, dans les détails, d'abord la première partie du budget.

L'attention de votre Commission s'est arrêtée au chiffre de 10 000 ℳ inscrit au titre 19 du chapitre 15 pour l'entretien du mobilier des tribunaux de première instance, attendu que cet objet figure pour la première fois au budget de l'Etat, tandis qu'autrefois ces frais étaient considérés comme une dette départementale et supportés comme tels. Mais votre Commission a pris en considération les motifs consignés en marge de l'article ; elle a reconnu, en outre, qu'il existe déjà un précédent pour une autre question qui se rattache étroitement à celle-ci, c'est-à-dire que, depuis plusieurs années déjà, les mêmes dépenses des justices de paix qui étaient précédemment supportées par le budget de chaque département respectif, ont été portées au compte du budget du pays.

D'un autre côté, chacun des trois départements étant doté également de deux tribunaux de première instance, il s'ensuit que le bénéfice résultant pour eux de la décharge obtenue bénéficiera à chaque département aussi dans la même proportion.

Une autre somme de 3650 ℳ est portée en augmentation aussi au chap. 18, titre 6 ; elle est, ainsi que l'indiquent les motifs, le résultat d'une expérience de trois années et est destinée à couvrir, entre autres, aussi les frais de déplacement des présidents des assises, tenue des audiences en dehors du siége des Amtsrichter, voyages dans l'intérêt du service, etc.

Les quelques autres modifications de chiffres étant de peu d'importance et les justifications fournies à l'appui ayant été jugées suffisantes par votre Commission, elle a été unanime pour vous proposer l'adoption des divers chapitres tant de recettes que de dépenses inscrites à la première partie du projet de budget.

Quant à la seconde partie du budget embrassant la période nouvelle, votre Commission a cru prudent de maintenir les divers crédits qui y sont proposés, par le motif que toutes les sommes autres que celles relatives à des traitements fixés ne sont basées que sur de simples suppositions résultant d'une situation entièrement neuve qui va être embrassée et que l'expérience seule pourra justifier leur bien-fondé.

Votre Commission a accepté l'augmentation de 19 200 ℳ inscrite en dépense au chap. 18, titre 4, et qui est la conséquence de l'élévation des futurs Amtsrichter au même rang que les juges des tribunaux régionaux ; ce changement dans la position permettra aux premiers de se maintenir plus longtemps à la même résidence, à cause de l'avancement qu'ils pourront obtenir sur place, mesure très-heureuse tant au point de vue de l'intérêt des populations qu'au point de vue des magistrats eux-mêmes.

Une autre augmentation de crédit de 14 400 ℳ, inscrite au titre 3 du même chapitre, est la conséquence tant d'une création nouvelle de trois fonctions comme présidents des Chambres de commerce, que d'une augmentation de traitement résultant des modifications apportées à la condition des Amtsrichter.

Quant à la somme de 30 000 ℳ inscrite au titre 19 du même chapitre 18, autant qu'elle tend à accorder des rémunérations à des huissiers, votre Commission, d'accord avec M. le commissaire du Gouvernement, a cru prudent de n'entrer dans aucun détail, voulant laisser à l'avenir soin de déterminer leur situation future, sur laquelle suppositions ne pourraient du reste, quant à présent, s seoir sur aucune base certaine.

Comme conclusion, votre 2ᵉ Commission vous prop également l'adoption des divers crédits de recettes et dépenses tels qu'ils sont prévus par la seconde partie projet de budget.

Le rapporteur,

Ditsch.

DÉLÉGATION D'ALSACE-LORRAINE.

3ᵉ Commission.

RAPPORT DE M. MIEG-KŒCHLIN.

Proposition Nᵒ 8. Projet de loi concernant l'Administration des produits domaniaux.

Je viens au nom de votre 3ᵉ Commission vous présenter un rapport sur la proposition Nᵒ 8 qui lui a été renvoyée.

Ainsi que vous avez pu le voir par l'exposé des motifs, la loi du 30 décembre 1871 met dans les attributions du Directeur général des douanes, l'administration des produits des domaines non affectés, c'est-à-dire la perception et la comptabilité de ces produits.

Il ne paraît certes pas naturel de voir ces domaines eux-mêmes administrés par une autorité et leurs produits par une autre.

Cette organisation complique le service en ce sens que pour beaucoup d'opérations il faut passer par plusieurs Administrations.

Nous ferons remarquer à ce sujet que ces domaines consistent généralement en une quantité de petites parcelles et que la situation actuelle en rend la vente difficile et entraîne des lenteurs regrettables.

En second lieu les frais d'administration de ces produits sont assez élevés et hors de proportion avec les recettes.

Vous pourrez vous en convaincre en consultant le budget général des finances (annexe 14, chap. 20 des recettes et chap. 59 des dépenses), où le produit de la vente des biens non affectés est prévu pour la somme

de. . . . . 80 000 *M.*
et celui des fermages pour.. . . . . . . 30 000 „

    Total. . . . . . 110 000 „

tandis que les frais d'administration se montent à 8 200 *M.*

On évalue la valeur totale des biens en question de 6 à 800 000 *M.*

Le § 1ᵉʳ tel qu'on nous le propose, nous paraît donc une simplification utile dans le service, qui de cette façon se fera d'une manière plus pratique et plus économique.

En ce qui concerne le § 2, il est nécessaire qu'un article de loi autorise le Chancelier à charger d'autres fonctionnaires de la rentrée et de la comptabilité des produits désignés, vu que c'est également un article de loi qui règle actuellement les attributions des receveurs d'enregistrement dans la question qui nous occupe.

Nous n'avons pas d'objections à faire quant au § 3, et en somme votre 3ᵉ Commission vous propose d'accepter la loi telle qu'elle vous est présentée.

Le rapporteur,

MIEG-KŒCHLIN.

DÉLÉGATION D'ALSACE-LORRAINE.

Sixième Session.

COMPTE-RENDU OFFICIEL.

12ᵉ SÉANCE

26 février 1879, 2 heures et demie de l'après-midi.

SOMMAIRE : Communications diverses; 2ᵉ lecture du budget de l'Agriculture; 3ᵉ lecture de la proposition Nᵒ 8, projet de loi sur l'Administration des produits domaniaux.

Président : M. Schlumberger.

Secrétaire : M. Schnéegans.

Présents : 27 membres; absents : MM. Adt, Blandin et Dʳ Rack.

Le Gouvernement est représenté par M. le Président supérieur, MM. les conseillers supérieurs Stempel et Metz, MM. les conseillers de Sybel, Dursy et Eberbach et M. l'assesseur Dʳ Bickell.

M. le secrétaire *Schnéegans* donne lecture, dans les deux langues, du procès-verbal de la dernière séance, qui est adopté.

M. le *Président* donne lecture d'une dépêche de M. Adt, par laquelle il annonce qu'il est empêché d'assister à la séance d'aujourd'hui et demande un congé, ainsi que d'une lettre de M. Rack, député au Reichstag, qui a été obligé de partir pour Berlin et demande un congé de plusieurs jours.

Les congés sont accordés.

M. le *Président* communique ensuite une pétition du maire de Rosheim demandant la création d'un Amtsgericht dans cette commune.

Elle est renvoyée à la 2ᵉ Commission.

M. *Lorette.* Au commencement de cette session, j'ai eu l'honneur de déposer sur le bureau une demande tendant à l'organisation d'un secrétariat permanent et d'un bureau des archives pour le Landesausschuss. Je demanderai à M. le Président ce qui a été décidé par le bureau au sujet de cette demande.

M. le *Président* répond que le bureau s'est réuni pour en délibérer, mais qu'il n'a pas encore pris de résolution définitive. Une seconde délibération aura lieu incessamment, et l'Assemblée sera prochainement saisie de la question.

On passe à l'ordre du jour.

I.

Deuxième lecture du budget de l'agriculture.

4ᵉ Commission.

Rapporteur : M. Grad.

Le rapport a été imprimé et distribué aux membres conformément au règlement. (Voir annexe I.)

L'Assemblée passe à la discussion des articles.

M. *Grad*, rapporteur. Messieurs, permettez-moi d'ajouter quelques observations personnelles au rapport que j'ai eu l'honneur de vous présenter au nom de votre Commission de l'agriculture. Ces observations se rapportent au projet de régularisation de l'Ill dont nos collègues ont tous intérêt à connaître les conditions. La population de l'Alsace attache un grand intérêt à cette entreprise dont notre agriculture attend les meilleurs résultats. Vous le savez, l'Ill prend sa source sur le territoire de Ligsdorf, dans le Jura alsacien. Son bassin embrasse une étendue de 454 800 hectares. Son cours atteint une longueur de 220 kilomètres depuis la source de Ligsdorf jusqu'à l'embouchure dans le Rhin, à la Wanzenau près Strasbourg. Ses principaux affluents sont la Thur, la Doller, la Lauch, la Fecht, la Lièprette et la Bruche, tous descendus des Vosges, cours d'eau qui manifestent un caractère torrentiel avec des crues subites suivies de fortes sécheresses. Année moyenne, la rivière débite dans le Rhin 33 °/₀ de l'eau tombée à la surface de son bassin, soit de 40 à 50 mètres cubes par seconde. D'après les jaugeages effectués, le débit maximum atteindrait 330 mètres cubes à Mulhouse, 460 près Illzach, 620 en aval d'Ensisheim, 640 près Horbourg, 670 à Illhäusern, sur la limite de la Basse-Alsace, ce qui répondrait à une moyenne de 3ˡ,6 par hectare et par seconde en temps des hautes eaux. Chaque affluent grossit le courant, mais les pluies de la plaine augmentent peu le débit et ne donnent pas au-delà d'un litre par hectare et par seconde. Sous l'effet de la dérivation de la Krafft, le débit de la rivière à Strasbourg descend même au-dessous du volume écoulé à la limite du Haut-Rhin. Que de fois nous avons vu la rivière subitement gonflée abandonner son ancien cours pour laisser de côté des ponts nouvellement construits et se creuser en quelques instants un autre lit dans le sol limoneux de la plaine. Un proverbe alsacien exprime d'une façon pittoresque les allures désordonnées du cours d'eau, en disant :

Die Ell
Geht wo sie well.

Lors de la fonte des neiges, au commencement et à la fin de l'hiver, l'Ill et ses affluents se gonflent en quelques instants. Quelques pluies chaudes suffisent, quand les cimes des Vosges sont couvertes de neige, pour élever le débit de ces torrents dans d'énormes proportions en moins d'un jour. La congélation du sol et la dénudation des forêts précipitent l'écoulement des eaux, au point que la Fecht, la Doller, comme l'Ill elle-même, centuplent de volume du jour au lendemain, sortent de leur lit, rongent leurs rives, changent de cours, débordent dans les vallées et recouvrent les terrains bas de la plaine, en ravageant les cultures et en dévastant les ouvrages d'art exécutés le long de ces rivières sans plan commun, sans lien d'ensemble. Ces débordements sont ensuite suivis de longues sécheresses, dont les prairies des vallées, comme celles du Ried, souffrent également, de manière à ne donner certaines années qu'une coupe d'herbe unique. Une régularisation de régime permettrait à la fois de diminuer ces sécheresses et de modérer les débordements. Que nous faut-il pour changer le régime de nos cours d'eau, pour les contraindre de rendre à la culture tous les services dont ils sont susceptibles ? Il nous faut absolument exécuter sur l'Ill et ses affluents un ensemble de travaux de redressement et de défense fait sur un plan bien coordonné. Il nous faut retenir les eaux dans un lit bien fixe, pourvu de digues assez fortes pour contenir les eaux lors des crues les plus puissantes. Il nous faut adapter à ces ouvrages de défense et de correction un système d'irrigations et d'ouvrages d'art conçu de manière à utiliser les eaux comme force motrice pour les usines sans préjudice pour les besoins agricoles. Enfin, pour régulariser l'écoulement même des eaux, pour rendre les crues moins violentes et moins brusques, pour diminuer les sécheresses et conserver un débit plus considérable pendant la saison d'été, le moyen le plus efficace, le seul moyen possible, consiste dans le reboisement des montagnes et dans l'établissement d'un système de réservoirs dans les vallées.

Aucune de nos rivières n'est encore endiguée sur tout son parcours. Chose plus fâcheuse, les travaux de défense entrepris jusqu'à ce jour et les constructions faites sur certains points manquent de lien et d'unité. Souvent même ils se gênent et se nuisent les uns aux autres, faute de se raccorder à un point d'ensemble. C'est pour ce motif que le Gouvernement fait exécuter actuellement une étude générale des travaux à entreprendre, tant pour le cours de l'Ill que pour la correction et l'endiguement de ses affluents. Une fois le plan général bien arrêté, les ouvrages de détail pourront être entrepris et commencés sur des sections déterminées, suivant les convenances et les besoins, pour se raccorder successivement et former un ensemble dont les diverses parties se soutiennent au lieu de se contrarier. En ce qui concerne particulièrement la régularisation de l'Ill, les ouvrages à faire varient et sont à modifier en raison des conditions différentes du régime dans le cours supérieur, moyen et inférieur de la rivière. Quant aux affluents descendus des Vosges, il y a à considérer séparément la partie supérieure du bassin, depuis les sources jusqu'au fond des vallées, puis la partie basse, allant du fond des vallées jusqu'au confluent avec l'Ill. La partie supérieure de l'Ill s'étend de Ligsdorf à Mulhouse, dans la région des collines du Sundgau, sur une longueur de 62 kilomètres ; le cours moyen allant de Mulhouse à Colmar mesure une longueur de 60 kilomètres jusqu'au Ladhof, où la rivière devient navigable ; la partie navigable ou inférieure va du Ladhof à la Wanzenau ou au Rhin, avec une longueur de 100 kilomètres environ. Aucun ouvrage de défense n'a été exécuté dans la région supérieure en amont de Mulhouse. Dans la région moyenne, entre Mulhouse et le Ladhof, existent des travaux d'endiguement exécutés par des communes et des associations syndicales.

Deux résultats sont à obtenir pour régulariser nos cours d'eau. D'une part, les grandes crues doivent être contenues par un système de digues ; d'un autre côté, nous avons à assurer au lit une pente égale, afin de prévenir les changements de direction et l'érosion des rives. Dans la zone supérieure, entre Hirsingue et Mulhouse, le chef du service des améliorations, M. Fecht, propose d'établir une série de barrages, de manière à donner une pente uniforme de 0,4 par 1 000 de parcours ; ces barrages permettraient d'utiliser pour des usines et pour les eaux l'irrigation des prairies. Dans la région moyenne, entre Mulhouse et le Ladhof, les rives se composent de terres arables situées à 2 mètres au-dessus du lit de la rivière, avec une pente uniforme de 1,0 à 1,5 par 1 000. La pente du lit et celle des terres cultivées au-dessus des berges sont à peu près uniformes. Les cultures se trouvent au-dessus du niveau ordinaire des hautes eaux et ne sont inondées que par suite de la rupture des digues, après des crues exceptionnelles. Mais au-dessous des berges il y a près de 600 hectares de terrains enlevés par l'Ill, dans le parcours d'Illzach au Ladhof, et recouverts de bancs de gravier perdus pour la culture.

De plus, lors de la grande crue de septembre 1852, les eaux ont inondé une superficie de 15 000 hectares de champs cultivés, sur le territoire de 32 communes. Au lieu de barrages, la correction sera effectuée sur ce parcours, d'Illzach ou de Mulhouse jusqu'au delà du Ladhof, au moyen d'un système d'endiguements avec double lit d'eaux moyennes et de hautes eaux. Cette mesure s'impose à cause des grandes variations dans les masses d'eaux à écouler. Avec un profil simple ou un lit unique, il faudrait élargir le fond de manière à employer ses nombreux circuits du lit actuel lors des eaux basses et moyennes, au détriment de la durée des ouvrages. Au contraire l'adoption d'un double profil, ou d'un lit d'eaux moyennes et de hautes eaux, permet de suivre la plupart des circuits existants, et les digues de hautes eaux ne sont plus exposées à une attaque directe. D'un autre côté, la vitesse moyenne d'écoulement est plus faible avec un profil double qu'avec un profil simple, parce que le rapport de la section au périmètre mouillé diminue. Point important à noter, pour le parcours d'Illzach au Ladhof, dont la pente naturelle sera maintenue sans changement. Autant que possible, on conservera aussi les ouvrages de défense déjà existants sur cette étendue, avec quelques centaines de mille francs d'économie.

En aval du Ladhof et sur le territoire de la Basse-Alsace les besoins de la navigation exigent également un lit à double profil sur les parties où il s'agit de contenir les crues, afin de conserver en toute saison une profondeur d'eau suffisante. Par contre, en amont de Mulhouse, un profil simple, combiné avec les barrages, suffira pour répondre à toutes les exigences. Ce profil sera formé par deux digues parallèles, élevées de 3 à 4 mètres au-dessus du fond de la rivière, de $1^m,5$ à 2 mètres au-dessus des terres cultivées. Les digues auront 2 mètres de large au couronnement, avec talus de 2 mètres à l'intérieur et de 1 mètre à l'extérieur. Pour le profil double de la zone inférieure et de la zone moyenne, la couronne des digues des hautes eaux s'élèvera à 4 mètres au-dessus du lit des eaux moyennes, avec $1^m,5$ à 2 mètres de largeur au sommet, des talus de $1^m,5$ à 2 mètres en dedans et de 1 mètre à $1^m,25$ au dehors. Quant au profil des eaux moyennes, l'angle supérieur des talus sera à $1^m,5$ au moins au-dessus du fond. Là où le terrain n'arrive pas à cette hauteur, il faudra y remédier au moyen de remblais ayant $1^m,5$ de largeur au couronnement. Le lit des eaux moyennes sera établi de manière à permettre l'écoulement des crues ordinaires de l'automne et du printemps, avec une section égale à celle du lit que l'Ill s'est creusé sur tous les points où elle a un lit à peu près régulier. Naturellement la largeur ira croissant d'amont en aval, à mesure que la rivière recevra de nouveaux affluents, à savoir : 18 mètres depuis Illzach jusqu'à l'embouchure de la Thur à Ensisheim; 22 mètres depuis Ensisheim jusqu'à Sainte-Croix; 25 mètres depuis Sainte-Croix jusqu'à Illhäuseren, à l'embouchure de la Fecht. Pour le lit des hautes eaux, l'écartement des digues du lit des eaux moyennes sera moins constant à cause de l'étendue variable des terrains entre les hautes berges d'abord, puis afin de tirer profit des endiguements anciens encore existants. Au point de vue technique, une chose importe surtout, c'est que la vitesse moyenne des hautes eaux sur les différents points du parcours ne varie pas trop et diminue progressivement d'amont en aval.

N'entrons pas cependant dans trop de détails sur la nature des travaux à entreprendre, et bornons-nous à signaler la formation de syndicats subventionnés par l'Etat et par les départements comme le meilleur mode à préconiser pour l'exécution des ouvrages nécessaires pour la correction de l'Ill et de ses affluents. On peut évaluer approximativement à 1 600 000 ℳ environ la dépense pour le redressement de l'Ill dans la Haute-Alsace; mais rien que les terrains gagnés sur le cours d'eau forment une superficie de 600 hectares, pouvant se convertir en bonnes prairies pouvant valoir 3 000 ℳ l'hectare. Dans l'une des annexes jointes à mon rapport, M. Fecht nous renseigne sur les projets de détail actuellement achevés pour les travaux de correction. Le même document nous renseigne aussi sur les études dont le chef du service d'amélioration a été chargé par ordre du Président supérieur d'Alsace-Lorraine pour la construction des réservoirs, complément indispensable d'un bon aménagement des eaux dans notre pays. Ces études portent dès maintenant sur les bassins du Schmelzwasser, du Rothried, de l'Altenweyer, du Darensee et de la Wolmsa dans la vallée de Munster, puis du lac de Séewen et de la Breitmatt, dans la vallée de la Doller. Successivement les ingénieurs du service étudieront d'autres projets de réservoirs à établir dans les vallées de la Thur, de la Lauch, de la Weiss, du Giesen, de la Kirneck et de la Brusche. Sans doute ces travaux d'une importance capitale ne s'exécuteront pas sans frais, mais quiconque songe aux capitaux énormes engloutis par les dépenses stériles des armements militaires ne doutera pas que nous ne trouvions assez d'argent pour les dépenses reproductives et fécondes d'un bon aménagement des eaux. Qu'il nous suffise de citer l'exemple des réservoirs du val d'Orbey pour l'utilisation des eaux surabondantes des deux bassins du lac Noir et du lac Blanc. Moyennant une dépense de 60 000 ℳ, les industriels d'Orbey et de Kaysersberg ont créé une réserve d'eau de 3 000 000 de mètres cubes, dépense couverte en dix ans par l'économie réalisée par les forces motrices et par le rendement augmenté des prairies. Cultivateurs et industriels se félicitent également des beaux résultats donnés par ces travaux. Dans la vallée de Munster, nous pourrions aisément établir une série de réservoirs susceptibles de fournir 1000 litres d'eau par seconde, en sus du débit actuel de la Fecht, en coulant nuit et jour, pendant la saison sèche, du mois de juin au mois d'octobre. Des réservoirs semblables existent déjà ou sont à construire dans les vallées de la Doller et de la Lauch. Partout ces ouvrages ont donné de bons résultats. Ils se multiplient d'ailleurs dans la plupart des pays d'Europe, en Afrique et en Asie. Citons entre autres les réservoirs construits dans le midi de l'Espagne, autour d'Almansa, d'Elche et d'Alicante, réservoirs dont quelques-uns fonctionnent depuis l'époque des Maures. En France, nous avons le bassin du Lampy, pour l'alimentation du canal du Midi, puis les magnifiques réservoirs de Furens et du Pas-du-Riot, au-dessus de Saint-Etienne, dont les barrages atteignent 50 mètres d'élévation. En Belgique, la ville de Verviers vient de terminer sur le même modèle le grand réservoir de la Gileppe. En Algérie, nous voyons les réservoirs du Sig, de l'Oued-Hamiz et de l'Habra, ce dernier d'une contenance de 30 000 000 de mètres cubes. Des ouvrages pareils existent dans l'Inde et en Chine. N'est-ce pas un motif pour imiter chez nous ces exemples, pour aspirer à ces pacifiques conquêtes du travail? Tour à tour débordés ou à sec, nos terrains nous présentent un régime incompatible avec une culture avancée. Tout le monde, en Alsace, ressent encore le mal ou conserve le souvenir des dernières inondations. Tout le monde est d'accord sur l'impossibilité d'abandonner nos rivières à leurs allures naturelles et à leur cours désordonné sans rien faire pour garantir définitivement de leurs déprédations nos cultures et nos demeures. Tout le monde ressent l'utilité d'employer les eaux dans une plus large mesure pour l'agriculture comme pour l'industrie, car l'abondance des pluies et des neiges suffit pour répondre à tous les besoins, d'un bout à l'autre de l'année. Avec un meilleur aménagement des eaux, en réservant pour les époques de sécheresse une partie des excédants du printemps et de l'automne, nous pouvons améliorer nos prairies, élever plus de bétail, donner plus d'engrais aux terres arables, créer de nouvelles forces motrices, multiplier toutes nos ressources. Le travail qui s'impose comme complément inévitable de la correction de l'Ill, c'est d'augmenter pendant l'été le débit des affluents descendus des Vosges, œuvre dans laquelle l'honneur du Gouvernement et la prospérité du pays sont engagés au même titre.

Recettes.

Les chap. 14 et 15, avec 41 000 ℳ et 11 000 ℳ sont adoptés sans discussion.

Au chap. 16 (Etablissement de pisciculture à Huningue, 34 700 ℳ),

M. *Grad* propose, au nom de la Commission, une une réduction de 2 100 ℳ en faisant observer que, d'après les explications du commissaire du Gouvernement, les recettes et les dépenses de cet établissement se balancent.

Cette proposition est mise aux voix et adoptée. Le chapitre 16 est donc réduit à 32 600 ℳ

Le chapitre 17, avec 500 ℳ, est ensuite adopté, ainsi que le total des recettes réduit à 85 100 ℳ

Dépenses ordinaires.

Le chapitre 48 (Affaires vétérinaires), titres 1 à 4, avec 27 300 ℳ, est adopté sans discussion.

Chapitre 49 (Pour favoriser l'élève des chevaux).

M. *Bozon.* Messieurs, à propos de la réforme de certains étalons du Haras de Strasbourg et de la succursale de Marsal, j'ai l'honneur de vous soumettre quelques observations qui m'ont été suggérées par des explications de M. le directeur du Haras, lors de la visite que la 4ᵉ Commission a faite dans cet établissement.

Je suis loin, Messieurs, de vouloir critiquer ; mes connaissances hippiques ne me permettent pas de dire que tels ou tels étalons doivent être réformés pour tel ou tel défaut. Ce soin doit être réservé en grande partie à M. le directeur, qui dirige d'une manière remarquable l'établissement qui lui est confié. Je voulais faire une observation sur le nombre d'étalons à réformer, sans vouloir en discuter ni la nécessité ni l'opportunité. M. le directeur nous a déclaré qu'on devrait réformer 18 étalons tant à Strasbourg qu'à Marsal, et dans ce nombre il en comptait 14 à Marsal, sur un chiffre total de 18 ou 20, et 4 à Strasbourg, sur, je crois, 68. Cette proportion, Messieurs, m'a vivement frappé ; je reconnais qu'en Alsace on a peut-être plus d'éleveurs qu'en Lorraine, ce que je ne voudrais cependant pas affirmer ; qu'il faut, en outre, une autre race que celle que nous demandons pour notre département ; mais nous avons aussi des éleveurs et des éleveurs distingués. Vous m'avouerez qu'ils ne doivent pas être flattés du choix qu'on leur a donné. Je dois dire cependant que j'ai entendu peu de plaintes, à l'exception de celles relatives au trop petit nombre d'étalons pour la quantité de juments à saillir. Cette réclamation me paraît fondée ; car, d'après une statistique, nous avons en Lorraine 63 500 chevaux et dans la Haute- et la Basse-Alsace seulement 66 500 pour les deux départements. Or, Messieurs, on ne nous accorde que 18 ou 20 étalons, tandis qu'on en donne 68 à l'Alsace. Vous voyez donc qu'il n'y a pas de proportions gardées, et que nous réclamons avec raison. Je veux bien admettre que le hasard et le manque de reproducteurs de la race qui convient à la Lorraine soient les seuls motifs pour lesquels notre partage n'ait pas été heureux ; car, Messieurs, je n'admettrai jamais un manque d'équité. Aussi ai-je été très-satisfait d'apprendre que des mesures avaient été prises pour un choix mieux approprié aux besoins de notre contrée, et que des reproducteurs d'une structure plus forte avaient été achetés en Normandie et en Bretagne pour être envoyés en Lorraine.

Pour que de nouvelles plaintes ne puissent plus s'élever dorénavant, j'ai vu avec plaisir qu'une Commission de trois membres, pris dans la Haute- et la Basse-Alsace et dans la Lorraine, serait instituée pour la répartition des étalons entre les trois départements.

M. le directeur, Messieurs, m'a aussi annoncé que son intention était de demander le transfert de la succursale de Marsal à Strasbourg ou dans les environs. Je sais qu'il n'y a rien d'officiel dans cette proposition ; mais je voudrais m'efforcer de prévenir pareille détermination. Que la Lorraine ait de bons étalons et en nombre suffisant, voilà l'essentiel ; qu'ils lui viennent de Strasbourg ou de Marsal, cela peut lui être très-indifférent. Vous m'avouerez cependant que les éleveurs de l'arrondissement de Château-Salins et même des arrondissements de Metz et de Thionville auront plus de facilité de venir visiter les étalons à Marsal qu'à Strasbourg, surtout quand la ligne Château-Salins-Saaralben sera terminée. Il y a, Messieurs,

une autre considération pour laquelle on ne devrait jamais déposséder Marsal du peu qui lui reste. Comme Phalsbourg, Marsal a été bombardé, puis démantelé ; on lui a enlevé sa petite garnison ; depuis quelques années on démolit toutes ses casernes. Elle n'a plus qu'une station d'étalons, je vous en prie, Messieurs, laissez-la lui.

M. *Bichelberger.* M. Bozon vient de faire ressortir la grande différence dans la répartition des étalons entre les trois départements. Pour bien fixer les idées de l'Assemblée à ce sujet et pour confirmer ces observations, je me permettrai de vous citer quelques chiffres. Si l'on divise la population chevaline de chaque département par le nombre d'étalons qui se trouvent dans les stations respectives, on obtient le résultat que

dans la Basse-Alsace il y a

    1 étalon sur. . .   758   chevaux,

dans la Haute-Alsace

    1 étalon sur. . . 2 112   chevaux,

et dans la Lorraine

    1 étalon sur. . . 3 530   chevaux.

L'inégalité est flagrante, et l'on se demande pourquoi le partage est si peu en proportion avec le nombre des chevaux. La Lorraine élève autant de chevaux que l'Alsace entière, 63 524 sur 45 525 dans la Basse — et 21 123 dans la Haute-Alsace, et n'a que 18 étalons sur un chiffre total de 88 ! Le nombre de 18 étalons attribués à la Haute-Alsace n'est pas non plus en rapport avec la population chevaline. Je demande qu'on fasse cesser ces inégalités, afin d'égaliser, par une répartition plus équitable, les chances de réussite dans l'élève des chevaux.

M. *Kœchlin.* La différence qu'on vient de relever m'avait toujours frappé. Seulement, je rappellerai à M. Bichelberger que dans notre réunion de la première année nous avons eu une très-longue discussion sur le haras, au point de vue du principe, et qu'à cette occasion la Lorraine, je m'en souviens parfaitement, s'est prononcée contre le système des stations et a exprimé le désir de voir intervenir l'État dans ce sens qu'il achetât des étalons pour les revendre aux cultivateurs, en accordant des primes.

M. *Bichelberger.* Je ne conteste pas l'exactitude de ces observations, mais l'Administration n'ayant pas adopté le système que nous recommandions alors, nous désirons que la répartition des étalons du haras entre les départements soit tant soit peu égale. Si l'on veut revenir au système d'achat pour revente dont on vient de parler, nous y donnerons certainement notre adhésion.

M. *Grad.* L'établissement des haras ou l'élève du cheval nous coûte actuellement 200 000 fr. par année. C'est assez en l'état de nos ressources. C'est beaucoup plus que la somme attribuée à l'élève de l'espèce bovine. Messieurs, nous reconnaissons les efforts intelligents du Directeur actuel des haras et les bons résultats qu'il a obtenus déjà pour l'amélioration de l'espèce chevaline en Alsace-Lorraine. N'oubliez pas cependant que notre budget n'est pas en équilibre, qu'il nous faudra cette année encore une émission de bons du Trésor évaluée à 500 000 ℳ afin de rétablir l'équilibre entre les recettes et les dépenses. Nous ne pouvons emprunter de l'argent pour entretenir un plus grand nombre d'étalons. Pour ce motif seulement votre Commission a proposé de réduire à 60 000 fr. le crédit pour remplacement des chevaux à réformer, en ne dépassant pas 7 500 ℳ au crédit extraordinaire. Quand nous serons plus riches, nous verrons à faire mieux. La limite des moyens s'impose à nous impérieusement. En ce qui concerne l'augmentation du nombre des étalons en Lorraine, nous devons sans doute nous plier aux règles de la justice distributive. La Lorraine compte beaucoup plus de chevaux que la Haute-Alsace, la statistique jointe à notre rapport sur les institutions agricoles constate ce fait. Néanmoins, ne pourrait-on pas se demander si ce n'est pas précisément dans le département où l'élève du cheval est la plus en arrière, qu'il y a lieu de l'encourager davantage? Je pose la question sans prétendre la résoudre !

M. le baron *Zorn de Bulach*. Les observations de M. Bichelberger sont très-justes à mes yeux; elles prouvent une fois de plus que nous avions bien raison en demandant dès 1875 qu'il y eût plus d'étalons dans le haras. En effet, le nombre actuel est insuffisant pour les besoins de l'industrie chevaline: il en faudrait au moins cent. Avec ce chiffre il serait possible de donner satisfaction à la Lorraine, tout en laissant intact le contingent de la Haute-Alsace, qui elle-même a peu d'étalons, ainsi que celui de la Basse-Alsace, qui n'en a pas trop non plus. Si vous vouliez augmenter la part de la Lorraine, en diminuant celle de la Basse- et de la Haute-Alsace, vous ne feriez qu'éparpiller les forces sans atteindre le but proposé, et l'on ne doit pas prendre à l'Alsace le peu qu'elle possède. Dans le Bas-Rhin l'industrie chevaline est aujourd'hui le plus développée, et les résultats du haras sont satisfaisants; vous n'avez qu'à voir le chiffre des saillies annuelles. Mais si vous lui prenez une partie des étalons, il est évident que le nombre des naissances diminuera, ce qui serait regrettable.

D'ailleurs, il faut en Lorraine une autre espèce de chevaux qu'en Alsace; on les y veut plus forts, plus lourds. Je ne vois donc qu'un seul moyen pour sortir de ces difficultés, c'est d'augmenter d'une vingtaine de têtes le nombre actuel des étalons du haras. Ces nouveaux sujets, on les donnerait à la Lorraine, qu'on pourrait ainsi satisfaire sans léser les intérêts de la Haute et de la Basse-Alsace, et l'on arriverait ainsi à faire du bien aux uns sans faire du mal aux autres. En diminuant les étalons de la Basse-Alsace, on n'atteindrait pas, je le répète, le résultat désiré; d'autant moins que les sujets actuels ne répondent pas tout à fait aux besoins et au goût de la Lorraine. Cependant M. le directeur du haras nous a présenté dernièrement quelques sujets d'un type qui satisfait la Lorraine, et il a dit qu'il tâchera d'en trouver encore d'autres de ce genre, à mesure qu'il y aurait des vides à combler. Je crois qu'il y aurait lieu d'acheter dès maintenant, en faveur de la Lorraine, un certain nombre de têtes de ce type; ce serait, à mon avis, le moyen le plus rationnel de sortir des difficultés présentes et de faire cesser les inégalités dont on se plaint.

M. *Kœchlin*. La demande de M. de Bulach nous ramène à la discussion d'il y a quatre ans. Il y a actuellement 88 étalons en tout dans le haras de Strasbourg et la succursale de Marsal. Or, à Marsal l'installation est mauvaise, d'après les détails que nous recevons depuis quelques années déjà. Agrandir une installation qui n'est pas satisfaisante, semble peu rationnel, et c'est cependant ce qu'il faudrait faire en voulant augmenter le nombre des étalons. A Strasbourg, les bâtiments du haras appartiennent à la ville, qui les a loués à très-bon marché à l'Administration, à 40 ou 50 fr., si je ne me trompe. C'est un simple loyer de reconnaissance. Le manège revient à 400 ou 500 fr. par an. Mais ces bâtiments se trouvent sous le coup d'une expropriation en faveur de la Faculté de médecine.

Agrandir le haras dans des conditions pareilles serait déplorable. En 1875, nous avons longuement discuté la question, et la Lorraine nous a dit qu'elle préférait que le Gouvernement achetât des étalons pour les revendre aux cultivateurs, en accordant des primes. C'est de cette manière qu'il faudrait encourager l'élève des chevaux, mais il n'est pas possible d'augmenter le nombre des têtes du haras.

Le système que je viens d'indiquer serait avantageux pour le budget du pays. M. Grad nous a dit que l'Etat payait en moyenne 115 fr. pour le poulain venant au monde : je crois que c'est 87 fr. seulement. Mais cette dernière somme est déjà très-élevée, et je suis convaincu que, si les étalons étaient entre les mains des propriétaires, on obtiendrait des résultats tout aussi satisfaisants, en donnant une prime équivalant à 30 ou 40 fr. seulement par poulain. Il y aurait donc avantage incontestable pour nos finances.

Quant aux étalons de Marsal à réformer, nous avons été effrayés du grand chiffre qu'on nous a cité lors de notre visite au haras. On nous a dit d'abord que, sur un total de 20 étalons se trouvant ordinairement à Marsal, 14 devaient être réformés; c'eût été beaucoup; mais il s'est rencontré que, sur 18 étalons qui seraient à réformer, 9 se trouvent actuellement dans le haras de Strasbourg. Or, ces 9, nous les avons passés en revue, et nous avons trouvé que 3 seulement doivent réellement être réformés, et que les 6 autres sont encore propres au service, à moins qu'on ne veuille avoir un effectif de premier ordre et n'admettre que des chevaux hors ligne.

Je crois donc qu'il vaut beaucoup mieux conserver au chiffre actuel l'effectif du haras et venir en aide à la Lorraine au moyen de subventions en argent, comme elle l'a demandé il y a quatre ans. Il en est de même pour la Haute-Alsace, où l'on a également parlé d'une augmentation des stations actuelles, et où j'ai conseillé à ceux qui ont exprimé ce désir de demander plutôt des subventions pour l'achat d'étalons et la distribution de primes.

M. *Lorette*. M. Kœchlin vient de dire que l'établissement de Marsal est installé insuffisamment. J'ai été surpris d'entendre cette manière de voir, car j'ai visité Marsal en détail, et j'ai trouvé l'installation très-bonne. Je serais désireux de savoir ce qui, aux yeux de l'honorable préopinant, est défectueux dans cet établissement. Sont-ce les écuries, les logements des gardiens, etc. ? Pour ma part, j'ai été enchanté de Marsal, et je trouve qu'on est fort difficile en portant le jugement que je viens critiquer et qui, je le répète, m'a très-étonné.

M. *Kempf*. Je crois, pour ma part, que les stations actuelles du Haut-Rhin sont parfaitement suffisantes. L'industrie agricole du Haut-Rhin s'adonne plus spécialement à l'élève des bêtes à corne; il n'y a que les grands cultivateurs, comme, par exemple, notre honorable collègue M. Rudolph, qui s'adonnent à l'élève des chevaux, et cela plutôt par plaisir que pour en faire une industrie.

M. *Helbig*. Je n'ai à faire qu'une simple observation au sujet de la réforme des chevaux du haras. M. Kœchlin croit que sur 9 étalons que la Direction du haras croit devoir réformer, 3 seulement ont besoin de l'être en réalité. Je demanderai sur quelle base se fonde ce jugement. Est-ce sur la simple vue? Je ferai observer alors qu'un étalon peut être très-beau et n'en être pas moins impropre au service comme reproducteur. Au haras, chaque étalon a son registre, où sont inscrits le nombre des saillies et les produits obtenus. S'il résulte de ces données que le sujet n'est plus propre au service, il doit être réformé et non pas envoyé dans un dépôt, pour faire faire à la commune des dépenses d'entretien inutiles, car de cette façon il arrive souvent que les dépôts soient délaissés par les cultivateurs, parce qu'il n'y a pas de bons reproducteurs. Il ne s'agit donc pas de savoir, au point de vue de la réforme, si un étalon est beau comme cheval, mais s'il est bon comme reproducteur.

Quant au reste, je me rallie entièrement à l'opinion de M. de Bulach, qui demande une augmentation du nombre des étalons.

M. *Kœchlin*. Quand on nous a présenté les chevaux à réformer, on nous a indiqué les défauts nécessitant la réforme, et il s'est trouvé que 3 étalons seulement doivent être réformés parce qu'ils sont impropres au service comme reproducteurs, et que les autres doivent plutôt l'être pour leur conformation extérieure. Or je répète que pour les derniers la réforme paraît inutile, à moins qu'on ne veuille avoir que des chevaux de première perfection.

Je vous dirai maintenant que l'augmentation du haras est, à mes yeux, une énorme affaire. Il faudrait construire, et cela sur un terrain qui n'appartient pas à l'État. Strasbourg et Marsal sont littéralement bondés; il n'y a pas moyen d'y mettre un plus grand nombre de chevaux; il y a même, maintenant déjà, une boxe qui en contient deux, séparés par une cloison. Pour augmenter l'effectif, il faudrait donc bâtir, ce qui serait long et très-coûteux.

M. *Fulter*. Notre honorable collègue, M. Kempf, vient de déclarer que dans la Haute-Alsace on ne se livre guère à l'élevage du cheval et que par conséquent il y a assez d'étalons des haras. En Lorraine nous n'avons pas non plus beaucoup d'éleveurs, si vous attachez à ce mot le sens qu'il peut avoir ailleurs, en Normandie, par exemple, où il désigne ceux qui élèvent spécialement pour la vente.

Par contre, nous avons de nombreux cultivateurs tenant, pour les besoins de leur exploitation 10, 20 et jusqu'à 40 chevaux.

L'expérience a prouvé à ces cultivateurs qu'il est souvent sage et économique pour eux d'élever les chevaux qui leur sont nécessaires.

Si, par l'emploi de bons reproducteurs, ils peuvent obtenir des produits meilleurs que ceux de leurs propres étalons, ils ne négligeront pas de le faire, car ils connaissent parfaitement la supériorité d'un bon cheval sur une bête tarée.

Nos cultivateurs recherchent donc aujourd'hui les étalons de l'Etat pour peu que ceux-ci appartiennent au type estimé en Lorraine. Nous avons, autant que la Basse-Alsace, intérêt à obtenir des stations du haras. Je me hâte d'ajouter que le système d'achat et de revente des étalons a pourtant notre préférence, car il est prouvé que par ce système le poulain coûte à peine 40 fr. à sa naissance, tandis que par le système des haras il en coûte 90 à 100.

Je demande donc que l'on marche d'une manière plus décidée dans la voie où l'on a fait un premier pas dès 1875.

M. *Kempf*. Je ferai remarquer que ce qui est bon et avantageux pour la Lorraine, ne l'est pas, par cela même, pour la Haute-Alsace. Nos populations ont reconnu que l'élève des bêtes à corne leur rapporte davantage que celle des chevaux; elles renoncent donc à une industrie peu lucrative, pour s'adonner de préférence à celle qui leur assure plus d'avantages.

M. le baron *Zorn de Bulach*. J'ai déjà dit dans le Conseil général que le nombre des étalons attribués au Haut-Rhin, quoique inférieur à celui de la Basse-Alsace, n'avait pas besoin d'être augmenté, vu qu'il répond aux besoins réels. Les observations que nous venons d'entendre confirment cette opinion, et j'avais donc raison de dire qu'il y a assez d'étalons dans la Haute et Basse-Alsace. Mais en Lorraine, il n'y en a pas assez, et il s'agit de combler cette lacune. Le faire en enlevant à l'Alsace une partie de ses étalons pour les envoyer en Lorraine, serait nous déposséder et faire un vide chez nous, sans pouvoir complètement satisfaire la Lorraine. Nous créerions alors dans les trois départements un état de choses insuffisant. C'est pour cette raison que j'ai proposé, afin de parer aux difficultés, d'augmenter l'effectif du haras.

MM. Kœchlin et Fulter reculent devant les difficultés de cette mesure, et préfèrent que l'Etat achète des étalons pour les revendre aux cultivateurs, et accorde des primes. Si vous arrivez par là à augmenter le nombre des étalons, faites-le, j'y consens; mais la première condition de réussite de ce système est que vous trouviez des cultivateurs qui achètent des étalons.

Or, par le temps qui court, où l'agriculture est dans une situation très-critique, êtes-vous bien sûrs d'avoir ces cultivateurs en nombre suffisant?

Je crois, pour ma part, qu'il ne sera pas facile de trouver des gens qui veuillent, dans la situation actuelle, sacrifier 1 500 ou 2 000 fr. pour un cheval qui, un beau jour, peut venir à leur manquer. Les cultivateurs ne seront pas disposés à faire de pareils sacrifices; ce système n'aurait donc pas d'avenir et ne saurait durer. S'il avait quelque chance de réussite, je dirais: essayez-le, ce système qui est, du reste, aussi préconisé dans d'autres pays, où l'on veut de nos jours tout livrer à l'industrie privée. Mais il ne réussirait pas, et j'opine donc qu'on sera forcément obligé d'adopter le système que j'ai recommandé et d'augmenter l'effectif du haras, pour pouvoir satisfaire les justes réclamations de la Lorraine, qui a besoin d'un plus grand nombre d'étalons, et d'étalons plus lourds, plus forts que le type actuel. De cette façon, le sacrifice fait par l'Etat en faveur de l'industrie chevaline amènera un état de choses satisfaisant et durable, ce qui ne serait pas le cas avec l'autre système.

Pour ce qui est des bâtiments, ils sont insuffisants, je l'admets, pour recevoir un plus grand nombre de chevaux. Mais il me semble qu'on pourrait facilement remédier à cet inconvénient. On pourrait peut-être convertir certains bâtiments, mettre à profit des remises, des hangars pour faire des boxes, etc., etc. Je crois qu'en somme on parviendrait bien à pouvoir loger vingt têtes de plus, sans avoir des frais de construction trop considérables.

M. *Lorette*. Je ne puis qu'appuyer le système recommandé par M. Fulter. L'expérience en a été faite chez nous en 1875 et a produit les meilleurs résultats. Dernièrement encore, j'en ai parlé à des éleveurs, et je puis assurer qu'on en est très-satisfait dans le pays et qu'on demande généralement pourquoi cette expérience n'est pas renouvelée. Je demanderai donc au Gouvernement de donner suite à ces vœux.

M. le *Président supérieur* déclare que jusqu'à la présentation du prochain budget, le Gouvernement examinera la question de savoir s'il y a lieu de donner suite à ce dernier système.

M. *North*. La discussion qui a eu lieu n'a jusqu'ici porté que sur le nombre d'étalons affectés à tel département par rapport à tel autre. La question me semble mal posée. Ce que nous devons examiner, c'est la question de savoir si les besoins des divers départements ont été satisfaits; en d'autres termes, les populations ont-elles soulevé des réclamations parce qu'un nombre insuffisant d'étalons du haras a été mis à leur disposition? Jusqu'ici personne n'a fourni la preuve que toutes les demandes n'ont pu être satisfaites, et de là je conclus que l'insuffisance du nombre d'étalons du haras n'est pas suffisamment constatée.

Le haras chez nous est parfaitement organisé. Il peut rivaliser avec les meilleurs haras de nos contrées, et je pourrais presque dire que c'est un véritable objet de luxe. Je veux bien conserver ce luxe puisqu'il existe, mais il ne faut pas l'augmenter en dehors de toute proportion avec les besoins du pays.

Le haras a été organisé chez nous par le Gouvernement plus spécialement dans le but de fournir des chevaux pour la remonte. Il faut reconnaître aussi qu'il a contribué à améliorer la race chevaline dans certaines contrées ; mais dans d'autres on préfère élever des chevaux de trait, et on préfère alors aux étalons des haras des chevaux d'une race plus ordinaire.

On nous a déclaré ici que chaque poulain provenant des étalons du haras coûte au pays de 90 à 100 ℳ C'est un sacrifice déjà assez important, et je crois que les sacrifices faits par le pays sont suffisants et qu'il ne faut pas les augmenter.

Je suis d'accord avec mon collègue M. Kempf que la véritable richesse du pays consiste dans la race bovine et que là il y reste encore beaucoup à faire pour son amélioration.

La race bovine est beaucoup plus répandue dans le pays que la race chevaline ; en l'améliorant, vous augmenterez la richesse générale du pays. Vos bienfaits se répandront sur un bien plus grand nombre de personnes, et vous donnerez un essor considérable à l'élevage des bêtes à cornes, qui jusqu'ici a été trop négligé.

M. *Fulter*. L'honorable préopinant a l'air de n'attacher qu'une médiocre importance à la race chevaline et dit que c'est le bétail *surtout* qui intéresse la fortune générale du pays.

Je conteste formellement l'exactitude de cette assertion, comme aussi que tous les efforts et les fonds portés au budget doivent être consacrés exclusivement à l'amélioration de la race bovine. Il n'est pas du tout indifférent pour l'Alsace-Lorraine de posséder de bonnes races de chevaux ou de n'en avoir que de médiocres.

Sans doute nous devons être constamment préoccupés du perfectionnement de la race bovine. Nous comprenons tous qu'il vaut mieux élever des bêtes à cornes dont la valeur unitaire peut monter à 500 ℳ, que de s'en tenir à celles qui valent tout au plus 200 ou 250 ℳ Mais n'en peut-on pas dire autant des chevaux ? Or vous aurez souvent, dans des conditions d'ailleurs identiques de soins et de nourriture, un cheval de 4 à 5 ans qui vaudra au plus 400 ℳ, tandis que son voisin en vaudra 600 à 800. A quoi tient l'écart dans le résultat ? Pour le plus grand nombre de cas, au choix des reproducteurs. Considérez maintenant le nombre de chevaux que nous possédons, et voyez si l'on n'est pas fondé à dire que la race chevaline est chez nous un des éléments essentiels de la richesse générale.

Vous en conclurez nécessairement, Messieurs, que nous ne devons rien négliger pour en élever le niveau, et que la question des étalons est digne de toute votre sollicitude.

M. North nous a dit encore que nous devons nous montrer très-scrupuleux dans l'emploi de l'argent des contribuables. Certes je suis en cela d'accord avec lui. Mais s'il veut inférer que les sommes allouées au haras ne profitent pas aux contribuables, je serai en opposition avec ses idées. Qui donc est le contribuable par excellence ? N'est-ce pas, en définitive, l'agriculteur ? C'est celui-ci,

bien plus que le rentier ou toute autre classe de citoyens, qui paie l'impôt direct. Vous trouverez donc certainement équitable que l'on consacre un peu de son argent à lui venir en aide.

Que M. North se rassure sur la portée de nos projets. Nous ne voulons rien désorganiser de ce qui existe. Si, d'un côté, nous ne croyons pas utile de donner de l'extension au haras actuel, par la raison que cela nous entraînerait à des constructions très-dispendieuses, d'un autre côté, nous constatons les services qu'il a rendus et qu'il continue à rendre. Nous en demandons le maintien. Mais nous demandons en même temps que l'on continue aussi dans une large mesure à acheter des étalons pour les revendre et que l'on persiste dans le système de primes tel qu'il est appliqué en ce moment.

Le titre 1er avec 4 800 ℳ est mis aux voix et adopté, ainsi que le titre 2 réduit à 7 650 ℳ, conformément à la proposition de la Commission. Les titres 3, avec 1 500 ℳ ; 4, avec 33 000 M ; 5, avec 1 900 ℳ, et 6, avec 3 600 ℳ, sont successivement adoptés.

Au titre 7 (Gages à des palefreniers auxiliaires pour des remplacements et rémunérations extraordinaires, 3 500 ℳ), la Commission propose une réduction de 900 ℳ, afin de rétablir le chiffre du dernier budget.

M. *Reuss* demande si la Commission croit que le chiffre de 2 600 ℳ sera réellement suffisant.

M. *Grad*, rapporteur, répond affirmativement, et fait observer que la Commision veut simplement retourner au chiffre de l'année dernière.

M. *North* fait remarquer que, si la réduction est adoptée, il sera impossible d'augmenter le nombre des stations.

M. *Grad*, rapporteur, réplique que la Commission est d'avis de ne pas augmenter provisoirement les stations actuelles.

M. *Kœchlin*. L'observation marginale au titre 7 provient sans doute de ce que le budget a été fait de très-bonne heure et prouve qu'il ne nous a été présenté que longtemps après sa confection. Car, si je ne me trompe, il y a cette année une station de moins que les années précédentes ; 28 au lieu de 29, le nombre n'a donc pas augmenté.

Le titre 7 est adopté avec la réduction proposée.

Le titre 8, avec 720 ℳ, est également adopté, ainsi que le total des titres 5 à 8, réduit à 8 820 ℳ

Au titre 15 (Remplacement des chevaux réformés, 40 500 ℳ),

M. le baron *Zorn de Bulach* appelle l'attention particulière de l'Assemblée sur le passage du rapport que voici :

„Votre Commission émet le vœu que le Gouvernement désigne un expert, non fonctionnaire, pour assister le directeur des haras et son vétérinaire pour l'achat des étalons en remplacement de ceux qui sont réformés chaque année. Enfin, la Commission propose encore la constitution d'un Comité consultatif pour l'Administration des haras, appelé à donner son avis sur le choix des chevaux et la répartition des étalons entre les stations du pays."

Ce Comité n'existe pas jusqu'à présent. Nous avons longuement délibéré à ce sujet dans la Commission, et nous sommes tombés d'accord à demander au Gouvernement l'institution de ce Comité.

D'après les déclarations de M. le commissaire du Gouvernement, l'Administration n'a pas d'objection à ce vœu ; je crois même qu'on nous a dit qu'elle était disposée à y donner suite. Je crois qu'il serait bon d'être fixé à ce sujet et de savoir positivement si notre vœu sera réalisé ou non. Je demanderai donc au Gouvernement de vouloir bien nous expliquer ses intentions sur cette création, à laquelle nous attachons beaucoup d'importance.

M. le *Président supérieur* répond qu'un essai sera fait dans le sens désiré.

Sont ensuite adoptés :

Titres 9 à 16, avec un total de 114 930 ℳ

„ 17 à 20, avec un total de   29 000

Total du chap. 49, réduit à   199 700

Chap. 50 (Etablissements d'enseignement et d'essais agricoles).

Titres 1 à 3, avec   10 300 ℳ

„ 4 à 7, avec   9 400

„ 8 à 11, avec   30 830

Avant de passer au vote du titre 12, M. le *Président* met aux voix le titre 4 du chap. 52 (Rémunérations et frais de voyage des professeurs d'agriculture ambulants, 19 000 ℳ) que la Commission propose de supprimer entièrement pour répartir la somme y émargée sur différents articles, et en ajouter entre autres 9 600 ℳ au titre 12 du chap. 50.

Le titre 4 du chap. 52 est rejeté, conformément à la proposition de la Commission.

Au titre 12 du chap. 50 (Subventions aux frais de l'école agricole de Rouffach et des écoles agricoles diverses de Schlestadt et de Saint-Avold, 18 800 ℳ), la Commission propose, outre l'augmentation précitée, de rayer dans l'intitulé du titre les mots „de Schlestadt et de Saint-Avold.“

M. *Helbig*. Au titre 12, la Commission propose de rayer les mots Winterschulen von St. Avold et Schlestadt; je demanderai à la Commission, si elle entend pas là affecter à la seule école de Rouffach non-seulement le crédit entier proposé par le Gouvernement, mais aussi le crédit augmenté par la Commission. Je ne saurais admettre cette conclusion. Je ne connais pas l'école de Saint-Avold ; mais pour celle de Schlestadt, je puis dire qu'elle a eu dès son origine un moment de prospérité, les cultivateurs du pays étaient très-content d'y envoyer leurs enfants. Au bout de deux ans, il a été fait une permutation entre le directeur de l'école de Rouffach et celui de Schlestadt. Ce changement a produit immédiatement un fâcheux effet, non à cause des personnalités des directeurs en question, mais surtout parce que l'existence même de l'école de Schlestadt n'était plus assurée; que pendant deux années consécutives, l'ouverture de l'école n'a pu être annoncée que quelques jours d'avance, et que le programme également n'a été établi que deux ou trois jours avant l'ouverture de l'école. Dans ces circonstances, il est étonnant que le chiffre des élèves se soit élevé à 16 et 18. Schlestadt est dans une des meilleures situations pour une école de ce genre. Nulle part, on ne trouve aussi bien toutes les variétés de culture comme là. Les chemins de fer qui y aboutissent facilitent aux jeunes gens la fréquentation de l'école. La ville s'était intéressée à la chose, elle fournit un local, précaire il est vrai en raison de l'état précaire qui a été fait à l'école même, elle fournit l'éclairage et le chauffage; elle avait en vue de donner des terrains pour essais de culture. Cet intérêt ne continuera que si l'école devient une véritable école agricole et si son existence n'est pas mise en doute.

Je vous propose donc, Messieurs, de ne pas admettre la proposition de la Commission, et de maintenir le texte proposé par le Gouvernement, c'est-à-dire d'affecter le crédit du titre 12 à l'école de Rouffach et aux Winterschulen de Saint-Avold et Schlestadt.

M. *Grad*. Votre Commission ne propose nullement la suppression des écoles d'agriculture de Schlestadt et de Saint-Avold. Elle émet simplement le désir que les deux Wanderlehrer attachés à l'école de Rouffach soient nommés définitivement, avec un traitement donnant droit à une pension de retraite. L'école de Rouffach est plus suivie que nos autres écoles d'agriculture, et son succès est dû aux efforts intelligents et au zèle de son directeur actuel, M. Fiedler, dont nous tenons à affirmer les bons services. Son école compte aujourd'hui plus de 50 élèves, tandis que celles de Saint-Avold et de Schlestadt n'en ont que 16 et 22. Cela vous montre quel intérêt nos cultivateurs attachent à l'école d'agriculture de Rouffach dont la fondation répond à un besoin réel. Quant à l'institution des Wanderlehrer, qui figurait au budget pour une somme de 19 000 ℳ, elle soulève des plaintes si nombreuses, tellement multipliées que nous sommes obligés d'y renoncer. D'une part les professeurs ambulants, dont nous avons entendu les conférences, connaissent trop peu nos conditions locales de culture pour indiquer les moyens de les améliorer. D'un autre côté, nos cultivateurs ont une instruction scientifique trop incomplète pour comprendre les leçons de science pure et transcendante qui leurs sont enseignées. Au point de vue pratique, l'expérience a mis en évidence l'incompétence des professeurs ambulants, incompétence suffisante pour attirer de la part de nos paysans autre chose que des services moqueurs. Par conséquent nous désirons que les Wanderlehrer capables de tenir école soient nommés à poste fixe, tandis que ceux qui seront incapables de ce service appliquent leur science dans un milieu susceptible d'en profiter mieux.

M. *Helbig* propose de maintenir l'intitulé du budget, tel qu'il a été présenté.

M. *Goguel*. Je rappellerai que déjà dans l'une de nos sessions précédentes, il a été fort question de l'école de Schlestadt. Cette école a passé par des phases diverses et souvent défavorables. La ville de Schlestadt, comme M. Helbig l'a fait ressortir avec beaucoup de justesse, est très-bien située pour une école agricole ; celle-ci ne doit donc pas disparaître. Or effacer le nom de l'intitulé du titre 12, serait remettre en question l'existence de l'école même, ce qu'il faut éviter. Nous ne devons pas susciter de difficultés à l'école de Schlestadt; nous devons au contraire la maintenir et l'encourager. Fortifions-la, au lieu de l'affaiblir.

Je m'associe donc à M. Helbig, pour demander le maintien de l'intitulé primitif.

M. *North*. Nous avons dans notre budget divers chapitres de dépenses consacrées à l'agriculture, et je ne m'en plains pas. Mais ce n'est pas de la question actuellement en discussion que je veux vous entretenir. Je veux profiter de l'occasion que nous offre cette discussion pour appeler l'attention particulière du Gouvernement sur l'utilité qu'il y aurait à créer une école d'agriculture organisée de telle manière que les élèves qui y feraient leurs études seraient reconnus aptes au volontariat d'un an. Nous faisons des sacrifices considérables pour nos établissements d'instruction publique dont les habitants des villes profitent plus spécialement, et j'ai tout lieu de penser que le pays consacrera avec la même bonne volonté une certaine somme destinée plus spécialement à nos populations agricoles. Un pareil établissement rendrait des services considérables au pays et contribuerait certainement à élever le niveau d'instruction de nos populations rurales. Les jeunes gens de la campagne envoyés jusqu'ici dans nos écoles secondaires, où ils ne restent généralement que deux ou trois ans, recevraient une instruction plus conforme à leurs besoins. Ils appliqueraient leurs études plus particulièrement aux connaissances qui leur seront utiles dans la profession qu'ils veulent embrasser. Ils prolongeraient également d'un ou de deux ans leurs études, parce que leur service militaire serait diminué dans la même proportion. Et, chose excessivement utile, les jeunes gens retourneraient en général à leurs travaux agricoles vers l'âge de dix-huit à dix-neuf ans, c'est-à-dire à un âge où ils reprendront facilement les habitudes d'un travail assidu.

Cette école ne profiterait pas seulement aux jeunes gens qui la fréquenteraient, mais ces derniers contribueraient surtout à répandre dans la campagne les connaissances utiles qu'ils ont pu acquérir. Je recommande au Gouvernement l'examen de cette question.

M. *Kœchlin.* La radiation des mots „de Schlestadt et de Saint-Avold" n'a aucune portée en ce qui concerne le maintien de ces deux écoles. Ce qui motive cette radiation, c'est que les Wanderlehrer allant disparaître ou ayant disparu par suite du vote de tout à l'heure, il faut leur dénoncer et par conséquent leur payer encore pendant un certain temps, six mois si je ne me trompe, leurs appointements. Or le crédit de 19 000 ℳ affecté jusqu'à présent au chapitre 52 à payer les Wanderlehrer, venant d'être supprimé, il devient indispensable de reporter les appointements qui devront leur être payés pendant le délai de dénonciation sur un autre chapitre du budget. On a choisi pour cela le titre relatif à la subvention aux écoles agricoles, qui va être augmenté à cet effet de 9 600 ℳ, et où l'on propose de rayer les mots „de Schlestadt et de Saint-Avold", afin de pouvoir payer aussi sur ces 9 600 ℳ ceux des Wanderlehrer qui seraient professeurs à d'autres écoles.

M. *Fulter.* J'avoue ne pas comprendre clairement les explications que vient de nous donner M. Kœchlin. Je ne saisis pas bien le but de la 4ᵉ Commission quand elle propose de rayer les mots „et des écoles agricoles de Schlestadt et de Saint-Avold" figurant au titre 12 du chap. 50. J'admets très-bien que la Commission propose de supprimer les 19 000 ℳ du titre 4, chap. 52, et je me rallie à son projet d'affecter une partie de ces fonds, soit 8 400 ℳ, au titre „Ecoles agricoles". Mais je vous prierai, Messieurs, de vouloir bien remarquer une chose : au titre 12 figure une allocation de 18 800 ℳ ; si, en ajoutant 8 400 ℳ, vous supprimez les mots „Schlestadt" et „Saint-Avold", non-seulement les écoles de ces deux villes ne participeront pas aux 8 400 ℳ, mais encore vous paraissez les exclure de la répartition des 18 800 ℳ; ce qui reviendrait à la suppression des deux écoles dont je parle.

On me dit que ce n'est pas du tout l'intention de la 4ᵉ Commission de proposer cette suppression. Je l'en remercie ; mais pour éviter tout malentendu, je crois qu'il est préférable de laisser subsister le texte primitif.

J'arrive à la proposition de M. North tendant à la création d'une école d'agriculture *unique* pour toute l'Alsace-Lorraine, avec des cours de six années et un niveau d'études assez élevé pour qu'en sortant les élèves soient admis au volontariat militaire.

Suivant moi, la réalisation de ce projet irait précisément à l'encontre du but que nous poursuivons. Les écoles d'agriculture ont pour mission de former des jeunes gens pourvus d'un bon fonds de connaissances élémentaires et pratiques. Ces jeunes gens doivent apprendre ce qui leur sera utile dans leur vie laborieuse, qui a été celle de leurs parents. Il faut qu'on sache se borner pour eux et que l'on

se garde soigneusement de faire naître chez eux de dangereuses illusions sur l'étendue de leurs connaissances.

Une école unique pour notre pays aurait encore d'autres inconvénients que je vais indiquer.

A moins que nous ne créions un établissement avec *internat*, par conséquent très-vaste et très-coûteux, les parents hésiteront à envoyer leurs enfants au loin dans une localité où ils ne seraient qu'imparfaitement surveillés en dehors des heures de classe. Déjà dans l'état actuel des choses, l'*externat* est un motif d'inquiétude, parfois d'abstention auquel il faudra que nous trouvions un remède. Combien plus serait-ce le cas avec une école unique ! D'ailleurs les cultivateurs ont besoin de leurs fils pendant l'été et ne voudront pas s'en séparer durant cette saison. La plupart n'ont ni la volonté ni les moyens de s'imposer des dépenses telles que les entraînerait la fréquentation d'un cours de six années. L'école d'agriculture, telle que la voudrait M. North, irait donc à l'encontre des désirs et des besoins du pays.

M. *Grad.* Messieurs, nous sommes loin de contester les avantages d'une instruction aussi élevée que possible donnée au peuple. Toutefois les écoles d'agriculture fondées jusqu'à présent dans notre pays n'ont pas un but scientifique dans le sens propre du mot. Elles doivent compléter l'instruction primaire des fils de cultivateurs appelés au travail des champs. Elles ne se proposent pas de former des savants qui ne se soucieraient plus de conduire la charrue ou de tenir la pioche. Elles ont pour but de former des hommes à l'esprit suffisamment ouvert pour comprendre les améliorations dont les méthodes de culture sont susceptibles et dont l'expérience démontre l'utilité. Comme la nature des cultures varie d'un département à l'autre, l'enseignement doit être modifié de même. Enseignement et culture doivent différer du pays vignoble au pays adonné à la production des céréales ; ils doivent être autres dans la Haute-Alsace que dans la Basse-Alsace, autres dans la Basse-Alsace qu'en Lorraine. Une académie d'agriculture ou de sciences agricoles ne peut pas recevoir des jeunes gens obligés de vivre du travail de leurs mains. Pous ces motifs, je préfère nos écoles d'agriculture pratique, telles qu'elles existent actuellement, à une grande école centralisée, vouée aux hautes études, dont M. North fait son idéal. Chacun doit être libre d'aspirer à l'instruction la plus étendue, s'il en a les moyens. Mais nous ne pouvons sans scrupule contribuer à augmenter le nombre des déclassés en formant aux frais de l'Etat des savants que leur éducation détournerait du travail honorable, mais modeste, de la culture du sol. Elevons le niveau intellectuel de nos populations sans l'étendre au delà de ses moyens, sans excès aucun.

M. *Kœchlin.* Il n'est pas à ma connaissance qu'il y ait eu au sein de la Commission une discussion sur le point agité par MM. Fulter et North. La Commission n'a pas proposé de modification à l'état de choses existant ; elle ne s'est prononcée ni pour ni contre. Je ferai seulement observer qu'en 1875 et en 1876, il avait toujours été dit qu'il fallait diminuer autant que possible le nombre des écoles agricoles. Lors du premier examen du budget, l'opinion du Landesausschuss était qu'il fallait développer particulièrement les écoles de Rouffach et de Saint-Avold. Quant à celle de Schlestadt, il n'a jamais été question de la développer ni de la diminuer; elle a toujours été passée sous silence. Le moins d'écoles possible, disions-nous, mais spécialement conservation de Rouffach et de Saint-Avold. Cette année, je le répète, la Commission ne s'est pas occupée de la question de principe du nombre des écoles en Alsace-

Lorraine, et personnellement il m'a semblé que le *statu quo* resterait.

M. *North*. J'ai commencé par déclarer que ma motion ne concerne en aucune façon le chapitre du budget actuellement en discussion. Je me suis borné à appeler l'attention du Gouvernement sur l'utilité de la création d'une école d'agriculture, organisée de telle manière que les élèves qui y ont achevé leurs études seraient reconnus aptes au volontariat d'un an. J'ai déclaré qu'une pareille école élèverait considérablement le niveau de l'instruction de nos habitants campagnards. On a dit ici qu'il ne faut pas que la population de la campagne soit trop instruite. — Je ne puis partager en aucune façon cette manière de voir. L'instruction est une chose utile dans toutes les carrières, mais elle est surtout utile pour nos populations agricoles qui doivent se maintenir à la hauteur des progrès modernes. Un cultivateur instruit aimera son état et se rendra utile de toutes les façons possibles. Quant à moi, je dois déclarer que j'aime l'instruction dans toutes les professions, et à la campagne, outre l'utilité, elle offre encore souvent une douce distraction. Laissons donc de côté cette prétention que pour être bon agriculteur, il ne faut pas être trop savant. Elle est d'un autre âge. Je ne sais pas ce qui se passe dans les autres départements; mais dans le département du Bas-Rhin, tous les cultivateurs qui en ont les moyens font des dépenses considérables pour envoyer leurs enfants au dehors fréquenter nos écoles secondaires. Ils le feront bien plus volontiers si, avec l'instruction secondaire, ils pourront leur faire acquérir des connaissances utiles à leur profession; ils le feront surtout, si les années d'études sont compensées par une diminution de la durée du service militaire. La création d'une pareille école rendrait un service considérable à nos populations agricoles, et cet établissement serait, je ne crains pas de le prédire, un des établissements d'instruction les plus fréquentés de notre pays.

M. *Goguel*. Messieurs, j'ignore ce qui a pu se passer au sein de la Commission, et j'admets tout d'abord qu'elle peut avoir d'excellentes raisons pour vous proposer la radiation des mots *Schlestadt* et *Saint-Avold* dans l'intitulé du titre qui nous occupe. Mais je sais que, dans une de nos sessions précédentes, il a été fortement question de l'école de Schlestadt, et que notre honorable collègue, M. Schnéegans, a même proposé de donner à cette école un plus grand développement, en y rattachant, s'il était possible, l'école de pomologie établie dans les environs de Brumath.

M. North a parlé de l'utilité qu'il y aurait pour un établissement de cette nature à le doter d'un programme assez développé qui permît aux élèves de s'y préparer à passer l'examen pour le volontariat militaire. Si je suis bien informé, l'école de Rouffach se trouve précisément dans cette situation que réclame notre honorable collègue. Et cependant l'établissement agricole de Rouffach est une école pratique, destinée tout particulièrement à former de bons agriculteurs, et dans laquelle les élèves peuvent entrer, après avoir suivi avec fruit tous les cours de l'école primaire.

Si j'insiste sur ce fait, c'est pour répondre pertinemment à M. North que, tout en donnant une somme suffisante d'instruction, l'école agricole peut en même temps rester ce qu'elle doit être, une école pratique accessible aux fils de nos cultivateurs.

Si vous n'admettez pour l'Alsace-Lorraine qu'une école unique, sur laquelle seront concentrées toutes les ressources disponibles, vous risquez fort d'arriver à une école savante dont le besoin ne se fait pas sentir, et qui finira par n'être plus accessible qu'à des fils de famille, qui ont toutes les facilités possibles pour aller puiser l'instruction plus élevée qu'ils recherchent dans quelque haute école ou académie agricole située hors du pays. Il y a plus, par le fait même de cette concentration sur un seul point de l'Alsace-Lorraine, vous risquez fort, en outre, d'aller à l'encontre du but que doit poursuivre une école de cette nature, telle que nous la concevons et la voulons dans l'intérêt de nos populations agricoles. Il est bien certain que les besoins agricoles ne sont pas les mêmes partout; que dans le Haut-Rhin, par exemple, ils diffèrent de ceux qui existent dans le Bas-Rhin et dans la Lorraine et réciproquement. Or, qu'adviendra-t-il si vous n'avez qu'une école unique, retenant, de par les exigences de son programme, les élèves pendant de longues années? Il arrivera, croyez-moi, que ces élèves, détournés pendant tout ce temps de leur milieu naturel, auront de la peine à se retrouver dans ce même milieu où ils devront vivre et travailler, lorsqu'ils auront été rendus à leurs familles. Il me paraît bien plus rationnel de laisser et de développer suffisamment dans chacun de nos départements une école agricole, où viendront se former les fils de nos cultivateurs et où ils apprendront à se familiariser avec les nouveaux besoins de l'agriculture, sans pour cela rompre avec les habitudes et les traditions.

Par ces divers motifs, j'ai l'honneur de vous proposer de conserver l'intitulé tel qu'il existe dans le projet de budget et de faire bénéficier de l'augmentation de 9 600 ℳ qu'on vous propose de voter, les trois écoles de Rouffach, de Schlestadt et de Saint-Avold. Si vous adoptiez la radiation proposée, on pourrait croire, et ce serait fort regrettable, que vous entendez déclarer par là, ou bien que les écoles de Schlestadt et de Saint-Avold n'existent plus, ou bien qu'elles sont condamnées à disparaître.

M. *Schnéegans*. Si je prends la parole, c'est pour un fait presque personnel, pour relever une petite erreur de mémoire qui a échappé à l'honorable M. Goguel. Ce n'est pas ici, mais au sein du Conseil général de la Basse-Alsace qu'il y a eu, il y a deux ans, une discussion au sujet de l'école d'agriculture de Schlestadt, et qu'il a été question, comme l'a dit M. Goguel, de réunir en une seule les trois écoles existant dans la Basse-Alsace, à Brumath, à Haguenau et à Schlestadt. La même question s'est d'ailleurs représentée l'an passé.

Nous avions été guidés, en exprimant ce vœu, par la considération que nos trois écoles ne battent que d'une aile, faute de ressources suffisantes. Nous nous sommes dit que plutôt que d'éparpiller les moyens dont nous disposons sur trois écoles, il valait mieux les appliquer à une seule, dont l'importance et la *vitalité* seraient considérablement augmentées par là. Mais nous ne nous sommes pas prononcés sur l'endroit à choisir; nous avons simplement exprimé le vœu de voir concentrer ces trois écoles en une seule, en laissant à l'Administration le soin d'examiner quelle serait celle des trois qu'il faudrait conserver.

Aujourd'hui la question s'élargit. Ce n'est plus seulement les écoles de notre département, mais celles de toute l'Alsace-Lorraine qu'on propose de réunir. Je n'entrerai pas dans la discussion qui s'est engagée sur ce point, attendu qu'elle sort un peu de ma compétence.

M. *Fulter*. M. North se méprend sur mes paroles de tout à l'heure. Je n'ai pas dit que le fils d'un cultivateur *ne doit pas être instruit*. Une telle déclaration est loin de ma pensée et je serais fort mal venu à la faire. Le fils d'un cultivateur peut aspirer à tout. Le fils d'un cordonnier a le droit de devenir avocat. Mais là n'est pas la question. Il ne s'agit pas d'un droit que personne ne conteste. Il s'agit tout simplement, avant de commencer des études spéciales, de se demander ce que l'on *veut* devenir. Si le fils du cordonnier a l'intention de continuer le métier de son père, je penche à croire qu'il perdrait son temps en se faisant recevoir avocat. De même le fils de cultivateur qui veut rester cultivateur agira sagement en s'appropriant tout d'abord les connaissances dont il pourra tirer parti dans sa carrière future. Libre à lui de les augmenter successivement dans la suite.

Les écoles d'agriculture ont justement pour but d'inculquer les connaissances dont je parle et non de former des savants; voilà pourquoi je prétends que leur programme d'études ne doit pas être trop chargé.

Toute personne qui s'est quelque peu occupée de pédagogie sait qu'un programme du genre forme un cycle complet, peu importe qu'on lui assigne une durée de 3 ou de 6 ans. Ce cycle ne saurait arbitrairement être rompu à un endroit quelconque sans qu'il en résulte un dommage pour les intéressés. Seulement il saute aux yeux que le programme basé sur 3 années d'étude n'est pas le même que celui qui est basé sur 6 années. En tous cas, si vous interrompez le premier après 2 ans, le second après 4 ans, par exemple, l'élève n'aura rien appris d'achevé. Dans la seconde supposition surtout, vous aurez fait de lui ce que vous pouviez en faire de plus fâcheux : un demi-savant, un déclassé. Il y en a déjà trop; n'en augmentons pas le nombre.

Je le répète, sachons nous borner. Les cultivateurs auxquels nous voulons être utiles ne sauraient se passer de leurs fils pendant six années. Maintenons les écoles qui existent.

Au cas particulier de l'école de Saint-Avold, je puis attester qu'elle est fréquentée par des fils de cultivateurs qui se disposent à succéder à leur père; la supprimer serait une faute. Je dois aussi faire remarquer que la ville de Saint-Avold n'a pas reculé devant une grosse dépense pour fournir un local définitif à cette institution. Il est donc nécessaire que la 4e Commission non-seulement nous donne des paroles rassurantes, mais qu'elle consente à rétablir le texte primitif pour empêcher toute équivoque relativement aux écoles agricoles.

M. *Kœchlin.* Je répète que la radiation des mots „de Schlestadt et de Saint-Avold" dans l'intitulé du titre 12 n'a d'autre portée que de faire payer sur ce titre les traitements des Wanderlehrer, qui jusqu'à présent étaient émargés dans un titre spécial que nous avons supprimé. Ces appointements seront rayés à l'avenir, mais il faut les payer encore pendant le délai de dénonciation, et c'est dans ce but que le crédit pour les diverses écoles d'agriculture a été augmenté. En laissant subsister les mots „de Schlestadt et de Saint-Avold", on ne pourrait continuer leurs traitements qu'à ceux de ces Wanderlehrer qui sont employés comme professeurs à l'une ou l'autre des deux écoles, et non à ceux qui professeraient à une autre école. C'est donc une simple combinaison budgétaire que la Commission a en vue.

M. le *Président supérieur.* Il est tout-à-fait indifférent pour le Gouvernement que les deux mots en question soient supprimés ou qu'on les laisse subsister. Dans le dernier cas en effet, il suffirait de changer de place les Wanderlehrer qui fonctionneraient comme professeurs à une autre école et de les nommer à Schlestadt ou à Saint-Avold. De l'une ou de l'autre façon il n'y aurait aucune difficulté pour le Gouvernement.

M. *Nessel.* Je demanderai à la Commission quelles seront les suites que pourra avoir l'augmentation de crédit qu'elle demande pour les écoles d'agriculture et si dans son idée cette augmentation sera temporaire ou permanente? Si elle devait être permanente, je n'hésite pas à dire que je voterais contre. Car enfin si le crédit que nous venons de rayer, au lieu d'être payé à des personnages qui s'appellent Wanderlehrer, devait être continué à ces mêmes Messieurs, sous le nom de professeurs d'agriculture, je ne vois pas quel avantage le pays en retirerait.

Nous n'avons évidemment d'autre but que celui de nous débarrasser de quelques fonctionnaires parasites, qui probablement ne rendraient pas plus de services comme professeurs sédentaires que comme professeurs ambulants. Je crois, comme l'a dit M. Kœchlin, que cette augmentation ne peut être que temporaire et devra être rayée l'année prochaine.

M. *Grad,* rapporteur. En réponse à la question que veut bien nous adresser M. Nessel, je répondrai que l'augmentation sur laquelle il appelle notre attention est seulement temporaire. La Commission eût désiré inscrire l'école de Rouffach sous un titre ou dans un chapitre spécial. Mais le commissaire du Gouvernement nous a fait remarquer que ce désir ne pouvait être satisfait dès maintenant. En effet, le programme d'enseignement de l'école n'est pas arrêté d'une manière définitive, et par conséquent nous ne pouvons nous fixer sur l'organisation définitive de l'école. Ce qui est hors de doute, ce sont les services rendus par cet établissement à nos populations, qui lui envoie chaque année un nombre d'élèves de plus en plus considérable. Dès lors, il convient d'encourager une institution dont les cultivateurs constatent l'utilité. Dans l'origine, cette école ne recevait des élèves que pendant la saison d'hiver. Elle a été autorisée maintenant d'ouvrir aussi un cours d'été. La ville de Rouffach lui a attribué des locaux gratuits et lui fait d'importants avantages. Le Conseil général de la Haute-Alsace lui accorde aussi des subventions notables. Le pays peut donc également contribuer à son développement par des secours pris sur la caisse de l'Etat. Si sur d'autres points de l'Alsace-Lorraine le besoin ou l'utilité d'établissements semblables se manifeste, nous sommes tout disposés à les recommander à la bienveillance du Gouvernement et à les aider de nos encouragements. Pour le moment, nous tenons à hâter l'organisation définitive de l'école de Rouffach. Si celles de Schlestadt et de Saint-Avold sont plus fréquentées ou se montrent plus utiles, nous ne demandons pas mieux que d'en favoriser le développement. Tous les établissements d'instruction répondant à un besoin réel sont également dignes de notre attention.

M. *Nessel.* Il est important de bien définir que l'augmentation ne sera que temporaire. Car si le Gouvernement attachait les Wanderlehrer en qualité de professeurs aux écoles d'agriculture, il serait difficile de les supprimer l'année prochaine.

L'Assemblée décide que les mots „de Schlestadt et de Saint-Avold" seront maintenus dans l'intitulé du titre 12 et adopte ce titre avec l'augmentation de 9 600 ℳ proposée par la Commission et radiation du dernier alinéa des observations du projet de budget relatif aux Wanderlehrer.

Elle adopte également une proposition de la Commission, d'après laquelle il sera ajouté aux explications du titre 12 les mots : „Dans le courant de l'année budgétaire deux maîtres pourront obtenir sur ce crédit des traitements donnant droit à une pension de retraite."

Sont encore adoptés :

Chap. 51, titres 1 et 2, avec 17 400 ℳ
„ 3 et 4, „ 51 440 ℳ
et l'ensemble du chapitre, avec 68 840 ℳ

Chap. 52.

Au titre 1 (Subventions destinées à des expositions agricoles et à des Sociétés d'agriculture), la Commission propose une augmentation de 3 600 ℳ

M. *Grad*. La Commission ne voit aucun inconvénient à continuer les encouragements donnés à l'élève du ver à soie à l'école de Rouffach. Cependant si ce nouvel essai de M. Fiedler ne devait pas réussir, nous préférons attribuer à l'élève des abeilles les crédits dépensés jusqu'à présent pour l'élève du ver à soie. Depuis cinquante ans beaucoup d'essais ont été tentés pour introduire la production de la soie en Alsace. Aucun de ces essais n'a réussi. Sans doute, nous avons obtenu de beaux échantillons de soie, comparables pour la finesse et le nerf aux meilleurs produits de l'étranger. J'ai cité ces essais dans mes *Études statistiques sur l'industrie de l'Alsace*, dont j'ai eu le plaisir d'offrir des exemplaires aux membres de la Délégation. Mais partout et toujours, j'ai constaté que la valeur des produits obtenus est restée au-dessus des frais de production. Or en bonne économie, on ne cultive pas une chose coûtant plus cher qu'elle ne vaut. Cela ne peut pas être. On peut produire en serre chaude l'annanas, la canne à sucre, le café même. Est-ce à dire que la culture du café, de la canne à sucre puisse s'appliquer en Alsace. Non, à coup sûr, car ces articles coûtent trop. Eh bien, si notre pays n'est pas apte à produire les denrées coloniales, l'expérience montre le climat également contraire à l'élève du ver à soie du mûrier. Je recommande donc l'abeille de préférence au ver à soie, si les essais actuels poursuivis à l'école de Rouffach ne donnent pas des résultats meilleurs.

M. *Speckel*. Je ne partage pas tout à fait l'avis que vient d'exprimer l'honorable M. Grad. Parce que les premiers essais n'ont pas réussi, on ne peut pas dire d'une manière définitive que la sériciculture ne pourra faire aucun bien au pays. Je crois au contraire que nous ne pourrons retirer que de bons résultats de l'introduction de cette industrie chez nous. Ce qui prouve d'ailleurs que cette introduction est possible, c'est que les petits essais qui ont été faits en ce sens par des particuliers ont parfaitement réussi, et que si on n'a pas donné suite à ces essais, c'est uniquement à cause de la difficulté qu'il y avait à placer les produits obtenus. Si l'on arrivait à créer une société pour favoriser le développement de cette industrie, je crois qu'on finirait par réussir quand même et que le pays n'en retirerait que du profit. Je ne puis donc pas, pour mon compte, me rallier aux conclusions de la Commission.

M. *Nessel*. J'ai entendu avec plaisir les conclusions de l'honorable rapporteur au sujet de la sériciculture, qui est peut-être un divertissement agréable, mais dont je considère l'introduction dans notre pays comme une utopie. Il est temps que nous transportions enfin la subvention qui lui était accordée jusqu'à présent à une autre branche agricole qui a fait ses preuves en Alsace-Lorraine, je veux parler de l'apiculture. La Société d'apiculture, qui a eu des commencements très-faibles, est fondée depuis quinze ans, et quoi qu'elle soit entièrement restreinte à ses propres ressources, elle a fait énormément de bien. De plus, elle est la seule qui, passez-moi l'expression, ne mange pas au râtelier de l'État. Comme membre honoraire de cette Société et à raison des services incontestables qu'elle rend au pays, ainsi que j'ai été à même de le reconnaître, j'inviterai donc le Gouvernement à accorder à cette Société une faible allocation à titre d'encouragement.

M. le *Président supérieur*. Si la Société d'apiculture devait faire une demande en ce sens, je pense qu'il pourra probablement y être fait droit. Je considère d'ailleurs comme une tradition excellente, l'habitude qu'elle a eu jusqu'à présent de se suffire à elle-même. D'un autre côté, il y aurait, je crois, des inconvénients à supprimer toute subvention à la sériciculture. Il est vrai que les essais qu'on avait fait jusqu'à présent avec le ver à soie du mûrier n'ont pas réussi et qu'il faudra donc abandonner l'idée d'introduire cette culture chez nous. Mais il y aurait une nouvelle expérience à tenter avec le ver à soie du chêne qui, de l'avis d'hommes très-compétents, pourrait s'acclimater parfaitement chez nous et dont l'élève aurait un grand avenir.

L'Assemblée adopte le titre 1 avec l'augmentation de 3 600 ℳ proposée par la Commission.

De même :

titre 2, avec 8 000 ℳ
„ 3, avec 3 600 „
„ 5, élevé sur la proposition de la Commission à 14 400 ℳ, et l'ensemble du chap. 52, avec 39 600 ℳ

Chap. 53, titre 1, avec 6 420 ℳ
„ 2 et 3, avec 6 480 „
„ 4 à 9, avec 18 700 „
„ 10, avec 9 000 „

et l'ensemble du chap., avec 40 600 ℳ.

M. *Lorette* demande au rapporteur où en est le nouveau projet de loi sur la pêche dont il a plusieurs fois été question dans l'Assemblée?

M. *Grad*, rapporteur, répond que la Commission n'a pas de réponse positive à donner, le Gouvernement ne lui ayant pas communiqué ses intentions sur ce point.

M. le *Président supérieur*. Le projet d'une loi sur la pêche est encore à l'étude. Il existe déjà de nombreux rapports sur la question; mais tous les matériaux nécessaires n'ont pu encore être réunis. Le Gouvernement continuera d'ailleurs à s'occuper sérieusement de la chose.

M. le baron *Zorn de Bulach*. M. le Président supérieur vient de nous dire que la question de la pêche était à l'étude. Je désirerais demander pourtant si nous pouvons espérer que cette étude aboutira à un résultat pour la session prochaine? Ma question est peut-être un peu précise, un peu catégorique, mais voilà bien des années qu'on réclame cette loi. Une question à l'étude s'étudie quelquefois longtemps, et il serait peut-être bon de savoir si le Gouvernement espère pouvoir donner prochainement satisfaction à nos vœux.

M. le *Président supérieur*. Je ne me rappelle pas que le Landesausschuss se soit occupé de la question sur la loi de la pêche avant sa dernière session. Depuis ce temps la question est à l'étude, mais il n'est pas encore possible de dire dès maintenant quand le projet pourra être soumis.

M. le baron *Zorn de Bulach*. Le vœu d'une loi sur la pêche a presque toujours été présenté en même temps que celui d'une loi sur la chasse, et il me semble qu'il y a déjà trois ou quatre ans que ces vœux ont été formulés.

M. *Lorette*. Il n'a pas été question à la vérité d'une loi sur la pêche; mais on a demandé au Gouvernement de donner des ordres aux gardes-pêche en vue d'une surveillance plus rigoureuse, notamment en ce qui concerne les engins prohibés dont on se sert pour la pêche.

Les chap. 54, titres 1 et 2, avec 2 000 ℳ, et chap. 55, avec 57 730 ℳ, ainsi que le total des dépenses ordinaires, réduites à 514 700 ℳ, sont ensuite adoptés par l'Assemblée.

Dépenses extraordinaires.

L'Assemblée adopte, chap. 13, titre 1, avec 1 200 ℳ

Au titre 2 (Augmentation du fonds destiné au remplacement des chevaux réformés), la Commission propose une réduction de 7 500 ℳ

M. *Bichelberger*. Il n'a pas été fait mention dans le rapport que la Commission n'a pas été unanime à proposer cette réduction. Je me fais l'interprète de la minorité en combattant la proposition de la Commission. Je ne veux pas recommencer à discuter la question des étalons, je m'en rapporte entièrement aux observations présentées par M. Bozon, au commencement de la séance, qui prouvent suffisamment qu'il y a réellement urgence à faire des réformes de chevaux en Lorraine. M. le directeur du haras n'a montré lui-même une lettre d'un éleveur qui lui disait de venir reprendre la rosse qu'il avait placée chez lui. Je crois donc que le Gouvernement était dans le vrai, et je propose de maintenir le chiffre de 15 000 ℳ primitivement prévu.

M. *Grad*. Il y a eu dans la Commission unanimité moins une voix. Nous sommes certainement tous d'accord pour améliorer autant que possible l'élève du cheval dans notre pays, mais il faut rester dans les limites du possible. Tant que nous serons encore réduits à émettre des bons du trésor, il nous semble qu'une dépense de 200 000 ℳ pour le haras est bien suffisante.

M. *Kœchlin*. Nous avons déjà voté à l'ordinaire une somme de 40 500 ℳ pour l'achat d'étalons. A cette somme on veut encore joindre un crédit extraordinaire de 15 000 ℳ; que la Commission est d'avis de réduire à 7 500 ℳ, de sorte que nous aurions en tout une somme de 48 000 ℳ, soit 60 000 fr. Cette somme nous a paru amplement suffisante, alors surtout que déjà dans les années précédentes, il a été procédé à des réformes d'éclaircie. Avec 60 000 fr. on peut aller loin, et nous n'avons pas jugé nécessaire de voter la totalité de la somme demandée par le Gouvernement.

M. *Auscher*. Je ne puis que confirmer ce qu'a dit M. le baron de Bulach sur l'élève des chevaux dans la Basse-Alsace. Cette industrie y joue un grand rôle, et on produirait certainement un triste effet sur les populations, si on laissait tomber, ou même si l'on n'encourageait pas l'établissement du haras.

M. *Fulter*. Je ne conteste pas que le chiffre cité par M. Kœchlin ne soit élevé; mais on m'accordera qu'il faut renouveler 8 à 10 étalons par an; le chiffre de 45 000 ℳ porté à l'ordinaire est donc mesuré judicieusement. Si l'on nous demande encore 15 000 ℳ à l'extraordinaire, c'est pour opérer au plus vite une réforme extraordinaire, c'est-à-dire parce qu'il est urgent de remplacer, pour cette fois seulement, 14 ou 15 bêtes au lieu de 8 ou 10, chiffre moyen. Ne regardez donc pas à quelques milliers de marcs pour nous débarrasser, nous spécialement en Lorraine, de quelques chevaux acquis par l'ancienne Administration, et qui ne conviennent pas à notre département.

M. le baron *Zorn de Bulach*. Si j'ai bien compris l'honorable M. Fulter, il a dit qu'il faudrait réformer en moyenne une dizaine d'étalons par an. Or vous savez, Messieurs, que quelque pénible que soit le service d'un étalon, il peut le faire longtemps. (Rires.) Ce mot, Messieurs, vous fait rire, je comprends votre pensée; je n'en maintiens pas moins ce que j'ai dit au sujet des services que les étalons rendent, et j'ajouterai qu'il n'est pas rare d'en voir qui à l'âge de 20 ou 25 ans s'acquittent encore très-bien de leurs fonctions. Si vous preniez une moyenne de 10 étalons par an, il faudrait, comme il y a en tout

80 sujets, que le cheval fût renouvelé tous les 8 ans. Or les chevaux étant généralement achetés à l'âge de 4 ans, on obtiendrait une limite d'âge de 14 ans, chiffre évidemment trop peu élevé, puisque, comme je viens de le dire, un étalon peut faire son service jusqu'à 20 ou 25 ans. Il n'est même bien apprécié qu'à l'âge de 10 ou de 12 ans, quand les chevaux issus de lui ont atteint l'âge de 4 à 5 ans, et qu'on peut donc juger du résultat obtenu. Je crois donc que le calcul de M. Fulter n'est pas un argument, et que ce serait beaucoup trop de réformer 10 à 12 chevaux par an. Demandez un peu à M. le directeur des haras ce que coûte un bon étalon, 6, 7 et jusqu'à 8 et 9 000 fr. Nous aurons donc des dépenses énormes si nous voulons admettre en principe qu'il faut réformer environ 10 étalons par an.

Il est impossible, à mon avis, de fixer de chiffre : il y aura des années où il ne faudra réformer qu'une ou deux bêtes; d'autres années, il y en aura davantage. Je trouve que M. Kœchlin a parfaitement raison quand il dit qu'un crédit de 60 000 fr. est largement suffisant. Il ne faut pas ainsi réformer à la légère; nous avons visité le dépôt d'étalons et nous avons reconnu que des chevaux qu'on avait l'intention de réformer, parce qu'ils ne plaisent pas au directeur du haras et qu'ils ne répondent peut-être pas au type que celui-ci s'est formé du bon étalon d'après ses idées et son goût particuliers, nous avons reconnu, dis-je, que ces chevaux étaient encore très-propres au service et étaient même fort appréciés par les cultivateurs qui espèrent qu'on pourra encore s'en servir fort longtemps. Je répète donc qu'il faut être prudent dans la réforme des chevaux et que la somme de 60 000 fr. est assez élevée en proportion du nombre de nos étalons.

MM. *Fulter*. Les cas cités par M. de Bulach sont exceptionnels, et je crois ne pas me tromper en fixant à dix ans la moyenne de la durée de ces étalons. Ne faut-il pas tenir compte des accidents : jambes cassées, coups de sang, coliques, impuissance, etc.? M. de Bulach n'en parle pas. Il paraît croire que c'est un parti pris chez nous de critiquer l'ancienne Administration. Tel n'est pas notre intention; nous disons seulement que nos cultivateurs ne voulaient pas des chevaux légers, hauts sur jambes, que l'on prétendait alors leur imposer, malgré leurs observations. Ceux que l'Administration actuelle tend à nous procurer font notre affaire et sont fort appréciés. Malheureusement, il reste encore un stock de chevaux dont nous ne voulons pas et dont nous demandons la réforme.

M. *Bichelberger*. Je puis ajouter que plusieurs chefs de station ont déjà fait entendre des plaintes, disant: „Les cultivateurs qualifient tel cheval de *rosse* et refusent de s'en servir.“ Il faudrait donc les réformer au plus tôt et pour cela maintenir le crédit de 15 000 ℳ

MM. *Zorn de Bulach*. Ma réponse ne sera pas longue : je n'ai que deux points à relever à ce que vient de dire M. Fulter. Je n'ai pas dit que tous les étalons fussent bons jusqu'à l'âge de 20 ans; je crois me connaître assez en chevaux pour ne pas avancer une pareille erreur; j'ai simplement dit qu'on voyait souvent des étalons qui, à cet âge, étaient encore très-propres au service. Un autre point que je tenais à relever, c'est que dès qu'on parle de l'ancienne Administration du haras, on a l'air de dire que tout ce qui se faisait sous le prédécesseur du directeur actuel, a été très-mal fait. Ce jugement me semble un peu sévère, et je crois qu'il ne faudrait pas se prononcer si légèrement. Je ne veux pas ici me constituer le défenseur du directeur précédent; mais je ne trouve pas que pendant son séjour ici, il ait si mal opéré. Il a acheté de bons chevaux, dont on est très-content et dont les produits sont fort estimés par les cultivateurs. Il ne faudrait donc pas critiquer son administration d'une manière si absolue.

M. *Kœchlin*. Je crois que les plaintes qui se produisent actuellement contre le prédécesseur de M. Pasquay seraient les mêmes si, ce que je ne veux pas souhaiter, le directeur actuel venait à être remplacé, et qu'elles recommenceraient à chaque changement de directeur. Chaque fois on critiquerait ce qui a été fait sous l'ancienne administration, et on trouverait que le haras a besoin d'être réformé.

Quant à la réduction proposée par la Commission, j'ajouterai seulement que déjà en 1877 et en 1878 nous avons voté chaque fois 40 500 ℳ pour l'achat de chevaux, et que je ne vois donc pas la nécessité, alors que la Commission s'est fait montrer les chevaux et qu'elle a reconnu qu'il n'y en avait que trois à réformer, de voter cette année, outre la somme habituelle, un crédit extraordinaire de 15 000 ℳ Cette somme est évidemment trop élevée, et la réduction de moitié, proposée par la Commission, me paraît tout à fait justifiée.

La proposition de la Commission est mise aux voix et adoptée. Le titre 2 est donc réduit à 7 500 ℳ

Chap. 14 (Améliorations dans l'intérêt de l'agriculture).

M. *Helbig*. J'aurais une question à adresser au Gouvernement à propos de l'Ill. Le projet de régularisation de cette rivière traîne en longueur, et pendant ce temps les travaux de curage sont négligés. Il en résulte qu'en été, après un ou deux jours de pluie, nous avons immédiatement des inondations qui, au lieu d'être bienfaisantes et fécondes, dévastent nos prairies et causent de grands dommages. Ces inondations, on les attribue à bon droit au manque de curage et à l'exhaussement du fond de la rivière qui en est la suite. Je demanderai donc au Gouvernement s'il ne serait pas possible de faire quelque chose pour curage du lit de l'Ill, afin d'éviter ces inondations périodiques, qui sont d'autant plus fâcheuses qu'elles arrivent presque régulièrement au moment de la fenaison.

M. le *Président supérieur* répond que cette question technique est soulevée trop à l'improviste pour qu'il puisse donner une réponse.

M. *Grad*. Si mes informations sont exactes, le service des améliorations agricoles terminera dans le courant de cette année l'avant-projet et l'étude générale de la correction de l'Ill dans le département de la Basse-Alsace. Nous pourrons alors nous faire une idée approximative des frais pour le redressement du cours entier de cette rivière. Les études et les plans de détail seront à faire ensuite, quand le projet d'ensemble sera terminé. Rien ne nous oblige d'ailleurs à consacrer dès maintenant une somme exagérée à l'exécution de ces travaux hydrauliques dont l'utilité est manifeste. Nous les poursuivrons dans la mesure de leur utilité et des ressources disponibles. Dans le pays de Bade, on a mis quarante ans à les exécuter.

Commençons une bonne fois en Alsace et puis nous verron quelle activité nous pourrons appliquer dans cette direction. Je pense que l'achèvement des travaux d'endiguement du Rhin, j'entends les travaux neufs et non les travaux d'entretien, nous laisseront des crédits sufisants pour la correction du cours de l'Ill et de ses affluents. Une part de notre contribution matriculaire pourrait y être appliquée également du jour où nous n'aurons plus à payer celle-ci. En tout cas la régularisation du régime de nos rivières et l'aménagement des eaux mérite l'attention au même titre que la construction des nouveaux chemins de fer.

M. *Kœchlin* fait remarquer que dans le budget des travaux hydrauliques il est porté une somme de 10 500 ℳ pour curage extraordinaire de l'Ill.

Le chapitre 14, titres 1, 2 et 3, est adopté avec 65 000 ℳ

Chapitre 15. Le titre 1 est rayé conformément à la proposition de la Commission; le titre 2 est adopté avec 1000 ℳ, ainsi que le total des dépenses extraordinaires réduites à 74 700 ℳ

La séance est suspendue pendant cinq minutes.

II.

Proposition N° 7. Chemin de fer de Teterchen à Thionville

Rapporteur : M. Mieg-Kœchlin.

M. le *Président supérieur* prie l'Assemblée de renvoyer cette proposition à la Commission, attendu que le Gouvernement a de nouvelles communications à faire au sujet de difficultés techniques que rencontrerait l'exécution du tracé adopté par la cette dernière.

M. *Mieg-Kœchlin*, rapporteur, répond qu'il a parlé de cette éventualité à la Commission, et que celle-ci ne voit pas d'inconvénient à ce que la question lui soit renvoyée pour être soumise à un nouvel examen.

La proposition est donc renvoyée à la Commission.

III.

Troisième lecture de la Proposition N° 8, concernant l'Administration des produits domaniaux.

Personne ne prenant la parole dans la discussion générale, l'Assemblée passe à l'examen des articles.

Elle adopte successivement sans discussion les §§ 1, 2 et 3, ainsi que l'ensemble de la proposition.

La prochaine séance est fixée au vendredi, 28 février, à 2 heures et demie.

La séance est levée à 6 heures un quart.

DÉLÉGATION D'ALSACE-LORRAINE.

4ᵉ Commission.

RAPPORT DE M. GRAD.

Budget de l'Agriculture.

(Annexe XI.)

Messieurs,

La sollicitude du Gouvernement pour le développement de l'agriculture continue à se manifester. Toutes les mesures susceptibles de favoriser nos institutions agricoles sont prises en sérieuse considération, et le pays se félicite de cette disposition. Cette année encore, nous disposons, comme dans les précédents exercices, d'importants crédits en faveur des établissements d'instruction et pour l'amélioration des diverses branches de l'agriculture. En ce qui concerne l'enseignement, l'empressement avec lequel les écoles spéciales sont suivies prouve combien la population en reconnaît l'utilité. D'un autre côté, les mesures prises pour l'amélioration des chevaux, pour l'élève du bétail, commencent à donner des résultats satisfaisants. Enfin, les travaux entrepris pour l'aménagement des eaux augure une œuvre d'un grand et fécond avenir. Votre Commission constate avec satisfaction l'accueil fait à ces entreprises si utiles pour l'Alsace-Lorraine, si avantageuses pour l'accroissement de l'aisance générale. Elle vous propose d'adopter les crédits inscrits au budget, avec les modifications que nous avons l'honneur de vous signaler.

Dans leur ensemble, les comptes du budget de l'agriculture pour l'exercice de 1879-1880 s'établissent avec 4500 ℳ de recettes propres à ce service, 514 700 ℳ de dépenses ordinaires et 74 700 ℳ de dépenses extraordinaires, à savoir : établissements d'instruction et stations d'essai, 11 000 ℳ de recettes et 78 930 ℳ de dépenses ; haras et amélioration de l'espèce chevaline, 1000 ℳ de recettes et 208 700 ℳ de dépenses ; pisciculture de Huningue, 32 600 ℳ de recettes et 41 000 ℳ de dépenses extraordinaires ; service vétérinaire, 27 300 ℳ de dépenses ; améliorations agricoles et encouragements à l'agriculture : 39 600 ℳ de dépenses ; fonds de secours, 57 730 ℳ de dépenses ; divers, 500 ℳ de recettes et 2000 ℳ de dépenses. — Comme modifications à introduire au budget, la Commission vous signale, au chapitre 49 des dépenses ordinaires, *Administration des haras*, titre 2, une réduction de 300 ℳ sur le crédit de 7950 ℳ, pour traitements ; titre 7, une diminution de 900 ℳ, pour rémunérations extraordinaires. Au chapitre 52, *Encouragements à l'agriculture*, le titre 4, pour rémunération des professeurs ambulants, est à supprimer, et la somme de 19 000 ℳ à répartir ainsi : 9600 ℳ à ajouter au titre 12 du chapitre 50, qui s'élève à 28 400 ℳ, pour les *écoles d'agriculture*, en supprimant dans le texte les mots „à Schlestadt et à Saint-Avold", ainsi que le dernier alinéa des explications ; 3600 ℳ à ajouter au titre 1ᵉʳ du chapitre 52, *subventions aux sociétés d'agriculture*, qui sera porté à 13 600 ℳ ; enfin 5800 ℳ à ajouter au titre 5 du même chapitre pour *dépenses diverses dans l'intérêt de l'agriculture*, qui sera porté à 14 400 ℳ Au chapitre 53, les explications du titre 1ᵉʳ sont à supprimer, ainsi que les mots *un auxiliaire de bureau à 1500 ℳ*, en rétablissant l'article 2 du budget de 1878, *pour aide de bureau du directeur, 1500 ℳ.* Enfin le crédit de 15 000 ℳ, pour remplacement de chevaux réformés, titre 2 du chapitre 13 des dépenses extraordinaires à l'*Administration des haras* est à réduire à 7500 ℳ, tandis que le crédit de 2100 ℳ inscrit au titre 1ᵉʳ du chapitre 15 pour l'établissement de pisciculture d'Huningue est à supprimer. Ces modifications introduites, votre rapporteur a l'honneur de vous soumettre, au nom de la Commission, les observations que voici sur la situation de nos institutions agricoles d'Alsace-Lorraine.

I. Enseignement agricole et stations d'essai.

Au premier rang de nos institutions agricoles se placent les établissements d'instruction et les stations d'essai. Aux stations d'essai revient le rôle d'instituer des expériences sur les diverses questions qui intéressent la culture, de déterminer la composition des produits obtenus et les matières employées par les cultivateurs. Les écoles pratiques ont pour objet d'initier la jeunesse aux bonnes méthodes de culture et de former le personnel nécessaire pour les entreprises d'amélioration sous le patronage de l'Etat. En fait d'écoles spéciales, nous avons en Alsace-Lorraine : les écoles d'agriculture de Rouffach, de Schlestadt et de Saint-Avold, l'école d'arboriculture de Brumath, l'école technique d'hiver de Strasbourg. A Rouffach, il existe une station d'essai chargée particulièrement de l'analyse des eaux, des terres et des engrais, des semences et des produits d'exploitation. Puis le Gouvernement a cru favoriser encore l'enseignement agricole par l'institution de professeurs ambulants, *Wanderlehrer*, chargés d'exposer les nouvelles acquisitions de la science dans des conférences aux cultivateurs faites dans les réunions des comices agricoles à tenir successivement sur différents points du pays.

Disons-le, l'institution des professeurs exclusivement ambulants ne présenta pas les résultats espérés. Votre Commission préfère l'enseignement dans les écoles pratiques, écoles dont les professeurs peuvent être autorisés à faire des conférences dans les comices, sur des questions spéciales dont les Sociétés d'agriculture auront reconnu l'utilité. Elle vous propose en conséquence de ne pas maintenir la charge des maîtres ambulants dont le crédit sera à rayer du budget. Nous pouvons espérer que le Gouvernement voudra bien, dans le courant de l'année, prendre les mesures nécessaires pour cette modification. Les professeurs ambulants nous coûtent annuellement 19 000 ℳ et c'est une dépense superflue.

Par contre le succès croissant des écoles pratiques rend désirable l'organisation définitive de ces établissements. Dans le courant de l'année dernière, l'école de Rouffach dont le Conseil général de la Haute-Alsace atteste les bons services, n'a pas reçu moins de 52 élèves : celle de Saint-Avold en avait 22 et celle de Schlestadt 16. Ces écoles n'ont pas un but scientifique. Elles reçoivent des fils de cultivateurs après leur sortie de l'école primaire. Destinées à former des praticiens, elles complètent l'instruction élémentaire et enseignent les notions techniques ou scientifiques indispensables pour élever une pépinière d'agriculteurs éclairés, à l'esprit suffisamment ouvert pour comprendre les améliorations pratiques dont l'agriculture est susceptible. Le programme définitif de ces écoles reste à fixer. Il devra varier en raison des exigences particulières de chaque région, de chaque département. Dans l'origine les cours embrassaient seulement la saison d'hiver, du mois de novembre au mois de mars. Depuis 1876, l'école de Rouffach est autorisée à ouvrir un cours d'été. La ville lui accorde une subvention et le Conseil général du département y entretient des bourses en faveur de jeunes gens incapables de payer leur pension. Quant aux traitements des professurs, l'Etat en fait les frais. Votre Commission émit d'abord l'avis de consacrer un chapitre spécial du budget à l'école de Rouffach. Mais comme, d'après les observations du commissaire du Gouvernement, cette inscription ne peut encore avoir lieu, parce que le programme d'enseignement de l'établissement n'est pas encore fixé, la Commission a proposé que la Délégation provinciale autorise le Gouvernement à nommer définitivement les maîtres principaux, après fixation définitive du plan d'études. Cela devrait se faire le plus tôt possible afin de tirer l'école de son état provisoire pour lui donner une organisation définitive. En conséquence, on ajoutera aux explications du chapitre 50, titre 12, la rubrique : „ Dans le courant de l'année budgétaire deux maîtres pourront obtenir sur ce crédit des traitements donnant droit à une pension de retraite". Nous dépensons au compte de l'Etat 19 000 ℳ pour ces écoles, non compris l'entretien des bourses départementales et les subventions des communes. D'un autre côté, les professeurs ambulants, au nombre de quatre, ont touché jusqu'à présent ensemble 19 000 ℳ par année, en honoraires et en frais de tournée. L'un d'entre eux fonctionne comme secrétaire de la Société d'horticulture de la Basse-Alsace et ne fait pas de conférences.

L'école d'arboriculture de Brumath, que nous pouvons considérer aussi comme une station d'essai pour les arbres fruitiers, coûte au pays 30 830 ℳ cette année, savoir : traitement du directeur, 4 500 ℳ; traitement d'un professeur auxiliaire, 2 250 ℳ; rétribution du comptable d'un chef jardinier et de deux aides, 3 600 ℳ; dépenses diverses pour entretien des outils et des ustensiles, 6 400 ℳ pension des élèves, 14 080 ℳ Par contre, il y a une recette de 7 000 ℳ, dont 5 000 pour vente de produits des pépinières, 1 400 ℳ paiement des élèves, 600 ℳ pour articles divers. Certains horticulteurs élèvent des réclamations contre la vente des produits de l'établissement. Votre Commission, considérant que ces ventes servent à couvrir une partie des frais, n'a d'autre objection à y faire sinon que la vente doit se borner aux seuls produits de l'établissement, sans annonces spéciales. Vous le savez, Messieurs le Gouvernement acheta en avril 1873 le domaine de Grafenbourg, près Brumath, afin de favoriser la culture des arbres fruitiers, culture beaucoup trop négligée en Alsace-Lorraine par rapport à son développement dans les contrées voisines. Son prix d'acquisition s'élève à 147 544 ℳ déduction faite d'une somme de 2 762 ℳ pour recettes pendant les années 1873 et 1874. A l'arboriculture s'ajoutent le jardinage, la maraîcherie. L'école doit former de bons jardiniers. A l'enseignement pratique viennent se joindre des leçons théoriques sur la culture des arbres fruitiers et de la vigne, sur la physiologie végétale et l'emploi des engrais. Ces leçons et les exercices de dessin sont faits par le dircteur de l'établissement.

Un professeur auxiliaire enseigne la langue allemande, la géographie et l'histoire, l'histoire naturelle, le calcul, la physique et la chimie, la gymnastique et le chant. Le jardinier en chef initie les élèves à la culture des légumes des espaliers en plein air et en serre chaude. La durée de l'apprentissage est de trois ans. Le premier cours a été ouvert avec 10 élèves, le 6 novembre 1876. En 1877 l'école compta 19 élèves et 32 en 1878. Tous ces élèves sont boursiers, à l'exception d'un seul : une des bourses est entretenue par le Conseil général de la Basse-Alsace, les autres aux frais du pays. Votre Commission recommande une répartition égale des bourses entre nos trois départements. Elle serait d'avis de faire signer par les bénéficiaires un engagement par lequel ils s'obligent à pratiquer leur art en Alsace-Lorraine dix années durant, sous condition de rembourser leur prix de pension s'ils quittent le pays. Ce prix de pension s'élève à 1 ℳ 20 ₰ par jour soit 440 ℳ par an en chiffres ronds. N'est-ce pas beaucoup et n'y aurait-il pas lieu de simplifier la pension dans l'intérêt même des apprentis? Peu de cultivateurs et d'ouvriers peuvent se donner un pareil régime. Après examen du menu des repas, la Commission estime notamment qu'il suffit de donner du vin une fois par jour. A l'armée, les militaires n'obtiennent point de vin du tout. Nous devons être économes de l'argent du pays. Quand nos ouvriers industriels se contentent d'une pension au prix de 28 à 30 fr. par mois, nous ne devons pas accorder une pension gratuite de 45 fr., comme celle demandée actuellement pour les élèves de notre école de Brumath.

L'école technique d'hiver fondée à Strasbourg a pour but de faciliter le recrutement du personnel auxiliaire des ingénieurs de culture et des ponts et chaussées. Elle forme des conducteurs de travaux pour le service des chemins et pour l'aménagement des eaux. Ouverte depuis 1874, elle reçoit de préférence des fils de petits cultivateurs et d'ouvriers agricoles. Ses cours embrassent une durée de quatre ans, ou mieux de quatre hivers, du mois de novembre au mois de mars. Pendant la bonne saison, ses élèves sont occupés aux travaux extérieurs de service hydraulique et des améliorations agricoles. L'enseignement comprend la langue allemande, le dessin, le calcul, les éléments de la géométrie, de l'algèbre, de la trigonométrie, de la mécanique, de la physique, de la chimie et de la minéralogie, le levé des plans, l'art des constructions et particulièrement les travaux hydrauliques. L'instruction est gratuite, et les leçons sont faites par une réunion d'ingénieurs et de professeurs des diverses écoles de Strasbourg. Une quinzaine d'élèves pensionnaires que l'école reçoit, outre les élèves externes, sont entretenus comme boursiers à l'institut de Saint-Joseph, au prix de 32 ℳ ou 40 francs par tête et par mois. C'est l'État qui accorde ces bourses. Un conducteur agricole, demeurant également à l'institut de Saint-Joseph, surveille les élèves du pensionnat. Tout compris, l'école technique de Strasbourg nous coûte cette année 10 300 ℳ, dont 4 300 ℳ d'indemnité aux professeurs chargés des cours, 5 100 ℳ pour entretien des bourses, 900 pour dépenses diverses, bibliothèque et collection. Éclairage, chauffage et locaux sont fournis gratuitement par la municipalité de Strasbourg.

Une station d'essais établie depuis 1874, dans un local également fourni à titre gratuit par la ville de Rouffach, émarge en 1879 au budget de l'État pour une somme de 9 400 ℳ Sur cette somme, il y a 3 000 ℳ traitement du directeur, 1 500 ℳ pour un aide préparateur, 800 ℳ gages d'un domestique-portier, 4 100 ℳ pour entretien du laboratoire et du jardin, frais de bureau, etc. De même que les stations agronomiques fondées sur différents points de la France et de l'Allemagne, l'établissement de Rouffach comprend dans son programme les essais de toute nature intéressant la culture du sol : analyse des terres, des eaux et des engrais, des semences et des fourrages, des produits agricoles et des articles d'alimentation.

Ainsi, pour l'exercice de 1877, la station s'occupa de 198 ouvrages ou essais divers, à savoir 73 sur le vin, 59 sur le moût, 19 sur les fourrages, 12 sur les semences, 9 sur les engrais, 6 sur les eaux, 20 travaux divers. Sur ces ouvrages, 58 ont dû être payés, les autres sont gratuits. Comme la station de Rouffach se trouve au vignoble, ce sont les questions d'œnologie qui fixent plus particulièrement son attention. Ses premières recherches s'appliquent à la composition chimique des moûts provenant des diverses variétés de raisins cultivés en Alsace ; sur les rapports de la composition chimique des moûts avec la fermentation ; sur l'influence des marcs, des tiges de raisins, des peaux et des graines sur le vin et la possibilité de déterminer leur action chimique ; sur l'aérage du moût et sur l'effet de l'addition directe d'acide tanique ; sur l'effet de la terre d'Espagne sur le moût et les différents éléments du vin qui en provient ; sur la durée du séjour sur la lie ; sur la composition des boissons provenant du mélange artificiel de glucose avec du vin ; sur le temps que le bois de vigne et les jeunes plants peuvent résister aux émanations de sulfocarbonates employés contre le phylloxera ; sur la valeur nutritive des marcs de raisin pour le bétail et les moyens de les conserver avec avantage. Ces recherches de laboratoire peuvent conduire à des résultats et des applications pleines d'intérêt, à condition cependant de s'appuyer sur l'expérience pratique des viticulteurs, dont les hommes de la science pure sont tentés à faire trop bon marché.

II. Élève du bétail.

Pastourage et labourage, disait en son temps le bon roi Henri IV, *sont les deux mamelles de la France*. Sans l'élève du bétail, l'exploitation du sol serait en effet incomplète. Une agriculture progressive attache autant d'attention à l'amélioration des animaux domestiques qu'à ses plantations. Lors de l'enquête agricole de 1866, MM. Tisserant et Lefébure évaluèrent à 46 400 000 francs les produits animaux, contre 143 600 000 francs de produits végétaux, sur un total de 190 millions de francs, rendement annuel moyen de l'agriculture d'Alsace. Pour le bétail cependant, le pays était alors moins bien doué qu'il devrait l'être et il laisse encore à désirer aujourd'hui. La population bovine, représentée surtout par les races suisses, comptait 64 têtes pour 100 hectares de terres cultivées et de prairies dans le département du Bas-Rhin, et 53 dans celui du Haut-Rhin. Pour une même étendue, l'Angleterre possède, il est vrai, seulement 38 têtes ; mais elle a sur notre contrée une supériorité marquée, parce que son bétail se compose seulement des bêtes de rentes, bœufs à l'engrais, vaches laitières et élèves, tandis qu'en Alsace une partie des bestiaux, le quart peut-être, s'attache à la charrue pour donner du travail. D'autre part, deux bœufs anglais en valent bien trois des nôtres, sans compter que les pays d'outre-Manche, dont le climat est si favorable aux plantes fourragères, élèvent en outre 108 moutons par 100 hectares de terres cultivées et de prairies, contre 18 que nous trouvons en Alsace. D'après un nouveau recensement du bétail, fait par ordre du Gouvernement, le nombre de têtes existant à la date du 10 janvier 1873 était pour chacun de nos trois départements :

	Haute-Alsace.	Basse-Alsace.	Lorraine.
Espèce bovine	104 969	176 240	137 275
Moutons	35 020	46 856	109 266
Chèvres	19 344	14 444	22 791
Porcs	47 260	68 388	150 857
Chevaux	21 123	45 525	63 524
Mulets.	30	27	338
Anes	1 140	58	194

Que faire pour améliorer notre bétail, sinon de faire tout d'abord un meilleur choix des reproducteurs, d'appliquer les principes de la sélection artificielle, dont l'Angleterre a tiré un si grand profit. Dès l'année 1842, la Société d'agriculture, sciences et arts de la Basse-Alsace appela l'attention sur cette importante question. Plus récemment, M. Oppermann, dans son rapport sur la situation de l'agriculture en 1868, proposa de soumettre à des révisions périodiques les taureaux pour la reproduction. Non-seulement les taureaux existants étaient en nombre insuffisant, mais ils présentaient beaucoup trop de vices de constitution. Une enquête faite en 1868 par le Comice de l'arrondissement de Mulhouse, constata sur un total de 275 taureaux existants 20 sujets excellents, 64 bons, 113 médiocres, 78 mauvais. Dans l'arrondissement de Schlestadt, on comptait en 1872, en regard de 53 bons taureaux, 160 mauvais. Nous avions, lors du recensement du 10 janvier 1873 :

Basse-Alsace.	106 343 vaches	1 040 taureaux	soit 1 taureau sur 102 vaches.
Haute-Alsace.	60 439 »	685 »	» 1 » 89 »
Lorraine.	85 649 »	1 290 »	» 1 » 67 »

Dans le cercle de Wissembourg, la proportion des taureaux descendait à 1 pour 142 vaches, et avec 163 vaches le cercle de Metz-Ville n'avait aucun taureau du tout. Les communes avec 1 taureau pour 200 vaches ne sont pas rares. Nous pourrions en citer qui comptent de 300 à 400 vaches pour un seul taureau. Cédant à un besoin urgent, à des vœux souvent exprimés, le Gouvernement institua, par une loi du 9 avril 1878, des commissions cantonales d'experts à élire par les Conseils généraux pour la révision des taureaux. Par suite, les communes ne peuvent plus employer de taureau reproducteur non approuvé par les commissions, qui délivrent au propriétaire un certificat d'aptitude lors de chaque inspection annuelle. Ces commissions, appelées *Schauämter*, fonctionnent depuis un an et touchent une indemnité de déplacement. Elles ont écarté 17 p. 100 des taureaux employés dans la Haute-Alsace, 10 et 14 p. 100 dans les départements de la Basse-Alsace et de la Lorraine. Votre Commission serait d'avis d'augmenter le crédit de 8 000 ℳ inscrit au budget de cette année pour l'amélioration du bétail au moyen d'un prélèvement sur la somme de 8 600 ℳ, porté au titre 5 du budget pour encouragements à l'agriculture. Une partie de la somme sert pour des primes et pour achat d'animaux reproducteurs, l'autre partie pour indemnité de tournée aux commissions de révision. Ces indemités sont de 1,50 à 2 ℳ par taureau visité dans la Haute-Alsace, soit une somme de 1 700 ℳ pour tout ce département, contre 2 000 ℳ en Lorraine et 3 000 dans la Basse-Alsace.

L'amélioration de l'espèce chevaline coûte davantage au budget de l'Etat. Cette année-ci elle figure pour 208 700 ℳ de dépenses, contre 41 000 ℳ de recettes présumées. Sur ces sommes il y a 55 750 ℳ pour rémunération du personnel des haras et 48 000 ℳ pour remplacement des chevaux réformés, le restant pour frais d'entretien. Créé sous le régime français, le haras de Strasbourg fut établi pour favoriser l'élève des chevaux dans les deux départements de l'Alsace. En 1874, l'Administration allemande installa dans les bâtiments de l'ancienne forteresse de Marsal un dépôt d'étalons pour le département de la Lorraine. Actuellement le service des haras comprend : un directeur en résidence à Strasbourg avec 4 800 ℳ de traitement, un inspecteur chef du dépôt de Marsal avec 3 000 ℳ, un vétérinaire à 2 550 ℳ, un économe maître de service à 2 400 ℳ, un palefrenier chef et 30 palefreniers ordinaires, de 1 000 à 1 200 ℳ, touchant de plus des indemnités de déplacement à l'époque des stations et le logement gratuit. Le nombre des étalons s'élève à 88 pour 28 stations, à savoir : Basse-Alsace, 17 stations avec 60 étalons ; Haute-Alsace, 4 stations avec 10 étalons ; Lorraine, 7 stations avec 18 étalons. Dans le tableau suivant nous avons résumé les résultats du service des haras pendant les huit dernières années :

SERVICE DES HARAS EN ALSACE-LORRAINE.

ANNÉES.	NOMBRE		JUMENTS COUVERTES				POULAINS NÉS.			NAISSANCES		Produit du prix des saillies.	NOMBRE DE SAILLIES au prix de			
	de Stations.	d'étalons.	par étalon.	Maximum.	Minimum.	en tout.	Mâles.	Femelles.	Total.	pour 100 juments couvertes	par étalon.	ℳ	20 ℳ	10 ℳ	8 ℳ	6.50 ℳ
1871	11	34	34	—	—	1147	—	—	—	—	—	—	—	—	—	—
1872	14	45	37	77	12	1684	220	241	461	40.19	13.56	10 702	—	—	—	—
1873	16	50	50	74	19	2477	319	342	661	39.25	14.69	15 761	—	—	3	47
1874	21	67	46	81	12	3056	491	513	1004	40.51	20.08	19 299	—	—	3	64
1875	25	84	45	76	12	3740	627	698	1325	43.35	19.78	23 959	—	—	3	81
1876	26	82	49	94	11	4032	•859	850	1709	45.61	20.34	25 870	—	—	3	79
1877	27	86	51	89	21	4413	900	909	1809	44.86	22.06	31 284	2	8	6	70
1878	29	87	37	94	14	4937	848	872	1720	38.98	20.00	39 048	3	21	15	48

A raison de 167 000 ℳ de dépenses nettes que nous coûte l'Administration des haras pour 1 800 poulains mis au monde, chaque petit cheval revient au Trésor public à 92 ℳ ou 115 francs, même avant de voir le jour ! Faut-il penser à diminuer ces frais pour l'avenir ? Non, assurément, si le pays en tire de réels profits. Nous avons tout lieu de penser que nos races chevalines s'améliorent. Les progrès de l'élève du cheval sur divers points du pays, notamment dans l'arrondissement de Wissembourg, sont à considérer comme un résultat heureux. On est d'accord à reconnaître que le directeur actuel des haras fait de son mieux pour donner à chaque région le type de cheval adapté à ses besoins. En Lorraine, où les terres sont fortes et exigent des labours pénibles avec de vigoureux attelages, les cultivateurs demandent une race de chevaux trapus et forts, que les étalons à taille élancée et hauts sur jambes, originaires du Mecklembourg, ne peuvent produire. Nos collègues de Lorraine se sont plaints du choix des chevaux envoyés au début du dépôt de Marsal. Des mesures ont été prises pour un choix mieux approprié aux besoins de la contrée, et des reproducteurs d'une structure plus forte ont été achetés en Normandie et en Bretagne. On a aussi manifesté le désir d'augmenter le nombre des stations. Mais ce nombre est limité par celui des étalons dont l'Administration dispose. M. Kiener vous a demandé dans un rapport antérieur de consulter les comices agricoles pour le choix des stations ou des localités où les étalons sont à placer pendant la monte. Votre Commission a aussi exprimé le désir, à plusieurs reprises déjà, de favoriser l'étalonnage au moyen de primes d'approbation, de récompenses en argent accordées aux propriétaires d'étalons, qui rendent de bons services comme reproducteurs. En 1877, le haras a cédé 6 étalons à des particuliers pour la monte, avec promesses de primes proportionnées au nombre de poulains produits. Rappelons que sur 18 536 juments conduites aux étalons des haras et des particuliers en 1876, il en a eu 10 801 ou 58 pour 100 du total pour le département de la Lorraine, 6 341 ou 34 pour 100 pour la Basse-Alsace et 1 394 ou 8 pour 100 pour la Haute-Alsace. Le nombre des étalons de l'Etat était de 82, celui des particuliers de 1 195, soit 1 277 en tout, avec 15 saillies en moyenne par bête. Votre Commission émet le vœu que le Gouvernement désigne un expert, non fonctionnaire, pour assister le directeur des haras et son vétérinaire pour l'achat des talons en remplacement de ceux qui sont réformés haque année. Enfin, la Commission propose encore la onstitution d'un Comité consultatif pour l'Administration es haras, appelé à donner son avis sur le choix des hevaux et la répartition des étalons entre les stations du ays.

Tandis que l'institution des haras et les commissions e révision des taureaux doivent favoriser l'amélioration e notre bétail et de nos chevaux, la pisciculture de uningue sert au repeuplement de nos eaux en poissons. et établissement, construit en 1852 par ordre de l'empe-ur Napoléon III, dans un but à la fois pratique et scien-fique, présente ce grand avantage de ne rien coûter au résor public. Avantage rare sans contredit, et qui mérite en d'être signalé.

Sous le régime français, la pisciculture de Huningue trouvait sous la direction d'un ingénieur des tra-aux du Rhin. Son installation est des plus intéressantes. on budget de l'année se balance par 32 600 ℳ de re-ttes, contre 32 600 ℳ de dépenses, car la dépense e 9 000 ℳ pour rémunération de 10 gardes-pêches t indépendante de l'établissement. Détail des recettes : ente des œufs embryonés de salmonides, 11 300 ℳ; œufs e ferats, 400 ℳ; vente de poissons, 2 500 ℳ; recettes verses, 1 700 ℳ; subventions de l'Empire, 18 800 ℳ. étail des dépenses : Traitement du directeur, 3 000 ℳ; de de bureau, 1 500 ℳ; pour comptabilité, 480 ℳ; ux surveillants, 1 920 ℳ; pour main d'œuvre, 6 000 ℳ; ur matériel et entretien, 16 700 ℳ La subvention de Empire de 16 700 ℳ représente le prix des alevins de umons à mettre dans le Rhin, à raison de 48 ℳ par mille, us une prime de 7 ℳ pour chaque millier d'œufs de sal-onides vendus à des preneurs allemands. Outre le sau-on et le ferat, la pisciculture de Huningue s'attache sur-ut à propager les diverses espèces de truites. L'année rnière ses expéditions se sont élevées à plus de vingt llions d'œufs fécondés, dont les trois quarts en Alsace et Allemagne, le restant dans les différentes contrées de urope et de l'Amérique.

Une partie enfin des sommes attribuées au service de griculture doit servir à l'encouragement de l'élève s abeilles et du ver à soie. L'apiculture ou l'éducation des eilles est susceptible de gagner beaucoup dans notre ys où une association spéciale s'occupe de son dévelop-ment. L'élève du ver à soie promet beaucoup moins. Si nouveaux essais entrepris à l'école d'agriculture de uffach ne donnent pas des résultats satisfaisants, votre mmission est d'avis de ne plus lui continuer de subven-ns. La soie obtenue en Alsace, nous ne l'ignorons pas, raît fine et nerveuse, de qualité excellente et comparable x meilleurs produits de l'étranger. Mais quelque chose ppose au développement de sa production, c'est l'insuf-ance du rendement. Jusqu'à présent la sériciculture a été andonnée partout où elle a été essayée sur notre terri-re. Le ver à soie peut réussir partout où vient le mûrier le mûrier pousse sur les plus mauvais terrains. Mais tout mpté, la soie récoltée dans le pays coûte plus qu'elle ne nne par la vente. A Ollwiller, M. Gros a eu une planta-n de mûriers de 50 ares d'étendue ; M. Ingold en a eu hectares à Soultzmatt. La famille Foltzer a élevé le ver oie pendant quarante ans à Tagolsheim, avec un produit lant 2 000 fr., lors des bonnes années. D'autres tentatives été faites à Markolsheim et à Hœrdt. Partout on y a noncé. Continuer la sériciculture, après tant d'expériences traires, serait un mauvais calcul, et nous recommandons préférence l'encouragement à l'élève des abeilles.

III. Aménagement des eaux.

Pour élever plus de bétail, il nous faut produire plus de fourrages. Ce fourrage peut s'obtenir par une meilleure culture des prairies, dont le rendement augmentera en donnant plus de soins à l'aménagement des eaux pour les irrigations. Le Gouvernement actuel attache une attention toute particulière à cette importante question. Un service spécial a été institué, sous la dénomination de *Meliorations-wesen*, en vue d'améliorer l'aménagement des eaux. Ce ser-vice est placé sous la direction d'un ingénieur en chef, qui va être attaché au conseil de la Présidence supérieure de Strasbourg. Il comprend : la régularisation et l'endigue-ment des cours d'eau secondaires, autres que le Rhin, la Moselle et les canaux de navigation; le desséchement des marais et la mise en culture des terres vagues; l'établisse-ment de canaux d'irrigations ou de drainage pour le compte des communes et d'associations syndicales autori-sées; la concession de barrages sur les cours d'eau navi-gables et non navigables; la construction des réservoirs et des digues; l'entretien et le curage des rivières et des canaux; la réglementation des eaux dans l'intérêt public. Nous trouvons d'intéressants détails sur cette organisation dans les *Mittheilungen über Landwirthschaft während der Jahre 1871-1877*, qui nous ont été distribuées de la part de la Présidence supérieure, lors de notre dernière session. En vous rappelant que le service de l'aménagement des eaux dépend immédiatement de la Présidence supérieure de Strasbourg, votre Commission constate que son organi-sation comprend : un ingénieur en chef conseiller du Gou-vernement; 3 ingénieurs des cultures, un par départe-ment, au traitement de 3 000 à 4 500 ℳ; 9 conducteurs de travaux *Wiesenbaumeister*, avec un certain nombre d'assis-tants, touchant de 1 200 à 1 500 ℳ, plus des indemnités de voyage et de déplacement. La Commission est d'avis d'encourager ce personnel en nommant définitivement quatre conducteurs de travaux avec droit à une pension de retraite. Somme toute, cette Administration figure au budget du prochain exercice pour 68 840 ℳ de dépenses ordinaires pour le personnel, et 65 000 ℳ de dépenses extraordinaires pour subventions aux travaux d'aménage-ment approuvés par le Gouvernement, à savoir : 20 000 ℳ pour la régularisation de la Nied, en Lorraine ; 25 000 ℳ pour la rectification de l'Ill entre les ponts de Meyenheim et d'Oberentzen, et 20 000 ℳ pour la rectification de la même rivière sur le territoire de Horbourg.

Régler l'emploi des eaux, en rectifier le cours et en régulariser l'écoulement, telle est la tâche du nouveau service administratif dont le Gouvernement a pris l'ini-tiative, suivant un exemple déjà donné par le pays de Bade, par la Lombardie, par la Hollande. Nous pouvons nous féliciter de cette organisation, dont nous attendons de bons résultats pour la culture des prairies et l'élève du bétail. Du jour où le pays élèvera plus de bétail, ses terres arables recevront également plus d'engrais et pourront donner un rendement supérieur à leurs produits actuels. Contre une somme de 116 440 ℳ attribuée au budget de cette année à l'aménagement des eaux, nous avons con-sacré au même service 78 818 ℳ en 1876 et 142 126 ℳ en 1877. Le pays de Bade n'a pas dépensé moins de 12 000 000 ℳ depuis 30 ans, avec des subventions consi-dérables de l'Etat, pour l'aménagement et la rectification des cours d'eau autres que le Rhin. Quand nous serons débarrassés de la contribution matriculaire qui nous coûte actuellement plus de 3 000 000 ℳ par année, nous dispo-serons de nouvelles ressources pour ce service, sans accroissement des charges publiques. Le nombre de projets étudiés ou en voie d'exécution pour l'aménagement des eaux en Alsace-Lorraine s'élevait à 377, avec une dépense évaluée à 2 750 000 ℳ vers la fin de 1877. Parmi ces projets nous citerons particulièrement la rectification de la Nied et de la Seille, en Lorraine; en Alsace, la rectification et l'endiguement de la Fecht, sur le territoire de Walbach; de la Lauch, à Issenheim; de la Liepvrette, à Châtenois; de l'Ill à Horbourg et à Meyenheim; le renforcement du barrage du lac Noir, au-dessus d'Orbey; les travaux de drainage à Marly et à Hatten.

En ce qui concerne la rectification et l'endiguement de l'Ill entre les ponts de Meyenheim et d'Oberentzen, votre Commission constate avec satisfaction le prompt avancement de ces travaux, dont le coût reste beaucoup au-dessous des frais d'évaluation provisoire. Ce fait assez rare dans les devis ordinaires de nos constructeurs, doit nous inspirer confiance dans le chef actuel du service d'amélioration, et la Commission serait d'avis de répartir sur deux années l'exécution des travaux entre Meyenheim et Oberentzen, au lieu du délai de quatre années fixé d'abord. Elle désire que le solde de la subvention de l'Etat soit compris en entier dans le prochain budget.

Les travaux sont exécutés par un syndicat comprenant les propriétaires riverains de l'Ill avec participation des communes de Meyenheim, de Munwiller et Oberentzen. Afin d'encourager l'entreprise, le Conseil général de la Haute-Alsace vota en sa faveur, à titre d'essai, un crédit de 25 000 ℳ en cinq annuités au mois d'août 1876. Evaluées d'abord à 200 000 ℳ, les dépenses pour cette section devaient être supportées moitié par l'Etat, moitié par le département, les communes et les propriétaires intéressés. Un quart seulement des dépenses totales incombe aux propriétaires riverains, et au point de vue économique, l'affaire se présente dans de bonnes conditions, car les terres, actuellement vagues, à transformer en prairies sur les bords immédiats de la rivière peuvent acquérir une valeur considérable, moyennant une dépense de 1 500 fr. par hectare.

On a réparti les terrains qui doivent profiter de correction de la rivière en trois zones ou en trois classe

1° les terres situées sur les bords mêmes du cours d'e et tenant à son lit entre les hautes berges;

2° les terres au-dessus des hautes berges et exposée l'érosion;

3° les terres exposées aux inondations des grandes cru

Actuellement les terrains de la première zo consistent en graviers arides, revêtus de broussaille mais susceptibles de se transformer par le colmata en bonnes prairies, véritable conquête à réaliser la rivière. La seconde zone comprend les terres arab d'excellente qualité exposées à l'érosion de la rivière, raison de leur situation au-dessus des berges et entre digues des hautes eaux. Enfin, dans la troisième zone rangent les champs protégés par des digues contre inondations, en arrière du lit des hautes eaux. La déli tation faite sur le territoire des trois communes du syndi en question donne 104 hectares 88 ares pour l'étendue terres de la première zone payant 6 : 10 des dépenses à charge des propriétaires associés; pour la deuxième zo 115 hectares 20 ares supportant 3 : 10 de ces dépens pour la troisième zone 243 hectares 76 ares, avec 1 : des dépenses; en tout 464 hectares à gagner ou à proté pour une dépense qui restera au-dessus de 200 000 ℳ !

La rectification du cours de l'Ill entre Oberentzen Meyenheim constitue un premier essai, dont la réussit déjà engagé la formation de plusieurs autres syndi en voie de se constituer pour l'exécution des travaux d'autres sections de la rivière. M. Fecht, ingénieur chef du service d'amélioration, a fait un avant-projet l'ensemble des travaux de régularisation à entrepren sur tout le cours de l'Ill et de ses principaux affluents.

Le rapporteur,
CHARLES GRAD.

RECTIFICATION DE LA NIED.

La partie à rectifier de la Nied allemande comprend les bans de Grostenquin, de Bictroff, de Lixing, de Léllange, de Téting, de Pontpierre et de Faulquemont, avec une longueur totale de 19 400 mètres.

Le terrain sujet à inondation comprend en tout 426 hectares.

La rectification a pour but d'établir un lit pour eaux moyennes régulier et fixe et d'écarter les obstacles à l'écoulement normal des eaux, de sorte qu'à l'avenir les petites crues d'été n'amèneront plus d'inondations, qu'il n'y aura plus de ruptures des bords et que dans les temps de basses et moyennes eaux, il y aura l'avant-flot nécessaire pour le drainage des parties marécageuses.

Les hautes eaux fécondes du printemps et de l'automne doivent pouvoir déborder avant comme après. On ne devra donc pas construire de digues, et l'on conservera la direction principale du cours d'eau, en n'enlevant que les sinuosités les plus aiguës.

Les frais se monteront à 63 000 ℳ pour la rectification proprement dite et à 12 000 ℳ pour la reconstruction du pont près de Pontpierre.

La largeur du lit rectifié sera de $5^m,4$ à la partie supérieure et de 9 mètres à la partie inférieure.

Les syndicats réunis de la Nied, de Faulquemont, de Marienthal et de Bischwald ont décidé, le 6 juillet de l'année dernière, de faire exécuter les travaux de rectification, à condition que l'Etat accorde une subvention de 20 000 ℳ

Supplément 2 au rapport sur le budget de l'Agriculture.

DÉPARTEMENT DE LA HAUTE-ALSACE.

a) Le projet détaillé de rectification du cours de l'Ill près d'Illzach est terminé et est soumis depuis assez longtemps au Conseil municipal qui doit en délibérer.

b) L'exécution du projet entre les ponts de Meyenheim et d'Oberentzen (sur une longueur d'environ 4 kilomètres) a été décidée vers la fin de 1877. La partie supérieure de ce parcours, d'environ 1 200 mètres, a été exécutée dans le courant de l'été 1878 moyennant le prix du devis, soit 40 000 ℳ

Quant au reste de 2 800 mètres, l'exécution en a été adjugée sur soumission, il y a quelques jours; le travail devra être entrepris l'année prochaine et terminé en 1880. Le devis était de 160 000 ℳ, et l'adjudication a eu lieu au prix de 145 000 ℳ

Les frais seront supportés dans la proportion d'une moitié par le pays et d'un huitième par le département. Les trois huitièmes restants devront être couverts par les communes et les particuliers.

c) Les projets détaillés pour Bilsheim, Oberhergheim et Niederhergheim sont également élaborés et sont soumis actuellement à la révision technique. Les pourparlers au sujet de l'exécution de ces travaux pourront avoir lieu au printemps de cette année.

d) Le projet détaillé pour Sainte-Croix-Sundhofen est près d'être terminé.

e) Les travaux de Horbourg seront terminés dans le courant de l'année moyennant une dépense de 12 000 à 13 000 ℳ L'adjudication par soumission aura lieu dans le courant du printemps.

f) Le projet détaillé pour le parcours entre le pont d'Horbourg et le Ladhof — banlieue de Colmar — est en voie d'élaboration.

Les travaux ci-dessus sont compris, savoir: ceux désignés sous *a* dans le territoire du 3ᵉ syndicat de l'Ill; ceux désignés sous *b*, *c*, *d* et *e*, dans le territoire du 4ᵉ, et ceux désignés sous *f*, dans celui du 5ᵉ syndicat de l'Ill.

DÉPARTEMENT DE LA BASSE-ALSACE.

a) Le projet détaillé pour l'écoulement des hautes eaux de l'Ill près d'Erstein est terminé et sera, conformément aux dispositions légales, soumis aux intéressés, après que quelques questions préliminaires auront été réglées.

b) Les projets détaillés de rectification de l'Ill entre Illhæusern et Erstein sont en voie d'élaboration. Les négociations préliminaires au sujet d'une partie de ce parcours, notamment de celle comprise entre Schlestadt et Erstein, pourront probablement avoir lieu dès l'automne prochain.

RÉSERVOIRS.

Les travaux préliminaires pour les projets de réservoirs dans la montagne sont entamés. Dans la vallée de la Fecht elles s'étendront d'abord aux cantons dits „Schmelzwasen, Rothried, Darensee, Altenweiher et Wurmsach". On pourra pour ces travaux se servir en partie des relevés faits dans le temps par un ingénieur.

Dans la vallée de la Doller les travaux s'étendront à la „Breilmatte" près Sewen et au „Sewensee".

En outre, les relevés seront étendus dans la suite aux vallées de la Thur, de la Lauch, de la Weiss, du Giessen, de la Kirneck et de la Bruche.

DÉLÉGATION D'ALSACE-LORRAINE.

Sixième Session.

COMPTE-RENDU OFFICIEL.

13ᵉ SÉANCE

28 février 1879, 2 heures et demie de l'après-midi.

SOMMAIRE : Communications diverses; Proposition N° 7, Chemin de fer de Teterchen à Thionville; 2ᵉ lecture du budget de l'Administration de l'Instruction publique.

Président : M. Schlumberger.

Secrétaire : M. Schnéegans.

Présents: tous les membres, à l'exception de MM. Auscher, Blandin et Grad.

Le Gouvernement est représenté par M. le Président de la Basse-Alsace, MM. les conseillers supérieurs Stempel et Richter, MM. les conseillers de Sybel, Dursy et Pavelt.

L'Assemblée accorde un congé à MM. Auscher et Grad.

M. le Président fait part à l'Assemblée qu'il a reçu les pétitions suivantes :

1° Une pétition relative au chemin de fer de Teterchen à Thionville; elle est renvoyée à la 2ᵉ Commission ;

2° Une pétition relative aux conditions d'admissibilité au notariat; renvoyée à la 2ᵉ Commission.

M. le *Président.* Le bureau s'est occupé de la question soulevée par M. Lorette, à la dernière séance, au sujet du fonctionnaire permanent que désire avoir la Délégation. Nous avons été unanimes à reconnaître qu'il était nécessaire que nous ayons un employé définitif. Seulement la question étant une question de pratique, se rattachant au budget, le bureau a cru devoir la renvoyer à la 3ᵉ Commission.

M. *Lorette.* Je remercie notre honorable Président de la réponse favorable qu'il vient de nous donner et de l'empressement qu'il a mis à accomplir le vœu que j'avais exprimé au nom de plusieurs de mes collègues. J'espère que l'Assemblée entière s'associera à ces remercîments.

Le procès-verbal de la dernière séance est lu dans les deux langues et adopté après une observation de M. Kœchlin.

M. le baron *Zorn de Bulach.* Je crois me faire l'interprète des réclamations de plusieurs de nos collègues, et peut-être de tous les membres de cette Assemblée, en demandant la cause du retard considérable qui se produit dans la publication des comptes-rendus officiels de nos séances. La dernière séance que nous avons reçue est celle du 7 février; l'épreuve nous est parvenue le 18 février et aujourd'hui, 28 février, le compte-rendu officiel n'a pas encore paru. Autrefois le compte-rendu suivait l'épreuve dans les 24 ou 48 heures, et il semble même que ce délai ait été de rigueur, puisque sur le billet rouge qui était joint aux épreuves qu'on nous envoyait, il était dit que toutes les réclamations qui ne seraient pas adressées dans les 24 heures, ne seraient plus admises.

Aujourd'hui nous n'avons pas d'épreuve officielle depuis le 7 février et nous sommes presque au 1ᵉʳ mars. Il y a là un retard d'autant plus regrettable que le public lit avec plaisir le compte-rendu de nos séances et doit se demander, en ne voyant rien paraître, si la Délégation ne fait rien, ou si sa session est interrompue?

On m'a dit dans le tuyau de l'oreille que la faute du retard était uniquement à l'imprimeur, qui n'avait plus de caractères. Ce n'est pas là une raison : le retard est très-fâcheux et il serait à désirer que la publication de nos séances se fît à l'avenir d'une façon plus régulière.

M. *Schnéegans.* Il est certain que le retard qui s'est produit est des plus regrettables; mais il est non moins certain qu'il tient uniquement aux lenteurs de l'imprimeur du texte allemand, qui, à ce qu'il paraît, se trouve dans une certaine gêne financière. Nous nous étions plaints déjà il y a quelque temps en le menaçant de lui retirer l'impression. Il nous avait promis alors que les choses iraient mieux et que les retards seraient évités; mais nous voyons aujourd'hui qu'il n'en est rien. Nous avons attendu encore un peu parce que l'imprimerie vient d'être vendue et que nous espérons que le nouveau propriétaire ne nous donnera pas le même sujet de plainte. Mais si la situation devait continuer, nous n'hésiterions pas à prendre une mesure énergique, et si nous ne l'avons pas fait plus tôt, c'est qu'il est toujours pénible de retirer à un homme dans la gêne le bénéfice qu'il a eu depuis des années.

M. le baron *Zorn de Bulach*. Je remercie M. Schnéegans de l'explication qu'il vient de nous donner et je suis heureux de l'avoir provoquée, puisqu'on saura au moins de cette façon dans le public pourquoi nos séances ne sont plus publiées. J'ajouterai toutefois qu'il est fâcheux qu'une Assemblée comme la nôtre dépende de la situation d'un imprimeur et qu'une autre fois il ne faudrait plus attendre si longtemps. La publication de nos séances est une chose très-importante et ne doit souffrir aucun retard.

I.

Proposition N° 7. Chemin de fer de Teterchen à Thionville.

Rapporteur : M. Mieg-Kœchlin.

Le rapport a été imprimé et distribué aux membres conformément au règlement. (voir annexe 1).

M. *Mieg-Kœchlin*, rapporteur, donne lecture d'un supplément au rapport (voir annexe 2).

M. *Lorette*. Messieurs, lors de la première réunion de la Commission des finances, à laquelle s'étaient adjoints plusieurs membres de votre Commission et MM. les membres de la Commission spéciale des chemins de fer, j'ai fait valoir les motifs qui militaient en faveur du tracé 1 par Bouzonville. Les motifs que j'ai eu l'honneur d'exposer ont trouvé l'accueil de mes collègues ; je m'en suis réjoui avec le pays que j'ai l'honneur de représenter ; mais au moment de la discussion en séance plénière, le Gouvernement a demandé le renvoi à la Commission. Comme, à la précédente séance, MM. les commissaires du Gouvernement et M. le directeur des chemins de fer Funke nous ont représenté les difficultés de terrain qui s'opposent à la construction de cette ligne ; M. le directeur Funke, si expert en cette matière, nous a fait entrevoir non-seulement les difficultés dans la construction, mais aussi les dépenses et les inconvénients qui se produisent pour l'entretien pendant l'exploitation. Ces explications, basées sur la nature du terrain et données par un homme qui, en cette matière, possède à un si haut degré les connaissances techniques, ont amené votre Commission à abandonner le point qui semblait être la cause des difficultés signalées et à laisser la Direction générale des chemins de fer choisir son tracé sous la condition de toucher ou desservir Metzerwiese, Kédange, Bouzonville. Je ne puis que regretter cette circonstance tant pour Kemplich, Monneren que pour les localités voisines qui se trouvent déshéritées ; mais j'espère que les facilités que l'Administration créera pour l'accès des différentes stations apporteront une légère compensation aux populations intéressées. D'un autre côté, les localités de Metzerwiese, Huttange, Himbourg, Ebersvillers, Freistroff et voisines recueilleront le bénéfice de cette nouvelle et définitive détermination.

L'Assemblée adopte ensuite à l'unanimité la résolution proposée par la Commission d'accorder une subvention de 4 404 515 ℳ pour un chemin de fer partant de Thionville, passant par Metzerwiese, Kédange, Bouzonville, pour aboutir à Teterchen.

M. *Schnéegans* fait remarquer que ce vote a pour conséquence l'adoption de la résolution proposée par la Commission d'accorder une subvention de 250 000 ℳ pour la ligne de Bouxwiller-Haguenau et 250 000 ℳ pour les lignes de Bühl à Guebwiller, de Bollwiller à Cernay, de Burnhaupt à Montreux-Vieux et de Cernay à Massevaux.

M. *Reuss* demande s'il y a un délai prévu pour l'exécution de cette ligne.

M. *Mieg-Kœchlin*, rapporteur. La réponse à cette question se trouve dans le rapport. Il y est dit que la Commission pense que les budgets subséquents nous donneront les moyens de payer la somme à laquelle se montent les frais de construction en quatre termes annuels, ce qui fait prévoir que la ligne sera exécutée dans quatre ans en dehors de l'année courante.

M. le conseiller *de Sybel*, commissaire du Gouvernement. Il n'est pas possible de fixer dès aujourd'hui le délai dans lequel la ligne sera achevée. Les quatre termes dont il est parlé dans le rapport n'ont trait qu'au mode de paiement de la subvention et non à la construction de la ligne, dont il faut s'occuper d'abord de chercher le tracé.

L'Assemblée adopte également les résolutions suivantes :

1° L'Administration des chemins de fer de l'Empire se chargera de l'exécution et de l'exploitation des lignes à fixer plus tard, et cela à des conditions à établir après la détermination et l'établissement du droit de ces lignes.

A ce sujet il est reconnu désirable que l'exploitation se fasse pour le compte exclusif de l'Empire, tandis que les lignes à construire resteraient la propriété de l'Empire.

2° L'exécution des lignes se fera au moyen des sommes que le pays mettra à disposition suivant l'importance des devis, sommes auxquelles s'ajouteront les subventions de l'Empire, dans le cas où il y aura pour ce dernier un intérêt soit stratégique, soit favorable à la politique de l'Empire, soit un intérêt financier pour l'Administration des chemins de fer de l'Empire.

3° Ainsi que la résolution de demander à la Direction générale qu'elle veuille bien, chaque fois que ce sera possible, accorder la préférence aux industriels de l'Alsace-Lorraine pour l'exécution de nos chemins de fer futurs.

L'Assemblée passe ensuite à la discussion du chap. 22 du budget des finances.

La Commission propose de modifier ce chapitre de la manière suivante :

a) Subvention aux frais de construction d'une ligne de Teterchen à Thionville (1er versement), 250 000 ℳ

b) Subvention à des lignes de raccordement portée de 400 000 à 500 000 ℳ, applicables pour 250 000 ℳ à la ligne de Bouxwiller-Haguenau.

250 000 ℳ pour les lignes déjà indiquées dans les observations du budget précédent, c'est-à-dire de Bühl à Guebwiller, de Bollwiller à Cernay, de Burnhaupt à Montreux-Vieux et de Cernay à Massevaux.

M. le conseiller *de Sybel*, commissaire du Gouvernement. Le Gouvernement ne demande pas mieux que de se rallier à l'augmentation et à la modification proposées par la Commission. Mais il croit nécessaire de faire une réserve au sujet des 250 000 ℳ destinés à être affectés aux lignes de la Haute-Alsace. Le Gouvernement pense que l'intention du Landesausschuss n'est pas de fractionner la disposition de cette somme de manière qu'une partie déterminée soit affectée à chacune des quatre lignes. Il vaut mieux mettre le crédit entier à la disposition du Gouvernement pour celles des lignes dont la construction sera commencée en premier lieu. A cette condition, le Gouvernement n'a aucune objection à faire contre la proposition de la Commission.

M. *Kœchlin*. Nous avons le malheur d'avoir un nom très-long pour notre ligne de la Haute-Alsace. C'était autrefois simplement la ligne de Bühl à Belfort. Aujourd'hui elle est divisée en plusieurs parties par suite de l'exécution des tronçons intermédiaires. Mais il ne faut pas se tromper à ces apparences : ces quatre lignes sont parfaitement solidaires les unes des autres ; il n'existe pas la moindre rivalité entre les intéressés, qui sauront déjà s'entendre sur l'exécution de la ligne. Je ne verrais donc pas d'inconvénient pour ma part à maintenir le texte de la Commission.

M. *Baudry*. Je tiens à appuyer tout particulièrement ce que vient de dire l'honorable M. Kœchlin. J'ajouterai qu'il y a des années que les chemins de fer en question sont promis aux populations, qu'on attend leur construction avec la plus vive impatience, mais que jusqu'à présent on a été obligé de se payer de promesses.

M. le baron *Zorn de Bulach* fait observer qu'il n'est pas fait mention dans le rapport de la Commission spéciale des chemins de fer de certaines lignes qu'à raison de leur importance il eût été bon de signaler, et notamment de la ligne du Val-de-Villé et de celle de Schlestadt à Marckolsheim.

M. *North* répond que la Commission a dû ne s'occuper d'abord que des lignes les plus importantes et que d'ailleurs il est fait dans le rapport une réservé spéciale pour les lignes de la Haute- et de la Basse-Alsace qui ne figurent pas dans la liste de la Commission.

Après une suspension de séance de cinq minutes, l'Assemblée passe au deuxième objet à l'ordre du jour.

II.

2e lecture du budget de l'Administration de l'Instruction publique.

Rapporteur : M. Goguel.

Le rapport a été imprimé et distribué aux membres conformément au règlement. (Voy. annexe 3.)

1° Université.

L'Assemblée adopte :

Chap. 9 (Recettes), titre 1, avec   400 000 *Mk*
      " 1 a, "   800 000
      " 9, "   630 000

Chap. 37 (Dépenses ordinaires), avec 876 560 *Mk*

Chap. 8 (Dépenses extraordinaires),

      titre 1, avec   200 000
      "   2   "   150 000
      "   3   "   200 000
      "   4   "   80 000
      "   5   "   800 000
      "   6   "   14 500

par suite de l'adoption d'une réduction de 3 200 *Mk* proposée par la Commission, titre 7, avec 400 000

2° Bibliothèque.

L'Assemblée adopte :

Chap. 9 (Recettes), titre 2, avec   1 870 *Mk*
      " 10, "   13 000

Chap. 38 (Dépenses ordinaires).

M. *Goguel*, rapporteur. Je ferai observer à l'Assemblée que le chapitre des traitements a dû être augmenté par suite de la nécessité de nommer un septième bibliothécaire et un troisième secrétaire. La création de ces deux nouveaux postes a été motivée par suite de l'accumulation de jour en jour plus grande du matériel et du surcroît de travail qui en résulte. La Commission a reconnu le bien-fondé des explications qui nous ont été données à ce sujet et a cru devoir adopter l'élévation de crédit demandée. L'un des postes de bibliothécaire disparaîtra avec le départ de celui qui l'occupe. Quant au troisième secrétaire, le besoin s'en est fait vivement sentir surtout à cause du chiffre toujours plus considérable d'ouvrages qui sont distribués. J'ajouterai à ce propos que l'Administration de la Bibliothèque se montre très-libérale. Outre les deux cents ouvrages qui sont distribués tous les jours en ville, elle expédie avec la plus grande complaisance des ouvrages non-seulement en Alsace et en Allemagne, mais dans les pays voisins, en Suisse et en France. Deux secrétaires ne pouvaient pas suffire à ce travail ; il en fallait un troisième, et, comme on le comprendra facilement, des fonctions aussi importantes ne pouvaient pas être confiées à un manœuvre. Il fallait un homme entendu, possédant une certaine culture et ayant par cela même droit à un traitement rémunérateur.

La Commission vous propose donc d'adopter l'augmentation de crédit demandée par le Gouvernement.

L'Assemblée adopte :

Chap. 38, titres 1 à 6, avec   58 350 *Mk*
      titre 7,   "   300

Titre 8 (Dépenses pour les livres).

M. *Kœchlin*. Dans le rapport présenté il y a deux ans par M. Goguel sur le budget de la Bibliothèque pour 1878 nous lisions :

„Sous le bénéfice de ces observations, votre 2° Commission vous propose de voter les divers crédits ordinaires et extraordinaires, tels qu'ils vous sont présentés par l'Administration. Mais elle croit devoir en même temps appeler tout particulièrement votre attention sur le titre 2 du chap. 8, lettres *a* et *b* des dépenses extraordinaires (p. 32 et 33) ; il lui a semblé que c'est principalement sur ce crédit de 59 000 *Mk* que devront s'effectuer plus spécialement dans un très-prochain avenir les économies qu'il sera possible de réaliser. Une réduction de 1 000 *Mk* a déjà été opérée au présent budget, et votre Commission, tout en constatant avec satisfaction que l'Administration est disposée à entrer dans la voie qui lui a été indiquée l'an dernier, vous prie de l'inviter à vouloir bien y persévérer."

Dans le rapport qui nous est soumis aujourd'hui sur le même budget pour 1879-1880, il est dit :

„Toutefois nous persistons à croire que le moment ne nous paraît pas éloigné où, à cette première période de formation qu'elle vient de traverser d'une manière si brillante, devra succéder tout naturellement une période plus calme de classement et de conservation, qui permettra à l'Administration d'entrer désormais dans une voie moins dispendieuse pour notre petit pays."

Dans le budget de 1878, nous avions à l'extraordinaire un crédit de 59 000 ℳ, qui a été blâmé par la Commission. Aujourd'hui on a diminué l'extraordinaire et transporté une partie de la somme à l'ordinaire, qui est ainsi élevé à 55 000 ℳ Je ne vois pas, pour moi, la nécessité de cette augmentation, et je propose donc de maintenir à l'ordinaire le chiffre de 36 000 ℳ que nous avions voté les années précédentes.

M. le conseiller *de Sybel*, commissaire du Gouvernement. Je ferai observer tout d'abord que l'augmentation de l'ordinaire se monte à 19 000 ℳ, tandis que l'extraordinaire a été diminué de 37 000 ℳ, ce qui fait en somme une réduction de 18 000 ℳ Cette réduction prouve le désir du Gouvernement de restreindre dans une juste mesure les dépenses de la Bibliothèque, maintenant qu'elle a atteint un certain développement et qu'elle a traversé la période de formation, où il a fallu faire des sacrifices considérables.

Mais cette grande institution, qui est une gloire et un ornement pour le pays, demande à être maintenue à la hauteur qu'elle a atteinte. Nous sommes aujourd'hui en état d'évaluer les sommes nécessaires pour continuer et compléter la Bibliothèque. Il a donc paru opportun de fixer une fois pour toutes cette somme à l'ordinaire, et de réduire en proportion l'extraordinaire. Il a été reconnu que la somme de 36 000 ℳ, qui jusqu'à présent était émargée à l'ordinaire, n'est pas suffisante. Il y aurait bientôt des lacunes considérables dans la Bibliothèque; il serait impossible de se procurer la suite des ouvrages scientifiques parus, et notamment des recueils périodiques, qui sont de la plus haute importance pour se maintenir à la hauteur des découvertes scientifiques les plus nouvelles. Cette dernière espèce d'ouvrages est surtout représentée d'une manière très-complète à la Bibliothèque, et il existe environ 4 à 500 journaux et recueils pour chaque branche scientifique. C'est justement parce que notre Bibliothèque est aussi fréquentée que l'a dit l'honorable M. Goguel, qu'il est indispensable de la maintenir à sa hauteur actuelle. L'Administration de la Bibliothèque désirait un crédit ordinaire de 70 000 ℳ, et en cela elle était d'accord avec les vœux exprimés par les professeurs des diverses Facultés. Mais le Gouvernement a trouvé ce chiffre trop élevé, et après en avoir rogné toute dépense ne paraissant pas absolument indispensable, il en est arrivé à vous demander un chiffre de 55 000 ℳ, qui est le minimum de ce qu'exige l'entretien de la Bibliothèque. Je prie instamment l'Assemblée de ne pas entraver le développement de cette Bibliothèque, dont la réputation est européenne, et qui étend ses services au monde scientifique tout entier. La diminution que vous remarquez à l'extraordinaire, prouve que le Gouvernement, malgré son désir de faire tout ce qu'il est possible pour cette institution, ne perd pas de vue les intérêts financiers du pays.

M. *Goguel*, rapporteur. Dans le principe la Commission penchait dans le sens de M. Kœchlin. Elle avait trouvé le chiffre des dépenses ordinaires trop considérable et se proposait d'en faire l'observation. Mais après les explications fournies par le commissaire du Gouvernement, elle n'a pas cru devoir insister et a été unanime à vous proposer d'admettre le crédit demandé. Toutefois elle a eu soin, comme les années précédentes, d'exprimer l'avis qu'il devra venir un moment où à la première période de formation devra succéder une période plus calme de classement et de conservation, qui permettra à l'Administration d'entrer désormais dans une voie moins dispendieuse pour notre petit pays. Actuellement cela n'est pas encore possible : il y a encore des amas de livres qu'il s'agit de mettre en ordre, des lacunes considérables qu'il faut combler. Tout cela demande de l'argent, et cet argent, nous avons cru devoir l'accorder, parce que quand on a une grande institution il faut la soutenir. Mais, je le répète, il viendra un moment où il faudra faire trêve à ces dépenses considérables.

M. *Kœchlin*. Je crois qu'il est à notre disposition de faire venir ce moment quand il nous plaira, et cela en n'accordant plus que tel et tel fonds, au lieu de celui qui nous paraît trop considérable. Je ne vois pas, pour moi, la nécessité d'entrer dans toutes ces dépenses, d'autant plus que d'après ce qu'a dit M. le commissaire du Gouvernement, elles seront permanentes. Je crois que nous faisons trop en dépensant annuellement une somme de 200 000 fr. pour la Bibliothèque.

M. le conseiller *de Sybel*, commissaire du Gouvernement. Je n'ai parlé que des dépenses ordinaires, dont dépend l'existence de la Bibliothèque. Ces dépenses étaient à la vérité moindres dans le temps, parce que, l'extraordinaire étant beaucoup plus grand, on pouvait toujours y puiser en cas de besoin. Aujourd'hui, au contraire, l'extraordinaire ayant été considérablement réduit, il a fallu élever le chiffre de l'ordinaire, pour ne pas compromettre la prospérité et le développement de la Bibliothèque. Une grande partie de cette somme sert en effet à se procurer la continuation des grands ouvrages bibliographiques qui ont paru à Paris, Vienne, Londres, etc. Car si l'on possède les premiers volumes d'un ouvrage pareil, il faut absolument s'en procurer la suite, sans quoi les volumes que l'on possède perdraient toute valeur. Il faut donc un fond annuel pour compléter ces ouvrages. Le Gouvernement fera son possible pour réduire encore le chiffre des dépenses extraordinaires ; mais la Bibliothèque ne saurait se passer du crédit prévu à l'ordinaire.

M. *Klein*. Je n'ai pas grand'chose à ajouter à ce que vient de dire M. le commissaire du Gouvernement. J'ai pris moi-même des renseignements auprès de plusieurs professeurs de l'Université, qui m'ont tous déclaré qu'ils n'ont jamais rencontré une bibliothèque aussi complète et un personnel aussi serviable qu'à Strasbourg, et qu'il serait profondément regrettable qu'on rognât à cette Bibliothèque les moyens d'existence. On peut s'y procurer, à ce qu'il paraît, les ouvrages du monde entier, et lorsqu'un professeur a besoin d'un ouvrage qui ne se trouve pas encore dans la collection, on le lui procure aussitôt. On me dira peut-être que la Bibliothèque est plus grande que ne l'exigent les besoins du pays. Je crois qu'une grande Université comme la nôtre ne peut jamais avoir une Bibliothèque trop grande et que restreindre le budget de la Bibliothèque, serait rogner les éléments nécessaires au progrès des études. Si on retranchait une part quelconque de ce crédit, il se produirait immédiatement un mouvement d'arrêt dans telle ou telle branche scientifique et ce résultat serait déplorable à plus d'un titre. Je ne puis donc me rallier à ce que vient de dire l'honorable M. Kœchlin, et je propose de voter la somme entière demandée par le Gouvernement.

M. *Goguel*, rapporteur. Je crois devoir m'opposer à l'adoption de la proposition de M. Kœchlin. Ce ne serait pas une bonne mesure que d'arrêter ainsi la Bibliothèque dans l'essor remarquable qu'elle a pris. Comme l'a dit M. le commissaire du Gouvernement, l'institution fait honneur à notre pays : cet honneur nous coûte un peu cher, il est vrai ; mais la dépense est faite au profit de tout le monde. J'appellerai surtout l'attention sur la libéralité qui préside à la distribution des livres. Vous avez partout des bibliothèques ; mais ce sont généralement des endroits presque clos, qui ne s'ouvrent et ne servent par conséquent qu'aux initiés. Notre Bibliothèque non-seulement est ouverte à tout le monde, mais ses livres circulent dans tous les pays ; elle a un caractère international. Quand on vient lui demander des livres au nom de la science, on peut être sûr de les recevoir. Si vous diminuez les ressources d'un établissement pareil, il perdra nécessairement son caractère d'utilité publique et internationale. La Bibliothèque de Strasbourg occupe en Allemagne le 3e rang ; elle vient immédiatement après celles de Berlin et de Munich, et encore ces dernières ne prêtent-elles pas autant de livres qu'elle. Pour Munich, la proportion est de 2 à 5, et il doit en être à peu près de même pour Berlin. Quand un établissement se présente sous un aspect pareil et produit de tels résultats après six ans d'existence, je crois qu'une Assemblée alsacienne aurait mauvaise grâce à lui refuser les subsides. Je conjure donc l'Assemblée de ne pas adopter une réduction qui nuirait certainement à la prospérité et à la durée d'une institution que nous devons tous avoir à cœur de soutenir et de favoriser le plus possible.

M. *Fulter*. Je ne suis pas compétent dans cette question, mais je crois devoir l'envisager un peu au point de vue financier. Pour démontrer la nécessité du crédit, on n'a invoqué jusqu'ici que des considérations générales. M. Kœchlin, de son côté, a attaqué le crédit sans en démontrer l'inutilité. Pour moi, je serais porté d'une part à admettre le chiffre demandé par le Gouvernement ; mais d'autre part, je ne me dissimule pas que ce chiffre est fort considérable. Et il ne doit pas servir uniquement à boucher des trous, comme le croit l'honorable M. Goguel, mais il représente des dépenses permanentes, qui seront nécessaires chaque année si l'on veut se tenir au courant de toutes les publications. M. le rapporteur a fait ressortir que c'est pour nous un grand honneur d'avoir une si belle Bibliothèque, qui est ouverte à chacun, sans distinction de nationalité. Je suis très-flatté de cet honneur, mais je me demande si nous ne le payons pas un peu cher. Est-il bien nécessaire qu'un petit pays comme le nôtre fasse des frais aussi considérables afin de créer une „Weltbibliothek“ et de faire à l'instar des „Weltstädte“, où chacun va se procurer les plaisirs qu'il ne trouve pas à la maison ? Ici, ce sont, il est vrai, des plaisirs intellectuels ; ailleurs, ce sont d'autres plaisirs. Je demanderai donc à la Commission quelles sont les investigations auxquelles elle s'est livrée au sujet de la nécessité de ces dépenses et qui lui permettent de déterminer si le chiffre émargé répond aux besoins réels et n'est pas trop élevé ? Il est évident que si l'on voulait acquérir toutes les publications, il faudrait un crédit encore plus considérable.

Prenez, par exemple, les dictionnaires, il y en a toute une série ; il en est de même des ouvrages techniques, industriels et autres. Dans l'un de ces ouvrages vous trouverez en général ce qui est déjà dans l'autre ; ils ne se distinguent que par de petites nuances, de petites spécialités qui sont contenues dans l'un et qui manquent dans l'autre. Il reste à savoir, en définitive, si l'avantage d'être renseigné sur ces petites spécialités est assez grand pour motiver d'aussi fortes dépenses.

Il est impossible, d'ailleurs, de se procurer tous ces ouvrages spéciaux, nos revenus n'y suffiraient pas. Il faut donc trouver des limites au delà desquels nous ne devons pas aller ; et je désire savoir s'il y a des données suffisantes pour nous éclairer sur la nécessité de ce crédit de 55 000 ℳ qui nous est demandé et qui doit être redemandé chaque année.

M. le conseiller *de Sybel*, commissaire du Gouvernement. Je répondrai volontiers à la question de M. Fulter. Le crédit émargé ne suffirait nullement pour acquérir tous les ouvrages littéraires de mérite.

Comme preuve à l'appui, je vous citerai le fait que les ouvrages nouveaux qui ont paru dans le courant de l'année 1878 sur le marché de Leipzig ont été évalués, à eux seuls, à 600 000 ℳ

Si vous ajoutez à cette somme la valeur des ouvrages nouveaux qui ont paru à Paris, Londres, Berlin et dans d'autres grandes villes, vous reconnaîtrez sans peine qu'un crédit de 55 000 ℳ est à peine suffisant pour acquérir une faible partie de toutes ces publications.

Il faut donc nécessairement, pour l'emploi de ce fonds, se renfermer dans des limites très-étroites. D'une part, la Bibliothèque doit être maintenue à sa hauteur actuelle et les ouvrages commencés doivent être continués ; d'autre part, pour les acquisitions nouvelles, l'Administration est obligée de s'en tenir aux indications données par les professeurs des diverses Facultés et les savants du pays sur la nécessité de l'achat d'ouvrages spéciaux.

Ces observations prouvent, je l'espère, suffisamment que le Gouvernement, en demandant un crédit de 55 000 ℳ, s'est borné au strict nécessaire, et qu'il est impossible de diminuer cette somme, si l'on veut tant soit peu satisfaire les besoins existants, en se bornant aux limites que je viens d'indiquer.

L'Administration de la Bibliothèque avait proposé d'émarger une somme plus forte, savoir 70 000 ℳ, et cela eu égard à l'augmentation du prix des livres, qui est allée en grandissant depuis les quatre dernières années, surtout pour les ouvrages spéciaux. C'est que l'impression, le papier, etc., sont devenus plus chers, et il en résulte que le prix des livres a augmenté de 20 à 25 %. Sans cette augmentation, le Gouvernement pourrait se contenter d'une somme moins forte, mais dans les circonstances actuelles, cela n'est pas possible.

La demande de 70 000 ℳ eût été parfaitement justifiée par la cherté des livres ; si néanmoins le Gouvernement l'a réduite à 55 000 ℳ, cela prouve qu'il s'est laissé guider par un esprit sérieux d'économie et qu'il s'est borné à demander le minimum le plus indispensable.

M. *Schnéegans*. Je n'ai pas l'intention d'entrer dans la discussion de la question ; je n'ai qu'un mot à dire. Il me semble que nous ne sommes guère compétents pour apprécier d'une façon pratique, comme le demande M. Fulter, si le crédit demandé est nécessaire ou non, et que nous ferions bien de nous en rapporter sur ce point aux personnes qui paraissent le plus compétentes dans la matière, c'est-à-dire aux professeurs des diverses Facultés. D'après les indications de ces derniers, le chiffre inscrit au budget représente le minimum le plus indispensable, et je ne comprends pas que l'on puisse, de but en blanc, sans études spéciales, venir donner un avis négatif en présence de l'affirmation positive des personnes qui sont à même d'apprécier en parfaite connaissance de cause ; il faudrait, pour cela, parcourir chiffre par chiffre et livre par livre les listes des acquisitions à faire, ce qui est certainement impossible.

Ce serait pour nous un malheur énorme que de perdre ou de laisser dépérir cette Bibliothèque qui fait l'honneur et la gloire du pays. Elle est un immense bienfait pour notre pays et l'humanité, car elle sert puissamment au développement de la civilisation et à l'augmentation du niveau de l'instruction générale qui, sans elle, ne tarderait pas à baisser. Je voterai donc des deux mains le crédit demandé.

M. *Kœchlin.* Je tiens à constater que ma proposition n'a rien de révolutionnaire. Je propose tout simplement de nous en tenir au même chiffre que nous avons noté en 1877 et 1878. Les explications qui ont été données ne m'ont nullement convaincu de la nécessité d'une augmentation.

M. *Schnéegans.* Si l'ordinaire des dépenses pour les livres est plus forte cette année, il ne faut pas oublier que l'extraordinaire est beaucoup moindre que les années précédentes. L'ordinaire et l'extraordinaire réunis forment un chiffre beaucoup moins considérable que les crédits précédents ; il y a une différence de 13 000 ℳ Or il faut voir la réalité, non pas seulement la forme des choses. Il est incontestable qu'il y a, sur les exercices précédents, une diminution *totale* très-sensible. Si vous voulez encore diminuer l'ordinaire, vous rognerez complètement les ailes de la Bibliothèque, et je verrais avec regret s'introduire dans cette Assemblée un esprit tendant à n'accorder des crédits qu'aux dépenses qui sont productives en argent, en négligeant celles qui sont productives au point de vue moral et intellectuel, et qui certes ne sont rien moins qu'inutiles.

M. *Fulter.* J'ai eu soin de dire en commençant que je ne suis pas compétent dans la matière, et c'est précisément pour ce motif que j'ai demandé à la Commission si elle pouvait nous fournir les renseignements propres à nous éclairer. La question que j'ai adressée à cet effet à la Commission est l'expression d'une idée générale qui règne chez moi et que je voudrais voir mettre en pratique toutes les fois qu'il s'agit d'accorder un crédit dont l'examen approfondi exigerait des spécialités que nous n'avons pas ou que nous avons en trop petit nombre parmi nous. Dans les questions de forêts, par exemple, nous nous trouvons en face d'agents techniques, qui se basent sur des études spéciales ; nous ne sommes pas spécialistes, et il est donc difficile de soutenir une opinion contraire à la leur. Il en est de même des questions de chemins de fer. Comment pouvons-nous dire que sur 3 millions demandés pour la construction de telle ou telle ligne il faut rayer 150 000 ou 200 000 fr.? Il faudrait, pour cela, faire des études tout à fait spéciales. Mais c'est précisément en raison de cet état de choses que la réponse de M. Schnéegans, disant que, les professeurs étant les plus aptes à apprécier la nécessité du crédit, nous devons nous en tenir à leur appréciation, n'est pas péremptoire. Les professeurs sont certainement plus compétents que nous, mais nous devrions cependant, et par cela même, avoir soin de réunir des preuves matérielles, tangibles, qui pussent nous démontrer que le chiffre demandé est réellement nécessaire et n'est pas exagéré. C'est là, je le répète, une question générale, et je voudrais voir appliquer cette manière de procéder dans tous les cas de ce genre. Je n'avais d'autre but en posant ma question que de montrer combien il serait bon et utile qu'on nous fournît toujours des documents en quantité suffisante et assez clairs, pour que nous pussions nous former une opinion bien raisonnée.

M. le conseiller *de Sybel,* commissaire du Gouvernement. Je mettrai volontiers à la disposition de M. Fulter les détails sur l'emploi des 55 000 ℳ Si j'avais pu m'attendre à ces questions, j'aurais apporté à la séance, pour en donner connaissance à l'Assemblée, les listes détaillées des livres et ouvrages à acheter, listes qui prouvent suffisamment la nécessité du crédit.

Le règlement de la Bibliothèque exige, pour les acquisitions d'ouvrages nouveaux, les propositions préalables des Facultés de l'Université. Or ces propositions dépassent de beaucoup la somme émargée, et si l'on voulait faire tous les achats demandés par les Facultés, il faudrait inscrire un crédit d'au moins 150 000 ℳ au lieu de 55 000 ℳ La somme que nous vous demandons est donc en réalité minime ; elle n'est nullement en proportion avec la grande valeur de la Bibliothèque et le bien immense que celle-ci fait au pays. Et rappelez-vous, Messieurs, que cette belle Bibliothèque n'a pas acquis sa grandeur et son importance aux frais du pays, mais qu'elle doit principalement son essor grandiose aux dons nombreux et gracieux qui lui ont été envoyés de toutes les parties du monde. Ces dons seuls ont une valeur de 2 à 3 000 000 ℳ

Il me semble qu'on ne doit pas être tellement scrupuleux quand il s'agit de conserver une pareille institution. Si vous n'accordez à la Bibliothèque que des sommes insuffisantes, vous enlèverez à l'Université, pour laquelle cependant vous votez des millions, la condition fondamentale de toute activité scientifique. Une bibliothèque bien garnie est absolument nécessaire, car les ressources privées des professeurs ne sauraient suffire à l'acquisition des ouvrages multiples dont ils ont besoin pour leurs recherches.

M. Fulter a fait ressortir que beaucoup d'ouvrages ont à peu près le même contenu et qu'ils ne diffèrent que par de petites nuances et certaines spécialités. Je lui ferai observer que les recherches scientifiques ont précisément et principalement pour but de découvrir ces spécialités et ces nuances caractéristiques ; c'est à l'étude des spécialités que s'attache le professeur qui veut faire faire des progrès à la science, et non à l'étude de ce qui est déjà devenu la propriété commune de tous les gens instruits.

Pour toutes ces raisons, je ne puis que vous prier instamment de voter le crédit proposé. Ne soyez pas trop timides, mais courageux ; vous pouvez être sûrs de ne pas léser les intérêts du pays.

M. *Schnéegans.* Permettez-moi, Messieurs, d'ajouter quelques mots seulement. Je comprends parfaitement l'idée de M. Fulter ; il désire que nous examinions et vérifions nous-mêmes en détail l'emploi du crédit. Mais franchement, cela est-il possible ? Certes non. Admettons qu'on nous soumette aujourd'hui une liste, un catalogue des publications à acheter. Y verrions-nous, en définitive, autre chose que du feu ? Pourrions-nous, en parfaite connaissance de cause, décider que tel ouvrage serait à rayer de la liste comme inutile et tel autre à maintenir comme utile ? Évidemment non, car il faudrait, pour cela, être initié dans les secrets techniques de la science, ce que les professeurs seuls sont à même d'être. Un examen sérieux de notre part des listes et du détail du crédit serait donc impossible, et quand les personnes compétentes viennent nous affirmer l'utilité de tel ou tel achat, nous ne saurions en décider l'inutilité, et le mieux sera de nous en tenir à l'opinion des membres de l'Université eux-mêmes.

Quand M. Fulter a cité tout à l'heure l'exemple des chemins de fer, je croyais d'abord qu'il arriverait à la même conclusion que moi ; et il aurait dû y arriver. Quand il s'agit d'un chemin de fer, d'un devis, il nous est certainement impossible d'examiner et de décider l'utilité ou l'inutilité de toutes les dépenses de détail, et nous aurions mauvaise grâce de vouloir, en cela, opposer notre opinion à celle des gens de l'art. Il en est de même dans la question qui nous occupe en ce moment. Les professeurs seuls peuvent donner les indications nécessaires; nous ne pouvons donc que nous incliner devant leur opinion.

M. *Fulter*. Je ne pourrai jamais me rallier d'une façon absolue à la théorie de M. Schnéegans. Je soutiens, pour mon compte, que notre contrôle peut être efficace, quoique nous ne soyons pas trop spécialistes. Si, par exemple, nous avons à vérifier une comptabilité, il est évident que nous ne pouvons pas revoir tous les chiffres, mais nous examinerons telle partie que bon nous semblera. Or ceux qui produisent le compte, savent bien que nous pouvons ouvrir le dossier au hasard, et que nous réviserons une feuille ou l'autre, et ce fait même leur inspire une crainte salutaire qui les empêchera de nous présenter des comptes fautifs. Cette crainte constitue la principale garantie de la vérification.

La même chose pourrait se faire pour les achats de la Bibliothèque. Si un catalogue nous était soumis, notre collègue M. Rack pourrait vérifier les ouvrages de médecine, M. Kœchlin ceux de technique, M. Schnéegans lui-même les ouvrages de droit, et ainsi de suite. Ce serait une garantie qui inspirerait à ceux qui dressent le catalogue le désir de rester dans les limites rigoureuses du nécessaire.

Du reste, je prends acte avec plaisir de la déclaration de M. le commissaire du Gouvernement qu'il existe un catalogue des ouvrages nécessaires qui doivent être achetés; c'est déjà une garantie; et je pense que la Commission aurait pu se procurer ce catalogue. Du moment que nous avons les pièces justificatives en main, nous pouvons — mais alors seulement — nous en rapporter avec confiance aux indications qui nous sont données. Mais nous devons insister, au point de vue général, sur cette garantie essentielle. Quant à la question de la Bibliothèque, que j'ai voulu examiner au point de vue financier seulement, je me déclare entièrement satisfait par les explications de M. le commissaire du Gouvernement.

La proposition de M. Kœchlin est mise aux voix et rejetée.

Le titre 8 est adopté avec 55 000 ℳ.

Les titres 9 à 12, avec 11 750 ℳ, et 13, avec 800 ℳ, sont adoptés sans discussion.

Sont de même adoptés :
Chapitre 9 des dépenses extraordinaires, titre 1, avec 13 000 ℳ, après une observation de M. Goguel, rapporteur, disant que cette dépense est couverte par le titre 10 du chapitre 9 des recettes, et titre 2, avec 27 800 ℳ

3° Commissions d'examen.

Sont successivement adoptés :
Chapitre 9 des recettes.
Titre 5, avec 840 ℳ
„ 6, „ 6 120 ℳ
Chapitre 39 des dépenses ordinaires, avec 4 800 ℳ et chapitre 40, avec 6 120 ℳ

4° Enseignement secondaire et chap. 42, titre 8 des dépenses ordinaires.

(Subventions pour l'entretien d'écoles moyennes, etc., 19 300 ℳ).

La Commission propose de réduire ce titre de 12 000 ℳ et de changer les observations marginales relatives aux titres 1-4 du chapitre 41 des dépenses ordinaires en ce sens que le collège de Phalsbourg sera converti non en une école moyenne, mais en un Realprogymasium.

M. *Goguel*, rapporteur. Lors de la discussion du pro-

jet de loi sur les écoles secondaires dans notre dernière session, il nous a été soumis une liste des différents établissements qui devaient être régis par la nouvelle loi. Le collège de Phalsbourg n'était pas compris dans le classement, et il s'est élevé alors à ce sujet une discussion longue et approfondie, qui cependant n'a pas mené à une solution. Il fut décidé que la question resterait provisoirement ouverte et qu'elle serait définitivement tranchée lors de la fixation du prochain budget, c'est-à-dire du budget qui nous est actuellement soumis. L'Administration a tenu compte, dans une certaine mesure, de nos réclamations, et elle a inscrit à ce titre 8 un crédit de 12 000 ℳ comme subvention pour le collège de Phalsbourg, qui devra désormais figurer comme „Mittelschule."

Cette proposition ne répondait pas tout à fait aux vœux exprimés par l'Assemblée, et votre Commission a cru devoir insister auprès de MM. les commissaires du Gouvernement, pour que le collège en question fût converti, non pas en une Mittelschule, mais en un Realprogymnasium. MM. les commissaires du Gouvernement ont fini par consentir à l'établissement d'un Realprogymnasium à Phalsbourg, et nous venons, en conséquence, vous proposer la modification de certains titres du budget, dans l'espoir que l'Assemblée voudra bien adopter nos résolutions.

Le titre 8 est réduit à 7 300 ℳ, conformément à la proposition de la Commission.

L'Assemblée adopte ensuite, conformément aux conclusions du rapport :

Chap. 9, titre 3 des recettes, élevé à 313 000 ℳ, au lieu de 310 000.

Chap. 41, des dépenses ordinaires,
Titre 1, élevé à 145 050 ℳ, au lieu de 139 650 ;
„ 2, avec 474 450 ℳ ;
„ 3, élevé à 392 175 ℳ, au lieu de 378 600 ;
la résolution suivante de la Commission au titre 3 :

„Un professeur de deuxième classe du Realprogymnasium de Phalsbourg, étant pourvu simultanément d'un autre emploi, ne touche point d'indemnité de domicile"
après une observation de M. Fulter, demandant si cet autre emploi se rattachait à l'existence de l'école préparatoire de Phalsbourg, et la réponse de M. le conseiller supérieur Richter, qu'il s'agissait d'un curé de Phalsbourg qui, auparavant déjà, était professeur au collège ;

Titre 4, élevé à 180 550 ℳ, au lieu de 175 550 ;
„ 5, élevé à 36 500 ℳ, au lieu de 36 000 ;
„ 6, avec 7 665 ℳ et titres 7 à 10, avec 57 800 ℳ,
et chap. 10, des dépenses extraordinaires, avec 80 000 ℳ

5° Les Sciences et les Beaux-Arts.

Chap. 43, titre 1, est adopté sans discussion, avec 16 000 ℳ
Titre 1 (Subvention aux théâtres, 128 000 ℳ).

M. *Klein*. Je voudrais tout d'abord poser une question au Gouvernement, en me réservant de reprendre la parole après la réponse de M. le Commissaire. Quelle est l'administration qui, à l'heure qu'il est, a la haute main sur le théâtre? est-ce le Gouvernement ou la municipalité?

M. le conseiller *de Sybel*, commissaire du Gouvernement, répond que c'est l'Administration municipale. Le bail conclu entre celle-ci et le Gouvernement n'a plus été renouvelé à son expiration, et aujourd'hui le Gouvernement ne fait que payer à la ville une subvention, sans avoir une influence directe sur la gestion du théâtre.

M. *Klein*. Je me permettrai maintenant de présenter quelques observations au sujet du théâtre. Je me hâte de dire que je me garderai bien d'entrer dans une discussion du personnel de l'Administration théâtrale. Mais il y a dans cette Administration une chose qui, il me semble, frappe tout le monde : une question de principe, à laquelle il importe de rendre attentif. Le public critique souvent — à tort ou à raison — l'Administration, les acteurs, les régisseurs, etc., etc.; je ne veux pas entrer dans ces détails. Mais pour couper court à ces critiques plus ou moins fondées et pour suivre les errements qui ont toujours existé chez nous et, qui existent dans presque toutes les administrations théâtrales, je me demande pourquoi l'on n'introduit pas le système de concours pour l'Administration et l'exploitation du théâtre, système qui présente tant de chances de succès. Le Gouvernement, il est vrai, ne peut plus répondre à cette question, puisque le théâtre se trouve maintenant entre les mains de l'Administration municipale.

Cependant, puisque nous donnons au théâtre la subvention si importante de 128 000 ℳ, il me semble que nous avons parfaitement le droit de donner un conseil, et nous ne devrions voter cette subvention qu'à condition que la direction du théâtre fût mise au concours à partir de 1880-1881. J'admets que pour l'exercice prochain une modification ne soit plus possible, puisque les nouveaux engagements, etc., se font dès le 1er janvier, mais je crois devoir insister à ce que cette condition de mise au concours soit imposée pour les exercices suivants.

Je puis certainement me tromper, mais j'ai entendu dire de différents côtés, et de personnes très-compétentes, qu'avec une subvention moindre nous pourrions avoir une direction plus énergique et plus apte, dans une certaine mesure, à attirer le public au théâtre. Je ne veux pas, je le répète, entrer dans une critique de personne, mais la question que j'ai soulevée me semble tout à fait anodine et rationnelle; elle couperait court à toutes les critiques qui existent actuellement.

Au moyen d'un cahier de charges qui fût publié et connu à l'avance des intéressés, nous aurions une garantie que notre subvention serait dorénavant bien placée et bien employée. En conséquence, je soumets à l'Assemblée la proposition suivante, avec prière de vouloir bien l'appuyer :

„L'Assemblée décide de maintenir la subvention de 128 000 ℳ, à la condition que la direction du théâtre soit mise au concours pour l'exercice 1880 à 1881."

M. le conseiller *de Sybel*, commissaire du Gouvernement. Comme je viens de le faire remarquer, c'est à l'Administration municipale de Strasbourg de régler les contrats. M. le Président supérieur n'a fait une réserve qu'au point de vue des productions artistiques du théâtre. Il est difficile de dire dès aujourd'hui ce qu'on devra faire après l'expiration du traité conclu avec le directeur actuel. Ce qui est certain, c'est que le Gouvernement refuserait de continuer à donner à la ville la subvention actuelle, si cette subvention devait être soumise à la condition formelle indiquée par M. Klein. L'Administration ne peut qu'engager la ville à examiner la question de savoir si plus tard la direction doit être, oui ou non, mise au concours. Mais voter un crédit *conditionnellement*, est une tout autre question. Tout d'abord, cette condition ne pourrait être réalisée qu'après la fin de l'année budgétaire 1879-80. Le budget commence le 1er avril 1879 et la mise en concours ne pourrait avoir lieu qu'en 1880 au plus tôt. Qu'en résulterait-il? La subvention votée devrait être accordée dans le courant de l'année budgétaire, et la question de savoir si la condition mise au vote devra être ou non exécutée, ne pourra être examinée qu'après la fin de l'exercice.

Cette question du reste ne peut pas être uniquement résolue d'après les impressions générales que la direction actuelle a produites sur le public. Il y a une série de détails à examiner et d'études à faire. Je répète qu'il n'est pas possible de voter le crédit sous une forme conditionnelle; ou bien la condition équivaut à un refus du crédit, ou bien elle est illusoire. Remarquez bien, Messieurs, que les 128 000 ℳ sont également destinés aux municipalités de Mulhouse, de Colmar et de Metz, et que la question du concours ne pourra jamais être résolue en principe, mais dépendra toujours des circonstances locales et de la situation des différentes villes.

Je vous prierai donc de ne pas insister sur la condition formulée par M. Klein. Vous ne sauriez voter un article de budget sous une condition. Le budget ne doit contenir que des chiffres positifs.

M. *Klein*. Je ne vois pas les difficultés signalées par M. le commissaire du Gouvernement. Je n'ai pas entendu supprimer la subvention pour l'année 1879, ni même pour 1880, puisque la direction actuelle est engagée juque-là. Mais que le Landesausschuss ne soit pas autorisé à imposer une condition quand il paie une subvention aussi considérable, je ne saurais le croire. Nous pouvons bien *ne pas voter* le crédit, nous pouvons donc aussi le voter conditionnellement, car qui peut le plus peut le moins. Et il me semble qu'il nous faut dès à présent prévoir ce qui arrivera et songer, pour l'exercice ultérieur, à lier formellement l'Administration préposée au théâtre; sans cela, nous risquerions fort de venir trop tard et de nous retrouver devant le fait accompli. La question est en définitive très-simple : l'Administration municipale n'a qu'à rentrer dans les anciens errements. La situation sera très-avantageusement changée quand une fois la direction offrira aussi, par un cautionnement, certaines garanties pécuniaires. Ces garanties manquent entièrement à l'heure qu'il est, et quand il y a des déficits, on vient demander à l'Administration de les couvrir, et l'on prend je ne sais où les sommes nécessaires. On peut éviter tout cela en mettant la direction au concours pour l'exercice 1880 à 1881 et en imposant les conditions stipulées dans les cahiers des charges usités auparavant.

Je ne puis donc que maintenir telle quelle la proposition que j'ai eu l'honneur de soumettre à l'Assemblée.

M. le conseiller *de Sybel*, commissaire du Gouvernement. Ce sont les mots „à la condition que" qui me choquent et que je ne saurais admettre. Il est contraire à toute théorie constitutionnelle de voter *conditionnellement* un article de budget. Admettons un instant que le crédit ne soit accordé qu'à la condition ci-dessus : les subventions sont payées en 1879-80, et plus tard il se trouve que la condition ne peut pas être accomplie. Qu'arrivera-t-il alors ? La condition sera évidemment illusoire, car vous ne sauriez réclamer la restitution de l'argent payé. Et qui pourriez-vous rendre responsable du paiement?

Voici ce qu'on pourrait faire pour donner suite à l'idée de M. Klein : que l'Assemblée vote le crédit purement et simplement, et qu'elle invite ensuite, si elle le juge convenable, sous forme de vœu, le Gouvernement à engager la ville de Strasbourg à mettre au coucours la direction du théâtre, après l'expiration du traité actuel.

M. *Klein*. Un pareil vœu donnerait bien une indication au Gouvernement et l'engagerait à obtempérer aux désirs exprimés par l'Assemblée, mais en réalité il n'aurait aucune portée efficace. L'Administration municipale pourrait alors tout simplement continuer ses errements, et l'on viendrait nous dire encore, lors de la fixation des prochains budgets : Nous sommes engagés vis-à-vis de la Direction, votez donc la subvention ; et finalement nous serions obligés de le faire. C'est à quoi nous voulons parer dès maintenant, et je ne vois réellement pas pourquoi nous n'imposerions pas la condition indiquée. Elle est très-simple et ne souffre aucune difficulté ; elle ne doit pas encore s'appliquer à l'année prochaine. Je ne sais pas pour quelle durée le Gouvernement a pris des engagements vis-à-vis de la Direction actuelle, mais je suppose que ceux-ci cessent après l'exercice prochain. S'ils sont plus longs, je prierai le Gouvernement de vouloir bien me le dire.

M. *Schnéegans*. Je suis parfaitement d'accord avec M. Klein quant au fond de la question, mais je ne m'explique pas bien sa pensée quant à la forme. En effet, la question de savoir si l'entreprise du théâtre sera mise à l'adjudication ou au concours se présentera en 1880 seulement, tandis que la subvention demandée doit être votée actuellement pour l'exercice 1879 à 1880. La subvention devra donc être payée à une époque où l'on ne peut pas encore savoir si la condition à imposer sera remplie ou non. Si la ville n'accepte pas cette condition, lui demandera-t-on la restitution des sommes déjà payées à titre de subvention ? Il y a là évidemment quelque chose d'anormal.

M. *Klein*. Nous votons le crédit pour l'exercice 1879-1880, parce que l'engagement pour l'année prochaine est déjà fait actuellement. La condition a pour but de mettre l'Administration municipale en demeure, pour les exercices suivants, d'adjuger par voie de concours l'entreprise du théâtre.

M. *Schnéegans* fait observer que, dans ce cas, il serait plus rationnel de voter d'abord le crédit et de prendre ensuite une résolution dans le sens proposé. Le vote d'un article de budget doit avoir lieu purement et simplement, ou pas du tout.

M. *Kœchlin*. La question me paraît excessivement facile à résoudre. Les 128 000 ℳ demandés ne sont pas versés directement à la direction du théâtre, mais à une série de municipalités ; s'ils ne le sont pas, ils devraient du moins l'être. Rien n'empêche, à mon avis, de voter le crédit pour l'exercice 1879-80, en déclarant que le Gouvernement ne devra verser la somme aux municipalités qu'à condition qu'elles s'engagent à mettre au concours, à partir de 1880, l'entreprise du théâtre. Le versement peut parfaitement être subordonné à cette condition, et nous agirons donc très-correctement en donnant suite à la proposition de M. Klein.

M. le conseiller *de Sybel*, commissaire du Gouvernement. Il faudrait pour cela résilier les contrats actuels, ce qui est impossible, et d'ailleurs le délai serait trop court pour imposer, maintenant encore, de pareilles conditions à l'Administration des théâtres. Je ne puis que vous répéter qu'il me paraît impossible de voter un article de budget sous une condition qui ne pourra être accomplie qu'après l'expiration de l'année budgétaire.

M. *Fulter*. Il me semble qu'on tourne dans un cercle vicieux, ce qui arrive parfois à tout le monde. On a dit que le Landesausschuss ne saurait imposer des conditions pour un exercice autre que le prochain, puisque la subvention votée devra être exclusivement payée dans le courant du prochain exercice. Le paiement sera donc à faire à une époque où l'on ne saura pas encore si la condition

mise au vote sera exécutée ou non ; au moment où l'entreprise devra être mise au concours, le paiement aura déjà eu lieu, et l'exécution de la condition ne serait donc entourée d'aucune garantie. On a proposé, il est vrai, de ne verser l'argent aux municipalités qu'à condition qu'elles s'engageassent à mettre ultérieurement au concours la direction des théâtres ; mais cette proposition ne fait pas non plus disparaître les difficultés, car l'entrepreneur aura toujours reçu la subvention à l'époque où la mise en concours devra être effectuée, et la réalisation de la condition n'arrivera, ici encore, qu'après le paiement de l'indemnité.

Il s'ensuit que nous ne pouvons pas imposer l'obligation du concours comme condition *sine qua non* de notre vote. Il me semble d'ailleurs que nous ne devons pas poser ici des conditions que le Landesausschuss prochain, dont la composition et l'opinion peuvent être différentes de celles de l'Assemblée actuelle, sera en droit de modifier.

Pour éviter les difficultés signalées, je proposerai de voter le crédit tel quel et de prendre ensuite la résolution que voici :

„L'Assemblée exprime l'opinion que pour assurer un emploi convenable du crédit, il faut adopter le principe de la mise au concours de l'entreprise du théâtre“.

De cette façon, notre opinion sera exprimée d'une manière suffisamment claire, pour que les intéressés sachent que le Landesausschuss est fermement décidé à refuser toute subvention ultérieure, si la condition imposée n'est pas accomplie. Dans ce cas, le Landesausschuss bifferait tout simplement le crédit.

Il y a, à côté de cela, une question accessoire. Je ne sais pas jusqu'à quel point les engagements pris vis-à-vis de M. Hessler nous lient. Ils ont été contractés par le Gouvernement ou la municipalité ou plusieurs municipalités. Si c'est par le Gouvernement, nous avons un moyen infaillible d'intervenir : c'est de refuser la subvention, si la condition n'est pas accomplie. Si ces engagements étaient pris par les municipalités, cela m'étonnerait beaucoup, surtout pour Metz, Colmar et Mulhouse. Il n'est pas à ma connaissance que la municipalité de Metz ait joué un rôle quelconque dans la question ; elle n'a pas reçu de fonds du Gouvernement dans le but indiqué. Si la ville de Strasbourg a des engagements envers M. Hessler, ceux-ci ne lient en aucune façon les autres municipalités, M. Hessler ne saurait donc se targuer de ces engagements.

Il est beaucoup plus probable d'ailleurs que l'argent est touché directement par M. Hessler sur des mandats délivrés par je ne sais qui. Ce système est-il bon ou mauvais ? Je ne veux pas aujourd'hui me prononcer à ce sujet. En tout état de cause, les engagements avec M. Hessler ne nous lient pas les mains, car ce dernier y regardera à deux fois avant de repousser la condition ci-dessus, si nous menaçons de ne plus voter la subvention à l'avenir.

M. *Kœchlin*. Il serait à désirer que d'ici à la troisième lecture le Gouvernement nous fournît une note indiquant les engagements pris vis-à-vis de la direction actuelle du théâtre, le montant des sommes payées aux différentes municipalités et les conditions du paiement, notamment la part des municipalités et de l'État dans les dépenses, le nombre de représentations qui doivent être données dans les différentes villes, etc.

Il serait très-intéressant d'avoir cette notice sur la question théâtrale. Quant aux déficits, nous devons admettre qu'ils sont couverts par les municipalités, car jusqu'ici aucun n'a figuré dans nos budgets comme bonifié par l'Etat.

M. le conseiller *de Sybel*, commissaire du Gouvernement. Les subventions accordées n'ont jamais dépassé les sommes émargées au budget qui ont été réparties entre les différentes villes. Seule, la ville de Strasbourg a accordé l'hiver dernier une petite somme à titre de subvention supplémentaire pour couvrir le déficit de l'année précédente. A l'heure qu'il est, et d'après l'arrêté de compte du 28 février courant, il n'y a qu'un déficit insignifiant qui provient sans doute de ce qu'une représentation de dimanche n'a pu avoir lieu à Mulhouse par suite de motifs imprévus. Sans cela il n'y aurait probablement aucun déficit.

La proposition de M. Fulter, à laquelle M. Klein déclare se rallier, est mise aux voix et adoptée.

Le titre 2 est également adopté, ainsi que le titre 3, avec 1 000 ℳ

Dépenses extraordinaires.

Au chap. 12, titre 1 (Frais de publication d'un ouvrage renfermant les documents relatifs à l'Alsace, 4ᵉ versement, 4 000 ℳ).

M. *Kœchlin* désirerait avoir quelques renseignements sur cet ouvrage. Où et quand peut-on le voir, et sous quelle forme se présente-t-il ?

M. le conseiller supérieur *Richter*, commissaire du Gouvernement, répond que le premier volume paraîtra dans le plus bref délai, et le second probablement dans le courant de l'année. On peut donc espérer que lors de la prochaine session du Landesausschuss, deux volumes seront déjà publiés ; le premier le sera certainement.

Le titre 1 est adopté.

Titre 2 (Pour favoriser la publication des monuments littéraires alsaciens du 14ᵉ au 17ᵉ siècle, 2 000 ℳ).

M. *Goguel*, rapporteur. J'appellerai l'attention de l'Assemblée sur le passage suivant du rapport qui a trait à ce titre :

„Votre Commission vous propose également de voter le crédit de 2 000 ℳ qui vous est demandé ; elle croit devoir profiter de cette occasion pour prier l'Administration de soumettre à un examen attentif des demandes de cette nature.“

Je crois être l'interprète de la Commission en déclarant, pour éviter des malentendus, que la Commission a adopté sans restriction le crédit demandé, parce que l'utilité en a été démontrée par MM. les commissaires du Gouvernement.

Les observations du rapport que je viens de lire ne visent pas le titre 3, mais seulement les crédits à venir qui pourraient se présenter sous une forme pareille. Les demandes de concours de ce genre doivent être soumises à un examen sérieux. Il m'a semblé que cette remarque du rapport a été mal interprétée. C'est plutôt une affaire de forme que de fonds.

Il ne s'agit pas, je le répète, de désapprouver le crédit demandé, mais de nous mettre en garde à l'avenir contre des demandes de crédits analogues, qui ne devront être accordées qu'après avoir été soumises à un examen très-sérieux.

M. *Kœchlin* demande quelques renseignements sur la forme dans laquelle cette publication aura lieu. Que sera, en général, cet ouvrage ?

M. *Goguel*, rapporteur. La publication comprendra 4 volumes et coûtera 4 000 ℳ, dont on espère couvrir 2 000 par la vente ; le crédit doit servir à parfaire les frais. La publication intéresse l'Alsace entière ; elle porte sur ces documents inédits qui se rapportent à l'histoire d'Alsace du quatorzième et dix-septième siècle. Il s'agit d'un crédit unique qui n'aura pas de continuation. Le titre 1ᵉʳ, au contraire, est de 6 termes le quatrième. La ville de Strasbourg, qui a un intérêt particulier à la publication prévue au titre 1ᵉʳ, paie le tiers des frais, soit 12 000 ℳ sur 36 000. Les deux derniers versements seront encore à prévoir pour le titre 1ᵉʳ dans le budget des prochains exercices.

M. *Kœchlin* demande quel est cet „on“ qui fera la publication.

M. le conseiller supérieur *Richter*, commissaire du Gouvernement, répond que ce sont en partie des professeurs, en partie d'autres savants s'occupant d'ouvrages pareils. La publication a un caractère éminemment provincial, et il est donc à présumer qu'elle ne sera pas très-répandue. Mais elle présente de l'intérêt au point de vue de la linguistique provinciale et de la science en général. Il déclare ensuite qu'il est prêt à indiquer en 3ᵉ lecture les noms des différents ouvrages.

Le titre 2 est adopté ; de même le titre 3, avec 4 000 ℳ

L'ordre du jour étant épuisé, la séance est levée à 7 heures du soir.

Prochaine séance: mardi, à 2 heures et demie.

Ordre du jour :

1º Budget de l'instruction primaire ; rapporteur : M. Simonin.

2º Excédants des dépenses de l'année budgétaire 1877 ; rapporteur : M. Klein.

DÉLÉGATION D'ALSACE-LORRAINE.

3e Commission.

RAPPORT DE M. MIEG-KŒCHLIN.

Proposition N° 7 au chap. 22 des Dépenses extraordinaires du budget pour 1879-1880.

A l'occasion du chapitre 22 des dépenses extraordinaires, nous avons pris connaissance du mémoire concernant la construction du chemin de fer de Teterchen à Thionville, que vous avez déjà voté en principe par l'inscription d'un crédit de 250 000 ℳ aux budgets des années précédentes.

Cette question se divise en deux parties :

1° Celle du tracé à adopter ;

2° Celle du concours à fournir par le pays.

En ce qui concerne le tracé, quatre projets nous sont proposés :

1° Celui figuré sur la carte par une ligne rouge allant de Thionville à Kédange, Kemplich, Bouzonville et Teterchen ;

2° Celui figuré par une ligne bleue, qui n'est qu'une légère variante du premier projet ;

3° Celui figuré par une ligne verte et passant par Metzerwiese, Hombourg, Anzelin et remontant ensuite vers le nord pour rejoindre Bouzonville et Teterchen ;

4° Celui figuré par une ligne jaune, passant par Metzerwiese, Hombourg, Anzelin et finissant à Boulay.

D'après les études faites, les dépenses sont évaluées :

Pour le 1er projet à ℳ 9 530 000,
      "   2e   "   10 100 000,
      "   3e   "   10 500 000,
      "   4e   "   8 715 000.

Dans la discussion qui s'est engagée à ce sujet, nous avons entendu l'avis de la Direction des chemins de fer, sur les avantages et les désavantages que présentaient chacun des tracés, quant à leur exécution technique.

M. l'ingénieur nous a fait remarquer surtout que dans le tracé n° 1 (Thionville, Kemplich, Bouzonville) on rencontrerait des difficultés d'exécution très-sérieuses, vu qu'il faudrait établir des travaux d'art considérables et puis des remblais énormes, auxquels ne se prêtaient guère les matériaux qui se trouvaient à proximité. Suivant lui, il serait préférable d'adopter le tracé n° 4 (Thionville-Boulay), qui présenterait l'avantage de coûter moins cher et serait bien plus facile à exécuter.

D'un autre côté, nous avons entendu les explications de M. de Wendel, qui nous a fait comprendre qu'il avait promis une subvention de 300 000 ℳ pour le chemin du tracé n° 1, et que du moment qu'on adopterait l'un des tracés n°s 3 ou 4, il y aurait un prolongement de trajet soit de 4 soit de 7 kilomètres, et par conséquent augmentation dans le prix du transport, et qu'alors il se verrait dans l'obligation de réduire sa subvention proportionnellement, ce qui serait assez sensible.

Les subventions de 360 000 ℳ promises par le département de la Lorraine et de 60 970 ℳ promises par Bouzonville et différents petits souscripteurs se rattachent également au tracé n° 1.

De plus, nos collègues de la Lorraine, MM. Lorette, Fulter, Junger et Thomas, qui ont demandé à être entendus et qui sont très-compétents dans cette matière, nous ont fourni d'utiles renseignements sur les localités, et nous ont tous déclaré que dans l'intérêt du pays ils donnaient absolument la préférence au premier projet.

Nous devons ajouter que dans la loi qui a été discutée au Reichstag l'an dernier et qui forme le point de départ du projet qui nous occupe, il a été question d'un chemin de fer de Thionville à Teterchen, et non de Thionville à Boulay.

Il est à remarquer encore que dans les environs de Teterchen (chemin de fer de Carlingen) il existe des concessions de mines qui profiteront de l'établissement d'une ligne passant par le susdit endroit.

Par toutes ces considérations votre Commission vous propose de vous prononcer en faveur du projet n° 1.

Quant au concours à fournir par le pays, voici comment les comptes seraient à établir :

Coût du projet n° 1		9 530 000 $\mathcal{M}$
Subvention du département de la Lorraine	360 000 $\mathcal{M}$	
Subvention de MM. de Wendel	300 000 "	
Subvention de Bouzonville et autres souscripteurs . . .	60 970 "	720 970 "
Reste . . .		8 809 030 $\mathcal{M}$

dont la moitié serait de 4 404 515 $\mathcal{M}$

Dans le mémoire qui nous est présenté, ainsi que dans l'exposé des motifs de la loi présentée au Reichstag l'année dernière, cette part de moitié avait été estimée à une somme plus faible, mais il y a lieu de tenir compte que cette somme avait été établie pour une ligne partant de Boulay et non de Teterchen. Or, c'est la ligne n° 1, partant de Teterchen, qui seule satisfait aux intérêts bien entendus des populations et assure seule les subventions indiquées.

C'est donc à cette ligne n° 1 que doit s'appliquer, pensons-nous, la proportion de moitié, et nous vous proposons, en conséquence, de décider que l'Alsace-Lorraine contribuera pour une somme de 4 404 515 $\mathcal{M}$ à la construction de la ligne de Thionville-Kemplich-Teterchen. Sur cette somme, nous trouvons 250 000 $\mathcal{M}$ dans les budgets précédents et 250 000 $\mathcal{M}$ dans celui qui nous occupe, soit ensemble 500 000 $\mathcal{M}$ Quant aux 3 904 515 $\mathcal{M}$ restant à payer, nous pensons que les budgets subséquents nous donneront les moyens de les payer en quatre termes annuels. En ce qui concerne la subvention du département de la Lorraine, nous ne pourrions pas admettre la réserve faite dans le mémoire, que le pays pourrait avoir à la payer.

Nous vous ferons observer, Messieurs, que le vote de ces 4 404 000 $\mathcal{M}$ en faveur de la ligne de Thionville-Teterchen, par lequel nous réparons le préjudice porté à la Lorraine par la non-exécution jusqu'à présent de cette ligne, nous imposera l'obligation morale d'exécuter aussi les lignes du sud-ouest de la Haute-Alsace, qui se trouvent dans la même situation et qui ont été indiquées précédemment, ainsi que de consacrer dans un sentiment d'équité une somme équivalente à la Basse-Alsace. Pour rester fidèle à cette obligation, nous vous proposerons, Messieurs, d'augmenter de 100 000 $\mathcal{M}$ la somme destinée à la construction de chemins de fer et de stipuler que les 500 000 $\mathcal{M}$ en sus de la somme destinée au chemin de Thionville-Teterchen, seront imputés comme suit :

Subvention pour la construction des lignes de chemins de fer suivantes :

250 000 $\mathcal{M}$ pour la ligne de Bouxwiller-Haguenau ;
250 000 " pour les lignes déjà indiquées dans les observations du budget précédent,
c'est-à-dire de Bühl à Guebwiller, de Bollwiller à Cernay, de Burnhaupt à Montreux-Vieux et de Sentheim à Massevaux.

L'augmentation proposée facilitera et avancera l'exécution de la ligne de la Basse-Alsace, tout en maintenant l'égalité de répartition.

Vous voyez, Messieurs, que notre pays s'impose là de lourds sacrifices ; aussi se croit-il en droit d'attendre de la part de la Direction générale des chemins de fer qu'elle voudra bien, dans la mesure du possible, donner la préférence aux industriels de l'Alsace-Lorraine pour l'exécution de cette ligne, et nous vous proposons d'émettre un vote spécial à cet égard.

Messieurs,

La Commission spéciale que vous avez nommée dans votre dernière session, pour discuter la question générale des chemins de fer, s'est réunie le 28 décembre avec différents membres de la Direction des chemins de fer et de l'Administration, et après une discussion approfondie, on s'est arrêté d'un commun accord aux résolutions suivantes :

1° L'Administration des chemins de fer de l'Empire se chargera de l'exécution et de l'exploitation des lignes à fixer plus tard, et cela à des conditions à établir après la détermination et l'établissement du devis de ces lignes.

A ce sujet, il est reconnu désirable que l'exploitation se fasse pour le compte exclusif de l'Empire, tandis que les lignes à construire resteraient la propriété de l'Empire.

2° L'exécution des lignes se fera au moyen des sommes que le pays mettra à disposition, suivant l'importance des devis, sommes auxquelles s'ajouteront les subventions de l'Empire, dans les cas où il y aura pour ce dernier un intérêt soit stratégique, soit favorable à la politique de l'Empire, soit un intérêt financier pour l'Administration des chemins de fer de l'Empire.

Votre Commission vous propose de donner votre approbation à ces résolutions.

En second lieu, il est à remarquer que de toute façon l'exécution des lignes à venir nécessitera des sacrifices considérables de la part du pays, et à ce sujet nous croyons devoir répéter ce qui a déjà été dit : c'est qu'en vue des lourdes charges, nous croyons pouvoir demander à la Direction générale qu'elle veuille bien, chaque fois que ce sera possible, accorder la préférence aux industriels de l'Alsace-Lorraine pour l'exécution de nos chemins de fer futurs.

Le rapporteur,

Mieg-Kœchlin.

DÉLÉGATION D'ALSACE-LORRAINE.

3e Commission.

Supplément au rapport de M. Mieg–Kœchlin sur la proposition N° 7, concernant la construction d'une ligne de Chemin de fer de Thionville à Teterchen.

Depuis la distribution de mon rapport, votre 3e Commission a eu une nouvelle entrevue avec M. le directeur Funke, entrevue à laquelle ont assisté MM. Lorette, Fulter et Junger.

Monsieur l'ingénieur nous a donné de nouveau des explications sur les difficultés presqu'insurmontables que rencontrerait le tracé absolu proposé dans le rapport, et après délibération, votre Commission est tombée d'accord pour vous proposer la modification suivante :

La ligne à adopter définitivement devra partir de Thionville, passer par Metzerwiese, Kédange, Bouzonville et aboutir à Teterchen, et nous laissons à l'Administration des chemins de fer le soin de chercher le tracé le plus favorable entre Kédange et Bouzonville.

Quant à la question financière, nous la laissons subsister telle qu'elle vous est proposée dans le rapport en maintenant notre concours à la somme indiquée de 4 millions 404 515 ℳ

Le rapporteur,

MIEG-KŒCHLIN.

DÉLÉGATION D'ALSACE-LORRAINE.

2ᵉ Commission.

RAPPORT DE M. ED. GOGUEL.

Budget de l'Administration de l'Instruction publique.

(Annexe IX.)

Votre 2ᵉ Commission a l'honneur de vous soumettre son rapport sur le projet de budget concernant l'instruction publique pour l'exercice de 1879 à 1880.

Ce budget, d'après les prévisions de l'Administration, se solde, y compris le chapitre relatif à l'enseignement primaire, qui fera l'objet d'un rapport spécial, par une dépense totale de 6 263 820 ℳ, dont 4 171 870 ℳ à l'ordinaire et 2 091 950 à l'extraordinaire.

La recette est évaluée au chiffre de 2 229 615 ℳ; il reste donc une dépense effective de 3 970 205 ℳ

Nous passerons successivement en revue :

1° L'Université (chap. 37, dép. ord., et chap. 8, dép. extraord.);

2° La Bibliothèque du pays et de l'Université (chap. 38, dép. ordin., et chap. 9, dép. extraord.);

3° Les Commissions d'examen (chap. 39 et 40, dép. ordin.);

4° L'Enseignement secondaire (chap. 41, dép. ordin., et chap. 10, dép. extraord.);

5° Beaux-arts (chap. 45, dép. ordin., et chap. 12, dép. extraord.).

1° L'Université.

Le chapitre relatif à l'Université (37) se solde, pour le présent exercice, par une dépense ordinaire de 876 560 ℳ, et une dépense extraordinaire de 1 847 700 ℳ, soit une dépense totale de 2 724 260 ℳ, dont il convient de déduire une recette ordinaire de 400 000 ℳ et une recette extraordinaire de 1 430 000 ℳ, ensemble 1 830 000 ℳ Il reste, par suite, à la charge de l'Etat d'Alsace-Lorraine, un excédent de dépense de 894 260 ℳ, dont 476 560 ℳ à l'ordinaire et 417 700 ℳ à l'extraordinaire.

La recette ordinaire se compose des 400 000 ℳ que l'Empire a consenti à prendre à sa charge, à la suite des observations qui ont été produites au cours de votre session de 1875. La recette extraordinaire comprend une somme de 800 000 ℳ, représentant le montant des 1ᵉʳ et 2ᵉ versements de la part contributive de l'Empire aux frais de construction du bâtiment des salles de cours de l'Université, puis une somme de 630 000 ℳ, représentant le 4ᵉ versement du montant en bons du Trésor du fonds alloué par l'Empire pour les dépenses extraordinaires de l'Université, et 400 000 ℳ représentant le montant du 2ᵉ versement de la somme de 2 400 000 ℳ que vous avez allouée dans votre session de décembre 1877, pour contribuer à la construction des instituts de médecine et des sciences naturelles.

Vous vous rappellerez, Messieurs, que, en vertu de la loi du 30 avril 1875, concernant l'émission des bons du Trésor de l'Empire, il revenait à l'Alsace-Lorraine une somme de 4 534 695 ℳ 92, et que, aux termes de la loi du 25 décembre 1874, fixant le budget de l'Alsace-Lorraine pour 1875, il a été affecté sur ce montant une somme de 150 000 ℳ pour la Bibliothèque du pays et de l'Université. Il est donc resté pour l'Université une somme de 4 384 695 ℳ 92, pour laquelle il a été acheté des obligations d'une valeur nominale de 4 526 000 ℳ qui ont été déposées au Crédit foncier d'Alsace-Lorraine et ont rapporté un taux moyen d'intérêts de 4 ¹/₃ p. °/₀. Ce fonds, s'augmentant des intérêts produits jusqu'à son entier épuisement, a pu être évalué à la somme définitive de 5 260 000 ℳ

D'après un mémoire qui vous a été présenté dans votre session de décembre 1877, le total des dépenses pour les nouvelles constructions universitaires était évalué à la somme de 10 500 000 ℳ Après déduction de 5 260 000 ℳ ci-dessus, provenant des bons du Trésor de l'Empire, restait ainsi encore à trouver une somme de 5 240 000 ℳ et l'Administration était d'avis qu'il y avait lieu de s'adresser à cet effet aux hospices civils de la ville de Strasbourg, à la ville de Strasbourg elle-même, à l'Etat d'Alsace-Lorraine et à l'Empire.

Vous savez, Messieurs, que l'Empire a voté à cet effet une somme de 2 300 000 ℳ, plus spécialement affectée à la construction du bâtiment central des cours, avec la condition expresse que le reste de la somme de 5 240 000

.core à trouver, soit en chiffres ronds 3 000 000 ℳ, serait
.urni par l'État d'Alsace-Lorraine.

La ville de Strasbourg, par l'organe de M. l'adminis-
.ateur municipal, a consenti à contribuer aux frais des
.uvelles constructions jusqu'à concurrence d'une somme
. 600 000 ℳ, représentant le montant des droits déjà per-
.s et encore à percevoir par l'octroi sur les matériaux
.mployés dans ces mêmes constructions.

Il restait donc à pourvoir à une dépense de 2 400 000 ℳ,
.lativement à laquelle, dans votre séance du 20 décembre
.77, vous avez cru devoir adopter la proposition suivante
.ésentée par votre 2ᵉ Commission : „dans la prévision
.'une somme de 2 300 000 ℳ sera affectée sur le budget
. l'Empire à la construction du bâtiment central des cours,
.tat d'Alsace-Lorraine prend à sa charge le reste du
.ontant des frais de constructions universitaires, déduction
.ite de la nouvelle subvention de la ville de Strasbourg,
.s'engage, à cet effet, à contribuer pour une somme de
.400 000 ℳ, à répartir sur six exercices successifs, par ter-
.es de 400 000 ℳ chacun, à partir du 1ᵉʳ janvier 1879.
. le concours de la ville de Strasbourg devait ne pas at-
.indre la somme de 600 000 ℳ, consentie par M. l'admi-
.strateur municipal, il serait ajouté un 7ᵉ terme pour com-
.éter ladite somme."

Pour ce qui concerne les hospices civils de la ville de
.rasbourg, vous rangeant à l'avis exprimé par votre
.Commission, vous avez décidé qu'il n'y avait pas lieu
. leur demander une subvention pécuniaire, à raison des
.arges d'installation et de construction qui leur incom-
.ient par suite des nouvelles constructions élevées aux
.ords de la porte de l'Hôpital et destinées aux divers ser-
.ces de la Faculté de médecine.

Votre Commission croit devoir, en outre, vous rappe-
.r que le Conseil général de la Basse-Alsace, dans sa ses-
.n ordinaire de 1877, a voté à l'unanimité, à titre gra-
.eux, une subvention extraordinaire de 500 000 ℳ, paya-
.es en cinq annuités de 100 000 ℳ chacune, à partir de
.79, et qu'il a été convenu que le montant de cette sub-
.ntion sera employé à solder les dépenses non comprises
.ns le devis d'ensemble et qui restent à faire pour l'ac-
.isition, aux abords de la porte de l'Hôpital, des terrains
.cessaires pour la construction de plusieurs instituts de
.édecine, notamment pour la clinique chirurgicale, la cli-
.que d'accouchement et celle des maladies mentales. Un
.emier versement de 100 000 ℳ a été voté par vous et
.scrit au budget de janvier—mars 1879. Comme un
.uxième versement ne pourra être inscrit qu'au budget
.partemental pour 1880-1881, on n'a pas cru devoir le
.ire figurer au présent exercice; il vous sera soumis lors
. la formation du budget d'Alsace-Lorraine pour 1880
.1881.

Les dépenses ordinaires, s'élevant à la somme de
.6 500 ℳ, nous ont paru justifiées.

L'augmentation de 26 240 ℳ (chap. 37) porte plus
.rticulièrement :

1° sur le titre 1ᵉʳ, n° 7 (v. supplém. à l'annexe IX), où
.ure un crédit nouveau de 1 800 ℳ pour création d'un
.mploi d'expéditionnaire, reconnu nécessaire par suite de
.xtension qu'a prise le travail pour le rectorat ;

2° sur le titre 3, où le crédit pour le matériel est porté
. 48 200 ℳ à 50 650 ℳ, soit une augmentation de
.50 ℳ ;

3° sur le titre 4 (nᵒˢ 3, 7, 10, 19, 21, 23, 24 et 28),
., par suite de besoins vivement sentis, les crédits alloués
.ur plusieurs instituts ont dû être augmentés, soit, en
.al, une augmentation de 9 640 ℳ ;

4° sur le titre 8 (nᵒˢ 1 et 2), où il a fallu émarger une
somme de 11 400 ℳ en faveur de deux professeurs qui ont
demandé leur mise à la retraite, et une autre somme de
3 840 ℳ, accordée en vertu de la loi du 25 décembre 1873
à des veuves et orphelins de professeurs, soit, en total,
15 200 ℳ

Votre Commission, prenant en considération les explications qui lui ont été données par M. le commissaire du
Gouvernement, vous propose d'adopter purement et simplement tous les articles de la dépense ordinaire avec les augmentations proposées. Seulement elle croit devoir appeler
votre attention sur le crédit de 15 200 ℳ (tit. 8, nᵒˢ 1 et 2),
qui aurait dû strictement figurer à l'annexe XIV,
Finances (chap. 63, tit. 2).

Les crédits extraordinaires, s'élevant à la somme
de 1 847 700 ℳ, sont destinés à couvrir les dépenses
suivantes :

1° Construction d'une clinique de chirurgie, 3ᵉ et dernier versement.	200 000 ℳ
Construction d'un institut de botanique, 2ᵉ versement	150 000 „
Construction d'un institut d'astronomie, 2ᵉ versement.	200 000 „
Bureau des constructions	80 000 „
Total	630 000 ℳ

Cette dépense de 630 000 ℳ, prévue au chap. 8,
titres 1, 2, 3, 4, sera couverte par une somme égale provenant du 4ᵉ versement du fonds en bons du Trésor, alloué
pour les dépenses extraordinaires de l'Université, en vertu
du § 4 de la loi, portant fixation au budget d'Alsace-Lorraine pour l'exercice de 1875 (Rec., chap. 9, titre 9).

2° Construction d'un bâtiment central des cours.	800 000 ℳ

Cette dépense, qui figure au titre 5, sera couverte par
une somme égale provenant des deux premiers versements
de la part contributive de l'Empire, fixée à 2 300 000 ℳ
(Rec., chap. 9, titre 1ᵉʳ a.)

3° Part contributive à la construction des instituts de sciences naturelles et de médecine (titre 7).	400 000 ℳ

Cette somme, qui est ajoutée au fonds créé par le § 4
de la loi citée ci-dessus, est représentée par le 2ᵉ versement d'égale valeur à opérer sur le crédit de 2 400 000 ℳ
que vous avez voté dans votre session de décembre 1877.
Le premier versement a figuré au budget trimestriel de
janvier à mars 1879.

4° Matériel d'enseignement, appareils, ustensiles, etc.	17 700 ℳ

Pour ce qui concerne ce dernier crédit, votre Commission, après s'être mise d'accord avec M. le commissaire
du Gouvernement, vous propose de le réduire à la somme
de 14 500 ℳ

Cette réduction de 3 200 ℳ devra porter plus spécialement sur des demandes formées par les directeurs des
trois instituts de géographie, d'archéologie artistique et
d'histoire des beaux-arts, et spécifiées dans la note jointe
au titre 6 (p. 183), aux Nᵒˢ 8, 9 et 10, qui devront par
suite être modifiées ainsi qu'il suit :

N° 8. Pour compléter le matériel d'enseignement du
séminaire de géographie, 2 400 ℳ à répartir sur trois
annuités en termes de 800 ℳ, soit pour l'exercice de 1879
à 1880. . . . . 800 ℳ

Nᵒ 9. Création d'une bibliothèque de travail pour l'institut d'archéologie artistique. Cette bibliothèque coûtera 10 000 ℳ, payables en cinq termes de 2 000 ℳ chacun, soit pour le présent exercice. . . . . 2 000 ℳ

Cette bibliothèque, etc., etc. (comme au projet).

Nᵒ 10. Pour compléter la collection de l'institut de l'histoire des arts, il faudra 15 000 ℳ, payables en six termes de 2 500 ℳ, soit pour premier versement. . . . . 2 500 ℳ

Dans cet institut..... (le reste comme au projet).

La diminution, résultant de ces diverses modifications s'élève à la somme de 3 200 ℳ, et le crédit de 17 700 ℳ qui figure au titre 6 se trouve par suite réduit à 14 500 ℳ. Si vous acceptez cette réduction, la dépense totale de l'Université sera ramenée à 2 721 060 ℳ, ou plutôt à 891 060 ℳ, déduction faite de la recette évaluée à 1 830 000 ℳ, soit 476 560 ℳ à l'ordinaire, et 414 500 ℳ à l'extraordinaire.

2ᵒ La Bibliothèque du pays et de l'Université.

Le 2ᵉ chapitre (chap. 38 du budget) comprend les recettes et les dépenses afférentes à la Bibliothèque du pays et de l'Université.

Les dépenses s'élèvent à la somme de 167 000 ℳ, soit 126 200 ℳ à l'ordinaire et 40 800 ℳ à l'extraordinaire. La recette est évaluée à 14 870 ℳ, soit 1 870 ℳ (chap. 9 tit. 2) à l'ordinaire et 13 000 à l'extraordinaire (chap. 9, tit. 10). Il reste donc une dépense effective de 152 130 ℳ.

Votre Commission ne pense pas qu'il y ait lieu de vous proposer, cette année, des réductions sur les divers crédits qui vous sont demandés, quelqu'élevés que plusieurs d'entre eux puissent vous paraître. D'ailleurs, si, d'un côté, la dépense ordinaire dépasse d'une somme de 29 800 ℳ celle de l'exercice de 1878, il convient, de l'autre, de remarquer que la dépense extraordinaire se trouve diminuée d'une somme de 68 200 ℳ.

L'augmentation de 29 800 ℳ de la dépense ordinaire se décompose ainsi qu'il suit :

1ᵒ Au titre 2 : Bibliothécaires. . . . 5 250 ℳ.
2ᵒ Au titre 3 : Secrétaires . . . . . 3 750 „
3ᵒ Au titre 8 : Achat de livres, reliure. 19 000 „
3ᵒ Au titre 10 : Matériel . . . . . 1 000 „

L'augmentation de 9 000 ℳ réclamée aux titres 2 et 3 nous a paru justifiée par le besoin vivement senti d'augmenter le personnel par suite de l'accumulation de jour en jour plus grande du matériel et de l'accroissement de travail qui en résulte.

La Bibliothèque compte, à l'heure qu'il est, six bibliothécaires, qui sont suffisamment occupés et qui se partagent entre eux la besogne de la manière suivante :

1ᵒ Section orientale et générale . . . . 40 000 vol.
2ᵒ Section de philologie classique et moderne . . . . 75 000 „
3ᵒ Section d'histoire et de géographie. . 75 000 „
4ᵒ Section de théologie, philosophie et de pédagogie. . . . . 55 000 „
5ᵒ Section de médecine et de sciences naturelles . . . . 75 000 „
6ᵒ Section des Alsatiques, etc. . . . . 30 000 „
(84 000 pièces.)

Une 7ᵉ section, celle de jurisprudence et d'économie politique, comprenant environ 65 000 volumes, a dû être abandonnée jusqu'ici aux soins d'un employé subalterne. Cet état de choses ne saurait se prolonger, et c'est pour remédier qu'on vous demande aujourd'hui les fonds nécessaires pour placer à la tête de cette importante section, dont le chiffre d'acquisition va toujours en croissant, un bibliothécaire en titre, chargé de l'administrer dans les mêmes conditions de stabilité que les autres.

Les deux secrétaires attachés jusqu'ici au service de la Bibliothèque ne peuvent plus suffire à la besogne par suite des nouvelles acquisitions, qui s'élèvent annuellement au chiffre énorme de 20 à 30 000 volumes, et des distributions de livres que l'on peut évaluer à environ 200 par jour, sans compter les nombreux envois qui se font au dehors, non-seulement en Alsace-Lorraine et en Allemagne, mais encore dans les pays voisins, en France, en Suisse, etc. Une tâche aussi importante et délicate que celle de secrétaire ne saurait être abandonnée à des employés ordinaires, il est de toute nécessité de requérir à cet effet la collaboration d'hommes possédant une certaine culture et ayant droit par cela même à des émoluments plus élevés.

Ces diverses considérations ont décidé votre Commission à vous proposer l'adoption de l'augmentation de 9 000 ℳ qui vous est demandée aux titres 2 et 3 pour la création de deux postes nouveaux de 7ᵉ bibliothécaire et de 3ᵉ secrétaire. L'Administration de la Bibliothèque nous a d'ailleurs donné l'assurance que, par suite de cette innovation, elle se trouvera désormais dans la possibilité de réduire les crédits extraordinaires qu'elle se trouve chaque année dans la nécessité de faire figurer à son budget pour rémunération de travaux extraordinaires. Vous remarquerez du reste que le crédit en question (chap. 9, titre 10) qui, au budget de 1878, s'élevait à la somme de 59 000 ℳ n'est plus que de 27 800 ℳ pour le présent exercice.

Pour ce qui concerne l'augmentation de 19 000 ℳ pour achat de livres et reliure (titre 8), les explications qui nous ont été données par M. le commissaire du Gouvernement ne nous ont laissé aucun doute sur sa nécessité. Notre Bibliothèque, qui compte déjà aujourd'hui parmi les plus considérables de l'Europe, en est encore, on ne saurait en disconvenir, à sa période de formation, et il importe de lui fournir libéralement les moyens de se placer et de s'affermir sur un terrain normal et de compléter ses collections, qui n'ont pu dès l'abord être formées d'après un plan rigoureusement déterminé d'avance. Toutefois nous persistons à croire que le moment ne nous paraît pas éloigné où, à cette première période de formation qu'elle vient de traverser d'une manière si brillante, devra succéder tout naturellement une période plus calme de classement et de conservation, qui permettra à l'Administration d'entrer désormais dans une voie moins dispendieuse pour notre petit pays.

Nous vous proposons également de voter le crédit de 800 ℳ, qui figure au titre 13 de la dépense ordinaire dont le montant devra être employé à donner tout le développement désirable à la riche collection de médailles en grande partie alsaciennes, à la formation de laquelle M. Dorlan a consacré une bonne partie de sa laborieuse existence et dont la Bibliothèque a cru devoir faire l'acquisition. Ce témoignage de sollicitude de votre part sera d'autant plus apprécié que M. le Président supérieur, par une circulaire du 31 janvier dernier, a cru devoir inviter les Administrations locales et départementales à faire rechercher dans les archives de l'Alsace-Lorraine toutes les anciennes monnaies alsaciennes qui peuvent s'y trouver afin d'en enrichir le précieux dépôt confié pour le moment à la garde de la Bibliothèque.

3° Les Commissions d'examen.

Votre Commission vous propose d'adopter, sans rien y changer, les deux crédits de 4 800 ℳ et de 6 120 ℳ, qui forment les chapitres 39 et 40 du budget.

Le premier, qui doit servir à rémunérer les membres de la Commission chargée d'examiner les aspirants à la carrière du professorat, est le même que l'an dernier ; il convient d'en déduire une recette de 840 ℳ (chap. 9, titre 5).

Le second crédit, destiné à rémunérer les membres de la Commission d'examen des élèves de la Faculté de médecine, est également le même qu'au budget précédent ; il se balance par une recette égale de 6 120 ℳ (chap. 9, titre 6).

4° L'enseignement secondaire ou supérieur.

Le 4e chapitre (chap. 41 du budget), qui comprend l'enseignement secondaire ou supérieur, prévoit une dépense ordinaire de 1 269 715 ℳ, soit une somme supérieure de 213 875 ℳ à celle de l'exercice précédent, et une dépense extraordinaire de 80 000 ℳ, soit une somme supérieure de 67 000 ℳ à celle de 1878, ensemble un total de 1 349 715 ℳ, dont il convient de déduire une recette de 310 000 ℳ (chap. 9, titre 3). Il reste par conséquent une dépense effective de 1 039 715 ℳ, avec une augmentation de 215 195 ℳ sur l'exercice de 1878.

Messieurs, vous vous rappellerez sans doute que, dans une de vos précédentes sessions, vous avez invité l'Administration à examiner si, dans un avenir prochain, il ne conviendrait pas de mettre fin, en ce qui concerne nos trois lycées d'Alsace-Lorraine, à un privilège suranné, qui, dans la situation actuelle, n'avait d'autre mérite que d'engager outre mesure le concours de l'Etat, et vous avez demandé par la même occasion que le crédit destiné à subventionner les divers établissements publics d'instruction secondaire, autres que les lycées, fût désormais réparti d'une manière plus équitable entre les différentes localités intéressées.

L'Administration a pris en très-sérieuse considération cette invitation qui lui a été faite ; elle vous a présenté, dans votre session de juillet 1878, un projet de loi que vous vous êtes empressés d'adopter parce qu'il donnait pleine satisfaction aux vœux que vous aviez exprimés.

D'après cette nouvelle loi, dont les dispositions seront mises en vigueur à partir du 1er avril prochain, nos écoles secondaires publiques, y compris les lycées, qui perdront leur caractère exceptionnel, seront désormais entretenues, à défaut de ressources suffisantes provenant de legs, donations ou fondations, par l'Etat et les communes ; l'Etat prendra à sa charge les traitements et les pensions, ainsi que les autres dépenses concernant le personnel enseignant, et percevra pour son compte la rétribution scolaire ; les communes, de leur côté, auront à pourvoir à toutes les dépenses économiques et matérielles.

Ainsi que cela était à prévoir, la part contributive de l'Etat étant devenue plus considérable que par le passé, il en est résulté pour l'exercice de 1879 à 1880 une augmentation relativement considérable des dépenses ordinaires, laquelle se traduit par un chiffre de 213 875 ℳ, ou plutôt de 140 530 ℳ, si l'on tient compte de l'augmentation de recette, évaluée à la somme de 73 345 ℳ Votre Commission a la conviction que cette augmentation ne sera pas de nature à vous arrêter, et que vous n'hésiterez pas à accepter les chiffres qui vous sont présentés, puisque,

en fin de compte, c'est le pays tout entier qui sera appelé à bénéficier de ce surcroît de dépense, et que, grâce au caractère égalitaire de la nouvelle loi, vous n'aurez plus désormais l'occasion de vous plaindre des choquantes anomalies auxquelles donnait lieu, chaque année, la répartition de la subvention fournie par l'Etat aux différentes localités auxquelles incombait l'obligation d'entretenir une école secondaire.

Vous voudrez bien vous rappeler également que, à l'occasion du vote de la nouvelle loi, une discussion longue et approfondie fut soulevée au sujet du collège de Phalsbourg, qui n'avait pas été compris dans la liste des écoles secondaires, auxquelles il s'agissait d'appliquer les nouvelles dispositions, et qu'il fut décidé, d'accord avec MM. les commissaires du Gouvernement, que la question resterait ouverte pour le moment et serait définitivement tranchée lors de la formation du budget qui nous est soumis aujourd'hui. L'Administration a tenu compte, dans une certaine mesure, de vos réclamations, et elle a inscrit au chap. 42 de la dépense ordinaire (tit. 8, remarque p. 175) un crédit de 12 000 ℳ à titre de subvention pour le collège de Phalsbourg, „qui devra désormais figurer comme Mittelschule“. Votre Commission n'a pu se contenter de cette déclaration ; s'appuyant tout à la fois sur vos précédentes résolutions et sur les vœux exprimés à diverses reprises par la ville de Phalsbourg, elle a cru devoir insister auprès de MM. les commissaires du Gouvernement pour que le collège en question fût converti, non pas en une Mittelschule, mais en un Realprogymnasium, doté d'une secunda et conduisant les élèves jusqu'à l'examen du volontariat militaire.

MM. les commissaires n'ont pas cru devoir s'opposer à cette demande en considération de la situation nouvelle de la ville de Phalsbourg, et nous venons en conséquence vous prier de modifier ainsi qu'il suit plusieurs titres de la recette et de la dépense :

1° A la recette (chap. 9, titre 3) :

Rétributions scolaires dans les écoles secondaires publiques, 313 000 ℳ

(Produit éventuel de la rétribution au Realprogymnasium de Phalsbourg : 3 000 ℳ)

2° A la dépense ordinaire, chap. 41, titre 1er : 27 directeurs, dont 1 à partir du 1er octobre 1879, avec des traitements de 4 000 à 5 600 ℳ, en moyenne 4 800 ℳ ; avec indemnités de domicile, 7, dont 1 à partir du 1er octobre 1879, à raison de 900 ℳ chacun, et 20 à raison de 600 ℳ Total 145 050 ℳ

3° A la dépense ordinaire, chapitre 41, titre 3 : 112 professeurs de 1re et de 2e classes des Realgymnases, des Realprogymnases, des Realschulen (y compris l'école professionnelle de Mulhouse), dont 7 à partir du 1er octobre 1879, avec des traitements de 1 500 à 4 500 ℳ, en moyenne 3 000 ℳ, et avec des indemnités de domicile :

> *a.* 11 professeurs de 1re classe, dont 2 à partir du 1er octobre 1879, à raison de 900 ℳ
>
> *b.* 16 professeurs de 1re classe, à raison de 600 ℳ
>
> *c.* 26 professeurs de 2e classe, dont 5 à partir du 1er octobre 1879, à raison de 750 ℳ.
>
> *d.* 58 professeurs de 2e classe, à raison de 525 ℳ

Un professeur de 2e classe du Realprogymnase de Phalsbourg, étant pourvu simultanément d'un autre emploi, ne touche point d'indemnité de domicile.

Total du titre 3.. . . . . 392 175 ℳ

4° A la dépense ordinaire, chapitre 41, titre 4 : 72 maîtres chargés de l'enseignement élémentaire et technique,

- 172 -

71, dont 2 à partir du 1er octobre 1879, avec des traitements de 1 400 à 3 000 ℳ, en moyenne 2 200 ℳ et 1 avec un traitement de 1 059 ℳ; avec indemnités de domicile, 29, dont 2 à partir du 1er octobre 1879, à raison de 450 ℳ, et 43 à raison de 300 ℳ

Total. . . . . 180 550 ℳ

5° A la dépense ordinaire, chapitre 41, titre 5: rémunération de maîtres auxiliaires 36 500 ℳ

De ces diverses modifications il résulte une augmentation de recette de 3 000 ℳ et une augmentation de dépenses ordinaires de 24 475 ℳ, soit une augmentation de dépense réelle de 21 475 ℳ, qui se trouvera réduite à 9 475 ℳ par suite de la radiation du crédit de 12 000 ℳ (chap. 42, tit. 8, remarque p. 175).

Si vous donnez votre approbation à ces modifications que nous avons l'honneur de vous proposer, la dépense ordinaire prévue au chapitre 41, devra être portée non plus à 1 269 715 ℳ, mais à 1 294 190 ℳ, dont il conviendra de déduire les 3 000 ℳ ajoutés au titre 3 de la recette (chap. 9), soit 1 291 190 ℳ .

Pour ce qui concerne le crédit de 80 000 ℳ, qui figure au chapitre 10 de la dépense extraordinaire, votre Commission vous propose de le voter purement et simplement; la résolution que vous avez prise à cet égard au cours de la session, dans laquelle a été voté le budget de 1877, devra recevoir son plein effet malgré le changement survenu dans la législation.

Votre Commission croit devoir ajouter que MM. les commissaires du Gouvernement lui ont donné l'assurance que l'Administration est toujours disposée à donner suite aux déclarations positives et favorables qu'elle a faites, à l'occasion du vote de la nouvelle loi, au sujet de l'institution prochaine d'un Conseil supérieur de l'instruction publique.

5° Les Sciences et les Beaux-Arts.

Le 5e chapitre (chap. 43 du budget), qui comprend les sciences et les beaux-arts, porte en dépense ordinaire 145 000 ℳ et en dépense extraordinaire 10 000 ℳ, soit une dépense totale de 155 000 ℳ, dépassant de 7 000 ℳ celle de l'exercice précédent, dont 1 000 ℳ à l'ordinaire et 6 000 ℳ à l'extraordinaire.

Votre 2e Commission a l'honneur de vous soumettre le résultat de l'examen auquel elle s'est livré.

1° Conservation des monuments historiques et d'art (dép. ordin., chap. 43, tit. 1er).

Ce crédit de 16 000 ℳ est destiné à subventionner un certain nombre d'églises et de ruines féodales, que l'Etat, à cause de leur caractère historique et artistique, et suivant en cela les errements de l'administration française, a placées sous sa surveillance immédiate.

Il doit servir, en outre, à couvrir en partie les frais de publication d'un inventaire des antiquités de l'Alsace, dont deux fortes livraisons ont déjà paru.

Cette subvention ne diffère pas de celle qui vous a été demandée et que vous avez accordée l'année dernière. Votre Commission vous propose en conséquence de la voter.

2° Frais de publication d'un ouvrage concernant les documents relatifs à l'Alsace (dép. extraord., chap. 12, tit. 1er).

Vous vous rappellerez, Messieurs, que l'Administration a fait, il y a quelques années, l'acquisition de divers documents inédits relatifs à l'Alsace-Lorraine, qu'il importe de réunir en un corps d'ouvrage qui puisse être facilement et utilement consulté au point de vue de l'histoire des différentes localités de notre pays. Les frais de publication ont été évalués à la somme de 36 000 ℳ payables en six termes successifs; la ville de Strasbourg, que ces documents intéressent plus particulièrement, a pris à sa charge un tiers de la dépense, soit 2 000 ℳ par chaque terme.

Votre Commission a pensé que vous voudrez bien continuer de vous intéresser à cette œuvre historique, qui intéresse à un haut degré l'Alsace-Lorraine, et elle vous propose de voter, à titre de 4e versement, le crédit de 4 000 ℳ qui vous est demandé. Elle croit devoir en même temps prier en votre nom l'Administration de vous tenir au courant des phases diverses de la publication.

3° Pour favoriser la publication de monuments littéraires alsaciens des quatorzième et dix-septième siècles (dép. extraord., ch. 12, tit. 2).

Votre Commission vous propose également de voter le crédit de 2 000 ℳ qui vous est demandé; elle croit profiter de cette occasion pour prier l'Administration de soumettre à un examen attentif des demandes de cette nature.

4° Subvention pour l'établissement d'une école industrielle artistique à Strasbourg (dép. ordin., ch. 43, tit. 3; dép. extraord., ch. 12, tit. 3).

Il s'agit ici de l'école municipale de dessin qui existe à Strasbourg depuis de longues années, et dont les services ont été de tout temps justement appréciés. L'Administration municipale actuelle, reprenant avec raison des plans élaborés en d'autres temps, a résolu de donner à cet établissement une plus grande extension, et de le transformer graduellement et en y consacrant l'intervalle de temps convenable, en une sorte de *Kunstgewerbeschule*, dont le besoin se fait sentir chaque jour davantage. D'un autre côté, l'Administration supérieure a cru voir dans cette école, appelée à subir de telles modifications, le germe d'une institution à la fois industrielle et artistique qui, convenablement développée et placée sous la tutelle de l'Etat, pourrait offrir, par la suite, des avantages dont le pays tout entier profiterait. C'est à cette intention qu'elle a cru devoir inscrire au budget actuel un crédit ordinaire de 1000 ℳ et un crédit extraordinaire de 4000 ℳ; le premier de ces crédits sera employé à couvrir une partie des dépenses courantes, le second, à faire des acquisitions et à tenter des essais, au moyen desquels l'Administration supérieure sera mise en état de s'assurer que l'école en question pourra répondre à son attente dans un avenir plus ou moins prochain.

Votre Commission, après les explications qui lui ont été données par M. le commissaire du Gouvernement, a reconnu l'utilité de l'immixtion de l'Etat dans la réorganisation de l'école en question; elle vous propose, en conséquence, de voter les deux crédits qui vous sont demandés, l'un de 1000 ℳ à la dépense ordinaire, l'autre de 4000 ℳ à la dépense extraordinaire.

5° Théâtres. Subventions (dép. ord., ch. 43, tit. 2).

Votre Commission, après avoir entendu les explications données par M. le commissaire du Gouvernement, confiant dans la sollicitude de l'Administration, vous propose de voter le crédit de 128 000 ℳ, qui est prévu au budget et qui ne diffère pas de celui de l'exercice précédent.

Le rapporteur,

Ed. Goguel.

DÉLÉGATION D'ALSACE-LORRAINE.

Sixième Session.

COMPTE-RENDU OFFICIEL.

14ᵉ SÉANCE

4 mars 1879, 2 heures et demie de l'après-midi.

SOMMAIRE : Communications diverses; Continuation de la 2ᵉ lecture du budget de l'instruction publique : Instruction primaire; Discussion de l'annexe IV de la proposition Nº 5 : Excédants des dépenses de l'exercice 1877.

Président : M. Schlumberger.
Secrétaire : M. Ditsch.
Présents : 25 membres.
Absents : MM. Auscher, Baudry, Blandin et Schnéegans.

Le Gouvernement est représenté par M. le Président supérieur, M. le directeur général des forêts Mayer, M. le conseiller supérieur Richter, MM. les conseillers de Sybel, Schollenbruch et Carl, et M. l'assesseur Jacob.

M. *Ditsch* donne lecture, dans les deux langues, du procès-verbal de la séance du 28 février, qui est adopté.

M. le Président communique à l'Assemblée des lettres de MM. Auscher, Baudry et Schnéegans, par lesquelles ils demandent, pour motifs urgents, un congé d'un ou plusieurs jours.

Les congés sont accordés.

M. le Président fait part ensuite qu'il a reçu une nouvelle lettre de M. Erasmi, relative au cadastre. Elle est renvoyée, comme la première, à la 4ᵉ Commission.

On passe à l'ordre du jour.

I.

2ᵉ lecture du budget de l'Instruction primaire.

2ᵉ COMMISSION.

Rapporteur : M. Simonin.

Le rapport a été imprimé et distribué aux membres conformément au règlement. (Voy. l'annexe 1ʳᵉ.)

Recettes.

Chapitre 9.

• Les titres 7, avec 4 420 ℳ, et 8, avec 119 700 ℳ, sont adoptés sans discussion.

Dépenses ordinaires.

Chapitre 42.

Titre 1ᵉʳ (Traitements de 24 inspecteurs primaires d'arrondissements, 95 100 ℳ).

M. *Grad.* Messieurs, je voudrais appeler votre attention sur deux points, à propos de la discussion du budget de l'instruction primaire. Mes observations ne sont pas précisément d'ordre financier, car elles touchent le choix des instituteurs d'une part et d'un autre côté l'enseignement de la langue française.

En ce qui concerne le choix des instituteurs, nous avons pour nos écoles d'Alsace-Lorraine des maîtres laïques et des maîtres congréganistes. D'après la loi, les municipalités de nos communes sont libres d'appeler des maîtres laïques ou des maîtres congréganistes, à condition que les candidats appelés à l'enseignement présentent un diplôme de capacité ou soient agréés par l'Administration. La formalité des examens est prescrite pour les instituteurs et pour les institutrices, la lettre d'obédience des candidats congréganistes n'ayant plus aucune valeur. C'est là une règle de droit commun, et je trouve bon que l'Administration exige les preuves nécessaires de capacité de la part des personnes appelées au service de l'instruction. Seulement, en l'état actuel des choses, les sujets régulièrement pourvus du diplôme réglementaire se trouvent en nombre insuffisant pour remplir tous les postes dont disposent ou dont ont besoin les écoles du pays. Quantité d'écoles, la plupart peut-être de nos écoles de filles d'Alsace sont tenues par des sœurs de la Providence, congrégation dont le siège est à Ribeauvillé. Ces sœurs, je le constate avec regret, ne se sont pas soumises jusqu'à présent à la formalité, à l'obligation des examens publics en dehors de la congrégation. J'ajouterai cependant que, de l'aveu des inspecteurs, leurs écoles sont généralement bien tenues et leur enseignement satisfaisant. Leurs supérieurs

leur ont donné ordre de suivre et de se conformer aux pro
grammes officiels, et je suis persuadé qu'elles se soumettent
à cette prescription. D'ailleurs, beaucoup de maîtres et de
maîtresses laïques sont placés dans les écoles communales
sans disposer non plus du diplôme de capacité. L'Administration les accepte, les agrée faute d'un meilleur choix.
Nécessité oblige encore plus que noblesse !

Le Gouvernement a beaucoup fait pour améliorer la
position des instituteurs, et nous lui devons l'introduction
de l'instruction obligatoire. Nous avons à nous féliciter de
ces deux mesures, à condition de conserver la liberté du
choix des maîtres. Or la liberté du choix des maîtres ne
nous reste plus dans toute l'étendue voulue. J'ai dit que
dans l'état actuel des choses, nous ne trouvons pas
d'instituteurs et d'institutrices, pourvus dûment du diplôme de capacité, en nombre suffisant pour toutes les
écoles. J'ai reconnu que beaucoup de maîtres laïques et la
plupart des congréganistes sont appelés à l'enseignement
sans présenter le diplôme prescrit. Mais tandis que les
inspecteurs des écoles, en considération des nécessités du
moment, agréent des instituteurs ou des institutrices non
diplomés, l'Administration ne montre pas la même condescendance dans tous les cas où il y a lieu de l'appliquer.
Ainsi le préfet de la Haute-Alsace refusa tout récemment
l'autorisation d'enseigner à une jeune sœur appelée à remplacer une institutrice, une sœur de la congrégation de
Ribeauvillé, tombée malade l'an passé, et qui était placée
dans une école de fabrique du Logelbach. Le refus était
motivé sur ce que la sœur n'avait pas passé par la formalité des examens. Obligé de suivre la tenue de l'école de
fabrique en question — il s'agit d'une école entretenue par
un établissement industriel, non d'une école communale
— j'ai constaté que l'institutrice non agréée par l'inspecteur de l'arrondissement de Colmar était pourtant apte à
tenir la classe dans laquelle elle avait été appelée. J'ai insisté auprès de l'Administration pour son maintien à titre
temporaire seulement et par pure tolérance, faisant valoir
les besoins de l'école et l'impossibilité d'obtenir actuellement des institutrices diplômées pour nos écoles de fabrique. J'ai fait valoir ce fait que dans une école de fabrique
voisine l'inspecteur avait agréé une jeune sœur non di-
plômée et placée tout à fait dans les mêmes conditions que
celle pour laquelle j'étais obligé d'intervenir. L'Administration persista dans son refus, et, au grand préjudice
de notre école, je n'ai pu pourvoir à l'occupation du poste
vacant.

Comprenez-vous, Messieurs, cette inégalité de traitement ? Tout au moins dénote-t-il dans les agissements de
l'Administration des caprices à mes yeux injustifiables. La
loi doit être la même pour tous. La production du diplôme
réglementaire exigé des candidats à l'enseignement constitue une garantie dont je reconnais la valeur. Mais en
présence de l'insuffisance notoire des sujets diplômés pour
occuper toutes les écoles du pays, l'Administration se voit
obligée de nommer elle-même des maîtres et des maîtresses
sans diplômes, afin de pourvoir aux postes vacants. Pourquoi ne pas appliquer cette mesure de tolérance provisoire
dans tous les cas où il n'est pas possible de satisfaire autrement aux besoins des écoles ? Le préfet de Colmar m'a dit
que l'Administration ne consentait pas à autoriser la sœur
pour laquelle j'ai dû intervenir, à tenir sa classe, parce
que la congrégation de Ribeauvillé se refusait à subir la
formalité de l'examen légal. De son côté, la supérieure de
la congrégation est persuadée que la production du diplôme
ne serait pas une garantie pour le maintien des sœurs dans
nos écoles. Dans la conviction de la supérieure, le Gouvernement tend à écarter les sœurs et à les remplacer par
des institutrices laïques. Pour ce motif et à défaut de garantie pour l'avenir, la congrégation ne se soumet pas à la
formalité des examens. Si j'insiste sur ces faits, c'est pour
poser au Gouvernement ces deux questions : Pourquoi
l'Administration agrée-t-elle certaines maîtresses non diplômées, et pourquoi refuse-t-elle certaines autres à tenir
école, seulement à titre transitoire, quand dans les deux
cas le degré d'instruction et la capacité pour l'enseignement sont les mêmes ? Dans le cas où les sœurs de Ribeauvillé se soumettraient à la formalité des examens, seront-
elles assurées de rester dans les écoles, et les municipalités
resteront-elles libres à l'avenir de prendre à leur choix des
candidats laïques ou congréganistes ? Je trouve superflu
de développer davantage les motifs de ces deux questions.

En ce qui touche l'enseignement de la langue française
dans les écoles primaires, le Conseil général de la Haute-
Alsace le recommande chaque année à la sollicitude du
Gouvernement. Lors de notre dernière session, nous avons
encore émis le vœu à Colmar, sur la proposition de notre
honorable collègue M. Kempf, que l'Administration fasse
une part plus large à l'étude du français. Le rapport que
j'ai eu l'honneur de présenter au Conseil, au nom de la
Commission de l'instruction publique s'exprimait en ces
termes : „En relations continues avec la France et la
„Suisse, la population de l'Alsace-Lorraine a un besoin
„impérieux de connaître la langue française et ne peut s'en
„passer pour son commerce. Devons-nous être placés sous
„ce rapport dans des conditions plus difficiles que les
„écoles populaires de la Prusse où l'enseignement de la
„langue française entre dans le plan d'études? Le Prési-
„dent supérieur concède bien l'étude du français dans les
„divisions supérieures des écoles à plusieurs classes. Mais
„non-seulement les inspecteurs ne font pas attention à
„cette disposition, ils défendent même souvent, dans des
„communes populeuses, aux maîtres de donner des leçons
„de français dans le local de l'école, à titre accessoire,
„alors que les prescriptions du programme d'enseignement
„officiel sont d'ailleurs rigoureusement observées. En
„d'autres termes, des fonctionnaires subordonnés nous
„enlèvent une disposition concédée par l'Administration
„supérieure. Un pareil procédé ne contribue pas à affermir
„l'idée de la bienveillance du Gouvernement auprès d'une
„population intelligente comme la nôtre et fière de ses
„droits. Cela est impolitique et nous comptons sur l'équité
„de l'Administration supérieure pour remédier à cette
„situation.“

A nos yeux, les considérations d'hygiène et de pédagogie invoquées par les inspecteurs primaires contre l'enseignement de la langue française dans nos écoles ne sont
pas aussi fondées qu'on veut bien le prétendre. Nous
voyons dans bien des pays l'étude simultanée des deux
langues à l'école populaire. N'avons-nous pas nous-mêmes
appris l'allemand en même temps que le français dans nos
écoles d'Alsace-Lorraine avant l'annexion ? Avant l'annexion, le niveau de l'instruction primaire était dans beaucoup d'écoles plus élevé que maintenant et nous nous sommes
tout aussi bien portés que les écoliers d'aujourd'hui,
malgré l'étude des deux langues. Vraiment ces précautions d'hygiène pour empêcher nos enfants d'apprendre le
français nous font sourire ! Ce qui est plus sérieux et ce que
nous ne pouvons admettre en aucun cas, c'est l'interdiction de l'enseignement de la langue française dans le local
des écoles communales en dehors des heures de classe
réglementaires. Depuis quand les maisons d'école des communes sont-elles devenues la propriété des inspecteurs ?
Nos maires ne doivent-ils plus rester maîtres chez eux ?
Les familles n'ont-elles plus le droit d'aspirer à une

instrution plus complète que celle donnée d'après le programme officiel, quand elles en éprouvent le besoin ? Je n'exige pas que l'étude de la langue française devienne obligatoire, je ne demande pas qu'elle entre dans le programme normal ; mais nous tenons à ce que cette étude ne soit pas interdite à ceux qui veulent la suivre, en se soumettant pour le reste aux prescriptions et au règlement de l'Administration.

Messieurs, à la suite de démarches que j'ai faites pour soutenir au Landesausschuss une pétition pour l'enseignement de la langue française et pour diverses questions touchant l'instruction publique, divers fonctionnaires ont affirmé aux maires de ma circonscription que leur représentant à la Délégation et au Parlement s'occupait d'affaires en dehors de sa compétence et n'avait pas à s'inquiéter de l'Administration des écoles. Ce reproche nous touche tous, Messieurs, et nous ne pouvons pas l'admettre. Nous ne pouvons pas admettre qu'un fonctionnaire quelconque nous prescrive une règle de conduite et nous interdise d'intervenir en faveur des populations qui nous ont donné le mandat de défendre leurs intérêts. Autrefois, sous le régime français, nos populations considéraient leurs députés ou leurs représentants comme des intermédiaires entre elles et l'Administration. Par le fait de l'annexion les mœurs publiques n'ont pas changé en Alsace-Lorraine. Si certains fonctionnaires contestent nos démarches et nous reprochent des excès de zèle, nous n'avons pas à nous inquiéter de leurs observations. En acceptant notre mandat, c'était pour nous vouer au service du pays. Nous intervenons pour nos populations toutes les fois qu'elles font appel à notre concours, sans autre souci que celui de leurs droits et de leurs intérêts.

M. le Président *Schlumberger* interrompt l'orateur en lui faisant remarquer qu'il rentre dans la discussion générale, ce que le règlement ne permet pas en deuxième lecture.

M. *Grad.* Je suis dans la question et je vais avoir fini. Je rattache mes observations au service des inspecteurs. Je prie les représentants du Gouvernement de donner les instructions nécessaires pour la tolérance de la langue française comme étude accessoire à côté du programme officiel. Puis je poserai encore cette question de savoir si le diplôme sera pour les institutrices congréganistes une garantie de maintien dans les écoles où elles sont appelées par les municipalités.

M. *Kempf.* Comme il n'y a dans le budget aucun article spécial sur l'enseignement du français dans les écoles primaires, je me propose de produire à ce sujet en troisième lecture quelques observations au titre 8 du chap. 42. Je ne dirai que quelques mots aujourd'hui. Dans le Conseil général du Haut-Rhin, j'ai indiqué un moyen bien simple de remédier aux inconvénients suscités par la suppression du français dans nos écoles primaires et de faire cesser les plaintes toujours vives qu'a soulevées cette mesure. J'ai demandé à ce qu'on donnât aux instituteurs des communes la faculté d'enseigner le français dans les classes supérieures aux élèves des deux dernières années, c'est-à-dire à ceux âgés de 11 à 13 ans. De cette manière, les enfants pourraient acquérir une somme suffisante de connaissances pour aller ensuite dans les parties françaises se perfectionner dans l'usage de la langue. On arriverait ainsi à donner satisfaction dans une certaine mesure aux justes réclamations de notre pays.

Il y a un autre point encore auquel je voudrais rendre attentif le Gouvernement dans l'intérêt de nos communes agricoles, c'est l'entrée et la sortie des élèves, qui, à mon avis, devraient être modifiées. Actuellement il y a deux entrées : à Pâques et en automne. Or, si l'entrée a lieu à Pâques et la sortie en automne seulement, il est évident que les enfants qui sont admis et congédiés à ces époques subissent une perte de temps d'au moins quatre mois. Si la sortie se faisait à Pâques, les parents pourraient au contraire utiliser leurs enfants pendant ces quatre mois et s'en faire aider dans les travaux des champs, ce qui est très-désirable et d'une nécessité absolue dans la campagne. Cette sortie anticipée serait d'ailleurs compensée par les premiers mois que l'enfant passerait à l'école avant Pâques, en s'y faisant admettre déjà en octobre.

Je demanderai donc à ce qu'à l'avenir on fasse sortir les enfants à Pâques et non pas en automne. C'est ainsi que cela se pratique à Cologne par exemple, où il n'y a qu'une seule entrée et une seule sortie. Avec le système actuel, les enfants qui ont fait leur première communion à Pâques et qui doivent encore fréquenter l'école jusqu'en automne, y viennent très-rarement et se font donc souvent punir, les parents ayant besoin de leur aide et les gardant à la maison. Il serait donc urgent et équitable d'introduire le changement demandé. J'en ai parlé à diverses reprises à des instituteurs ; mais comme il ne leur appartient pas de prendre l'initiative de l'innovation, j'adresse ma demande au Gouvernement, avec prière de vouloir bien y faire droit.

M. le *Président supérieur* répond que le Gouvernement examinera la question, qui d'ailleurs n'est pas si simple et qui se rattache à la question générale de l'âge jusqu'auquel l'instruction doit être obligatoire.

M. *Nessel.* Je suis obligé de choisir le titre 1er du chap. 42 pour vous soumettre quelques observations au risque de m'attirer le reproche qu'elles sont mal placées à cet endroit. Mais quoiqu'elles ne paraissent pas se rattacher directement à ce titre, je crois pouvoir vous montrer qu'elles se trouvent cependant dans une connexion intime avec ce dernier. Je veux parler de la partie des fonctions du maire qui, à mon avis, constitue la charge la plus pénible de celui-ci : la mission de poursuivre et de punir les parents dont les enfants ont manqué à l'école. Comme vous le savez, Messieurs, le sujet n'est pas neuf; il a été traité à plusieurs reprises déjà au sein de cette Assemblée, qui s'est faite en cela l'interprète fidèle des plaintes du pays. Malheureusement, malgré ces réclamations, tout est resté jusqu'ici dans le même état. Or l'expérience démontre, comme l'a très-bien dit M. le rapporteur de la Commission, qu'il y a une nécessité très-grande de porter un changement radical à l'état de choses actuel. Je ne veux pas reproduire ici tous les arguments qui militent en faveur de ce changement; ils sautent aux yeux, et vous les connaissez tous ; ils ont été maintes fois répétés. J'ajouterai seulement cette réflexion que le maire est un fonctionnaire administratif et non judiciaire. Si on lui impose des fonctions judiciaires, il entre pour ainsi dire en collision avec ses devoirs administratifs, avec les intérêts que d'un autre côté il est chargé de défendre. Il y a incompatibilité véritable à réunir dans une seule et même personne des fonctions administratives et judiciaires.

La nécessité du changement démontrée, et je crois qu'elle ne fait doute pour aucun de nous, il reste à savoir comment on devra l'opérer et sur qui devront être reportées les fonctions en question. Pour moi, je crois que la meilleure solution consisterait à charger de cette mission les inspecteurs primaires. Par leurs fonctions, leur position, leur connaissance approfondie des enfants et des écoles, ils seraient certainement le mieux à même de juger les manquements et surtout d'apprécier les circonstances atténuantes.

ils font déjà maintenant des tournées fréquentes dans leurs arrondissements, et s'ils fixaient par exemple dans chaque commune à un jour tous les deux mois les jugements en question, ils pourraient s'acquitter de cette mission et procéder en même temps à l'inspection de l'école. Dans les grandes villes, ils pourraient fixer un jour tous les mois; dans les communes rurales une fois tous les deux mois suffirait amplement. Je ne vois pas qu'un autre fonctionnaire quelconque soit mieux à même que l'inspecteur primaire de remplir cette mission excessivement délicate. Le Kreisdirector pourra rester, après comme avant, juge d'appel. De cette façon, les choses pourraient marcher convenablement, et certainement mieux que maintenant. Je fais donc un appel instant au Gouvernement et le conjure de vouloir bien décharger les maires d'une mission si pénible.

M. le baron *Zorn de Bulach*. Je remercie M. Nessel des bonnes réflexions qu'il vient de faire; je partage entièrement sa manière de voir, et j'aurais moi-même produit, un peu moins bien peut-être, les mêmes observations qu'il a exprimées d'une façon si éloquente et appuyées de si bons arguments, si je n'avais pas été devancé par lui. Il est excessivement pénible pour les maires des petites localités de remplir cette mission de punir. Quelquefois le maire peut s'en décharger sur l'adjoint; mais quand il est obligé de s'en acquitter lui-même, il arrive de deux choses l'une : ou bien il punit et n'agit pas d'après son âme et conscience, qui lui disent qu'il n'est pas équitable de condamner des parents pauvres qui, pour motifs urgents, ont gardé exceptionnellement leurs enfants chez eux, ou bien il laisse aller les choses et acquitte, contrairement aux prescriptions et au texte de la loi. C'est évidemment une fausse position qui ne saurait durer et à laquelle il est urgent de porter remède. Je crois qu'il serait très-bon que les inspecteurs primaires fussent chargés de la besogne, et je recommande vivement au Gouvernement l'idée de M. Nessel. Dans les grandes villes, il est vrai, les inconvénients du système actuel ne sont pas si grands; mais dans les petites communes, ils sont très-fâcheux. Il serait du devoir des maires de punir tous les enfants qui ne vont pas à l'école; or souvent ils ne le font pas et ne peuvent pas le faire. Je prierai donc l'Administration de vouloir bien admettre la manière de voir de M. Nessel et de donner suite à sa proposition.

M. *Bichelberger*. A l'appui de ce que vient de dire M. de Bulach, je dois ajouter que, dans la pratique, il est presque impossible aux maires de remplir la mission de juge que leur impose la loi sur l'instruction. Permettez-moi de citer des faits qui me sont personnels : j'avais pris fort à cœur de juger et punir moi-même les absences à l'école; mais je n'ai pas tardé à sentir les difficultés de la chose et à tomber dans le découragement. Il m'est arrivé dans la pratique que des mamans, permettez-moi ce mot familier, parce qu'il s'agissait d'absences de tout jeunes enfants, m'ont dit : „Mais M. le maire, vous savez pourtant bien que mon enfant a, malgré moi, couru les rues pendant six semaines, parce qu'il n'y avait pas de classe, et maintenant, pour une absence de deux jours, vous me punissez; pourquoi vous-même ne faites-vous pas en sorte que les classes soient tenues régulièrement." Eh bien! ces interruptions que le public blâme et dont il fait un reproche au maire, ce dernier ne peut les empêcher. Les maîtres non encore libérés du service militaire sont appelés à faire le service militaire pendant le temps où les classes sont ouvertes, de là interruption. Il arrive aussi que les mutations ou nominations, au lieu d'être faites pendant les vacances, le sont après celles-ci; de là autre interruption;

enfin, si un maître tombe malade, le maire ne peut, comme il le pouvait autrefois, confier provisoirement la classe à une personne jouissant de sa confiance et capable de remplacer le maître en titre. Pourtant, lorsqu'il s'agit de classes de petits enfants surtout, il serait facile de trouver une personne sûre qui tiendrait classe pendant quelques jours et empêcherait ainsi les enfants de courir les rues et de perdre l'habitude de l'école. De pareils faits rendent impossible aux maires leur mission de juges des absences; il serait donc à désirer qu'il y fût porté remède par l'Administration.

M. *Mieg-Kœchlin*. Je puis me joindre aux observations de mes honorables collègues, mais je ne crois pas que ce soit le cas d'appliquer une règle générale, car dans les villes la situation n'est pas la même qu'à la campagne. Dans les villes plus importantes, les inspecteurs ne sont pas à même de connaître suffisamment les personnes et les circonstances pour pouvoir juger d'une manière sûre et précise et ne pas commettre d'injustice. A mon avis, il faudrait donc faire une exception à l'égard des grandes villes, où l'on laisserait les choses dans la situation actuelle. Dans presque toutes les villes, il y a d'ailleurs des Commissions qui jugent avec l'inspecteur les contraventions en question. Ces Commissions sont au courant de toutes les circonstances de la cause et peuvent donc être justes et équitables; avec le système proposé, les jugements seraient souvent trop durs.

M. *Klein*. L'idée que vient d'émettre l'honorable M. Mieg-Kœchlin me fait soumettre à mes collègues qui sont maires certaine opinion qui a été exprimée ici même et au Conseil général. On a dit : si la mission de punir les manquements à l'école était dévolue à un fonctionnaire de l'Etat, la loi serait certainement appliquée dans toute sa rigueur, tandis que le maire ou l'adjoint admettent souvent des circonstances atténuantes, qui peuvent être très-réelles. Cette réflexion a son importance; les observations de M. Mieg-Kœchlin le prouvent suffisamment. Dans bien des cas, l'application stricte de la loi peut mener à des injustices : c'est ainsi que l'absence peut avoir été occasionnée par une maladie ou par un autre accident majeur; le Kreisdirector punira toujours sévèrement, tandis que le maire peut tenir compte de ces circonstances atténuantes. J'ai cru devoir rappeler ces observations au souvenir de mes honorables collègues, pour qu'ils en tiennent compte dans la mesure qui leur paraîtra convenable.

M. le baron *Zorn de Bulach*. Je comprends les scrupules de M. Klein pour les grandes villes, mais pour les villes ordinaires et les campagnes les observations de MM. Nessel et Bichelberger sont fort justes. A la campagne, surtout dans les petites communes rurales, l'application de la loi est pour le maire chose extrêmement difficile; les populations croient en général qu'il ne dépend que du bon vouloir du maire de punir ou de ne pas punir, qu'il *peut* ou *ne peut pas*, *veut* ou *ne veut pas* punir selon son bon plaisir. On peut entendre tous les jours cette manière de voir, et il est évident que la position du maire en souffre. Bien des pauvres se disent : Attendez, quand le moment sera venu, nous saurons nous souvenir de ces condamnations.

C'est surtout pour les grandes villes qu'ont parlé MM. Klein et Mieg-Kœchlin, et je ne veux pas sous ce rapport critiquer leurs réflexions. Mais pour les campagnes, nos honorables collègues qui se sont faits l'organe des plaintes des maires sur l'état de choses actuel, ont eu par-

ment raison, et je leur donne mon approbation
re.

M. *Speckel.* Les observations que M. Mieg-Kœchlin
duites en faveur du maintien de la situation actuelle
les villes sont également justes pour les communes
es et mènent aux mêmes conclusions. En effet, l'ins-
eur ne peut avoir, dans les communes rurales pas plus
dans les grandes villes, une connaissance suffisante
ersonnes et des choses pour apprécier équitablement
as qui se présenteront. Je suis complètement d'avis de
arger le maire de la mission de punir les enfants, mais
mande que l'on confie cette mission à d'autres per-
es qu'aux inspecteurs des écoles. Il y a dans leurs ar-
ssements trop de petites localités pour qu'ils les
ent tous connaître à fond.

M. le président *Schlumberger* fait observer que cette
ssion paraît plutôt être une discussion générale qu'une
ssion des articles, comme le prescrit le règlement
la 2e lecture.
Il invite les orateurs à se tenir dans les limites du
1er, et à réserver les observations générales pour la
cture.

M. *Nessel.* Je me permettrai de faire remarquer qu'il
rait, à mon avis, double perte de temps, si l'on voulait
yer à la 3e lecture la suite de cette discussion, qui
occupe déjà une demi-heure. Il y a économie de
s d'en venir immédiatement à une conclusion; d'autant
que la discussion semble épuisée.
Cela dit, je dois répondre quelques mots aux argu-
s de MM. Klein et Speckel. Ils disent que les inspec-
primaires ne sont pas à même de connaître suffisam-
les circonstances de la cause. C'est peut-être vrai
des cas donnés, mais ils auront toujours les institu-
qui ont une connaissance complète des personnes et
hoses et qui leur transmettront tous les renseignements
ssaires et, de plus, ils entendent les parents qui ont à
valoir leurs motifs d'excuses. Je vous rendrai encore
tifs à ce point que souvent il arrive que le maire admet
irconstances atténuantes et acquitte, et que le Kreis-
tor vienne alors remplacer l'acquittement par une
. Ce fait arrive très-fréquemment, et pourtant les
sdirectors ne connaissent pas les circonstances de la
e et sont beaucoup moins au courant des choses que les
cteurs qui se trouvent sur place. On ne pourrait pas
er cette mission à un commissaire de police ou au juge
aix qui sont attachés à une résidence fixe, et il serait
nissible d'imposer aux parties la charge de venir à une
ence éloignée de leur propre domicile pour se faire
amner pour des faits pareils. D'un autre côté, il est
nt de décharger le maire de cette mission, et je ne
réellement, je le répète, de personne plus capable de
mplacer que l'inspecteur des écoles.
Je soumets donc à l'Assemblée la proposition suivante,
yée par MM. Bichelberger, baron Zorn de Bulach et
iel :
„Le Landesausschuss émet le vœu que les maires
t déchargés du jugement des manquements à l'école."

M. le *Président supérieur.* Cette question a été traitée
sieurs reprises déjà, et de divers côtés on a exprimé
sir que les maires soient déchargés de ces fontions.
on a également réclamé de divers côtés contre les
fications proposées, et c'est pour ce motif que le Gou-
ement n'a pas encore pris de décision dans la matière.
ouvernement a aussi voulu ajourner la solution de la
tion jusqu'à l'établissement des nouveaux Amtsge-
e et des tribunaux d'échevins. Il se peut que cet éta-

blissement amène un changement dans la question; je ne
veux pas examiner de plus près la question de savoir si ce
sera véritablement le cas.

L'essentiel, en général, c'est que ces affaires soient
jugées d'une manière équitable et sans frais. Ces deux
points de vue sont le mieux sauve-gardés par les maires ;
si ces derniers étaient déchargés de la mission, il faudrait,
d'une part, en charger des personnes moins compétentes
et moins au courant des besoins de la situation et, d'autre
part, les frais seraient beaucoup plus considérables pour
les parties. Ce serait, en outre, agir contre les intérêts de
ceux qui jusqu'ici ont été traités avec indulgence par les
maires.

Je ne puis pas admettre qu'en principe le maire ne
soit pas apte à remplir ces fonctions. D'après le droit
français, là où il n'y a pas d'autre juge, le maire a toujours à remplir les fonctions de juge de police. Il est vrai
que cette disposition est tombée en désuétude, mais elle n'a
jamais été abrogée, et longtemps elle a été mise en pratique. Il n'y a donc nullement incompatibilité pour le maire
de punir les manquements à l'école. J'admets volontiers
que cette mission ne soit pas très-agréable, mais il est fort
douteux que le maire puisse être remplacé d'une manière
avantageuse et utile. Cependant, le Gouvernement examinera la question, comme je l'ai déjà promis précédemment;
l'examen n'a été ajourné jusqu'ici que parce qu'on voulait
d'abord attendre l'institution des tribunaux d'échevins.

M. *Nessel.* Je suis obligé de répondre en quelques
mots aux paroles de M. le Président supérieur concernant
les fonctions judiciaires attribuées en France aux maires.
Ceux-ci sont, il est vrai chargés d'exercer des fonctions de
police judiciaire, ils sont officiers auxiliaires de *police* judiciaire; mais je ne sache pas qu'ils fonctionnent ou aient
fonctionné, dans certains cas, comme juges mêmes. Ils ne
sont pas juges, mais membres du parquet ; on peut dire,
à la rigueur, qu'ils font partie de la magistrature debout,
mais non de la magistrature assise.

M. le *Président supérieur.* Je me vois forcé de contester les allégations de M. Nessel. Je ne puis vous citer de
mémoire les articles du Code d'instruction criminelle qui
contiennent la disposition que j'ai mentionnée tout à l'heure,
mais il y est dit formellement que, dans certains cas, qui
sont énumérés, le maire est appelé à remplir les fonctions
de juge de police à la place ou concurremment avec le
juge de paix. Plus d'un membre de l'honorable Assemblée
se souviendra sans doute de ces dispositions.

M. *Mieg-Kœchlin* dépose l'amendement suivant à la
proposition de M. Nessel :

„Proposition de ne rien changer à l'état de choses
pour les grandes villes."

M. *Nessel* déclare qu'il se ralliera à cet amendement
à condition qu'il y soit exprimé qu'on n'entend par
grandes villes que les villes de Strasbourg, Metz, Colmar
et Mulhouse.

M. le baron *Zorn de Bulach.* M. le président supérieur a complètement raison quand il dit que les maires
ont été, en général, très-indulgents, et que l'Administration a montré beaucoup de condescendance vis-à-vis de
leurs jugements. On a tenu compte de ces jugements, c'est
très-vrai; mais ceci n'ôte rien de leur valeur aux observations qui ont été présentées par mes honorables collègues
et par moi. Il est positif que nos populations des campagnes
ne peuvent pas se faire au système actuel et aux condamnations prononcées pour manquements à l'école. Il ne faut
pas oublier que nous avons passé subitement du système

de la non-obligation au système de l'*obligation* de l'instruction primaire. Beaucoup de parents ne se sont pas encore pénétrés de l'idée de l'instruction obligatoire et de l'obligation qu'ils ont d'envoyer leurs enfants à l'école, et ils font alors remonter jusqu'au maire les désagréments résultant des punitions, parce qu'ils croient que le maire n'a qu'à dire un mot pour écarter ces dernières. De là la fausse situation des maires, qui cessera peut-être plus tard, quand nous serons sortis de cette période de transition subite et qu'on appréciera mieux les avantages du système de l'instruction obligatoire dont moi-même, je n'hésite pas à le dire, je suis aussi partisan.

La proposition de M. Nessel et consorts est mise aux voix et rejetée.

En conséquence de ce vote, M. *Mieg-Kœchlin* retire son amendement.

M. *Nessel* déclare reprendre cet amendement et dépose la proposition suivante, signée de lui et de M. le baron Zorn de Bulach :

„Le Landesausschuss émet le vœu que les maires soient déchargés du jugement des manquements à l'école, à l'exception des villes de Strasbourg, Colmar, Metz et Mulhouse.

M. *Grad* fait observer qu'il n'y a plus de maire qu'à Mulhouse.

M. *Goguel.* Je ne vois pas pourquoi l'on établirait la distinction introduite dans la proposition que nous venons d'entendre. Si l'on veut faire une distinction, il me semble qu'on devrait au moins l'étendre à toutes les communes où il existe des comités scolaires qui peuvent partager la responsabilité des maires. Je préférerais donc que la dernière phrase de la proposition fût remplacée par les mots : „à l'exception des villes où il existe un comité scolaire."

La proposition de MM. Nessel et baron Zorn de Bulach est mise aux voix et est également rejetée.

Les titres 1 à 3 du chapitre 42, avec 126 350 ℳ, sont ensuite adoptés.

Titre 4 (Subvention pour augmenter les traitements des instituteurs et des institutrices, 650 000 ℳ).

M. *Nessel.* Permettez-moi, Messieurs, de présenter encore quelques observations au sujet des traitements des instituteurs. Vous savez tous comment ces traitements sont réglés ; ils commencent par un minimum et vont croissant par périodes quinquennales jusqu'à un maximum déterminé. Or les changements de résidence des instituteurs sont très-fréquents, et il arrive souvent que des instituteurs qui, par exemple, ont passé leurs quinze premières années d'enseignement dans une commune, soient transférés, après ce temps, dans une autre commune, où ils ont droit au chiffre de traitement calculé sur les services de leur première résidence. Il en résulte que ces nouvelles communes — car ce sont les communes qui paient — sont obligées de payer des suppléments de traitement pour des services rendus dans une autre commune. Il y a là évidemment quelque chose d'anormal. L'exemple serait bien plus frappant encore si, au lieu de 15 ans, j'avais mis 30 ans de services rendus dans la première commune à l'époque du changement. Et je crois qu'il arrive fréquemment des permutations à ce dernier âge, et je puis même dire que les changements sont alors les plus fréquents, car les communes cherchent tout naturellement à se débarrasser des instituteurs ayant servi 30 années, parce que leurs traitements sont très-élevés et que peut-être aussi, en raison de leur ancienneté, ils ne sont plus tout à fait à la hauteur de leur tâche. On les met alors dans des communes plus petites, où les fonctions sont moins fatigantes, service allégé. Ces petites communes, qui certes peuvent mais, sont donc obligées de payer les traitements élevés et elles se voient imposer cette lourde charge de rémunérer des services rendus, pendant une longue suite d'années, à d'autres communes. C'est une anomalie flagrante, qui frappe d'autant plus qu'elle n'existe dans aucune autre administration, car partout ailleurs les services rendus sont rénumérés par celui qui en a profité, qui est en définitive l'Etat.

Je crois qu'il y aurait un moyen très-simple de remédier aux injustices résultant de cet état de choses : ce serait d'établir pour tous les instituteurs un traitement normal et uniforme qui serait payé par les communes ; à côté de ce traitement normal, il y aurait des suppléments de traitement pour ancienneté de services qui seraient payés par l'Etat. De cette façon, personne ne serait lésé, car l'Etat, c'est la généralité, et les services ainsi rémunérés sont, en définitive, rendus à la généralité des citoyens. Ce système ne serait donc que juste et équitable. En conséquence, je me permettrai de déposer la proposition suivante, appuyée par MM. Ditsch, Rack, Simonin :

„Le Landesausschuss émet le vœu que pour le traitement des instituteurs primaires les communes soient obligées à fournir un traitement normal et uniforme et que les suppléments fondés sur l'ancienneté soient mis à la charge de l'Etat."

M. le *Président supérieur.* Je ne crois pas qu'il soit utile d'exprimer un vœu pareil, dont il est impossible de prévoir aujourd'hui la portée financière. La mesure proposée mettrait peut-être une dépense d'un demi-million plus à la charge de l'Etat, et il me semble qu'il y a lieu de la soumettre à un examen sérieux, avant d'engager ainsi les finances du pays. Quant au fond de la question, il n'y a pas, à mon avis, injustice si grande à ce qu'une commune paie au nouvel instituteur un supplément de traitement à raison de l'ancienneté de service acquise dans une autre commune.

Dans cette commune, l'instituteur a fait ses années d'apprentissage, il y a gagné ses éperons, et il est devenu même de rendre, à raison de l'expérience acquise, des services plus considérables dans la nouvelle commune. Il n'est donc pas injuste, mais plutôt équitable que cette dernière lui paie un traitement plus élevé.

M. *Fulter.* M. le Président supérieur vient de faire ressortir que si la mutation pour une commune d'importance secondaire d'un instituteur qui a déjà 20 à 25 ans de service, grève lourdement les finances de cette commune, elle présente aussi une sorte de compensation dans ce sens que l'instituteur dont s'agit a acquis une expérience plus grande et peut obtenir dans son enseignement des résultats plus marqués et dont bénéficient les enfants de la commune.

Nous ne devons pas perdre de vue, en effet, que le changement de destination peut être motivé par une certaine fatigue physique de l'instituteur dont les forces sont amoindries pendant qu'il dirigeait une école de 80 élèves peut-être, sans que ses facultés morales et intellectuelles aient reçu d'atteinte. Un tel instituteur est, sans contredit, plus apte qu'un débutant à conduire une école de 25 à 30 élèves.

Nous devons aussi faire remarquer que si les

nes de 300 à 400 âmes se trouvent parfois dans l'obli-
on de payer le maximum de traitement de l'instituteur,
t d'ordinaire dans ces mêmes communes que l'on fait
uter les jeunes maîtres sortis nouvellement des écoles
males, auquel cas le traitement est réduit à son mini-
n. Je serais porté à croire que, dans la pratique, il
iblit par le fait une balance qui ne charge pas d'une
n disproportionnée le budget des communes dont nous
ons.

Quels sont d'ailleurs les éléments du traitement des
ituteurs et institutrices? D'après la loi existante, on le
pose du produit de la rétribution scolaire et des trois
imes additionnels pour l'instruction primaire; en outre
ne somme plus ou moins modique prélevée sur les res-
rses ordinaires de la commune. En règle générale ces
nents ne suffisent pas; le département ou l'Etat ont à
nir le complément.

Ce complément, bien entendu, est moindre pour les
munes riches; il se réduit parfois à rien ou presque
. Mais peut-on prétendre, Messieurs, qu'il y ait une
table injustice à procéder ainsi? Je ne le crois pas. Le
e ne saurait vouloir se cantonner dans son bien et
eurer indifférent à ce qui se passe autour de lui. Aucun
de société n'est possible qu'à la condition que celui
possède vienne à l'aide de ceux qui manquent de res-
ces. C'est à ce point de vue que je trouve naturelle, et
aitement justifiée l'intervention du Gouvernement dans
uestion qui nous occupe. L'Etat est le grand collec-
qui perçoit l'ensemble des contributions, des res-
ces communes. Il est aussi le grand compensateur qui
ose des revenus du pays au mieux des intérêts de la
été. S'il accorde des subventions aux communes pau-
, il est parfaitement dans son rôle, pourvu que le
re des subventions soit proportionné aux besoins
haque budget particulier. Du moment que le traite-
t des instituteurs se composerait d'une allocation
tante et en outre d'autres éléments, variables suivant
communes, et que nous aurions tout d'abord à déter-
er, le système auquel je viens de faire allusion serait
lement détruit. Beaucoup de communes, pour réaliser
artie fixe du traitement, seraient obligées de recourir
impositions extraordinaires. Je vous laisse à juger
eeuil qui serait fait à l'innovation là où l'on paye déjà
ou 150 centimes additionnels par marc de contribution.
perturbation serait grande dans tout le pays.

Somme toute, les conséquences de la proposition de
Nessel sont tellement graves et multiples qu'il est im-
ible de les envisager toutes à première vue. Je vous
donc de ne pas vous rallier à cette proposition.

La proposition de M. Nessel et consorts est mise aux
x et rejetée. Le titre 4 est adopté, de même le titre 5
8 000 M, 6 avec 100 000 M, 7 avec 18 400 M,
ec 24 000 M et 10 avec 2 400 M

Titre 11 (Rémunération aux instituteurs qui préparent
élèves aux séminaires, 1 200 M).

M. *Fulter.* J'appellerai l'attention du Gouvernement
l'utilité qu'il y aurait, selon moi, à augmenter le cré-
le ce titre. Je ne ferai pas aujourd'hui de proposition
nelle à cet égard, la question devant être étudiée de
près; mais je crois qu'il y aurait quelque chose à faire
ce sens. Il importe, à mon avis, d'entrer plus large-
t dans cette voie, où le Gouvernement a fait un pre-
r pas en émargeant le crédit. Il y aurait beaucoup à
pour prouver l'utilité et le bien-fondé de ma manière
oir, mais je ne veux pas m'étendre sur le sujet. Vous
prendrez tous qu'il est de l'intérêt, tant des communes

que du pays entier qu'un plus grand nombre d'instituteurs
se livrent à la préparation d'élèves pour les séminaires.

M. *Goguel.* J'ai déjà exprimé, à plusieurs reprises,
l'avis que vient d'émettre M. Fulter, et je crois devoir le
renouveler aujourd'hui. L'essai fait dans ce sens a produit
des résultats heureux, et il y aurait lieu de continuer sur
une plus vaste échelle. J'appuie donc vivement les paroles de M. Fulter.

M. le *Président supérieur.* Le Gouvernement ne ferait
aucune difficulté d'augmenter ce crédit, si le besoin s'en
faisait sentir; mais je dois faire remarquer que les sommes
votées jusqu'ici à ce titre n'ont pu être employées que pour
une très-faible partie, et qu'il a fallu, pour ainsi dire,
pousser les gens à se mettre en mesure d'en profiter. C'est
ainsi qu'en 1877, le crédit n'a pas même été attaqué; en
1878, on en a dépensé 900 M pour la Basse-Alsace et rien
pour la Haute-Alsace et la Lorraine. Si le crédit était encore augmenté, l'augmentation viendrait figurer dans le
compte correspondant comme dépense économisée. Je répète qu'en principe l'Administration n'a rien à objecter à
l'augmentation proposée; elle y consentirait des deux
mains s'il se trouvait des instituteurs capables en nombre
suffisant qui voulussent préparer des élèves et pussent
ainsi bénéficier du crédit.

Le titre 11 est adopté avec 1 200 M

Sont de même adoptés :

    Titre 12 avec 15 300 M;
     „ 13 à 15 avec 2 860 M;
     „ 16 à 17 „ 32 340 „
     „ 18 à 20 „ 212 525 „
     „ 21 à 24 „ 27 075 „
     „ 25 à 33 „ 411 625 „

à l'exception du titre 26, qui est réservé avec 34 000 M
sur la proposition de M. *Simonin*, rapporteur, qui fait observer que le titre se rattache à la proposition N° 3, sur
laquelle le rapport n'a pas encore été déposé,

    Titre 36 avec 32 000 M;
     „ 37 réduit à 11 600 M,
conformément à la proposition de la Commission,

    Chap. 11, titre 1 avec 16 000 M;
     „ 2 „ 1 600 „
     „ 3 „ 1 100 „
     „ réduit à 22 000 „
conformément à la proposition de la Commission,

    Titre 5 avec 3 000 M,
     „ 6 „ 2 200 „

Aux titres 7 et 8 (séminaire d'instituteurs à Phalsbourg, 7 700 M), la Commission „pensant qu'il y a lieu de
renoncer à élever des constructions nouvelles à Sarrebourg,
de maintenir par contre l'école normale à Phalsbourg, et
d'en compléter les réparations, propose à cet effet de porter à 40 000 M le crédit du titre 7 et de rayer les 50 000 M
prévus au titre 8."

M. *Fulter.* Quoique votre 2e Commission ait étudié
longtemps et très en détail la question du séminaire de
Phalsbourg, je ne suis pas bien convaincu que la solution
qu'elle vous propose soit celle qui sauvegarde le mieux les
intérêts du département de la Lorraine, qui sont spécialement en jeu, et ceux du budget de l'Etat, à la charge duquel retomberont toutes les dépenses à faire.

Permettez-moi de vous exposer rapidement ma manière de voir.

Les travaux de réparations, de modifications et d'a-

grandissement exécutés depuis plusieurs années au séminaire de Phalsbourg, ont absorbé une somme approximative de . . . . 80 000 ℳ

Vous devez y ajouter les 7 700 ℳ prévus
au chap. 11, titre 7. Ce crédit, en effet, est
déjà à peu près dépensé ; on ne pourrait guère
attendre pour exécuter les travaux, puisque,
comme on vous l'explique dans la colonne
des observations, *la plupart des pièces étaient
couvertes de moisissure, qu'il fallait éloigner
aussitôt que possible, dans l'intérêt de la santé
des élèves.* . . . . 7 700 „

Pour rendre le séminaire habitable,
dans ses dimensions actuelles, M. le conseiller des travaux publics déclare qu'il faudra
un nouveau crédit de 30 000 ℳ . . . . 30 000 „

Mais tel qu'il existe, le séminaire, vous le
savez, ne peut loger que 55 élèves. Le Gouvernement ayant le projet de porter le nombre de ceux-ci à 90, un nouvel agrandissement deviendra nécessaire ; de là, toujours
d'après l'évaluation approximative qui a été
faite, une nouvelle dépense d'au moins
60 000 . . . . 60 000 „

On aura donc déboursé en somme . . 177 700 ℳ

Après quoi nous n'aurons encore qu'un bâtiment toujours et quand même humide, rongé par le champignon,
conséquemment malsain. Rien ne sera changé dans ses
conditions d'isolement actuelles. Il continue à être dans
une localité escarpée, sans autre alimentation d'eau potable
qu'un mince filet, dont la propriété est aujourd'hui en contestation, dont l'existence même est mise en péril par toutes sortes de cas fortuits et peut justement être appelée
précaire.

Pour les usages courants de nettoiement, de blanchis-
sage, pour faire la cuisine, on ne saurait compter sur
l'eau de la fontaine ; il faut se servir de celle qui est re-
cueillie dans les citernes de la ville.

Si l'intérêt de la défense nationale l'exige, je conçois
très-bien que l'on impose à une population militaire le séjour d'une localité comme Phalsbourg. Il n'y a donc rien
d'étonnant qu'à une certaine époque le Gouvernement ait
créé ce poste avancé. On trouvera tout simple encore que
la population civile qui vient se grouper autour de la garnison, qui vit, en quelque sorte, de cette garnison, se soumette aux exigences d'une situation réellement pénible.
Mais qu'aujourd'hui, libres de nos décisions, nous instal-
lions dans Phalsbourg, d'une manière définitive, un séminaire d'instituteurs qui doit durer des siècles, tandis que
nous avons la possibilité de trouver beaucoup mieux ailleurs, c'est ce qui ne paraîtrait pas justifiable. Songez
donc, Messieurs, à l'intérêt des gens qui nous succéderont
et à ce qu'on dirait de nous dans 30 ou 40 ans d'ici !

L'existence du champignon dans le bâtiment de
Phalsbourg a été mise en doute. A ce sujet, Messieurs, je
ne saurai que vous relater ce que j'ai constaté de mes propres yeux. J'ai visité le collège, il y a deux ans ; j'y ai vu
les planchers et leurs lambourdes, ainsi que les plinthes,
vermoulus, pourris ; en plusieurs endroits le pied passait
au travers. On les avait pourtant changés peu de temps
auparavant.

Aujourd'hui, la Commission constate l'état satisfaisant
des planchers. Mais je viens de vous dire que les travaux
de réparations sont déjà faits ; rien d'étonnant que les boi-
series paraissent bonnes. Seulement dans un an, un peu

plus, un peu moins, elles seront de nouveau pourrie
vous aurez sans cesse à les recommencer.

Phalsbourg ne se trouve pas sur une voie ferrée
sa situation topographique ne permet pas d'attendre
y soit jamais rattaché. C'est là, tout le monde le recon
tra, un désavantage regrettable pour la ville, mais qu
suis forcé de constater.

Quand j'ai visité le séminaire, une chose m'a
agréablement impressionné ; dans plusieurs *chambres* je
saurais dire dans plusieurs *salles* —, où travaillaient
7 à 10 élèves, le manque d'air combiné avec l'humi
inhérente au local, rendait l'atmosphère réellement s
cante ; on était tenté de reculer au moment de franch
seuil de la porte.

Pour moi, il n'est rien moins que démontré qu'a
que le séminaire de Phalsbourg aurait absorbé
177 700 ℳ dont j'ai parlé en commençant, la dispos
des locaux répondît suffisamment aux exigences du
vice.

D'un autre côté, ne perdons pas de vue, Messie
que le séminaire à installer est prévu surtout pour ass
le recrutement des instituteurs dans les cercles de Chât
Salins, Sarrebourg, Sarreguemines ; cela ressort des
cations fournies par le Gouvernement. Vous trouverez
tout naturel que ce séminaire soit installé dans une loc
d'un accès facile, à peu près centrale, et non point e
endroit tel que Phalsbourg qui, outre les désavant
déjà signalés de sa situation topographique, présente
core celui d'être la commune la plus excentrique d
Lorraine, touchant littéralement le cercle de Saverne.

Dans ces conditions, vous serez, je n'en doute
Messieurs, d'avis avec nous qu'il ne faut plus rien dé
ser pour faire du collège de Phalsbourg un établisser
définitif. Agir autrement ne serait pas faire un bon em
des fonds de l'Etat. Ce serait au contraire rééditer l'er
qui a été commise à Metz.

A Metz on a trouvé en 1871 une école normale
avait suffi jusqu'alors, mais dont les dispositions et l'
j'en conviens, laissaient à désirer. On a voulu les modi
les améliorer, et l'on y a fait, d'après ce qui m'a été
une dépense d'environ 60 000 ℳ Le bâtiment ne co
nant pas encore, on a acheté, transformé, aménagé
maison contiguë ; de là nouvelle dépense de 60 00
d'acquisition et probablement de somme égale pour
nagements. Hé bien, savez-vous ce qui arrive mainten
Lors de la visite que la Commission départementa
faite des bâtiments en novembre dernier, on nous a déc
qu'il est impossible d'y laisser le séminaire, trop d'in
vénients continuant à y subsister. Les dortoirs,
exemple, sont trop bas, mal aérés.

M. le conseiller des travaux publics étant d'avis q
ne saurait songer à l'exhaussement des murs, que rest
t-il à faire ? Acheter un autre local ou en construire
neuf. M. le président du département semble part
cette opinion.

Ainsi on aura dépensé une somme relativem
énorme, abstraction faite d'ailleurs de la valeur prem
de l'immeuble, pour arriver, au bout de quelques ann
à reconnaître qu'on s'est trompé, et qu'il aurait mieux
dès l'abord chercher un local plus vaste, mieux établ
bien en construire un tout neuf.

Gardons-nous, Messieurs, de retomber dans la m
faute à Phalsbourg.

La Commission a parlé des nombreuses répara
faites par l'État dans les dernières années. Le mot
breuses est très-exact, malheureusement. Elle ajoute q
bâtiment est parfaitement habitable ; ceci, d'après

n'est plus aussi exact, puisque M. le commissaire du Gouvernement déclare qu'il faut un crédit de 30 000 ℳ et plus pour assurer les travaux d'appropriation du bâtiment *dans ses dimensions actuelles.*

Notre conclusion, Messieurs, est celle-ci : Maintenons l'école préparatoire de Phalsbourg *à titre provisoire,* et donnons-nous par là le temps d'examiner si nous ne pouvons pas trouver ou créer ailleurs une installation salubre, dans une localité centrale, où l'on puisse arriver vite et sans peine. Ménageons nos finances dans la limite du possible, sans oublier pourtant que nous faisons œuvre d'avenir, et non point d'un jour.

Des propositions ont été adressées au Gouvernement. Elles sont, je crois, assez avantageuses pour mériter d'être prises en sérieuse considération. Si leur réalisation ne devait pas procurer l'économie que nous avons en vue, nous ne tarderions pas à le savoir, et vous aurez la faculté de revenir au premier projet.

M. *Simonin.* Je me suis rendu avec trois autres membres de la 2ᵉ Commission à Phalsbourg pour y visiter les bâtiments du collège, dans lesquels est momentanément établie l'école normale. Ce bâtiment est situé à l'une des extrémités de la ville, vers le midi, à proximité des remparts. Je n'ai constaté nulle part de trace d'humidité ; j'ai cependant visité les caves qui ont des voûtes d'une grande épaisseur et qui sont parfaitement saines. Si toutefois on a pu constater quelque humidité dans les appartements du rez-de-chaussée, on la ferait peut-être disparaître en dégageant le pied des murs de la cour centrale. Les salles m'ont paru convenablement aérées, et je n'ai pas senti, en y pénétrant, cette odeur méphitique dont on a parlé à l'instant. Vous savez que la ville de Phalsbourg donnerait pour l'agrandissement de l'école tels terrains de fortifications dont on pourrait avoir besoin ; il serait donc aisé de démolir le mur qui ferme les cours, de niveler le rempart et de donner ainsi de l'air aux bâtiments. On a parlé du champignon ; j'avoue que je n'en ai pas constaté de traces ; les réparations qui ont été entreprises l'année dernière ont dû le faire disparaître, si les travaux ont été bien et consciencieusement faits. Vous le savez, le champignon prend naissance quand des bois qui ont passé un long temps en forêt et qui ont pris une teinte jaune citron sont enfouis sans air sous des planchers. Il suffit alors d'enlever tous les bois atteints et ceux avec lesquels ils ont été en contact, et l'on obtient de bons résultats, quoiqu'il puisse arriver que si l'ouvrage est incomplètement fait, le champignon puisse alors reparaître. On a parlé aussi de l'eau de citerne, on en a critiqué l'emploi. Est-ce que les élèves qui ont fréquenté l'ancien collège s'en sont plus mal portés? Remarquez aussi que Phalsbourg n'a plus dans ses murs les 2000 hommes de garnison qui consommaient l'eau vive ; cette eau pourra donc être consommée en partie par les élèves, d'autant plus facilement que c'est l'Administration qui la demandera au Génie militaire, car je ne pense pas que ce dernier lui oppose une fin de non-recevoir.

J'en reviens aux bâtiments. Je crois qu'ils sont habitables ; de grandes réparations ont été exécutées. Il reste de sérieux remaniements à faire à la partie supérieure de l'un des bâtiments, et je doute que ces remaniements puissent être faits avec les 40 000 ℳ que la Commission met à la disposition de l'Administration, d'autant plus que les 7 700 ℳ déjà dépensés sont compris dans cette somme. Ici je m'écarte de l'opinion de la majorité de la Commission, car pour dire ma manière de voir et voter en toute franchise, je tiens à garder toute mon indépendance. Je crois que les 40 000 ℳ prévus ne suffiront pas ; vous voyez donc devant vous un nouveau crédit qui vous sera demandé l'année prochaine. Eh bien, je trouve qu'il faut être circonspect avant de voter, surtout parce que vous n'avez pas la conviction que le champignon détruit cette année ne réside plus dans les murs. L'année prochaine, s'il existe encore, il reparaîtra, et je proposerai donc de maintenir jusque-là le *statu quo,* c'est-à-dire de laisser jusqu'à l'année prochaine l'école à Phalsbourg, mais à titre provisoire seulement. Je ne m'opposerai pas à voter une petite somme pour des réparations urgentes.

M. *Goguel.* La question de Phalsbourg qui nous occupe en ce moment a déjà été traitée longuement et sous toutes ses faces dans une de nos précédentes sessions. Il ne me reste pour ainsi dire, pour appuyer les conclusions du rapport de votre 2ᵉ Commission, qu'à glaner parmi les arguments nombreux qui ont été invoqués à cette occasion en faveur du maintien de l'école normale des instituteurs à Phalsbourg.

Je ne crois pas devoir m'arrêter aux objections qui viennent d'être reproduites, concernant les médiocres conditions de salubrité que présente cette ville lorraine, le manque d'eau dont on y souffre, et surtout le mauvais état dans lequel se trouve le bâtiment de l'école, malgré les sommes considérables qui y ont été dépensées pour constructions et réparations. Je n'aurais qu'à invoquer à cet égard le témoignage des personnes non prévenues qui connaissent la ville de Phalsbourg ; toutes s'accorderont, je n'en doute pas, à déclarer que la situation de cette petite ville a été de tout temps considérée comme des plus salubres, qu'elle jouit au contraire d'un climat aussi sain qu'on peut le souhaiter, et que sa population n'a jamais été plus particulièrement hantée par des fièvres, des maladies contagieuses ou autres accidents climatériques. Pour ce qui concerne le manque d'eau potable, je ne sache pas qu'on ait jamais eu à en souffrir, même alors que la ville était mieux habitée et possédait une garnison plus nombreuse.

Le bâtiment dans lequel l'école normale a été installée, a abrité pendant de longues années un collège justement renommé, qui, dans ses plus beaux jours, a compté jusqu'à 150 élèves internes. Cette affluence d'élèves venus de toutes parts est à mon sens une preuve incontestable de ses avantages au point de vue de l'hygiène ; aussi est-il permis d'affirmer que l'état sanitaire y a été de tout temps excellent. On vous parle de l'humidité qui y règne ; la Commission vous déclare qu'elle n'en a découvert aucune trace. Si, dans ces derniers temps, après que l'école normale y a été installé, le champignon y a fait quelques ravages dans certaines pièces du rez-de-chaussée, l'invasion de ce parasite doit être attribuée tout particulièrement à la qualité du bois employé pour les réparations.

M. Simonin vient du reste de vous exposer le bon état relatif de cet immeuble, et le passage du rapport où il en est fait mention ne vous laissera aucun doute à cet égard.

M. Fulter nous dit qu'il s'agit d'éviter à l'Etat des dépenses considérables ; je lui répondrai que c'est précisément en vue d'économies à faire que votre Commission vous propose, après avoir visité consciencieusement les lieux, de maintenir l'école normale à Phalsbourg, au lieu d'en construire une nouvelle à Sarrebourg, qui coûtera au delà de 300 000 ℳ, ou de la transférer sur un autre point de la Lorraine. Je conviens avec mon honorable contradicteur qu'on aurait pu choisir pour y établir l'école normale un point plus central que Phalsbourg ; mais il faut croire que l'Administration a eu de bonnes raisons pour s'arrêter à ce choix, il y a quelques années. Du reste,

M. Fulter ne s'exagère-t-il pas la situation excentrique de cette ville, lorsqu'il insiste sur le peu de commodité qu'offrent ses moyens de communication avec les autres localités de cette partie de la Lorraine ? Je ne crois pas avoir besoin d'insister sur ce point.

J'admets un instant que vous en veniez à vous prononcer pour le transfert de l'école dans une autre localité ; veuillez alors considérer les difficultés qui résulteraient d'une telle résolution. Vous déciderez-vous alors en faveur de Sarrebourg, ainsi que vous le demande l'Administration ? Mais alors que deviendront les économies dont on vous parlait tout à l'heure ? Si vous ne le faites pas, vous vous trouverez en présence d'un grand nombre de compétitions diverses, entre lesquelles le choix sera difficile ; de plus, quelle que soit la localité sur laquelle votre choix se portera, Beauregard, Remelfingen, Saaralbe ou Fénétrange, vous aurez ou bien à élever des constructions fort coûteuses ou bien à payer fort cher un immeuble qui vous sera offert et à y dépenser en réparations des sommes qui dépasseront le prix d'achat.

Si, au contraire, vous vous décidez une bonne fois en faveur de Phalsbourg, toutes ces difficultés disparaîtront comme par enchantement, et grâce au crédit que la Commission vous demande pour les constructions et réparations nécessaires, non-seulement vous ferez une économie bien entendue, mais encore vous procurerez enfin à l'Administration scolaire les moyens de compléter cette école normale qui n'a pu encore arriver à obtenir ses trois divisions réglementaires.

M. le *Président supérieur*. Je crois, contrairement à ce qui vient d'être dit, devoir soutenir le projet du Gouvernement et en recommander l'adoption à l'Assemblée. Comme situation, on ne saurait sans contredit trouver un endroit plus convenable que Sarrebourg, qui est placé sur les confins des deux langues, qui a une station de chemin de fer et de plus possède un gymnase. Je ne veux pas prétendre que le séjour de Phalsbourg soit malsain ; mais l'établissement d'une école normale dans cette ville occasionnerait des frais considérables, attendu que certaines parties du bâtiment actuel sont complètement hors de service et qu'il faudrait les construire à neuf.

En tout cas, il est impossible de laisser plus longtemps le séminaire dans l'état incomplet où il se trouve actuellement. Au lieu de trois divisions qu'il devrait avoir, il n'en a que deux ; de plus, le bâtiment ne peut contenir que 55 élèves, tandis que le chiffre réglementaire est d'au moins 75.

Si l'on se décide à transférer le séminaire, le nouveau bâtiment sera construit de façon à recevoir 90 élèves ; les travaux seraient terminés au bout de deux ans, et en définitive je crois que le nouvel établissement ne coûterait pas beaucoup plus cher que toutes les réparations qu'il y aurait à faire à Phalsbourg. De plus, on pourrait alors se servir du bâtiment de cette dernière ville pour y installer l'école préparatoire, pour laquelle il serait suffisant. Le mieux serait donc, à mon avis, de s'en tenir à la combinaison proposée par le Gouvernement.

M. *Simonin*. J'aurais à ajouter un petit éclaircissement à ce que viennent de dire MM. Fulter et Goguel. Dans les 87 700 ℳ qui ont été dépensés figurent des travaux neufs, notamment la halle de gymnastique et la construction du corps de bâtiment à l'usage du portier, en remplacement d'un hangar et de remises complètement hors de service.

Les réparations n'ont donc pas absorbé tous les 87 700 ℳ M. le conseiller Pavelt nous a dit, je crois, qu'il y aurait 90 000 ℳ à dépenser à Phalsbourg, savoir : 60 000 ℳ pour constructions neuves, et 30 000 ℳ pour réparations.

Il ne serait donc pas indiqué de voter presque la moitié de la somme nécessaire, avant de savoir si on n'aura pas à regretter cet excès de précipitation. Je voudrais que l'on remît la question à l'année prochaine.

M. *North*. On vous a représenté l'établissement de Phalsbourg comme rongé par le champignon, ayant des murs couverts d'humidité, répandant une odeur de moisissure insupportable. Sous des couleurs aussi sombres, je ne reconnais plus mon bon vieux collège de Phalsbourg. J'ai eu le plaisir, dans mon jeune âge, de passer quatre années de mon existence dans cet établissement. J'ai eu le loisir de parcourir toutes les salles et le temps de regarder les murs. Je dois avouer que je n'y ai jamais trouvé des traces d'humidité, que j'y ai respiré un air qui me paraissait parfaitement pur et que je n'y ai jamais trouvé des traces du champignon. Les bâtiments, Messieurs, sont très-anciens. Ils datent de longtemps, et si l'humidité des pierres avait dû produire le champignon, il y a longtemps que les murs se seraient écroulés. S'il y a eu le champignon à la suite de réparations ou de nouvelles constructions, ce ne peut être que parce qu'on y a employé des matériaux défectueux. Je partage sous ce rapport l'opinion de M. Simonin, et probablement c'est à une mauvaise qualité de bois qu'on doit attribuer cet accident qui doit disparaître par une réparation faite avec de meilleurs matériaux.

Le collège ou plutôt l'ancien collège de Phalsbourg est situé sur un plateau très-élevé, dans un quartier de la ville très-sain, ayant de vastes cours et un grand jardin. La démolition des remparts permettrait du reste de lui donner tout l'agrandissement qu'on peut désirer. L'air qu'on y respire peut être vif, mais il est sain et je dois déclarer que dans d'autres lycées que j'ai fréquentés, le nombre de malades était bien plus considérable qu'à Phalsbourg. Il est vrai qu'il y a bien longtemps que je n'ai plus revu le collège de Phalsbourg, mais je ne pense pas que la situation du climat se soit modifiée depuis.

Le collège se trouve donc dans une situation très-favorable par rapport à la salubrité. Il est parfaitement aéré, d'un air pur, seulement peut-être parfois trop vif, et sous le rapport de la situation hygiénique il n'y a aucune critique à faire.

On a aussi parlé du manque d'eau. Je ne m'en suis jamais aperçu pendant mon séjour. J'en ai souvent trouvé là où je n'en désirais pas. La ville de Phalsbourg, à l'époque dont je parle, avait une nombreuse garnison, elle était bien plus peuplée qu'elle ne l'est aujourd'hui, et jamais la ville n'a manqué d'eau. Aujourd'hui que les remparts sont comblés il est encore plus facile de s'approvisionner d'eau parce qu'au dehors l'eau n'est pas rare.

On a encore dit que les bâtiments sont insuffisants pour recevoir 55 à 75 élèves. J'ai de la peine à le comprendre. A mon époque nous étions environ 120 internes et il y avait au moins autant d'externes, et on avait la place suffisante pour tout le monde.

Mais Phalsbourg, dit-on, est isolé. Les communications avec le dehors sont difficiles. Phalsbourg est situé à 4 kilomètres de la station de Lützelbourg, à 10 kilomètres environ de Saverne. Les communications ne sont donc pas si difficiles. Les élèves se rendent à la maison paternelle deux ou trois fois par an. Les parents vont les voir rarement et les maîtres ne s'absentent pas tous les jours. D'ailleurs il y a une correspondance parfaitement organisée avec le chemin de fer.

Je comprends parfaitement qu'on préférerait le séjour de Sarrebourg, parce que là on habite une plus grande ville, et l'on est à cheval sur diverses lignes de chemin de fer. Les communications avec Strasbourg, Metz et Nancy sont très-faciles. Mais cet agrément coûterait à notre pays plus de trois cent mille marcs.

La question qui nous est soumise est avant tout une question budgétaire. Il faut installer convenablement l'école normale, mais il n'est pas absolument nécessaire que les maîtres et les élèves jouissent du séjour dans une plus grande ville et qu'ils aient plus ou moins de facilités pour voyager.

Nous devons avant tout rechercher à faire le moins de dépenses possible, et si avec une dépense de 40 000 ou 50 000 ℳ on peut créer à Phalsbourg un établissement convenablement installé, je ne vois pas pourquoi on irait dépenser à Sarrebourg 360 000 ou 400 000 ℳ parce qu'on serait à cheval sur diverses lignes de chemins de fer.

Nous devons avant tout être soucieux des deniers de nos contribuables, et en votant les conclusions de la Commission, vous ferez un acte de sage administration.

M. *Klein*. Je n'aurai que deux mots à ajouter à ce que vient de dire M. North, qui a en grande partie développé l'opinion que je voulais soutenir moi-même. Je connais Phalsbourg et je doute fort qu'il y ait une localité plus saine dans toute l'Alsace-Lorraine.

Pour ce qui est du champignon, je ne crois pas que nous devions y attacher une grande importance ; son apparition n'est que passagère, et avec quelques frais peu considérables, on pourra le faire disparaître. Je me rallie d'ailleurs entièrement aux conclusions du rapport et de M. North pour ce qui est de la question financière. Il est certain que si nous voulons faire une dépense de 300 000 ℳ pour un bâtiment neuf à Sarrebourg, nous aurons quelque chose de mieux qu'à Phalsbourg. Mais si avec une dépense de 90 000 ou 100 000 ℳ nous pouvons arriver à créer dans cette dernière ville un bâtiment suffisant, il me semble que ce chiffre est encore loin de 300 000 ℳ, et que nous réaliserions donc une économie considérable. Le bâtiment de Phalsbourg n'est, je le répète, ni malsain ni humide, et je crois qu'on ne pourrait pas être beaucoup mieux à Sarrebourg.

Maintenant s'il était possible de trouver ailleurs un bâtiment avec dépendances qui fût suffisant, on pourrait l'acheter. Car je crois que nous devons avant tout éviter de faire du luxe et d'entrer sans nécessité dans la voie des constructions nouvelles. Je me rallie donc à la proposition de la Commission ; je ne vois pas en effet pourquoi, comme le demande M. Simonin, nous devrions, à cause du champignon, retarder le vote définitif, d'autant plus que le Gouvernement nous dit qu'il y a péril en la demeure.

M. *Fulter*. Je trouve qu'en discutant la question de salubrité, on confond peut-être un peu trop deux choses qui ne sont pas précisément identiques, à savoir : la ville et le bâtiment du collège. Nous ne nions pas que Phalsbourg ne se trouve sur un plateau élevé et qu'en somme l'air n'y soit pur et favorable à la santé. Mais ce qu'on ne doit pas oublier, c'est que sur le plateau il existe une dépression relative de terrain et que le collège est justement placé dans cette dépression ; que plusieurs murs sont fortement encaissés et que les matériaux de construction étant très-hygrométriques de leur nature demeureront humides, quoique l'on puisse faire.

Notre honorable collègue, M. North, nous a dit que le collège de Phalsbourg comptait autrefois de nombreux élèves dont la santé était fort bonne. Lui-même y a passé plusieurs années et ne s'en trouve pas plus mal aujourd'hui. Messieurs, je pourrais vous dire à ce propos que, dans mon enfance, j'ai vu des écoles rurales pas plus grandes que la huitième partie de la salle où nous siégeons en ce moment et dans lesquelles se trouvaient entassés 45 ou 50 élèves des deux sexes. J'étais moi-même du nombre de ces élèves et je ne suis pas mort non plus. Mais que prouve mon exemple, aussi bien que celui de M. North? Absolument rien. On ne saurait vouloir en inférer qu'il faille maintenir les écoles dans les fâcheuses conditions où elles se trouvaient alors.

On a mis en doute la nécessité d'un chemin de fer pour arriver au futur Séminaire d'instituteurs. Pour moi, je considère cette nécessité comme indiscutable. Représentez-vous, je vous prie, le désagrément d'arriver à la station extrême avec une certaine quantité de bagages et d'avoir encore 5 à 6 kilomètres à parcourir à pied. Qu'on prenne des voitures, nous dit-on, on s'en servait bien jusqu'à ce jour. Messieurs, c'est toujours la même argumentation. Autrefois, en effet, on ne connaissait que les voitures ; on en prend même aujourd'hui quand on n'a pas d'autre choix ; mais pourquoi continuerions-nous les anciens errements du moment que nous avons mieux à faire ?

Je pourrais d'ailleurs vous citer des cas où l'avantage de se rendre par chemin de fer jusqu'à destination n'a été discuté par personne. Rappelez-vous, Messieurs, la question du transfert de la Cour de Colmar. L'un des principaux arguments invoqués en faveur de cette dernière ville a été que la différence entre Strasbourg et Colmar n'était guère que d'une heure à une heure et demie, les voyageurs pouvant arriver jusqu'à Colmar par chemin de fer. Supposez Colmar à 5—6 kilomètres de la voie ferrée, les conditions respectives étaient changées du tout au tout et le maintien de la Cour devenait impossible.

De même pour Phalsbourg.

Si encore il ne s'agissait que d'un inconvénient temporaire, nous pourrions ne pas nous en préoccuper, prendre patience. Mais ce n'est pas le cas ; on vous a démontré que Phalsbourg n'aura jamais de chemin de fer.

Les motifs qui portent M. le Président supérieur à préférer Sarrebourg sont tellement importants, que nous n'hésiterions pas un instant à nous ranger au projet du Gouvernement, si nous n'envisagions surtout le côté financier de la question. Aucune des localités mises en avant n'offre plus d'avantages que Sarrebourg, en ce qui concerne la situation géographique et la facilité de l'accès. Mais nous voudrions arriver à notre but sans nous engager dans une dépense de 310 000 ℳ et peut-être plus. Nous voulons faire des économies. Voilà pourquoi nous disons : il est temps de s'arrêter dans la voie où l'on est entré à propos de Phalsbourg. N'y dépensons plus rien ; l'argent qu'on y consacrerait serait perdu, comme est perdu celui qu'on a employé dans le temps, malgré nous, à l'achèvement du canal des Salines. Nous avons, pensons-nous, la possibilité de doter le pays d'une école normale convenablement installée moyennant une dépense de 150 ou 160 000 ℳ environ. C'est une économie de moitié sur le crédit demandé. Mes collègues et moi nous vous prions donc d'appuyer notre proposition.

M. *Ditsch*. Je viens appuyer ce qu'a dit notre collègue M. Fulter, quant à l'état des bâtiments de Phalsbourg, pour affirmer le procès-verbal dressé par la Commission mixte composée entre autres de deux membres du Landesausschuss, l'honorable M. Goguel et M. Pasquay, que je regrette de ne pas voir parmi nous en ce moment, car il y a peu de jours encore il m'a déclaré, ainsi qu'à deux autres de nos collègues, MM. Bichelberger et Simonin, qu'il considérait l'immeuble comme ne pouvant être conservé pour la destination que la majorité de la Commission veut lui donner, j'appelle surtout votre attention sur cette circonstance, que la 1re Commission a visité l'immeuble avant que les nouvelles réparations s'élevant à 7 700 ℳ et figurant au budget eussent été faites, tandis que les membres de la 2e Commission ne l'ont visité qu'après. Or, rien ne prouve que dans un délai peut-être rapproché, l'effet de ces nouvelles dépenses n'aura pas disparu et que l'on ne se retrouvera pas de nouveau devant l'état de choses constaté par la 1re Commission. Ce que je ne comprends pas, c'est que l'Administration qui connaissait les immeubles de Fénétrange n'ait pas fait étudier l'affaire, en prenant un moyen terme entre un maintien que l'on dit impossible à Phalsbourg et une construction neuve à Sarrebourg, devant conduire à une dépense considérable.

J'invoquerai l'opinion d'une autorité en faveur des immeubles de Fénétrange; il y a quatre ans, M. le conseiller Brandebourg, alors attaché à la présidence de Metz en qualité d'architecte, après avoir visité les bâtiments de Phalsbourg, a visité également ceux de Fénétrange et il me déclara alors que la différence de l'état des bâtiments des deux localités comparé était en faveur de ceux de Fénétrange comme 7 est à 2. Le président de la Lorraine m'a écrit à cette époque, pour me prier de proposer à l'évêque de Nancy la vente ou la location des bâtiments de Fénétrange, au profit du département qui était disposé alors à les payer au prix de 80 000 francs. L'évêque de Nancy me répondit que ces bâtiments devant passer probablement à son collègue de Metz et ne connaissant pas les intentions de ce dernier, il ne lui était pas possible de donner suite à la proposition. C'est seulement en suite de cette réponse que l'Administration se décida à établir l'école dans les bâtiments de Phalsbourg. Aujourd'hui l'affaire que vous avez à résoudre se complique en ce sens, qu'une seconde école préparatoire est, au dire des représentants de l'Administration, de toute nécessité en Lorraine et qu'au prochain budget des crédits seront proposés à l'effet de créer cette école.

Or, en adoptant les conclusions de la majorité de la Commission, vous n'aurez nullement résolu la question de l'école préparatoire, qui est cependant dès à présent prévue par l'Administration, puisqu'elle propose de l'installer dans les bâtiments de Phalsbourg, après la construction à Sarrebourg, tandis que si vous adoptez la proposition qui vous est présentée par tous les représentants de la Lorraine, vous pourrez arriver à assurer le service des deux écoles, en évitant en même temps la dépense ruineuse résultant d'une construction à Sarrebourg, et ceux résultant tant des nouvelles réparations proposées par la Commission à Phalsbourg que d'une construction neuve qu'il y aurait nécessité d'y faire encore, puisque le local actuel est insuffisant pour le nombre d'élèves dont le chiffre est exigé pour le besoin du service.

M. *Simonin*. M. Klein a dit qu'il ne voudrait pas aller aussi loin que moi, et proposer de remettre le vote sur ce titre du budget, à cause de la présence du champignon dans le bâtiment de Phalsbourg. Il me semble que la chose en vaut la peine pourtant. La destruction du champignon n'a pas coûté 5 ou 600 fr., mais 7 700 ℳ, et je crois qu'en présence d'un chiffre aussi important, nous pouvons bien suspendre notre décision pour éviter de retomber dans une dépense si considérable.

M. *Goguel*. Après tout ce que j'ai déjà eu occasion de vous dire au sujet des conditions de salubrité de la ville de Phalsbourg, et en particulier de l'état de l'immeuble en question, je ne crois pas devoir trop m'arrêter au tableau un peu lugubre que M. Ditsch vient de vous en faire. Je me bornerai à vous donner lecture du passage du rapport où il est fait mention de l'état des lieux. Ce passage, le voici : „A raison de la divergence des opinions au sujet de „cet établissement, votre Commission a résolu de se trans„porter à Phalsbourg. Elle en est revenue convaincue que, „si l'Administration voulait en prendre la peine, l'école ac„tuelle pourrait avec peu de frais être convenablement „appropriée. Si la partie supérieure de l'un des bâtiments „est dans un état défectueux, le gros œuvre des construc„tions est bon, les murs sont d'une solidité remarquable, „ainsi que les voûtes des caves; l'un des murs a, il est „vrai, une lézarde, mais elle paraît dater de loin et n'avoir „pas pris plus d'extension dans les dernières années. Les „nombreuses réparations entreprises par l'État dans les „trois dernières années, notamment la destruction du „champignon, en ont fait un établissement parfaitement „habitable."

Lorsque votre 2e Commission vient ainsi vous affirmer que le bâtiment en question est parfaitement habitable, croyez qu'elle ne s'est pas prononcée à la légère; cette affirmation, elle vous l'apporte avec pleine et entière connaissance de cause. Elle avait des doutes au sujet de la solidité et de la suffisance de l'immeuble; pour les résoudre, elle a cru devoir se transporter à Phalsbourg, et, ce qui vous prouvera qu'en se décidant à cette excursion, il n'y avait pas chez elle un parti pris d'avance, c'est qu'elle a visité du même coup un autre immeuble qu'on lui avait recommandé, et qui est situé dans une localité voisine. Ce n'est qu'au retour de cette excursion qu'elle a arrêté les conclusions de son rapport.

Ainsi que l'a fort bien dit M. North, il s'agit ici d'une question d'économie. Si vous vous décidez en faveur de Phalsbourg, vous allégerez nos prochains budgets d'une dépense considérable; vous n'aurez pas, j'en conviens sans peine, une construction établie dans des conditions aussi normales que l'entend l'Administration, quand elle vous propose de construire à Sarrebourg, mais vous aurez du moins obtenu pour l'école normale, qu'il s'agit de compléter sans plus tarder, une installation relativement peu coûteuse, et qui, croyez-moi, ne sera pas trop mauvaise.

M. Ditsch ne paraît pas m'avoir bien compris, quand j'ai parlé de compétitions embarrassantes; je puis lui donner l'assurance que je n'avais aucune arrière-pensée. Quant à ces compétitions, ce que j'y vois de plus certain, c'est que, si nous sommes amenés à les subir, elles nous coûteront cher, et je me demande, en fin de compte, si, dans ce cas, il ne vaudrait pas mieux entrer dans la voie où vous convie l'Administration.

Je le répète, ce sont des scrupules budgétaires qui ont déterminé votre Commission à vous proposer le maintien de l'école normale à Phalsbourg; et c'est en son nom que je vous prie d'adopter les conclusions du rapport que vous venez d'entendre.

Une demande de clôture, signée par MM. Kœchlin, Kempf, Mieg-Kœchlin, Ritzenthaler et Grad, est présentée et adoptée après une observation de M. Lorette, qui parle contre la clôture et dit avoir demandé la parole avant que la demande de clôture fût déposée.

La clôture est prononcée.

La proposition de MM. Ditsch et Fulter est mise aux voix et adoptée.

L'Assemblée passe ensuite à la discussion des titres 7 et 8 du budget.

L'Assemblée adopte ensuite :

Titre 7, avec 7 700 $\mathcal{M}$
  „ 9, avec   750 „ et
  „ 10, avec 3 100 $\mathcal{M}$

Quant au titre 8, M. Fulter n'ayant pas présenté sa proposition par écrit, l'Assemblée passe à l'ordre du jour sur ce point, de sorte que le crédit prévu à ce titre est supprimé.

La séance est suspendue pendant cinq minutes, après quoi l'Assemblée passe au 2e objet de l'ordre du jour.

II.

Aperçu de l'excédant des dépenses de l'exercice 1877.

Rapporteur : M. Klein.

Le rapport a été imprimé et distribué aux membres conformément au règlement.

La discussion est ouverte.

M. le conseiller *de Sybel*, commissaire du Gouvernement, fait observer que la somme de 10 $\mathcal{M}$ inscrite pour le chapitre 36, titre 3, n'est pas comprise dans l'excédant par le motif qu'elle a été portée en décompte après la clôture de l'exercice.

L'Assemblée approuve ensuite successivement, sans discussion, les chapitres 1 à 17, ainsi que l'ensemble des excédants avec 881 000,02 $\mathcal{M}$, et des dépenses extra-budgétaires avec 232 251,23 $\mathcal{M}$ et le total de ces deux sommes avec 1 113 272,25 $\mathcal{M}$

La séance est levée à 7 heures.

DÉLÉGATION D'ALSACE-LORRAINE.

2e Commission.

RAPPORT DE M. SIMONIN.

Budget de l'Administration de l'Instruction publique.
Instruction primaire.

J'ai l'honneur de vous présenter, Messieurs, le rapport sur les chapitres du budget relatifs à l'instruction primaire qui ont été examinés par votre 2e Commission.

Les recettes présentent sur celles de 1878 une diminution de 18 680 ℳ et ne s'élèvent plus qu'à 124 120 ℳ

Les dépenses ordinaires s'élèvent à 1 731 251,25 ℳ et présentent sur l'exercice de 1878 une augmentation de 11 351,25 ℳ

Les dépenses extraodinaires se montent à 89 750 ℳ en augmentation de 9 850 ℳ sur 1878; et l'ensemble du budget se solde par un excédant de dépenses de 1 696 881,25 ℳ

Recettes.

Le titre 8 des recettes ne figure plus au budget que pour 124 120 ℳ, soit avec une diminution de 18 680 ℳ provenant de la disparition des bourses départementales.

Dépenses ordinaires.

Chap. 42.

Les titres 1 à 7 n'ont pas varié. Au titre 8, votre Commission propose le rétablissement du chiffre de 7 300 ℳ, les 12 000 ℳ prévus pour création à Phalsbourg d'une Mittelschule ayant été rayés. Elle adopte sans observations les titres 9, 10 et 11.

Aux titres 12-14 et 15, l'on remarque une augmentation de 2 976,25 ℳ pleinement justifiée par l'accroissement du nombre des élèves de l'institution des sourds-muets à Metz, laquelle a nécessité la création d'un emploi de maître en plus. Votre Commission signalera toujours avec satisfaction toute démarche de l'Administration tendant à améliorer le sort des sourds-muets et accueillira avec reconnaissance la proposition que le Gouvernement pourra lui faire relativement à une deuxième école pour les départements de la Haute- et de la Basse-Alsace.

Le titre 18 porte le même chiffre qu'en 1878. Le titre 19 est augmenté de 5 700 ℳ, et le titre 20 diminué de 3 500 ℳ Ces changements sont expliqués par la substitution de 2 maîtres à 2 maîtresses aux séminaires de Strasbourg et de Metz.

Aux titres 21, 22, 23 et 24, les chiffres du budget de 1877 sont reproduits. Le titre 26 est augmenté de 2 700 ℳ à raison de l'obligation qui incombera probablement désormais à l'Etat de se charger au lieu et place des départements des menues réparations aux Lehrerbildungsanstalten (proposition n° 3).

L'augmentation de 2 000 ℳ prévue au titre 29 est expliquée par la présence au séminaire de Metz d'un plus grand nombre d'élèves, 86 au lieu de 75. La même explication s'applique aux augmentations relevées aux titres 30 et 31. Les titres 25, 27, 28, 32, 33, 34 et 35 n'ont subi aucune variation.

Les secours dont parle l'art. 36 sont en partie accordés à des maîtres retraités, qui, à raison d'incapacité de travail, ont dû quitter le service de l'enseignement avant d'avoir eu droit au maximum de pension.

Votre Commission vous propose enfin de maintenir 11 600 ℳ le crédit du titre 37 et de prélever l'augmentation de 900 ℳ sur les sommes prévues au budget des dépenses extraordinaires.

Dépenses extraordinaires.

Les explications fournies à votre Commission par M. le commissaire du Gouvernement relativement à l'emploi qui est fait annuellement du crédit du titre 1 ne lui laisse aucun espoir de voir disparaître bientôt ce fonds d'allocations extraordinaires. Il sert à améliorer le traitement de maîtres habitant des localités où la vie est exceptionnellement chère, ou pour venir en aide à ceux qui leurs communes respectives ne peuvent rétribuer convenablement (voy. le tableau annexé).

Conformément aux observations présentées à l'occasion du titre 37 des dépenses ordinaires, l'art. 4 est augmenté de 900 ℳ et en même temps réduit de 6 900 ℳ, la somme de 22 000 ℳ étant suffisante pour les besoins. Les titres 2, 3, 5, 6, 9 et 10 n'ont donné lieu qu'à une seule observation, à savoir que la Commission continue à voir avec regret la propension trop grande de l'Administration à créer des crédits extraordinaires pour remplacement

'objets usés, alors qu'il serait aisé de satisfaire aux be-
oins en prélevant ces dépenses sur les crédits ouverts à
ordinaire pour réparation et entretien.

Les titres 7 et 8 ont soulevé la question de savoir s'il
avait lieu d'engager le pays dans une dépense de
60 000 ℳ pour construction d'un séminaire à Sarrebourg.
otre Commission en a jugé différemment et a pensé qu'il
e fallait s'engager dans une voie aussi coûteuse qu'à la
ondition que l'établissement de Phalsbourg ne puisse être
pproprié ou que le transfert du séminaire dans une
atre localité ait été jugé impossible.

Après les critiques présentées contre Phalsbourg par
M. les commissaires du Gouvernement, nous avons en-
ndu les éloges que lui a donnés l'un des membres de
otre Commission, celui-là même qui a assisté à l'expertise
1 4 août 1877.

A raison de la divergence des opinions au sujet de cet
ablissement, votre Commission a résolu de se transporter
Phalsbourg. Elle en est revenue convaincue que si l'Ad-
inistration voulait en prendre la peine, l'école actuelle
ourrait, à peu de frais, être convenablement appropriée.
i la partie supérieure de l'un des bâtiments est dans un
at défectueux, le gros œuvre des constructions est bon,
s murs sont d'une solidité remarquable, ainsi que les
ûtes des caves; l'un des murs a bien une lézarde, mais
le semble dater de loin et n'avoir pas pris plus d'exten-
on dans les dernières années. Les nombreuses réparations
treprises par l'Etat dans les trois dernières années, no-
mment la destruction du champignon, en ont fait un
ablissement parfaitement habitable.

Il faut considérer encore que la ville de Phalsbourg
engage à faire abandon gratuit à l'Etat de tous les bâti-
ents existants et de lui céder encore tels terrains qui sent nécessaires pour augmenter la superficie de la pro-
iété. Un traité passé entre l'Etat et la ville a créé au
ofit de cette dernière une certaine garantie morale de la
art de l'Etat relativement au maintien de l'école pendant
ente années.

Votre Commission n'a pas négligé de visiter égale-
ent les bâtiments de l'ancien petit séminaire diocésain de
énétrange; mais la vue de ces bâtiments n'a pas répondu
son attente, pas plus que la visite minutieuse de tous les
partements dont il se compose. Votre Commisson a donc
nsé qu'il y avait lieu de renoncer à élever des construc-
ns nouvelles à Sarrebourg, de maintenir l'école normale

à Phalsbourg et d'en compléter les réparations. A cet effet
elle vous propose de porter à 40 000 ℳ le titre 7 et de
rayer les 50 000 ℳ prévus au titre 8.

Votre Commission a constaté avec satisfaction que
depuis l'année dernière un grand nombre de comités locaux
ont été institués en Alsace-Lorraine, et que quelques-uns
d'entre eux ont vu leurs efforts couronnés de succès. Il est
à remarquer cependant que si l'Administration, se conformant en cela au vœu exprimé par le Landesausschuss,
s'est efforcé d'augmenter le nombre des membres de certains comités, il serait désirable que cela ne se fasse qu'en
tenant compte des vœux de l'Administration municipale.

Votre Commission s'est intéressée tout particulièrement à la situation des directrices de salles d'asile, dont la
position légale n'est pas encore bien définie; elle recommande cette question à la bienveillance de l'Administration.

Les débats auxquels a donné lieu la question de savoir
si les maires devront pour l'avenir rester chargés de la pénible mission de punir ceux de leurs compatriotes dont les
enfants ont manqué à l'école, nous ont convaincu, une fois
de plus, qu'un changement radical est de toute nécessité
et généralement demandé. En conséquence, votre Commission prie très-instamment le Gouvernement de vouloir bien
nous dire comment il portera un prompt remède à une
situation qui demande impérieusement à être modifiée.

Votre Commission croit devoir renouveler le vœu relatif à la réintroduction de la langue française comme objet
d'enseignement dans les écoles élémentaires ou tout au
moins dans les classes supérieures de ces écoles. L'enseignement de la langue française est en effet indispensable
aux jeunes gens d'un pays qui entretient avec la France
des relations obligées de famille et d'affaires, et il n'y a pas
lieu de craindre que les quelques heures que l'on consacre
à cet enseignement ne viennent à contrarier l'étude de l'allemand, devenu familier à des enfants qui fréquentent les
classes depuis six à sept années.

Votre Commission, en vous priant de vous associer à
l'expression de ce vœu, se trouve en communauté d'idées
avec l'Alsace-Lorraine tout entière, et croirait manquer à
l'un de ses devoirs en ne vous en recommandant pas cha-
leureusement l'adoption.

Le rapporteur,

Simonin.

DÉLÉGATION D'ALSACE-LORRAINE.

3e Commission.

RAPPORT DE M. JULES KLEIN.

Excédants des dépenses de l'année budgétaire 1877.

Messieurs, la proposition N° 5 que vous avez renvoyée à la Commission de finances, nous donne l'aperçu des recettes et des dépenses de l'exercice 1877.

Au nombre des annexes qui accompagnent cette proposition, c'est l'annexe IV qui fait l'objet de ce rapport, qu'au nom de la 3e Commission j'ai l'honneur de vous soumettre.

Cette annexe vous fait connaître les sommes dépensées au delà des crédits fixés par le budget de 1877, de même que les dépenses extra-budgétaires du même exercice, avec indication des motifs à l'appui de ces dépenses. C'est l'approbation de ces dernières que vous êtes appelés à donner à l'Administration du pays.

Au nombre des crédits dépassés, vous trouvez tout d'abord les crédits d'ordre, c'est-à-dire ceux dont la recette correspond à la dépense et qui, par conséquent, ne donnent lieu à aucune observation. Tels les crédits inscrits :

au chapitre 7, titres 3, 4 et 5;
        "   "   40;
        "   "   52;
        "   "   55, titre 13.

Viennent ensuite les dépenses obligatoires imposées à l'Etat, en vertu d'une loi, d'un jugement, etc.

Chapitre 55, titres 6 et 9;
celles occasionnées par des événements imprévus, tels que l'inondation. Les crédits mis à la disposition du Gouvernement ont été insuffisants pour exécuter les travaux les plus urgents, et c'est ce qui justifie les excédants

de 288 339 $\mathcal{M}$ 98 $\mathcal{J}$ du chapitre 15, titre Ier;
  " 26 046 " 52 " "   "   17, " Ier;
  " 43 998 " 71 " "   "   "   7
de l'extraordinaire, et enfin la dépense extra-budgétaire de 216 585 $\mathcal{M}$ 22 $\mathcal{J}$

Celle extra-budgétaire de 15 667 $\mathcal{M}$, pour plantation d'arbres, est couverte par une recette extra-budgétaire (chapitre 17, N° 2 des recettes extra-budgétaires).

Deux irrégularités ont été signalées par la Cour des comptes, et qui apparaissent sous forme de virements da les exercices 1874 et 1875.

Chapitre 48, titre 7, et
    "   53, titres 10 et 25.

Vous êtes appelés à régulariser cette dépense.

Quant aux autres excédants, qui sont relatifs aux fra de régie, d'exploitation ou de services insuffisamment tés, votre Commission croit devoir adresser à l'Admini tration les observations suivantes :

En ce qui concerne les excédants de 1435 $\mathcal{M}$ 26 $\mathcal{J}$ chapitre Ier, titre 10;
de 36 863 $\mathcal{M}$ 30 $\mathcal{J}$ du chapitre 5, titre 2,
votre Commission, après avoir entendu la 4e Commissio n'a point d'objections à formuler contre leur approbatio mais elle recommande à l'Administration de s'appliquer rester dans les limites du budget, tout particulièrement ce qui concerne les coupes d'éclaircie, les frais de faço nage et de transport des produits forestiers (Werbung u Transport der Forstprodukte), qui ont dépassé de 30 803 le crédit porté au budget.

Les excédants du chapitre 1, titre 10, 1 435 $\mathcal{M}$ 26
  "   "   "   "   5, " 8, 11 420 " 22
  "   "   "   "   9, " 12, 42 233 " 99
sont justifiés en ce sens qu'ils ont été affectés à des ser ces dont l'utilité est démontrée. Mais votre Commissi pense que, même pour les cas où l'utilité de certaines m sures est incontestable, et où un ajournement est possib c'est à vous à apprécier d'abord cette utilité et à voter fonds nécessaires. En conséquence, elle vous prie d'invi le Gouvernement à ne pas faire de dépenses, sous le pr texte qu'elles sont utiles, sans vous avoir consultés et de mandé le crédit nécessaire.

Le chapitre 2, titre 14, "frais de justice et de pours tes", présente un excédant de 6 183 $\mathcal{M}$ 27 $\mathcal{J}$, sur une p vision budgétaire de 3 019 $\mathcal{M}$ 82 $\mathcal{J}$, ce qui fait une déper totale de ce chef de 9 203 $\mathcal{M}$ 09 $\mathcal{J}$

La somme prévue au budget a donc été triplée. C écart si considérable tient, d'après les explications donn par MM. les commissaires du Gouvernement, à ce fait, que le plus grand nombre des frais de poursuites des exercices précédents n'ont été définitivement liquidés qu'en 1877, en sorte que le chiffre de 9 203 ℳ 09 ₰ comprend les arriérés des années 1870 à 1877. Les prévisions budgétaires ne pouvaient jusque-là, pour ce motif, être assises sur une base exacte, et il en est résulté que la somme de 3 019 ℳ 82 ₰ prise au hasard a été insuffisante.

Quant aux autres positions, il n'y a pas lieu d'en faire l'objet de remarques spéciales.

Sous le bénéfice de ces observations, votre 3ᵉ Commission vous propose d'approuver les excédants budgétaires et les dépenses extra-budgétaires pour l'exercice 1877, qui se montent :

En dépenses ordinaires à . .	522 486 ℳ 51 ₰
″ ″ extraordinaires à .	358 534 ″ 51 ″
″ ″ extra-budgétaires à	232 251 ″ 23 ″
Total	1 113 272 ℳ 25 ₰

Le rapporteur,

Jules Klein.

DÉLÉGATION D'ALSACE-LORRAINE.

Sixième Session.

COMPTE-RENDU OFFICIEL.

15° SÉANCE

6 mars 1879, 2 heures et demie de l'après-midi.

SOMMAIRE : Approfondissement des canaux; Pétition de la commune de Rémilly au sujet de l'établissement d'un Amtsgericht; 2e lecture du budget de l'Administration générale des finances.

Président : M. Schlumberger.
Secrétaire : M. Schnéegans.
Présents : tous les membres, à l'exception de MM. Blandin, Lorette et Speckel.
Le Gouvernement est représenté par M. le Président supérieur, MM. les conseillers supérieurs Stempel et Richter, M. le premier avocat général de Puttkamer et MM. les conseillers de Sybel, Dursy et Friedberg.
Un congé est accordé pour la séance d'aujourd'hui à MM. Lorette et Speckel.
M. le secrétaire Schnéegans donne lecture dans les deux langues du procès-verbal de la dernière séance, qui est approuvé.
L'Assemblée passe ensuite à l'ordre du jour.

I.

Approfondissement des canaux.

(Chap. 19, titre 5 du budget de l'Administration du service des cours d'eau et des canaux.)

M. *Kœchlin* fait, au nom de la 4e Commission, un rapport verbal sur ce titre du budget, qui avait été réservé dans la séance du 18 février dernier. (Voir annexe.)

M. *Grad.* Le rapport que vient de nous lire M. Kœchlin vous fait part du vote d'une subvention du Conseil municipal de Colmar pour la construction de l'embranchement destiné à relier la gare du chemin de fer au bassin du canal. J'ai sous les yeux une lettre de M. le préfet de la Haute-Alsace, M. von der Heydt, en date du 20 août 1874, au président de la Chambre de commerce de Colmar, M. Fleischauer, lui annonçant le vote d'une subvention de 10 000 fr. par kilomètre, émis le 17 août 1874 par le Conseil général du département, pour la construction éventuelle d'un embranchement de chemin de fer allant

du bassin à la station. D'après les projets étudiés, cet embranchement aurait une longueur de 2 100 mètres, et la dépense serait évaluée à une centaine de mille francs. A plusieurs reprises, le Gouvernement s'est engagé à exécuter cet ouvrage dans le cas où les crédits votés par l'Empire pour la ligne de Colmar à Brisach laisseraient un excédant. Si je suis bien informé, le règlement des comptes de cette ligne indique effectivement un excédant disponible supérieur à la dépense nécessaire pour exécuter la voie de raccordement en question. La municipalité de Colmar pourrait compléter la somme nécessaire pour la dépense en cas d'insuffisance du crédit encore disponible pour la ligne de Colmar à Brisach. Votre Commission des travaux publics a renvoyé au Gouvernement la pétition de la Chambre de commerce, qui demande la prompte construction de la voie. En considération des intérêts considérables attachés à la construction de l'embranchement pour le commerce et l'industrie de la ville de Colmar, je prie la Présidence supérieure de hâter ce travail autant que possible.

M. *Kœchlin*, rapporteur. Je ferai observer à l'Assemblée tout d'abord que M. Grad faisait partie de la Commission dans laquelle la question a été discutée; que la ville de Colmar ne s'est pas engagée à parfaire les sommes nécessaires, mais a voté un crédit de 8 000 ℳ par kilomètre; que nous n'avons pas d'informations sur le coût des travaux; enfin qu'il est dit dans le rapport, qu'il existe des fonds d'Empire disponibles réservés pour ce travail.

M. le *Président supérieur.* Je suis prêt à convoquer, comme le demande M. Kœchlin, une conférence des divers intéressés et à faire élaborer ensuite un projet conforme aux résultats des délibérations qui auront été tenues. Je ne m'opposerai pas non plus, si le Landesausschuss en manifeste le désir, à ce qu'il soit fait de nouvelles dépenses pour les canaux. Je désirerais seulement que le Gouvernement n'eût pas les mains trop liées dans cette affaire, et qu'on lui laissât une certaine latitude, notamment pour la fixation des contributions à fournir par chacun des intéressés. Il est évident d'ailleurs qu'il ne sera fait aucune dépense sur ce chapitre, aussi longtemps qu'une convention n'aura pas été obtenue avec la Prusse au sujet de la part à fournir par ce pays aux frais généraux de construction.

L'Assemblée adopte ensuite la résolution proposée dans le rapport, ainsi que le titre 5 du chap. 19, avec 150 000 *M*, sous la rubrique : „Premier terme pour l'augmention des moyens d'alimentation des canaux de la Marne-au-Rhin et de la Sarre".

II.

Pétition de la commune de Remilly au sujet de l'établissement d'un Amtsgericht.

M. *Simonin* fait, au nom de la 2ᵉ Commission, le rapport verbal suivant :

Notre 2ᵉ Commission a longuement examiné les pétitions qui lui ont été renvoyées, tendant celle de Rémilly à obtenir un siège d'Amtsgericht qu'elle n'avait pas jusqu'à présent, et celle de Kurzel, demandant à conserver le siège judiciaire qu'elle possède actuellement.

Quant à l'établissement d'un siège judiciaire à Rémilly, votre Commission, pesant les intérêts des justiciables de tout le canton de Pange, s'est trouvée d'accord pour prier le Gouvernement de mettre à l'étude l'établissement d'un siège d'un Amtsrichter dans cette ville et, pour le cas où cela ne pourrait avoir lieu, de tenir tout au moins dans cette ville des Amtstage.

Les motifs qui, dans notre opinion, ont milité en faveur de Rémilly, nous ont naturellement amenés à rejeter la demande du maintien du siège à Kurzel, mais des considérations basées sur les distances qui séparent cette dernière ville de Rémilly, nous ont déterminés à demander également des Amtstage à Kurzel.

M. *Fulter.* Votre 2ᵉ Commission a reconnu, par l'organe de son rapporteur, le bien-fondé de la réclamation de la commune de Rémilly et des autres communes du canton de Pange. Elle propose de donner satisfaction, dans une certaine limite, à la demande qui vous est soumise. Je dois donc tout d'abord remercier la Commission de son bon vouloir.

J'aurais désiré, il est vrai, la voir accentuer davantage ses conclusions. Mon désir est d'autant plus justifié qu'il m'est arrivé tout récemment de nouvelles pétitions prouvant jusqu'à l'évidence combien les populations ont intérêt à ce que Rémilly soit doté d'un Amtsgericht. N'ayant été appelé qu'une fois au sein de la 2ᵉ Commission, je n'ai pu lui développer toutes les considérations qui militent en faveur de Rémilly, mais j'espère que vous voudrez bien m'accorder quelques minutes d'attention et me permettre de vous donner les détails dont la connaissance vous est indispensable pour asseoir votre jugement.

M. le baron Lanier, maire de Rémilly, au lieu de s'adresser à moi pour me demander de vous transmettre la réclamation de sa commune et des communes voisines, et de développer les motifs de cette réclamation, aurait pu tout aussi bien recourir au premier venu de mes collègues de Lorraine ou encore à l'un quelconque des délégués de la Haute- ou de la Basse-Alsace. Les intérêts des populations qui s'adressent à vous eussent été tout aussi efficacement, sinon mieux, défendus. C'est vous dire d'avance que j'entends bien n'apporter ni passion ni entraînement dans l'exposé très-succinct que je me propose de vous faire.

Pas plus au point de vue de mes convenances personnelles qu'à celui des avantages du canton que je représente, je ne me trouve mêlé à la question qui nous occupe. Je suis donc, tout comme vous, Messieurs, dans la situation d'impartialité voulue pour examiner avec calme la réclamation qui vous est soumise.

Aussitôt après l'annexion, l'Administration du pays, frappée de la facilité d'accès que Rémilly présentait déjà à cette époque pour les communes du canton de Pange, ainsi que des ressources d'installation qu'on trouvait dans cette commune, y transporta le siège de la justice de paix. Il eût paru tout simple que Rémilly se targuât du changement opéré pour demander à conserver indéfiniment la justice de paix. Pourtant il n'en fut pas ainsi. Lorsque plus tard les cantons de Pange et Vigy durent être réunis en une seule circonscription judiciaire, on comprit que la situation était de nouveau grandement modifiée. Si Rémilly avait jusque-là offert des avantages, il cessait, à partir de la fusion des deux cantons, d'être suffisamment central. La justice de paix fut enlevée à Rémilly et installée, non pas à Vigy ni à Pange, mais à Courcelles-Chaussy, qui a une station sur la ligne ferrée de Courcelles-sur-Nied à Téterchen. Il n'était venu à l'esprit de personne de réclamer contre cette mesure toute d'équité.

La nouvelle situation faite aux justiciables subsiste encore en ce moment. Mais il n'en sera plus de même lorsque la nouvelle organisation judiciaire entrera en vigueur. Les tribunaux de paix de Vigy et de Pange seront simplement supprimés et les communes qui en font partie, y compris Rémilly, ressortiront aux Amtsgerichte de Metz.

En face de cette perspective, les populations se sont demandé s'il est de leur intérêt que le projet d'organisation judiciaire soit mis à exécution en ce qui les concerne. La question, remarquez-le bien, Messieurs, est portée sur un terrain tout à fait nouveau ; elle ne se pose plus, en effet, entre Rémilly d'une part et Pange, qui est plus central par rapport à l'ancien canton, mais bien entre Rémilly et Metz. Poser cette question, c'est la résoudre.

Si vous jetez un coup d'œil sur la carte de la Lorraine, vous reconnaissez immédiatement que les distances à parcourir pour arriver à Metz sont beaucoup plus grandes que pour se rendre à Rémilly.

Aussi qu'arrive-t-il ? C'est qu'un mouvement très-prononcé se produit aujourd'hui parmi les populations intéressées pour réclamer l'institution d'un Amtsgericht à Rémilly. Et, chose à noter, l'initiative n'est point partie de cette dernière commune, tant s'en faut. La municipalité de Rémilly résistait plutôt au mouvement qu'elle ne cherchait à l'accentuer.

M. le baron Lanier craignait d'abord qu'on ne vît dans cette affaire une question de clocher ; ensuite il ne se dissimulait pas qu'en obtenant gain de cause, Rémilly serait astreint à des dépenses relativement considérables, deux motifs pour lui d'être très-circonspect. Si vous vous le rappelez, Messieurs, les réclamations qui vous arrivèrent à notre session de juillet dernier émanaient de quelques-unes des communes les plus importantes du voisinage de Rémilly : Béchy, Luppy, Thimonville, etc.

Depuis lors l'agitation a gagné. Les communes qui réclament en ce moment sont au nombre de 26 ; les pétitions sont couvertes d'environ 1 500 signatures de chefs de famille.

La manifestation est devenue assez énergique pour que le Landesausschuss ne conserve pas de doute sur le bien-fondé de la demande. Vous devez avoir d'autant moins de scrupules d'accueillir cette demande que Rémilly n'est en compétition sérieuse avec aucune autre localité dont vous seriez exposés à léser les droits acquis.

Je ferai remarquer encore que cette commune présente toutes les conditions qu'on est en droit d'exiger d'un chef-lieu d'Amtsgericht. On y trouve les mêmes ressources que dans une ville; les logements n'y manquent pas, et quant aux relations sociales, si les fonctionnaires attachés au tribunal n'arrivaient pas à s'en créer d'agréables, c'est qu'ils se montreraient vraiment difficiles, car il y a là des éléments qui manquent dans beaucoup d'autres centres : notaire, banquier, médecin, pharmacien, vétérinaire, percepteur ; il y a scierie mécanique, marché, commerce de blé, de houille, de bois, magasins, industries diverses.

Je ne terminerai pas l'énumération de mes motifs sans vous signaler qu'à Rémilly et dans les villages voisins il se fait des transactions de toute nature fort nombreuses. Or chacun sait que les transactions occasionnent des litiges. La présence d'un tribunal à une petite distance est donc indispensable.

Permettez-moi maintenant, Messieurs, d'examiner successivement les principales objections faites à la pétition.

Je ne parlerai que pour mémoire de la question d'économie qui ne saurait être posée sérieusement. Il est bien clair que si l'Amtsgericht n'était pas installé à Rémilly pour le canton de Pange, on devrait forcément l'installer ailleurs; la dépense serait toujours sensiblement la même.

Le reproche essentiel adressé à la combinaison que je recommande, c'est la non-concordance du canton judiciaire avec le canton administratif. On croit voir là une source de difficultés sérieuses pour l'avenir.

J'avoue que moi aussi, à première vue, je me suis laissé entraîner par le désir de faire concorder exactement les limites des deux circonscriptions ou, en d'autres termes, que ces deux circonscriptions n'en fissent qu'une seule. J'appréhendais des complications si la répartition du territoire était faite en dehors de ce système.

Pourtant, en examinant les choses de plus près, je suis bien vite arrivé à apaiser mes craintes.

Qu'est-ce, en effet, que le *canton administratif ?*

Y a-t-il des intérêts cantonaux, une caisse cantonale, des propriétés cantonales, des routes cantonales, par exemple? Le canton est-il une personne juridique? Non; rien de tout cela n'existe. Peut-être, à certains égards, serait-il désirable qu'il en fût autrement! Mais là n'est point la question. Nous devons prendre les choses telles qu'elles existent et telles qu'elles existeront sans doute encore longtemps.

Il n'y a point de solidarité entre les individus, ni entre les communes d'un même canton.

Que chacun de vous, Messieurs, examine en pensée l'un des cantons ruraux un peu étendus, qu'il connaît le mieux et qu'il se demande si les relations réciproques de deux communes nord et sud de ce canton sont plus étroites que celles entre les communes voisines de cantons limitrophes. La réponse sera certainement négative. Pourquoi? Parce que le fait d'appartenir au même canton ne crée précisément aucunes relations spéciales. Ce n'est certainement pas parce que des jeunes gens subissent la révision de recrutement dans une même localité qu'ils se considéreront comme solidaires. Ce n'est pas parce que deux plaideurs auront paru devant le même juge pour vider un litige que les liens qui pouvaient les unir seront resserrés ou qu'il s'en créera de biens solides, s'il n'y en avait pas encore.

Tout cela, Messieurs, pour vous prouver, ou plutôt pour vous rappeler, ce que vous saviez aussi bien que moi, que le canton, tel que je l'envisage ici, est purement et simplement une *expression,* une *dénomination administrative* et rien que cela.

Il n'y a guère qu'une circonstance où les citoyens d'un même canton concourent à un acte sérieux en commun. J'entend le cas d'élection du conseiller général et des conseillers d'arrondissement. Eh bien, je déclare qu'au moment de cette opération, à laquelle j'ai pris part comme tout le monde, il ne m'est jamais venu à l'esprit de me demander si tel candidat ou telle commune qui concourait à l'élection était justiciable de telle justice de paix plutôt que de telle autre.

Et pendant que je touche cette idée, permettez-moi de vous citer un fait particulier à notre contrée.

Avant l'annexion, le canton de Falkenberg appartenait à l'arrondissement administratif de Metz. Pourtant quand survenait une élection de député, ce canton était adjoint à l'arrondissement de Sarreguemines et votait en commun avec celui-ci. Les intérêts en jeu étaient bien autrement graves que dans une élection cantonale; malgré cela je n'ai pas entendu dire qu'il y ait eu de protestations pour cause de torts moraux ou matériels subis par la population.

Si l'on me fait observer que les conseillers généraux ou d'arrondissement jouent un rôle dans le départ des impositions entre les cantons et les communes, je répondrai encore que ceci n'a rien de commun avec la distribution de la justice et ne prouve pas du tout que la circonscription judiciaire doive être exactement la même que celle administrative.

Une autre opération annuelle qui se pratique au chef-lieu de canton est celle de la désignation des citoyens aptes à faire partie du jury. Mais qui ne comprend que cette opération n'est entravée en rien par l'écart possible entre la circonscription judiciaire et le canton administratif. Ou bien le juge de paix procédera au chef-lieu du canton ancien, et rien ne sera changé; ou bien, c'est la circonscription *judiciaire* qui fournira un nombre donné de jurés, et alors la désignation de ceux-ci sera faite au siège de l'Amtsgericht.

Une objection mieux fondée que les précédentes est celle qui fait ressortir certaines conséquences de ma proposition au point de vue de l'accomplissement des formalités hypothécaires.

On a dit que si une commune ressortissant par exemple au tribunal de Sarreguemines, vient, par le changement de la circonscription judiciaire, à ressortir au tribunal de Metz, les habitants de cette commune se trouveront obligés, en certains cas, à demander un certificat au conservateur des hypothèques de Sarreguemines, en même temps qu'il leur en faudra un autre du conservateur de Metz. Ceci est parfaitement exact et entraînera quelques frais pour les intéressés. Mais rendons-nous bien compte de ces frais en examinant comment les choses se passent en pratique. Quand on a besoin d'un certificat du bureau des hypothèques, on ne se transporte pas chez le conservateur; cela ne servirait de rien puisqu'en général la pièce demandée n'est prête qu'au bout de huit ou quinze jours; on écrit donc purement et simplement avec prière d'envoyer le certificat par la poste. La dépense, en règle générale, varie de 1 à 3 ℳ

Peut-elle entrer en comparaison avec les avantages que j'ai fait ressortir? Elle le peut d'autant moins qu'elle deviendra de plus en plus rare avec le temps, pour disparaître tout à fait lorsque les inscriptions seront périmées.

Donc à ce point de vue encore les objections soulevées n'ont rien de grave.

La création d'un Amtsgericht à Rémilly est d'un intérêt majeur pour les populations; mes collègues de la Lorraine l'attesteront comme moi. A cet égard, je puis invoquer tout spécialement les souvenirs de M. Bozon, qui s'est trouvé tout récemment, à l'occasion d'un incendie, en contact avec les habitants de plusieurs communes du canton de Pange et qui a pu entendre la reproduction de leurs vœux.

J'ai la ferme confiance, Messieurs, que vous vous prononcerez unanimement en faveur de la demande qui vous est faite et j'ai l'honneur de vous proposer la résolution suivante :

Le Landesausschuss est d'avis :

1° Qu'il n'existe point de motifs pour mettre en question le maintien des Amtsgerichte de Delme et de Falkenberg ;

2° Que dix communes du canton de Pange situées au nord-ouest de la ligne ferrée de Courcelles-Bolchen (à savoir : Ars-Laquenexy, Coincy, Colligny, Maizery, Marsilly, Mercy, Montoy, Ogy-Puche, Retonfey et Silly sur-Nied) soient réunies à la circonscription judiciaire de Metz ;

3° Qu'il y a lieu, dans l'intérêt des populations, de créer à Rémilly, pour le canton de Pange, un Amtsgericht auquel ressortiront les communes d'Adaincourt, Voimchaut, Vittoncourt, Han-sur-Nied et Wallersberg.

M. *Bozon*. M. Fulter me fait une interpellation à laquelle je répondrai en toute franchise. — Oui, plusieurs maires et une grande quantité de notables du canton de Donjeux m'ont prié verbalement et par écrit de me joindre à M. Fulter pour soutenir ce qu'ils appellent leur grand intérêt : l'établissement d'un Amtsgericht à Rémilly. M. Fulter vous a énuméré au long tous les motifs qui militent en faveur de ce projet ; — je ne le combattrai pas ; mais je vous avoue que l'an dernier je l'aurais vu présenter avec une certaine appréhension, parce que M. l'avocat général de Puttkamer m'avait fait entrevoir que l'Amtsgericht de Delme n'était guère possible avec celui de Rémilly. Ce n'était cependant pas mon avis ; car vous voyez par les pétitions des différentes communes qui veulent se relier à Rémilly, que cette ville peut être le chef-lieu d'une belle circonscription judiciaire sans toucher à celle de Delme. Du reste, le Gouvernement dans sa haute équité n'a pas voulu toucher au canton de Delme ; il n'a pas voulu déshériter complètement ce canton en lui enlevant encore le peu qu'il possède. Aussi, Messieurs, Delme s'est-il empressé de se mettre en mesure ; il a déjà acheté un terrain qui lui coûte très-cher pour élever les bâtiments nécessaires à l'Amtsgericht et au logement du juge. Loin qu'une seule commune veuille se séparer du chef-lieu du canton que j'ai l'honneur de représenter, quelques-unes de celles qui l'avoisinent, telles que Fauville et Valmont, demanderaient d'y être rattachées ; elles aimeraient en effet mieux faire les 6 ou 7 kilomètres qui les séparent de Delme, que d'en faire 25 ou 26 pour se rendre à Metz.

Je ne parlerai donc plus de Delme, je n'en ai dit un mot ici que pour montrer que Rémilly pourrait parfaitement bien être le chef-lieu d'un Amtsgericht conjointement avec Delme, et pour témoigner notre reconnaissance au Gouvernement, qui a fait droit à nos justes réclamations. Puisque je suis appelé, Messieurs, à vous énumérer les réclamations qui sont faites en faveur de Rémilly, je ne veux pas en passer une sous silence : c'est celle de Solgne qui est du canton de Verny. Vous savez, Messieurs, que cette commune a aussi adressé une pétition au Landesausschuss pour avoir non un Amtsgericht, mais un Amtstag. M. de Puttkamer m'a déclaré que ce n'était pas possible à cause de la proximité de Rémilly, qui avait des droits

plus réels, ce qui est certain. Aussi quand le maire de Solgne a connu l'avis de M. l'avocat général, s'est-il empressé de m'écrire pour me charger de faire une demande tendant à attacher Solgne à Rémilly. Je vais avoir l'honneur de vous faire la lecture de cette lettre.

(L'orateur lit cette lettre.)

Pour tous ces motifs, Messieurs, je voterai avec M. Fulter la proposition tendant à établir un Amtsgericht à Rémilly. Je voterai cette proposition telle qu'il l'a présentée, c'est-à-dire avec la condition expresse que l'on ne touchera pas au canton de Delme.

M. *Ditsch*. Je voterai la création d'un Amtsgericht à Rémilly, quoiqu'il m'en coûte de voir comme conséquence peut-être le démembrement partiel du canton de Falkenberg ; mais l'intérêt général commande d'en agir ainsi ; du reste la création de l'Amtsgericht de Falkenberg n'est nullement mise en discussion. J'appellerai l'attention de l'Assemblée sur une situation générale intéressant la Lorraine ; ainsi quant à la population, chaque Amtsgericht comprend en moyenne 21 000 âmes de population à peu près dans chaque département. Mais quant à l'importance territoriale, la différence est considérable, tandis que, dans la Haute-Alsace, l'étendue territoriale moyenne de chaque Amtsgericht est de 16 000 hectares ; dans la Basse-Alsace, de 17 000 hectares, elle est en Lorraine de 27 000 hectares.

Je ne trouve pas que la concentration dans les grandes villes puisse obvier à l'inconvénient résultant des distances qui résulte de cet état de choses et la question mérite donc d'être prise en sérieuse considération.

M. l'avocat général *de Puttkamer*, conseiller du Gouvernement. Je ne puis que répéter ce que j'ai déjà déclaré dans la Commission, c'est qu'il sera satisfait, du moins en partie, aux vœux de la commune de Rémilly par l'établissement d'un Gerichtstag, où pourront être vidées non-seulement les affaires de la juridiction volontaire, mais encore les matières contentieuses. Les affaires pénales seules ne pourront pas paraître à ce Gerichtstag ; mais l'inconvénient qui en résulte n'est pas très-grand, puisque la nouvelle procédure permet de juger ces affaires quand elles ne sont que peu importantes par simple mandat écrit, en l'absence des inculpés et des témoins. Quant aux affaires plus graves, où il faudra paraître devant l'Amtsgericht, le dérangement sera encore moindre pour les parties qu'il ne l'était jusqu'à présent, puisque la plupart de ces affaires rentraient précédemment dans la compétence du tribunal régional. Il y aura donc un grand avantage pour les populations, puisque toutes les réunions de conseil de famille et la grande majorité des affaires civiles pourront paraître dans la commune même, et que ce ne sera que pour les affaires pénales d'une certaine importance et les affaires civiles plaidées par avoués qu'il faudra se rendre au siège de l'Amtsgericht. L'établissement d'un Amtstag satisfait donc dans une large mesure aux besoins de Rémilly et des communes environnantes, et je ne puis que prier l'Assemblée de se contenter de cette mesure et de ne pas vouloir aller plus loin. Il est temps en effet que cette question du siège des Amtsgerichte soit enfin vidée définitivement. J'ai soumis à la Commission lors de la dernière session une liste des Amtsgerichte à créer. Cette liste a été discutée, et l'on était arrivé à une entente, excepté sur certains points, au sujet desquels la décision avait été ajournée, comme par exemple l'Amtsgericht de Truchtersheim. On avait ainsi acquis une base à peu près définitive, sur laquelle le Gouvernement se fonda pour déterminer le nombre des Amtsrichter et des greffiers ainsi que le chiffre des crédits à porter au budget. Il y aurait, je crois, de grands inconvénients à ce que toute cette organisation fût remise en question par des réclamations du genre de celles que vient de produire M. Fulter. Une foule d'autres communes pourraient se dire qu'elles ont les mêmes droits que Rémilly, et les réclamations n'en finiraient pas. Il me semble donc que la pétition de Rémilly est venue trop tard pour que le Landesausschuss doive encore en tenir compte. Voici d'ailleurs en peu de mots les motifs qui ont décidé le Gouvernement à réunir le canton de Pange à l'Amtsgericht de Metz. Avant cela, je répondrai toutefois encore à M. Ditsch qu'il est vrai qu'en Lorraine les ressorts des Amtsgerichte sont plus étendus qu'en Alsace. Mais cela tient uniquement à ce qu'en Lorraine la population est plus clairsemée et qu'il faut donc des ressorts plus grands pour donner aux juges une occupation suffisante. Or le canton de Pange était précisément un de ceux où le juge de paix n'avait pas assez à faire. De plus, la partie ouest de ce canton est située pour ainsi dire aux portes de la ville de Metz, qui est en même temps le centre d'affaires de la population. Cette dernière ne verrait donc pas un grand inconvénient à être forcée à se rendre aussi à Metz pour ses affaires judiciaires. D'ailleurs, si vous consultez une carte de la Lorraine, vous verrez que la ligne de chemin de fer suit un parcours tel, qu'il est plus facile aux habitants de Rémilly, qui se trouve au nord-est du canton, d'aller à Metz, qu'aux habitants de Courcelles et des autres communes environnantes, situées au sud-ouest, d'arriver à Rémilly. L'avantage que présenterait pour les populations de cette dernière localité l'établissement d'un Amtsgericht dans la commune serait donc neutralisé par le désavantage qui en résulterait pour d'autres parties du canton.

Cet inconvénient, M. Fulter paraît l'avoir bien senti, puisqu'il propose de laisser toute la partie ouest du canton dans le ressort de l'Amtsgericht de Metz et qu'il veut réunir la partie est à un certain nombre de communes du canton de Falkenberg pour en faire le ressort du nouvel Amtsgericht. Je ne sais pas si ce ressort ainsi composé sera assez grand ; il est plus que probable qu'il faudra encore y ajouter certaines parties du canton de Verny. Mais ce que je puis dire dès à présent avec certitude, c'est que le canton de Falkenberg, qui déjà maintenant ne donne pas beaucoup d'occupation à son tribunal, sera tout à fait insuffisant, si on en détachait une partie pour la réunir à Rémilly.

Je suis prêt d'ailleurs à reconnaître que la répartition des Amtsgerichte n'a pas toujours pu être faite en Lorraine d'une manière bien opportune. Cela tient à ce que l'on ne pouvait pas tout simplement faire table rase de l'ancienne organisation. C'est ainsi que l'Administration de la justice n'aurait pas mieux demandé que d'établir un Amtsgericht à Rémilly, qui, ainsi que l'a dit M. Fulter, est situé dans des conditions très-favorables. Mais il aurait fallu joindre à cet Amtsgericht certaines parties des cantons de Falkenberg et de Delme. Or je demanderai à M. Fulter ce que seraient alors devenus les tribunaux de ces deux dernières localités ? leurs ressorts seraient évidemment devenus trop petits ; il aurait fallu supprimer l'un ou l'autre de ces Amtsgerichte, et je ne pense pas que M. Fulter aille jusqu'à demander que nous supprimions des tribunaux existants pour en créer un nouveau.

Il faut d'ailleurs aussi considérer la question au point de vue financier. En supprimant l'Amtsgericht de Truchtersheim, il aurait fallu mettre un juge de plus à Strasbourg et il n'y aurait donc eu aucune économie. Il n'en est pas de même pour Rémilly ; il faudrait 5 juges à Metz,

que le canton de Pange fût réuni à l'Amtsgericht de cette ville ou non. Si donc on établissait un Amtsgericht à Rémilly, il faudrait un juge de plus que le nombre prévu au budget, et l'on se trouverait en présence d'embarras financiers.

Je répète, en terminant, que la pétition de la commune de Rémilly sera prise en considération, et je crois pouvoir promettre dès maintenant qu'il y sera fait droit par l'établissement d'un Amtstag. Les excellentes explications que l'honorable M. Fulter vient de nous donner, serviront d'ailleurs de base à un nouvel examen de la question. Mais je ne crois pas que l'Assemblée doive se prononcer en faveur de la proposition de M. Fulter. Un pareil vote pourrait avoir des conséquences qui n'auraient peut-être été ni entièrement prévues, ni voulues par l'Assemblée.

M. *Fulter*. Messieurs, après la longue série d'objections que vous venez d'entendre, j'avoue que j'éprouverais une véritable appréhension à reprendre la parole, si toutes ces objections étaient aussi graves que le pense M. le commissaire du Gouvernement. Heureusement qu'il n'en est pas ainsi, et si vous voulez me prêter encore quelques instants votre bienveillante attention, j'espère le démontrer à M. le commissaire aussi bien qu'à vous.

Examinons de près les reproches qui nous sont adressés.

M. l'avocat général pense que la réclamation de Rémilly est tardive et que, dans l'état actuel des choses, on n'y saurait plus donner suite. Il déclare d'ailleurs que l'intention de l'autorité judiciaire était bien, dès l'abord, d'établir un Amtsgericht à Rémilly ; que si le projet n'a pas été réalisé, il en faut chercher le motif dans des considérations qui ne sont pas d'ordre judiciaire.

Je suis reconnaissant à M. l'avocat général pour sa déclaration, dont je m'empresse de prendre acte.

Au reproche de retard, je répondrai que vous avez été saisis de la réclamation dès l'année dernière. Si le nombre des communes réclamantes était moins considérable qu'aujourd'hui, vous savez à quelles causes l'attribuer ; mais on ne saurait taxer les intéressés de négligence et leur opposer une fin de non-recevoir.

Presque tous les chefs-lieux d'Amtsgericht des campagnes sont actuellement encore indécis quant aux bâtiments à construire ou aux modifications qu'ils devront apporter dans les locaux existants ; en beaucoup d'endroits il n'y a point de plans arrêtés. Vous voyez donc que Rémilly n'est pas, sous ce rapport, dans une plus mauvaise situation que les autres chefs-lieux. On a encore tout le temps de s'entendre au sujet des travaux à faire, lesquels ne commenceront qu'au mois de mai prochain.

La population du canton de Pange est actuellement d'environ 12 000 âmes. Il faudra distraire de ce canton les communes d'Ars-Laquenexy, Coincy, Colligny, Maizery, Marsilly, Mercy, Montoy, Ogy-Puche, Retonpey et Silly s/ Nied, en tout dix communes qui ont un intérêt incontestable à être rattachées à Metz. Cette distraction effectuée, la population sera tellement réduite, me dit-on, qu'un Amtsgericht ne saurait être maintenu pour le reste du canton. Permettez-moi, Messieurs, de poser quelques chiffres ; vous allez voir combien c'est nécessaire pour éclaircir le débat.

On distrait 10 communes, mais quelles sont ces communes ? Deux seulement ont plus de 300 habitants : Montoy et Retonpey. Colligny en a 164, Ogy-Puche 146, Marsilly 98, Maizery 69, Mercy 27, *je dis 27.* Bref, le total est de 1 887 habitants. En échange de ces communes, qui souhaitent être rattachées à Metz, donnez à Rémilly, qui est leur centre judiciaire naturel, Adaincourt, Vittoncourt, Voimchaut, Han s/Nied et Wallersberg, et vous aurez ramené le chiffre de la population à 11 544. Faites mieux encore. Au lieu d'envoyer à Metz les communes sud du canton de Verny, qui en sont éloignées de 25 à 26 kilomètres, comprenez-les dans la circonscription judiciaire de Rémilly, et vous aurez un chiffre de 12 707 habitants, supérieur conséquemment à celui de beaucoup de circonscriptions judiciaires d'Alsace-Lorraine, pour lesquelles on a cru, avec raison d'ailleurs, devoir maintenir des Amtsgerichte.

MM. les commissaires du Gouvernement connaissent aussi bien que moi la population des cantons dont je parle; ils auraient pu vous citer ces cantons; mais ils n'avaient pas intérêt à le faire; ils s'en sont abstenus; c'est à moi de vous donner des renseignements. Je vous indiquerai donc:

1. Erstein	avec une population de	12 959 habitants.
1. Hirsingen	» » »	» 12 597	»
3. Sulz	» » »	» 12 745	»
4. Landser	» » »	» 12 960	»
5. Ruffach	» » »	» 12 456	»
6. Maursmünster	» » »	» 12 022	»
7. Schnierlach	» » »	» 12 020	»
8. Masmünster	» » »	» 11 124	»
9. Wörth	» » »	» 10 529	»
10. Dammerkirch	» » »	» 10 350	»
11. Neubreisach	» » »	» 9 247	»

Et pour qu'on ne pense pas que j'aie à dessein choisi exclusivement mes exemples en Alsace, j'ajouterai :

12. Sierck	avec une population de	12 282 habitants.
13. Finstingen	» » »	» 11 169	»
14. Albesdorf	» » »	» 10 567	»
15. Dieuze	» » »	» 9 589	»

Y a-t-il donc, Messieurs, des motifs pour que les populations de la contrée de Rémilly soient traitées plus mal que celles des cantons que je viens d'énumérer?

Personne n'oserait le prétendre.

Ainsi donc disparaissent d'elles-mêmes les objections tirées du chiffre de la population et du manque d'occupation pour le tribunal. Si jusqu'à ce jour, dans certains cantons, les juges de paix n'ont pas eu beaucoup à faire, ne perdons pas de vue ce qui nous a été répété souvent, c'est que la compétence des nouveaux juges sera notablement agrandie, d'où résultera pour eux un surcroît de besogne.

On est fondé à admettre que les affaires d'une population de 12 000 âmes occuperont suffisamment l'Amtsrichter. Du reste je vous avouerai franchement que cette considération, pour moi, ne vient qu'en seconde ligne. Il y en a d'autres beaucoup plus graves et que je ferai valoir dans un instant.

On m'a objecté aussi que le Gouvernement ne saurait accorder une confiance absolue à des pétitions comme celles qui vous sont soumises; qu'il y a des gens pétitionnaires aujourd'hui dans un sens et qui signent le lendemain une demande tout à fait opposée à la première.

Je ne veux pas du tout nier le fait dont on m'a parlé, surtout si les individus en question ont été exposés à une pression exercée par un supérieur ou par quelqu'un qui les tient dans sa dépendance.

Mais voyons un peu ce que sont nos pétitions.

Lors de votre précédente session, les demandes qui vous sont parvenues émanaient de plusieurs communes du sud du canton. Rémilly même n'avait point parlé, et vous connaissez les motifs de son silence. Les personnes qui auraient pu vouloir user de leur influence s'y sont abstenues et persistent encore maintenant dans leur neutralité. On ne saurait donc ici parler de pression.

D'un autre côté, vous remarquerez, Messieurs, que les pétitions sont signées, non point par les maires ou par les Conseils municipaux seuls et sur lesquels, en raison du petit nombre de gens dont ils sont composés, on aurait eu la possibilité d'exercer une influence fâcheuse, mais qu'elles sont signées par l'ensemble des chefs de famille, par plus de quinze cents personnes. *C'est un véritable plébiscite* que je vous présente, mais un plébiscite sans agents provocateurs, sans promesses trompeuses comme sans menaces, et par conséquent sincère.

Si quelqu'un s'étonnait de la généralité de la manifestation, je le prierais de regarder sur la carte la position des diverses communes et les distances à parcourir pour arriver à Metz ou à Kurzel.

En voici le tableau :

	DISTANCES à		
	Metz	Kurzel	Remilly
	Kilom.	Kilom.	Kilom.
1. Ancerville (Anserweiler). . . .	21	13	3
2. Aube (Alben)	18	14	5
3. Bazoncourt	18	9	6
4. Béchy	26	20	3
5. Berlize.	19	9	6
6. Beux	19	18	7
7. Chanville	23	13	5
8. Courcelles s/Nied	13	14	9
9. Dain (Dam)	20	16	4
10. Flocourt	28	23	5
11. Lemnd.	19	16	4
12. Luppy	23	23	7
13. Rémilly	22	17	»
14. Servigny (Silbernachen)	23	5	12
15. Thimonville	29	26	8
16. Tragny	27	25	7
17. Vaucremont	20	9	5
18. Villers-Stoncourt	22	9	8
19. Villers et Laquenexy	13	10	11
20. Sanry et Domangeville	17	11	7
21. Sorbey.	15	15	7
	435	315	
22. Adaincourt (est du ressort de Falkenberg). . . .			6.500
23. Han s/Nied			3.600
24. Wallersberg.			2
25. Vittoncourt			2.500
26. Voimehaut			2
			145.600

	Kilom.
Distance moyenne à Metz.	20.700
» Kurzel	15. —
» Rémilly.	5.600

Vous remarquerez, Messieurs, qu'il y aurait dix communes, et ce sont les principales, obligées de parcourir une distance supérieure à 20 kilomètres. Béchy, Tragny sont à 26 et 27 kilomètres. Thimonville est à 29 kilomètres.

Est-ce rationnel, est-ce juste, quand on déclare ailleurs que le maximum des distances ne doit pas dépasser 15 à 16 kilomètres?

On me dit que si les distances sont grandes, on a du moins l'avantage de pouvoir les franchir en chemin de fer ! Mais, Messieurs, la Direction des chemins de fer ne transporte pas les voyageurs gratis, et l'argent qu'il faut pour payer sa place, bien des gens ne le possèdent pas. Je voudrais faire comprendre à mes honorables contradicteurs ce que provoquent souvent d'hésitations chez beaucoup d'habitants de nos villages ces simples mots : dépenser vingt sous en frais de transport ! Tenez, Messieurs, un exemple qui m'a été cité tout à l'heure par un de nos collègues : Ce collègue rencontre récemment sur la route une femme du village portant au marché de la ville deux ou trois livres de beurre et quelques œufs.

Comment, lui dit-il, vous allez à pied, au lieu de prendre le chemin de fer à deux minutes d'ici ? Ah ! Monsieur, c'est que mon billet aller et retour me coûterait seize sous, et ces seize sous, je ne les ai pas. Et puis, c'est plus que je ne gagnerais dans une journée entière.

Il ne faut donc pas croire que l'on ait répondu victorieusement quand on a dit que le trajet peut être parcouru en chemin de fer.

Mais cette hypothèse, même réduite à ceux qui ne reculent pas devant la dépense, n'est qu'en partie exacte. Pour aller à Metz par le chemin de fer, les habitants de presque toutes les communes qui ont pétitionné devront se rendre d'abord à Rémilly, qui est encore séparé de Metz par les stations de Courcelles et Peltre. Ainsi, arrivés à leur destination naturelle, au lieu d'y faire leurs affaires, les gens devront s'embarquer en wagon et parcourir inutilement 23 kilomètres pour aller et autant pour revenir.

On m'a cité la réclamation de Courcelles-Chaussy pour mettre en relief la compétition de cette commune avec Rémilly. Vous saurez ramener, Messieurs, cette considération à sa valeur. Courcelles avait la justice de paix ; les circonstances la lui enlèvent forcément. Comment la commune pourrait-elle ne pas exprimer ses doléances ? Mais à Courcelles même on a parfaitement la conscience de la situation nouvelle. Du moment que le canton de Vigy est rattaché à Metz, Courcelles n'est plus un centre judiciaire ; aussi les communes voisines ont-elles gardé le silence.

On fait ressortir que Solgne a sollicité l'établissement de jours d'audience pour les communes sud du canton de Verny, et l'on croit trouver dans ce fait une objection à m'opposer. Mais justement cette démarche vient corroborer ce que j'ai dit ; les villages du sud du canton de Verny sont trop éloignés de Metz pour qu'on songe à les y rattacher, et l'on cherche un palliatif au mal en demandant des jours d'audience à Solgne. Considérez, Messieurs, que Foville, qui est à la limite des cantons de Verny et de Delme, se trouve à 25 kilomètres de Metz, tandis que par Moncheux, Tragy, Béchy, il n'est qu'à 14 kilomètres de Rémilly.

Enfin, on vous effraie par la perspective de remaniements et de complications inextricables dans les cantons de Delme, Château-Salins, Vic, Dieuze, que sais-je ? Je te pousse, pousses-en un autre !

Je suppose tout d'abord que si Monsieur le commissaire du Gouvernement parle de remaniements auxquels je n'ai pas fait la moindre allusion, c'est que la clarté de mes premières déclarations n'était pas suffisante pour lui. Je vais donc reproduire ces déclarations.

Non-seulement nous ne demandons pas le remaniement du canton de Delme ni autres, que rien ne justifierait, mais nous nous y opposons formellement. De ce côté, les circonscriptions judiciaires sont réglées ; qu'on les laisse subsister telles quelles.

En rattachant à Rémilly les cinq communes voisines du canton de Faulquemont, vous créez une circonscription supérieure en importance à beaucoup d'autres d'Alsace-Lorraine, celle de Faulquemont demeurant elle-même notablement plus forte. Cela nous suffit.

Voulez-vous faire mieux ? rattachez aussi à Rémilly les communes sud du canton de Verny ; vous leur rendrez un grand service. Toutefois nous n'insistons pas sur cette adjonction, qui est simplement désirable, mais non point *nécessaire*.

Moyennant cette légère modification, vous avez fait de Rémilly un point aussi central qu'il soit généralement possible d'en trouver. En effet, si vous considérez la dimension nord-sud du canton, Rémilly est à peu près au milieu de la longueur. C'est seulement en marchant de l'ouest vers l'est qu'aujourd'hui cette localité est trop près de la frontière est. L'inconvénient disparaît par l'adoption de la mesure proposée.

Je ne terminerai pas, Messieurs, sans jeter un coup d'œil sur le rôle des juges de paix, tel qu'il a été compris et tel que, suivant moi, il doit l'être encore après l'introduction de la nouvelle loi judiciaire.

Dans l'esprit du législateur, la mission essentielle du juge de paix consistait, non pas à juger, mais bien à *concilier*, à prévenir les procès. La plus grande partie de ces magistrats s'étaient bien pénétrés de leurs devoirs. On les trouvait, non-seulement les jours d'audience, mais toute la semaine disposés à écouter ceux qui avaient besoin de leurs conseils, et certes, ils apaisaient ainsi, d'une façon en quelque sorte privée, beaucoup plus de mauvaises discussions que dans leur prétoire même.

C'est une justice à rendre au nouveau personnel que, depuis 1870, il a suivi avec raison les mêmes pratiques. Nous voulons espérer que les Amtsrichter agiront encore de même.

Seulement, Messieurs, s'est-on bien demandé, dans les sphères compétentes, quelle est la première condition à réaliser pour que le juge puisse remplir efficacement la partie de sa mission que nous avons en vue ?

S'est-on dit qu'il faut qu'au bout de peu de temps le juge connaisse parfaitement son canton, les communes avec leurs intérêts divers, parfois opposés, les familles et la situation particulières où elles se trouvent, les individus même. Plus le juge sera avancé dans l'acquis de cette connaissance, plus son influence désintéressée et bienfaisante s'affirmera, au grand avantage des justiciables.

Mais que faut-il pour réaliser ce *desideratum ?* Il faut que le juge réside au milieu de sa circonscription. Or l'installation de cinq Amtsgerichte à Metz va juste à l'encontre du but.

N'oubliez pas que chacun des cinq juges aura sa spécialité. Chacun, dans sa sphère, sera donc en rapport avec environ 100 000 individus tant de la ville que des cantons ruraux qui l'entourent. Je vous demande s'il apprendra jamais à les connaître. Il ne le tentera même pas. Sous peu, vous verrez la mission de conciliation disparaître et céder la place à la tendance toute naturelle de juger purement et simplement, comme à un tribunal supérieur, *d'après la lettre de la loi.* Il ne restera rien du juge de paix. Hé bien ! je voudrais empêcher ce fâcheux résultat, en ce qui concerne nos communes.

Je n'admets pas qu'on fasse valoir la raison d'économie. Si d'un côté vous supprimez le traitement d'un juge de paix et les frais d'un tribunal, de l'autre vous entraînez nos populations dans des dépenses exagérées, qui l'emportent de beaucoup sur la prétendue économie dont on me parle.

Et d'ailleurs, les déplacements des juges deviendront d'autant plus fréquents que vous scinderez davantage l'ensemble des affaires en spécialités plus nombreuses. Chaque juge procédera indépendamment de ses collègues. Vous pourriez vous trouver dans le cas, probablement assez rare, mais certainement fort curieux, de voir le même jour, dans une même commune, deux ou trois juges venant de Metz ayant à traiter, l'un une affaire de tutelle ou de scellés, un second une affaire correctionnelle, et le troisième un litige civil, par exemple d'anticipation, etc. Voilà des frais qui veulent aussi être payés et qu'il suffit de signaler pour montrer ce que sera l'économie vers laquelle on tend.

Je crois avoir répondu aux objections qui me sont faites, et je me résume en disant qu'il faut installer les Amtsgerichte au mieux des besoins des justiciables, ainsi que le Landesausschuss l'a répété souvent. J'espère que l'Assemblée maintiendra ces principes et qu'elle voudra bien se prononcer en faveur de Rémilly.

M. *Schnéegans*. A mon avis, cette discussion se prolonge beaucoup trop, en raison de son peu d'importance. Il y a deux propositions en présence l'une de l'autre : celle de la Commission et celle de M. Fulter. La Commission se contente de recommander la question à l'attention et à l'étude du Gouvernement ; M. Fulter veut faire un pas de plus, et désire que l'Assemblée émette un avis positif en faveur de la demande de Rémilly. Pour bien juger la question, il ne faut pas perdre de vue qu'il existe une loi, d'après laquelle l'Administration judiciaire a seule le droit de fixer le siège des tribunaux, qui est déterminé par ordonnance impériale. C'est là une attribution du Gouvernement, à laquelle nous ne pouvons rien changer. Il ne nous reste donc qu'à prier l'Administration de soumettre la demande à un examen sérieux, mais nous ne saurions lui forcer la main par un vote de la nature de celui proposé par M. Fulter.

D'un autre côté, puisque le Gouvernement seul décide la question, il est parfaitement suffisant de la recommander à son attention ; il aura le droit de décider selon ou contre notre recommandation. La proposition de la Commission remplit donc parfaitement le but, la question elle-même ne pouvant pas être tranchée par nous.

En troisième lieu, je ferai remarquer que voilà une question sur laquelle on vient nous donner en séance plénière seulement de longs détails que nous sommes dans l'impossibilité de vérifier. Je comprends parfaitement que MM. Fulter, Ditsch et Bozon, qui connaissent le pays et qui ont eu le temps de recueillir tous les renseignements nécessaires, soient d'avis qu'il n'existe aucun motif de ne pas voter la proposition Fulter, mais je comprends moins que les autres membres de l'Assemblée puissent se former *ex abrupto* un avis qui exige l'examen d'une série de détails. Quant à moi, je n'ai pas pu me former cet avis dans la séance. J'admets parfaitement les explications de nos honorables collègues de la Lorraine, et je veux croire qu'elles sont exactes ; mais encore faut-il, dans des choses pareilles, avoir vu par soi-même et être à même de vérifier les détails. C'est ce que nous ne pouvons pas, et c'est une raison de plus de nous borner à recommander la question à l'étude du Gouvernement.

Finalement je pense que nous devrions passer au vote et ne pas perdre une heure de plus sur une question de détail d'une importance relativement minime.

M. *Fulter*. Il m'est absolument impossible de laisser sans réponse l'argumentation de l'honorable M. Schnéegans, qui, je le déclare, me cause un profond étonnement. Notre collègue pense que la Délégation ne saurait empiéter sur les attributions du Gouvernement et qu'elle n'a pas à décider des questions comme celle de l'Amtsgericht de Rémilly, sur laquelle elle est dans l'impossibilité de se former une opinion, malgré les renseignements produits par les délégués de la Lorraine. Il trouve d'ailleurs que la discussion se prolonge d'une façon disproportionnée avec l'importance du sujet.

Personne de nous, Messieurs, n'a demandé à la Délégation de *décider* quoi que ce soit. Pour s'en convaincre, M. Schnéegans n'a qu'à lire attentivement ma proposition qu'il tient en main. Il y trouvera : „Le Landesausschuss *est d'avis*, etc.“ Ces mots ne contiennent pas, que je sache, un empiétement sur les prérogatives de l'autorité judiciaire.

Pourquoi donc le Landesausschuss ne se formerait-il pas une opinion sur la question de Rémilly ? Est-ce parce que plusieurs de ses membres ne connaissent pas Rémilly, qu'ils n'ont jamais vu ? Si c'était là un motif sérieux, on n'aurait plus qu'à enterrer la réclamation, car dans deux ans, dans dix ans, les collègues dont je parle ne seront pas plus avancés. Mais nous ne vous demandons pas de jurer sur notre foi ; nous vous produisons tous les renseignements qui peuvent paraître désirables. Dira-t-on que ces renseignements viennent tous du même côté ? Messieurs, vous avez entendu les objections de M. le commissaire du Gouvernement et vous avez pu les apprécier. D'ailleurs sommes-nous ici par catégories les représentants de la Haute- ou de la Basse-Alsace ou encore de la Lorraine ? Je considère que chacun de nous représente d'une manière générale le pays tout entier et que nous ne saurions nous désintéresser d'une affaire par la raison qu'elle ne nous touche pas directement. Est-ce donc la première fois que nous avons exprimé notre avis dans des questions qui comportaient, aussi bien que celle de Rémilly, l'objection de M. Schnéegans ? Vous connaissez aussi bien que moi les cas dont je veux parler.

Enfin M. Schnéegans trouve que la discussion se prolonge outre mesure. Elle est longue, j'en conviens. Mais le moyen de faire autrement, puisque vous voulez être éclairés ! Je trouve, moi, que l'intérêt d'une population de 12 000 âmes, qui vous manifeste ses désirs d'une façon non douteuse, mérite qu'on s'en occupe et qu'on s'y arrête. M. Schnéegans a été moins prompt en d'autres circonstances.

En résumé, Messieurs, nous vous demandons d'exprimer un avis, non point une décision. Laissez-moi croire que cet avis sera favorable.

M. *Goguel*. Permettez-moi, Messieurs, de revenir aux conclusions de la Commission. Toutes les raisons que M. Fulter nous a longuement développées aujourd'hui ont déjà été exposées par lui au sein de votre Commission, qui les a prises en très-sérieuse considération et a tenu compte, dans la mesure du possible, de tous ces arguments. Aussi la Commission demande-t-elle en premier lieu que le Gouvernement étudie la question de savoir s'il ne sera pas possible d'établir un Amtsgericht à Rémilly, et pour le cas où l'impossibilité en serait reconnue, qu'il soit tout au moins tenu des Amtstage dans cette ville. Il me semble que c'est assez reconnaître la validité des droits des pétitionnaires et le bien-fondé de leur demande.

Cependant M. Fulter demande davantage ; il désire que nous nous prononcions formellement en faveur de Rémilly. Je crois que c'est aller trop loin, et que la Commission a fait tout ce qu'elle a pu, en recommandant la demande à l'attention du Gouvernement, *à l'effet* d'obtenir, si possible, l'établissement d'un Amtsgericht. Il n'est guère possible d'aller plus loin. L'Administration, lors de l'examen de la question, tiendra certainement compte de toutes les excellentes observations de nos honorables collègues MM. Fulter, Bozon et Ditsch ; et si nous lui recommandons chaudement l'étude de la question, elle ne manquera pas, je l'espère, de prendre en sérieuse considération les raisons développées dans cette enceinte.

Je crois donc que, pour Rémilly, nous devons adopter purement et simplement les conclusions de la Commission. Quant à Courcelles, je me réserve d'y revenir quand la question de Rémilly sera résolue.

M. *Grad.* En adhérant à la proposition de M. Fulter, nous ne prétendons nullement donner un ordre au Gouvernement, mais le prier de prendre en sérieuse considération les demandes pour l'établissement d'un Amtsgericht à Rémilly. Les motifs invoqués et les considérations qui nous ont été soumises à ce sujet montrent l'établissement du siège de Rémilly plus justifié que celui d'autres circonscriptions d'Amtsgerichte adoptées jusqu'à présent. La position de Rémilly est plus centrale et impose de moindres déplacements aux communes intéressées que l'Amtsgericht de Rémilly fait tous les frais d'installation, et le nombre des juges au siège de Metz pourrait se réduire de cinq à quatre. Les intérêts du Trésor seraient donc sauvegardés par la création de l'Amtsgericht de Rémilly, beaucoup plus nécessaire en tous cas que celui de Truchtersheim.

M. *Fulter.* Je ne saurais reconnaître que la Commission donne une satisfaction suffisante à Rémilly, ni qu'on ne puisse faire davantage. Voyez les exemples de Truchtersheim, Seltz-Lauterbourg. Agir différemment envers Rémilly serait un véritable déni de justice.

M. *Schnéegans.* Le dernier argument que vient d'invoquer M. Fulter porte complètement à faux. Pour Truchtersheim, la question était tout autre et le procédé a été très-simple. Les arguments en faveur de Truchtersheim ont été longuement exposés dans la Commission, et l'Assemblée a tout simplement adopté, en séance plénière, les conclusions de celle-ci. Aujourd'hui au contraire de nombreux détails nous sont donnés en séance plénière seulement, et il nous est évidemment impossible de nous former à la hâte, sur ces données, un avis contraire à celui de la Commission.

M. *Fulter.* Les documents qui sont sur le bureau ont été fournis à la Commission. Je me demande ce qu'on aurait pu produire en plus, puisqu'ils sont aussi complets que possible.

M. le *premier avocat général de Puttkamer*, commissaire du Gouvernement. Je me vois forcé de présenter encore quelques courtes observations pour écarter le reproche qu'on a paru vouloir faire à l'Administration judiciaire, d'avoir diversement traité différentes communes ou cantons ayant à peu près le même nombre d'habitants, d'avoir accordé aux uns des Amtsgerichte, tandis qu'elle en refusait à d'autres. Il est vrai que dans le canton de Truchtersheim et dans quelques autres la population n'est pas très-grande, mais la question se présentait là sous un tout autre jour qu'à Rémilly : pour Truchtersheim il s'agissait en effet de lui prendre ou de lui laisser une justice *existante*, tandis que Rémilly demande un Amtsgericht sans avoir eu jusqu'ici de justice de paix. Or autre chose est laisser à quelqu'un ce qu'il a déjà et lui donner ce qu'il n'a pas encore. Je ne crois pas qu'une décision favorable eût été prise pour Truchtersheim et les autres communes qu'a énumérées M. Fulter, s'il ne s'était pas agi de leur conserver leur possession.

Les différents cantons n'ont donc pas été diversement traités dans des conditions d'ailleurs égales, mais il existe entre eux une différence matérielle très-sensible.

M. *Kœchlin.* Je vous rappellerai, Messieurs, que l'année dernière, lors de la discussion de la loi d'exécution à la loi sur l'organisation judiciaire, j'ai eu l'honneur de faire une proposition tendant à demander qu'à partir d'un certain moment les sièges des justices de paix ne pussent être fixés que par une loi. Cette proposition a été rejetée, mais à cette occasion, l'Administration nous a déclaré, par l'organe de M. l'avocat général, qu'aucune modification de ressort ne serait introduite à l'avenir, sans que le Landesausschuss ne fût préalablement entendu. Dans ces conditions, puisque nous devons être saisis de tous les changements projetés, nous ne pouvons guère dire au Gouvernement de notre propre initiative : Le Landesausschuss est d'avis que telle ou telle justice de paix soit créée. Je crois donc que nous restons plus dans notre rôle en adoptant la proposition de la Commission, qui recommande la question à l'étude du Gouvernement.

La proposition de M. *Fulter* est mise aux voix et rejetée par 15 voix contre 9.

Les conclusions du rapport de la Commission sont ensuite adoptées.

La séance est suspendue pour 5 minutes.

A la reprise de la séance, M. le *Président supérieur* demande la parole et s'exprime en ces termes :

Dans la séance du 9 août dernier, M. Lorette a fait quelques observations tendant à dire que le département de la Lorraine était plus mal partagé au point de vue financier que les deux autres départements. Pour me renseigner exactement à ce sujet, j'ai fait extraire des comptes des années 1875 à 1877 un aperçu des recettes et dépenses que l'Etat perçoit et fait dans chaque département, et il ressort de cet aperçu que la Lorraine ne souffre *aucun* préjudice financier.

Voici le total de ces recettes et dépenses pour les trois années, non compris les recettes et dépenses directes de l'Administration centrale qui ne peuvent pas être réparties entre les trois départements :

	Haute-Alsace.	Basse-Alsace.	Lorraine.
Recettes	28 901 302 *M.*	41 291 356 *M.*	32 213 287 *M.*
Dépenses.	21 455 955 »	27 207 146 »	25 789 280 »
Excédant de recettes.	7 443 547 *M.*	14 084 210 *M.*	6 424 007 *M.*

L'excédant représente la contribution de chaque département aux frais de l'Administration centrale. Cette quote-part est par tête d'habitant de

16,50 *M.* dans la Haute-Alsace,
24,05 „ dans la Basse-Alsace,
13,86 „ en Lorraine;

elle forme dans la Haute-Alsace 89 p. 100,
„ Basse-Alsace 132 p. 100,
en Lorraine , 76 p. 100,

des contributions de l'Etat.

Les dépenses sont par tête d'habitant
de 48 *M.* dans la Haute-Alsace,
de 46 „ dans la Basse-Alsace,
et de 55,50 „ en Lorraine.

Vous voyez donc qu'à tous ces points de vue la Lorraine n'est nullement dans une situation plus défavorable que les autres départements.

Des aperçus plus détaillés seront publiés dans le *Journal des Communes.*

On passe au 3e objet de l'ordre du jour.

III.

2ᵉ lecture du budget de l'Administration générale des finances.

3ᵉ COMMISSION.

Rapporteur : M. Mieg-Kœchlin.

M. *Mieg-Kœchlin* fait observer qu'il était prêt à présenter, au nom de la 3ᵉ Commission, un rapport verbal sur cette partie du budget. Cependant, comme il est devenu nécessaire de faire quelques modifications à ce rapport, il prie l'Assemblée de renvoyer la discussion à demain.

Cette proposition est adoptée.

La séance est levée à 5 heures.

Prochaine séance : demain vendredi 7 mars, à 2 heures et demie de l'après-midi.

Ordre du jour :

1° Annexe XIV, Administration générale des finances.

2° Proposition N° 3, projet de loi concernant des dispositions relatives à l'instruction primaire.

3° Annexe IX du budget, chap. 42, titre 26.

4° Proposition N° 4, décharge du compte de 1874.

5° Annexe VII du budget, chap. 4.

DÉLÉGATION D'ALSACE-LORRAINE.

4ᵒ Commission.

RAPPORT DE M. ED. KŒCHLIN.

ort spécial sur le titre 5 du chapitre 19 des dépenses extraordinaires des travaux hydrauliques = 150 000 M.
pour augmentation du tirant d'eau et des moyens d'alimentation des canaux de la Marne-au-Rhin et de la Sarre.

Messieurs,

Dans votre séance du 18 février dernier, vous avez
oyé à la 4ᵉ Commission, pour l'examiner à nouveau
le sens indiqué par M. le Président supérieur, l'arti-
elatif à l'augmentation du tirant d'eau et des moyens
mentation des canaux de la Marne-au-Rhin et de la
e, et j'ai l'honneur de vous rendre compte, au nom de
4ᵉ Commission, des résultats de cet examen.

Votre Commission avait reconnu que les travaux d'ap-
ndissement ne pourraient pas s'arrêter à Strasbourg,
devraient se continuer au-delà, et que ce n'était pas
5 000 M, mais bien 3 000 000 M qu'il fallait prévoir.
egard d'une dépense aussi considérable, elle trouvait
te du Landtag prussien, reconnaissant qu'une subven-
de la part de la Prusse était justifiée, mais déclinant
cation d'une somme relativement très-minime de
00 M Dans ces circonstances, elle avait cru devoir
proposer de ne pas voter les 150 000 M demandés,
uestion n'étant d'ailleurs ainsi préjugée dans aucun

Votre Commission a appris depuis que les 300 000 M
il s'agissait n'eussent été qu'un premier terme, que la
se proposait 660 000 M, alors que l'Alsace-Lorraine
demandé 905 000 M, et cela non compris le canal du
e-au-Rhin; il lui a semblé que ces chiffres n'étaient
e dernier mot, et qu'il serait peut-être possible d'obte-
e la Prusse un concours proportionné à son intérêt si
idérable à ces travaux. Dans ces conditions, il a paru
re Commission qu'il y avait lieu de reprendre l'étude
question à nouveau et de formuler les *desiderata* dont
tisfaction devrait être recherchée.

La Commission a reçu connaissance de tableaux gra-
ues représentant les mouvements des marchandises
es canaux en 1875 et 1876, ainsi que de tableaux cor-
ndants pour le trafic par chemins de fer; elle en a de-

mandé la reproduction; ils ont été autographiés et vous
ont été distribués. L'examen même le plus superficiel de
ces tableaux prouve de la manière la plus incontestable la
nécessité absolue de prévoir aussi l'approfondissement du
canal du Rhône-au-Rhin et l'intérêt absolument dominant
de la Prusse quant aux débouchés de Sarrebrück vers la
France.

Votre Commission a reçu communication d'une lettre
adressée par la Chambre de commerce de Mulhouse à
M. le Président supérieur, et insistant pour que la section
de Mulhouse au Valdieu (frontière française) soit comprise
dans les prévisions d'approfondissement. Mais sur ce parcours, où il y a 40 écluses de dimensions encore restrein-
tes, la dépense serait de 1 600 000 M, et on ne trouverait
pas la quantité d'eau nécessaire pour assurer une alimentation suffisante. Votre Commission a donc dû reconnaître,
à son très-grand regret, que la section de Mulhouse au Valdieu ne pourrait pas être comprise parmi les voies navigables à améliorer. C'est un fait que nous ne saurions assez
déplorer, car il eût été désirable au plus haut degré que
les mêmes bateaux pussent circuler sur tout le réseau des
canaux d'Alsace-Lorraine.

Votre Commission a dû se préoccuper du degré d'utilité des canaux pour le pays, et elle a constaté avec peine
que la zône dans laquelle les canaux présentent de l'avantage sur les chemins de fer se réduit à une surface bien restreinte et dont les limites s'écartent trop peu de la voie
d'eau elle-même, et cela par le motif général que nos principales gares ne sont pas raccordées aux canaux et que les
produits arrivant ou partant par les canaux ne peuvent pas
aller directement du bateau au wagon ou réciproquement.
Votre Commission estime que si le pays entier doit contribuer à l'amélioration de nos voies navigables, si les riverains doivent supporter le préjudice qui résultera, pendant
de longues années au moins, de l'augmentation des filtra-
tions, et d'une manière durable de l'exhaussement des

rampes d'accès, il est de toute équité que les mesures nécessaires soient prises pour que ces voies profitent à la plus
grande partie possible du pays, et elle considère en conséquence que ces raccordements, pour lesquels il y aura lieu
d'ailleurs de faire appel, dans la mesure du possible, à des
subventions locales, doivent être considérés comme faisant
partie intégrante du projet d'amélioration de nos voies navigables, et que le coût de ces raccordements, déduction
faite des subventions locales ou des sommes que l'Empire
y consacrerait, devra être compris dans la somme totale
pour laquelle nous aurons à faire appel dans une très-large
mesure au fisc prussien.

Votre Commission a reçu deux pétitions demandant
l'établissement de raccordements, l'un à Saverne, l'autre à
Colmar; il lui a été communiqué en outre une lettre de la
Chambre de commerce de Mulhouse à M. le Président supérieur, demandant que le raccordement du nouveau bassin
de Mulhouse à la gare de cette ville soit compris parmi
ceux qui seront exécutés. A Saverne la dépense serait
minime; à Colmar on trouvera probablement, en dehors
d'une subvention municipale consentie de 8 000 ℳ par
kilomètre, et qui institue un exemple que nous espérons
voir suivi par les autres localités, des fonds d'Empire déjà
prévus pour cet objet, et qui seraient encore disponibles.
Quant à Mulhouse, il sera équitable de tenir compte que ce
raccordement est d'autant plus nécessaire et justifié que la
section de Mulhouse au Valdieu resterait exclue du travail général. A Strasbourg la question est pendante
ainsi qu'à Metz, où malheureusement le travail serait très-
cher.

Si de la question générale des transports nous passons
à celle plus spéciale des houilles et cokes, nous trouvons
qu'il y aurait différentes mesures qui pourraient abaisser
les prix des transports par canaux, et rendre par suite
ceux-ci utilisables pour un périmètre plus développé.

La Sarre entre Sarrebrück et Sarreguemines présente
souvent les mêmes inconvénients que l'Ill dans Strasbourg,
et il serait désirable que le Gouvernement prussien y éta-
blît un cable de touage.

Il serait utile que Sarrebrück améliore les communications entre les houillères et les points de chargement,
organise mieux le service des chargements, leur donne
plus de régularité, soigne sans intervention tierce les
affrêtements, ainsi que les transbordements et réexpédi-
tions par chemin de fer lorsqu'il y aura lieu. De cette manière la houille de Sarrebrück pourrait s'acheter rendue
franco à bord du bateau ou des wagons aux points d'arrivée, et il en résulterait un avantage pour le consommateur. Nous croyons d'ailleurs que pour discuter et arrêter
ces modifications qui sont plutôt de nature commerciale,
le mieux serait que l'Administration convoquât à des conférences à tenir sous sa direction à Strasbourg des représentants du Bergamt de Sarrebrück et des délégués des
Chambres de commerce d'Alsace-Lorraine.

Votre Commission a examiné également si le transit
à travers l'Alsace-Lorraine, et spécialement celui des bateaux allant de Prusse en France, était avantageux pour le
pays, et a reconnu que si les dépenses faites par les bate-
liers étaient une source de profit, ce transit occasionnait
des frais et des pertes d'eau qui faisaient plus qu'atténuer
les bénéfices recueillis; votre Commission croit en conséquence qu'il y aurait lieu à ce que l'Administration étu-
diât la question d'un droit à percevoir sur les bateaux non
alsaciens-lorrains transitant, droit dont la perception serait
facile et peu coûteuse, car elle pourrait être opérée par le
bureau de douane de sortie.

En résumé, Messieurs, l'amélioration de nos ca[naux]
profitera principalement à Sarrebrück, et elle ne se[ra]
pouvoir être entreprise que si la Prusse y contribue
largement.

Votre Commission vous propose donc d'invite[r le]
Gouvernement :

„1° à chercher à obtenir de la Prusse un conc[ours]
„très-considérable, allant notablement au delà de la m[oitié]
„des dépenses totales à faire pour augmenter le tirant [d'eau]
„des canaux de la Sarre, de la Marne-au-Rhin et du Rh[ône]
„au-Rhin, pour améliorer leurs moyens d'alimentatio[n,]
„pour les raccorder aux chemins de fer sur les princi[paux]
„points;

„2° à provoquer l'établissement par le Gouverne[ment]
„prussien entre Sarrebrück et Sarreguemines d'un [cable]
„de touage, pour l'usage duquel il ne serait perçu co[mme]
„rémunération que l'équivalent des frais de traction;

„3° A convoquer à ses conférences à Strasbourg [des]
„délégués du Bergamt de Sarrebrück et des délégué[s des]
„Chambres de commerce d'Alsace-Lorraine pour par[venir]
„à l'adoption par Sarrebrück de mesures qui assurent [une]
„utilisation plus générale et plus efficace des canaux [dans]
„le transport des houilles et cokes.

„4° A étudier la question de l'établissement d'un [droit]
„de navigation sur les bateaux non alsaciens-lorrain[s qui]
„transiteraient sur les canaux d'Alsace-Lorraine."

Il reste maintenant à voir s'il y a lieu d'inscrire [une]
somme au budget de 1879/80. Nous allons examiner [cette]
question.

Il doit être bien entendu tout d'abord que si [cette]
somme est portée au budget, rien n'en sera dépens[é et]
aucuns travaux ne seront entrepris avant que le Go[uver-]
nement d'Alsace-Lorraine ait obtenu satisfaction en[tière]
sur les trois premiers points dont il vient d'être ques[tion;]
nous ne parlons pas du quatrième, car c'est une m[esure]
intérieure que nous pouvons prendre par nous-même[.]

D'un côté, en n'inscrivant rien au budget [de cette]
année, nous laisserions la question absolument entièr[e, et]
nous nous réserverions en fait l'acceptation du trai[té à]
intervenir.

D'un autre côté, l'Administration insiste au poi[nt de]
vue technique, nous disant qu'il est utile de pouvoi[r, le]
plus tôt, après la réalisation d'un accord avec la Pr[usse,]
commencer les terrassements des digues des bassins [d'ali-]
mentation pour pouvoir leur laisser le temps de se ta[sser.]
Disons en passant à ce sujet que la question d'augm[enta-]
tion de l'alimentation est entièrement subordonnée à [celle]
de l'augmentation du tirant d'eau, car si celle-ci ne d[evait]
pas avoir lieu, l'alimentation n'aurait besoin que d['une]
augmentation bien faible; nous avons déjà fait pass[er en]
ment par les travaux votés dans le budget du premie[r se-]
mestre de 1879 ; le canal de la Sarre a déjà été rendu
étanche et le deviendra davantage encore, et ni en 1[876,]
ni en 1877, ni en 1878 il n'y a eu manque d'eau.

En outre il nous paraît ressortir des débat[s du]
18 février qu'il serait plus facile de parvenir à un ac[cord]
satisfaisant avec la Prusse, si par une inscriptio[n au]
budget nous avions manifesté l'intention d'exécute[r les]
travaux au cas où nos demandes seraient accueillies.

Enfin l'Administration déclare formellement, ce [que]
nous vous proposons de lui donner acte, qu'elle ne fera au[cune]
dépense ni ne commencera aucuns travaux qu'après [...]

obtenu l'assurance d'un concours suffisant, de sorte que l'inscription au budget ne nous engagerait que pour le cas où il aurait été satisfait à nos demandes.

Votre Commission vous propose donc, Messieurs, de vous rendre aux désirs exprimés par M. le Président supérieur dans la séance du 18 février dernier, en inscrivant dans le budget de l'Administration des travaux hydrauliques au titre 5 du chapitre 19 des dépenses extraordinaires, une somme de 150 000 ℳ sous la rubrique: Pour l'augmentation des moyens d'alimentation des canaux de la Marne-au-Rhin et de la Sarre (premier terme),

étant formellement entendu qu'il ne sera engagé aucune dépense ni commencé aucuns travaux avant que le Gouvernement prussien se soit engagé à satisfaire les désirs résumés dans les trois premiers points sur lesquels votre Commission vous a invités à vous prononcer. Nous considérons que l'Administration, par ses déclarations du 18 février dernier, a accepté cette réserve.

Le rapporteur,

Ed. Kœchlin.

DÉLÉGATION D'ALSACE-LORRAINE.

Sixième Session.

COMPTE-RENDU OFFICIEL.

16ᵉ SÉANCE

7 mars 1879, 2 heures et demie de l'après-midi.

SOMMAIRE : Communication d'une pétition; Discussion en 2ᵉ lecture du budget de l'Administration générale des finances; de la proposition Nᵒ 3, concernant des dispositions relatives à l'Instruction primaire; du chapitre 42, titre 26 des dépenses ordinaires du budget de l'Instruction publique; de la proposition Nᵒ 4, concernant la décharge des comptes de l'année 1874, et du chapitre 4 des dépenses extraordinaires du budget de l'Administration de l'Intérieur.

Président : M. Schlumberger.
Secrétaire : M. Schnéegans.
Présents : 28 membres; absent : M. Blandin.
Le Gouvernement est représenté par Son Exc. M. le Président supérieur, MM. les conseillers supérieurs Stemel et Richter, M. le premier avocat général de Puttkamer, MM. les conseillers de Sybel, Schollenbruch, Friedberg et Carl.

Le procès-verbal de la dernière séance est lu dans les deux langues et adopté.

M. le *Président* fait part qu'il a reçu une pétition d'un nommé Joseph Hosenlopp, de Bühl, relative à une concession d'auberge. Elle est renvoyée à la 4ᵉ Commission.

On passe à l'ordre du jour.

I.

2ᵉ lecture du budget de l'Administration générale des finances.

M. *Mieg-Kœchlin*, au nom de la 3ᵉ Commission, fait un rapport verbal et s'exprime en ces termes :
Messieurs, votre 3ᵉ Commission a examiné dans son ensemble le budget de l'Administration générale et, vu le peu d'observations à faire, elle a décidé qu'il vous serait présenté un rapport verbal.

Ayant trouvé suffisantes les explications données en marge sur les différents articles de ce budget, nous vous proposons d'accepter tels qu'ils sont indiqués les chiffres des recettes et des dépenses, sauf le titre 6 du chapitre 20, qui doit être réservé pour la balance.

Je ne parle pas du chapitre 22 des dépenses concernant les chemins de fer et que vous avez déjà voté.

Nous devons toutefois vous demander d'ajouter à la rédaction du titre 1ᵉʳ du chapitre 20 des recettes les mots suivants : *déduction faite des dédommagements pour la gérance des valeurs déposées volontairement par les communes et les Administrations publiques.*

Rédaction officielle :

(Abzüglich der Entschädigungen für die Verwaltung der freiwillig hinterlegten Werthpapiere der Gemeinden und öffentlichen Verwaltungen.)

A l'occasion du chap. 61 des dépenses, nous avons examiné et discuté la proposition d'un certain nombre de nos collègues tendant à créer un secrétariat.

Votre Commission a été unanime à reconnaître l'utilité de cette création, et elle vous propose par conséquent de prier M. le Président supérieur de vouloir bien constituer un bureau permanent du Landesausschuss, géré par un employé délégué par le Gouvernement.

Quant à la dépense que cela nécessitera, elle pourra être prélevée sur le crédit de 45 000 ℳ inscrit au susdit chapitre.

Recettes.

Chap. 20, titre 1ᵉʳ (Intérêts des sommes placées appartenant au Trésor, et bonification d'intérêts pour les fonds de communes et établissements publics déposés, suivant convention, à la Banque du Crédit foncier, 140 000 ℳ).

La Commission propose d'ajouter à l'intitulé de ce titre: „déduction faite des dédommagements pour la gérance des valeurs déposées volontairement par les communes et les Administrations publiques".

M. *Kœchlin*. Je demanderai soit à M. le rapporteur, soit à M. le commissaire du Gouvernement, quelques explications sur la portée financière de l'addition proposée par la Commission et concernant la déduction sur les 140 000 ℳ portés au titre 1ᵉʳ des frais de garde des titres déposés volontairement par les communes et les Administrations publiques. A combien peuvent s'élever ces frais?

M. le conseiller *de Sybel*, commissaire du Gouvernement. Vous savez tous, Messieurs, que la Banque du Crédit foncier et communal d'Alsace-Lorraine est chargée de gérer les valeurs des communes et des établissements publics. Elle ne recevait d'abord aucune indemnité pour cette gestion; mais à raison de la grande extension que celle-ci a prise avec le temps, il a paru équitable de lui en allouer une. Elle est fixée à 1/2 p. 1 000 des valeurs déposées. Ces valeurs atteignant aujourd'hui le chiffre de 20 à 21 millions, l'indemnité se monte à 10 000 ℳ en chiffres ronds, et n'est donc pas trop élevée. Pour la payer, il n'est donc pas nécessaire de diminuer ce titre des recettes, car le chiffre y émargé n'est basé que sur une évaluation approximative. En jetant les yeux sur les explications marginales, vous trouverez que les 140 000 ℳ se composent:

1° de la bonification de 115 000 ℳ à verser par le Crédit foncier;

2° des intérêts du fonds de réserve, avec 6 400 ℳ, et

3° de 18 600 ℳ pour intérêts de fonds provisoirement disponibles pour arrondir les chiffres.

Cette dernière somme est évaluée très-bas, et cela intentionnellement, pour avoir une certaine latitude d'arrondir les chiffres du budget. Il n'y a donc aucun inconvénient d'élever cette somme de 10 000 ℳ et de porter ainsi à 150 000 ℳ le chiffre des recettes. L'indemnité de 10 000 ℳ à accorder au Crédit foncier serait prélevée sur ces 150 000 ℳ, de sorte que le chiffre de 140 000 ℳ inscrit au budget même resterait intact. J'ajouterai que les intérêts provenant de fonds devenus disponibles dépassent aujourd'hui déjà de beaucoup la somme de 18 600 ℳ. L'augmentation prévue ne saurait donc souffrir de difficultés.

M. *Kœchlin* déclare s'abstenir du vote.

Le titre 1ᵉʳ est adopté avec 140 000 ℳ. Sont de même adoptés l'addition à l'intitulé proposée par la Commission, ainsi qu'un changement dans les observations marginales de ce titre, où le chiffre de 18 600 ℳ est porté à 28 600 ℳ, de sorte que, après la déduction de 10 000 ℳ pour dédommagement au Crédit foncier pour la gérance des valeurs déposées par les communes et les Administrations publiques, il reste les 140 000 ℳ émargés au titre 1ᵉʳ.

Le titre 2, avec 9 120 ℳ, est adopté sans discussion.

Au titre 3 (110 000 ℳ) M. Mieg-Kœchlin, rapporteur, fait remarquer que cette somme se compose de deux genres de recettes: des recettes pour fermages et de celles pour ventes de biens domaniaux non affectés. Le titre est, en partie, une conséquence de la loi sur les biens domaniaux que l'Assemblée a votée dernièrement.

Sont successivement adoptés:

Titre 3, avec 110 000 ℳ;

„   4, „   14 227 „ et

„   5, „   526 292 „

Le titre 6 (Produit de l'émission des bons du Trésor) est réservé pour la balance du budget.

Dépenses ordinaires.

L'Assemblée adopte sans discussion: Chap. 58 (Part matriculaire), avec 3 051 000 ℳ; chap. 59, avec 8 200 ℳ et chap. 60, titres 1 à 4, avec 1 026 630 ℳ.

Au chap. 61 (Dépenses pour la Délégation d'Alsace Lorraine, 45 000 ℳ), la Commission propose de prier M. le Président supérieur de vouloir bien constituer un bureau permanent du Landesausschuss, géré par un employé délégué par le Gouvernement.

M. *Kœchlin*. Je suppose que cet employé sera non plus un employé du Gouvernement momentanément délégué par ce dernier, mais qu'il aura un congé du Gouvernement, et sera exclusivement attaché au service du Landesausschuss, qui aura à fixer son traitement.

M. le baron *Zorn de Bulach* est d'avis que tous les membres de l'Assemblée partagent l'opinion de M. Kœchlin.

M. le *Président supérieur*. Puisqu'on paraît s'adresser à moi, il faut bien que je dise ma manière de voir. Je donnerai suite au vœu de l'Assemblée, quoique je ne puisse voir les avantages de la création projetée; je le ferai uniquement parce que l'Assemblée le désire.

M. *Mieg-Kœchlin*, rapporteur, fait remarquer que la Commission a été d'accord pour reconnaître l'utilité de la création d'un secrétariat permanent, mais qu'elle n'a pas cru devoir entrer dès maintenant dans les détails d'exécution et fixer un chiffre de traitement.

M. *Kempf*. M. le Président supérieur vient de faire entendre que, d'après lui, la création proposée n'a pas de raison d'être. Il me semble qu'en présence de cette déclaration il serait bon que la Commission nous indiquât les motifs de cette création et nous en expliquât l'utilité.

M. *Mieg-Kœchlin*, rapporteur. Je crois être l'interprète des sentiments de la Commission en pensant que nos honorables collègues sont tous, aussi bien que nous, même d'apprécier cette utilité. Tous, nous connaissons les nombreux travaux qui incombent au secrétariat, et je ne pense pas que la Commission puisse apprendre à l'Assemblée quelque chose de nouveau à cet égard. Je suis donc convaincu que nous sommes tous parfaitement initiés aux avantages de la création, et il semble inutile de les développer ici plus longuement, d'autant plus que le bureau s'était déjà prononcé en principe sur la question et ne l'a renvoyée à la Commission que pour faire un rapport.

M. *Grad*. Je pense que nous sommes tous d'accord sur l'utilité de la création d'un secrétariat permanent, qui d'ailleurs existe dans toutes les assemblées délibérantes. Entre autres travaux utiles, l'employé aurait à rédiger dans l'intervalle des sessions, un sommaire fidèle des comptes-rendus du Landesausschuss, sommaire qui paraît indispensable et qui est fait pour les comptes-rendus de toutes les assemblées de ce genre.

M. *Goguel* insiste pour que l'Assemblée tienne compte de l'observation faite par M. Kœchlin.

La proposition de la Commission est mise aux voix et adoptée.

M. le baron *Zorn de Bulach*. A l'occasion du chap. 61 je voudrais encore adresser une simple question au Gouvernement pour lui demander où en est le projet de construction d'un bâtiment convenable pour le siège de notre Assemblée et de la représentation future du pays. Inutile, Messieurs, d'entrer dans une longue discussion pour démontrer la nécessité de cette construction. Le bâtiment actuel est évidemment insuffisant pour les besoins de

Délégation, même si, ce que nous n'admettons pas, elle devait rester ce qu'elle est aujourd'hui; il le sera bien plus encore une fois que — ce que nous sommes en droit d'espérer et d'attendre dans un avenir très-prochain — nos attributions et notre nombre seront augmentés et que nous serons devenus une véritable chambre délibérative.

Il y a quelques années déjà que cette question a été soulevée au sein de l'Assemblée, et le Gouvernement a reconnu avec nous la nécessité d'une nouvelle construction et a fait dresser des plans à cet effet. Il serait bon de savoir où en sont ces plans, car il y a réellement urgence. Le local actuel est, je le répète, beaucoup trop petit; nous y étouffons littéralement. Il pouvait être bon comme local provisoire, mais voilà cinq ans que cela dure et il est grand temps, ce me semble, de sortir du provisoire. Il est triste d'avoir à le dire, mais il n'est pas un pays dont la représentation soit installée — passez-moi l'expression — dans un local aussi misérable. Il n'y a même pas de chambre où nous puissions recevoir une visite; les chambres de Commission ne suffisent pas, et si nous nommons une Commission spéciale, elle ne trouve pas où s'installer sans chasser une autre Commission de son local habituel. Un autre inconvénient non moins grave, c'est que les honorables commissaires du Gouvernement qui assistent à nos séances sont relégués dans un coin, comme s'ils avaient un pensum à écrire. Nous sommes obligés de leur tourner le dos, ce qui n'est pas convenable. Ils sont en outre — comme nous tous d'ailleurs — exposés, dans cette salle, à des courants d'air continuels, et souvent l'on est souffrant pour avoir été à son poste. Tout cela nous fait comprendre que les commissaires du Gouvernement qui, dans les commencements, étaient très-assidus à nos séances, n'y viennent plus aujourd'hui que quand leur service l'exige. Ils y sont véritablement trop mal. Il nous faut donc un autre local, et nous pourrons espérer alors voir assister à nos délibérations non plus seulement un ou deux commissaires du Gouvernement, ce qui est toujours regrettable, mais le Gouvernement tout entier. Il nous faut d'ailleurs arriver à la publicité de nos séances, et comment serait-elle possible avec le bâtiment actuel?

Je demanderai donc au Gouvernement de vouloir bien nous renseigner sur l'état de la question, et j'espère qu'il nous donnera des explications satisfaisantes.

M. le *Président supérieur*. Le nouveau bâtiment devra nécessairement être construit dans les nouveaux quartiers de Strasbourg, et la construction est donc subordonnée à l'arrêté des plans, des places et rues dans ces nouveaux quartiers. Cet arrêté dépend lui-même de la loi qui est soumise actuellement au Landesausschuss.

Le Gouvernement n'a rien négligé jusqu'à présent pour l'exécution du projet de construction; les plans sont dressés et les retards d'exécution ne proviennent pas du fait de l'Administration.

M. le baron *Zorn de Bulach* remercie Son Exc. M. le Président supérieur de ces explications.

Il en résulte que le Gouvernement n'a pas reculé dans l'idée de construire un bâtiment pour la représentation du pays, mais que l'exécution en a été empêchée jusqu'ici par des considérations particulières provenant de l'agrandissement de la ville de Strasbourg. Il faut espérer que ces considérations ne tarderont pas à disparaître et qu'on pourra marcher alors avec d'autant plus d'ardeur à la réalisation de nos désirs.

M. le *Président Schlumberger* donne lecture de la proposition suivante qui vient d'être déposée par MM. Kempf, Kœchlin et Mieg-Kœchlin :

„Le Landesausschuss, considérant qu'il est hautement désirable que l'Alsace-Lorraine obtienne un Gouvernement constitutionnel représentatif, ainsi que l'initiative parlementaire pour la représentation du pays,

„Exprime le vœu qu'il soit accordé à l'Alsace-Lorraine une constitution propre comme Bundesstaat avec siège du Gouvernement à Strasbourg et représentation au Bundesrath."

M. *Fulter*. Messieurs, je ne suis guère préparé à discuter le vœu qui vous est soumis. Je n'en ai pas eu le texte entre les mains et me trouve passablement embarrassé pour en apprécier la portée exacte. Si les considérations que j'entends faire valoir tout à l'heure se développent quelque peu à bâton rompu, j'espère que l'Assemblée voudra bien m'accorder son indulgence.

Messieurs, tous tant que nous sommes ici, nous poursuivons certainement, depuis quatre années, un but commun : le bien de notre pays. S'il y a parmi nous des divergences d'opinion, elles ne touchent en rien ce but; elles concernent tout au plus les voies et moyens pour y arriver.

Le vœu que nous avons à examiner est une manifestation nouvelle du désir que nous éprouvons de faire sortir l'Alsace-Lorraine de la situation fâcheuse où elle se trouve. Il est pour nous d'une importance majeure et mérite d'être examiné mûrement. Aussi eussé-je désiré qu'on le fît imprimer et distribuer à tous les membres de la Délégation, comme cela se pratique d'ordinaire pour des propositions de bien moindre importance. Nous eussions été à même d'en étudier la rédaction et de la modifier en tant que de besoin. On n'a pas cru devoir recourir à l'impression; je le regrette.

En ce qui me concerne personnellement, je dirai qu'hier, à une heure avancée, il m'a été remis, un peu par hasard probablement, un petit morceau de papier contenant une formule de vœu qui m'a paru comporter des modifications. Aujourd'hui cette formule est changée; on m'accordera qu'il est difficile de s'en faire une idée exacte à la simple audition. Quand bien même elle se rapprocherait de celle qui a été votée l'année dernière, ce n'est pas une raison pour y donner d'emblée son assentiment. Je ferai remarquer, en effet que l'année dernière on a procédé exactement comme cette année-ci.

De la lecture qui vient d'être faite j'ai retenu que le vœu demande trois choses dont il importe que nous nous rendions bien compte :

1° Un gouvernement constitutionnel représentatif ;

2° La qualité d'Etat fédéral (Bundesstaat) pour l'Alsace-Lorraine ;

3° La représentation de notre pays au Conseil fédéral (Bundesrath).

J'appuie de toutes mes forces la demande d'un gouvernement constitutionnel représentatif avec toutes les attributions qu'il comporte. Mais je pose une interrogation à propos de ce gouvernement : Pourquoi ne dit-on rien de la personnalité qui devra le diriger, en avoir la présidence?

Le chef pourrait être un fonctionnaire, — de classe supérieure, si vous voulez, — mais enfin rien qu'un fonctionnaire.

Il pourrait être aussi, avec le titre de lieutenant-général de l'Empereur, un duc, un prince de famille souveraine.

Le vague dans lequel on est resté laisse possible la réalisation de l'une comme de l'autre des deux hypothèses.

J'aurais voulu savoir quelle est celle que l'on envisage.

Pour moi, je suis d'avis que la première hypothèse donne à notre pays autant de garanties de bonne administration que la seconde.

Peut-être néanmoins que la majorité de l'Assemblée ne partage pas mon opinion. Dans ce cas, je voudrais attirer son attention sur les conséquences qu'entraînerait le choix d'un prince de maison souveraine.

Nous n'avons pas de palais dans notre capitale ; il en faudrait bâtir un. Le prince, chacun le comprend de reste, devrait tenir un état de maison digne de son rang, une cour ; le pays aurait naturellement à payer une liste civile. Or tout cela se traduit par une dépense de plusieurs millions. Eh bien ! demandons-nous, Messieurs, si nous sommes en situation de charger ainsi notre budget. Est-ce au moment où vous voulez achever l'Université, compléter le réseau de nos chemins de fer, procéder à la révision du cadastre si impatiemment attendue ; est-ce au moment où l'on parle d'augmenter le tirant d'eau des canaux, d'abolir l'impôt sur la circulation du vin ; de diminuer la foncière pour venir en aide à l'agriculture dont la situation est si pénible, que vous pourriez vous décider à voter de nouvelles dépenses en faveur d'une satisfaction très-problématique ?

En entrant dans cette voie, nous serions certains de ne pas avoir les populations derrière nous. On peut les interroger, il y a cent moyens de le faire, et l'on verra si leur réponse est douteuse.

D'ailleurs, ma conviction bien établie est que les gens qui pourraient espérer l'envoi d'un prince en Alsace-Lorraine se font complètement illusion. Quel que soit le haut personnage que l'on ait en vue, il connaît aussi bien que nous l'état de l'opinion publique, et il ne consentira jamais à provoquer des dires et des remarques comme ceux qui me sont venus aux oreilles et dont je suis en ce moment un simple écho. Que l'on tente l'aventure, et je me trompe fort, ou toute proposition du genre sera accueillie par un refus.

Mais, me dira-t-on, qui parle d'un prince ; qui en demande un ? Je vois venir l'objection . . . .
. . . .

M. *North.* Où voyez-vous cela ?

M. *Fulter.* Dans votre attitude, à l'expression de vos physionomies . . . .

M. *de Bulach.* Vous avez une bonne vue !

M. *Fulter.* Oui, Monsieur, elle est excellente quand il s'agit de voir ces choses-là !

Je dis qu'il n'y a pas à se tromper à l'air de vos physionomies, à vos sourires, à vos gestes, à vos entretiens particuliers. Eh bien ! s'il n'a jamais été question d'un prince, qu'on me dise alors ce que signifient ces articles de journaux lancés depuis longtemps déjà comme des ballons d'essai ; ces conversations qu'on se tient à l'oreille avec un air mystérieux. Messieurs, rappelez-vous le proverbe : „Pas de fumée sans feu !" Voici de la fumée.

Permettez-moi de vous donner connaissance d'un article de journal qu'on vient de me remettre, journal officiel pour une partie, et en tous cas toujours officieux :

„Les délibérations de notre Délégation avancent assez lentement. Jusqu'ici il n'y a eu que peu de séances plénières, ce qui vient peut-être en partie de l'habitude qu'ont nos représentants de retourner vers la fin de la semaine au foyer domestique et d'y rester le plus longtemps possible. Dans la séance du 7 février, on a débattu des questions intéressantes de politique financière. On y a aussi exposé de nouveau les pertes sensibles qu'éprouve le pays par la bonification des frais de l'Administration douanière qui se fait pour le compte de l'Empire. En effet, une estimation modérée a démontré que la perte qui résulte pour le pays d'Empire de la perception et de l'administration des droits de douane s'élève par an à plus d'un million de marcs. L'Administration des douanes, des contributions indirectes et de l'enregistrement se trouvant confiée chez nous aux mains d'une seule et même autorité, l'exposé de l'état de choses en question présente d'assez sérieuses difficultés. Si maintenant l'Empire bonifiait à la caisse d'Alsace-Lorraine la différence d'environ 1 200 000 *M* de recette annuelle, on se trouverait en état de réaliser sous d'autres rapports des réformes et des réductions de contributions. . . . .

M. *Fulter.* . . . . Je vous demande pardon, Messieurs, si je mets un peu votre patience à l'épreuve. . .

M. *Kœchlin.* Nous en avons !

M. *Fulter.* Mon Dieu ! Je comprends que ma lecture ne vous fasse pas grand plaisir. Mais l'article est significatif. Du reste j'arrive au passage qui vous intéressera :

„ . . . . . Abstraction faite d'allégements de cette nature au profit des contribuables, il deviendrait aussi possible par là de couvrir pleinement, sans autre charge pour le budget, l'excédant éventuel des dépenses de „l'autonomie", c'est-à-dire *les frais occasionnés par un gouvernement ministériel propre et la* DOTATION D'UNE LIEUTENANCE PRINCIÈRE. (Il y aurait aussi place alors pour une subvention „impériale" en faveur d'un grand théâtre national. Du reste la question des frais de l'autonomie, et notamment de la charge d'une liste civile, est l'argument principal des adversaires des tendances autonomistes."

Je crois, Messieurs, pouvoir me dispenser de tout commentaire, et vous m'accorderez que j'avais des motifs d'examiner l'éventualité de la désignation d'un prince pour nous gouverner.

Mais passons !

2° Le projet de vœu demande que l'Alsace-Lorraine devienne un Bundesstaat.

Ici, Messieurs, ce n'est pas moi qui argumenterai.

Je me borne à vous rappeler les explications que nous donnait, dans une circonstance toute récente, un de nos honorables collègues de la majorité. Le Bundesstaat est souverain chez lui ; il règle à sa guise toutes ses affaires propres, et notamment les questions de finances. En outre, il concourt avec les autres Bundesstaaten au règlement des questions politiques intéressant l'Allemagne. Mais précisément, d'après ce que nous a dit notre collègue sous l'impression de ses idées très-nettes en cette matière, et sans doute aussi des renseignements qu'il a pu recueillir dans les sphères compétentes, le parti est bien arrêté de ne nous accorder aucune attribution politique. Nous pourrions autrement, gêner, contrecarrer des mesures à l'exécution desquelles on tient essentiellement. C'est un danger qu'on est décidé à ne pas courir.

La conséquence se tire d'elle-même : il faut effacer du vœu une demande qui ne serait qu'un coup d'épée dans l'eau, et qui traînerait à sa suite une atteinte à notre dignité.

3° J'arrive à la représentation au Bundesrath.

Les représentants au Bundesrath sont désignés par les souverains des États. C'est donc l'Empereur, personnification de l'Empire, qui nommerait le nôtre. Mais ces représentants ont une mission politique. Est-il supposable, je vous le demande, que notre représentant, nommé par l'Empereur, reçoive des instructions différentes de celles qui sont données au représentant de la Prusse, du moment que l'Empereur et le Roi de Prusse se confondent dans la même personne ? Nul ne soutiendra sérieusement cette opinion. Mais si les voix de l'Alsace-Lorraine s'ajoutent à celles de la Prusse, l'équilibre précaire que l'on a eu tant de peine à établir au Bundesrath est rompu du coup. Les États secondaires d'Allemagne courent risque d'être majorisés, absorbés. Peut-on, franchement, croire qu'ils soient disposés à se laisser faire ? Non, Messieurs; ils s'opposeront à notre demande ; nous les aurons immédiatement pour adversaires. Cela est-il de notre intérêt ? Songez donc que notre existence, comme État, n'est possible qu'avec l'organisation actuelle de l'Allemagne !

Donc, à propos de la troisième demande encore, les auteurs du vœu font fausse route; il faut effacer ou tout au moins modifier le passage.

Messieurs, je veux comme vous une extension aussi grande que possible de nos pouvoirs. On a dit et redit pourquoi cette extension est indispensable. Nous ne sommes guère que tolérés. Nos attributions sont mal définies. Les journaux nous appellent *Assemblée consultative*. Le fameux art. 10 que nous souhaitons tous de voir abrogé est toujours là. Nous avons, en quelque sorte, une situation d'ilotes par rapport au reste de l'Allemagne. Il faut un changement. Nous avons absolument besoin que nos intérêts soient défendus avec énergie au Bundesrath, je le dis comme vous. Quelle que soit la hardiesse des revendications que votre patriotisme vous suggère, je les soutiendrai de toutes mes forces; je n'entends demeurer en arrière de personne. Mais, je vous en prie, que la hardiesse n'exclue pas la prudence !

Ne formulons pas nos demandes en termes qui ne soient pas en rapport avec le but. Ne réclamons pas une représentation au Bundesrath qui mette en question l'existence de notre pays d'Alsace-Lorraine; expliquons-nous clairement. Rendons-nous soigneusement compte de la portée de nos expressions.

Le projet de vœu qui nous est soumis est vague, élastique. Il laisse la porte ouverte à des interprétations diverses. On peut, tout en paraissant y accéder, nous *octroyer* à peu près le contraire de ce que nous voulons.

Notre représentation au Bundesrath, telle qu'on paraît la comprendre en ce moment, nous aliène inévitablement les États secondaires d'Allemagne; je le dis et je le prouve. Nos voix deviennent un appoint des voix de la Prusse, et *notre pays d'Alsace-Lorraine devient une province prussienne!* Ce n'est pas là, bien certainement, ce que vous souhaitez.

Il n'existe absolument point de motifs pour nous de choisir entre la Prusse et les États secondaires; nous ne devons nous aliéner ni l'une ni les autres. Nous voulons affirmer davantage notre nationalité; mais pour cela il faut avant tout que nous restions nous-mêmes.

Je vous propose de modifier comme suit la rédaction du vœu :

„Le Landesausschuss émet le vœu qu'il soit accordé à l'Alsace-Lorraine un gouvernement constitutionnel représentatif ayant, de même que le fonctionnaire chargé de le présider, son siège à Strasbourg."

Je n'ajouterai plus qu'un mot, Messieurs; ce sera pour vous exprimer l'ardent désir que j'éprouve de voir la réflexion et votre patriotisme éclairer vos esprits et vous indiquer comment vous devez voter pour sauvegarder l'existence et l'avenir de notre pays.

M. *Grad*. Messieurs, rassurez-vous, je ne viens pas vous faire un nouveau discours. Après les observations si précises que vient de nous soumettre notre honorable collègue M. Fulter, je me bornerai à la déclaration que voici. J'adhérerai soit à l'amendement de M. Fulter, sans explication, ou bien à la proposition de MM. Kempf, Kœchlin, Mieg-Kœchlin, avec les explications suivantes :

L'an passé je me suis déclaré pour une constitution propre en faveur de l'Alsace-Lorraine, avec siège du Gouvernement à Strasbourg. Or par siège du Gouvernement à Strasbourg j'entends le transfert à Strasbourg de la section d'Alsace-Lorraine du Reichskanzleramt, sous la direction d'un délégué de l'Empereur en qualité de gouverneur. Que si je puis exprimer l'opinion de mes commettants, les désirs de la population de la Haute-Alsace, j'ajouterai qu'en raison de ses aspirations cette population est contraire à l'installation d'un prince avec une liste civile pour l'entretien d'une cour. Ce que nous voulons, ce sont les franchises et les droits dont nous jouirions si nous étions citoyens prussiens, au lieu d'appartenir à un Reichsland. Tout naturellement une Constitution octroyée à l'Alsace-Lorraine implique l'autonomie du pays, avec représentation au Bundesrath, avec voix consultative tout au moins, pour la défense de ses intérêts.

Je fais ces observations pour expliquer mon vote sur la proposition de MM. Kempf, Kœchlin et Mieg-Kœchlin, dont les termes me semblent trop vagues.

M. *Fulter* fait observer que sa proposition étant un amendement à celle faite par MM. Kempf, Kœchlin et Mieg-Kœchlin, doit avoir la priorité sur cette dernière. Il demande le vote par scrutin secret et dépose à cet effet une proposition signée par lui, MM. Bichelberger, Grad, Junger et Thomas.

M. *le Président* déclare que la proposition de M. Fulter ne constitue pas un amendement à celle de M. Kempf et consorts, mais est une nouvelle proposition indépendante de l'autre, et n'a donc pas la priorité sur celle-ci ; que la priorité appartient à la proposition qui lui a été remise la première.

MM. *Kempf, Kœchlin, Mieg-Kœchlin, Nessel* et *North* déposent une demande de vote par appel nominal sur les deux propositions.

M. *Fulter* proteste contre cette demande, et ajoute qu'on ferait violence à la minorité en procédant au vote par appel nominal contrairement à une demande de scrutin secret déposée la première.

M. *Kœchlin* est d'avis que dans des choses d'une si haute gravité chacun doit avoir le courage de son opinion.

M. *Schnéegans* fait remarquer que personne ne voudra contester à M. Fulter le droit de demander le vote par scrutin secret, mais qu'il ne saurait non plus contester à ses collègues le droit de faire une proposition contraire. D'après l'art. 29 du règlement le vote par appel nominal et le vote par scrutin secret peuvent être demandés ; s'ils le sont simultanément, c'est l'Assemblée qui devra se prononcer pour l'un ou l'autre vote, le règlement ne contenant pas de disposition qui donne la priorité à la proposition faite la première.

M. *Fulter* persiste à croire que sa proposition n'est qu'un amendement et que sa demande de scrutin secret ne saurait être écartée par une demande de vote par appel nominal *déposée postérieurement*.

Après un échange d'observations entre MM. Fulter, Kœchlin, Lorette, North et Schnéegans, M. le Président consulte l'Assemblée, qui se décide pour le vote par appel nominal. En conséquence la proposition de MM. Kempf, Kœchlin et Mieg-Kœchlin est mise aux voix, et M. le Président procède à l'appel nominal en invitant les membres à répondre par *oui* s'ils sont pour la proposition, et par *non* s'ils sont contre.

MM. Bichelberger, Bozon, Ditsch, Junger et Thomas quittent la salle à ce moment et ne rentrent qu'après le vote. M. Bichelberger déclare s'être retiré pour ne pas prendre part au vote.

Tous les membres présents répondent par *oui* à l'appel de leur nom, à l'exception de M. Fulter, qui déclare refuser de voter.

La proposition de MM. Kempf, Kœchlin et Mieg-Kœchlin est donc adoptée. Ont voté pour: MM. Adt, Auscher, Baudry, Goguel, Grad, Helbig, Kempf, Klein, Kœchlin, Lorette, Mieg-Kœchlin, Nessel, North, Dr. Rack, Reuss, Ritzenthaler, Rudolph, Schlumberger, Schnéegans, Simonin, Speckel et baron Zorn de Bulach.

M. *Grad* a déclaré n'avoir voté que sous bénéfice des observations qu'il vient de présenter.

La proposition de M. Kempf et consorts étant adoptée, celle de M. Fulter se trouve, par cela même, écartée, et l'Assemblée passe au vote du chapitre 61, qui est adopté avec 45 000 ℳ

Sont de même adoptés :

Chapitre 62, avec 3 000 ℳ, et chapitre 63, titre 1er, avec 300 000 ℳ

Titre 2 (Pensions, etc., à des fonctionnaires et instituteurs, 300 000 ℳ).

M. *Goguel*. J'appellerai, comme je l'ai fait dans toutes nos sessions, l'attention toute particulière du Gouvernement sur la position des instituteurs, particulièrement de ceux qui ont été pensionnés sous le régime de la loi française, et qui, très-souvent, ne percevaient, à titre de pension, que des sommes insignifiantes. Il s'agit ici d'une classe très-intéressante de pensionnaires. Je m'empresse de reconnaître que le Gouvernement a déjà fait quelque chose pour eux, en fixant à 400 ℳ le maximum de la pension; mais on devrait faire un pas de plus et accorder intégralement et indistinctement 400 ℳ à tous ces vieux serviteurs de l'Etat. Je ferai remarquer que ces fonctionnaires diminuent d'année en année, et c'est là une raison de plus pour que le Gouvernement ne se montre pas trop économe à leur égard. Je le prierai donc de n'apporter plus aucune restriction à l'avenir au paiement intégral des 400 ℳ alloués comme maximum; il fera ainsi une œuvre humanitaire qui mérite toute sa sollicitude.

Le titre 2 est mis aux voix et adopté.

L'Assemblée adopte ensuite successivement :

Chap. 64, avec 80,000 ℳ
  „ 65, „ 93 000 „
  „ 66, „ 100 000 „
  „ 67, „ 1 000 „
  „ 68, „ 200 000 „
  „ 69, „ 50 000 „

la récapitulation des dépenses ordinaires et le total de ces dépenses, avec 5 265 830 ℳ

Chapitre 21 des dépenses extraordinaires, avec 2 000 000 ℳ

Chap. 23, avec 9 000 ℳ

(Le chap. 22 a déjà été voté antérieurement) ainsi que le total des dépenses extraordinaires, avec 2 659 000 ℳ, et l'ensemble du budget de l'Administration générale des finances, à l'exception du chap. 20, titre 6 des recettes, qui a été réservé pour la balance du budget.

II.

Proposition N° 3. Projet de loi sur l'instruction primaire.

Rapporteur, M. Nessel.

L'Assemblée passe à la discussion des articles de la loi.

§ 1.

M. *Simonin*. Dans le sein de la 2e Commission il n'a été parlé qu'avec peu de détails de la situation particulière de l'école normale de Colmar, aussi je crois devoir placer ici une observation; j'ai, du reste, pris préalablement l'avis de mes honorables collègues de la Commission.

A côté des terrains occupés par l'école normale, mais faisant partie du même enclos, se trouve un autre terrain mis à la disposition de la Société d'horticulture de Colmar. En raison des services que rend cette Société, je verrais avec peine qu'elle fût gênée dans son développement et je verrais une gêne à ce qu'elle fût obligée de devenir locataire de l'Etat; je propose donc de distraire de la cession dont parle l'art. 1, § 3 de la proposition III, la portion occupée par ladite Société et je désire qu'avant la prise de possession de l'école normale par l'Etat, il soit procédé à une délimitation préalable. Je dépose donc le vœu suivant:

„La portion de terrain de l'école normale de Colmar „mise à la disposition de la Société d'horticulture de la „Haute-Alsace, restera propriété du département, et ce „après délimitation préalable de ce qui était utilisé par „l'Ecole normale jusqu'au moment de l'incendie.“

M. *Mieg-Kœchlin*. Je me joins complètement à l'observation de l'honorable M. Simonin et je la compléterai en ce sens que le terrain dont s'agit n'a jamais fait partie de l'école normale, mais a toujours été destiné à d'autres services. En ce moment-ci, par exemple, il est loué à la Société d'horticulture.

M. *Kempf*. Je suis grand partisan de la tendance du premier article de la loi. Mais dans la situation où nous sommes et après le vœu qui vient d'être émis, je crois que nous ne pouvons pas voter cet article sans scrupule. Nous déposséderions en effet toutes les communes des bâtiments qu'elles possèdent, et pourquoi? pour en transférer la propriété au pays, c'est-à-dire à quelque chose qui n'existe pas en réalité, puisque nous ne sommes pas un Etat. Il serait donc inopportun de voter cet article avant que nous ayons obtenu la constitution que nous sollicitons. Il y a d'ailleurs encore un autre point qui me fait hésiter. Je me demande si nous, qui sommes les délégués des Conseils généraux, nous avons qualité pour déposséder les départements. Les propriétés départementales sont en effet inaliénables sans le consentement du Conseil général. Je ne crois donc pas pouvoir donner mon adhésion à la mesure contenue dans cet article.

M. *Nessel*, rapporteur. La Commission s'est principalement ralliée aux motifs accompagnant la loi. Or il me semble résulter de ces motifs que M. Kempf va trop loin en parlant de dépossession, ou plutôt en attachant à ce mot le sens d'enlèvement complet de propriété. Ce n'est pas ainsi qu'il faut envisager la chose : c'est plutôt l'usufruit qui est accordé à l'Etat, tandis que la nue-propriété reste implicitement au département.

Cela ressort d'ailleurs clairement de la restriction posée par le § 2 de la loi, qui dit : „Les immeubles cédés à l'Etat, en vertu de la présente loi, feront retour au département auquel ils appartenaient avant cette cession, si ces immeubles venaient à être désaffectés à leur destination actuelle, et seront remis dans l'état où ils se trouveront au moment de cette désaffectation. "

Si donc il arrivait que quelque bâtiment, suffisant actuellement, ne le soit plus dans quelque temps d'ici et que l'Etat choisisse, pour le reconstruire, un autre emplacement, la propriété de l'ancien bâtiment fera immédiatement retour au pays. L'Etat n'a donc en réalité sur ces bâtiments qu'un usufruit et même un usufruit onéreux.

Je citerai d'ailleurs comme précédent de la mesure que nous prenons, ce qui existe pour les bâtiments militaires dans un grand nombre de villes de France et spécialement de l'Alsace-Lorraine. La nue-propriété de ces bâtiments appartient aux villes; l'usufruit, au contraire, en est attribué à l'Administration de la guerre, tant que ces bâtiments restent affectés à l'usage militaire. Le jour où ils devraient changer de destination, la propriété en retomberait aux communes. C'est ce qui a eu lieu dans plusieurs villes de l'Alsace, à Schlestadt et à Hagenau par exemple. C'est dans cet esprit que la Commission a formulé le § 1, qu'en cet état de cause nous pouvons, je crois, adopter sans aucun scrupule.

M. *Kempf*. Je ne suis pas convaincu par les explications que vient de nous donner l'honorable rapporteur. L'art. 1 de la loi, tel qu'il est conçu, n'implique qu'un transfert de propriété pur et simple à l'Etat : le texte est formel à cet égard. Il est vrai que la Commission a introduit une correction, mais elle ne suffit pas pour me tranquilliser. Nous ne pouvons pas, je le répète, déposséder les départements au profit d'un Etat qui n'est pas un Etat. Si on a voulu transférer simplement l'usufruit, il fallait le dire formellement.

M. *Nessel*, rapporteur. La Commission n'a pas envisagé la question au point de vue politique; elle n'a entendu faire qu'un acte d'administration.

M. *Kempf*. Nous ne sommes que les délégués des Conseils généraux, et ce sont ces derniers qu'en leur qualité de tuteurs des propriétés départementales, il faut consulter pour une aliénation quelconque.

M. *Grad*. Je me rallie entièrement à l'avis exprimé par M. Kempf. Nous n'avons pas mandat pour exproprier les départements : ce sont les Conseils généraux qui ont à soigner les intérêts départementaux ; nous ne sommes que leurs délégués.

M. *Nessel*, rapporteur. Je ferai seulement encore observer que nous ferions un mauvais cadeau aux départements en leur maintenant la propriété de ces bâtiments; car cela impliquerait pour eux l'obligation de supporter les charges du propriétaire, les dépenses de gros entretien, qui certainement sont très-onéreuses. En acceptant la propriété, l'Etat prend ces dépenses à sa charge et en dispense les départements.

M. le *Président supérieur*. Il s'agit ici d'une propriété publique, et il est tout à fait indifférent que cette propriété soit entre les mains du département ou entre celles de l'Etat. Aussi longtemps que la destination des immeubles en question reste la même, il ne peut pourtant être pris aucune disposition à leur égard. Si maintenant cette disposition passe à l'Etat, il n'y a là rien d'extraordinaire. Il arrive fréquemment que la propriété d'une Administration soit transférée à une autre Administration sans qu'il en résulte le moindre dommage pour la première. C'est ainsi qu'une route départementale peut devenir route impériale, et passer ainsi de la propriété des départements à celle de l'Etat, et cela au grand contentement du département. Il en est tout à fait de même au cas particulier : l'Etat veut

prendre les dépenses à sa charge pour mieux sauvegarder les intérêts des séminaires, ce qui est tout à fait dans l'intérêt du département, surtout si le § 2 proposé par la Commission est encore adopté ; car d'après ce paragraphe la propriété des immeubles retomberait aux départements en cas de changement de destination. Il n'y a donc rien à objecter contre la loi ni au point de vue des principes ni à celui de l'utilité pratique. La propriété des bâtiments en question est transférée au Trésor ; quant à la situation de l'Alsace-Lorraine au point de vue du droit public, elle est tout à fait indifférente. Il est admis que l'Alsace-Lorraine a son Trésor particulier et qu'elle forme sous le rapport financier un Etat à part, et le nom sous lequel cet Etat est désigné ne peut rien changer à la question.

Le 1er et le 2e alinéa du § 1 de la loi sont adoptés avec la rédaction proposée par la Commission.

A l'alinéa 3, MM. Kœchlin, Baudry, Mieg-Kœchlin, Ritzenthaler et Simonin présentent la proposition suivante:

„La portion de terrain de l'école normale de Colmar mise à la disposition de la Société d'horticulture de la Basse-Alsace restera propriété du département, et ce après délimitation préalable de ce qui était utilisé par l'école normale jusqu'au moment de l'incendie. "

M. *Nessel*, rapporteur, fait observer que cette proposition n'a pas été portée à la connaissance de la Commission, et qu'il n'en a reçu communication qu'à l'ouverture de la séance d'aujourd'hui. Il ajoute qu'il ne pense pas que la Commission ait quelque chose à objecter contre la proposition.

M. le *Président supérieur*. Je n'ai de mon côté aucune objection à faire contre cette proposition qui, d'ailleurs, ainsi que je l'admets, ne devra pas être introduite dans la loi. Je connais la situation et je sais qu'elle est conforme à ce qu'a dit M. Simonin.

La proposition de MM. Baudry et Kœchlin, ainsi que l'alinéa 3 du § 1 de la loi sont adoptés.

On passe ensuite à la discussion du nouveau § 2 ajouté par la Commission.

M. *Kempf*. Cet article jette une pleine lumière sur la question que j'avais soulevée tout à l'heure. C'est bien d'une cession de propriété qu'il s'agit, puisqu'il est dit dans le texte que les immeubles feront retour au département *auquel ils appartenaient avant cette cession*. Mon observation était donc fondée.

M. *North*. Je tiens à tranquilliser les scrupules de l'honorable M. Kempf. Le département a évidemment tout intérêt à ce que la propriété des immeubles en question passe à l'Etat, puisque, si l'Etat n'avait que l'usufruit, les grosses réparations et, en général, les dépenses d'entretien ne seraient pas à sa charge. De plus, tous ces bâtiments feront retour au département avec toutes les réparations et les constructions nouvelles qui auront été faites, et cela sans aucune indemnité. Le département ne subit aucun préjudice par suite de la mesure prise dans la loi.

M. *Kempf*. On ne me conteste donc plus que c'est bien la propriété qu'il s'agit d'enlever au département. Or je crois que nous n'avons pas mission pour cela et qu'il fallait avant tout consulter les Conseils généraux. D'un autre côté, cette propriété, nous la transférons à un Etat qui, je le répète, n'est pas un Etat, et je crois que nous aurions au moins dû faire une réserve à ce sujet.

M. *Kœchlin*. Je demanderai à la Commission si elle a voulu donner à ce premier alinéa un sens tout à fait étroit, tel que si, par exemple, une école préparatoire devenait école normale et *vice versa*, ou si un établissement, tout en restant voué à l'instruction publique, recevait une autre dénomination, la propriété en ferait retour aussi au département. A mon avis, ce premier alinéa devrait être pris dans le sens le plus large possible.

M. *Nessel*, rapporteur. La question a été longuement agitée dans la Commission, et c'est en partie pour la résoudre que nous avons introduit dans la la loi le terme général de „Lehrerbildungs-Anstalten". De cette manière, on pourra transformer une école préparatoire en école normale et *vice versa*, ou même opérer un remaniement complet, à condition que le bâtiment reste affecté à la préparation des maîtres élémentaires, sans que l'établissement cesse d'être une „Lehrerbildungs-Anstalt". Le § 2 de la loi ne prévoit qu'une désaffectation totale, un changement complet de destination, comme, par exemple, le cas où l'Etat construirait de nouvelles écoles devant remplacer les écoles existantes, qui seraient supprimées. Il pourrait se faire aussi, sans que d'ailleurs j'entende en rien préjuger la question, que l'une ou l'autre des écoles préparatoires actuelles fût supprimée. Dans ce cas encore, le bâtiment ferait retour au département. Il faut donc que la destination soit tout à fait changée; aussi longtemps que l'établissement rentrera dans la dénomination générale d'une „Lehrerbildungs-Anstalt", la jouissance en restera à l'Etat.

Les alinéas 1 et 2 du § 2 introduits par la Commission sont ensuite adoptés, ainsi que la totalité du paragraphe.

L'Assemblée passe ensuite à l'ancien article 2 du projet que la Commission propose de supprimer.

M. le baron *Zorn de Bulach*. Je n'ai que deux mots à dire : j'ai vu avec un grand plaisir que la Commission nous propose la suppression de ce paragraphe.

Je ne sais si ce que j'ai dit en première lecture a contribué pour quelque chose à cette résolution; mais s'il en était ainsi je ne pourrais que m'en féliciter. Je constate que la question des centimes additionnels est complètement écartée, et cette mesure me paraît excellente sous tous les rapports. Je n'en dirai pas plus pour le moment, mais je me réserve de développer ma pensée si l'on devait vouloir revenir sur ce point.

M. le *Président supérieur*. Je ne puis que répéter ce que j'ai déjà dit, c'est-à-dire que le système actuel sera plus coûteux pour le pays, puisqu'on n'aura plus les moyens voulus pour forcer les communes à fournir les constructions nécessaires. Il faudra donc les y déterminer en leur fournissant des subventions plus considérables.

M. le baron *Zorn de Bulach*. Je ne fais pas partie de la Commission, et je ne puis pas savoir ce qu'elle a fait; mais je suppose qu'elle s'est fait donner des renseignements sur l'état actuel des écoles dans notre pays, et qu'elle aura ainsi acquis la conviction que l'ancien système est encore suffisant pour maintenir les écoles des communes dans la situation où elles doivent être. Autrement elle aurait probablement adopté l'article tel que le proposait le Gouvernement.

M. *Goguel*. La Commission s'est demandé d'un côté, s'il se produisait des cas de résistance nombreux de la part des communes; de l'autre, si l'Administration était suffisamment armée pour triompher de cette résistance. D'après les renseignements qui nous sont parvenus, nous avons acquis la conviction que le Gouvernement est suffisamment armé, et que les cas de résistance sont si peu nombreux qu'ils ne méritent pas qu'on s'y arrête, et qu'en tout cas ils ne peuvent nullement motiver la disposition qui était prise dans le § 2 du projet. Aussi la Commission a-t-elle cru devoir vous proposer la suppression pure et simple de cet article du projet.

L'Assemblée décide que l'art. 2 du projet sera supprimé. Elle adopte ensuite sans discussion les art. 3 et 4, ainsi que la totalité de la loi avec les amendements proposés par la Commission. Comme conséquence de ce vote elle passe ensuite au vote du titre 26, chap. 42 du budget de l'instruction publique (Loyer et entretien des bâtiments et dépendances), qui avait été réservé lors de la discussion de ce budget.

M. *Simonin*, rapporteur du budget de l'instruction primaire, fait observer que la Commission s'est occupée du chap. 42, titre 26, qui présente une augmentation de 2 900 ℳ, et qu'elle a été d'avis d'accorder cette augmentation.

Le titre 26 est ensuite adopté avec 34 000 ℳ

III.

Décharge du budget pour l'année 1874.

Rapporteur : M. Speckel.

M. Speckel fait au nom de la Commission le rapport verbal suivant :

Messieurs, chargé de vérifier les comptes du budget de 1874, votre Commission s'est rendue à la caisse générale, et s'est fait soumettre un certain nombre de comptes avec les pièces justificatives, lesquelles ont été trouvées conformes d'après les indications des titres relatés au budget.

Elle a également pris connaissance des observations relatées dans l'annexe C des comptes généraux, et n'a pas d'objections à faire à cet égard.

En conséquence, votre Commission ayant reconnu exacts les comptes tels que la Cour des comptes de l'Empire les a admis, vous propose d'en donner décharge.

La décharge est accordée.

IV.

L'Assemblée passe ensuite à la discussion du chap. 4 du budget de l'intérieur, dont le vote avait été réservé.

M. *Baudry*, rapporteur, fait au nom de la Commission le rapport verbal suivant :

Messieurs, lorsque le présent budget a été soumis à l'examen de votre première Commission, elle a réservé pour plus tard la discussion des 140 000 ℳ portés au budget extraordinaire de l'Administration de l'intérieur pour subventions aux communes et aux départements pour la construction de prisons d'Amtsgerichte, parce qu'elle ne possédait pas les documents nécessaires. Aujourd'hui que ces documents lui ont été communiqués, elle a tout lieu de croire que ce premier crédit de 140 000 ℳ est insuffisant, et pour ce motif elle propose à l'Assemblée, tant dans l'intérêt de la justice que des communes, d'élever ce chiffre de 30 000 ℳ, ce qui n'est pas de trop,

la Lorraine ayant sollicité . .	70 000 ℳ
la Basse-Alsace.	52 000 „
la Haute-Alsace	45 000 „
	167 000 ℳ

En conséquence, Messieurs, je vous propose au nom de votre première Commission d'adopter la somme de 170 000 ℳ, au lieu des 140 000 ℳ inscrits primitivement au budget.

Il est bien entendu que cette somme de 170 000 ℳ ne pourra être affectée qu'aux Amtsgerichte, la question des prisons n'ayant pas encore pu être discutée.

M. *Kœchlin.* D'après l'intitulé du chapitre, les 140 000 ℳ qui y sont inscrits ne seraient qu'un premier versement. Je désirerais savoir quel sera le montant de la somme totale.

M. le *Président supérieur* répond qu'il est impossible d'indiquer dès à présent un chiffre définitif.

M. *Baudry,* rapporteur, ajoute que d'après ce que lui a dit M. le commissaire du Gouvernement, ce sera seulement dans une année, quand on connaîtra les besoins des prisons, qu'il pourra être statué sur ce point.

M. *Helbig.* J'aurais quelques mots à ajouter pour compléter le rapport. M. le commissaire du Gouvernement nous a énuméré les demandes faites par les communes d'Alsace-Lorraine pour la construction des Amtsgerichte. Le chiffre des subventions demandées s'élève à au moins 180 000 ℳ, non compris les sommes nécessaires pour les prisons. Nous avons donc cru devoir adopter un premier versement de 170 000 ℳ, en attendant qu'il nous soit fourni l'année prochaine des détails plus complets sur les besoins du pays sur ce chapitre.

M. *Kœchlin.* Je crois que nous avons attendu jusqu'à présent pour voter cet article, parce que nous avions l'espoir qu'il nous viendrait une loi stipulant le transfert à l'Etat des droits et des obligations des départements au sujet des prisons. Cette loi n'est pas venue et je proposerai d'exprimer le désir qu'elle nous soit présentée par le Gouvernement dans la prochaine session. Autrement les départements auraient à subir de ce chef des charges très-élevées. Cette question a été traitée avec tous ses développements dans le Conseil général de la Haute-Alsace. Toutes les dépenses qu'il faudra faire pour les prisons d'après les nouvelles lois judiciaires retomberont d'après les lois existantes à la charge des départements. Or ces dépenses seraient excessivement lourdes et je crois que nous devrions faire pour les prisons ce que nous avons fait pour les écoles normales, c'est-à-dire en attribuer la propriété à l'Etat et lui transférer les droits et les charges des départements au sujet des prisons. Le Conseil général de la Haute-Alsace s'est prononcé à l'unanimité en ce sens, et c'est en exécution du vœu qu'il a formulé à cette époque que j'ai l'honneur de présenter au Landesausschuss la proposition

„D'inviter le Gouvernement à nous présenter dans la „prochaine session un projet de loi portant transfert à „l'Etat des droits et charges des départements au sujet des „prisons."

La proposition de M. Kœchlin est mise aux voix et adoptée, ainsi que le chap. 4, avec l'augmentation de 30 000 ℳ proposée par la Commission.

La séance est levée à 5 heures 35 minutes.

Prochaine séance: Mardi 11 mars, à 2 heures et demie.

Ordre du jour:

1° Troisième lecture de la proposition N° 3, projet de loi concernant des dispositions relatives à l'instruction primaire.

2° Deuxième lecture de la proposition N° 3, projet de loi portant fixation du budget pour l'Alsace-Lorraine, exercice 1879-80.

3° Budget de l'Administration générale des finances, recettes.

DÉLÉGATION D'ALSACE-LORRAINE.

2e Commission.

RAPPORT DE M. NESSEL.

Proposition N° 3. Projet de loi concernant des dispositions relatives à l'instruction primaire.

Le projet d'une loi concernant des dispositions relatives à l'instruction primaire que vous avez renvoyé à l'examen de votre 2e Commission ne touche pas au principe même de l'enseignement ; il ne concerne que la réglementation de certains points matériels. Mais cette réglementation, quelque justifiée qu'elle puisse paraître, n'est pas sans toucher à des principes dont l'importance a appelé la plus vive attention de la Commission.

Il s'agit en premier lieu de transférer à l'Etat les droits de propriété appartenant aux départements sur sept écoles normales et préparatoires d'instituteurs. Les raisons produites à l'appui de cette proposition par l'exposé des motifs sont suffisamment plausibles pour motiver une réglementation de la question, sans pourtant démontrer la nécessité d'une mesure absolue et sans correctif, telle que la propose le projet de loi. Sans insister sur l'atteinte portée à la situation politique du département par toute diminution opérée dans l'ensemble de ses propriétés, la Commission n'a pas cru en principe pouvoir abandonner sans restriction des biens acquis ou construits pour des destinations parfois différentes de celles auxquelles ils sont affectés aujourd'hui ; il y a d'un autre côté, parmi les établissements d'instruction des maîtres primaires, une catégorie d'institutions, les écoles préparatoires, dont la nécessité n'est pas suffisamment démontrée pour en mettre le maintien dans l'avenir en dehors de toute discussion, et dont il a paru indispensable d'assurer le retour aux départements au cas où les doutes sur l'utilité de ces écoles se justifieraient et provoqueraient leur fermeture.

Pour ces motifs et pour concilier les exigences de l'Etat avec les droits des départements, votre Commission vous propose d'insérer à la suite du § 1 la restriction, que les biens immeubles feront retour au département auquel ils appartiennent en ce moment, et dans l'état où ils se trouveront, en cas de désaffectation à leur destination actuelle, et que les biens mobiliers reviendront aux mêmes départements en cas de suppression complète de l'établissement.

Une seconde modification d'importance majeure est contenue dans le § 2 du projet ; d'après l'article 40 de la loi de 1850, l'obligation des communes pour la construction, l'entretien des écoles, l'aménagement et le logement des instituteurs, est limitée, à défaut d'autres ressources, au maximum de 3 centimes additionnels ; le projet de loi propose de diviser ces dépenses au point de vue de l'obligation, de faire tomber toutes celles concernant la construction, l'entretien des écoles et le logement des instituteurs sous l'empire de l'article 30 de la loi de 1837, et de ne plus affecter les centimes prévus par l'article 40 de la loi de 1850 qu'aux dépenses ordinaires de l'enseignement et en premier lieu aux traitements des instituteurs. En d'autres termes, les communes pourraient être astreintes aux 3 centimes plus au maximum de tradition chez nous pour les dépenses obligatoires d'après la loi de 1837, de 10 centimes au total 13 centimes, qui pourrait dans des cas exceptionnels encore être dépassé par l'intervention d'une loi.

L'on comprend fort bien la nécessité de l'obligation imposée aux communes en vue de créer des établissements qui n'existent pas ou qui sont insuffisants. Telle était la situation pour les écoles lorsque fut rendue la loi de 1833 et plus tard celle de 1837. Cette situation avait déjà changé radicalement, lorsqu'on discuta la loi de 1850, qui réduisit les centimes à 3, et l'on se demande quelle est la nécessité qui, en Alsace-Lorraine, dans un pays qui fut toujours cité pour la part qu'il prit au mouvement scolaire, et qui est à juste titre fier de montrer les belles et nombreuses écoles existant dans toutes les localités, même dans les plus pauvres, quelle est la nécessité chez nous d'étendre l'obligation des communes à ce point de vue? Si l'on cite un petit nombre de communes refusant de voter les fonds pour des constructions jugées nécessaires, ce ne sont que des exceptions infiniment petites, ne pouvant en aucun cas justifier une disposition générale aussi grave.

Si tout ce qui porte restriction à la liberté municipale, que nous désirons la plus large possible, doit éveiller de notre part une jalouse attention, nos scrupules sont surtout justifiés lorsqu'il s'agit d'une mesure pouvant dans des cas donnés mettre une commune à la merci soit de vues techniques trop absolues, de réclamations peu fondées, soit même de prétentions exagérées.

Il nous semble que vis-à-vis des communes aisées, il existe toujours pour l'Administration des moyens d'action suffisants pour les amener à remplir leurs justes obligations, et pour les communes pauvres, le département et l'Etat seront, en tout état de cause, appelés à leur venir en aide.

La Commission n'a donc, après mûre considération, pu acquérir la conviction que la mesure proposée fût justifiée par les faits ou imposée par une nécessité pressante, et persuadés que la législation existante, tout en imposant aux communes une charge équitable, les prémunit contre des exigences trop lourdes, nous vous proposons de supprimer le § 2 du projet qui vous est soumis.

Votre Commission, après les explications qui lui ont été fournies sur les §§ 3 et 4 du projet, n'a pas d'objections à faire aux dispositions qui y sont prévues et qui lui paraissent conçues tant dans l'intérêt de l'école que dans celui des maîtres.

Nous avons, en conséquence, l'honneur de vous soumettre le projet amendé, sous la forme suivante :

Projet de loi, etc.

§ 1er.
(Ancien paragraphe du projet primitif.)

Les droits des départements sur les biens-meubles et immeubles affectés à l'usage des écoles normales d'instituteurs et d'institutrices, ainsi que des écoles préparatoires ou à l'entretien desdits établissements, passent à l'Etat, à partir du 1er avril 1879.

A dater du même jour, les obligations imposées aux départements, en vertu de l'article 35 de la loi sur l'enseignement, du 15 mars 1850 (*Bulletin des lois*, Xe série, n° 2029), cessent de plein droit.

En ce qui concerne l'ancienne école normale de Colmar, en voie de reconstruction, les dispositions du premier et du second alinéa du présent paragraphe n'entreront en vigueur qu'après l'achèvement de la construction.

§ 2.

Les immeubles cédés à l'Etat en vertu de la présente loi, feront retour au département auquel ils appartenaient avant cette cession, si ces immeubles venaient à être désaffectés à leur destination actuelle, et seront remis dans l'état où ils se trouveront au moment de cette désaffectation.

Les biens-meubles feront, de même, retour au département, mais seulement en cas de suppression complète de l'établissement auquel ces biens sont attachés.

§ 3 (ancien).

A partir du 1er avril 1879, l'ancienneté de service des instituteurs et des institutrices dans le sens des dispositions du § 1er, n° 1 de la loi sur le traitement des instituteurs et des institutrices primaires publiques du 4 juin 1872 (*Bulletin des lois*, n° 169) et du § 11, n° 1 de la loi du 22 décembre 1876 (*Bulletin des lois*, p. 31) sur la fixation du budget de l'Alsace-Lorraine pour l'année 1877, sera comptée à partir du jour de leur entrée en fonctions en qualité d'instituteur ou d'institutrice d'une école publique. Toutefois le temps de service passé avant l'obtention du brevet de capacité provisoire ou avant le commencement de la vingt-deuxième année d'âge, n'entrera pas en compte.

§ 4 (ancien).

Les préfets de département sont autorisés à accorder exceptionnellement, même avant leur nomination définitive, le traitement qui répond à leur ancienneté (§ 1er, n° 1 de la loi du 4 juin 1872 et § 11, n° 1 de la loi du 22 décembre 1876) à celles des personnes qui, exerçant les fonctions d'instituteur ou d'institutrice dans une école primaire publique, possèdent le brevet de capacité provisoire ou définitif et ont atteint l'âge révolu de vingt et un ans.

Le rapporteur,

NESSEL.

DÉLÉGATION D'ALSACE-LORRAINE.

Sixième Session.

COMPTE-RENDU OFFICIEL.

17ᵉ SÉANCE

11 mars 1879, 2 heures et demie de l'après-midi.

SOMMAIRE : 3ᵉ lecture de la proposition Nᵒ 3, projet de loi concernant des dispositions relatives à l'instruction primaire; 2ᵉ lecture du chap. 20, titre 6 du budget de l'Administration générale des finances; 3ᵉ lecture du projet de loi portant fixation du budget d'Alsace-Lorraine pour l'exercice 1879-1880.

Président, M. Schlumberger.
Secrétaire, M. Schnéegans.

Présents : tous les membres à l'exception de MM. Adt, Blandin, Bichelberger, Grad et Speckel.

Le Gouvernement est représenté par Son Exc. M. le Président supérieur, MM. les conseillers supérieurs Stempel et Richter, MM. les conseillers de Sybel, Dursy et Friedberg.

Le procès-verbal de la dernière séance est lu dans les deux langues et adopté.

Un congé est accordé à MM. Adt et Grad.

M. *Thomas* fait la déclaration suivante :

„Le procès-verbal dont vous venez d'entendre la „lecture, constate que MM. Bozon, Ditsch et moi avons „quitté la salle de nos délibérations avant le vote d'un vœu „pour l'autonomie de notre pays. Nous ne croyons pas „opportun de donner ici les motifs de notre abstention. „Pour empêcher néanmoins toutes fausses interprétations, „nous croyons devoir déclarer, que nous n'avons pas voulu „nous soustraire au vote public d'une proposition formulée „dans des termes absolument identiques à celle que nous „avons votée à l'unanimité dans la séance du Landes-„ausschuss du 10 août 1878.“

M. le *Président supérieur* fait part à l'Assemblée qu'un projet de loi sur les prisons, dont il a été question dans la dernière séance, vient de sortir du Bundesrath et est à l'impression en ce moment pour être soumis à l'Assemblée encore dans le courant de la session actuelle.

M. le *Président* communique qu'il a reçu deux pétitions, l'une de M. le baron de Bancalis, relative aux dommages causés par les étournaux, l'autre de M. Edelmann, de Mulhouse, demandant l'autorisation d'ouvrir une auberge.

Ces deux pétitions sont renvoyées à la 4ᵉ Commission.

L'Assemblée passe ensuite à l'ordre du jour.

I.

Troisième lecture de la proposition Nᵒ 3. (Projet de loi concernant des dispositions relatives à l'instruction primaire. — Voir l'annexe 1).

La discussion générale est ouverte.

M. *Kempf.* Plus je lis et je relis cet art. 1ᵉʳ du projet, avec les motifs qui l'accompagnent, plus je suis convaincu qu'il contient une violation du droit sacré de propriété. Il tend en effet à transférer au *Landesfiscus* un droit appartenant aux départements, et cela sans que les Conseils généraux aient été consultés. Nous sommes là sur un mauvais terrain et je ne crois pas que nous devions nous y engager; car autrement ne pourrait-on pas nous venir demain avec un projet de loi proposant de transférer également au Trésor la propriété des maisons communes, par exemple? On me dit, il est vrai, qu'il ne s'agit pas d'un transfert de propriété, qu'il y a un palliatif à cet art. 1ᵉʳ et que par suite de l'introduction du nouvel art. 2, ce n'est en réalité qu'un droit d'usufruit qu'on donne à l'État.

Mais cet usufruit est illimité, et ne le fût-il pas, vous n'avez pas le droit de l'accorder. Vous ne pouvez pas aliéner même une motte de terre sans les Conseils généraux. Et d'ailleurs qui sera juge plus tard de la désaffectation de ces bâtiments? Ce ne sera pas vous, et alors quelle garantie avez-vous qu'ils retourneront jamais aux départements? On allègue que la mesure présente de grands avantages au point de vue financier. Cela peut être vrai;

mais y a-t-il donc péril en la demeure, les départements ont-ils un besoin si pressant de secours? Non. Laissons donc les choses dans le *statu quo* jusqu'à ce que nous soyions un Etat. Je voterai contre la loi et ce vote sera l'expression de la conviction intime que j'ai que nous ne devons sacrifier aucun de nos droits tant que nous ne serons pas constitués en Etat.

M. le *Président supérieur*. Dans la dernière séance, l'Assemblée a exprimé à l'unanimité le vœu que les droits des départements sur les prisons soient transférés à l'Etat. La chose n'a soulevé aucun scrupule, puisqu'en réalité ce n'est qu'une charge qu'on enlève aux départements. Mais si la chose est possible pour les prisons, pourquoi ne le serait-elle pas pour les bâtiments des séminaires? La loi n'a d'autre effet que de faire passer dans une autre main la disposition sur la jouissance de ces bâtiments. C'est donc une simple mesure administrative qui est prise. Jusqu'à présent c'étaient les départements qui entretenaient les séminaires; dorénavant ce sera l'Etat; il faut donc aussi que ce soit lui qui les possède. La loi ne dispose donc pas d'une propriété privée; elle ne fait que déterminer l'organe qui aura le droit de disposition sur une propriété publique.

M. *Kempf*. M. le Président supérieur vient de dire qu'il en est des écoles normales comme des prisons. Je répondrai d'abord que les Conseils généraux ont été consultés au sujet des prisons et qu'ils se sont tous prononcés pour l'aliénation. Puis il ne faudrait pas pourtant comparer les écoles normales aux prisons. Ces dernières sont des locaux d'un caractère international, qui n'ont d'autre but que de nous garer contre les malfaiteurs, et qui, par conséquent, peuvent être remises entre les mains de n'importe qui. Les écoles normales, au contraire, sont destinées à préparer les maîtres qui auront un jour à former notre jeunesse. Nous ne devons donc pas abdiquer notre influence sur ces établissements en en cédant la propriété, et cela surtout pas aussi longtemps que nous ne serons pas nous-mêmes un Etat.

M. *Nessel*, rapporteur. Les craintes de M. Kempf n'ont apparence de fondement qu'au point de vue de la théorie pure. Les écoles normales se trouvent en ce moment entre les mains et à la charge des départements, qui n'ont pas le droit de les affecter à une autre destination, mais peuvent simplement refuser d'allouer dans le budget les dépenses d'entretien et de réparation. Or c'est à ce résultat qu'aboutit en fait le projet. Ou bien le département reste propriétaire des bâtiments, et dans ce cas il est obligé de maintenir les écoles normales; ou bien les bâtiments sont transférés à l'État, et alors la propriété en retombe aux départements aussitôt qu'ils cessent d'être affectés à une école normale. En fait il n'y a donc pas d'atteinte aux droits des départements.

M. *Kempf*. Ce qui prouve qu'il s'agit bien d'une translation de propriété, c'est qu'il est dit formellement dans les motifs :

„Um diesem verworrenen Zustande ein Ende zu machen, wird vorgeschlagen, das Eigenthum an den Grundstücken . . . . an das Land zu überweisen."

Il y a donc spoliation, et toutes les restrictions qui peuvent être apportées dans le § 2 ne changent rien à cette disposition.

D'ailleurs, je le répète, qui sera juge de la désaffectation de ces bâtiments? Ce ne sera pas vous, puisque vous n'êtes pas un corps constitué, que vous n'avez pas d'initiative et qu'on peut donc vous consulter quand on veut.

M. le *Président supérieur*. M. Kempf a dit précédemment que les Conseils généraux avaient été consultés au sujet du transfert des prisons à l'État. Cela est inexact; le Gouvernement avait, il est vrai, l'intention de le faire, mais cette intention n'a pas été réalisée. Le Conseil général de la Haute-Alsace a de sa propre initiative demandé cette mesure, et cela par la considération fort juste que l'autorité entre les mains de qui se trouve une branche d'Administration doit en même temps détenir les ressources et les bâtiments de cette Administration, et que si les charges d'entretien des prisons doivent passer à l'Etat, il faut aussi lui transférer les droits correspondants. Il en est tout à fait de même pour les bâtiments des écoles.

M. *Kempf*. Je ne sache pas que l'initiative de la proposition au sujet des prisons soit partie du Conseil général. On nous avait parlé de la chose, et nous avons cru devoir l'admettre par la raison que les prisons sont le réceptacle de tous les éléments dangereux de la société, et qu'elles sont donc d'un intérêt général pour tout le monde. Il n'en est pas de même des écoles normales, où sont formés les futurs instituteurs de nos enfants et sur lesquelles nous devons donc chercher à conserver notre influence.

M. *Nessel*. Je répondrai à M. Kempf sur l'argument qu'il a tiré de l'exposé des motifs que ces derniers traduisent exclusivement les sentiments qu'avait le Gouvernement au moment de soumettre le projet. Mais le but des modifications introduites par la Commission a été précisément de changer la nature de cette transmission et de la restreindre au simple usufruit.

M. Kempf nous dit encore qu'il y a danger en ce sens que le département ne pourra plus intervenir, puisque ce ne sera pas lui qui sera juge de la désaffectation et il se demande qui sera juge. Je ne crois pas, pour moi, que ce cas présente de grandes difficultés. Il ne peut s'agir que de deux espèces d'établissements : les écoles normales et les écoles préparatoires. Rien de plus facile que de voir si ces établissements continuent à être affectés au même usage ou non. Si leur destination était changée, on le verrait immédiatement, et ils feraient retour au département. M. Kempf me paraît donc poussé par des scrupules purement théoriques. Ce que je ne comprends pas bien non plus, c'est la distinction qu'il veut établir entre les prisons et les écoles. Il me semble qu'il faut faire complètement abstraction de la destination de ces propriétés, et si l'on pose en principe que nous ne pouvons rien enlever aux départements, il faut, pour être conséquent, appliquer ce principe aussi bien aux prisons qu'aux écoles. Ce n'est pas en effet la question de l'enseignement qui est en jeu : il ne s'agit que de la question purement marielle de l'entretien des bâtiments affectés aux écoles normales. Les scrupules de M. Kempf sont donc exagérés à tous égards.

M. *Goguel*. Les objections que vient de produire l'honorable M. Kempf ont été également produites au sein de la Commission, et elles y ont été sérieusement discutées. Il a été fortement question du droit de propriété des départements, et nous avons longuement examiné la question de savoir si cette propriété devait passer au fisc sans autre forme de procès. C'est à la suite de ces scrupules que la Commission a cru devoir modifier l'art. 1er du projet de loi et rayer complètement l'art. 2, en le remplaçant par l'article nouveau adopté en deuxième lecture.

Je comprends toutefois que, malgré cette garantie nouvelle, il reste encore des doutes à M. Kempf, puisqu'il voit toujours dans le transfert à l'Etat une aliénation des biens départementaux. Pour résoudre la difficulté, je proposerai de modifier la rédaction du 1er alinéa de l'art. 1er et d'ajouter simplement dans le texte officiel, après les mots „auf den Landesfiscus" ceux de „als Nutzniesser."

M. le *Président supérieur*. Cette modification est tellement essentielle qu'il est impossible d'en prévoir momentanément toutes les conséquences. Je vous ferai remarquer entre autres que l'usufruitier n'est pas tenu des grosses réparations et que, d'un autre côté, il n'a pas le droit de faire de grands changemets à l'objet dont il a l'usufruit.

Si la proposition de M. Goguel était admise, l'Etat pourrait, au point de vue des réparations, faire des économies au détriment des départements, mais le but de la loi, qui est de décharger ces derniers, serait presque complètement manqué.

Une proposition d'une portée si grave ne peut pas être votée à la légère, et je vous prie de la repousser.

M. *Kempf*. A mon avis, nous ne pouvons aliéner ni la propriété ni l'usufruit de biens départementaux sans l'assentiment des Conseils généraux qui sont les tuteurs de ces biens. La loi sur les prisons qu'on va vous soumettre ne fait que confirmer mon opinion; car pour elle les Conseils généraux ont été consultés et ils y ont donné leur adhésion.

M. *North*. Il me semble que les scrupules de M. Kempf sont purement théoriques. On pourrait les écarter en changeant la rédaction de la loi. En pratique, le résultat serait le même si l'on remplaçait le texte actuel par la disposition suivante : Tout département qui voudra se décharger de l'obligation de l'entretien des bâtiments en question devra en transférer la propriété à l'Etat. Je ne doute pas qu'après la première session des Conseils généraux nous ne soyions arrivés à la même solution que celle où mène la loi. Dans ces circonstances, je crois que nous pouvons maintenir sans inconvénient notre adhésion.

M. le *Président supérieur*. J'ajouterai à mes observations précédentes que l'usufruit accordé à ces personnes morales ne dure que trente ans. Il y a donc là une nouvelle difficulté; en ne transférant à l'Etat que l'usufruit, la question ne serait réglée que temporairement. Une pareille mesure ne serait donc pas opportune. Le Gouvernement, avant de vous soumettre le projet, a examiné la question sous toutes les faces pour trouver les moyens les plus propres à résoudre les difficultés, et il a fini par s'arrêter au transfert de la propriété, qui seule lui a paru utile.

M. *Fulter*. Tout en rendant justice aux motifs invoqués à l'appui de la cession à l'Etat des biens départementaux en question, je partage en principe les appréhensions de M. Kempf. Nous ne pouvons pas disposer de la propriété départementale sans l'assentiment des Conseils généraux, et je crois qu'en abandonnant les vrais principes, nous entrons dans une voie qui peut mener bien loin.

On a cité à M. Kempf l'exemple de la loi sur les prisons, à laquelle le Landesausschuss n'a pas fait d'objections. Je ferai remarquer que la question n'est pas tout à fait la même, car la loi relative aux prisons est d'une utilité tellement *évidente* qu'il n'y a pas à hésiter. Ici la chose est bien plus grave. Les bâtiments dont on veut déposséder les départements peuvent offrir de grands avantages à ceux-ci dans des circonstances données. Mettez, par exemple, qu'une fabrique vienne à être établie dans le voisinage d'un de ces bâtiments et que le fabricant ait intérêt à en devenir propriétaire, une pareille conjoncture sera pour le département une source de bénéfices. Si vous votez la loi, il lui sera impossible de réaliser des profits quelconques. Ce n'est là qu'une supposition purement théorique, mais qui est dans le domaine des possibilités et qui peut se réaliser un jour ou l'autre.

En abandonnant les vrais principes, on est entraîné pas à pas, petit à petit, à des conséquences fâcheuses qu'on n'a pas prévues de prime abord. C'est pourquoi je répéterai ce qu'a dit tout à l'heure M. Kempf, et je vous demande : Y a-t-il donc péril en demeure? Je ne le pense pas, et je ne vois pas dès lors pourquoi l'on n'ajournerait pas la loi jusqu'à ce qu'on ait pu consulter les départements. Le résultat pratique sera le même, car je ne doute pas de l'assentiment des Conseils généraux. Mais au moins nous aurons sauvé les règles et nous n'aurons pas créé un précédent qui pourrait être invoqué contre nous à un moment donné.

M. le *Président supérieur*. Je ferai remarquer qu'il n'est pas du tout indifférent, au point de vue pratique, que la loi soit votée maintenant, ou ajournée à une session ultérieure. Les départements se sont attendus à ce que les bâtiments en question passent à l'Etat, et ont pris leurs mesures en conséquence. C'est ainsi qu'ils n'ont plus, en partie du moins, émargé de crédit dans leur budget pour l'entretien de ces bâtiments. La remise de la loi amènerait donc un certain désarroi dans les budgets départementaux.

Personne ne demandant plus la parole, la discussion générale est close.

L'Assemblée passe à la discussion des articles. Elle adopte successivement les articles 1er, 2, 3 et 4, tels qu'ils ont été votés en 2e lecture, ainsi que la totalité de la loi ainsi modifiée.

II.

2e lecture du chapitre 20, titre 5 du budget de l'Administration générale des finances.

3e COMMISSION.

Rapporteur : M. Mieg-Kœchlin.

M. *Mieg-Kœchlin*, rapporteur, présente, au nom de la Commission, un rapport verbal. Il fait observer que l'excédant de dépenses résultant des votes de l'Assemblée se monte à 87 915 ℳ, et qu'il y a donc lieu d'augmenter d'autant le chap. 20, titre 6 des recettes, qui est destiné à la balance du budget. Mais comme il importe de fixer les bons du Trésor à un chiffre rond, la Commission propose au titre 6 une augmentation de 90 000 ℳ et, pour rétablir l'équilibre, une diminution de 2085 ℳ au titre 4 du chapitre 20.

M. le conseiller *de Sybel*, commissaire du Gouvernement. Comme M. Mieg-Kœchlin vient de le faire ressortir, il résulte des votes de l'Assemblée — déduction faite du surplus de recettes, — une augmentation totale des dépenses de 87 915 ℳ Cette somme devra être couverte par le crédit du titre 6, dont le vote a été ajourné jusqu'aujourd'hui.

Or il importe d'émettre les bons du Trésor en chiffres ronds, car un contrôle efficace n'est pas possible avec de petits chiffres et des fractions variables. La proposition de M. Mieg-Kœchlin de porter le crédit du titre 6 au chiffre rond de 490 000 ℳ est donc fort pratique, et je l'approuve entièrement. Le petit excédant qui en résulte peut être déduit sans inconvénient du titre 4, pour faire la balance, d'autant plus que le chiffre de ce titre a été émargé, en partie, *dans le but „d'arrondir,"* ainsi qu'il résulte des observations marginales.

En conséquence, le Gouvernement se rallie à la proposition de M. le rapporteur.

La proposition de la Commission est mise aux voix et adoptée.

Le titre 6 est donc élevé de 500 000 à 590 000 ℳ et le titre 4 réduit à 12 142,₇₃ ℳ, ce qui entraîne des changements correspondants dans les observations marginales à ces titres.

III.

Deuxième lecture du projet de loi portant fixation du budget d'Alsace-Lorraine pour l'exercice 1879-1880.

3ᵉ Commission.

Rapporteur : M. North.

Le rapport de la Commission a été imprimé et distribué. (Voir l'annexe 2.)

M. *North* rapporteur. Vous avez examiné et voté le budget en détail dans ses divers chapitres.

Par suite de vos décisions le budget a reçu les modifications suivantes :

Il a été augmenté en recettes de. . . . 3 000 ℳ
Par contre les recettes ont diminué de. . 2 100 „

Il reste donc un excédant de recettes de. 900 ℳ

Les dépenses ordinaires ont reçu une augmentation de . . . . 62 635 ℳ
Elles ont subi une réduction de . . ⸗ 35 020 „

Reste un excédant de dépenses de. . . 27 615 ℳ

Les dépenses extraordinaires ont été augmentées de . . . . 160 000 ℳ
Par contre elles ont été diminuées de. 97 800 „

Reste une augmentation de dépenses de. 61 200 ℳ

Il y a donc une augmentation total de dépenses de . . . . 88 815 ℳ
Dont il y a à déduire l'augmentation de recettes de. . . . . 900 „

Reste à couvrir la somme de. . . . . 87 915 ℳ

Le rapporteur de l'annexe XIV vous proposera les manières de couvrir cette somme.

Le budget de l'année 1879-1880 est donc à fixer :

En dépenses à . . . . . . 33 697 475 ℳ
En dépenses ordinaires . . . 33 056 965 „
En dépenses extraordinaires. . 6 640 510 „
Et en recettes à. . . . . . 39 697 475 „

Votre Commission vous propose d'adopter les articles de la loi de finance d'après le projet soumis par le Gouvernement, sauf les modifications que nous indiquerons lors du vote de chaque paragraphe.

Dans le tableau annexé à l'art. 2 du § 33, la Commission vous propose de rayer dans le titre 11, les mots *von den oben.*

Ces mots modifient la législation existante et votre Commission a pensé qu'il n'y avait aucun motif pour le faire, et que le tableau devrait se borner à énumérer les droits que les communes, les départements et les corporations publiques sont autorisés à prélever en vertu de lois existantes.

Au tableau E, annexe du § 9, il y a lieu d'ajouter sous le Nº 71 :

Votre Commission vous propose de rayer le deuxième alinéa de ce paragraphe, qui tend à introduire également une modification à la législation existante.

Votre Commission a pensé qu'il était utile de continuer les anciens errements bien qu'ils puissent présenter certains inconvénients, par la réserve de la ratification. Elle a pensé même qu'il faut laisser au Gouvernement la plus grande latitude d'appréciation des circonstances dans lesquelles ces ventes sont faites. Si elle vous propose la radiation de cet alinéa, c'est moins pour vous laisser le droit de ratification dont vous ferez toujours un usage prudent, que dans l'intérêt de l'Administration même, dont les actes pourraient recevoir une interprétation déplorable et contre laquelle votre approbation la protège.

Le § 1ᵉʳ est adopté, conformément aux conclusions du rapport, avec les changements suivants :

Dépenses : 39 697 475 ℳ, savoir : 33 056 965 ℳ pour dépenses ordinaires, et 6 640 510 ℳ pour dépenses extraordinaires ;

Recettes : 39 697 475 ℳ

Le § 2 est adopté sans discussion ni changement ; de même le § 3, Nº 1. Au Nº 2 (droits, produits et revenus spéciaux énoncés dans l'annexe D), la Commission propose de rayer du tableau D, XI les mots : „Sont exemptées du paiement de ces droits :

Toutes les organisations officielles de ce genre et toutes les organisations de ce genre subventionnées sur des fonds publics.“

M. *North*, rapporteur, fait observer que l'annexe D contient un aperçu des taxes, droits, produits et revenus qui peuvent être perçus en vertu de lois spéciales au profit des départements, des communes, etc., et que le passage dont la radiation est proposée renferme une modification de la législation existante. La proposition de la Commission tend donc à écarter une innovation qui ne paraît pas justifiée, et à conserver la législation actuelle.

M. *Kœchlin*. Je demanderai à M. le rapporteur si, comme il me semble, l'annexe D ne contient, sauf l'addition ci-dessus, que ce qui existait déjà précédemment et ce qui a été introduit en vertu de lois votées depuis l'annexion. J'estime que le dernier alinéa du Nº 11 n'est pas non plus une innovation.

M. *North*, rapporteur, répond qu'aucune autre modification de l'état de choses actuel n'est contenue dans le tableau. On n'a voulu qu'autoriser la perception des droits en vertu des lois existantes.

L'alinéa 2 du § 3 est adopté, ainsi que l'annexe D, à l'exception du passage cité plus haut, qui est rayé conformément aux conclusions de la Commission.

Le total du § 3 est adopté avec cette modification.

L'Assemblée adopte ensuite successivement et sans modification : §§ 4, 5, 6, 7 et 8.

§ 9, al. 1ᵉʳ.

M. *North*, rapporteur, propose au nom de la Commission, d'ajouter au tableau joint comme annexe E à cet alinéa sous Nº 71, 58,₂₁ ℳ pour un terrain vendu au sieur François Fels, de Schlestadt, suivant contrat du 12 février 1879. Cette addition paraît opportune, parce qu'il importe de régulariser immédiatement la situation de l'acquéreur.

L'alinéa 1ᵉʳ est adopté avec cette addition à l'annexe E.

Quant à l'alinéa 2, la Commission propose de le rayer.

M. *North*, rapporteur. Je vais indiquer brièvement les motifs qui ont déterminé votre Commission a vous proposer le rejet de cet article. Ce n'est pas seulement l'intention de réserver au Landesausschuss le droit de surveillance sur les opérations en question qui nous a guidés; nous sommes entrés encore dans un autre ordre d'idées.

Il peut être bon de laisser une certaine latitude aux ventes de main à main; mais nous n'avons pu nous dissimuler que l'opinion publique s'est émue à cet égard et que le projet du Gouvernement a donné lieu à de graves critiques. Il y a en effet pour les ventes aux enchères une garantie efficace dans la publicité qui manque pour les ventes de gré à gré. C'est à ces points de vue, Messieurs, que nous vous proposons de rayer l'alinéa.

M. le *Président supérieur*. L'intention du Gouvernement, en vous soumettant cet article, a été de simplifier la marche des affaires. L'annexe E prouve que très-souvent des offres d'achat sont faites dans l'intervalle des sessions, et cela pour des parcelles qui ne se prêtent pas à la vente aux enchères publiques, à cause du manque de concurrence. Il s'agissait donc de faciliter la vente à l'amiable pour les époques où le Landesausschuss n'est pas réuni. Cependant, s'il est bien entendu que le procédé suivi jusqu'ici, savoir la conclusion de contrats de vente provisoires sous réserve de l'approbation ultérieure par une loi, devra être continué à l'avenir, le Gouvernement n'attache pas une trop grande importance au vote de cet article. Il est vrai que le procédé sera moins commode, mais il pourra suffire à la rigueur.

L'alinéa 2 est mis aux voix et rayé conformément à la proposition de la Commission.

Le § 10 est ensuite adopté, ainsi que la totalité de la loi du budget avec les modifications indiquées ci-dessus.

L'ordre du jour étant épuisé, la séance est levée à 4 heures et demie.

IMPRIMÉS DE LA DÉLÉGATION D'ALSACE-LORRAINE.

VIᵉ SESSION.

PROPOSITION Nᵒ 3.

PROJET DE LOI

concernant

des dispositions relatives à l'instruction primaire.

(D'après les résolutions prises en deuxième lecture.)

NOUS GUILLAUME, par la grâce de Dieu, Empereur d'Allemagne, Roi de Prusse, etc.

au nom de l'Empire, avec l'assentiment du Conseil fédéral et du Landesausschuss d'Alsace-Lorraine, ordonnons pour l'Alsace-Lorraine ce qui suit :

§ 1ᵉʳ.

(Ancien paragraphe du projet primitif.)

Les droits des départements sur les biens-meubles et immeubles affectés à l'usage des Lehrerbildungs-Anstalten, ainsi que des écoles préparatoires ou à l'entretien desdits établissements, passent à l'État à partir du 1ᵉʳ avril 1879.

A dater du même jour, les obligations imposées aux départements en vertu de l'art. 35 de la loi sur l'enseignement, du 15 mars 1850 (*Bulletin des lois*, Xᵉ série, nᵒ 2029), cessent de plein droit.

En ce qui concerne l'ancienne école normale de Colmar, en voie de reconstruction, les dispositions du premier et du second alinéa du présent paragraphe n'entreront en vigueur qu'après l'achèvement de la construction.

§ 2.

Les immeubles cédés à l'Etat en vertu de la présente loi, feront retour au département auquel ils appartenaient avant cette cession, si ces immeubles venaient à être désaffectés à leur destination actuelle, et seront remis dans l'état où ils se trouveront au moment de cette désaffectation.

Les biens-meubles feront, de même, retour au département, mais seulement en cas de suppression complète de l'établissement auquel ces biens sont attachés.

§ 3 (ancien).

A partir du 1er avril 1879, l'ancienneté de service des instituteurs et des institutrices dans le sens des dispositions du § 1er, n° 1 de la loi sur le traitement des instituteurs et des institutrices primaires publiques du 4 juin 1872 (*Bulletin des lois*, n° 169) et du § 11, n° 1 de la loi du 22 décembre 1876 (*Bulletin des lois*, p. 31) sur la fixation du budget de l'Alsace-Lorraine pour l'année 1877, sera comptée à partir du jour de leur entrée en fonctions en qualité d'instituteur ou d'institutrice d'une école publique. Toutefois le temps de service passé avant l'obtention du brevet de capacité provisoire ou avant le commencement de la vingt-deuxième année d'âge, n'entrera pas en compte.

§ 4 (ancien).

Les préfets de département sont autorisés à accorder exceptionnellement, même avant leur nomination définitive, le traitement qui répond à leur ancienneté (§ 1er, n° 1 de la loi du 4 juin 1872 et § 11, n° 1 de la loi du 22 décembre 1876) à celles des personnes qui, exerçant les fonctions d'instituteur ou d'institutrice dans une école primaire publique, possèdent le brevet de capacité provisoire ou définitif et ont atteint l'âge révolu de vingt et un ans.

DÉLÉGATION D'ALSACE-LORRAINE.

3ᵉ Commission.

RAPPORT DE M. NORTH.

Rapport verbal sur la loi fixant le Budget d'Alsace-Lorraine pour l'année budgétaire 1879/80.

La 3ᵉ Commission vous propose d'adopter le projet du Gouvernement sous les modifications suivantes :

I. Tableau D, XI.

Les mots :

Von den Abgaben sind befreit:
alle offiziellen und
alle aus öffentlichen Mitteln subventionnirten Veranstaltungen dieser Art

sont à rayer.

II. Annexe E.

Sous le Nᵒ 71, il y a lieu d'ajouter au tableau :

58,21 ℳ pour un terrain de 58,21 □, vendu au sieur François Fels, charpentier à Schlestadt, par contrat du 12 février 1879. Cette parcelle, située à Schlestadt, inscrite dans la matrice cadastrale sous le Nᵒ 967, faisait autrefois partie de la propriété dans laquelle se trouve établie l'Administration du jaugeage, et est devenue inutile par suite du nouvel emménagement qui a eu lieu.

III. § 9 du projet de loi.

Le deuxième alinéa est à rayer.

Le rapporteur,

NORTH.

DÉLÉGATION D'ALSACE-LORRAINE.

Sixième Session.

COMPTE-RENDU OFFICIEL.

18e SÉANCE

12 mars 1879, 2 heures et demie de l'après-midi.

SOMMAIRE : Communications diverses; 1re lecture de la proposition No 9, projet de loi sur les prisons; 2e lecture de la proposition No 2, projet de loi concernant des restrictions à la liberté de construction dans les nouveaux quartiers de Strasbourg; Discussion de diverses pétitions.

Président : M. Schlumberger.
Secrétaire : M. Schnéegans.
Présents : 24 membres; absents : MM. Adt, Blandin, Grad, Helbig et Mieg-Kœchlin.

Les congés demandés par MM. Adt, Helbig et Mieg-Kœchlin sont accordés, à MM. Adt et Mieg-Kœchlin pour la séance d'aujourd'hui, à M. Helbig pour deux jours. Le congé de M. Grad est renouvelé.

Le procès-verbal de la dernière séance est lu dans les deux langues et adopté.

M. le président *Schlumberger* fait part à l'Assemblée qu'il a reçu du Gouvernement communication d'une proposition No 9 : projet de loi sur les prisons.

On passe à l'ordre du jour.

I.

Discussion générale en première lecture de la proposition No 9, projet de loi sur les prisons.

La discussion est ouverte.

M. *Kœchlin*. Je n'ai pas eu le temps d'étudier complètement ce projet de loi qui nous a été distribué aujourd'hui seulement, mais il y a une chose qui m'a frappé, c'est que la prison départementale de Strasbourg est la propriété de la ville, et a été louée au département pour 99 ans, à partir du 1er janvier 1845, pour un loyer annuel de 800 fr. Je ne vois pas clairement que, d'après l'art. 2 du projet, les droits du département sur cette prison soient transférés à l'Etat, cela ne ressort pas très-nettement du texte.

Je me demande donc s'il n'y aurait pas moyen d'obtenir de la ville, soit la propriété de cette prison, soit au moins une prolongation du bail actuel pour 99 ans, à partir de maintenant.

M. le *Président supérieur*. Cette question ne fait pas l'objet du projet de loi qui vous est actuellement soumis. Le projet règle le transfert à l'Etat des droits du département sur les prisons et les maisons d'arrêt; ces droits ne peuvent évidemment passer à l'Etat que tels qu'ils appartiennent aux départements. Or, les droits de la Basse-Alsace sur la prison départementale de Strasbourg ne sont pas perpétuels, ils n'ont qu'une durée de 99 ans. Ce terme expiré, il devra tout simplement intervenir un nouvel arrangement entre l'Etat et la ville.

M. *Kœchlin*. Il reste toujours un point qui ne me paraît pas très-clair. La cession des droits sur la prison de Strasbourg constituerait une sous-location et je doute que, dans les circonstances données, cette sous-location soit de droit.

M. le *Président supérieur*. Il ne saurait y avoir de doute à cet égard. Je ferai remarquer encore que la prison en question est située dans un endroit où devra passer une rue nécessitée par la nouvelle gare. Elle disparaîtra donc dans un avenir plus ou moins éloigné.

M. *Kempf*. La question ne me paraît pas suffisamment éclaircie. On vient de [parler d'une éventualité d'expropriation.

Mais dans le cas où ces terrains seraient expropriés, qui touchera l'indemnité? Est-ce la ville ou le département? Je ferai observer à ce sujet que le Haut-Rhin et la Lorraine cèdent leurs propriétés sans indemnité aucune; la prison départementale de Mulhouse, par exemple, vaut à elle seule 290 000 ℳ

Le Bas-Rhin, au contraire, ne donnerait rien, puisque la prison de Strasbourg ne lui appartient pas, et mettrait en outre — pour le cas de l'expropriation — les frais d'une construction nouvelle à la charge de l'Etat.

M. *Auscher* fait observer que de son côté l'on n'a pas bien saisi les paroles de M. Kempf, et prie par conséquent l'honorable orateur de vouloir bien encore donner quelques explications.

M. *Kempf*. La question a été posée tout à l'heure très-nettement par M. Kœchlin. J'ai dit, en appuyant ses observations, que le Bas-Rhin n'est pas propriétaire de la prison départementale de Strasbourg, mais qu'il ne la possède qu'en vertu d'un bail qui expirera tôt ou tard. Et comme il est dit dans l'exposé des motifs que l'Etat est substitué aux départements quant aux droits sur les prisons, l'Etat ne sera donc que locataire de cette prison. Tous les autres départements ont des locaux qui leur appartiennent, et ils les cèdent; le Bas-Rhin par contre n'est qu'emphytéote et ne peut donc céder que son emphytéose, tout en transférant les mêmes charges que les autres départements.

M. le *Président supérieur*. Je rappellerai à M. Kempf que la prison départementale de Strasbourg n'est pas la seule prison du département de la Basse-Alsace. Il en a une série d'autres, comme vous pouvez vous en convaincre en jetant les yeux sur le tableau joint à l'exposé des motifs. Je ne veux pas rechercher la valeur des prisons à céder par chacun des trois départements, mais il est certain que la Basse-Alsace donnera tout autant que la Haute-Alsace. Outre la prison départementale de Strasbourg, il y a dans la Basse-Alsace : la maison d'arrêt à Strasbourg, la maison d'arrêt à Schlestadt, les dépôts de sûreté à Weiler et à Wissembourg, la maison d'arrêt et de correction à Saverne et le dépôt de sûreté à Bouxviller.

M. *Klein*. J'avais également l'intention de citer les autres prisons de la Basse-Alsace que vient d'énumérer M. le Président supérieur. Je crois que, si l'on voulait additionner leur valeur estimative, on arriverait à un chiffre fort respectable, qui, sans doute, couperait court aux plaintes de nos collègues du Haut-Rhin.

M. *Kempf* trouve qu'il est inutile de faire cette addition. Il est évident que le département du Bas-Rhin est considérablement favorisé. Les autres prisons ne sont pas de nature à compenser la différence résultant de la non-propriété de la prison de Strasbourg.

M. *Kœchlin*. Je n'entends pas faire de cette question une affaire de département à département. J'ai fait l'addition pour mon compte, mais je ne la communiquerai pas, parceque je ne veux pas en tirer d'argument.

Cependant voyons les choses. Voilà une prison nécessaire, qui n'appartient pas au Bas-Rhin et que, par conséquent, ce département ne peut pas céder. Mettons que plus tard elle soit expropriée. Dans ce cas, et supposé que la loi qui nous est soumise n'existe pas, le Bas-Rhin aura à construire à ses frais une nouvelle prison; avec cette loi l'obligation de construire passera du département à l'Etat. La question, il me semble, est bien claire. Les autres départements cèdent ce qui leur appartient, mais sans l'éventualité de construire sous peu une nouvelle prison. Dans ces conditions, je crois que la Commission devra examiner sérieusement cette question, afin de voir si l'on ne pourrait pas faire quelque chose pour que le préjudice entier de cette situation ne reste pas à l'Etat.

M. *North*. Si nous voulions faire un décompte entre les divers départements pour chaque question à voter, nous irions bien loin, et nous arriverions à un système qui ne serait plus exécutable. Le Bas-Rhin n'aurait pas lieu de se plaindre de l'application de ce système, parce qu'il est celui de tous les départements qui paie le plus de contributions et pour lequel il est fait, en proportion, le moins de dépenses.

La conséquence de ce système serait que chaque département conserverait ses recettes et supporterait également ses dépenses.

Le département du Bas-Rhin pourrait parfaitement se déclarer d'accord avec ce système. Dans une question comme celle qui vous est soumise, chaque département abandonne les prisons qu'il possède, mais vous ne pouvez pas lui demander de construire de nouvelles prisons pour les abandonner à l'Etat, ou de payer une indemnité parce que les prisons abandonnées par tel département ont moins de valeur que les prisons abandonnées par tel autre. Quant à moi, je déclare que, comme membre du Conseil général du Bas-Rhin, je refuserai mon vote à toute somme quelconque qu'on pourrait demander pour une semblable transaction, et j'ai tout lieu de penser que mes collègues partagent mon opinion.

Laissez donc les choses dans l'état où elles sont, ou si vous voulez voter la transmission de la propriété des prisons à l'Etat, acceptez la situation telle qu'elle est; mais ne venez pas demander à un département le paiement d'une somme quelconque sous le prétexte que cette transmission est moins onéreuse pour lui que pour un autre département.

M. *Schnéegans*. J'ajouterai quelques mots seulement en réponse aux observations de M. Kœchlin. L'expropriation dont on a parlé ne constituera pas pour le département du Bas-Rhin un avantage aussi grand qu'on veut bien le croire. Remarquez bien que la prison est louée au département pour de très-longues années, et qu'en cas d'expropriation, le preneur — qui serait alors l'Etat — est indemnisé pour tout son intérêt pendant la durée entière du bail; l'indemnité restant pour le nu-propriétaire serait donc peu considérable dans l'espèce; c'est l'Etat qui toucherait la plus grande part.

La question se porte en définitive sur ce point que le Bas-Rhin donnera moins que les autres départements. Tout d'abord, je vous ferai remarquer à cet égard que le Bas-Rhin ne peut pas donner plus qu'il n'a lui-même : la plus jolie fille, dit le proverbe, ne peut donner que ce qu'elle a. D'un autre côté, je ne puis voir dans ce fait qu'un avantage de plus pour les autres départements. Le but de la loi est en effet d'affranchir les départements des frais d'entretien des prisons, qui dépassent de beaucoup les avantages directs tirés de la propriété des bâtiments, en mettant ces frais à la charge de l'Etat. Il en résulte que plus un département cède, plus il a d'avantages et plus il est évidemment soulagé.

M. *Kœchlin*. Je ne voudrais rien dire de personnel, mais ce que nous venons d'entendre est certainement une preuve de la fertilité du talent de M. Schnéegans. En réalité, le Bas-Rhin cède le *droit* de bâtir une prison; il transfère à l'Etat la charge de construire à sa place. Il me semble que ce n'est pas un cadeau : je crois que tout le monde ferait volontiers des dons de ce genre.

M. le *Président supérieur*. La discussion porte sur un objet d'une valeur tout-à-fait minime. La prison en question est louée au département pour de très-longues années. Si les bâtiments restent, le résultat pratique sera donc à peu près le même que si le département pouvait céder la propriété.

S'ils sont, au contraire, expropriés, la ville aura à indemniser l'Etat, comme, sans la loi, elle devrait indemniser le département pour la perte subie, car tous les droits et prétentions de ce dernier provenant du bail, passeront à l'Etat.

Il n'y a donc aucun danger, car la ville devra toujours garantir à l'Etat son intérêt à la conservation des bâtiments. D'ailleurs, on pourrait aller loin en calculant de la sorte et en examinant scrupuleusement si l'un des départements ne cédera pas plus ou moins que l'autre. A Mulhouse, par exemple, il est nécessaire de construire un nouveau bâtiment qui est évalué à 18 000 ℳ; cette charge de bâtir incombera également à l'Etat.

L'observation de M. Schnéegans sur le but de la loi est fort juste; c'est à ce point de vue seul qu'il faut se placer. *Tous* les départements gagnent à cette loi, car ils ne cèdent que des charges, et non des avantages.

M. *Klein.* Pour clore ce débat regrettable, il suffira d'indiquer les chiffres. Les prisons du Bas-Rhin sont évaluées à une somme totale de 518 000 ℳ, celles du Haut-Rhin à 500 100 ℳ et celles de la Lorraine à 403 450 ℳ Dans les 518 000 ℳ n'est pas comprise la valeur du bail pour la prison départementale de Strasbourg. Comme la ville est obligée de continuer le bail à l'Etat, on n'a qu'à capitaliser le loyer annuel pour trouver la valeur des droits de bail cédés par le département.

En faisant ce calcul, on arrivera à une somme bien plus considérable que la différence qui ressort des chiffres ci-dessus entre les contingents du Haut- et du Bas-Rhin, et l'on trouvera donc finalement que c'est le *Bas-Rhin* qui cédera le plus de droits.

Il résulte d'ailleurs des explications de M. North que l'on ferait bien de renoncer, une fois pour toutes, à des discussions de ce genre, qui peuvent donner lieu à des observations plus ou moins pénibles et produire des froissements qu'on devrait éviter. Si chaque département voulait faire bande à part, ce serait certes le budget du Bas-Rhin qui en retirerait le plus grand profit.

M. *Kœchlin.* Comme j'ai eu l'honneur de le dire tout à l'heure, j'avais fait aussi l'addition que vient de nous communiquer M. Klein, mais je n'ai pas voulu l'indiquer, précisément pour éviter de donner à la discussion un caractère de département à département. Quant à la prison de Strasbourg, il y a là une question très-intéressante, qui pour moi n'est pas du tout élucidée. Le loyer payé à la ville pour l'usage de cette prison n'est pas un loyer réel, car dans une ville comme Strasbourg on ne paie pas 800 fr. de loyer pour une maison de 61 pièces, dont 23 chambres. C'est donc plutôt un loyer de reconnaissance. Il serait bon de savoir quel est ce traité du 18 novembre 1846, et notamment s'il prévoit des dispositions pour le règlement de l'indemnité entre la ville et le locataire en cas d'expropriation. Car si dans ce cas l'on vient dire : la ville a la nue propriété, l'Etat l'usufruit, et l'indemnité devra se régler en conséquence, le compte ne se fera pas, je le crains, de la manière indiquée par M. Schnéegans. On dira : l'Etat paie un loyer annuel de 800 fr., et ce loyer sera pris comme point de départ pour la fixation de l'indemnité à accorder au preneur. C'est là un point qu'il importe, selon moi, d'élucider dans la Commission, et je ne crois pas que cette question doive soulever une animadversion collective, ni produire des froissements. Il n'y a point de motif pour venir nous parler de faire caisse à part; il n'est jamais entré dans mes idées de songer à chose pareille; je trouve au contraire que nous devons toujours, autant que possible, éviter des discussions et des allusions de ce genre. Le point important, je le répète, est ici de savoir comment l'indemnité se réglera quand les bâtiments seront expropriés. Si un bâtiment d'une valeur de 100 000 fr. est loué pour de longues années à un loyer annuel de 5 000 fr. et qu'il vienne à être exproprié, le départ entre le propriétaire et le locataire est facile à faire. Mais il n'en est pas de même quand il s'agit d'un loyer si bas, d'un simple loyer de reconnaissance. Qu'arriverait-il, par exemple, si le haras, pour lequel l'Etat paie à la ville un loyer annuel de 50 fr. seulement, venait à être exproprié?

Je persiste donc à recommander ce point à l'attention de la Commission.

M. *Schnéegans.* Cette question est parfaitement tranchée par la loi du 3 mai 1841 sur l'expropriation pour cause d'utilité publique. Il y est dit en termes exprès que le locataire est indemnisé pour tout l'intérêt qu'il a à la conservation du bail. Si donc un immeuble loué à 100 fr. vaut 500 fr. pour le locataire, c'est cette dernière somme qui devra servir de base à la fixation de l'indemnité. Il en est de même ici pour le loyer de 800 fr. Si le département ou l'État qui lui sera alors substitué a un intérêt supérieur, c'est son intérêt *véritable* qui lui sera payé.

Le chiffre de l'indemnité est fixé en premier lieu par des négociations amiables entre l'expropriant et l'exproprié; si celles-ci n'aboutissent pas, par le jury. Des deux façons il est hors de doute que le propriétaire et le locataire obtiennent des indemnités distinctes, proportionnées à leur part d'intérêt réelle. En principe, il ne saurait donc y avoir de difficulté ; la fixation des chiffres est une question d'évaluation et d'expertise. En tout cas l'indemnité, d'après notre loi, reviendra non plus au département mais à l'Etat, ce qui écarte suffisamment l'objection tirée d'un prétendu avantage pour le Bas-Rhin.

M. *Klein.* Je me range entièrement à l'avis de M. Kœchlin de laisser tomber cette discussion ; je crois même qu'il est grand temps de le faire. Je ne puis cependant m'empêcher d'ajouter que, malgré l'assurance de M. Kœchlin de ne pas vouloir entrer dans la voie étroite des rivalités départementales, ou de ne pas vouloir faire de la question une affaire de département à département, il me paraît impossible de donner un autre sens aux observations qu'il a présentées.

Je crois finalement qu'on s'occupera beaucoup mieux de cette question après l'expiration du bail, c'est-à-dire dans soixante ans d'ici.

M. *Kœchlin* déclare ne pas pouvoir admettre ce que vient de dire M. Klein.

Personne ne demandant plus la parole, la discussion générale est close.

Le projet de loi est renvoyé à la 1ʳᵉ Commission.

II.

Deuxième lecture du projet de loi concernant des restrictions à la liberté de construction dans les nouveaux quartiers de Strasbourg.

Première Commission spéciale.

Rapporteur : M. North.

Le rapport a été imprimé et distribué aux membres conformément au règlement. (Voir l'annexe ci-jointe.)

A la place du § 1ᵉʳ du projet du Gouvernement, la Commission propose le paragraphe suivant:

§ 1ᵉʳ.

„A partir du jour de la publication du plan d'alignement qui sera admis pour les terrains ajoutés à la ville de

Strasbourg pour l'extension de son enceinte fortifiée, les constructions ne peuvent être faites sur cet emplacement qu'en se conformant à l'alignement et aux conditions spéciales prescrites dans l'intérêt de la salubrité publique et de l'écoulement des eaux.

La publication de ces conditions arrêtées par le maire doit se faire avec la publication du plan d'alignement dans deux journaux désignés pour recevoir les publications officielles."

Le paragraphe proposé par la Commission est mis aux voix et adopté. En conséquence, le § 1er du projet du Gouvernement est rejeté et, par là, tout le projet. Il ne reste plus que le projet de loi tel qu'il a été transformé par la Commission.

Le § 2 de ce projet, alinéas 1er, 2 et 3, est adopté sans discussion, ainsi que l'ensemble du paragraphe.

Est de même adopté § 3, alinéa 1er.

A l'alinéa 2, M. Kœchlin demande s'il n'y a pas là une question un peu trop indéterminée : la question de savoir dans quel délai l'obligation de construire devra être réalisée.

M. *North*, rapporteur. Il y a deux systèmes. Les rues sont ouvertes immédiatement par la Ville, ou bien seulement sur la demande de la majorité des propriétaires riverains. Or comme il nous a paru impossible d'ouvrir toutes les rues à la fois, nous avons adopté ce second système. Quand la majorité des propriétaires la demandera, la Ville ne pourra plus refuser l'ouverture. Cette disposition va un peu plus loin que la législation antérieure.

M. *Kœchlin*. Il paraît que ma question a été mal posée. Je voulais dire qu'à mon avis il devrait y avoir une sanction à cette obligation de bâtir stipulée dans l'alinéa 2.

Il serait utile de fixer un délai dans lequel les propriétaires devraient s'engager à surbâtir leurs terrains. Autrement, les propriétaires pourraient se contenter de déclarer leur intention de bâtir, et ne seraient pas tenus de la réaliser plus tard.

M. *North*, rapporteur, répond que ce délai pourra être fixé par la municipalité à l'occasion de la demande de l'ouverture de la rue.

L'alinéa 2 du § 3 est adopté, ainsi que le total du § 3.

§ 4, alinéa 1er.

M. *Kœchlin*. Le mot de „rues" m'avait frappé dans cet alinéa, et j'ai demandé avant la séance à M. l'administrateur municipal ce qu'il en était des places qui ne sont pas mentionnées. Il m'a dit que dans les plans des nouveaux quartiers, toutes les places étaient considérées comme entourées par des rues et qu'il n'y avait par conséquent pas de maisons joignant directement des places. J'admets cette fiction, mais je me demande s'il n'y aurait pas lieu de faire une mention spéciale dans la loi.

M. *North*, rapporteur. Il n'y a pas, que je sache, de maisons sans voie pour y arriver. Nous appelons rue tout ce qui sert à la circulation. Dans ce sens, il y aura toujours une rue devant les maisons, et c'est cette rue qui est visée dans la loi.

M. le *Président supérieur*. J'interprète les dispositions de l'alinéa 1er dans ce sens, que les propriétaires riverains de rues entourant des places n'auront à contribuer aux frais d'établissement que jusqu'à concurrence de 10 mètres de largeur. La Ville supportera le reste. Il est plus que probable qu'il n'y aura pas de place qui ne soit entourée par une rue; la loi est donc suffisamment claire. On peut s'imaginer des places pareilles, mais c'est une fiction qui sans doute ne se réalisera pas, et les simples sentiers ne sont pas à prendre en considération.

L'alinéa 1er du § 4 est adopté.

A l'alinéa 2, M. *Goguel* demande à la Commission si elle a prévu le cas où un spéculateur prendrait à sa charge la plus grande partie ou toute la façade d'une rue.

Ne pourrait-il aussi être pris à contribution que pour une distance de 10 mètres?

M. *North*, rapporteur, répond que l'ouverture des rues étant l'affaire de l'Administration municipale, celle-ci aura toujours la faculté de ne pas autoriser de pareilles spéculations. Elle peut d'ailleurs toujours se servir des dispositions du décret de 1852.

M. *Schnéegans*. M. le rapporteur paraît avoir mal saisi la question de M. Goguel, qui avait, je crois, une autre portée. M. Goguel a désiré savoir si un spéculateur qui accaparerait toute la longueur d'une rue n'aurait à contribuer aux frais d'établissement de cette rue que pour une longueur de 10 mètres. Il y a ici évidemment erreur de la part de M. Goguel dans l'interprétation de la loi. Les 10 mètres ne s'appliquent pas à la longueur, mais à la largeur, comme il est dit explicitement dans le texte du § 4. Le spéculateur ci-dessus serait donc pris à contribution jusqu'à concurrence de 10 mètres de largeur, pour *toute la longueur* de la rue.

L'alinéa est adopté, ainsi que les alinéas 3, 4 et 5 et l'ensemble du § 4.

M. *Kœchlin*. Je crois que cette loi a été beaucoup améliorée par la Commission. Néanmoins j'éprouve de très-grands scrupules à voter une loi aussi exceptionnelle sans aucune réserve. Je ne vois qu'un seul correctif, c'est de se réserver la possibilité de l'améliorer ou de la modifier plus tard, si le besoin s'en fait sentir. En conséquence, j'ai l'honneur de proposer à l'Assemblée d'ajouter au projet un article 5, disant : „La présente loi produira effet jusqu'au 31 décembre 1885."

J'ai pris ce délai, parce qu'il est déjà employé dans l'article 2 de la loi. Mais je me hâte d'ajouter que je n'y insiste pas et que je suis prêt à le fixer à une ou deux années en plus ou en moins. L'essentiel, c'est le principe, et il me semble que dans une œuvre d'une si haute importance et de si longue haleine, il est urgent de se réserver la possibilité ou plutôt la *certitude* de pouvoir revenir sur ce qu'on a fait et de modifier s'il y a lieu. Le seul moyen d'arriver à ce but, c'est de fixer un délai pour la durée de la loi.

M. *North*, rapporteur. M. Kœchlin me paraît avoir mal apprécié la nature de la loi que vous venez de voter. L'ancienne législation continue à subsister avec sa jurisprudence fixée depuis un grand nombre d'années. Je l'ai signalé dans mon rapport en ces termes :

„Fallait-il faire une loi spéciale appropriée aux circonstances exceptionnelles dans lesquelles se trouve la ville de Strasbourg?

„Votre Commission ne l'a pas pensé. Il lui a paru dangereux de procéder de cette sorte, parce qu'il est difficile de prévoir et de régler toutes les questions qui peuvent se présenter, et elle a trouvé plus prudent et plus pratique de se borner à établir quelques dispositions exceptionnelles. De cette façon on conservera une législation connue, fixée et interprétée par une longue jurisprudence. Le projet de loi que vous propose votre Commission nous paraît donner satisfaction à tous les intérêts."

Ainsi la Commission a tenu compte des difficultés qui pourraient surgir, elle a reculé devant la tâche d'une législation complète sur la matière. Elle maintient ce qui existe depuis longtemps et ne porte aucun préjudice à la jurisprudence fixée ; elle s'est bornée à introduire certaines odifications nécessitées par la situation actuelle de la ille de Strasbourg. Ces modifications se réduisent à trois oints :

1° L'expropriation, au lieu de se faire dans le délai 'un an, ne peut être provoquée de la part des propriétaires vant le 31 décembre 1885.

2° Les immeubles, dont une partie seulement tombe ans la rue, la Ville n'est tenue de les exproprier que orsque le propriétaire veut surbâtir le terrain restant.

3° Les propriétaires sont tenus de contribuer à l'éta-lissement des rues dans les conditions et les proportions ndiquées par le § 4.

Ce sont les trois seules modifications introduites par a loi ; pour le surplus, la législation actuelle continuera de ubsister. Si des doutes, si des difficultés se soulèvent, ous aurez recours à cette législation, et vous vous trou-erez pour tout ce qui est en dehors des trois points signa-és dans la même situation que si la loi actuelle n'existait as.

La loi nouvelle ne va pas au-delà. Mais les questions ue règle cette loi, elle doit les régler de la même manière our les uns que pour les autres, elle doit les régler uni-ormément pour tous les intéressés. Elle ne peut pas faire ontribuer dans les cinq premières années des proprié-aires à la construction des rues dans telle proportion, et près les cinq années, fixer d'autres proportions pour les utres propriétaires. La loi est une loi définitive. Elle l'est omme la législation préexistante jusqu'au moment où vous urez reconnu qu'il y a nécessité de la changer. Mais mprimer à cette loi dès son origine un caractère purement emporaire ne me semble pas faisable. Vous ne pouvez pas a limiter d'avance sans vous exposer à créer un chaos qui résenterait encore plus de difficultés que celles que la loi ctuelle avait pour but de trancher.

M. *Schnéegans.* Je voulais présenter quelques obser-ations dans le même sens. M. Kœchlin semble croire u'il n'y a pas moyen de revenir sur une loi ; c'est là une rofonde erreur. Ce qu'une loi a fait, une autre loi peut le éfaire. Il y a donc toujours une ressource pour introduire es modifications ou des améliorations.

Au sein de la Commission, on a longuement agité la uestion de savoir s'il fallait borner l'effet de la loi à un élai déterminé. J'ai été d'avis par principe qu'une clause e ce genre devait être évitée ; elle ne va pas à une loi. 'un autre côté, comme il y avait dans cette demande uelque chose de juste et de fondé, on a cherché à con-ilier avec ce principe le côté pratique de la proposition, t c'est ainsi qu'on est arrivé à établir pour certains cas le élai du § 2, al. 2, où il est dit que la Ville devra acquérir ertaines parcelles de terrain destinées aux rues et places usqu'au 31 octobre 1885. Pour les autres cas, on a corrigé e qu'il y avait peut-être d'anormal dans le caractère de la oi, dans la servitude imposée par elle, par le double prin-ipe que chaque propriétaire peut demander l'expropria-ion dans des circonstances données, et que la Ville sera orcée d'acquérir les terrains et d'exécuter l'ouverture et a mise en état des rues, aussitôt que la majorité des pro-riétaires riverains le demanderont, en prenant l'engage-ment de surbâtir leurs terrains. Ces dispositions nous ont emblé suffisamment protectrices, et nous n'avons pas cru u'à côté de ces garanties il y ait lieu de fixer encore un élai pour la durée de la loi. Ce serait contre l'économie e la loi même.

M. *Kœchlin.* J'avais commencé par rendre hommage à la Commission et aux améliorations qu'elle a introduites dans le projet de loi. Mais comme c'est une loi absolument exceptionnelle et qu'on ne sait pas quelles vont en être les conséquences, il importe de prendre toutes les précautions. La Commission a-t-elle prévu toutes les hypothèses qui peu-vent se présenter ? je ne le crois pas, c'est impossible. La loi n'est que temporaire, elle n'est pas destinée à durer toujours. A un moment donné — quand les travaux d'a-grandissement seront terminés — elle aura définitivement produit ses effets. Dans ces conditions, le seul moyen pour la représentation du pays d'avoir la certitude de pouvoir, s'il y a lieu, revenir sur la loi, est d'inscrire un terme dans la loi même. Si la loi est votée sans fixation de délai, on pourra y revenir seulement si le Gouvernement et la repré-sentation du pays se trouvent d'accord. Voilà la différence. De cette façon, nous n'aurions pas la *certitude* de pouvoir modifier. Je persiste donc à maintenir ma proposition.

M. *North*, rapporteur. La responsabilité que prend le Landesausschuss est limitée aux trois points que j'ai eu l'honneur de vous signaler.

Vous n'avez dans ce moment qu'à vous occuper de ces trois points. Quant au surplus, c'est l'ancienne législa-tion qui règle les diverses questions qui peuvent se soule-ver. Vous n'y portez momentanément pas d'autres modifi-cations.

Si l'expérience vous fait connaître qu'il y a d'autres questions à régler, vous ferez ce que vous faites aujour-d'hui, vous les réglerez par des dispositions spéciales.

Vous n'avez donc pas à vous préoccuper aujourd'hui de l'avenir. Si vous trouvez les modifications que je vous ai indiquées justes et équitables, votez-les, sans vous pré-occuper dans ce moment d'autres questions qui peuvent surgir dans l'avenir. Vous êtes toujours libres de les ré-soudre lorsqu'elles se présenteront.

M. *Schnéegans.* En disant qu'il s'agit d'une loi toute nouvelle, M. Kœchlin a parfaitement raison. Seulement c'est une objection qu'on pourrait faire à toutes les lois, car, abstraction faite des lois de finances qui se présentent tous les ans, il me semble que toutes les lois sont nouvelles. Cet argument ne prouve donc rien.

Il y a quelque chose de juste dans l'observation de M. Kœchlin que la loi, par sa nature même, est destinée à avoir un effet purement temporaire. Elle ne doit durer que jusqu'au moment où tous ses effets seront produits, c'est-à-dire où les terrains seront surbâtis, les rues établies, etc.

Mais ces effets, nous voulons qu'elle les produise pour tout le monde indifféremment. Supposons que le délai pro-posé soit inscrit dans la loi. Pour les rues ouvertes jusqu'en 1885 les propriétaires riverains auront contribué, dans la mesure du § 4, aux frais d'établissement ; et si alors une loi nouvelle était faite qui dispensât de tout concours les propriétaires, il y aurait inégalité de situation entre ces divers propriétaires, et par suite injustice et anomalie. Il faut qu'il y ait uniformité de situation pour tous les rive-rains ; et dans une loi pareille l'effet doit se produire indis-tinctement d'un bout à l'autre des opérations.

Si par extraordinaire, je dirais presque par impossible, il était nécessaire dans la suite d'introduire quelques chan-gements de détails dans la loi, rien n'empêchera de le faire. De toute façon, il faudra pour un changement de législa-tion le concours du Gouvernement et de la représentation du pays ; ces deux facteurs étant d'accord, une modifica-tion pourra se faire sans qu'il y ait à cet égard une réserve formelle dans la loi. Introduire cette réserve, serait pré-senter dès maintenant un changement comme désirable, ce qui est contraire à l'idée même d'une loi. L'effet de la clause serait très-fâcheux. Prévoir une autre loi au bout d'un certain temps, reviendrait à renverser la situation entre la ville et les propriétaires riverains et rendrait impossible tout développement régulier. Il importe qu'il y ait égalité jusqu'au bout pour tous les propriétaires. D'ailleurs, je le répète, il est contraire à la nature d'une loi d'y stipuler qu'elle ne doit durer que jusqu'à un moment donné.

M. le *Président supérieur*. Pour les motifs que vient de développer M. Schnéegans, il est inadmissible, au point de vue pratique, de restreindre l'effet de la loi à un petit nombre d'années. L'exécution des travaux serait alors mise en question, et toute opération deviendrait impossible. Il faut que la loi dure jusqu'à ce qu'elle ait rempli son but. S'il se trouve plus tard que ses dispositions soient imparfaites, rien n'empêchera d'y introduire des améliorations, et le Gouvernement n'hésitera pas, le cas échéant, à prendre l'initiative de cette mesure.

M. *Kœchlin* déclare qu'il ne demande pas mieux que de faciliter les choses, mais que le sentiment de sa responsabilité le préoccupe trop pour que, dans une loi si exceptionnelle, il puisse se résoudre à un vote qui dessaisirait l'Assemblée du droit de revenir, à un moment donné, sur la question. Si l'on peut trouver une autre formule que sa proposition pour dire que la loi devra être révisée en 1885, il ne demande pas mieux que de s'y rallier.

M. *Klein*. Il serait très-grave d'adopter la proposition de M. Kœchlin. Non-seulement elle donnerait à la loi, dès sa naissance, un certain cachet d'imperfection, mais elle empêcherait en outre toute espèce de spéculation. Or nous espérons que la spéculation se mêlera de cette grande entreprise, et qu'il se formera des compagnies financières qui achèteront et construiront des quartiers entiers. Il saute aux yeux que les spéculateurs ne s'avanceront, qu'ils ne pourront engager leurs capitaux que quand ils auront la certitude que la situation créée par la loi durera jusqu'au bout, et que celle-ci ne pourra pas être subitement changée. Limiter la loi, serait donc enrayer l'exécution même des travaux, et il y va de l'intérêt de l'agrandissement de la ville de rejeter la proposition formulée par M. Kœchlin.

M. le *Président supérieur*. Il est impossible de prévoir dans quel état se trouveront dans cinq ans d'ici les travaux d'agrandissement, et l'on ne saurait, en présence d'une situation tout-à-fait inconnue, borner la loi à une durée déterminée. Ce serait créer un véritable chaos; ce qui certes engagerait bien plus la responsabilité de l'Assemblée que l'adoption de la loi telle qu'elle vient d'être votée.

Je ferai remarquer encore que la loi n'est pas si absolument nouvelle qu'on se plaît à le dire; les principes qu'elle renferme ne sont pas nouveaux du tout. Il s'agit simplement d'une réglementation pratique, et je ne vois pas en quoi le vote de ces dispositions pourrait timorer les consciences.

M. *Fulter*. Je ne voudrais faire qu'une très-courte observation. La proposition de M. Kœchlin prend sa source dans une préoccupation très-respectable; mais, comme M. Klein l'a fait ressortir avec beaucoup de justesse, elle porte en elle-même un certain germe de désorganisation. Si l'on ne désire que réserver au Landesausschuss la faculté de réviser la loi dans cinq ans, je crois pouvoir donner à cet égard une réponse catégorique. Ou bien le Landesausschuss aura dans cinq ans le droit d'initiative, et il pourra alors réviser la loi sans avoir à s'appuyer sur la réserve proposée, ou bien il n'existera plus. Nous aurons alors une Assemblée vraiment parlementaire, ou l'Etat d'Alsace-Lorraine aura été absorbé. Je ne crois donc pas que la question agitée doive nous préoccuper beaucoup.

M. *Kœchlin*. Ma proposition conserve toute sa portée dans cette prévision que dans cinq ans d'ici le Landesausschuss sera un véritable Landtag. Si le délai n'est pas inscrit, la situation sera alors celle-ci : si le Gouvernement n'est pas d'accord avec la représentation du pays, la loi ne pourra pas être changée, malgré le droit d'initiative. Il en est de même avec la législation de l'Empire; si l'un des deux pouvoirs législatifs refuse son concours, une loi ne peut être ni votée ni promulguée. C'est pour ce motif précisément que le Reichstag a fixé une limite à la loi sur les socialistes, que je cite seulement au point de vue du procédé législatif. Le Reichstag n'a pas vu d'autre moyen pour se réserver la faculté de revenir sur la loi que d'y inscrire formellement un délai. Remarquez bien que je n'ai pas parlé seulement de nous assurer la *possibilité*, mais la *certitude* de pouvoir réviser. Il ne faut pas oublier qu'avec les idées constitutionnelles qui ont cours en Allemagne, le fait de l'existence d'une loi a une très-grande valeur; on ne peut être sûr d'y revenir qu'en limitant sa durée.

M. *Schnéegans*. M. Kœchlin veut ajouter une clause qui rend la révision *nécessaire* au bout d'un certain temps. Or je trouve que la possibilité d'une révision est suffisante. M. Kœchlin prévoit une désunion entre les différents pouvoirs législatifs et voudrait, pour ce cas, forcer la main à l'un de ces pouvoirs. Moi je prétends, au contraire, qu'une loi faite avec le concours des trois facteurs législatifs ne doit pas cesser sans le concours de tous ces facteurs. Forcer la main à l'un des facteurs, est complètement subversif de toutes les notions constitutionnelles. Une loi doit durer tant qu'existent les circonstances pour lesquelles elle est faite. Si elle contient des lacunes, nous serons libres de réclamer ou de présenter de notre initiative les modifications reconnues utiles. Mais imposer de prime abord la nécessité de changer la loi, ne cadre avec la théorie constitutionnelle d'aucun pays.

Pour ce qui est du côté pratique, cette clause amènerait les plus grands embarras pour la Ville, et une perturbation complète dans le monde des affaires, comme M. Klein l'a fait ressortir avec beaucoup de justesse. Il est de toute nécessité que les personnes qui ont intérêt à l'achèvement des travaux sachent une fois pour toutes à quoi s'en tenir sur leurs droits et leurs obligations. La proposition de M. Kœchlin ferait donc complètement manquer le but de la loi.

M. *North*, rapporteur. M. Kœchlin a déclaré que s'il avait ma quiétude il serait très-disposé à voter la loi sans le § 5 qu'il a proposé. Cette quiétude, il peut parfaitement l'avoir. L'ancienne législation continue à subsister comme par le passé. Si elle ne prévoit pas tous les cas qui peuvent se présenter, si elle donne lieu à des difficultés dans la pratique, il n'en supporte aucune responsabilité, parce qu'il ne l'a pas faite. Les modifications apportées par la loi que vous venez de voter ne présentent rien d'imprévu. Elles se bornent à fixer l'époque obligatoire pour la Ville d'exproprier les terrains tombés dans les rues et les places publiques, elles fixent d'un autre côté la part pour laquelle les propriétés riveraines ont à contribuer à l'établissement des rues. Il n'y a rien d'imprévu dans tout cela, et il est facile de l'apprécier dès aujourd'hui.

Mais si pendant cinq ans tous ceux qui ont construit ont contribué à l'établissement des rues, vous ne pouvez pas exempter de la contribution ceux qui construiront après les cinq ans.

Si vous ne faites qu'une législation temporaire, vous laissez les propriétaires dans l'incertitude sur leur sort. Ils n'oseront entreprendre aucune construction, et il ne

ourrait se former aucune association pour surbâtir les
errains, parce qu'on se trouverait toujours sous le coup
'une modification déjà annoncée par votre loi.

La loi que votre Commission vous a proposée a justement pour but de faire cesser cette incertitude, de fixer
hacun dès aujourd'hui sur ses droits et ses obligations, de
ermettre à l'initiative privée et à l'initiative des sociétés,
e s'organiser de telle manière à ce que bon leur semble
: à ne pas les exposer à des entraves inattendues.

En laissant planer sur la tête des propriétaires cette
ncertitude, en paralysant les entreprises par le peu de
urée fixée à votre loi, vous prenez sur vous une responsa-
ilité beaucoup plus grave que vous ne le faites en votant
urement et simplement la loi.

M. *Fulter*. Je ferai remarquer encore que la clause
roposée par M. Kœchlin ne donnera nullement la garan-
e recherchée par son auteur. Ou bien l'éventualité que
ai signalée tout à l'heure sera réalisée en 1885 et nous
urons alors l'initiative parlementaire, ou bien elle ne le
era pas. En tout état de cause, si l'effet de la loi venait à
esser de par la clause de M. Kœchlin et que le Landes-
usschuss ne voulût plus la voter, le Gouvernement aurait
droit de faire appel au Reichstag, en passant par dessus
tre tête; le but de l'article 5 serait donc manqué.

La proposition de M. Kœchlin est mise aux voix et
jetée.

L'ensemble de la loi est adopté dans la rédaction pro-
sée par la Commission. Le projet primitif du Gouverne-
ent est complètement écarté.

III.

PÉTITIONS.

1° Pétition relative aux dommages causés par les étourneaux.

M. *Bozon* fait le rapport verbal suivant:

Les cultivateurs et les vignerons d'un grand nombre
communes riveraines du Rhin vous ont adressé une pé-
ion pour obtenir le droit de détruire les étourneaux à
ide de filets.

Votre 4e Commission, à laquelle cette pétition a été
nvoyée, m'a chargé de vous donner verbalement le ré-
ltat de l'examen qu'elle en a fait.

Je ne vous énumérerai pas les motifs qui militent en
veur de la demande des pétitionnaires; je vous renverrai
a petite brochure de M. de Bancalis, qui vous a été re-
se. En la lisant, vous ne pourrez qu'appuyer leurs justes
clamations.

C'est seulement, Messieurs, depuis quelques années que
le Préfet du Bas-Rhin, s'appuyant sur la législation
nçaise, et considérant l'étourneau comme animal utile à
griculture, a empêché la chasse de ce gibier à l'aide de
ets. Ces oiseaux devenant naturellement plus nombreux,
se multipliant d'une manière extraordinaire, s'abattent
bandes énormes sur nos campagnes, sur les vignes sur-
t, et causent d'énormes dégâts. Il n'est pas surprenant
'un champ de vigne isolé soit ravagé dans quelques
ures. Dans les pays du Nord et dans les pays de mon-
nes, où les récoltes ne sont pas de même nature que les
res, on peut, à la rigueur, considérer l'étourneau
mme oiseau utile à l'agriculture, parce qu'il détruit les
ectes nuisibles, ne trouvant pas beaucoup d'autre nour-

riture de son goût. Il n'en est pas de même chez nous, où
il rencontre une pâture très-abondante et qu'il préfère incontestablement à la chenille et à la fourmi.

Aussi, Messieurs, votre 4e Commission vous propose-t-
elle de ranger l'étourneau dans la catégorie des animaux
nuisibles, et d'inviter le Gouvernement à vouloir bien en
permettre, le plus tôt possible, la destruction à l'aide de
filets, comme par le passé — et à chercher également à ce
qu'il ne soit pas introduit des dispositions contraires par
la législation de l'Empire.

M. le baron *Zorn de Bulach* émet l'avis que le Landesausschuss doit en tout cas se prononcer sur la pétition et
prie l'Assemblée d'appuyer cette dernière auprès du Gouvernement.

M. *North*. Il appartient au Préfet de désigner les animaux nuisibles sur l'avis du Conseil général. Si vous prenez donc une décision sur la question traitée dans le rapport, vous usurpez sur les fonctions du Conseil général.
Je vous prierai donc de renvoyer la pétition au Gouvernement, qui la transmettra au Préfet.

M. *Schnéegans*. Les conclusions de la Commission
tendent à ce que le Landesausschuss range les étourneaux
dans la catégorie des animaux nuisibles; c'est évidemment
aller trop loin. Il ne rentre pas dans notre compétence de
prendre une pareille mesure, et nous ne pouvons que renvoyer la pétition au Gouvernement.

M. le baron *Zorn de Bulach*. Il est important que le Gouvernement sache si le Landesausschuss est, oui ou non, d'avis que
les étourneaux doivent être regardés comme nuisibles. Il est
question en ce moment d'une loi d'Empire sur la protection
des animaux utiles à l'agriculture, et il faut qu'on sache à
Berlin que d'après notre manière de voir, les étourneaux sont
nuisibles et qu'ils doivent être exceptés de cette protection.

M. *Baudry*. Je me rallie d'autant plus volontiers à
l'opinion de M. le baron de Bulach, que ce n'est pas seulement dans le Bas-Rhin que les étourneaux exercent leurs
dégâts. Dans le Haut-Rhin aussi les plaintes contre ces
oiseaux sont générales et il doit en être de même en Lorraine. Je crois donc que nous devons émettre un avis favorable sur la pétition de M. de Bancalis.

M. *Goguel* présente la proposition „de renvoyer la
pétition au Gouvernement avec un avis favorable."

M. *Klein* est d'avis que de toute façon l'Assemblée
doit se prononcer et qu'elle ne peut pas se borner à entendre
lire les conclusions d'un rapport, sans dire si elle approuve
ces conclusions, ou si elle les rejette.

M. le *Président supérieur*. L'avis du Landesausschuss
sera toujours pris en sérieuse considération, surtout si le
Gouvernement reconnaît que cet avis se base sur un
examen sérieux de la question. Si les membres de cette
Assemblée expriment la conviction que les étourneaux sont
nuisibles, cette opinion influera nécessairement sur les
mesures à prendre par le Gouvernement. Mais je ne crois
pas que de pareilles questions de détail puissent être
examinées assez à fond, pour que l'Assemblée se forme
une conviction à leur sujet.

M. *Schnéegans*. Je n'ai pas entendu exprimer tout à
l'heure un avis défavorable sur la pétition. J'ai seulement
dit que les conclusions de la Commission tendent à ce que
nous opérions nous-mêmes un classement des animaux
nuisibles et j'ai trouvé que cela excédait nos attributions.

Quant à la proposition de M. Goguel, je crois que
nous pouvons l'adopter.

M. *Lorette*. La question est, à mon avis, du ressort du
Conseil général. Si donc nous exprimions notre opinion et

que plus tard le Conseil général émît un avis contraire, ce serait, passez-moi l'expression, recevoir un petit camouflet. Il vaudrait donc mieux renvoyer la chose à l'autorité compétente.

M. le baron *Zorn de Bulach*. Je suis heureux d'avoir entendu que le Gouvernement se range à ma manière de voir et à celle de l'honorable M. Klein. Il est important que nous nous prononcions sur la question et que nous fassions connaître au Gouvernement que notre opinion est que les étourneaux sont des animaux nuisibles. Nous ne pouvons pas attendre plus longtemps et renvoyer la question aux Conseils généraux; d'ailleurs ce ne sont pas ces derniers qui ont à prendre une décision, ce sont les préfets et nous n'empiétons donc en rien sur les attributions des Conseils.

Il ne s'agit pas ici d'une bagatelle comme on pourrait le croire : la question est de la plus haute importance pour l'agriculture. Il faut donc que l'Assemblée appuie ou rejette les conclusions du rapport demandant à ce que les étourneaux soient considérés comme des animaux nuisibles. Si, d'accord avec ces conclusions, le Landesausschuss exprime l'avis que les étourneaux sont nuisibles, j'espère que le Gouvernement tiendra compte de cette opinion et qu'il rangera de nouveau les étourneaux dans la catégorie des animaux nuisibles. La pétition qui vous a été adressée n'exprime pas d'ailleurs l'avis isolé de M. de Bancalis : un grand nombre de communes et la Société d'agriculture du Bas-Rhin partagent sa manière de voir.

M. *Bozon*, rapporteur. Je proposerai la rédaction suivante adoptée par la 4ᵉ Commission, pour couper court à la discussion et pour sauvegarder les prérogatives des Conseils généraux :

„Le Landesausschuss considère qu'il serait désirable que l'étourneau pût être détruit à l'aide de filets comme par le passé, et invite le Gouvernement à chercher à ce qu'il ne soit pas introduit dans la législation d'Empire des dispositions contraires.“

M. *North*. Le renvoi au Gouvernement est la seule chose régulière. Si nous prenons aujourd'hui une décision sur cette question, nous anticipons sur la compétence du Conseil général. Le Conseil général devra nécessairement être consulté sur la question et il serait parfaitement autorisé à émettre un avis contraire à celui que vous avez émis. Respectons donc l'autorité et l'indépendance du Conseil général, ne préjugeons pas dès aujourd'hui une question que le Conseil général a seul la compétence de résoudre. Nous sommes tous plus ou moins jaloux de nos prérogatives, et avec raison. Ne portons donc pas atteinte aux prérogatives du Conseil général. Le renvoi au Gouvernement produira tous les effets que vous pouvez attendre de votre vote. Le Gouvernement renverra la pétition au Préfet, le Préfet la soumettra au Conseil général, et le Conseil général donnera son avis. Je proposerai donc de demander purement et simplement le renvoi de la pétition au Gouvernement.

M. *Kempf*. Je viens d'entendre avec satisfaction les paroles prononcées par M. North; car elles sont conformes aux principes que j'ai fait valoir dans la discussion d'hier et contraires à ceux qui ont servi de base aux arguments opposés par M. North.

La discussion continue entre MM. Lorette, Goguel, Fulter, Kœchlin et de Bulach, sur le point de savoir si le Landesausschuss doit se prononcer sur la pétition, ou si cette dernière doit être renvoyée au Conseil général.

La proposition de M. North „de renvoyer la pétition au Gouvernement pour étudier la question“ est ensuite mise aux voix et rejetée. Celle de M. Goguel est adoptée.

M. *Kœchlin* fait, au nom de la 4ᵉ Commission, les rapports sur les pétitions suivantes :

2° Pétition de M. le vétérinaire Schild, à Ribeauvillé, relative à la création de caisses d'assurance contre les épizooties en Alsace-Lorraine.

La Commission, après avoir examiné la pétition et appris de M. le commissaire du Gouvernement qu'il serait soumis prochainement au Reichstag une loi sur la question, a émis l'avis que si l'Empire accorde des indemnités pour la peste bovine, dont les ravages sont très-étendus, il devrait en être de même pour d'autres épizooties moindres, du moment qu'elles entraînent l'abattage de bestiaux par ordre du Gouvernement. Il n'y a donc pas lieu, à son avis, de proposer la création de caisses d'assurance, mais à ce que le Gouvernement indemnise pour tous les bestiaux qu'il a fait abattre, cette mesure étant évidemment prise dans un but d'intérêt général. Quant à la question d'assurance pour les cas ordinaires de perte de bétail, la Commission n'a pas cru devoir autrement s'en occuper : c'est aux propriétaires à s'entendre entre eux à ce sujet et à créer, par exemple, des caisses d'assurance mutuelle. J'ai donc l'honneur de proposer le renvoi de la pétition au Gouvernement.

Ce renvoi est prononcé.

3° Pétition de M. Erasmy, de Metzerwiese, sur la confection du cadastre.

Conformément aux conclusions de la Commission, l'Assemblée renvoie cette pétition au Gouvernement avec la résolution suivante :

„Le Landesausschuss exprime l'avis qu'il y a lieu de procéder le plus promptement possible au renouvellement du cadastre sans arpentage préalable et en se bornant aux travaux de vérification qui viendraient à être reconnus nécessaires; il estime que les dépenses de cette opération devront être *supportées par le pays*, et invite le Gouvernement à proposer dans le prochain budget un crédit à cet effet.

„Le Landesausschuss désire que la question d'un arpentage général, indépendant du renouvellement précité et à faire successivement, de manière à ce que l'on n'ait pas besoin d'un personnel trop considérable, soit mise à l'étude.“

4° Pétition relative à l'emploi de doubles guides.

La 4ᵉ Commission propose le renvoi pur et simple de la pétition au Gouvernement.

L'Assemblée adopte ces conclusions.

5° Pétitions relatives au raccordement des bassins avec les chemins de fer.

La 4ᵉ Commission propose le renvoi au Gouvernement, la question ayant été visée dans le rapport sur l'augmentation du tirant d'eau des canaux et discutée à cette époque.

Le renvoi est prononcé.

6° Pétition des architectes relative au tarif de leurs honoraires.

Les pétitionnaires se plaignent du mode de règlement de leurs honoraires, qui, d'après une ordonnance de M. le

Président supérieur, doivent être fixés avant l'exécution des travaux. En outre, ils demandent qu'il leur soit appliqué le tarif de Hambourg. La Commission propose le renvoi de la pétition au Gouvernement.

M. *Klein*. Les architectes ne se plaignent pas seulement du tarif, mais surtout d'un passage du régulatif qui autorise les Kreisdirectoren à intervenir dans la conclusion des traités avec les communes, pour établir en dernier lieu les prix et les conditions des devis. Certains Kreisdirectore, faisant montre d'un zèle exagéré, exercent ainsi, au préjudice des architectes, une pression très-considérable, à laquelle ces derniers ne peuvent que difficilement se soustraire, puisqu'une fois les travaux préparatoires, faits, ils ne peuvent plus abandonner l'affaire qu'avec perte.

Les architectes se plaignent encore de la concurrence qui leur est faite par les ingénieurs du Gouvernement. Ces derniers, qui sont soldés par l'Etat, ont beau jeu contre les architectes ordinaires, qui n'ont aucun traitement fixe. Ce dernier point a d'ailleurs été vidé par le Gouvernement, qui a défendu aux ingénieurs de faire à l'avenir le métier d'architectes.

M. *Kœchlin* réplique qu'il n'est pas question de tout cela dans la pétition et qu'on s'y plaint seulement de la modicité et du manque d'uniformité du tarif.

Les conclusions de la Commission sont ensuite mises aux voix et adoptées par l'Assemblée.

7° Pétition des brasseurs et malteurs de Schiltigheim, concernant des travaux faits pour l'écoulement des eaux dans cette commune.

La 4ᵉ Commission propose le renvoi de la pétition au Gouvernement.

M. *Klein*. Je ne m'oppose pas au renvoi de la pétition; mais je trouve, et il me semble que le Gouvernement sera de mon avis, qu'il serait équitable que le Gouvernement participât dans une certaine mesure aux frais de ces travaux.

M. le *Président supérieur* répond que déjà antérieurement à la pétition, il a, à deux reprises différentes, accordé une subvention pour la construction d'un canal d'écoulement à Schiltigheim, et qu'il n'est à sa connaissance qu'on se soit plaint de l'insuffisance de cette subvention.

M. *Schnéegans*. Le concours dont a parlé M. le Président supérieur se monte à une somme de 4 000 ℳ accordée à la commune de Schiltigheim. Or la situation est celle-ci, c'est que le travail imposé retombe pour les deux tiers à la charge des industriels intéressés et pour un tiers à la commune, de sorte que le secours accordé à la commune ne soulage en aucune façon les particuliers. Je suis parfaitement au courant de la question et je crois devoir exprimer ici ma conviction que les travaux sont surtout nécessités par le besoin de faire écouler les eaux de la grande route passant par la commune. En procédant après cela à une répartition proportionnée des frais, un tiers au moins de ces derniers devrait retomber à la charge de l'Etat. La subvention accordée n'est donc pas en rapport avec le concours qu'équitablement l'Etat devrait fournir dans cette affaire.

M. le *Président supérieur*. Je dois faire observer que le Gouvernement n'a fait que se conformer au vœu émis par le Conseil général du département. Comme il est exact que l'Etat bénéficie en partie des travaux accomplis, il a encore été accordé à la commune de Schiltigheim une subvention spéciale de 8 000 ℳ La question me paraît donc définitivement vidée.

M. *North*. La question agitée dans la pétition est déjà connue des membres du Bas-Rhin. Elle a fait l'objet d'une discussion approfondie au sein du Conseil général, et à la suite de la discussion, la demande a été renvoyée au Gouvernement avec recommandation d'y faire droit. Le Conseil général s'est déclaré prêt à prendre à la charge du département une subvention égale à celle que paierait l'Etat.

La demande des industriels de Schiltigheim se trouve parfaitement justifiée. L'égout qu'ils ont été obligés de faire construire reçoit non-seulement les eaux de leurs établissements industriels et de la ville de Schiltigheim, mais encore celles de la route qui appartient à l'Etat. Il est donc juste que l'Etat contribue à la construction de l'égout dans la même proportion que cet égout lui profite.

Mais je crois devoir prendre la question de plus haut. Lorsqu'une entreprise comme celle de la construction des égouts à Schiltigheim profite à des industriels qui paient de larges contributions à l'Etat, l'Etat doit leur manifester la sollicitude qu'il a de leurs intérêts en venant à leur secours et en leur facilitant leur industrie.

Ce principe, Messieurs, vous le reconnaissez dans toutes les circonstances. Vous le reconnaissez lorsque vous votez des subventions pour la régularisation des cours d'eau et pour faciliter les irrigations. Vous le reconnaîtrez également dans la circonstance actuelle, et la Commission elle-même aura cette conviction lorsqu'elle aura examiné toutes les pièces à l'appui.

M. *Klein*. Je ne puis que me rallier à ce que viennent de dire MM. North et Schnéegans. J'ajouterai cependant que le Conseil général de la Basse-Alsace n'a pas voté une somme déterminée pour les travaux de Schiltigheim, mais qu'il a reconnu en principe la nécessité d'une subvention.

En suite de ce vœu il a effectivement été accordé une subvention, mais elle n'a été appliquée qu'à la commune, et non aux particuliers intéressés dans l'affaire. La pétition émanant des brasseurs de Schiltigheim a précisément pour but de faire partager les sommes accordées entre eux et la commune, au prorata des frais incombant à chaque partie. Cette réclamation me semble très-fondée: il ne me paraît pas équitable que la subvention ne soit accordée qu'à la commune. Celle-ci ne devrait pas oublier d'ailleurs que c'est aux brasseurs et aux malteurs qu'elle doit en grande partie sa prospérité actuelle, et qu'à raison de cela il n'est pas juste de faire retomber exclusivement sur eux une charge aussi lourde que celle de 70 000 ℳ qu'on voudrait leur imposer.

M. le *Président supérieur*. Autant qu'il est à ma connaissance, la commune de Schiltigheim et les industriels ont toujours marché d'accord dans cette affaire et ont pétitionné ensemble. La subvention a été accordée à la suite d'une pétition signée en commun par les industriels et par l'Administration communale. Il était donc naturel de supposer que les deux parties s'étaient préalablement entendues sur le partage de la subvention.

M. *Klein*. Je regrette d'avoir à dire que sur ce dernier point Son Exc. M. le Président supérieur fait erreur. Il n'y a pas eu d'entente entre la commune et les intéressés. La commune contribuant pour 40 000 ℳ et les intéressés pour 70 000, ces derniers prétendent qu'ils ont le droit de toucher une certaine partie de la subvention allouée, au prorata de leurs frais respectifs; et c'est là justement l'objet de leur pétition. La subvention ayant été attribuée à la commune, les industriels n'ont obtenu aucune satisfaction.

M. *Schnéegans*. La question étant très-importante, puisqu'il s'agit après tout d'une question de justice, je crois devoir insister encore, et je demanderai à cet effet quelques moments d'attention à l'Assemblée. J'ai indiqué auparavant qu'il serait juste que l'Etat supportât la majeure partie des frais, puisque les eaux qu'il faut faire écouler proviennent en grande partie des routes. Une autre raison pour laquelle l'Etat devrait prendre à sa charge une partie de l'énorme dépense nécessaire pour faire écouler les eaux, c'est qu'il a négligé pendant une série d'années de faire curer le canal de la Marne-au-Rhin, dont il a fallu par suite élever le niveau de 20 à 30 centimètres, de sorte que la petite rivière qui précédemment enlevait les eaux de Schiltigheim ne peut plus passer, son niveau étant inférieur à celui du canal. C'est donc sur l'Administration des ponts et chaussées que retombe en partie la responsabilité de l'état de choses actuel.

M. le Président supérieur dit que les parties étaient d'accord. Il y a eu au contraire de longues et lamentables luttes entre la commune et les intéressés, et ce n'est que contrainte par un acte d'autorité de M. le Président de département, que la commune a consenti à concourir aux travaux, et cela pour une part de 40 000 ℳ, au lieu que les brasseurs et les malteurs avaient à supporter une dépense de 70 000 ℳ Je me suis proposé, en donnant ces explications, de convaincre le Gouvernement qu'il est juste que l'Etat contribue pour une part plus notable aux frais d'écoulement des eaux. Quant aux subventions précédemment accordées, il n'y pas eu, je le répète, d'entente préalable entre les parties au sujet de leur répartition. Ces sommes ayant été accordées à la commune, elles seront déduites des 40 000 ℳ incombant à cette dernière et les industriels auront toujours à supporter intégralement les 70 000 ℳ restants.

M. *Klein* confirme les observations présentées par M. Schnéegans.

M. le *Président supérieur*. Je crois n'avoir fait que me conformer au vœu exprimé par le Conseil général de la Basse-Alsace, en autorisant le département à fournir une subvention de 4 000 ℳ et en accordant une pareille somme sur les fonds du pays, mais sans rien déterminer quant au mode de répartition de ce secours. Je suis même prêt à accorder encore d'autres subventions, si l'Assemblée veut porter au budget les crédits nécessaires.

Le concours précédent a été fourni sur le budget de l'Administration de la voirie ; mais les fonds de ce budget sont mesurés si strictement qu'il ne m'est plus possible d'en prélever une somme quelconque. D'après ce que vient de dire M. Schnéegans, il y aurait peut-être lieu d'inscrire un crédit pour subventions ultérieures au budget de l'Administration des canaux et des cours d'eau.

M. *Klein* déclare prendre acte des déclarations de M. le Président supérieur.

M. *Kœchlin*. La Commission a été d'avis que la subvention accordée était suffisante et a donc considéré la question comme vidée. Cependant si l'Assemblée le désire, elle est prête à examiner encore une fois la pétition, qui dans ce cas devrait lui être renvoyée.

M. *Schnéegans*. En présence de la déclaration de M. le Président supérieur, que rien ne s'oppose à l'émargement d'un crédit pour une nouvelle subvention, je crois

que ce qu'il y a de mieux à faire, c'est de renvoyer la pétition à la Commission.

L'Assemblée, adoptant cette proposition, renvoie la question à la Commission, pour y être soumise à un nouvel examen.

8° Lettre de M. le Directeur de l'Établissement de Stephansfeld, demandant l'établissement d'une halte de chemin de fer à Stephansfeld.

La pétition annoncée dans cette lettre n'ayant pas été présentée, la 4ᵉ Commission a décidé qu'il fallait engager le pétitionnaire à suivre la filière administrative.

M. *Klein*. Si le directeur a dérogé à la filière hiérarchique en s'adressant directement au Landesausschuss, c'est qu'il a été impossible de réunir à temps le Conseil de surveillance de l'établissement. Comme la pétition annoncée n'est pas arrivée, je ne veux pas arrêter le Landesausschuss aujourd'hui ; je reviendrai sur la question l'année prochaine. Je crois que la demande de M. le directeur devra alors être prise en considération ; elle est d'un intérêt majeur, surtout pour le Haut-Rhin. Je me réserve, je le répète, d'appuyer la proposition l'année prochaine.

M. *Kœchlin*. Je n'ajouterai que quelques mots comme observation personnelle. Je ne vois pas pourquoi on s'adresserait au Landesausschuss pour obtenir une halte de chemin de fer. C'est là une affaire à débattre entre l'Administration de Stephansfeld et la Direction générale des chemins de fer. Une halte coûte quelques mille marcs ; c'est donc une question d'argent à régler entre les intéressés.

M. *Klein*. Des démarches ont été faites directement auprès de l'Administration des chemins de fer, qui a refusé de s'occuper de la question, sous prétexte que les documents fournis n'étaient pas suffisants. Si le Landesausschuss émet un avis favorable sur la pétition, l'Administration sera bien forcée de reconnaître que l'intérêt du pays est en jeu et se montrera plus conciliante que vis-à-vis d'une démarche isolée du directeur.

L'Assemblée passe à l'ordre du jour.

9° Pétition de M. Müller, concernant la concurrence faite aux horticulteurs par l'école de Grafenbourg.

La 4ᵉ Commission propose de renvoyer ces pétitions au Gouvernement, en invitant celui-ci à limiter strictement la vente aux seuls produits de l'établissement et à interdire la publicité ailleurs que dans les journaux officiels d'Alsace-Lorraine.

Ces conclusions sont adoptées.

10° Pétitions de MM. Eckert, Linthahr, Hossenlopp et Edelmann demandant des autorisations d'ouvrir des auberges.

La 4ᵉ Commission propose le renvoi pur et simple de ces pétitions au Gouvernement.

Ce renvoi est prononcé.

La prochaine séance est fixée au jeudi 13 mars, à 2 heures et demie de l'après-midi.

La séance est levée à 6 heures.

DÉLÉGATION D'ALSACE-LORRAINE.

1ᵐ Commission spéciale.

RAPPORT DE M. NORTH.

Proposition N° 2. Projet de loi concernant les restrictions imposées au droit de bâtir dans les nouveaux quartiers de Strasbourg.

Le projet de loi concernant les restrictions au droit de bâtir dans les nouveaux quartiers de la ville de Strasbourg a été l'objet d'un examen approfondi de la part de votre Commission spéciale.

Il a donné lieu à de longues et nombreuses discussions.

Le principal argument que le Gouvernement ait fait valoir en faveur du projet de loi est que, sans cette loi, la ville de Strasbourg ne pourrait pas exécuter la vaste entreprise dont elle se trouve chargée.

Aucune ville, jusqu'ici, à notre connaissance, n'a procédé d'un seul coup à un agrandissement aussi considérable. Nous ne trouvons aucun précédent qui ait pu nous fournir d'utiles renseignements et nous guider au milieu des difficultés sans nombre qui se présentent.

En effet, la ville actuelle occupe 230 hectares 30 ares.

A l'avenir, la surface qui lui est réservée comprendra 614 hectares 70 ares. Elle recevra ainsi une augmentation de 384 hectares 40 ares, ou environ une fois et demie la superficie actuelle.

Les nouvelles rues à établir forment une étendue d'environ 63 kilomètres, et les frais seuls de l'établissement des rues et places se monteront à environ 20 millions de marcs.

Si la ville devait immédiatement prendre à sa charge cette dépense, et si vous tenez compte qu'elle doit déjà le prix des terrains acquis de l'Administration des fortifications, il ne restera pour aucun de nous le moindre doute que la ville aurait à supporter des charges trop lourdes pour elle.

Le Gouvernement a donc insisté et avec raison sur la nécessité qu'il y a pour la ville de limiter ses dépenses, et de là il a conclu qu'il y a lieu de limiter l'ouverture des rues.

La ville aurait pu limiter son plan d'alignement à certaines rues nécessaires, mais alors il se serait établi en dehors un véritable chaos qui aurait singulièrement entravé le développement régulier de la ville.

Les servitudes proposées par le projet de loi ont donc un double but. Le premier est d'obtenir un plan régulier et d'ensemble pour la nouvelle ville, et le deuxième est de permettre de restreindre la faculté de construire aux moyens financiers de la ville. Pour justifier le projet de loi, le Gouvernement s'est appuyé sur les dispositions législatives existantes dans d'autres pays. Il a cité entre autres l'article 6 de la loi du Wurttemberg du 6 octobre 1872 et les §§ 11 et 13 de la loi prussienne du 2 juillet 1875, concernant le règlement des plans d'alignement à dresser par les villes.

L'article 6 de la loi du 6 octobre 1872 cité est ainsi conçu : „Si un terrain non surbâti est destiné, d'après le „plan d'alignement de la localité, à être transformé en rue „ou en une place publique qui ne doit pas recevoir de con-„structions, il est défendu d'y établir des constructions à „partir du jour de la publication du plan d'alignement.

„Dans ce cas, comme dans les cas réglés par les „articles 9, al. 3, art. 22, 23, 28, 34, ainsi que pour l'éta-„blissement et l'entretien des jardinets devant ces maisons „(art. 15. al. 2) où le propriétaire est empêché de con-„struire, il n'a droit à aucune indemnité.

„Les parties qui tombent dans les rues ou les places „publiques peuvent être utilisées par les propriétaires jus-„qu'au moment de leur cession à la commune, et ces der-„niers ont le droit de les entourer d'une clôture répondant „aux besoins et y élever également des constructions, à „charge d'y être autorisés par la police, sous la condition „que le propriétaire enlèvera à première requisition ces „constructions à ses frais et sous la condition qu'il fournira „ à la commune les garanties nécessaires qui lui répondent „de tout dommage qui pourra en résulter.“

Les §§ 11 et 13 de la loi prussienne portent des dispositions analogues. Le § 11 défend de lever des constructions sur les terrains qui tombent dans le plan d'alignement à partir de la publication du plan d'alignement. Et le § 13 établit que l'indemnité n'est à payer que lorsque les terrains sont cédés à la commune pour y établir des rues et des places publiques.

L'existence de ces dispositions dans les législations citées ne légitimerait nullement leur introduction chez nous. Mais si nous allons au fond des choses, nous trouverons la justification de ces dispositions dans la liberté qu'ont les communes en Allemagne de s'administrer par elles-mêmes.

L'alignement chez nous est fixé par l'Administration. Le Préfet arrête le plan d'alignement, après avoir entendu le Conseil municipal et le Maire et après une enquête de commodo et incommodo. Mais le Préfet n'est pas tenu de suivre les avis qui lui sont fournis et il peut prendre telle décision que bon lui semble. Les parties intéressées n'ont que le recours au Ministre, et ce dernier décidant en dernier ressort, tout le monde est obligé de se soumettre.

Dans les deux pays que nous venons de citer il n'en est pas de même.

D'après l'art. 3 de la loi du Wurtemberg, le plan d'alignement est fixé, après avoir pris l'avis d'un architecte, par le Conseil municipal avec le concours du Bürgerausschuss, c'est-à-dire par les représentants de toute la Commune.

Après la publication du plan une enquête de commodo et incommodo a lieu et, s'il y a des réclamations, l'Assemblée collégiale de la Commune est appelée à se prononcer.

Le règlement d'alignement est en outre soumis à l'approbation du Ministre de l'intérieur.

En Prusse le plan est également fixé par les administrateurs de la Commune du consentement de la Commune, c'est-à-dire de ses représentants. S'il y a des réclamations c'est le Kreisausschuss, c'est-à-dire une corporation également nommée par la population, qui est appelé à statuer. Dans les deux pays cités, c'est la population elle-même dans la personne de ses représentants qui fixe les plans d'alignement.

Ce sont encore ses délégués qui se prononcent sur les réclamations qui s'élèvent, et dès lors on comprend parfaitement que la législation autorise certaines restrictions qui ne se justifieraient pas ailleurs.

Les droits de la population trouvent leur garantie dans la responsabilité morale de ses délégués.

D'après la loi française, qui est la nôtre, l'autorité fixe seule le plan d'alignement, et les représentants de la population ne sont appelés qu'à titre consultatif. Les garanties de la population se trouvent seulement dans le droit à l'indemnité et dans le règlement de l'indemnité par un jury choisi parmi les habitants de son cercle.

Le projet du Gouvernement puise dans les deux systèmes de législation.

Il conserve du système français l'arbitraire administratif, le droit de fixer selon son bon plaisir les plans d'alignement, mais il enlève aux propriétaires les garanties que la législation française leur offrait en retour. Il introduit des restrictions qui peuvent se supporter, lorsqu'elles sont établies par l'Administration ou la représentation communale, mais qui nous paraissent étranges. Ces dispositions ont leur contrepoids dans les législations que nous venons de citer, et pour les légitimer chez nous, il faudrait également remettre à la commune et à ses habitants le droit de fixer leurs plans d'alignement.

Le Gouvernement a, en outre, cru devoir baser l'établissement des servitudes indiquées dans le projet de loi sur l'existence de servitudes militaires qui grèvent actuellement tous les immeubles compris dans la nouvelle enceinte, à l'exception de 27 ares.

Ces servitudes militaires, dit-on, empêchaient ou entravaient singulièrement la liberté des constructions, et, dans certaines circonstances, enlevaient tout droit à l'indemnité. Cela est vrai jusqu'à un certain point. Mais dans la deuxième zône on pouvait déjà élever des constructions. Il fallait les démolir sans indemnité sur la demande de l'autorité militaire, dans le cas où la ville serait mise

en état de siège. L'obligation de démolir ne provenait donc pas de la volonté de l'Administration, comme dans le projet de loi, mais d'un fait public. Dans la troisième zône les constructions étaient plus libres encore et il suffisait de se concerter avec le génie militaire, et à l'obligation de démolir était substituée la perte du droit à l'indemnité en cas de destruction occasionnée par un fait de guerre. Ces servitudes grevaient les propriétaires en sens inverse des servitudes qu'on se propose d'établir. Les nouvelles constructions commenceront à proximité de la ville. Ceux qui se trouvent dans la première zône recevraient donc en premier lieu leur indemnité ou ils seraient autorisés à construire avant ceux qui se trouvent dans la deuxième zône, de même les propriétaires de la deuxième zône auraient un avantage sur ceux qui se trouvent dans la troisième zône.

Mais de quel droit la ville veut-elle se présenter comme étant au droit du génie militaire ? Les servitudes militaires ont été établies dans l'intérêt du système de défense; elles cessent avec les fortifications parce qu'elles deviennent sans objet. La seule conséquence juridique à tirer de l'existence des servitudes militaires grevant ces terrains, c'est qu'ils ont moins de valeur que s'ils étaient francs et libres de toute servitude. L'existence de la servitude militaire peut donc être prise en considération dans l'évaluation de la propriété, mais elle ne peut donner aucun droit à la ville de la maintenir à son profit.

Le projet de loi pris dans son ensemble enlève toute garantie aux droits des propriétaires, il paralyse leur action et les livre entièrement à la discrétion de l'Administration.

Un pareil système ne nous paraît pas admissible, et votre Commission a dû chercher à régler les difficultés que présente la situation particulière de la ville de Strasbourg en se basant sur des principes plus conformes à nos habitudes et à notre législation existante.

La première question qui se posait était celle de savoir si la ville de Strasbourg ne pouvait pas réaliser ses plans en se servant de la législation existante. Elle pourrait le faire si elle ne prenait en considération que ses intérêts pécuniaires. Elle aurait pu borner le plan d'alignement aux rues strictement nécessaires, c'est-à-dire à celles qui conduisent aux nouvelles portes de la ville ; elle aurait même pu comprendre dans son plan d'alignement les terrains qu'elle a achetés de l'Administration des fortifications, et elle aurait pu abandonner à l'initiative privée l'ouverture des rues que les propriétaires auraient jugés nécessaires dans leur intérêt, soit pour donner de la valeur à des terrains ainsi placés sur la voie publique, soit pour créer des communications nouvelles nécessaires pour faciliter l'accès de voies de communication existantes.

L'ouverture de rues nouvelles ne peut se faire qu'avec l'autorisation de l'autorité administrative, et l'Administration peut subordonner son autorisation à certaines conditions.

Les conditions habituellement imposées portent sur la cession gratuite à la ville des terrains occupés par la rue, l'établissement du pavage, des trottoirs, la pose du matériel d'éclairage, les frais de balayage, l'établissement des égouts et conduites d'eau, l'exécution des dispositions sur l'alignement, etc. Si les particuliers qui veulent ouvrir une rue ne sont pas propriétaires de tous les terrains, ils sont obligés de s'adresser à la ville pour lui demander la déclaration d'utilité publique de la rue, et s'engager par conséquent à supporter tous les frais que peut entraîner l'expropriation forcée des récalcitrants.

L'Administration municipale pouvait donc laisser en dehors de son plan d'alignement toutes les rues qui ne lui

nt pas immédiatement nécessaires. — Quant aux rues
cincipales qu'elle aurait établies, elle pouvait réclamer
ıx riverains l'indemnité fixée par l'article 30 de la loi du
6 septembre 1807 pour les avantages qu'ils retirent de
ouverture de la nouvelle rue. — Cette manière de procé-
er présentait néanmoins pour la ville de grands inconvé-
ients. Le développement des nouveaux quartiers se serait
it très-irrégulièrement; les rues n'auraient pas formé un
ısemble régulier, les communications entre les différents
ıartiers seraient devenus moins faciles et l'embellissement
es quartiers y aurait considérablement perdu. Mais cette
éthode était encore plus préjudiciable aux proprié-
ires, surtout à ceux qui n'ont pas d'accès sur une voie
ıblique. Ils avaient d'énormes difficultés à vaincre pour
river à construire sur leurs terrains. Il fallait une asso-
ation avec les autres propriétaires, solliciter l'autorisation
 l'ouverture d'une rue, et s'engager solidairement avec
s cointéressés à l'exécution de charges plus ou moins
éreuses.

Votre Commission a donc reconnu qu'il était et dans
ntérêt de la ville et dans l'intérêt des détenteurs des
opriétés comprises dans la nouvelle enceinte qu'il y ait
 plan général d'alignement qui fixe dès le jour de sa pu-
ication la désignation des rues et des places futures. Cette
ıblication n'est possible pour la ville qu'avec certaines
odifications de la législation actuelle.

Fallait-il faire une loi spéciale appropriée aux cir-
nstances exceptionnelles dans lesquelles se trouve la ville
Strasbourg?

Votre Commission ne l'a pas pensé. Il lui a paru dan-
reux de procéder de cette sorte, parce qu'il est difficile
prévoir et de régler toutes les questions qui peuvent se
ésenter, et elle a trouvé plus prudent et plus pratique de
borner à établir quelques dispositions exceptionnelles.
 cette façon on conservera une législation connue, fixée
interprétée par une longue jurisprudence. Le projet de
 que vous propose votre Commission nous paraît donner
isfaction à tous les intérêts. Mais avant de le discuter
ns son ensemble, il nous paraît utile d'examiner en dé-
l chacune des dispositions qu'il contient.

§ 1er.

Le § 1er ne fait qu'exprimer une obligation qui est la
nséquence même de l'alignement. Il va cependant dans
 dispositions finales plus loin que la législation actuelle,
 ce sens qu'il impose à l'Administration municipale l'o-
,gation de faire publier avec le plan d'alignement les
nditions imposées dans l'intérêt de la salubrité publique
 de l'écoulement des eaux.

Votre Commission avait pensé qu'il était utile que
ites les obligations imposées aux propriétaires soient
nnues d'eux avec la publication du plan d'alignement.

§ 2.

Le § 2 reproduit dans son premier alinéa une dispo-
ion analogue à celle qui est contenue dans l'article 52
 la loi du 3 mars 1841. Ce paragraphe est seulement
ıs précis. Les constructions faites après la publication
 plan d'alignement ne seront pas prises en considération
s de la fixation de l'indemnité. L'alinéa 2 de ce para-
ıphe contient une modification de l'article 14 de la loi du
ıars 1841. Le délai d'expropriation qui, par la loi pré-
ée, est fixé à une année, est prorogé jusqu'au 31 décem-
 1885.

La Commission voulait dans l'origine fixer le délai à
5 ans après la publication du plan d'alignement général.
Mais comme la publication de ce plan pouvait être retardé
pour un motif quelconque, nous avons préféré établir un
terme fixe, afin que le retard dans la publication ne puisse
porter aucun préjudice aux tiers. Dans la rédaction de cet
article nous avons exprimé que les parcelles dont il est
question sont celles qui sont indiquées au plan général d'a-
lignement et non les parcelles inscrites au cadastre. Les
propriétaires ont donc tout intérêt lors de l'enquête de *commodo* et *incommodo* à s'assurer que leur propriété qui ne
forme qu'un seul tenant soit portée comme une seule et
même parcelle dans le plan d'alignement. La publication
du plan fixe les droits des parties; les modifications posté-
rieures dans la propriété ne peuvent changer en rien les
droits et les obligations de la ville. Les nouveaux propriétaires sont, quant à la partie qu'ils possèdent, les ayants-droit
de leurs prédécesseurs, et ils ont les mêmes droits que ces
derniers. Le même alinéa désigne les parcelles que la ville
est tenue d'exproprier en totalité. Ce sont celles qui tombent totalement en dedans de la ligne de l'alignement et
celles pour lesquelles il ne reste plus en dehors un terrain
suffisant à être surbâti. Cette disposition est analogue à
celle de l'art. 2 du décret du 26 mars 1852.

L'alinéa 3 règle le cas où une partie de l'immeuble
tombe seulement dans l'alignement et où il reste en dehors
de l'alignement un terrain propre à être surbâti. La ville
n'est tenue de l'exproprier pour la partie tombée dans l'a-
lignement que le jour où il construit sur le restant du terrain. Cette disposition forme une exception au deuxième
alinéa, mais cette exception se justifie par cette considération qu'aussi longtemps que le propriétaire ne veut pas
construire sur son terrain il n'éprouve aucun préjudice. Il
est d'ailleurs toujours à même de faire cesser cette restriction en bâtissant sur son terrain ou en le cédant à d'autres
avec l'obligation d'y construire. Cette disposition a une certaine corrélation avec l'al. 4 du § 4 qui n'oblige le propriétaire à contribuer aux frais de l'établissement des rues que
lorsqu'il construit.

§ 3.

Ce paragraphe impose à la municipalité l'obligation
d'ouvrir les rues aussitôt que la majorité en façade des riverains le demande. C'est une obligation toute nouvelle
introduite uniquement dans l'intérêt des propriétaires et
forme une compensation à d'autres concessions.

§ 4.

Le premier alinéa de ce paragraphe met à la charge
des riverains les frais de premier établissement des rues,
notamment le prix du terrain, le nivellement, les égouts,
le pavage et les trottoirs. Le deuxième alinéa indique la
manière dont ces charges se répartissent.

Chaque riverain ne peut être tenu de payer au delà
de la moitié de la rue, et si la rue a plus de 20 mètres au
delà des 10 mètres. Par la rédaction de cet alinéa, on a
voulu indiquer la proportionnalité d'après laquelle les frais
se répartissent entre les riverains. Ces frais seront calculés
sur la totalité de la rue, et l'ensemble se répartit ensuite
entre les propriétaires dans la proportion de leurs façades
et de la largeur de la rue. Si la rue a plus de 20 mètres de
largeur, la ville supporterait sa part dans la proportion de
l'excédant.

Ainsi, pour une rue de 30 mètres de largeur, la ville aurait à payer le tiers des frais, et chacun des deux riverains un tiers.

L'alinéa 3 exempte les riverains de la plus-value qui aurait pu leur être demandée en vertu de l'art. 30 de la loi du 16 septembre 1807 ; c'est une compensation aux charges qui sont imposées aux propriétaires en vertu de l'alinéa 1 de ce paragraphe. La question de la plus-value donne lieu à une procédure assez compliquée ; elle entraîne forcément à des procès entre la ville et une partie de ses habitants, et il nous a paru utile de régler cette question par une disposition législative.

Les charges qu'impose le § 4, al. 1er, sont moindres que celles que l'Administration municipale pourrait imposer et impose habituellement aux propriétaires qui lui demandent l'autorisation d'ouvrir une rue. L'alinéa 4 stipule que le propriétaire riverain n'est tenu à payer sa part contributive à l'établissement de la rue que du moment qu'il construit sur son terrain. L'équité exige cette disposition. Le propriétaire ne doit contribuer à l'établissement de la rue que du jour où il en profite plus particulièrement.

L'alinéa 5 est purement d'ordre.

Nous allons maintenant examiner le projet de loi dans son ensemble et préciser le but qu'on s'est proposé d'atteindre.

Le § 1er contient une disposition générale. Quant aux §§ 2 à 4 inclusivement, ils forment un tout ensemble. Ils contiennent une série de dispositions qui se relient les unes aux autres et dont le résultat final est de mettre la ville dans la situation d'exécuter son projet d'agrandissement d'après un plan général immédiatement publié, mais qui permet également au propriétaire d'utiliser immédiatement son terrain.

Ce dernier est dès le jour de la publication du plan d'alignement fixé sur ses droits et ses obligations. Il n'est soumis à aucun tracas, à aucune autorisation extraordinaire, il n'a pas besoin de se constituer en syndicat, et finalement il a moins à payer que s'il obtenait l'autorisation d'ouvrir une rue pour son compte avec d'autres propriétaires.

Néanmoins le projet que nous vous soumettons a dans le sein de la Commission donné lieu à une vive discussion. On proposait de rayer l'alinéa 3 du § 2 et d'étendre ainsi l'obligation de l'expropriation indistinctement à tous les terrains qui tombent dans l'alignement.

L'alinéa 4 a également donné lieu à une longue discussion et à des objections plus sérieuses. Les frais de pavage et la moitié des frais des trottoirs peuvent être mis à la charge des propriétaires en leur qualité de riverains. Ils sont alors la conséquence même de l'établissement de la rue. Mais il reste dans ce cas à la ville tous les droits qu'elle peut faire valoir, comme ayant procuré une plus-value aux terrains par l'ouverture de la rue. L'évaluation de cette plus-value donne lieu à une longue procédure et il nous a paru plus avantageux de la résoudre par voie législative. La décision prise par votre Commission se justifie, en dehors de la plus-value, par cette considération encore que si la ville avait abandonné l'ouverture des rues à l'initiative privée, les propriétaires auraient eu plus de dépenses à faire, sans compter les nombreuses difficultés qui pouvaient s'opposer à leurs projets. Leurs droits ne se trouvent donc nullement lésés, et la situation de chacune des parties se trouve nettement tracée dès le jour de la publication du plan d'alignement.

Il a été en outre proposé de réduire la limite de la contribution à fournir par les propriétaires. L'Administration a déclaré qu'elle ne saurait accepter cette réduction parce que les charges qui en résulteraient pour la ville seraient trop considérables. En dehors des frais mis à la charge des propriétaires, il restera toujours à la charge de la ville la plus grande partie des frais nécessités par l'établissement des places publiques et une partie des frais des rues. Elle aura à supporter seule l'établissement des ponts, la construction des maisons d'école, des églises, des temples, etc. Ces considérations nous ont fait maintenir les dispositions du § 4.

L'ensemble de la loi que nous soumettons à votre approbation se justifie entièrement au point de vue de l'équité.

Par l'extension de son enceinte et par l'établissement de nouvelles rues et places publiques, la ville donne aux propriétés réunies à la ville une très-grande augmentation de valeur. Il est donc de toute justice que les propriétaires qui retirent le bénéfice de cette augmentation de valeur contribuent également pour une forte part aux charges aux dépenses que la ville a à faire pour son agrandissement.

Les frais mis à leur charge par le présent projet de loi sont bien au-dessous de la plus-value même à laquelle ils seraient astreints en vertu de la loi de 1807.

D'un autre côté, il ne nous paraît pas juste de mettre à la charge de la ville toutes les dépenses qu'il y a à faire. Car dans ce cas, ces frais retomberaient en majeure partie sur les habitants des anciens quartiers. Les propriétaires de ces quartiers seraient extraordinairement imposés pour fournir les fonds employés au profit des nouveaux quartiers, et cependant l'établissement de ces nouveaux quartiers fait éprouver à beaucoup d'entre eux une diminution dans le rapport et dans la valeur vénale des propriétés.

La loi que nous vous proposons nous paraît concilier tous les intérêts.

Le rapporteur :

NORTH.

IMPRIMÉS DE LA DÉLÉGATION D'ALSACE-LORRAINE.
VIᶜ SESSION.

PROPOSITION Nᵒ 2.

PROJET DE LOI

concernant

les restrictions imposées au droit de bâtir dans les nouveaux quartiers de Strasbourg.

(D'après les résolutions de la Commission.)

NOUS GUILLAUME, par la grâce de Dieu, Empereur d'Allemagne, Roi de Prusse, etc.

au nom de l'Empire, avec l'assentiment du Conseil fédéral et du Landesausschuss d'Alsace-Lorraine, ordonnons ce qui suit :

§ 1ᵉʳ.

A partir du jour de la publication du plan d'alignement qui sera admis pour les terrains ajoutés à la ville de Strasbourg par l'extension de son enceinte fortifiée, les constructions ne peuvent être faites sur les terrains riverains, qu'en se conformant à l'alignement et aux conditions spéciales prescrites dans l'intérêt de la salubrité publique et de l'écoulement des eaux.

La publication de ces conditions arrêtées par le maire doit se faire en même temps que la publication du plan d'alignement dans deux journaux désignés pour recevoir les publications officielles.

§ 2.

Toutes les constructions nouvelles, de même que les changements ou augmentations des bâtiments anciens qui à partir du jour de la publication du plan d'alignement seront élevés sur les terrains destinés aux rues et aux places publiques, ne seront pas pris en considération lors de la fixation de l'indemnité, lorsque ces terrains destinés aux rues et aux places publiques seront enlevés à leurs propriétaires par voie d'expropriation forcée.

Les parcelles de terrains désignées dans le plan d'alignement qui tombent entièrement dans les rues et places publiques tracées par le plan, ainsi que celles qui sont coupées par les rues et places de telle façon qu'il ne reste plus en dehors de l'alignement un terrain propre à recevoir une construction, sont à acquérir par la Ville jusqu'au 31 octobre 1885.

Les parties des terrains qui tombent dans les rues et places publiques sont à acquérir par la Ville aussitôt qu'il sera élevé des maisons ou d'autres bâtiments importants sur les parties qui se trouvent en dehors de l'alignement.

§ 3.

L'ouverture et la mise en état d'une rue aura lieu par délibération du Conseil municipal.

Elle est obligatoire pour la Ville aussitôt que la majorité des propriétaires riverains d'après la façade aura pris l'engagement de surbâtir ses terrains.

§ 4.

Les propriétaires des terrains riverains des rues supporteront dans la proportion des façades de leurs propriétés, outre la valeur des terrains qui tombent dans les rues, les frais de premier établissement des rues, notamment le nivellement, l'établissement des égouts, le pavage et les trottoirs.

Toutefois chaque propriétaire ne peut être pris à contribution que pour la moitié de la rue, et dans le cas où la rue a plus de 20 mètres de largeur, que jusqu'à concurrence de 10 mètres. — La Ville ne peut demander aux propriétaires dont les terrains sont compris dans la nouvelle enceinte, en se basant sur l'article 30 de la loi du 16 septembre 1807, aucune plus-value qui résulte de l'ouverture des rues et des places publiques. Le paiement de la part des frais ci-dessus indiqués qui tombent à la charge de chaque propriété, est à effectuer aussitôt qu'on y établit des constructions. Le recouvrement se fait dans les formes prescrites pour le recouvrement des impôts directs communaux.

DÉLÉGATION D'ALSACE-LORRAINE.

Sixième Session.

COMPTE-RENDU OFFICIEL.

19° SÉANCE

13 mars 1879, 2 heures et demie de l'après-midi.

SOMMAIRE : 2° lecture de la proposition N° 9, projet de loi sur les prisons; 3° lecture des annexes I à IX du budget.

Président : M. Schlumberger.
Secrétaire : M. Schnéegans.
Présents : 24 membres; absents : MM. Blandin, Helbig, Lorette, Mieg-Kœchlin et North.

Le Gouvernement est représenté par M. le Président supérieur; M. Ledderhose, président du département de la Basse-Alsace et curateur de l'Université; M. le directeur général des forêts Mayer; MM. les conseillers supérieurs Stempel, Richter et Metz; MM. les conseillers de Sybel, Dr Baumeister, Dursy, Dr Wasserfuhr, Eberbach, Friedberg, de Rœnne, Pavelt, baron du Prel, Willgerodt, Fleischauer, Carl et Leydhecker; M. le procureur impérial Rassiga et MM. les assesseurs Dr Bickell, Jacob et Dr Roller.

Des congés sont accordés à MM. Lorette et Mieg-Kœchlin pour la séance d'aujourd'hui, à M. North pour la fin de la semaine.

Le procès-verbal de la dernière séance est lu dans les deux langues et adopté.

I.

Deuxième lecture de la proposition N° 9, projet de loi sur les prisons.

2° COMMISSION.

Rapporteur : M. Baudry.

M. *Baudry*, rapporteur. Votre 1re Commission, après avoir étudié avec MM. les commissaires du Gouvernement le projet de loi sur les prisons, vous propose de l'adopter tel qu'il vous est présenté.

Votre Commission doit pourtant vous faire remarquer qu'elle a été frappée de la disposition de cette loi qui enlève aux départements une fraction de ses propriétés, sans que les représentants légaux des trois départements aient été appelés à donner leur avis. Néanmoins, considérant que la Haute-Alsace, consultée à l'avance, a émis un avis favorable; que nos collègues de la Basse-Alsace ont exprimé hier qu'il y avait avantage pour eux à consentir à la transaction projetée, et que la même chose en ressortirait pour la Lorraine, votre 1re Commission a cru ne pas devoir soulever d'objection autre qu'une remarque au projet de loi en question.

Votre Commission a l'honneur de vous faire connaître les chiffres portés aux budgets des différents départements pour les prisons, à savoir :

Haute-Alsace.	3 200 𝓜
Basse-Alsace.	6 600 „
Lorraine	2 800 „
Ensemble	12 600 𝓜

auxquels il convient d'ajouter pour les trois départements — primes d'assurances. . 900 „
et encore pour l'entretien des prisons communales . . . . 1 000 „

Ensemble. . . .	14 500 𝓜

dont les départements seront déchargés à l'avenir.

Personne ne demandant la parole sur le rapport, le § 1er est mis aux voix et adopté.

§ 2.

M. *Grad*. Le scrupule qui m'a empêché de voter pour la cession des écoles normales primaires à l'Etat me revient, Messieurs, à propos du projet de loi qui nous est soumis pour la cession des prisons départementales. Ces établissements, je l'accorde, constituent pour nous des propriétés onéreuses, des propriétés qui sont une charge pour les départements. Mais avons-nous mandat pour céder à l'Etat une propriété qui n'est pas la nôtre? Je ne crois pas que nous soyons fondés à disposer sans réserve des propriétés des départements. D'un autre côté j'ai déjà fait remarquer que ces mesures tendent à la suppression de notre organisation départementale, d'annihiler les Conseils généraux en leur enlevant une à une leurs attributions. C'est bien enlever leurs attributions aux Conseils généraux que de supprimer les services dont l'administration ou la sauvegarde leur est confiée. On a commencé en Lorraine par la suppression des routes départementales, ou ce qui revient au même, par leur classement comme chemins vicinaux. On a ensuite attribué à l'Etat les établissements d'instruction des départements. On vient aujourd'hui nous demander également la cession des prisons départementales. Tant que nous n'avons pas à mettre en place de nos Conseils généraux une représentation quelconque douée de droits égaux, nous devons leur maintenir, nous devons conserver dans leur intégralité les attributions de ces Assemblées. Je ne pourrai donc pas, pour ma part, voter la loi dont nous sommes saisis.

M. *Baudry*, rapporteur. On ne s'attendra pas à ce que je rentre ici dans la discussion de la loi relative au transfèrement à l'Etat des écoles normales.

Quant au projet qui nous occupe actuellement, nous sommes tous, je crois, d'accord à reconnaître qu'il est de l'intérêt des départements de transmettre à l'Etat leurs droits et charges sur les prisons; il paraît donc inutile de développer au long toute l'utilité de cette mesure.

Le § 2 est adopté ainsi que l'ensemble du projet de loi.

L'Assemblée décide qu'il y a urgence et fixe par conséquent à demain la troisième lecture de cette loi.

II.

Troisième lecture du budget d'Alsace-Lorraine pour l'exercice 1879-1880.

La discussion générale est ouverte. Personne ne demandant la parole, on passe à la discussion des articles.

Annexe I. — Administration forestière.

Recettes.

Chap. 1ᵉʳ, titres 1 à 6, avec 6 406 000 ℳ
M. Kœchlin demande la parole sur le titre 5 (Parts contributives des communes aux frais d'administration).

M. *Kœchlin.* En deuxième lecture j'ai eu l'honneur d'appeler l'attention de l'Administration sur la perception du vingtième imposé aux communes pour leur part contributive aux dépenses forestières. Jusqu'à présent ce vingtième était payé dans l'année financière qui suivait l'année forestière. Ainsi, pour l'année forestière du 1ᵉʳ octobre 1876 au 1ᵉʳ octobre 1877, les communes ont eu à le payer dans le courant de l'année 1878, après que les décomptes pour ce vingtième eurent été faits après la clôture de l'année forestière. C'est donc avec les chiffres inscrits dans les budgets communaux de l'exercice 1878 que ce vingtième a été payé. Reste maintenant à percevoir le vingtième de l'année forestière du 1ᵉʳ octobre 1877 au 1ᵉʳ octobre 1878. S'il n'y avait pas eu prorogation de l'année financière, il n'est pas douteux que ce vingtième ne fût venu à perception d'après les anciens errements, c'est-à-

dire dans le courant de l'exercice 1879, tandis que maintenant l'Administration forestière voudrait le faire rentrer dans le courant du premier trimestre de l'année 1879 et l'a déjà réclamé aux communes.

Quelle est, dans ces circonstances, la situation des communes? Elles n'ont dans leur budget du premier trimestre 1879 qu'un crédit du quart de ce vingtième, et les exigences de l'Administration forestière les mettent donc dans un grand embarras. Les unes paieront, mais seront fort gênées; d'autres ne paieront que dans le sixième trimestre; d'autres encore ne pourront pas payer avant l'exercice 1879/80. Cette situation constituerait un préjudice pour les communes et un avantage pour l'Etat, car celui-ci percevrait — du 1ᵉʳ janvier 1878 jusqu'au 1ᵉʳ avril 1879, — c'est-à-dire en 15 mois, ce qu'il ne devrait percevoir qu'en deux ans. De là désordre et perturbation dans les ressources communales.

Il serait plus juste de continuer à percevoir ce vingtième dans l'année financière suivant l'année forestière, c'est-à-dire dans l'exercice 1879 à 1880. Il y aurait un petit retard pour les finances de l'Etat, ou plutôt il n'y aurait pas l'avance qu'on espérait avoir, mais il y aurait ce grand avantage qu'on ne mettrait pas les communes dans des embarras considérables. Il serait bien plus simple que le petit manco résultant de ce retard amené par la prorogation de l'année financière fût supporté par l'Etat, car pour celui-ci il serait *un* inconvénient, tandis que s'il doit être supporté par les communes, l'inconvénient se répétera 1 500 ou 1 600 fois.

Je ne demande pas à l'Administration de réponse immédiate, mais il est très-important, pour les petites communes surtout, qu'elle accorde la prorogation demandée, pour éviter des difficultés.

M. le directeur général des forêts *Mayer*, commissaire du Gouvernement. Les inconvénients signalés par M. Kœchlin ne se produiront pas partout. Je puis en général m'en référer sur cette question à ce que j'ai dit en deuxième lecture.

J'ai fait observer alors que le vingtième payé par les communes comme contribution aux frais d'administration forestière, n'est pas perçu *præ-*, mais *postnumerando*, et qu'il ne peut être perçu que de cette manière, attendu que la part des communes se détermine d'après les recettes de l'année précédente.

Pour 1877 le vingtième a donc été perçu dans les premiers mois de l'année 1878. A Colmar la perception n'a eu lieu, par hasard, que plus tard, au mois d'août, je crois.

Les contributions pour 1878 peuvent actuellement, par suite du changement de l'année budgétaire, être perçues pendant l'exercice correspondant. Mais ce cas ne se présentera plus, et à l'avenir les contributions seront régulièrement, et comme par le passé, perçues *postnumerando*.

Dans le département de la Lorraine il a été possible, en général, de toucher les vingtièmes dans le courant même de l'année, et il ne s'est donc pas produit des inconvénients pareils à ceux qui ont été signalés pour Colmar. Il est arrivé en effet, dans cette année exceptionnelle, que certaines sommes ont été perçues deux fois. Elles provenaient des années forestières 1877 et 1878, qui sont complètement échues, et le décompte définitif en sera fait dans le cours de l'année budgétaire 1878-1879.

M. *Kœchlin.* Je ne puis pas me déclarer satisfait de la réponse de M. le Landforstmeister. C'est un petit inconvénient selon lui, mais je puis lui donner l'assurance qu'i est très grave pour les communes. Celles-ci, en effet, sont obligées de recourir aux centimes additionnels, et l'on sait quel trouble en résulte. La réponse de M. le Landforstmeister nous prouve une fois de plus qu'il n'y a pas d'uniformité dans l'administration forestière; les errements sont autres à Metz, autres à Colmar. Et tout cela, Messieurs, à cause des directions de forêts, qui agissent chacune comme il lui convient.

Il faudrait donner satisfaction aux communes dans des questions pareilles, plutôt que de nous dire qu'il s'agit de peu de chose! J'appellerai sur ce point toute la sollicitude de l'Administration supérieure.

Si l'on ne revient pas aux anciens errements, vous aurez des irrégularités et des difficultés qu'il importe d'éviter. Le crédit affecté au vingtième dans les budgets communaux pour l'exercice 1878 est épuisé; pour le premier trimestre 1879 le quart seulement du vingtième est émargé, et les communes sont donc sans ressources vis-à-vis des exigences de l'Administration forestière. Pour l'Etat, il serait excessivement simple et facile d'ajourner la perception, d'autant plus qu'il a, le cas échéant, la ressource des Schatzanweisungen. Un petit retard serait donc de peu d'importance pour la caisse de l'Etat, qui peut toujours mandater, mais les communes qui n'ont pas d'argent ne le peuvent pas.

Qu'on vienne donc en aide à ces communes et qu'on leur facilite la transition dans ce changement de la période budgétaire.

M. le directeur général des forêts *Mayer* répond que, pour remédier à ces inconvénients, l'Administration pourra accorder des délais dans chaque cas particulier où le besoin s'en fera sentir.

M. *Bichelberger*. A l'appui des observations que nous venons d'entendre, je citerai un fait spécial. La commune que j'ai l'honneur d'administrer se trouve aux confins de deux départements : la Basse-Alsace et la Lorraine. Pour la Lorraine, la commune est dans la position signalée par M. le Landforstmeister; pour l'Alsace, dans celle indiquée par M. Kœchlin, c'est-à-dire que pour la Lorraine nous avons payé le vingtième, tandis que pour l'Alsace le crédit affecté à ce but est épuisé, et que la commune n'ayant plus d'argent, l'Administration menace de faire des poursuites.

M. le *Président supérieur* déclare que la question sera examinée par le Gouvernement, qui fera son possible pour écarter les inconvénients résultant de cette période transitoire.

M. *Speckel* vient confirmer les plaintes formulées par M. Kœchlin, sa commune se trouvant précisément dans les conditions signalées. Il n'y a pas de crédit pour le vingtième entier, et la commune ne peut donc pas payer, car il n'est pas possible de demander pour cela un budget supplémentaire.

M. *Kœchlin*. Je remercie M. le Président supérieur de la déclaration qu'il vient de faire, et je comprends cette déclaration dans ce sens que l'Administration examinera quelle mesure *générale* pourra être adoptée pour remédier aux inconvénients signalés; car la promesse de M. le directeur général de donner satisfaction dans les cas particuliers où des réclamations se produiront n'est certainement pas suffisante. Ce ne serait pas là une solution de la question, car les réclamations ne viendraient pas, puisqu'en général les communes ne savent pas qu'elles peuvent réclamer. La seule garantie réelle est la déclaration de M. le Président supérieur comprise dans le sens que je viens d'indiquer.

M. le *Président supérieur* fait remarquer qu'en faisant sa déclaration il a eu en effet en vue une réglementation générale de la question.

Le chap. 1ᵉʳ, titres 1 à 6, est mis aux voix et adopté.

Dépenses ordinaires.

Chap. 1ᵉʳ.

M. *Bichelberger*, rapporteur, fait observer que depuis la deuxième lecture la Commission a été saisie par le Gouvernement d'une demande de modification de cette partie du budget. Il ne s'agit ni d'une augmentation ni d'une diminution des émargements, mais seulement d'un changement dans la position des titres et la rédaction du texte. La Commission s'est ralliée à la manière de voir du Gouvernement et propose en conséquence de rayer le titre 6 ainsi que les observations marginales qui s'y rapportent, et d'intercaler, pour remplacer ce titre et donner au fonctionnaire y visé une position fixe, un titre 3 ainsi conçu : „Un fonctionnaire auxiliaire du directeur des forêts avec 2 100 ℳ de traitement et 900 ℳ d'indemnité de domicile, plus 600 ℳ d'indemnité ne comptant pas pour la pension et disparaissant à l'avenir; ensemble 3 600 ℳ"

Les titres 3, 4 et 5 actuels deviendront alors titres 4, 5 et 6, et le total des titres 1 à 5 sera élevé de 142 575 ℳ à 146 175 ℳ, celui des titres 6 à 9 réduit de 16 800 à 13 200 ℳ.

L'Assemblée adopte ces changements ainsi que le total du chap. 1ᵉʳ, avec 199 815 ℳ, qui n'est pas modifié.

Sont ensuite adoptés sans modification les chap. 2, 3, 4 et 5, et le total des dépenses ordinaires avec 2 779 850 ℳ.

Dépenses extraordinaires.

M. *Fulter*. Lors de la discussion en deuxième lecture du budget de l'Administration forestière, on a parlé de documents qui étaient alors à l'impression et qui devaient être produits à temps au Landesausschuss pour l'éclairer sur la nécessité de certains crédits. Il me paraissait aller de soi que les explications demandées à propos des maisons forestières prévues au chap. 1ᵉʳ, titre 1 des dépenses extraordinaires, devaient se trouver dans les documents dont je parle.

Nous aurions appris de cette manière quelles sont les localités où il manque encore des logements de garde; à combien se monte le devis de chaque logement; enfin, chose essentielle, les collègues connaissant bien ces localités auraient été en situation de nous dire si des constructions neuves sont indispensables ou bien si la possibilité existe de se procurer des logements par voie de location.

J'ai lu attentivement les imprimés qui nous ont été distribués depuis la seconde lecture; mais c'est en vain, Messieurs, que j'y ai cherché les détails attendus.

L'annexe D, que j'ai sous les yeux, donne bien la répartition entre les trois départements du crédit de 145 000 ℳ au chap. 5, titre 1 de l'ordinaire, mais il ne renferme aucun détail sur les affectations spéciales à chaque maison. J'en dirai autant à propos du crédit de 120 000 ℳ de l'extraordinaire.

L'annexe F nous dit qu'il existe 19 logements d'Oberförster et 176 logements de garde, tandis qu'il en manque encore 44 de la première et 117 de la seconde catégorie. On peut conclure de ce renseignement que l'intention de l'Administration est d'arriver à un total de 63 maisons pour Oberförster et de 293 pour simples gardes. S'il en est ainsi, vous reconnaîtrez avec moi, Messieurs, que nous ne sommes pas au bout des sacrifices que l'on prétend nous imposer pour loger les agents de notre service forestier.

Ne serait-il pas temps de mettre un terme à cette exagération de dépenses? À voir la façon dont on procède aujourd'hui, il semble que les gardes d'autrefois aient couché sous la tente ou même à la belle étoile. Que l'on assure des logements là où il n'y en a point, rien de plus juste. Mais est-il donc nécessaire de construire des bâtiments neufs ou même d'en acheter partout pour le compte de l'Administration? Je ne le pense pas. Chacun sait qu'on se loge à bien moindres frais en location. Pourquoi dès lors n'agirait-on pas dans l'intérêt du pays comme un particulier avisé le fait pour son propre compte?

Permettez-moi en outre, Messieurs, d'insister sur l'importance de la question à un autre point de vue. Je pose le dilemme suivant: On sait dans chacune des trois conservations forestières d'Alsace-Lorraine quels sont les gardes à pourvoir de logements; on a fait le devis exact et détaillé de chaque maison, et dans ce cas il n'y avait rien de si simple que de fournir les pièces justificatives à M. le directeur général qui aurait pu les communiquer à la 4ᵉ Commission. Ou bien les devis dont je parle n'existent pas. On a formulé en l'air une demande de crédit; on n'a pas spécifié les logements à construire et à acheter; en un mot, on n'est lié par rien; les plans pourront être modifiés; une fois le crédit voté, on demeurera libre de l'employer d'une façon ou de l'autre.

Dans la première hypothèse, nous avons à relever une négligence fâcheuse; dans la seconde, le procédé employé serait à qualifier plus sévèrement. En tous cas, la façon d'agir de l'Administration n'a pas été correcte.

Je considère, Messieurs, que nous avons non-seulement le droit, mais encore le devoir de demander des éclaircissements sur tout ce qui a été fait et sur tout ce que l'on veut faire. Notre propre dignité, le désir que nous avons de concentrer aux mains de M. le directeur général, en qui nous avons tous confiance, une autorité trop décentralisée en ce moment, exigent que nous soyons sévères.

Quoiqu'on ait fait valoir ici que la question est trop spéciale pour que nous puissions la discuter utilement, je maintiens qu'il n'y a personne plus apte que nous à apprécier si une construction neuve est indispensable dans telle ou telle localité, si l'on peut y acheter une maison toute faite et quelle est la somme à dépenser suivant le cas.

Encore un mot, Messieurs. Savez-vous ce qu'ont coûté les bâtiments du service forestier de 1872 à 1877 inclusivement? Une somme de 1 207 543,₆₉ ℳ Cette dépense figure sous divers titres: entretien, achats, constructions. Je dois dire que depuis 1875 on comprend sous une seule et même rubrique les dépenses extraordinaires pour achat et construction de logements et celles pour acquisition de terrains en vue de l'arrondissement des forêts de l'Etat. Mais comme ces dernières ne montent qu'à une somme peu considérable, le résultat ci-dessus n'en est pas sérieusement affecté.

En résumé, la justification du crédit demandé que j'attendais pour aujourd'hui n'étant pas plus faite que lors de la première discussion, je reproduis ma proposition de réduire le crédit du chap. 1ᵉʳ, titre 1 des dépenses extraordinaires, à 120 000 ℳ, en ne laissant du libellé primitif que les mots suivants: „Acquisitions de terrains pour arrondir les forêts de l'Etat."

M. *Schnéegans.* Je ferai observer que la proposition de M. Fulter n'est que la reproduction de celle qu'il a déjà faite en deuxième lecture et qui a été rejetée après une longue discussion. Vis-à-vis de cette proposition, j'avais soutenu, avec un certain nombre de nos collègues,

qu'il était bon de laisser à l'Administration une certaine latitude, en laissant tel quel le texte du titre 1ᵉʳ, mais en admettant que le crédit serait affecté en première ligne à des acquisitions d'enclaves, et en seconde ligne seulement à la construction ou à l'achat de maisons forestières, là où il y aurait nécessité urgente. La discussion a été longue et animée, et la question peut être considérée comme épuisée. L'Assemblée s'est prononcée finalement pour le maintien de la destination double, contrairement à la proposition de M. Fulter. Dans cette situation, il me semble qu'il serait oiseux aujourd'hui de revenir à fond sur la question. Chaque membre a certainement le droit de reproduire ses propositions rejetées, mais il ne peut pas s'attendre à ce que l'Assemblée rentre dans une discussion épuisée. Dans l'espèce, la discussion est encore suffisamment présente à la mémoire de tous nos collègues, pour que je puisse me dispenser d'y rentrer ici. Je m'en rapporte donc entièrement à mes observations de la deuxième lecture.

M. le *Président supérieur.* Je me souviens parfaitement de la manière dont les choses se sont passées en deuxième lecture. J'ai fait remarquer que cette radiation proposée primitivement par la Commission et refusée plus tard seulement par M. Fulter, ferait naître pour l'Administration des difficultés d'une nature assez grave. J'ai proposé en conséquence de ne rayer que les mots: „de maisons de sous-inspecteurs", et de laisser tel quel le reste du titre. La Commission a déclaré se rallier à ma manière de voir, et l'Assemblée a pris ensuite une décision conforme.

M. *Bichelberger*, rapporteur, confirme les explications de M. le Président supérieur. La proposition de M. Fulter est mise aux voix et rejetée par 12 voix contre 10.

M. *Kœchlin.* Je ne veux pas faire de réserve à mon vote. Cependant je tiens à dire que si j'ai voté contre la proposition de M. Fulter, c'est uniquement pour ne pas créer d'embarras à l'Administration. Mais je considère que, pour l'avenir, ces crédits pour constructions et achats de maisons de gardes ne devront plus apparaître au budget de l'Administration forestière que dans des cas peu fréquents et pour des objets déterminés.

L'Assemblée adopte ensuite le chapitre 1ᵉʳ des dépenses extraordinaires avec 240 000 ℳ et l'excédant des recettes du budget de l'Administration forestière avec 3 386 150 ℳ

Sont successivement adoptés sans modifications:

Annexe II. — Contributions directes.

Recettes.

Chap. 2 et 3, avec 10 614 000 ℳ

Dépenses ordinaires.

Chap. 6 et 7, avec 1 747 470 ℳ

Dépenses extraordinaires.

Chap. 2, avec 25 000 ℳ et l'excédant des recettes, avec 8 841 530 ℳ

Annexe III. — Douanes, Contributions indirectes et Enregistrement.

Recettes.

Chap. 4, avec 15 281 644 ℳ

Dépenses ordinaires.

Chap. 8, 9, 10 et 11, avec 4 727 061 ℳ, et l'excédant des recettes, avec 10 552 583 ℳ.

Annexe IV. — Manufacture des tabacs.

Recettes.

Chap. 5, avec 2 555 752 ℳ.

Dépenses ordinaires.

Chap. 12, avec 2 055 138 ℳ, et l'excédant de recettes, avec 500 614 ℳ.

Annexe V. — Présidence supérieure.

Recettes.

Chap. 6, avec 17 159 ℳ.

Dépenses ordinaires.

Chap. 14, avec 433 850 ℳ.

Avant que l'Assemblée ne passe au vote de l'annexe VI, M. *Grad* dépose et motive la proposition suivante, signée par lui et MM. Fulter et Rudolf : „Le Landesausschuss émet le désir que le Gouvernement veuille bien tolérer la circulation en Alsace-Lorraine des journaux et publications autorisés en Allemagne."

M. *Grad.* Le droit d'initiative ne se trouve pas encore inscrit dans nos statuts. Nous possédons cependant ce droit, d'abord parce que nous le prenons, puis parce que le Gouvernement nous le concède. C'est ce qui ressort des explications échangées avant-hier à la tribune du Reichstag. En attendant que la faculté d'initiative nous soit formellement reconnue dans notre Constitution, je viens vous prier, Messieurs, de vouloir appuyer une motion demandant au Gouvernement de tolérer la libre circulation en Alsace-Lorraine des journaux et des publications autorisés en Allemagne, dans le ressort de l'Empire. Je désire ce droit de circulation tout particulièrement pour la *Frankfurter Zeitung* de M. Sonnemann, et j'espère qu'il s'étendra aux autres feuilles interdites chez nous en vertu de l'état de siège. En ce qui concerne la *Frankfurter Zeitung*, ceux d'entre nous qui s'occupent d'affaires commerciales ou financières savent combien de renseignements utiles nous fournissait cette feuille fort répandue dans le pays. Aussi nos maisons de commerce éprouvent un préjudice considérable sous l'effet de son interdiction, dont nous n'avons jamais compris les motifs réels.

J'espère que M. le Président supérieur daignera entendre nos vœux et se rendre à notre désir. Tout le commerce alsacien le prie instamment de lui donner satisfaction et de ne pas lui refuser l'accès des renseignements et informations si utiles que lui fournissait l'organe en question. Ce que je propose dans l'intérêt de l'industrie et du commerce, je le demande d'ailleurs aussi en raison du droit de discussion. Nous subventionnons des journaux officiels et officieux parfaitement en mesure de défendre les actes du Gouvernement et les points de vue de l'Administration. Le besoin d'un cordon sanitaire établi autour du pays contre l'introduction des journaux ne me paraît pas fondé. Gouvernement et Administration ont besoin de la liberté de la presse, l'ordre public n'a pas à redouter le droit de discussion. Je vous prie donc, Messieurs, de vouloir bien appuyer ma proposition.

La résolution est mise aux voix et adoptée.

L'Assemblée adopte ensuite :

Annexe VI. — Administration de la Justice.

1ʳᵉ partie, du 1ᵉʳ avril au 1ᵉʳ octobre 1879.

Recettes.

Chap. 7, avec 87 315 ℳ.

Dépenses ordinaires.

Chap. 15, 16, 17 et 18, avec 816 040 ℳ.
2ᵉ partie, du 1ᵉʳ octobre 1879 au 1ᵉʳ avril 1880.

Recettes.

Chap. 7 *a*, avec 45 000 ℳ.

Dépenses ordinaires.

Chap. 18 *a*, avec 855 030 ℳ.

M. *Ritzenthaler.* Dans la dernière session, quand on a parlé de la combinaison de réunir plusieurs justices de paix en un seul Amtsgericht, on a surtout fait ressortir, à l'appui de cette mesure, qu'il en résulterait une diminution du nombre des juges et, par suite, une économie budgétaire. Ce motif d'économie, qu'on mettait en avant et qui paraissait plausible, nous a seul empêchés de protester avec énergie contre la suppression projetée de certaines justices de paix. Mais en parcourant attentivement le budget de l'Administration de la justice du deuxième semestre pour voir si cette prévision s'est effectivement réalisée, j'ai dû constater, à mon grand étonnement, que le nombre des juges est resté absolument le même que pour le premier semestre, et que, par conséquent, il n'y a pas eu de diminution. Il y aura 85 Amtsrichter, comme il y a 85 juges de paix. Je me demande dès lors où reste l'économie signalée, et ce que deviennent les avantages financiers devant résulter pour l'État de la réunion de diverses justices de paix, et qui devaient compenser tant soit peu les intérêts de plusieurs communes sacrifiées sans dédommagement.

M. le procureur impérial *Rassiga*, commissaire du Gouvernement. Les Amtsrichter auront un surcroît considérable d'occupations par les nouvelles lois judiciaires, et il aurait donc fallu *augmenter* le nombre des juges actuels si l'Administration judiciaire avait agi autrement qu'elle ne l'a fait.

Elle a supprimé les petites justices de paix à proximité des grandes villes, pour augmenter le nombre des Amtsrichter dans ces villes où — tout naturellement — le surcroît de travail sera le plus considérable et où par suite il aurait fallu plus de juges, même sans cette suppression. De cette manière, on a réussi à ne pas augmenter le nombre total des juges, résultat qui est d'autant plus remarquable que dans les autres pays de l'Empire on s'est vu partout obligé d'augmenter et qu'en Prusse par exemple l'on a porté le nombre des Amtsrichter presque au double des juges actuels. Je crois donc que l'Assemblée a tout lieu d'être satisfaite de ce résultat, et nous n'avons qu'à souhaiter pour l'avenir qu'il soit possible aux juges de suffire à leur tâche, sans qu'il soit nécessaire de procéder à une augmentation de leur nombre.

M. *Grad.* Au moment où nous avons discuté en seconde lecture le budget de l'Aministration de la justice, M. le Président supérieur nous a entretenus de l'éventualité d'une augmentation de traitements pour les fonctionnaires de l'ordre judiciaire. D'après les déclarations faites par l'Administration, l'augmentation serait imposée en raison de la difficulté de recruter le personnel nécessaire pour le service de la justice en Alsace-Lorraine. Les candidats cependant ne paraissent pas manquer pour ce recrutement. Du moins c'est ce qui ressort du fait existant. J'ai reçu la semaine dernière la visite d'un juge de paix natif alsacien. Cet honorable fonctionnaire est venu se plaindre d'une proposition de son procureur qui lui avait demandé à lui, et au juge de paix également alsacien d'un canton voisin, de donner leur démission avant l'installation des nouveaux *Amtsgerichte.* Le procureur alléguait la difficulté pour les juges de paix d'appliquer les nouvelles lois judiciaires. Mais le juge interpellé a fait de bonnes études juridiques, il est licencié en droit, encore dans toute la force de l'âge et parfaitement en mesure de satisfaire aux exigences de son service. Son siège malheureusement est aux portes d'une des principales villes du pays et fort à la convenance de jeunes juristes allemands non placés encore. Cela explique les instances du procureur pour obtenir la démission du titulaire actuel en faveur de tels ou tels surnuméraires non Alsaciens qui briguent ou sollicitent la place. Je n'ai pas besoin de rappeler que la fonction de juge de paix est inamovible. Pas plus n'essaierai-je de faire remarquer combien la démarche du procureur ressemble à un acte de pression. Dans tous les cas le procédé implique un manque de tact évident. Quand viendront les demandes d'augmentation de traitement vous vous souviendrez pourtant, Messieurs, que l'Administration judiciaire ne manque pas précisément de candidats. C'est la morale de l'incident dont j'ai l'honneur de vous entretenir.

Le chap. 18 *a* est mis aux voix et adopté.

Annexe VII. — Administration de l'Intérieur.

Le chap. 8 des recettes est adopté avec 408 105 ℳ

Dépenses ordinaires.

M. *Kœchlin* demande la parole sur le chap. 28, titre 1ᵉʳ (Insertion des avis officiels dans la *Strassburger Zeitung,* 9 000 ℳ) et s'exprime en ces termes :

Messieurs, il est excessivement pénible pour nous de voir publier les nouvelles officielles dans une feuille qui froisse à tout instant les sentiments du pays. Je vous citerai entre autres, un article du 11 de ce mois concernant l'Alsace-Lorraine, où vous trouverez le préambule que voici :

„In der Presse herrscht, was „Nachrichten" und Gerüchte über die Umgestaltung des Reichslandes anbetrifft, wieder einmal Hochfluth. Wir haben Grund in diesem Betreff die kritischste Vorsicht anzuempfehlen. Uns selbst geht heute über die schwebende Frage eine Zuschrift zu, welche wir im Interesse der Objektivität zur Diskussion stellen. Die Ausführungen sind folgende : ꝛc., ꝛc."

D'après ce préambule, l'article peut être considéré comme émanant du journal lui-même. Or il y a dans cet article des paroles contre lesquelles nous protestons avec la plus grande énergie. Il y est dit : „Der Anschluß Elsaß-Lothringens an einen Gliedstaat, etwa an Preußen, wäre als eine glückliche Operation zu bezeichnen, allein der Boden ist hierzu nicht geebnet. . . . ." Eh bien, Messieurs, nous sommes indignés de ces paroles, et nous demandons que l'Administration intervienne et qu'elle ne laisse pas passer à l'avenir des choses pareilles. Comment! nos nouvelles officielles sont publiées dans un journal pareil? dans une feuille qui parle de nous annexer à la Prusse? Mais, Messieurs, ce sont là des choses impossibles, et nous protestons tous hautement contre des insinuations de ce genre.

M. le *Président supérieur.* Je partage complètement l'opinion de M. Kœchlin que la *Strassburger Zeitung* a fait très-souvent preuve de manque de tact. C'est là le motif principal pour lequel cette feuille vient de passer en d'autres mains.

Les chap. 19 à 24 sont ensuite adoptés, de même le chap. 25, à l'exception du titre 18, qui est réservé jusqu'après la lecture de la loi sur les prisons, et les chap. 26 à 33.

M. *Fulter.* J'ai demandé la parole non point pour proposer des changements aux crédits prévus, mais pour appeler l'attention du Gouvernement sur une question qui se rattache aux chapitres que nous examinons, et qui, suivant moi, ne manque pas d'importance, je veux parler de la mise en ordre et de la conservation des archives communales.

Dans un nombre trop considérable de communes rurales le peu d'archives existantes est dans un état d'abandon fort regrettable. On ne trouve aucune nomenclature, aucune classification ; rien n'est fait pour conserver les papiers, sauf les actes d'état civil. Toutes les pièces sont jetées pêle-mêle dans le fond d'une armoire, parfois même dans un simple coffre. La moindre recherche exige un temps très-long. Des documents parfois d'un grand intérêt pour la commune ou même qui touchent à l'histoire nationale, disparaissent sans qu'on sache comment.

La correspondance avec les autorités ne laissant généralement point de traces, les greffiers se trouvent fort empêchés quand il leur faut se reporter à une circulaire ou à une lettre antérieure. Les instructions sur la matière, en un mot, ne sont pas mises à exécution.

Cela tient peut-être à ce que ces instructions ne sont pas assez pratiques ; qu'elles n'indiquent pas certains détails qu'il serait assez bon de spécifier. Je crois, par exemple, qu'une nouvelle instruction contenant une nomenclature rationnelle des dossiers à former, prescrivant la nature et le nombre des registres à tenir, la disposition des cartons et des meubles où les papiers devraient être rangés, etc., produirait un bon résultat. La dépense à supporter par les communes ne serait pas importante, et l'intérêt général s'en trouverait bien.

Tout naturellement, pour être sûr que l'instruction nouvelle ne restera pas lettre morte, il faudrait que le Gouvernement chargeât des agents de s'assurer de la mise en pratique des diverses dispositions.

Je n'ai pas de projet arrêté à cet égard ; je parle d'une manière purement générale et veux laisser au Gouvernement le soin d'apprécier ce qui doit être fait. Je me bornerai donc à dire que la vérification des archives pourrait être faite par les contrôleurs des contributions directes, peut-être aussi par les contrôleurs des caisses ; ce serait à voir.

M. *Grad.* En ce qui me concerne, je n'oserais recommander de confier la vérification ou l'inspection des archives communales aux contrôleurs de caisses. Différents motifs militent contre une pareille mesure, et je ne chercherai pas à vous les exposer tous. Par contre, le Conseil général de la Haute-Alsace a inscrit au budget du département un certain crédit alloué à l'archiviste en chef de la préfecture comme frais de voyage pour visiter les archives communales. Cet archiviste n'est pas tenu à classer les archives des communes. Mais il a mission d'indiquer aux administrations municipales, aux secrétaires des mairies les règles à suivre pour obtenir dans tout le département un classement uniforme, en même temps qu'il prend note des documents particulièrement intéressants disséminés dans les archives des communes. Ce qui a lieu dans la Haute-Alsace pourrait fort bien se faire aussi pour les autres départements.

M. le *Président supérieur*. Cette question sera de nouveau examinée. Il existe à cet égard des règlements très-détaillés provenant du temps français; mais ils sont assez compliqués, et c'est pour cette raison sans doute qu'ils ne sont pas appliqués. La réglementation devra être simplifiée.

M. *Nessel*. Je me joins complètement à M. Fulter au sujet de ses préoccupations pour les archives communales. Il s'agit là d'une question très-importante, mais qui me paraît en ordre à l'heure qu'il est, du moins pour les communes d'une certaine étendue.

Des prescriptions ministérielles — je vous citerai surtout la circulaire de M. de Persigny — règlent la matière pour toute la France. Dans la plupart des localités importantes le classement des archives communales se fait d'après ces règlements; c'est dans les petits villages seulement que cela n'a pas lieu. Pour ces communes, où d'ailleurs les dépôts sont en général insignifiants, les archivistes départementaux pourraient facilement, par des instructions, mettre les instituteurs à même de classer les archives d'une manière rationnelle.

Mais une idée qui me paraît mal choisie et contre laquelle je crois devoir protester de toutes mes forces, c'est celle de confier aux contrôleurs de caisse la mission d'inspecter les archives. Ce serait une immixtion de ces fonctionnaires dans des affaires purement communales qui ne se justifie à aucun point de vue. L'idée du reste, n'est pas nouvelle; mais la première fois que je l'ai entendue, je me suis demandé comment elle a pu prendre naissance et comment l'on est tombé sur les contrôleurs de caisse plutôt que sur tout autre fonctionnaire. Ils n'ont certainement pas d'aptitudes spéciales en matière d'archives, et je crois que les secrétaires de mairie sont mieux à même qu'eux de classer ces dernières et d'assurer leur conservation.

M. *Fulter*. En appelant l'attention du Gouvernement sur la question, je n'ai pas eu la prétention d'indiquer par le menu les voies et moyens à employer. Pourtant je dirai que l'idée de M. Nessel est aussi la mienne; il me paraît tellement indiqué de faire faire la ventilation des pièces par le secrétaire de la mairie que je ne concevrais pas qu'on en chargeât quelqu'un d'autre. Si cette opération matérielle devait être exécutée par quelque employé des directions de cercle par exemple, la classification pourrait bien se faire attendre vingt ans et plus. D'un autre côté, il faudrait payer des déplacements multipliés; on se trouverait entraîné à une dépense importante, et c'est ce que nous voulons éviter.

Guidé par des instructions simples et claires, le secrétaire de la mairie pourra très-bien, en général, établir lui-même les dossiers et dresser l'inventaire. Pour avoir la certitude qu'il a opéré convenablement, il ne restera qu'à faire vérifier son travail par un agent suffisamment entendu, mais qu'on n'a pas besoin de créer *ad hoc*. C'est sous l'impression de cette dernière idée que j'ai parlé des contrôleurs des contributions directes.

M. le baron *Zorn de Bulach*. M. Fulter vient de dire que dans presque toutes les communes les archives ne sont pas en ordre. Je ne veux pas contester cette assertion pour les communes que connaît spécialement l'honorable préopinant, mais je lui ferai remarquer que dans d'autres localités les archives sont en très-bon ordre et que, dans le Bas-Rhin par exemple, elles le sont partout, même dans les petites communes rurales. Dans différents Kreis, MM. les Kreisdirectoren ont adressé aux communes des circulaires contenant les règles utiles à suivre pour le classement et la conservation de ces archives, et je pourrais vous citer telle petite localité où, en 3 minutes, on vous montrerait tous les papiers que vous désireriez avoir. Il y a des armoires spéciales, des cartons, des catalogues, bref tout ce qu'il faut pour un classement rationnel. Je ne veux pas dire par là que la proposition de M. Fulter ne soit pas bonne; au contraire, je désire voir s'étendre ce qui est bien à toutes les communes, mais je tenais à relever ces faits pour montrer que les archives communales ne sont pas, à l'heure qu'il est, *presque partout* mal tenues, comme l'avait avancé l'honorable M. Fulter. Je partage du reste la manière de voir de MM. Grad et Nessel, au sujet de la mission à confier aux archivistes départementaux.

M. *Simonin*. La question de savoir si l'archiviste du département doit être chargé de l'inspection et de la direction des archives communales me fournit l'occasion de déclarer que j'y verrais un sérieux inconvénient. L'archiviste du Haut-Rhin a été, en 1874, 1875 et 1876, chargé de ce travail contre une rémunération annuelle de 300 $\mathcal{M}$, si je ne me trompe. Or nous avons constaté que ce fonctionnaire n'a visité pendant ces trois ans qu'une partie très-restreinte des communes comprises dans son ressort et qu'il a reporté toute son activité sur certaines localités particulièrement intéressantes en général et plus intéressantes encore pour l'archiviste lui-même qui s'occupe de travaux très-savants d'histoire alsacienne. Il n'a jamais visité ma commune, ni, je crois, mon canton et un autre canton que je pourrais citer. Aussi le Conseil général a-t-il dû rayer le crédit pour 1878, mais il l'a rétabli l'année suivante. J'étais contre ce rétablissement parce que je ne reconnais pas l'utilité du service créé. Je ne suis donc pas d'accord avec M. Grad, et je verrais avec plaisir ce soin laissé aux secrétaires de mairie, à la condition que l'Administration leur donne des indications courtes mais précises sur la méthode à suivre pour le classement. Je me trouve donc en communauté d'idées avec M. Fulter, tout en regrettant de ne pouvoir me décider à désigner comme futurs inspecteurs des archives MM. les Kassencontrôleurs, qui ne sont pas faits pour ce service.

M. *Fulter*. Si je ne répondais pas à M. de Bulach, on pourrait croire que mon intention a été de critiquer en bloc la tenue des archives communales, d'avoir voulu insinuer qu'elles sont en désordre partout. Cela ne m'est pas venu à l'esprit. Je sais, pour l'avoir constaté moi-même, qu'il y a bien des communes où la classification est à peu près parfaite. M. de Bulach nous dit que c'est le cas en Basse-Alsace. Je suis heureux de l'entendre. On n'aura pas à s'occuper de ces communes, qui seront dès lors dispensées de tout travail, de toutes dépenses.

Mais à côté des communes dont parle M. de Bulach, il y en a d'autres, trop nombreuses, où la besogne n'est pas faite; ce sont d'ordinaire les plus petites communes rurales; ce sont celles que j'avais en vue quand j'ai fait mon observation.

M. *Kœchlin*. Je crois qu'en somme il y a un moyen bien simple de savoir si les archives communales sont en ordre ou non. Dans chaque mairie il existe ou il doit exister un inventaire, qui est à tenir au courant et à renouveler tous les dix ans. Que ces inventaires soient communiqués à l'autorité administrative, et l'on verra alors s'il est nécessaire que le Kreisdirector, qui est tout naturellement désigné à ces fonctions, aille visiter les communes pour se rendre compte de l'état des archives. Si l'inventaire est en ordre, les archives y seront aussi; c'est donc par l'inventaire qu'on peut s'assurer de l'état de ces dernières.

Les chap. 3, 5, titres 1 à 4, et 6 des dépenses extraordinaires sont adoptés. Le chap. 4, ainsi que les titres 5 et 6 du chap. 5, adoptés en 2e lecture, sont réservés jusqu'après la 3e lecture de la loi sur les prisons.

Annexe VIII. — Administration des Cultes.

M. *Grad*. Me permettrez-vous, Messieurs, de revenir sur une proposition qui vous a déjà été faite lors de la seconde lecture du budget? Je veux parler de la demande d'un crédit pour la rémunération du secrétariat de l'évêché de Strasbourg. J'ai eu l'honneur de vous dire que si l'évêché vous demandait ce crédit, c'est qu'il en avait besoin. Je n'invoquerai pas à l'appui des raisons de justice distributive en vous rappelant qu'eu égard au chiffre de la population, le culte catholique émarge au budget de l'Etat pour la moindre part proportionnelle. Vous connaissez suffisamment ce fait, et mon intention n'est pas d'insister sur cette inégalité de traitement. On a dit que le secrétariat de l'évêché pouvait être rétribué au moyen de revenus propres au culte catholique, avec le produit des dispenses accordées par l'Eglise. Mais d'après les règles des Conciles, ce produit doit servir pour des œuvres pies, non pour un service d'administration, comme l'est le secrétariat de l'évêché. Qui ne le sait parmi nous! L'évêché a fait pendant les années qui ont précédé l'annexion, de fortes dépenses pour la construction de ses séminaires et de ses établissements d'instruction, dépenses en grande partie couvertes par des emprunts non remboursés encore. Or ces établissements d'instruction ont été fermés par ordre de l'Administration allemande. Les revenus ordinaires pour le règlement des emprunts contractés lors de la construction font défaut. L'évêque, si je puis entrer dans ces détails, s'est imposé personnellement de grands sacrifices pour remplir les engagements de son administration. A vrai dire, le produit des dispenses ecclésiastiques devrait servir à cette fin. Lorsqu'on nous a demandé l'autre jour un crédit de 8 000 ℳ en faveur d'une école rabbinique et pour former les candidats au service du culte israélite, j'ai voté ce crédit, et le Gouvernement n'a pas fait la moindre difficulté pour l'accepter. Espérons qu'il en sera de même pour la demande de l'évêché de Strasbourg, et prions le Gouvernement de vouloir bien inscrire au budget du prochain exercice la somme nécessaire pour la rémunération des deux secrétaires de l'administration épiscopale. L'Etat subvient également à la rémunération des secrétaires du Directoire de la Confession d'Augsbourg.

M. *Baudry* se joint à M. Grad pour recommander à la bienveillance de l'Administration la demande de Mgr l'évêque de Strasbourg, qui lui paraît juste et légitime.

M. le baron *Zorn de Bulach*. J'appuie également la demande de Mgr l'évêque, mais il me semble inutile d'y revenir aujourd'hui, la question ayant été résolue en deuxième lecture après une discussion longue et approfondie. La Commission avait décidé le renvoi de la pétition au Gouvernement avec un avis favorable, et le Gouvernement nous a donné à son tour une réponse favorable, en promettant d'étudier la question. Je trouve donc que le désir de M. Grad, qui est aussi le nôtre, a déjà été rempli en deuxième lecture, et en rentrant aujourd'hui dans la discussion, on ne saurait que répéter ce qu'on a déjà dit.

M. *Goguel*. Je crois devoir rappeler ici ce que j'ai dit, au nom de la Commission, en deuxième lecture. Voici le passage y relatif du compte-rendu de la dixième séance :

„La Commission a examiné la question avec toute „l'attention et tout l'intérêt que méritaient une demande „de ce genre, et son éminent auteur. Pour pouvoir juger „de la réponse que nous avons cru devoir y donner, je vais „vous donner lecture de la demande même. Elle est con„tenue dans une lettre rédigée en allemand et adressée à „M. le président de la Délégation. La voici :

Straßburg, den 28. Januar 1879.

An

den Präsidenten des Landesausschusses,

Herrn Schlumberger,

hierselbst.

Ich beehre mich, dem Herrn Präsidenten ergebenst mitzutheilen, daß ich seit beinahe zwei Jahren bei der hohen Landesverwaltung mit dem begründeten Ersuchen eingekommen bin, daß die Kosten meines Sekretariats, nämlich die Besoldung der Sekretäre, der Kanzleidiener, sowie die Auslagen für Büreaubedürfnisse vom Staate oder vom Reichslande getragen werden, nach der Maßgabe dessen was für das Sekretariat der Augsburgischen Confession und der Israelitischen Consistorien geschieht. Bis jetzt bin ich nicht offiziell berichtet worden, daß diese Angelegenheit mit gehöriger Würdigung verhandelt wurde : ich erlaube mir deshalb in gegenwärtiger Tagung des Landesausschusses, bei der ehrenwerthen Versammlung die Sache in Erinnerung zu bringen und ihre Wohlgewogenheit hiefür in Anspruch zu nehmen.

† Andreas, Bischof von Straßburg."

Je le répète, votre Commission s'est sérieusement occupée de cette pétition et en a conféré avec MM. les commissaires du Gouvernement. Il lui a semblé finalement qu'elle n'avait pas à trancher la question, d'autant plus que la lettre demandait seulement d'appuyer la demande faite auprès du Gouvernement. Voici la résolution que la Commission a prise à ce sujet :

„*La 2e Commission est d'avis que la pétition de Mgr l'é-*„*vêque de Strasbourg, en date du 28 janvier dernier, à l'effet* „*d'obtenir une subvention pour le secrétariat de l'évêché, est à* „*transmettre à l'Administration, avec prière de l'examiner.* „*La Commission appuie la demande susdite pour le cas où* „*la nécessité d'accorder une subvention serait démontrée.*"

Nous n'avons pas cru devoir faire autre chose. Il s'agit d'une simple question d'administration pour laquelle on nous a demandé notre appui, et cet appui, nous l'avons donné.

Dans ces conditions, Messieurs, je ne crois pas qu'il y ait eu lieu de revenir sur la pétition. Le Gouvernement est saisi de la question, il l'étudiera, et il est probable que déjà lors de la présentation du prochain budget des propositions seront faites à cet effet au Landesausschuss.

Dépenses ordinaires.

L'Assemblée adopte successivement, avec les modifications introduites en deuxième lecture :

Chap. 34 (Culte catholique), élevé à 1 941 200 ℳ.
   „   35 (Culte protestant), réduit à 557 960 ℳ.
   „   36 (Culte israélite), élevé à 151 600 ℳ.
et le total de ces 3 chapitres, élevé à 2 650 760 ℳ.

Dépenses extraordinaires.

Le chap. 7, avec 90 000 ℳ, est adopté sans modification.

Annexe IX. — Instruction publique.

Recettes.

Le chap. 9 est adopté avec une augmentation de 3 000 ℳ au titre 3, et un total de 2 296 615 ℳ.

Dépenses ordinaires.

M. *Grad* (au chap. 38, titre 8 ; achat de livres, 55 000 ℳ).

Absent lors de la discussion du budget de la Bibliothèque de Strasbourg, je n'ai pu à ce moment répondre à la proposition faite par M. Kœchlin de réduire de 19 000 ℳ le crédit inscrit aux dépenses ordinaires pour achat de livres. Cette proposition était dictée par des raisons d'économie, et nous rendons justice aux motifs de notre honorable collègue. Néanmoins, Messieurs, je viens vous prier de ne pas souscrire à cette réduction et de maintenir dans son intégralité le crédit demandé par l'Administration. Après avoir voté la subvention pour le théâtre, vous ne pouvez faire de réduction pour la Bibliothèque. J'insiste sur ce point et je suis sûr de votre appui.

En effet, la Bibliothèque de Strasbourg est une des bonnes choses que nous devons à l'annexion. Je ne dois pas être suspect de trop de complaisance pour le Gouvernement, mais je tiens à lui rendre justice. Après l'incendie de notre ancienne Bibliothèque, l'Allemagne a tenu à honneur de rétablir cet établissement dans la mesure possible. Sans doute, tout ce qui a été détruit ne peut être restitué à la ville de Strasbourg et au pays. Nous savons gré au savant directeur de la nouvelle Bibliothèque des efforts intelligents et pleins de zèle qu'il a faits, du succès avec lequel il a rendu en peu de temps aux hommes d'études un véritable trésor littéraire. Dès le mois d'octobre 1870, M. Barack a pris l'initiative d'un appel en faveur de la reconstitution de la Bibliothèque de Strasbourg par l'Allemagne. Cet appel fut entendu et partout accueilli avec faveur. De toutes parts les dons affluèrent. Souverains, institutions publiques, simples particuliers s'efforcèrent de contribuer à l'œuvre de réparation avec un égal empressement. Au sentiment de l'amour-propre national et de la réparation du mal causé s'ajoutait le désir d'établir en Alsace un nouveau foyer de culture intellectuelle. Les pays étrangers contribuèrent également à doter, à enrichir la nouvelle Bibliothèque. Bref, les choses allèrent si bien que cet établissement se trouva en peu de temps rétabli sur son ancien pied. Lors de son incendie la Bibliothèque se composait de 350 000 volumes : elle compte aujourd'hui près de 500 000 volumes, où toutes les branches des connaissances humaines sont largement représentées.

Messieurs, ceux d'entre nous qui fréquentent la Bibliothèque savent quel secours elle est susceptible de prêter à toutes nos études, avec quelle libéralité tout le monde y est admis. Je n'invoquerai pas les témoignages bien nombreux venus de l'étranger pour faire l'éloge de ce bel établissement. Nous avons le droit d'en être fiers et nous ne devons pas lui marchander les ressources, ces ressources étant consacrées à un bien commun de notre pays. Non-seulement tout le monde est admis à emprunter des livres à la Bibliothèque, mais comme la Bibliothèque est une institution du pays, dont tous nos concitoyens peuvent également profiter, l'Administration fait aussi des envois à l'extérieur, en faveur de toutes les personnes qui présentent pour les prêts les garanties requises. L'esprit le plus libéral préside à cette organisation, et les procédés du personnel à l'égard du public ne méritent que des éloges. Quelques chiffres d'ailleurs feront mieux comprendre les services rendus par la Bibliothèque. Dès l'année 1873 le nombre des prêts s'éleva à 16 074 volumes, à 26 003 en 1874. L'an passé, elle a fourni un jour dans l'autre 200 volumes, soit 72 000 pendant l'année entière. Les envois faits à l'extérieur, dans chacun des trois départements de l'Alsace-Lorraine, dépassent un millier de volumes par année.

De 1872 à 1878 nous avons dépensé près de 1 500 000 fr. pour la réorganisation de la Bibliothèque; mais, grâce aux dons reçus, la valeur des livres qui y sont maintenant réunis dépasse 3 000 000 fr. Sur la somme de 55 000 ℳ inscrite au budget de cette année, il faudra attribuer :

   8 427 ℳ pour continuation d'ouvrages en publication,
   8 673 „ pour abonnement aux revues et publications périodiques,
  18 900 „ pour frais de reliure,

  35 900 ℳ ensemble, en sorte que si le crédit était réduit à 36 000 ℳ selon la proposition de M. Kœchlin, il ne resterait que 100 ℳ pour achat de livres nouveaux. Or, si nous prenons la moyenne des trois dernières années attribuée à ces achats, nous avons une somme annuelle de 18 900 ℳ pour acquisitions nouvelles. Certainement nous ne pouvons renoncer à ces acquisitions, et il faut que notre Bibliothèque de Strasbourg, la seule Bibliothèque de l'État que nous ayons dans le pays, reste à la hauteur acquise. Quant au crédit de 19 000 ℳ pour achat de publications nouvelles, il serait à peu près à répartir comme suit :

Littérature générale, écrits académiques .	1 500 ℳ
Philologie classique.	2 000 „
Littérature moderne	2 500 „
Arts, archéologie, musique	3 000 „
Histoire, géographie, héraldique . . .	3 000 „
Théologie, philosophie, pédagogie . .	1 000 „
Jurisprudence et sciences politiques . .	1 500 „
Médecine et sciences naturelles	4 000 „
Alsatiques	500 „

Je n'insisterai pas davantage, Messieurs. Je suis persuadé que vous êtes disposés à accorder tout le crédit demandé pour notre grande Bibliothèque. Je me bornerai à vous citer les sommes annuelles consacrées à la même institution dans d'autres pays. Ainsi le budget de la Bibliothèque nationale de Paris dépasse 500 000 fr., non compris 250 000 fr. pour les autres bibliothèques de l'État en

France. En Angleterre, la Bibliothèque du British Muséum dispose d'un crédit annuel de 140 100 livres sterling ou 3 502 500 fr. En Prusse, le budget de 1876 attribue à la Bibliothèque royale de Berlin un crédit de 81 855 ℳ, plus 33 160 ℳ pour la Bibliothèque de l'Université de la même ville ; les crédits alloués aux Bibliothèques des autres Universités étant de 62 700 ℳ pour Gœttingen, 42 906 pour Kœnigsberg, 49 912 pour Breslau, 35 490 pour Halle, 29 820 pour Kiel, 25 575 pour Greifswald, 38 852 pour Bonn, 26 417 pour Marburg. Toutes ces Bibliothèques sont très-anciennes et fort riches par conséquent, tandis que nous avons été obligés de créer à nouveau en quelques années la Bibliothèque de Strasbourg. Cette Bibliothèque est unique dans notre pays, et nous avons tous les motifs pour nous montrer généreux à son égard.

M. *Kœchlin*. La question de la Bibliothèque a été longuement discutée en deuxième lecture, et l'Assemblée s'est prononcée ; je n'avais pas et je n'ai pas l'intention de rentrer aujourd'hui dans cette discussion. Je ne dirai que ceci : il ressort pour moi des chiffres cités par M. Grad que le crédit affecté à notre Bibliothèque est trop élevé, eu égard à la grandeur de l'Alsace-Lorraine.

L'Assemblée adopte :

Chap.	37,	avec	876 560 ℳ	
"	38,	"	126 200	"
"	39,	"	4 800	"
"	40,	"	6 120	"
"	41,	élevé à	1 294 190	" et
"	42,	réduit à	1 730 575	"

Chap. 43 (Beaux-Arts, 145 000 ℳ).

M. le baron *Zorn de Bulach*. Si j'ai demandé aujourd'hui la parole sur ce chapitre, c'est parce qu'à l'une de nos dernières séances, quand j'ai posé une question au Gouvernement, M. le commissaire du Gouvernement a déclaré ne pas être en mesure de donner les renseignements désirés. Je me vois donc forcé de renouveler ma question, et j'espère qu'on y répondra aujourd'hui et que la réponse sera satisfaisante.

Je serai très-bref, Messieurs. Après le vote de la subvention pour le théâtre, j'avais demandé à M. le commissaire du Gouvernement quelques explications au sujet d'un autre petit théâtre, auquel bien des personnes s'intéressent, mais qui, paraît-il, ne possède pas à un haut degré la faveur de l'Administration, vu qu'on cherche à lui susciter certaines difficultés. J'ai demandé surtout à ce qu'à l'avenir on accordât plus facilement à ce théâtre l'autorisation de jouer des pièces nouvelles, telles qu'elles se jouent sur les autres théâtres de ce genre. Autrement, l'existence même de ce théâtre serait menacée, ce qui serait fâcheux, car il fait du bien au commerce *sans être subventionné* par l'Etat. Qu'on lui permette donc aussi de vivre et de subsister. Vous savez tous, Messieurs, que je veux parler du Casino.

M. le *Président supérieur*. Aucune plainte n'est, que je sache, parvenue jusqu'ici à l'Administration au sujet du Casino. Le propriétaire de ce local est, je crois, satisfait.

M. *Schnéegans*. Je ne puis me rallier aux paroles de M. le Président supérieur. Je dois dire au contraire qu'on exerce, en ce moment, une pression absolue sur le Casino. C'est ainsi que dans ces derniers jours encore on lui a refusé l'autorisation de jouer deux pièces, dont l'une d'un seul acte. Je suis en possession de la lettre de la direc-

tion de la police. Ce refus est évidemment contraire aux instructions de M. le Président supérieur, qui, je le sais, ne veut interdire que les longues pièces remplissant toute une soirée.

M. le baron *Zorn de Bulach*. Je suis très-content d'avoir entendu les paroles de M. le Président supérieur et j'en remercie Son Excellence ; mais d'un autre côté nous avons entendu la réponse de M. Schnéegans, et ce qu'a dit notre honorable collègue est très-vrai. Moi-même, j'ai eu entre les mains la lettre qui interdit au directeur du Casino de jouer deux ou trois pièces. Il résulte évidemment de ces faits que l'on a agi contre les instructions de Son Exc. M. le Président supérieur. A présent que la question est éclaircie, nous avons tout lieu d'espérer que des malentendus de ce genre cesseront à l'avenir, et que le directeur aura dorénavant la permission de jouer les pièces nouvelles. Or c'est tout ce que demandent les personnes qui s'intéressent à ce petit théâtre.

Le chap. 43 est adopté sans modification.

Sont ensuite adoptés :

Dépenses extraordinaires.

Chap.	8,	réduit à	1 844 500 ℳ
"	9,	avec . .	40 800 "
"	10,	"	80 000 "

Chap. 11 (Enseignement primaire).

M. *Goguel*. En deuxième lecture, l'Assemblée n'a pas cru devoir adopter les conclusions de la Commission relatives au maintien de l'école normale des instituteurs à Phalsbourg ; elle s'est prononcée en faveur de la proposition de M. Fulter tendant à ajourner à l'année prochaine la solution de la question. Je vous rendrai rapidement attentifs aux fâcheux inconvénients résultant de ce vote de la deuxième lecture. Il serait très-regrettable d'ajourner de nouveau à une année une question qui est déjà en suspens depuis deux ans.

Et n'oubliez pas, Messieurs, qu'il ne s'agit pas seulement des intérêts de la ville de Phalsbourg : la question est d'une haute importance pour toute la Lorraine, où le recrutement des instituteurs se fait aujourd'hui très-difficilement.

Il est donc urgent de compléter l'école de Phalsbourg, qui, au lieu des trois divisions réglementaires, n'en compte que deux ; mais aussi longtemps que la question du maintien est en suspens, il est évidemment impossible de procéder à la formation de la troisième division.

Qu'arrivera-t-il, Messieurs, si vous persistez dans votre résolution de la deuxième lecture ? La question se dressera tout entière devant vous l'année prochaine. Vous vous trouverez de nouveau en présence de la proposition du Gouvernement, demandant à faire des constructions nouvelles à Sarrebourg d'une part, de la proposition de maintenir l'école à Phalsbourg d'autre part, et enfin de propositions tendant à acquérir des immeubles dans d'autres localités. Votre embarras ne sera que plus grand alors, malgré les merveilleuses promesses qu'on s'est plu à nous faire au sujet des acquisitions possibles.

Comme je l'ai fait remarquer en seconde lecture déjà, le seul moyen de sortir d'embarras est de se décider une bonne fois en faveur de Phalsbourg. Ce serait là non-seulement une mesure d'économie, car avec 40 000 ℳ on pourrait faire tous les travaux nécessaires pour compléter l'école, mais vous aurez encore résolu une question qui traîne depuis deux ans et qui nous reviendrait encore l'année prochaine, si l'on ne mettait un terme à toutes ces indécisions.

Dans l'intérêt de l'école d'un côté, et de nos finances de l'autre, je vous conjure donc de revenir sur la résolution adoptée en deuxième lecture, et d'adopter purement et simplement les conclusions motivées de la Commission. Ces conclusions, les voici : Maintien de l'école normale à Phalsbourg avec un crédit de 40 000 $\mathscr{M}$ et radiation des 50 000 $\mathscr{M}$ du titre 8.

M. le *Président supérieur*. Le Gouvernement attache la plus grande importance à être mis en état de compléter le deuxième séminaire de la Lorraine, le manque d'instituteurs étant grand dans ce département et l'école de Phalsbourg ne pouvant renfermer que 55 élèves.

Le vote de la deuxième lecture invite le Gouvernement à faire de nouvelles études sur la localité à choisir pour l'établissement d'une école. Je ferai remarquer que le Gouvernement a déjà fait faire toutes les études possibles : à Beauregard, à Puttelange, à Fénétrange, à Remelfingen, à Phalsbourg et à Sarrebourg. Si l'Assemblée n'indique pas sur quelle localité doivent se porter les nouvelles études, je serais vraiment embarrassé d'en trouver une.

De cette façon, la question reviendra l'année prochaine absolument dans le même état que maintenant, et il est cependant grand temps de lui donner une solution définitive.

M. *Bozon*. Les représentants de la Lorraine à la Délégation provinciale sont certainement tous animés du sentiment du bien. La question de clocher, en présence de l'intérêt général, n'est rien pour eux. On veut créer un séminaire d'instituteurs en Lorraine, surtout pour les arrondissements de Château-Salins, Sarreguemines et Sarrebourg.

Messieurs, je crois que personne mieux que mes collègues et moi n'est plus à même de connaître les besoins de notre pays. Eh bien, Messieurs, nous croyons devoir à l'unanimité combattre le projet de l'établissement d'un séminaire à Phalsbourg.

Je pense donc que nos honorables collègues de l'Alsace voudront bien nous accorder une certaine confiance et prendre en considération notre manière de voir, tout en cherchant, comme ils le doivent, à sauvegarder les finances de l'Alsace-Lorraine, ce qui est aussi notre vœu.

Nous croyons devoir voter contre le projet de Phalsbourg précisément à cause de la question budgétaire. Si on veut avoir une construction faite, nous pensons trouver mieux, dans un emplacement plus avantageux et à aussi bon marché.

Nous croyons devoir voter contre parce que Phalsbourg n'est pas un point central et est d'un accès difficile.

Nous croyons devoir voter contre pour toutes les raisons qu'on vous a données dans une séance précédente et qu'il est inutile de vous répéter.

Nous pensons donc qu'il ne faudrait pas prendre actuellement une résolution définitive et faire d'autres études pour arriver à un meilleur résultat que celui proposé par la majorité de la Commission.

Nous demandons le maintien du vote émis à la deuxième lecture du budget. Nous savons du reste que l'on fera des propositions qu'il sera bon d'examiner.

M. *Fulter*. Après ce que vient de vous dire M. Bozon, je ne crois pas nécessaire d'invoquer de nouveaux arguments pour vous prier de maintenir votre premier vote.

Par contre, il me semble utile de répondre aux considérations mises en avant par l'honorable M. Goguel.

M. Goguel fait ressortir que la Lorraine manque d'instituteurs; que nous devons mettre au plus tôt un terme à cet état de choses regrettable et que le vrai moyen d'y arriver c'est d'installer définitivement à Phalsbourg le nouveau séminaire d'instituteurs qui n'exigera d'ailleurs qu'une dépense de 40 000 $\mathscr{M}$

Je reconnais, avec notre honorable collègue, qu'il y a en Lorraine un certain nombre d'écoles en souffrance faute de maîtres, et que nous devons placer le Gouvernement en situation de fournir ces maîtres. Mais je ne suis plus d'accord avec lui quant aux mesures à appliquer pour atteindre le but.

Quel est l'état actuel des choses à Phalsbourg. L'établissement contient 55 élèves et n'en peut recevoir davantage. Le Gouvernement déclare qu'une troisième classe est nécessaire, laquelle portera le nombre des élèves à 75 au minimum. Son opinion est même qu'on doit viser à 90 élèves. Nous voilà donc, de toutes façons, dans l'obligation de construire. Mais pour bâtir il faut autant de temps à Phalsbourg qu'autre part; donc il n'y a pas péril en la demeure et vous pouvez édifier votre bâtiment neuf en une autre localité aussi bien qu'à Phalsbourg.

Je voudrais maintenant tranquilliser M. Goguel, au sujet d'une appréhension grave qui s'est fait jour dans ses paroles. Il craint que si nous ne nous décidons pas aujourd'hui pour le séminaire de Phalsbourg, nous ne soyons forcément amenés plus tard à l'adoption du projet du Gouvernement consistant à transporter l'école à Sarrebourg, moyennant une dépense de 310 000 $\mathscr{M}$ Ceci étant une considération purement financière, nous laisserons de côté les observations d'une autre nature que nous avons dû présenter à propos de Phalsbourg et nous envisagerons, pour le moment, simplement la question des dépenses.

Si nous nous étions bornés à critiquer Phalsbourg en demeurant d'ailleurs dans le vague, quant aux moyens de trouver mieux, on pourrait nous dire que nous poussons indirectement à la construction à Sarrebourg. Mais je crois pouvoir démontrer qu'une semblable tendance n'existe pas chez nous. Nous vous avons cité des noms; d'abord Finstingen; ensuite Püttlingen, ce dernier en y mettant quelque circonspection, parce que les pourparlers n'avaient pas alors abouti à une entente. En ce moment, Messieurs, j'ai entre les mains des documents qui vous fourniront une base certaine d'appréciation.

Voici d'abord un acte par lequel Mme Pauly s'engage à vendre au Gouvernement les bâtiments dont nous avons parlé lors de la deuxième lecture. Le prix en est fixé à 80 000 fr. ou 64 000 $\mathscr{M}$, en y comprenant le petit parc qui y attient et le jardin séparé de l'habitation par une simple ruelle. La maison de maître est installée d'une façon tout à fait confortable; on n'aurait rien à y changer pour en faire des logements de professeurs. La valeur du tout est certainement double du prix demandé; l'Etat ferait donc un marché avantageux.

Le second document est un extrait de délibération du Conseil doublé de Puttelange promettant une subvention de 4 000 $\mathscr{M}$ payable par la Ville.

Enfin voilà une troisième pièce souscrite par une personne riche de la ville, Mme Lallemand, qui fait de sa grande fortune le plus noble usage et qui prend l'engagement de verser une subvention de 16 000 $\mathscr{M}$, si notre combinaison peut aboutir.

Le prix principal d'achat, 64 000 _M._, serait donc, par le paiement des deux subventions, réduit à 44 000 _M._ Supposons maintenant que les constructions complémentaires à édifier à Puttelange coûtent 80 000 _M._, disons même 100 000 _M._, si vous voulez, le total de la dépense ne sera toujours que de 144 000 _M._, au lieu de 310 000 _M._ que l'on prévoit pour Sarrebourg; l'économie est de 60 °/₀.

M. Goguel nous a dit que l'économie offerte par Phalsbourg est encore bien plus grande, puisqu'un crédit de 40 000 _M._ y suffirait à tous les besoins.

J'avais cru un instant que nous n'avions plus à revenir sur ce chiffre que les hommes compétents déclarent inexact. Mais je me vois forcé de répéter les indications déjà fournies par M. le Baurath Pavelt.

Les réparations à faire à Phalsbourg exigent 30 000 ou 32 000 _M._ Les constructions neuves absorberont au moins 60 000 _M._; total 92 000 _M._ Voilà le chiffre qu'il faut placer en regard du nôtre.

Eh bien! Messieurs, après l'exposé qui a été fait de la situation de Phalsbourg, nous ne pensons pas qu'une différence de 40 000 à 50 000 _M._, puisse balancer les avantages résultant pour le département de la Lorraine du choix des localités que nous vous avons fait connaître.

En ce qui concerne les finances de l'Etat, vous voyez que nous les ménageons dans la limite du possible.

Enfin quant à la promptitude d'exécution des travaux, nous ne la compromettons en rien. Il faut construire à Phalsbourg; il le faudrait bien plus encore à Sarrebourg; le fait de devoir construire aussi à Puttelange ne cause donc point de retard. C'est l'affaire d'une saison.

Pour tous ces motifs, nous vous prions de maintenir votre premier vote.

M. _Goguel._ Dans la réponse de M. Fulter il y a quelque chose qui m'a péniblement impressionné: c'est qu'il a l'air de faire de Phalsbourg une question tout à fait lorraine, une question de confiance vis-à-vis des députés de ce département, comme si nous étions ici des députés du Haut-Rhin, du Bas-Rhin et de la Lorraine seulement, et non pas _de l'Alsace-Lorraine tout entière._ Je proteste hautement, Messieurs, contre toute interprétation de ce genre. Nous sommes ici pour nous occuper de l'intérêt général de notre pays entier, et l'Assemblée me rendra cette justice que j'ai toujours protesté contre les simples questions de clocher, que je n'ai jamais soutenues.

Il y a un autre point encore qui m'a étonné dans l'argumentation de mon honorable contradicteur. A l'entendre parler, on dirait que Phalsbourg n'est pas du tout situé en Lorraine, mais il me semble pourtant que c'est bien le cas, et que cette ville n'est située ni dans le Haut-Rhin ni dans le Bas-Rhin. L'année dernière, quand il a été question au long et large de choisir entre Phalsbourg et Sarrebourg pour l'établissement d'une école normale, quand il n'y avait pas encore d'autres offres ni d'autres compétitions, nos collègues de la Lorraine n'ont pas parlé avec tant de mépris de Phalsbourg et des désavantages de cette ville. La plupart d'entre eux se sont au contraire ralliés aux conclusions de la 2ᵉ Commission, qui vous a proposé presque unanimement de donner la préférence à Phalsbourg.

Je suis donc très-étonné d'apprendre qu'aujourd'hui Phalsbourg ne se prête plus à l'installation de l'école normale; je suis surpris surtout de ce qu'on fasse de ce point une question lorraine, une question de confiance et qu'on ait l'air de nous dire que nous agirions bien mal si nous ne voulions pas adopter de confiance la manière de voir de nos collègues Lorrains, et ne pas nous résoudre — car c'est là le but final de nos contradicteurs — à substituer l'année prochaine Fénétrange à Phalsbourg. Mais, Messieurs, votre Commission s'est convaincue par une visite des lieux que les bâtiments de Fénétrange sont absolument insuffisants et ne se prêtent pas à l'installation d'une école.

Dans ces conditions, j'avoue franchement que je ne saurais comprendre une insistance pareille; je ne puis y voir qu'une espèce de parti pris de déprécier au delà de leur mérite les conclusions de la Commission.

Quand M. Fulter énumère les sommes exigées pour l'achèvement de Phalsbourg, il fait un peu erreur. D'abord, je n'ai pas parlé de 90 élèves, mais bien de compléter l'école en créant une 3ᵉ division, l'état réglementaire étant de 3 divisions à 25 élèves chacune. Il s'agit donc de 75 élèves seulement, et non de 90. Or, d'après les constatations faites cette année-ci par les membres de votre Commission qui ont visité l'immeuble, il a été bien entendu — et M. le conseiller Pavelt a été le premier à le confirmer — que la mise en état de l'immeuble ne serait pas difficile, et qu'elle exigerait un crédit plus ou moins considérable de 40 000 _M._ M. Fulter croit qu'en dehors de cette somme il faudrait encore un crédit de 60 000 _M._ environ.

Il y a là évidemment erreur d'appréciation. Du moment qu'une somme de 40 000 _M._ est votée pour les grosses réparations, pour l'installation complète de l'école et l'achèvement d'une 3ᵉ division, il ne faudra certainement plus de crédit supplémentaire aussi élevé que se plaît à le dire M. Fulter. Laisser l'école normale à Phalsbourg est donc, je le répète, une affaire d'économie et surtout de convenance. Comment! voilà quatre ans déjà que nous avons établi l'école dans cette ville; personne n'a soulevé à ce sujet la moindre réclamation, quand l'année dernière le Gouvernement a voulu la lui retirer pour l'établir à Sarrebourg, l'Assemblée a été presque unanime à demander qu'elle soit conservée à Phalsbourg, et maintenant l'on viendrait subitement, sans motif plausible, déposséder cette ville! Et la question serait aujourd'hui complètement changée, parce que, depuis un an, il y a eu des offres dans diverses localités: à Fénétrange, à Saaralbe, à Beauregard, à Puttelange, etc. Il viendra peut-être d'autres offres encore, car il y a souvent des propriétaires qui veulent se défaire d'immeubles qui leur sont à charge. Je ne pense pas que ce soit là une raison pour négliger les intérêts de notre budget et manquer en même temps aux lois de l'équité. Je ne puis pas admettre que si l'Etat achetait les bâtiments de Puttelange pour en faire un séminaire, nous ne serions pas entraînés à des frais beaucoup plus considérables qu'en laissant l'école à Phalsbourg et en la complétant. Du reste, M. Fulter, qui est plus compétent que moi en cette matière, je le reconnais, en convient lui-même; cela ressort clairement des chiffres qu'il a cités. Je ne vois pas dès lors pourquoi Puttelange nous toucherait plus que Phalsbourg. Je fais un appel instant à la charité de nos collègues de la Lorraine et je leur demande: pourquoi donc cet acharnement contre la pauvre ville de Phalsbourg, qui cependant a déjà assez souffert? Vos plaintes n'ont aucune raison d'être, ni au point de vue hygiénique, ni au point de vue pédagogique. Pour ce qui est des bâtiments, le champignon, vous le savez, a disparu, et M. Simonin vous a affirmé dernièrement la solidité de la charpente et des murs. Ce témoignage est d'autant plus précieux pour Phalsbourg, qu'au dernier moment notre honorable rapporteur a paru hésiter à soutenir les conclusions de la Commission.

Je termine, Messieurs, en vous priant de vous rallier

à ces conclusions. En agissant ainsi, je ne défends pas les intérêts exclusifs de la ville de Phalsbourg, mais bien l'intérêt de notre budget. Associez-vous donc à une mesure qui terminera d'un coup tous les conflits et toutes les compétitions, et qui permettra à l'Administration de donner enfin à cette question une solution définitive.

M. *Fulter*. M. Goguel nous a adressé le reproche de faire de l'école normale à créer une question exclusivement lorraine. Je puis lui assurer que nous serions prêts à reconnaître à cette école un caractère de généralité si elle l'avait réellement. Mais M. Goguel a dit lui-même que l'école doit être installée en Lorraine, tout spécialement dans le but d'assurer le recrutement des instituteurs lorrains. On trouvera dès lors naturel que nous y attachions un grand intérêt.

Notre honorable collègue a parlé de question de clocher. S'il a voulu se défendre d'en faire une, je dois lui dire que personne de nous ne songe à l'en accuser. Nous tenons, de notre côté, à bien constater que nous n'en faisons pas plus que lui.

En exprimant l'espoir que nos collègues d'Alsace voudront bien nous accorder quelque confiance, nous ne prétendons pas leur imposer notre manière de voir. Notre façon d'agir n'a rien de commun avec celle d'un ministère qui, posant la question de confiance, menace de se retirer si l'on ne vote pas dans son sens. Nous ne saurions vouloir prendre cette attitude vis-à-vis de vous, Messieurs. Nous nous bornons à vous demander si vous êtes suffisamment éclairés et nous offrons de vous donner tous les détails qui vous paraîtront désirables. Dans de semblables conditions, je crois que vous ne vous engagez pas trop en nous écoutant.

L'honorable M. Goguel a remis en question le nombre des élèves que peut contenir le collège de Phalsbourg et les chiffres de dépenses que j'ai posés tout à l'heure. Je crois que tout a été dit à ce sujet ; j'ai cité mes sources ; elles sont authentiques et méritent toute créance. Je maintiens donc mes indications dans leurs détails et répète que notre proposition sauvegarde dans les limites du possible les finances de l'État.

L'appel adressé à notre bienveillance en faveur de Phalsbourg ne peut pas ici entrer en ligne de compte. Cette ville a beaucoup perdu depuis l'annexion ; je le reconnais et le regrette vivement pour elle. Mais, Messieurs, dans une affaire comme celle qui nous occupe vous ne pouvez vous laisser entraîner par le sentiment. Nous faisons un budget, nous supputons des dépenses. Sous prétexte de favoriser Phalsbourg, nous ne devons pas persister à enfouir de nouveaux fonds dans un bâtiment duquel on nous dira plus tard ce que nous avons déjà dû entendre de l'école de Metz, qu'il faut l'abandonner.

D'ailleurs, j'aimerais mieux une proposition directe d'indemniser Phalsbourg par une allocation au budget que le moyen détourné consistant à conserver le séminaire actuel ; le premier procédé nous permettrait de fixer la portée de nos engagements, tandis que le second ne nous en donne pas le moyen.

La pensée de rendre plus facile à certains propriétaires la vente de leurs immeubles n'était venue à l'esprit d'aucun d'entre nous. Les renseignements que nous produisons justifient amplement, croyons-nous, notre conduite dans la question de Phalsbourg. Je passe donc sous silence l'allusion faite inutilement à des motifs de camaraderie ou autres.

M. Goguel a vu une contradiction entre nos projets d'aujourd'hui et le silence gardé dans une session précédente. Mais, Messieurs, est-ce qu'à la session de juillet la question se présentait comme aujourd'hui ? Alors il ne s'agissait que de Phalsbourg. On ne pouvait vous parler ni de Puttelange ni de toute autre localité, puisque l'on ignorait encore si une combinaison était possible pour mettre à la disposition de l'État des locaux préférables à ceux de Phalsbourg.

Aujourd'hui la situation est changée ; nous avons trouvé mieux et nous vous communiquons les nouveaux projets en vous priant de les prendre en considération.

Vous n'avez pour cela qu'à maintenir votre vote.

M. le baron *Zorn de Bulach*. J'ai suivi cette discussion avec une attention profonde, et je vais vous soumettre, Messieurs, quelques observations qui m'ont été suggérées par l'argumentation des honorables préopinants. Il y a trois points surtout qui m'ont frappé ; je les exposerai brièvement.

C'est tout d'abord l'unanimité constante avec laquelle nos honorables collègues de la Lorraine demandent le transfert de l'école de Phalsbourg dans une autre localité. Quand dans une assemblée aussi petite que la nôtre une fraction aussi considérable — notez bien, Messieurs, que je n'entends pas fraction dans le mauvais sens du mot — vient nous dire unanimement : Nous qui connaissons le mieux les besoins de notre département, qui sommes au courant de toutes les circonstances, nous croyons qu'il faut agir de telle et telle sorte ; quand pareil fait, dis-je, se produit, je crois qu'il est à prendre en très-sérieuse considération.

Le second point sur lequel j'appellerai votre attention, c'est que M. Fulter a produit aujourd'hui à l'appui de sa proposition des offres nouvelles faites par diverses localités. J'ai noté les chiffres cités par M. Fulter au sujet de Puttelange, et il paraît en résulter qu'effectivement cette combinaison présenterait — vis-à-vis de Sarrebourg — de grands avantages financiers, puisqu'une dame charitable ferait un don assez important et que les bâtiments, qui doivent avoir une valeur réelle de 150 000 fr., ne coûteraient que 80 000 fr. J'ai été quelque peu surpris que ces chiffres n'aient pas été produits dès la première discussion en seconde lecture. Quoi qu'il en soit, c'est un appui nouveau pour la cause que M. Fulter a plaidée devant nous avec tant de chaleur.

Le troisième point qui m'a frappé, c'est la déclaration de Son Exc. M. le Président supérieur, disant qu'il était grand temps de sortir enfin du provisoire et qu'on ne pouvait laisser plus longtemps cette question planer pour ainsi dire en l'air, car autrement la situation serait complètement la même l'année prochaine et il y aurait de nouveau une discussion passionnée à ce sujet.

En présence de ces trois points, je demanderai au Gouvernement quelle est son opinion au sujet des chiffres cités par M. Fulter et s'il partage la manière de voir de celui-ci. Quand le Gouvernement nous aura fourni quelques éclaircissements à cet égard, il est probable que nous pourrons nous former une opinion bien arrêtée et définitive sur la question. Pour moi, je n'ai pas vu les lieux ; je ne connais les faits que par la lecture du rapport et la discussion. Raison de plus pour insister que le Gouvernement se prononce à son tour sur les chiffres qu'on vient de nous citer.

M. le *Président supérieur*. Je ne crois pas que le Gouvernement puisse jamais se décider à établir un séminaire d'instituteurs à Puttelange, la localité ne se prêtant pas à un établissement pareil. Puttelange n'est pas rallié au chemin de fer, il n'y a ni école supérieure ni communauté évangélique, tous facteurs entrant en ligne de compte, abstraction faite de la question financière. Quant aux dépenses que cela nécessiterait, je ne puis en indiquer aujourd'hui le montant. Tout ce que je puis dire, c'est qu'il faudrait ajouter un nouveau bâtiment aux anciens.

Les chiffres cités par M. Fulter au sujet de Phalsbourg sont exacts. Il faudrait 30 000 ℳ pour grosses réparations et 60 000 ℳ pour une construction nouvelle, qui serait indispensable si l'on veut porter à 90 le nombre des élèves.

M. *Schnéegans*. J'ai été empêché d'assister à la deuxième lecture du budget de l'instruction primaire, mais je viens déclarer aujourd'hui que, si j'avais été présent, j'aurais voté pour les conclusions de la Commission.

J'ai été frappé par les dernières paroles de M. Fulter, disant qu'il ne fallait pas sacrifier dès sa naissance l'avenir de l'établissement projeté. Je crois que ce point de vue doit être déterminant pour notre décision. Or je n'ai rien entendu jusqu'ici, dans les motifs invoqués contre Phalsbourg, qui nous prouve que l'école normale n'est pas bien dans cette ville. J'admets, pour ma part, que si l'on a fondé l'école à Phalsbourg, et si depuis quatre ans on l'a sans cesse encouragée par des subventions, l'établissement du siège de l'école en cet endroit doit avoir eu sa raison d'être, et je ne vois aucun motif qui puisse nous engager aujourd'hui à changer ce siège. Il en résulte pour moi que l'avenir de l'établissement n'est nullement en question.

Restent deux autres points de vue : la question financière et l'intérêt local. Quant au côté financier, il est incontestable que l'établissement de l'école à Puttelange nécessiterait des dépenses bien plus considérables que son maintien à Phalsbourg. Il y aurait, d'après le propre calcul de M. Fulter, une différence d'au moins 44 000 ℳ, peut-être même de 84 000 et plus en faveur de Phalsbourg, et il est donc de tout intérêt au point de vue budgétaire de maintenir l'école dans cette ville.

Reste maintenant la question de rivalité de clocher. Phalsbourg présentant plus d'avantages que Puttelange, l'idée de Puttelange doit être nécessairement abandonnée, d'autant plus, du reste, que M. le Président supérieur a fait ressortir que pour des motifs divers on ne pouvait songer à transférer l'école dans cet endroit. L'intérêt général prime toujours l'intérêt de clocher. Mais il y a d'autres localités encore qui viennent avec leurs offres et leurs compétitions. La solution me paraît bien simple. Dans les questions de clocher, il y a un principe qui, selon moi, doit dominer toute la discussion : c'est qu'il faut avant tout respecter les situations acquises, s'il n'y a pas d'intérêt supérieur et grave qui en justifie la violation. Quelle en est la conclusion pour Phalsbourg ? Cette ville est depuis quatre ans en possession du séminaire, elle a déjà fait de grands sacrifices pour cette école, et vous viendriez aujourd'hui sans motifs la lui enlever, vous qui avez contribué à la créer par vos encouragemens ? ! La réponse ne saurait être douteuse. Il n'y a pas de raison pour ce transfert, et je vous prie par conséquent d'adopter les conclusions de la Commission.

M. le baron *Zorn de Bulach*. Il résulte des explications de M. le Président supérieur que le Gouvernement préférerait voir maintenir le séminaire à Phalsbourg, malgré les avantages que M. Fulter a fait briller à ses yeux au sujet de Puttelange. Je n'avais demandé la parole tout à l'heure que pour arriver à connaître l'opinion du Gouvernement. Je crois avoir abordé les trois points que j'ai eu

l'honneur de soumettre aux réflexions de l'Assemblée avec une impartialité complète et avec le désir sincère de m'éclairer. Il ne pouvait entrer dans mes idées de faire de cette question une affaire de camaraderie ni de rivalité de département ; je n'ai voulu que me procurer les moyens d'exprimer mon vote en pleine connaissance de cause. C'est ce que je tiens à constater explicitement.

M. le *Président supérieur* déclare que pour le siège de l'école, Sarrebourg serait à préférer à toutes les autres localités, mais que s'il s'agissait de choisir entre les villes autres que Sarrebourg, c'est Phalsbourg qui devrait avoir la préférence.

M. *Simonin*. Je n'ai qu'un mot à dire pour rétablir un fait personnel. M. Goguel a fait remarquer tout à l'heure que lors de la discussion en deuxième lecture j'ai paru hésiter à soutenir les conclusions de la Commission. Je n'ai pas seulement hésité, mais j'ai déclaré formellement que je m'écartais des vues de la Commission.

M. *Fulter*. J'espère, Messieurs, que la déclaration de M. le Président supérieur ne laisse plus de doute quant au chiffre des dépenses à faire à Phalsbourg : 30 000 ℳ au moins de réparations et 60 000 ℳ de constructions neuves. L'écart entre Puttelange et Phalsbourg est donc bien celui que j'avais indiqué.

Voilà le côté financier bien éclairci.

M. Schnéegans nous a dit qu'il n'a pas assisté à la 2e lecture, qu'il ignore les motifs mis en avant par nous, mais qu'il aurait voté les conclusions de la Commission. M. Schnéegans fait bien de rappeler son absence, parce que cela atténue quelque peu la portée des observations qu'il vient de présenter.

Les motifs qui nous ont fait combattre Phalsbourg ont leur gravité, M. Schnéegans peut le croire ; mais je ne saurais recommencer à les développer de nouveau.

Toute question de clocher a été mise à l'écart par nous. Nous voulons que le séminaire à créer définitivement soit à un point central, facilement accessible. Puttelange présente cet avantage. Dans un avenir peu éloigné, il sera relié à Farschweiler par un tramway ou un chemin de fer ordinaire. Vous avez décidé vous-mêmes d'inscrire le tronçon de Puttelange-Farschweiler au nombre des lignes à étudier.

Nous pouvons donc dire qu'à ce point de vue il n'y a pas de comparaison à établir entre Phalsbourg d'une part et Finstingen et Puttelange d'autre part.

MM. Auscher, Goguel, Nessel, Rack, Reuss et Schnéegans présentent la proposition

„de revenir sur la décision qui a été prise relativement au titre 7 du chap. 11, dépenses extraordinaires, de l'annexe IX, et d'adopter les conclusions du rapport de la 2e Commission.“

MM. Auscher, Goguel, Nessel, Rack et Reuss demandent le vote au scrutin secret. Sur 23 votants, la proposition est rejetée par 14 voix contre 7 sur 2 bulletins blancs.

Le chap. 11 est adopté tel qu'il a été voté en 2e lecture, réduit à 57 450 ℳ

Chap. 12.

M. le conseiller supérieur *Richter*, commissaire du Gouvernement. Dans une des dernières séances, l'un des honorables membres de l'Assemblée a demandé quels étaient les ouvrages qui seraient publiés à l'aide de la subention émargée au titre 2 de ce chapitre. Ce sont les suivants :

1° *Das heilige Namenbuch von Konrad Dangkrotzheim,* par Pickel. Le 1ᵉʳ volume de cet ouvrage a déjà paru avant l'allocation du crédit; la suite paraîtra prochainement;

2° *Parzival,* von Claus Wiese und Philipp Colin (Ergänzung des Wolfram'schen Parzival), ouvrage qui sera édité pour la première fois;

3° *Joseph,* von Thiebold Gært;

4° *Der verlorene Sohn,* von Jörg Wickram;

5° *Sammlung von kleinen poetischen Erzählungen des XIV. und XV. Jahrhunderts,* et

6° *Insomnis cura parentum,* von Moscherosch.

Le chap. 12 est adopté avec 10 000 ℳ, ainsi que le total des chap. 8 à 12, réduit à 2 032 750 ℳ, conformément aux décisions de la 2ᵉ lecture.

La continuation de la 3ᵉ lecture du budget est renvoyée à demain, à 2 1/2 h. de l'après-midi.

L'ordre du jour appellera, en outre, la discussion en 3ᵉ lecture de la proposition N° 2, projet de loi concernant des restrictions à la liberté de construction dans les nouveaux quartiers de Strasbourg, et d'un certain nombre de pétitions.

La séance est levée à 6 heures.

DÉLÉGATION D'ALSACE-LORRAINE.

Sixième Session.

COMPTE-RENDU OFFICIEL.

20ᵉ SÉANCE

14 mars 1879, 2 heures et demie de l'après-midi.

SOMMAIRE : Communications diverses; 3ᵉ lecture de la proposition Nᵒ 9, projet de loi sur les prisons; Continuation de la 3ᵉ lecture du budget; 3ᵉ lecture de la proposition Nᵒ 2, projet de loi sur les restrictions du droit de bâtir dans les nouveaux quartiers de Strasbourg; Pétitions.

Président : M. Schlumberger.
Secrétaire : M. Schnéegans.
Présents : tous les membres, à l'exception de MM. Blandin, Lorette et North.

Le Gouvernement est représenté par 'on Exc. M. le Président supérieur; MM. les conseillers su; érieurs Stempel et Metz; MM. les conseillers de Sybel, Eberbach, Friedberg, de Rœnne, Pavelt, baron du Prel, Willgerodt, Fleischauer, Leydhecker; M. l'administrateur municipal Back et M. l'assesseur Dʳ Bickell.

Le procès-verbal de la dernière séance est lu dans les deux langues et adopté après une observation de M. Bichelberger.

Un congé est accordé à M. Lorette.

L'Assemblée passe à l'ordre du jour.

I.

Troisième lecture de la proposition Nᵒ 9, projet de loi sur les prisons.

Aucune observation n'ayant été faite dans la discussion générale, l'Assemblée passe à l'examen des articles.

Art. 1ᵉʳ.

M. *Kœchlin.* Je désirerais poser une question au Gouvernement au sujet de cet article. Jusqu'à présent les départements étaient obligés de fournir des locaux pour les condamnés à transporter d'un endroit dans un autre. La loi que nous votons en ce moment aura-t-elle sûrement pour effet d'enlever cette charge aux départements et de la transférer à l'Etat?

M. le *Président supérieur* répond que cela ne fait aucun doute.

Les art. 1 et 2, ainsi que l'ensemble de la loi sont ensuite adoptés.

Comme conséquence de la loi qui vient d'être votée, l'Assemblée adopte les modifications budgétaires suivantes :

Le titre 18, chap. 25 du budget de l'Administration de l'intérieur (frais d'entretien des établissements pénitentiaires d'Ensisheim et Haguenau et de la maison de correction de garçons à Haguenau) est porté de 17 000 à 31 500 ℳ et prendra l'intitulé : „Entretien des bâtiments des prisons et des établissements pénitentiaires.“

Il sera fait en outre dans les observations en marge l'addition suivante : „De plus en suite de la loi exonérant les départements des frais d'entretien des prisons, qui passent des départements à l'Etat, et des prisons à établir dans l'année courante dans les Amtsgerichte, il y a à ajouter encore une somme de 14 500 ℳ

Sur ce titre sont aussi à payer les primes d'assurance des bâtiments.“

Par suite de cette augmentation, le total des titres 11 à 19 est porté à 611 070 ℳ, celui du chap. 25, à 932 896 ℳ, et l'ensemble des chap. 19 à 33, à 3 889 232 ℳ

Le chap. 4 des dépenses extraordinaires du même budget est porté à 170 000 ℳ et prendra l'intitulé : „Pour l'établissement de prisons près des Amtsgerichte et pour subventions aux communes pour constructions et agrandissements de prisons.“ De plus, les observations marginales seront rédigées comme suit : „La nouvelle organisation judiciaire met à la charge des communes, sièges d'Amtsgerichte, des dépenses souvent considérables pour la construction ou la mise en état des locaux pour ces tribunaux.

De même des dépenses de cette nature deviendront nécessaires en beaucoup de cas pour des prisons, puisque près de chaque Amtsgericht il devra y avoir un local pouvant servir de maison d'arrêt.

Au premier cas des subventions deviendront nécessaires.

L'organisation des prisons près les Amtsgerichte tombe à la charge de l'Etat d'après les dispositions de la nouvelle législation concernant l'exonération des départements des frais relatifs aux prisons.

Il convient de réunir ces dépenses en un seul article, parce qu'en bien des cas les locaux existant ou à construire pour les prisons sont réunis, ou doivent l'être avec ceux des Amtsgerichte, et qu'à raison du concours alors nécessaire entre l'Etat et les communes, une distinction entre les sommes applicables à l'un ou l'autre de ces objets ne serait guère possible. "

Au chap. 5 des dépenses extraordinaires dudit budget seront ajoutés deux nouveaux titres.

Titre 5. — Pour l'organisation de cellules dans la prison départementale à Strasbourg . . .   5 200 ℳ

Avec l'observation en marge : „Le montant en est à prendre sur le budget du Bas-Rhin."

Titre 6. — Pour agrandissement de la prison départementale de Mulhouse. . . . . . .   18 000 ℳ

Avec l'observation en marge : „L'agrandissement de la prison est absolument nécessaire à raison de l'augmentation du nombre des personnes arrêtées et parce que dans l'avenir les peines d'emprisonnement devront être subies à Mulhouse dans une mesure plus forte que jusqu'à présent. Cet agrandissement peut facilement se faire par la construction de deux étages et il y aura alors place pour 44 prisonniers."

Par suite de cette addition, le total du chap. 5 est porté à 110 600 ℳ et l'ensemble des dépenses extraordinaires à 410 600 ℳ

II.

Troisième lecture de la proposition N° 2, projet de loi concernant la restriction du droit de bâtir dans les nouveaux quartiers de Strasbourg.

La discussion générale ayant été close sans qu'une observation ait été faite, l'Assemblée adopte successivement les § 1, al. 1 et 2; § 2, al. 1, 2 et 3; § 3, al. 1 et 2; § 4, al. 1 et 2 et la totalité de la loi.

III.

Continuation de la troisième lecture du budget.

Annexe X. — Budget du commerce et de l'industrie.

L'Assemblée adopte sans discussion :

Recettes.

Chap. 10—13, avec 94 820 ℳ

Dépenses.

Chap. 44, avec 30 450 ℳ
„   45, „   61 220 „
„   46, „   85 000 „
„   47, „   2 900 „
et le total des dépenses avec 179 570 ℳ

M. *Kœchlin.* J'aurais au nom de la 4ᵉ Commission une proposition à soumettre à l'Assemblée. Lors de la discussion sur la pétition relative à la création de caisses d'assurance contre les pertes de bétail, il avait été dit que la question pourrait revenir utilement lors de la discussion en troisième lecture du budget de l'agriculture. Votre Commission a jugé qu'il serait équitable que le pays supportât les dépenses causées par l'abattage, dans un but d'intérêt général, des bestiaux atteints de morve, de farcin ou de péripneumonie, et m'a chargé de présenter la proposition suivante :

„Le Landesausschuss est d'avis que pour les épidémies du bétail autres que pour la peste bovine, il est équitable que l'Etat indemnise les propriétaires du préjudice résultant de l'abattage des bestiaux ordonné dans l'intérêt général, et invite le Gouvernement à étudier des dispositions législatives dans ce sens."

Il est excessivement dur, en effet, pour le propriétaire de voir abattre son bétail par ordre de l'autorité, pour empêcher la propagation de la contagion. Puisque l'Empire indemnise pour la peste bovine, pourquoi le pays ne le ferait-il pas pour d'autres maladies épidémiques entraînant également l'abattage par mesure administrative des bestiaux qui en sont atteints. Il n'est que juste que la société, quand elle provoque une mesure d'intérêt général, indemnise ceux que cette mesure frappe d'un préjudice souvent considérable.

D'un autre côté, notre proposition d'accorder des indemnités aurait encore un autre avantage, ce serait d'arrêter plus efficacement la diffusion des maladies contagieuses, puisque les propriétaires, sachant qu'ils seront indemnisés, seront beaucoup moins enclins à céler les cas d'épidémie qui pourraient se déclarer dans leur étable.

M. le *Président supérieur.* La question a déjà plusieurs fois été examinée, et si elle n'a pas encore reçu de solution, c'est qu'on travaille en ce moment à une loi d'Empire sur les épidémies du bétail. Aussi longtemps que cette loi n'aura pas paru, il y aurait des inconvénients à rendre une loi spéciale pour l'Alsace-Lorraine. Il est possible que la loi d'Empire prescrira aussi des indemnités pour les autres épidémies que la peste bovine.

Mais un point essentiel, et qui sera le principe fondamental de la nouvelle loi, c'est que pour toucher une indemnité, le propriétaire devra avoir déclaré lui-même et spontanément le cas d'épidémie qui se serait produit chez lui. Le simple espoir de toucher une indemnité ne suffira pas toujours pour déterminer le propriétaire à déclarer que ses bêtes sont tombées malades: il faut qu'il sache que cette déclaration est une condition *sine qua non*, que s'il ne la fait pas à temps, il est déchu de tout droit à une indemnité. Cette obligation est d'un intérêt général et devra être réglée d'une manière uniforme pour tout l'Empire; il n'y a donc pas lieu de faire ici une loi spéciale sur la matière. Je suis, je le répète, partisan de la tendance de la proposition; mais je crois qu'il serait inopportun de prendre maintenant des dispositions législatives sur la question et qu'il vaut mieux attendre la loi d'Empire qui doit paraître.

M. *Kœchlin.* M. le commissaire du Gouvernement avait dit dans la Commission qu'il y avait une loi d'Empire en préparation sur la matière. Mais il paraît qu'il est question dans cette loi de faire supporter les indemnités non à la caisse de l'Etat, mais à la collectivité des propriétaires. Or notre proposition a précisément en vue de provoquer une intervention de l'Administration auprès du Gouvernement de l'Empire, pour que ce puisse être le pays qui prenne ces sommes à sa charge et non les propriétaires. Il est donc utile, sous le bénéfice toutefois des observations de M. le Président supérieur, que l'Assemblée se prononce sur notre proposition et fasse connaître au Gouvernement si elle la regarde comme équitable ou non.

M. le baron *Zorn de Bulach*. Comme président de la 4ᵉ Commission, je me rallie entièrement aux observations de l'honorable M. Kœchlin, et j'ajouterai qu'il me semble que nous pouvons faire de nos finances ce que nous voulons et que rien ne nous empêche, en attendant la loi de l'Empire, de venir, sur nos propres ressources, en aide aux cultivateurs qui perdent leurs bestiaux.

M. *Fulter*. Les paroles que vient de prononcer M. le baron de Bulach font naître en moi quelque appréhension. Je ne me considère pas comme suffisamment éclairé sur les suites du vote qu'on nous demande, et je crois qu'il serait utile d'avoir préalablement quelques renseignements statistiques sur le montant des dépenses auxquelles nous nous engagerions en adoptant la proposition de M. Kœchlin. Il serait bon aussi, je crois, d'examiner s'il y a lieu de payer la valeur entière des animaux abattus ou de n'indemniser que pour le préjudice causé au propriétaire par l'abattage. Tous ces points ne me paraissent élucidés qu'imparfaitement, et je crois qu'avant de nous prononcer d'une façon définitive, la question devrait être soumise à un nouvel examen.

M. *Kœchlin*. D'après les renseignements statistiques, les dépenses qu'occasionnerait la mesure que j'ai eu l'honneur de proposer, s'élèveraient au maximum à une somme de 200 000 ℳ par an pour l'Alsace-Lorraine. C'est là, je le répète, un chiffre maximum, et il ne serait probablement pas atteint, surtout si, comme il en a été question dans les explications de M. le Président supérieur, l'indemnité devait être subordonnée à la déclaration des cas d'épidémie par le propriétaire, en d'autres termes s'il existait une „Anzeigepflicht.“ Il y aurait en effet toujours des propriétaires qui, plutôt que de faire abattre leur bétail, préféreraient courir le risque de perdre leur droit à une indemnité. D'un autre côté „l'Anzeigepflicht“ aurait certainement pour effet de diminuer le nombre et la violence des épidémies.

M. le baron *Zorn de Bulach*. L'Assemblée vient d'entendre le chiffre cité par M. Kœchlin : ce chiffre n'est certainement pas trop élevé.

Mais à côté de la question d'argent, il y a une autre considération sur laquelle je désirerais insister et qui me paraît devoir être déterminante : c'est que nous devons aussi souvent que nous le pouvons venir en aide à l'agriculture. Je ne veux pas établir ici entre l'agriculture et l'industrie un rapprochement défavorable pour cette dernière. Mais c'est l'agriculture, ne l'oublions pas, qui paie la plus grande partie des charges publiques, et dès lors si, quand il s'agit de voter des fonds pour quelque entreprise favorable à l'industrie, comme la construction de routes, de canaux, de chemins de fer, nous le faisons toujours avec empressement, n'est-il pas juste que nous fassions aussi quelque chose pour l'agriculture et que nous cherchions autant que possible à la favoriser ? La proposition de M. Kœchlin trouverait certainement le meilleur accueil dans les campagnes, et je crois qu'en présence du chiffre minime de dépenses qu'entraînerait son adoption, nous n'avons aucune raison de ne pas nous y rallier.

M. *Schnéegans*. Je ne comprends pas bien le sens que la Commission entend donner à sa résolution. Est-ce sans condition ou seulement contre paiement d'une prime d'assurance que les propriétaires seraient indemnisés ?

M. *Fulter*. Il n'entre certainement pas dans mon idée de m'opposer à ce qu'on vienne au secours de l'agriculture ; je serai au contraire toujours le premier à suivre le Landesausschuss dans cette voie. Mais en limitant la proposition au texte qui vient d'être lu, on n'atteindra pas le but qu'on se propose, puisque la mesure qu'on veut prendre reste sans sanction. Si vous voulez réellement accorder des indemnités, il faut savoir où les prendre, et pour cela inscrire un crédit au budget, dont l'équilibre serait alors rompu. D'un autre côté, je voulais faire la même question que M. Schnéegans au sujet des conditions qui seraient imposées aux propriétaires des animaux malades. M. Kœchlin nous a bien donné là-dessus quelques explications verbales ; mais la condition dont il a parlé n'est pas consignée dans la proposition. Comme nous ne pouvons pas voter au pied levé une décision de cette importance, il serait bon peut-être de renvoyer la proposition à la Commission pour être complétée.

M. *Kœchlin*. La pétition qui nous a été adressée et qui a donné lieu à la proposition que j'ai eu l'honneur de soumettre parlait d'assurances mutuelles à contracter entre les propriétaires et de primes à toucher par tête de bétail. Ces primes ne pouvaient naturellement être que très-minimes et auraient été absorbées en majeure partie par les frais de perception. Or il a semblé à la Commission qu'il y a quelque chose d'injuste à ce que l'Etat aille simplement et sans accorder d'indemnité dire à un propriétaire : „Abattez cet animal ; quant à la viande, vous l'enfouirez ou ne la vendrez qu'avec mon autorisation.“ Dans ce fait qui repose sur un droit incontestable de la société, sur le droit de légitime défense, il y a évidemment matière à indemnité comme dans toute autre expropriation, et il n'est que juste que l'Etat, qui ordonne l'abattage dans son intérêt, supporte le préjudice causé par cette mesure.

Je répondrai encore à M. Fulter que notre proposition a été formulée à dessein en termes généraux, parce qu'il est incontestable qu'il y a encore des études et des recherches à faire. Nous avons simplement voulu poser en principe que dans les cas en question il y a lieu d'indemniser et en même temps inviter l'Administration à chercher à faire introduire dans la loi de l'Empire une disposition permettant aux différents pays d'accorder sous certaines conditions des indemnités. Quant à la perception de primes sur la mutualité des propriétaires, elle nous a paru contraire à l'équité et de plus très-difficile à réaliser, eu égard à l'exiguïté des sommes à toucher. En dehors de la question d'abattage forcé en vertu des lois existantes, la pétition parle encore d'assurances mutuelles entre les propriétaires pour les cas ordinaires de perte de bétail. Nous n'avons pas cru devoir nous occuper de cette question, qui regarde plutôt les comices agricoles ou les Sociétés d'agriculture. Nous n'avons eu en vue que le cas où l'Administration contraint un propriétaire à abattre du bétail malade ou suspect et où il y a donc une véritable expropriation pour cause d'utilité publique.

M. *Schnéegans*. Je ne veux pas combattre positivement la proposition ; mais je dois dire que mes idées sur la matière ne sont pas assez fixées pour que je puisse énoncer le principe qu'il est équitable que l'Etat accorde une indemnité aux propriétaires pour les bestiaux qu'il a fallu abattre. Sans doute il y a là une intervention de l'Etat, mais je ne vois pas où est le préjudice causé par l'abattage. Il ne s'agit après tout que de bêtes malades et par conséquent presque sûrement perdues pour leurs maîtres ; ce n'est qu'une question de quelques jours de vie en plus ou en moins, et je ne vois pas que l'Etat soit plus en cause dans cette affaire que dans tous les autres malheurs ou accidents qui peuvent frapper le cultivateur ; il n'est en définitive que l'exécuteur des hautes œuvres sur des bêtes déjà condamnées. C'est donc aux propriétaires à prendre leurs précautions en s'assurant contre les accidents de ce genre ; ce ne sera pas une lourde charge pour eux, puisque, comme l'a dit M. Kœchlin lui-même, les primes seraient minimes. Pour moi, je le répète, il m'est impossible de comprendre le sentiment d'équité qui commanderait à l'Etat d'accorder des indemnités pour les bêtes malades qu'il fait abattre.

M. le *Président supérieur*. Comme réponse à l'observation de M. Schnéegans, il me suffira de lui citer l'exemple des lois existant dans tous les pays au sujet de la peste bovine. Cette maladie est si dangereuse et se propage si rapidement qu'elle peut ruiner des pays entiers. Il en est de même, quoique dans une moindre proportion, d'autres maladies épidémiques. Elles ne peuvent être combattues avec succès qu'en obligeant les propriétaires à déclarer eux-mêmes la maladie de leur bétail, et cette obligation ne peut être imposée que contre paiement d'une indemnité pour les bêtes abattues. Il est donc très-naturel que l'État fasse un petit sacrifice pour se préserver d'un mal plus grand. L'abattage des bêtes malades est une mesure de police, prise dans un intérêt général, pour empêcher l'épidémie de se propager ; il est donc juste que l'Etat indemnise les propriétaires qui ont subi un dommage pour cause d'utilité publique. La loi qui sera rendue devra nécessairement énumérer les différentes maladies et arrêter les conditions sous lesquelles une indemnité sera accordée.

On ne peut pas exiger de l'État qu'il paye une indemnité pour toute bête abattue : c'est seulement quand l'animal a été tué par mesure et sur ordre de la police que le propriétaire reçoit une indemnité, et cela parce que l'État lui impose un préjudice dans un but d'intérêt général.

M. *Bichelberger*. Dans la pratique les choses ne se passent pas aussi simplement que paraît le croire M. Schnéegans. Le vétérinaire peut se tromper et ordonner l'abattage d'une étable entière, qui peut-être n'était pas atteinte de la contagion : je pourrais citer des cas au besoin. En tout cas, il y a là un empiétement considérable sur la fortune des particuliers et il n'est que juste d'accorder des indemnités.

M. *Schnéegans*. Je comprends que ce sont des raisons d'utilité publique qui exigent que l'État intervienne pour empêcher la propagation de l'épidémie. Mais le fait de l'abattage lui-même n'est qu'une conséquence de la maladie, et celle-ci étant donnée, on ne peut plus dire que l'abattage cause un préjudice quelconque au propriétaire. J'admets donc qu'on accorde une indemnité pour déterminer les propriétaires à déclarer la maladie ; mais qu'on ne vienne pas alors parler d'équité ; qu'on dise qu'il est *prudent*, ou encore qu'il est *convenable* d'indemniser, et non qu'il est *équitable*.

M. *Grad*. Appelant l'attention du Gouvernement sur l'étude des moyens pour indemniser les propriétaires de bétail pour les bêtes abattues pour cause d'utilité publique, la proposition de M. Kœchlin peut être votée sans difficulté. Votre quatrième Commission ne vous demande pas de décider dès maintenant d'une manière définitive sur ces moyens : elle se borne à en recommander l'étude. Les moyens à employer peuvent être divers. Ou bien l'indemnité sera fournie sur le produit des versements d'une so-

ciété d'assurance mutuelle. Ou bien on prélèvera les sommes nécessaires sur le produit d'un impôt spécial, analogue à l'impôt sur le bétail qui existe en Turquie ou en Algérie, tout en reconnaissant que la Turquie ne constitue pas précisément un État modèle. Ou bien encore, l'indemnité pourra provenir de la caisse publique sans impôt spécial, sans paiement de primes d'assurance. Tout à l'heure il a été dit que la somme nécessaire pour couvrir les propriétaires de la perte des animaux abattus pour raison de maladie contagieuse ne dépassera pas 200 000 $\mathscr{M}$ par année. Cela représente à peu près le dixième du produit de la contribution foncière, de l'impôt sur le sol, déduction faite de l'impôt sur les bâtiments. Je ne prétends pas recommander dès maintenant un moyen quelconque. Mais je crois utile de prier l'Administration d'étudier les moyens susceptibles de donner satisfaction à ce chef aux besoins réels du pays. L'agriculture de l'Alsace-Lorraine a droit à toute notre sollicitude.

M. *Kempf*. Je crois que nous devons maintenir dans le texte de la résolution les mots „*qu'il est équitable*“. Il y a en effet une véritable expropriation et on ne peut pas dire qu'il n'y a pas de préjudice, puisqu'on n'abat pas seulement les bêtes malades, mais aussi celles qui sont encore saines. J'ajouterai encore, en réponse aux observations de M. Bichelberger, que ce n'est qu'après que le vétérinaire a fait l'autopsie et constaté l'épidémie, que l'abattage ou le séquestre sont ordonnés.

M. *Fulter*. Je ne comprends pas bien comment M. Kempf arrive à conclure qu'il y a expropriation. Je pourrais citer des cas tout à fait analogues, où pourtant il ne viendra à l'idée de personne de dire qu'il y a expropriation, comme, par exemple, quand dans un incendie il est nécessaire, pour préserver du feu les maisons voisines, d'abattre un pignon ou un pan de mur resté debout. Ce pignon représente une certaine valeur, et pourtant personne ne songera à indemniser le propriétaire avec des fonds d'Etat. Il en est identiquement de même pour les bêtes atteintes de maladie contagieuse. Je ne voudrais donc pas affirmer d'une façon trop absolue l'obligation de l'Etat d'indemniser les propriétaires de bêtes malades ; je préférerais, comme le propose M. Schnéegans, dire qu'il est *prudent* ou *convenable* d'indemniser. Le mot n'y fait rien d'ailleurs ; l'essentiel pour ces propriétaires est qu'ils obtiennent une indemnité. D'ailleurs M. Kœchlin ne demande pas l'inscription d'une somme déterminée au budget, il veut seulement déclarer en principe qu'il y a lieu d'accorder des indemnités. Je me rallie entièrement à cette proposition, en déclarant toutefois que je préférerais qu'elle fût rédigée d'une manière moins absolue et qui engageât moins l'Etat.

M. *Schnéegans* déclare qu'il votera la proposition à condition que les mots „qu'il est convenable“ y soient substitués aux mots „qu'il est équitable“.

M. *Kempf* fait encore observer, relativement au sens du mot „préjudice“, qu'à son avis il ne peut être question que du préjudice réel éprouvé par ce propriétaire, c'est-à-dire déduction faite de la valeur que conserve la bête après l'abattage.

Après quoi, la proposition de la Commission est mise aux voix et adoptée.

L'Assemblée adopte ensuite :

Recettes.

Chap.	14,	avec	41 000 $\mathscr{M}$
„	15	„	11 000 „
„	16	„	32 600 „
„	17	„	500 „

Dépenses ordinaires.

Chap. 48, avec 27 300 ℳ
   "   49, titres 1 à 4, avec 46 950 ℳ
le titre 2 étant porté à 7 650 ℳ, titres 5 à 8, avec 8 820 ℳ,
le titre 7 étant réduit à 2 600 ℳ
    Titres 9 à 16, avec 114 930 ℳ
     " 17 à 20   "   29 000   "
et le total du chap. 49, avec 199 700 ℳ

Chap. 50, titres 1 à 7, avec 19 700 ℳ
      "   8   "   6 750   "
      "   9   "   3 600   "
      "   10   "   14 080   "
      "   11   "   6 400   "
le total des titres 8 à 11, avec   30 830   "
    titre 12, avec   28 400   "
    Le total du chap. 50, avec 78 930 ℳ, sous la rectification de la note marginale arrêtée dans la deuxième lecture.

Chap. 51, avec 68 840 ℳ

Chap. 52, titres 1 à 4, avec 39 600 ℳ, conformément aux modifications arrêtées dans la deuxième lecture.

Chap. 53, titres 1 à 11, avec 40 600 ℳ, également dans les termes de la deuxième lecture.

Chap. 54, avec   2 000 ℳ
     55   "   57 730   "
Le total des chap. 48 à 55, avec 514 700 ℳ

Dépenses extraordinaires.

Chap. 13, avec 8 700 ℳ, le titre 2 étant réduit à 7 500 ℳ

Chap. 14, avec 65 000 ℳ

Chap. 15, titre unique, avec 1 000 ℳ, le titre 1er primitif étant rayé.

Le total des dépenses extraordinaires, avec 74 700 ℳ

Annexe XII. — Cours d'eau et canaux.

Recettes.

M. *Auscher* demande au Gouvernement où en est le projet d'un pont à construire sur le Rhin près Lauterbourg?

M. le *Président supérieur.* Le Gouvernement n'a pas perdu de vue cette question. Si jusqu'à présent elle est restée stationnaire, cela tient à ce que l'affaire doit être entreprise de commun entre l'Alsace-Lorraine et le duché de Bade et que ce dernier pays n'a pas encore promis son concours.

L'Assemblée adopte :
Chap. 18, avec 129 210 ℳ

Dépenses ordinaires.

Chap. 56, titres 1 à 27, avec 1 549 879 ℳ

Dépenses extraordinaires.

Chap. 16, avec   370 000 ℳ
  "   17,   "   25 000   "
  "   18,   "   10 500   "
  "   19,   "   446 100   "
et le total des dépenses extraordinaires avec 851 600 ℳ
ainsi que le total général des dépenses, avec 2 399 479 ℳ

Annexe XIII. Budget de l'Administration de la voirie.

Recettes.

Chap. 19.

M. le baron *Zorn de Bulach.* J'aurais, puisque nous en sommes au chapitre de la voirie, à présenter une observation qui, pour m'être un peu personnelle, n'en est pas moins fort importante, surtout en ce moment où il est question d'établir des tramways dans une foule de localités privées de chemins de fer. Je désirerais appeler l'attention de l'Administration sur les inconvénients qu'il y a, pour moi comme pour une foule d'autres personnes, à ce que les lignes de tramway soient établies au milieu de certaines routes. Je vous citerai l'exemple de la route d'ici à Kehl : Cette route est très-large cependant; mais malgré cela je demande à tous ceux de mes collègues qui l'ont parcourue, surtout en voiture, si l'espace laissé entre la ligne et le trottoir ou le fossé qui borde la route, est suffisant pour préserver de tout danger ceux qui passent en voiture sur la route. Le cheval, on le sait, prend ombrage de tout : il s'écarte devant un âne, une femme portant un tablier blanc. Que sera-ce donc devant le tramway, et surtout la nuit, à la vue de ce monstre aux deux yeux rouges, s'approchant avec un sourd mugissement et semant des charbons enflammés sur son passage? Le cheval prendra peur et fera un écart, soit du côté du fossé, et alors il y a culbute, soit du côté de la machine, et dans ce cas il se fait couper en deux et broyer avec la voiture. Un accident est presque inévitable. Pour moi, quand je vois arriver le tramway, j'ai toujours soin de descendre de voiture et de retenir moi-même mes chevaux; d'autres personnes évitent complètement de passer en voiture sur cette route. Si la ligne était établie d'un côté de la route, au lieu de se trouver au milieu, le danger serait moindre, puisqu'il y aurait plus d'espace pour éviter la machine.

La chose m'a paru très-grave et je me suis permis de la signaler à l'Administration, en la priant de veiller à ce qu'à l'avenir les lignes de tramway soient toujours établies sur l'un des côtés de la route.

L'Assemblée adopte ensuite le chapitre 19, avec 299 200 ℳ, sous la rédaction votée à la deuxième lecture.

Dépenses ordinaires.

Chap. 57, avec 1 264 960 ℳ

Dépenses extraordinaires.

Chap. 20, avec 180 000 ℳ
et le total des dépenses, avec . . . . 1 444 960 ℳ

Annexe XIV. — Administration générale des finances.

Recettes.

Chap. 20, titre 1, avec 140 000 ℳ, avec l'addition faite au texte en deuxième lecture.
    Titre 2, avec   9 120 ℳ
     "   3,   "   110 000   "
Le titre 4 est réservé.
    Titre 5, est adopté avec 526 292,28 ℳ
     "   6, est réservé.

Dépenses ordinaires.

Chap. 58, avec 3 051 000 ℳ
  "   59,   "   8 200   "
  "   60,   "   1 026 630   "
  "   61,   "   45 000   "

M. *Kœchlin*. Je m'en réfère, au sujet de ce titre, à ce que j'ai déjà dit en deuxième lecture sur la nécessité d'un local pour notre secrétariat. Maintenant surtout que le secrétariat va être permanent, il y aurait lieu, je crois, de faire examiner par le bureau la question de l'organisation d'un local convenable.

Chap. 62, avec   3 000 ℳ
„   63, „   600 000 „
„   64, „   80 000 „
„   65, „   93 000 „
„   66, „   108 000 „
„   67, „   1 000 „
„   68, „   200 000 „
„   69, „   50 000 „

Le total des dépenses ordinaires est réservé.

M. *Kœchlin* relève les inconvénients de la loi des fonctionnaires, dans son application en Alsace-Lorraine.

Après quoi l'Assemblée adopte :

Chap. 21, avec 2 000 000 ℳ

Au chap. 22, M. le Président supérieur demande que le changement voté en deuxième lecture sur le N° *b*, soit simplement porté aux observations.

M. *Mieg-Kœchlin* au nom de la Commission déclare se rallier à cette modification.

L'Assemblée adopte cette proposition, ainsi que le chap. 22, avec le chiffre de 750 000 ℳ

Chap. 23, avec 9 000 ℳ

et le total des dépenses extraordinaires, avec 2 759 000 ℳ

M. *Mieg-Kœchlin*, rapporteur de la 1ʳᵉ Commission, expose que l'Assemblée ayant voté des augmentations de dépenses par suite de l'adoption de la loi sur les prisons, à savoir :

au chap. 25, titre 18 (Annexe VII, Intérieur), 14 500 ℳ,

au chap. 4 (même annexe), 30 000 ℳ, premier versement,

et au chap. 5 (même annexe), par l'addition des titres 5 et 6, 23 200 ℳ,

il y a lieu de modifier le chiffre des recettes pour rétablir la balance et de porter le titre 6 du chap. 20 du budget des recettes de l'Administration des finances à 625 000 ℳ et le titre 4 du même chapitre à 14 842,₇₃ ℳ, ce qui élèverait le total du chapitre à la somme de 1 425 255 ℳ

L'Assemblée adopte ces modifications.

Elle passe ensuite à la troisième lecture du projet de loi portant fixation du budget pour l'Alsace-Lorraine, exercice 1879-1880. Sont adoptés § 1ᵉʳ, en fixant :

En dépenses.

39 735 175 ℳ, savoir :

33 071 465 ℳ pour dépenses ordinaires.
 6 663 710 ℳ pour dépenses extraordinaires,

En recettes.

39 735 175 ℳ
§ 2, alinéas 1 et 2.
§ 3, Nᵒˢ 1 et 2, comme en deuxième lecture.
§§ 4, 5, 6, 7, 8 et 9, alinéa 1 et la radiation de l'alinéa 2 votée en deuxième lecture.
§ 10, alinéas 1 et 2.
Et l'ensemble de la loi.

III.

PÉTITIONS.

1° Pétition des Compagnies d'assurances françaises établies en Alsace.

Le rapport de M. Helbig, au nom de la 1ʳᵉ Commission, a été imprimé et distribué conformément au règlement. (Voir l'annexe ci-jointe.)

M. *Klein*. Messieurs, j'ai lu avec une très-grande attention le rapport de la 1ʳᵉ Commission qui nous a été distribué ce matin, et qui examine la pétition de Messieurs les directeurs d'assurances françaises. Ce rapport est très-complet. J'approuve, en ce qui me concerne, tout ce qui y est exposé, et, si je prends la parole, ce n'est que pour accentuer certains faits qui y sont signalés.

Messieurs, les directeurs d'assurances françaises ne sollicitent pas de faveur. Ils demandent „à être traités, à „l'avenir, sur le pied d'une parfaite égalité et de la libre „concurrence avec toutes les Compagnies d'assurances in-„digènes ou étrangères qui opèrent en Alsace-Lorraine."

Cette égalité, Messieurs, leur est enlevée d'abord par les agissements de certains Kreisdirektoren, puis par une instruction de Son Exc. M. le Président supérieur. Les signataires de la pétition se plaignent de la situation qui leur est faite, et ils ont raison de se plaindre.

En effet, Messieurs les directeurs d'assurances françaises sont citoyens d'Alsace-Lorraine. Pour l'exploitation de leur industrie ils ont rempli les formalités légales, ils paient des contributions fort élevées. Et remarquez bien, Messieurs, ils ne sont pas exclusivement les agents d'établissements étrangers, mais ils exploitent ce qu'ils appellent leur porte-feuille, qui est leur propriété à eux, une propriété acquise soit par un travail personnel long, pénible et consciencieux, soit au prix de sommes d'argent fort élevées qui constituent par elles-mêmes et dans bien des cas une véritable fortune.

Enrayer, moyennant des mesures administratives, les opérations de ces agents, c'est entraver la liberté commerciale; c'est, Messieurs, appliquer à des citoyens d'un même pays deux poids et deux mesures.

Mais pour nous, Messieurs, cette pétition a une importance toute spéciale : elle n'est pas à considérer simplement comme une revendication de droits que formule une catégorie de citoyens lésés dans leurs intérêts. Cette pétition, Messieurs, a pour nous une portée bien plus considérable et plus élevée, car elle découvre un point faible de notre Administration, elle montre les faits et gestes de certains Kreisdirektoren, la manière dont ils exécutent les ordres reçus, l'interprétation qu'ils donnent aux instructions qui leur viennent d'en haut, et enfin, Messieurs, elle constate le peu de cas que quelques-uns d'entre eux font des libertés et de l'indépendance communales.

Examinons la question de plus près et voyons quelle est la situation qui est faite en Alsace-Lorraine aux Compagnies d'assurances étrangères.

Une ordonnance de M. le Président supérieur à la date du 19 juillet 1872, publiée sous forme d'un arrêté préfectoral à la date du 2 août de la même année, établit „que „rien ne s'oppose à ce que des Compagnies d'assurances „étrangères fassent leurs opérations en Alsace-Lorraine", sous la réserve toutefois que ces Compagnies remplissent un certain nombre de conditions et de formalités. Ces formalités ont toutes été remplies par les représentants de ces Compagnies, et on ne prévoyait pas qu'aucune entrave pût être opposée à leurs opérations. Et cependant le rapport nous signale à la date du 11 décembre 1875, c'est-à-dire à une époque où l'ordonnance de M. le Président supérieur était encore intacte et de plein droit, une lettre d'un Kreisdirektor par laquelle celui-ci défend à un maire d'assurer les bâtiments communaux auprès de Compagnies étrangères, et déclare ne pas approuver les traités passés avec quelques-unes de ces Compagnies.

De quel droit, Messieurs, ce Kreisdirektor a-t-il pris une mesure pareille ? N'est-ce pas là un acte flagrant de violation de l'ordonnance de M. le Président supérieur ?

A la suite de ce fait les directeurs d'assurances françaises adressèrent une plainte à M. le président de la Basse-Alsace.

Il leur fut répondu sous la date du 28 avril (remarquez bien cette date, Messieurs) que le susdit Kreisdirektor avait été invité à ne plus s'opposer à l'avenir aux opérations des Compagnies françaises.

Voici le cas que M. le Kreisdirektor fait de cette instruction. A la date du 16 mai de la même année, c'est-à-dire environ quinze jours après, ce même Kreisdirektor écrit à un maire la lettre signalée dans le rapport de notre Commission, par laquelle il „recommande formellement à ce maire „de s'adresser pour l'assurance des bâtiments communaux à „l'une des grandes Compagnies allemandes." Il en donne les noms et les adresses.

Ainsi, Messieurs, après avoir reçu l'ordre de son chef immédiat de ne plus entraver les opérations des Compagnies françaises, le Kreisdirektor continue son système d'exclusion comme si rien ne s'était passé.

A ce moment, Messieurs, la situation change et la question entre dans une phase nouvelle.

Le bruit qu'ont fait dans les Administrations communales et dans le public par suite d'articles de journaux les agissements signalés, a provoqué de la part de M. le Président supérieur une instruction dont le rapport de votre Commission nous donne un résumé exact et qui se réduit à dire que les assurances françaises ne présentent pas les mêmes garanties que les assurances allemandes, puisqu'il est plus difficile de connaître leur solidité financière, de faire exécuter des jugements rendus éventuellement contre elles, etc., qu'en tout cas, pour ces motifs, il sera prudent de ne contracter avec ces Compagnies que pour la durée d'un an, et cela dans des cas exceptionnels seulement.

Dès lors, comme bien vous pensez, Messieurs, les Kreisdirektoren, qui, de leur propre initiative et à l'encontre des ordres reçus, avaient ouvert la campagne contre les assurances françaises, donnaient libre carrière à leur système d'exclusion. On renvoie aux maires les polices contractées et soumises à l'approbation avec injonction d'assurer aux Compagnies allemandes ; on défend aux percepteurs le paiement de mandats échus ; on donne l'ordre aux maires de résilier des traités anciens et en ours d'exécution pour assurer à des Compagnies allemandes. J'ai sous la main les documents justificatifs que je uis prêt à mettre sous les yeux de l'Assemblée ; mais pour e moment je reviens à l'instruction de Son Exc. M. le résident supérieur.

Ce document, Messieurs, j'ai le regret de le dire, est bsolument contraire aux dispositions de la convention anco-badoise de 1846 relative à l'exécution de jugements endus par les tribunaux des deux pays et à la convention dditionnelle du traité de Francfort à la date du 11 décembre 1871 (*Gesetzblatt*, 1872, p. 76, art. 18, al. 4), où l est dit :

„Il est également convenu que les dispositions de la *convention franco-badoise du 16 avril 1846 sur l'exécution*

„*de jugements* du traité d'extradition conclu entre la Prusse „et la France le 21 juillet 1845 et de la convention franco-„bavaroise du 24 mars 1865 sur la garantie réciproque de „la propriété des œuvres d'esprit et d'art seront provisoi-„rement étendus à l'Alsace-Lorraine, et que, dans les ma-„tières auxquelles ils se rattachent, ces trois arrangements „serviront de règle pour les rapports entre les territoires „cédés et la France."

Or, Messieurs, que dit cette convention franco-badoise sur l'exécution des jugements ?

Le rapport de votre Commission vous l'expose dans toute sa teneur. Elle se résume en ceci : c'est que les jugements rendus dans l'un des pays sont exécutoires dans l'autre.

Il résulte de là que l'instruction de M. le Président supérieur repose sur des considérations qui ne sont pas exactes ; car du moment où les jugements qui éventuellement pourraient être rendus contre les Compagnies françaises sont exécutoires en France, c'est-à-dire au siège même des Sociétés, les garanties (Rechtssicherheiten) que ladite instruction conteste aux Sociétés françaises sont les mêmes que celles qu'offrent les Compagnies allemandes.

En conséquence, je vous prie, Messieurs, de mon côté, de vous joindre à la proposition de votre 1re Commission : „D'appuyer la pétition de MM. les représentants des „Compagnies d'assurances étrangères, de prier le Gouver-„nement de réprimer les excès de zèle de ses fonction-„naires et de leur donner des instructions afin que la dés-„approbation des traités d'assurances conclus par les com-„munes ne puisse être fondée que sur des considérations „purement financières ;"

De prier en outre Son Exc. M. le Président supérieur de vouloir bien rapporter son instruction, qui n'est conforme ni au texte ni aux dispositions de la convention franco-badoise de 1846 et de l'article additionnel du traité de Francfort du 11 décembre 1871.

M. le *Président supérieur.* Il ne m'est jamais parvenu aucune plainte des Compagnies d'assurances étrangères. Par contre, les Compagnies allemandes se sont plaintes très-souvent d'être exclues, comme de parti pris, de l'assurance des bâtiments communaux. J'ai déclaré à ce sujet que cette exclusion n'était pas admissible et qu'il devait y avoir libre concurrence entre les Compagnies allemandes et étrangères. Par la même occasion j'ai fait ressortir que les Compagnies allemandes présentaient plus de garanties que les autres, notamment parce qu'il est plus difficile de faire exécuter à l'étranger et surtout en France les jugements rendus en Alsace-Lorraine. On me dit, il est vrai, que l'exécution est garantie par le traité entre la France et le duché de Bade. En pratique, ce n'est pas toujours le cas, et il est déjà souvent arrivé que, pour obtenir l'exécution d'un jugement, on ait été obligé d'accorder des remises parfois considérables sur des créances qui pourtant étaient très-bonnes et qui avaient pour elles l'autorité de la chose jugée. L'Administration forestière, par exemple, a été dans ce cas à plusieurs reprises. Le traité franco-badois offre, il est vrai, quelques facilités ; mais il ne garantit pas toujours la prompte exécution des jugements. Pour ces motifs, j'ai trouvé opportun et recommandé de ne pas contracter avec les Compagnies étrangères des contrats d'une durée de plus d'un an. Ce n'est même pas un ordre formel que j'ai donné à cet égard, mais une simple recommandation. Si les communes veulent courir le risque de passer des contrats plus longs, elles le peuvent, pourvu que le maire et le conseil municipal soient d'accord. Mais du moment que, par suite de désaccord entre le maire et le Conseil municipal, la chose est portée devant un fonctionnaire administratif, ce fonctionnaire est obligé tout naturellement de se conformer à mes instructions et de faire ce que j'ai jugé opportun.

En général, l'Administration n'a pas à ratifier les contrats d'assurances passés par les communes, c'est seulement en cas de désaccord entre le maire et le Conseil municipal que la chose est portée devant elle; et pour ce cas, je maintiens ma défense de conclure des traités pour une durée de plus d'un an. Pour ce qui est des excès de zèle dont se seraient rendus coupables certains fonctionnaires, je suis tout prêt à y mettre ordre, si on m'adresse des réclamations à ce sujet. Jusqu'à présent on n'en a rien fait. Les deux cas cités dans le rapport remontent à une époque antérieure à mon instruction et je les considère donc comme vidés. Quant au cas qui doit s'être passé à Phalsbourg, je dirai, si le fait est exact, que le moyen dont le fonctionnaire en question s'est servi pour donner accès dans le pays aux Compagnies allemandes est certainement d'un choix douteux. Pour moi, je ne fais pas de différence entre les Compagnies d'assurances et les autres Sociétés commerciales, et je ne crois pas que l'Administration doive intervenir dans leurs affaires, qui doivent être réglées par la libre concurrence. C'est d'après ce principe que je me suis toujours guidé jusqu'à présent vis-à-vis des Compagnies d'assurances, et c'est pour cela aussi probablement qu'il n'y a pas eu de plaintes jusqu'ici. Les Compagnies étrangères sont traitées en Alsace-Lorraine avec une libéralité que vous ne trouverez pas facilement dans d'autres pays, et certes, elles n'ont pas lieu de se plaindre des procédés du Gouvernement. Cependant, il ne faut pas perdre de vue que l'Administration est chargée de veiller aux intérêts des communes et que la question des assurances communales rentre dans le domaine de l'administration communale, placée sous la surveillance du Gouvernement.

Quant aux conclusions du rapport de la Commission, je puis m'y rallier. Des excès de zèle commis par des fonctionnaires seront naturellement réprimés, et pour ce qui est de la demande „que la désapprobation des traités d'assurances conclus par les communes ne puisse être fondée que sur des considérations purement financières," je partage complètement cette opinion. Seulement ma manière de voir sur les considérations financières n'est peut-être pas tout à fait celle que la Commission avait en idée. Pour moi, la Compagnie qui me paraît présenter le plus d'avantages sous le rapport financier n'est pas tant celle qui demande les primes les moins élevées que celle qui offre les meilleures garanties de prompt paiement. En terminant, je ferai encore observer que je ne crois pas qu'il y ait lieu, comme le demande M. Klein, de retirer ou de modifier les instructions que j'ai données.

M. *Schnéegans.* Je remercie M. le Président supérieur des explications qu'il vient de nous donner et du libéralisme dont elles sont empreintes, en ce sens que, d'après lui, il doit exister une liberté de concurrence presque complète pour les Sociétés étrangères. M. le Président supérieur a reconnu en principe que les Kreisdirectoren n'ont rien à voir dans les assurances passées par les communes, quand le maire et le Conseil municipal sont d'accord.

C'est nous donner l'assurance que ces fonctionnaires n'interviendront plus pour peser sur l'Administration communale, afin qu'elle abandonne la Compagnie où la commune était assurée depuis de longues années et contracte une nouvelle assurance auprès d'une Compagnie allemande; et c'est précisément de cette intervention que se plaignent les pétitionnaires, surtout en cas de renouvelle-

ment de police. On nous cite même un cas où un Kreisdirector a simplement mis de côté une police d'assurance française et en a fait passer une autre avec une Compagnie allemande, en obligeant le maire à l'accepter. Je ne répondrai plus qu'au scrupule exprimé par M. le Président supérieur sur la difficulté qu'il y a à faire exécuter en France les jugements rendus en Alsace-Lorraine. Je crois qu'il y a là une erreur, et qu'on ne peut pas assimiler ce cas à ce qui se passe pour l'Administration forestière.

Il n'en est pas du tout de même pour les Compagnies d'assurances. D'après le traité de Bade l'exécution dépend uniquement de la question de savoir où est domiciliée la partie adverse. Si cette dernière est française, mais domiciliée en Alsace-Lorraine, il n'y a pas la moindre difficulté : l'exécution a lieu sur simple requête adressée au tribunal. La procédure est différente si l'adversaire n'a pas son domicile en Alsace-Lorraine, parce qu'alors l'*exequatur* n'est pas accordé *ipso facto*, et que le jugement a besoin d'être revu au fond si l'autre partie l'exige. Dans ce cas l'exécution peut effectivement rencontrer certaines difficultés; mais ce cas ne pourra jamais se présenter pour les Sociétés d'assurances françaises, qui ont toutes un domicile en Alsace-Lorraine, et n'ont même été admises qu'à cette condition. Les jugements rendus contre elles seront donc exécutoires en France sans la moindre difficulté, sur une simple requête de forme.

Mais il ne me paraît pas nécessaire de m'appesantir davantage sur ce point, puisqu'il n'y a jamais eu de cas où une Société d'assurances française condamnée par un jugement définitif ne se soit pas immédiatement exécutée.

Jamais il n'a été nécessaire d'envoyer un jugement en France pour y procéder à l'exécution, et cela se comprend facilement, puisque les Compagnies ont tout intérêt, pour conserver la confiance des populations, à s'exécuter immédiatement.

Une Compagnie qui ferait des difficultés pour exécuter un jugement rendu contre elle, perdrait bientôt tous ses assurés et serait ruinée. D'un autre côté, les Compagnies françaises, auxquelles nous sommes habitués, sont généralement très-honorables et il n'y a pas de difficulté de ce genre à craindre avec elles. Je le répète, il n'a jamais été nécessaire de faire exécuter un jugement. Il y a eu à la vérité de nombreux procès; mais cela est inévitable, et une fois que les instances étaient épuisées, il n'est jamais arrivé qu'une Compagnie se soit refusée à payer. Dès lors le motif allégué par M. le Président supérieur, qui à première vue semble frappant, tombe de fait complètement, et à ce point de vue on voit qu'il n'y a aucune raison d'exclure les Compagnies françaises. Il vaut mieux s'en tenir au principe que tant qu'il n'y a pas désaccord entre le maire et le Conseil municipal, les communes sont libres de choisir leurs Compagnies d'assurances et que le Kreisdirector n'a pas à se mêler de la chose. Equité pour tout le monde. Nous ne voulons pas exclure les Compagnies d'assurances allemandes. Si elles font des propositions plus avantageuse que les autres, que les communes les acceptent; mais qu l'Administration reste impartiale et n'intervienne pas po forcer la main aux maires par des moyens qui ne sont pa toujours dignes d'elle.

M. *Klein.* Les déclarations de M. le Président supé rieur suffiront, je l'espère, pour empêcher le retour de fait de la nature de ceux qui ont été signalés et qui prouven que certains Kreisdirectoren ont dénaturé les instruction qu'ils ont reçues. Les faits signalés dans le rapport sont an térieurs, dit M. le Président supérieur, à sa circulaire e aucun fait postérieur ne lui est connu. J'ai sous la mai des documents qui constatent que des faits analogues et même plus graves se sont reproduits depuis, et si M. le Président supérieur le désire, je suis tout disposé à lui en donner connaissance.

M. le *Président supérieur.* Oui, très-volontiers.

M. *Klein.* L'instruction de M. le Président supérieur porte la date du 25 août 1876. Voici, Messieurs, une lettre du Kreisdirector de Sarrebourg au maire de Phalsbourg, datée du 26 août 1878 :

„Ich theile Ihnen ergebenst mit, daß ich bei dem Herrn Ober-präsidenten die Bewilligung einer Beihülfe aus Landesmitteln zu dem Schulhausbau in „Dreihäuser“ (Trois-Maisons est une dépendance de la commune de Phalsbourg) beantragt habe. Es ist dies in der Voraussetzung geschehen, daß sich die Gemeinde Pfalzburg verpflichte, ihre Gebäude nach Ablauf der gegenwärtigen Versicherungsperiode bei einer inländischen Versicherungsgesellschaft zu versichern. Ich ersuche Sie daher ergebenst, noch einen bezüglichen Beschluß des Gemeinderaths hierher vorlegen zu wollen.“

A la date du 25 novembre, le Conseil municipal de Phalsbourg a pris à l'unanimité une délibération ainsi conçue :

„Der Gemeinderath beschließt, die Communalgebäude nach Ablauf der gegenwärtigen Versicherungsperiode bei derjenigen Versicherungsgesellschaft zu versichern, die am meisten Garantie bietet und den niedrigsten Tarif in Ansatz bringt.“

Le Kreisdirector a retourné cette délibération à la mairie de Phalsbourg en disant qu'elle ne remplissait pas du tout le but demandé, et que la subvention promise par l'Etat pour la construction d'une maison d'école aux „Trois-Maisons“ ne serait donnée qu'autant que le Conseil municipal aurait pris, par délibération, l'obligation d'assurer les bâtiments communaux dans une Compagnie allemande, à l'échéance des polices en cours, à l'exclusion des Compagnies étrangères.

Il y a peu de jours, le même Kreisdirector a défendu au percepteur de payer le mandat d'une prime échue. La police avait été passée avec le maire de Langatte le 1er janvier 1877, c'est-à-dire qu'elle était en cours d'exécution depuis deux ans.

Le maire de Saint-Quirin a été informé qu'il avait à résilier son traité d'assurances des bâtiments communaux, puisqu'il fallait les assurer auprès d'une Compagnie allemande.

Ce ne sont plus, Messieurs, des conseils, ce sont des ordres que l'on donne aux maires de s'assurer à des Compagnies allemandes, et cela, Messieurs, sous le prétexte „qu'il faut se conformer aux instructions de M. le Président supérieur.“ On recommande à un maire de rechercher le bon marché ; quand ce bon marché est obtenu auprès d'une Compagnie française, le même Kreisdirector écrit au même maire qu'il faut se méfier des Compagnies qui offrent à bon marché (c'était, de notoriété publique, une des Compagnies françaises les plus puissantes, avec qui ce maire avait traité).

Il n'est pas de moyen, Messieurs, que l'on n'ait essayé pour exclure les Compagnies françaises, et MM. les Kreisdirectoren n'ont pas reculé, pour atteindre leur but, à jouer le rôle d'agents des Compagnies d'assurances allemandes.

Après les déclarations qui nous ont été faites, j'ose croire que M. le Président supérieur mettra bon ordre à cet état de choses et signifiera aux Kreisdirectoren de ne se mêler à l'avenir de choses qui ne les regardent pas.

M. le baron *Zorn de Bulach.* Je suis très-heureux, moi aussi, des explications libérales que nous a données M. le Président supérieur. Je voudrais seulement ajouter qu'il serait peut-être important que ces explications fussent immédiatement connues dans le pays. Jusqu'à ce que ce qui vient d'être dit dans cette séance soit publié, il se passera peut-être encore un certain temps, et, dans l'intervalle, certains des faits dont nous nous plaignons pourront se renouveler, à raison des agissements de MM. les Kreisdirectoren. Il serait donc bon que les paroles de M. le Président supérieur fussent connues le plus tôt possible dans les communes, pour éviter de nouveaux faits de ce genre. Quant aux Compagnies d'assurances, je partage entièrement l'avis de M. Schnéegans. Qu'on leur laisse liberté pleine et entière. Plus il y aura de compagnies, plus il y aura de concurrence et plus il nous sera facile d'obtenir nos contrats d'assurances à des primes modérées. Il y aura tout avantage pour les assurés : si les Compagnies allemandes offrent leurs assurances à meilleur marché, on ira chez elles.

M. le *Président supérieur.* Le meilleur mode d'intervenir serait peut-être de créer en Alsace-Lorraine un grand établissement d'assurances publiques, ou du moins d'y fonder des Compagnies d'assurances alsaciennes-lorraines.

M. *Grad.* L'idée que Son Exc. le Président supérieur recommande à notre attention, de constituer en Alsace-Lorraine une grande Société d'assurance ou de charger l'Etat de cette assurance, nous a déjà préoccupés. Plusieurs années de suite, le Conseil général de la Haute-Alsace a émis le vœu que l'assurance contre l'incendie devienne obligatoire. Toutefois, l'assurance par l'Etat présente bien des risques ou des dangers. J'ai entretenu de la question les directeurs de plusieurs grandes Compagnies. Tous pensent que l'assurance obligatoire exécutée par l'Etat même aurait pour résultat immédiat d'augmenter beaucoup les incendies, de multiplier les sinistres. En Alsace-Lorraine, depuis nombre d'années, les Compagnies françaises d'assurances paient une plus grande somme d'indemnités qu'elles ne touchent de primes. Cela tient à ce que le pays est très-incendiaire. Beaucoup de sinistres, la plupart des incendies sont volontaires chez nous, je regrette de devoir faire cet aveu. Sans doute, je ne pourrais aisément vous donner la preuve juridique du fait; mais nous en avons la conviction morale. Toutes choses égales, nous voyons beaucoup plus d'incendies dans nos départements qu'en France. Rendre l'Etat responsable des sinistres, charger l'Etat des assurances, ce serait provoquer et multiplier les incendies dans un milieu aussi facilement inflammable que notre pays. Evidemment, Messieurs, nous ne pouvons pas favoriser cette disposition, et j'ai cru utile de vous soumettre ces observations. Chacun en tirera profit ou les commentera à sa manière. Ce que l'Etat peut ordonner, ce que nous pouvons recommander, c'est que l'assurance des bâtiments devienne obligatoire, non pas dans une agence de l'Etat, mais auprès d'une Compagnie quelconque. La mutualité me semble une des formes à recommander pour les compagnies ou les sociétés d'assurances contre l'incendie, car la mutualité implique la surveillance des intéressés les uns sur les autres, à condition toutefois de ne pas embrasser un trop grand rayon.

Afin de mettre les municipalités au courant de la liberté que leur a reconnue tout à l'heure M. le Président supérieur de se faire assurer suivant leur convenance par des Compagnies françaises ou allemandes, je propose de recommander la publication dans le *Journal des communes* de la discussion relative aux pétitions sur les Compagnies d'assurances.

M. *Mieg-Kœchlin*. Comme il est question de Compagnies d'assurances à créer en Alsace-Lorraine, je ferai remarquer qu'il existe à Mulhouse une Société d'assurances mutuelles qui s'étend dans toute la Haute-Alsace et jusqu'en Lorraine, mais qui n'assure pas les établissements industriels.

M. *Schnéegans*. Il existe aussi dans le Bas-Rhin une Société mutuelle ; mais ces Sociétés mutuelles sont tout autre chose que les Sociétés ordinaires par actions, et beaucoup de personnes n'aiment pas à s'assurer par assurance mutuelle. D'un autre côté, le projet d'une assurance obligatoire par l'Etat a aussi été débattu dans le Conseil général du Bas-Rhin. J'ai relevé dans un rapport les motifs pour lesquels la question nous a paru présenter de grandes difficultés. C'est surtout dans l'exécution des contrats qu'il se présentera des inconvénients sérieux. Les agents d'une Compagnie privée ont beaucoup plus de latitude dans leur manière d'agir vis-à-vis des assurés ; ils peuvent se montrer plus coulants sur certains points, fermer les yeux sur des fins de non-recevoir. Si au contraire ils étaient employés de l'Etat, ils ne pourraient plus accorder de pareilles facilités, mais seraient tenus de faire exécuter strictement la loi, ce qui ne laisserait pas dans bien des cas que de conduire à des duretés pour les assurés. Une organisation de ce genre a été introduite dans le grand-duché de Bade ; mais nous n'avons pu avoir sur les résultats qu'a fournis cette expérience que des renseignements très-incomplets et prêtant à plus d'une critique, et il ne m'est donc pas encore possible de dire que je sois convaincu de l'utilité des assurances par l'Etat. C'est une question à examiner, mais sur laquelle il ne nous est pas possible de nous prononcer maintenant. Pour en revenir enfin à l'objet même de la pétition, je ne puis que remercier M. le Président supérieur de ses explications qui tendent à accorder une liberté pleine et entière à toutes les Compagnies d'assurances et à interdire aux Kreis-direktoren des agissements qui ne rentrent pas dans leurs attributions.

M. *Auscher*. Je me permets de demander à notre honorable collègue, M. Mieg-Kœchlin, dans quelle situation se trouve la Société d'assurance mutuelle existant à Mulhouse, à laquelle il vient de faire allusion. D'après ce que je vois autour de moi, cette question a l'air d'étonner quelques-uns de nos collègues. Elle n'a cependant rien d'étonnant et elle est provoquée par les paroles de notre honorable collègue M. Grad, qui soutient que la création de pareilles sociétés en Alsace-Lorraine présente des dangers.

M. le *Président supérieur* fait encore observer à M. Schnéegans qu'il n'a pas voulu parler d'assurances obligatoires, mais d'assurances mutuelles.

M. *Mieg-Kœchlin*. En réponse à la demande de M. Auscher, je lui dirai que la Société d'assurance mutuelle de Mulhouse se trouve dans une situation bonne et prospère.

Les conclusions de la Commission sont ensuite mises aux voix et adoptées.

2° Pétition des brasseurs et malteurs de Schiltigheim au sujet d'un égout d'écoulement des eaux dans cette commune.

M. *Kœchlin*, rapporteur, expose que la Commission a repris l'étude de cette pétition, et qu'après l'avoir examinée de nouveau et avoir entendu le membre du Conseil général pour Schiltigheim ainsi que l'un des intéressés, elle continue à penser qu'il n'y a pas lieu d'allouer la subvention demandée et persiste dans ses conclusions de renvoyer purement et simplement la pétition au Gouvernement.

M. *Klein*. Messieurs, la 4ᵉ Commission m'a fait, ce matin, l'honneur de m'entendre dans la question de l'égout de Schiltigheim. Elle a également entendu le membre du Conseil général du canton et un représentant de l'industrie intéressée dans la question.

J'ai garde de faire revivre en ce moment toute la discussion qui eut lieu ce matin, et tout en m'inclinant devant la décision unanime de la Commission, je ne persiste pas moins à dire que ma conviction n'a pas été ébranlée.

La question à mon avis se réduit à ceci : Tout le monde, y compris les industriels, reconnaît que pour des motifs d'hygiène et de santé publiques un égout était nécessaire. Dans quelle dimension ? avec quelle section ? Voici ce qu'il s'agit de définir. Or il est clair, Messieurs, que si les industriels avaient été contraints de construire un égout pour l'écoulement des eaux provenant de leur industrie seule, cet égout eût été fait dans des dimensions bien moins considérables et aurait peut-être coûté 40 000 à 50 000 ℳ au lieu de 110 000. Mais il fallait un égout collecteur, un égout qui réunît en même temps les eaux pluviales et autres provenant des routes et de la commune de Schiltigheim. On a dit aux industriels : l'égout aura telle dimension, telle section ; il coûtera 110 000 ℳ, et vous paierez la somme de 70 000 ℳ, la commune celle de 40 000 ℳ

A la suite de réclamations justes de la part des intéressés, qui prétendaient avec raison que pour une foule de motifs, sur lesquels je ne veux pas revenir en ce moment, il serait équitable que le Gouvernement et le département payassent une quote-part, puisqu'ils avaient l'un et l'autre un intérêt incontestable à la construction de cet égout ; qu'en raison de cet intérêt la section a été imposée plus grande, et par conséquent les frais sont devenus plus considérables ; à la suite de ces réclamations, dis-je, le Gouvernement et le département ont consenti à allouer le premier une somme de 12 300 ℳ, le second à mettre en perspective le vote ultérieur d'une somme qu'il se réservait de fixer.

Mais au profit de qui les 12 300 ℳ ont-ils été donnés ? Non pas au profit des intéressés qui avaient réclamé et dont la réclamation a été reconnue juste, mais au profit de la commune de Schiltigheim seule. Au lieu de déduire la subvention de 12 300 ℳ de la totalité de 110 000 ℳ, ce qui eût été équitable et ce qui aurait réduit proportionnellement les sommes de 70 000 et de 40 000 ℳ à payer, la première par les industriels, la seconde par la commune, on a affecté, je l'ai déjà dit, cette subvention à la commune seule à l'exclusion des industriels.

Messieurs, je me résume donc à dire qu'à mon avis on n'a pas agi dans cette circonstance avec une équité suffisante, et je prie le Gouvernement, puisque la Commission est décidée à lui renvoyer la pétition purement et simplement, de vouloir bien prendre ces observations en sérieuse considération.

M. *Kœchlin* donne lecture des conclusions de la pétition et ajoute qu'il est impossible au Landesausschuss de les adopter.

M. *Schnéegans*. Je me joins à M. Klein pour combattre les conclusions de la Commission ; au moins aurait-il fallu motiver. Je ne veux pas rentrer au fond de la discussion, mais je crois devoir donner ici un résumé des arguments ue j'ai déjà exposés. Je prétends qu'il y a de hautes raisons d'équité pour que l'Etat accorde à cette entreprise un concours plus large qu'il ne l'a fait jusqu'à présent; et cela tout d'abord parce qu'il est incontestable qu'une grande partie des eaux à faire écouler proviennent de l'Etat. D'un autre côté, il a nécessité en grande partie ce travail en négligeant de curer le canal de la Marne-au-Rhin; la dépense sans cela n'aurait été que de 10 ou de 0 000 ℳ tout au plus. Pour ces deux raisons je crois que l'Etat ne peut pas se soustraire à l'obligation d'accorder la subvention qu'on lui demande. Je confirmerai aussi ce qu'a dit M. Klein au sujet de la répartition de la subvention accordée. Il y a évidemment quelque chose d'injuste à accorder cette subvention à la commune seule, alors que celle-ci a beaucoup plus d'eau à faire écouler que les brasseurs, et que ces eaux sont fort malpropres et constituent un véritable danger pour la santé publique. Il aurait donc été plus équitable d'accorder la subvention aux industriels.

M. *Kœchlin*, rapporteur, se déclare prêt à développer les motifs des conclusions prises par la Commission.

M. *Klein*. Si M. Schnéegans avait assisté à la délibération de la Commission, il renoncerait probablement à entrer dans la discussion dans laquelle je suis entré moi-même ce matin; il y a au fond de tout cela des erreurs assez considérables et je ne crois pas qu'il faille revenir sur la question.

M. *Schnéegans* répond qu'il peut y avoir erreur dans telle ou telle allégation, mais qu'il maintient comme parfaitement exacts les faits allégués par lui au cours de la discussion.

M. *Grad*. Somme toute la question de la pétition de Schiltigheim peut se résumer ainsi: Un groupe d'établissements industriels, des brasseries et des malteries, détermine dans la localité la formation d'amas d'eau insalubres. L'Administration, pour des raisons d'hygiène, demande aux auteurs de ces dépôts d'éliminer ces eaux fétides et dangereuses pour la santé publique. Selon les règles du droit en vigueur l'élimination doit se faire aux frais de ceux qui ont donné naissance à ces accumulations insalubres. On ne procède pas autrement, et je m'étonne que les industriels de Schiltigheim soient restés si longtemps sans être astreints à cette formalité. Je pourrais vous citer bien des localités où la municipalité exige très-rigoureusement l'exécution de pareilles mesures. La loi en donne le pouvoir aux municipalités, et quand la santé publique est en question la faculté indiquée devient un devoir.

A Thann, dans le Haut-Rhin, la fabrique des produits chimiques a été obligée de construire des égouts et un réseau de canaux pour éliminer ses eaux insalubres, sans participation ni concours de la commune. Sur le canal du Logelbach il y a des teintureries, des fabriques d'amidon et de papier, d'autres établissements encore qui ont dû établir des fosses, des canaux, des égouts pour faire disparaître leurs déjections susceptibles de nuire à la santé publique. Dans aucun de ces cas personne n'a jamais songé à demander le concours de l'Etat pour l'exécution de travaux qui sont bien d'utilité publique, mais qui dérivent et sont nécessités par des établissements d'intérêt privé. Si le Landesausschuss est assez riche pour accorder une subvention pour les égouts de Schiltigheim, il constitue un précédent fâcheux et qui lui amènera des demandes multipliées. Cette éventualité doit vous inspirer une grande réserve en un moment où notre budget ne se trouve pas à l'équilibre, où les dépenses dépassent encore les réserves. Je ne voterai pas la subvention demandée en fa-

veur de Schiltigheim, et j'engage l'Assemblée à passer à l'ordre du jour.

Après une nouvelle offre de M. Kœchlin d'exposer les motifs pour lesquels la Commission croit devoir envoyer la pétition au Gouvernement, la discussion est close et l'Assemblée adopte les conclusions de la Commission.

3° Pétitions diverses sur l'impôt et la falsification du vin.

M. *Rudolf* fait au nom de la 4ᵉ Commission le rapport verbal suivant:

Messieurs, votre Commission de l'agriculture et du commerce a été chargée de l'examen de diverses questions relatives à la fabrication artificielle du vin et à la suppression de l'impôt sur le thaler.

En ce qui concerne la fabrication du vin artificiel, les pétitionnaires nous demandent d'intervenir auprès du Gouvernement afin d'empêcher cette industrie au bénéfice du pays vignoble. Une pétition venue de Thionville propose aussi d'imposer au vin fabriqué le paiement de taxes égales aux droits d'entrée sur les vins importés de l'étranger, le vin fabriqué étant un produit étranger au sol national. Votre Commission a l'honneur de vous faire remarquer que le Reichstag doit être saisi dans sa session actuelle d'un projet de loi sur la matière. Comme l'effet de cette loi doit s'étendre à tout l'Empire d'Allemagne, l'Alsace-Lorraine jouira également de ses avantages et nous pouvons attendre sa promulgation, avant de soumettre au Gouvernement de proposition nouvelle.

Quant à la pétition qui demande la suppression du droit de circulation actuel sur le vin, elle est signée par un certain nombre d'habitants du canton de Sainte-Marie-aux-Mines. Ce canton ne produit point de vin, du moins du vin naturel tiré du jus de raisin. Par contre la vente du vin falsifié et la consommation de l'alcool ont pris dans la région des proportions désolantes. Les pétitionnaires proposent comme remède la prescription de mesures susceptibles de rendre le vin moins cher, tout particulièrement de supprimer l'impôt du thaler par les consommateurs ordinaires et de le remplacer par un droit fixe sur les débitants, calculé de manière à ne pas forcer l'aubergiste à élever outre mesure le prix de cette boisson pour ses clients.

Votre Commission vous rappelle que le Landesausschuss est depuis plusieurs années en instance pour obtenir un changement du droit de circulation sur le vin conforme au vœu de la population. D'après les données statistiques qui lui ont été fournies par le Gouvernement et qui figurent en annexe à ce rapport, la part contributive des débitants pour l'impôt du vin s'est élevée en 1877 à 1 407 012 ℳ, soit 62 p. 100 du produit total. La Commission espère que le remboursement intégral des frais d'administration des douanes et des contributions de l'Empire, comme aussi la suppression de la contribution matriculaire et le renouvellement du cadastre nous permettra de renoncer à une partie du produit actuel de l'impôt du vin. Elle propose d'attendre l'exécution totale ou partielle de ces mesures pour modifier la forme actuelle de l'impôt et considère qu'il sera possible de convertir ensuite cet impôt en un droit fixe sur les débitants, réparti de manière à donner un rendement moyen annuel égal à la contribution des débits sous le régime de la législation actuellement en vigueur, et désire qu'on puisse ainsi arriver à décharger la population du droit de circulation.

M. *Grad.* Quelques développements, Messieurs, sont nécessaires pour expliquer les conclusions du rapport que vient de vous faire notre honorable collègue, M. Rudolf, sur les pétitions relatives à la fabrication du vin artificiel et à la suppression de l'impôt du thaler. Je me suis réservé de revenir sur ces questions lors de la discussion du budget des contributions indirectes, et les pétitions qui continuent à nous arriver à ce propos vous montrent quel intérêt la population du pays y attache. Avant de parler de la transformation du droit de circulation, voyons où en est la législation sur le commerce du vin artificiel, du vin fabriqué.

De différents côtés, de toutes les parties du vignoble, on nous demande d'intervenir contre la fabrication du vin artificiel. Cela n'est pas précisément chose facile. Nous ne pouvons pas nous opposer à la fabrication du vin avec d'autres matières que le jus du raisin. La liberté du commerce ne nous le permet pas, et le contrôle à exercer contre cette fabrication ne me paraît pas aisé. M. Rudolf vous parle d'un projet de loi que doit discuter le Reichstag sur le commerce et la falsification des articles d'alimentation. J'ai ce document sous les yeux, et vous prie de vouloir bien me permettre de vous signaler les points relatifs au vin. D'après le projet de loi aucun article d'alimentation ne pourra plus être mis en vente sous une dénomination ne répondant pas à sa nature. Quiconque contreviendra à cette disposition sera passible d'une amende qui pourra s'élever jusqu'à 150 ℳ et à un emprisonnement. Quiconque, dans un but de fraude dans le commerce, imite ou falsifie des articles de consommation en y ajoutant des substances de mauvaise qualité pourra être puni d'une amende allant jusqu'à 1 500 ℳ avec emprisonnement. Quiconque mettra en vente sciemment des articles d'alimentation susceptibles de nuire à la santé sera puni d'emprisonnement avec perte des droits civils.

Messieurs, le vin est compris dans les articles d'alimentation désignés par la loi. Cette loi n'interdira pas la fabrication du vin artificiel, mais elle exige que le vin soit mis en vente sous une dénomination conforme à sa nature, de manière à ne pas tromper l'acheteur. On appellera donc vin *artificiel,* vin amélioré, les boissons plus ou moins vineuses dont le jus de raisin ne formera pas à lui tout seul la matière première. Malgré tout notre désir de servir les intérêts des viticulteurs honnêtes, le législateur ne peut faire davantage. Au consommateur de voir si le marchand lui vend réellement l'article qu'il demande. En cas contraire, la police et la justice sont là pour intervenir. Justice et police auront à intervenir souvent, car depuis que les vins français sont soumis à un droit d'entrée de 20 fr. par 100 kilogrammes, la fabrication du vin artificiel est devenue une peste non-seulement dans les villes où le raisin ne vient pas, mais aussi dans la cave ou au grenier de beaucoup de vendeurs du pays vignoble.

Interdisant la vente du vin falsifié et apportant des restrictions au commerce du vin artificiel, l'exposé des motifs du projet de loi dont j'ai l'honneur de vous entretenir, donne la définition exacte du vin naturel. Sera à considérer comme vin naturel, comme *vin* tout court et sans qualification, *le produit de la fermentation alcoolique du jus de raisin.* „*Wein ist das Product der alcoholischen Gährung des Traubensaftes.*" Il est bien entendu que ce vin naturel n'aura pas été surchargé ni de sucre, ni d'alcool, ni d'eau, ni d'aucun autre ingrédient contraire ou favorable à la santé de l'homme. . . ou de la femme. Les vins auxquels s'ajouteront ces ingrédients pourront être désignés comme vins améliorés, vins perfectionnés, mais ils ne seront plus des vins naturels. La loi autorise la vente de tels vins sous leur dénomination particulière. Ce sera une simple question d'étiquette, comme vous voyez. Vous ne serez pas surpris de lire dans l'exposé des motifs du projet de loi qui nous occupe l'énoncé des principales méthodes de confection de vin artificiel autorisé. A Dieu ne plaise que j'entende à vous faire une leçon sur la fabrication de ces vins. Je ne crois pas avantageux de favoriser cette industrie. Toutefois le projet de loi énonçant les principales méthodes, je me permettrai de vous les énoncer.

Il y a d'abord la méthode de Chaptal, en bon allemand *Chaptalisiren.* Il y a ensuite la méthode de Gall ou *Gallisiren.* Il y a de plus la méthode de Petiot, appelée *Petiotisiren.* Bien d'autres méthodes existent encore en Alsace Lorraine et ailleurs, mais je vous en ferai grâce. — *Chaptalisiren* signifie enlever au moût trop acide une quantité de son acidité par une addition de marbre moulu et par un mélange de sucre brut ou de glucose : ce procédé n'augmente pas la quantité de vin et paraît usité en France surtout en Bourgogne, pour l'amélioration des vins rouges de choix. — *Gallisiren* a pour objet d'enlever au vin une partie de son acide libre et de renforcer son degré d'alcool en même temps que la quantité de vin est augmentée dans une certaine mesure au moyen d'un mélange d'eau et d'une addition de sucre faite au moût : un moût qui renferme par 100 litres un kilogramme d'acide et 10 kilogrammes de sucre étant susceptible de fournir une boisson améliorée de 200 litres, moyennant une addition de 30 kilogrammes de sucre et de 70 litres d'eau. — *Petiotisiren,* un procédé originaire de Bourgogne, permet d'augmenter la quantité de vin, en faisant fermenter jusqu'à cinq fois consécutives les marcs des mêmes raisins avec un mélange d'eau sucrée : cela doit donner, non-seulement en Bourgogne mais encore dans le pays de Bordeaux, un vin moins acide que le produit de la fermentation du moût, et qui ne reste pas en arrière, en ce qui concerne le bouquet et la force alcoolique ! Tenons-nous en là, et entendons seulement le législateur du Reichstag nous dire : „*Die Darstellung von Wein nach den Methoden, welche Chaptalisiren, Gallisiren, Petiotisiren genannt werden, ist erlaubt, doch nur unter der Bedingung, dass ein so bereiteter Wein nicht für Naturwein ausgegeben und beim Verkauf mit einem unterscheidenden Namen belegt wird, welcher das Verfahren, nach welchem der Wein bereitet worden ist, klar erkennen lässt.*"

Je m'en tiens là pour la fabrication du vin, et j'en viens à la question de la suppression de l'impôt du thaler. Messieurs, les explications que vous ont données, lors des précédentes sessions du Landesausschuss, nos collègues MM. Kempf, Ritzenthaler, Speckel, ont suffisamment fait ressortir les motifs pour lesquels la majorité du pays se déclare contre l'impôt du thaler sur la circulation du vin. Cet impôt a été établi chez nous, à titre d'essai paraît-il, sans que les représentants du pays aient été consultés sur son introduction. Dans aucun autre pays d'Allemagne nous ne le voyons en vigueur tel qu'il est chez nous, et l'Alsace-Lorraine ne peut le maintenir sous cette forme. Nos populations désirent la transformation du droit de circulation en une taxe sur la vente en détail sous forme de droit fixe. Voici une pétition des débitants du canton de Sainte-Marie-aux-Mines publiée dans les journaux, et que je ne vous lirai pas complètement pour ce motif. Elle dit que les pétitionnaires „ne feraient aucune difficulté de contribuer au paiement „d'une somme équivalente à celle aujourd'hui produite par „l'impôt, soit en consentant à l'établissement d'un droit „fixe de rachat d'exercice, variable selon les catégories.

L'exercice peut être écarté pour les débitants, sans

que l'impôt soit beaucoup augmenté pour eux. C'est ce que je compte vous démontrer. Avant de vous donner cette démonstration, rappelons seulement que l'impôt du vin n'existe pas dans tous les pays viticoles de l'Empire. Il a été supprimé notamment en Prusse et en Bavière. Dans le Wurtemberg et dans la Hesse, il s'applique seulement au débit de détail, tandis que dans le pays de Bade il s'applique à tous les entrepôts sous forme de droit d'accise, dont sont exempts les producteurs, et outre lequel les aubergistes paient encore un droit d'afforage. En ce qui concerne la taxe des débitants, il y a, par hectolitre, un impôt de 4,75 fr. dans le pays de Bade; de 6,75 à 8,75 fr. dans la Hesse; de 11 pour 100 du prix total dans le Wurtemberg......

(Interruption.)

Messieurs, on ne m'écoute plus, l'Assemblée paraît fatiguée. Je vous proposerai donc de voter simplement les conclusions du rapport de M. Rudolf, quitte à revenir plus tard sur les explications que je crois utiles de vous fournir encore.....

L'Assemblée adopte les conclusions du rapport.

La suite de la discussion sur les pétitions est renvoyée au lendemain, à 10 heures du matin.

La séance est levée à 6 heures et demie.

DÉLÉGATION D'ALSACE-LORRAINE.

1ʳᵉ Commission.

RAPPORT DE M. HELBIG.

Pétition des Compagnies d'assurances étrangères.

Messieurs,

J'ai l'honneur de vous présenter, au nom de votre 1ʳᵉ Commission, le rapport sur la pétition qui vous a été adressée par MM. les représentants des Compagnies d'assurances étrangères.

Cette pétition s'élève contre les agissements de quelques-uns de MM. les Kreisdirectors, qui, se fondant sur une circulaire de S. Exc. M. le Président supérieur et l'appliquant avec un zèle excessif, s'immiscent dans les traités d'assurances de bâtiments communaux et deviennent de fait de véritables protecteurs de certaines Compagnies, à l'exclusion de toutes autres.

Les pétitionnaires fournissent à l'appui de leur demande un certain nombre de pièces signées, parmi lesquelles nous citerons tout spécialement :

1° Une lettre de M. le Kreisdirector de Strasbourg-campagne, du 11 décembre 1875, N° 11 161, adressée à M. le maire de Vendenheim, et disant qu'il n'est pas dans l'intérêt des communes de faire assurer leurs bâtiments par des Compagnies étrangères, que par conséquent les traités provisoires faits avec les Compagnies françaises l'Union, la France et la Nationale ne peuvent être approuvés. M. le Directeur d'arrondissement recommande spécialement comme bonnes et solides les 4 Compagnies, Magdeburger-, Aachener-Münchener-, Colonia et Gothaer-Versicherungs-Gesellschaften, et joint les adresses des agents spéciaux de ces Compagnies à Strasbourg.

2° Une autre lettre du même directeur d'arrondissement du 16 mai 1876, N° 3 377, recommandant formellement au maire de Kriegsheim de s'adresser pour l'assurance des bâtiments communaux à l'une des grandes Compagnies allemandes : Aachener-Münchener ou Magdeburger.

3° Une lettre du 26 août 1878, de M. le président de la Lorraine, annonçant à M. le maire de Phalsbourg, qu'il avait obtenu de S. Exc. M. le Président supérieur une subvention sur fonds de l'Etat pour la construction d'une maison d'école à Trois-Maisons, sous la condition expresse que la commune de Phalsbourg s'engagera, lors de l'expi-ration de ses polices d'assurances, à faire assurer ses bâtiments communaux par une Compagnie d'assurances indigène.

Il y a encore une série d'autres cas où l'autorité de l'arrondissement, après avoir exigé la rédaction des polices en langue allemande, et après que les Compagnies se fussent conformées à cette exigence, a finalement refusé son approbation (comme à Gries, à Neugartheim); d'autres enfin où des percepteurs ont refusé de payer des mandats délivrés par des maires pour le solde de primes d'assurances contractées avec des Compagnies étrangères.

La pétition allègue encore d'autres faits; nous ne nous sommes arrêtés qu'à ceux péremptoirement établis par des pièces. Peut-être quelques membres du Landes-ausschuss les spécifieront-ils dans le cours de la discussion.

Votre Commission, Messieurs, a dû examiner en première ligne quelle est la situation légale des Compagnies étrangères représentées en Alsace-Lorraine.

Ces Compagnies, ou au moins la grande majorité de ces Compagnies avaient des agences générales en Alsace-Lorraine avant 1870 et y opéraient en libre concurrence.

Arrive la guerre et ses conséquences; une partie des Compagnies, par ce fait, devient étrangère et est obligée à se soumettre à de certaines conditions pour continuer ses opérations dans notre pays : nomination d'un représentant responsable, élection de domicile, afin que les affaires contentieuses puissent être vidées devant les tribunaux du pays, communication des comptes-rendus annuels de leurs opérations.

Les Compagnies, en qualité de Compagnies commerciales, invoquent en outre le traité de Francfort qui leur accorde d'être placées sur la ligne de la nation la plus favorisée, et la convention franco-badoise du 16 avril 1846, qui les mettait au même pied que les Compagnies allemandes, au point de vue de la sécurité et des facilités pour l'exécution des jugements.

Les représentants de ces Compagnies sont presque tous des enfants de notre pays, des hommes honorables et considérés, des pères de famille que leurs intérêts, la position qu'ils se sont faite par leur travail, la confiance du public, ont retenus sur la terre natale; des hommes qui, après la guerre, se sont empressés de se conformer aux conditions que le Gouvernement leur imposait pour la continuation de leurs affaires. Se croyant sûrs de pouvoir travailler en libre concurrence avec les Compagnies allemandes qui établiraient des agences en Alsace-Lorraine, voyant même la confiance croissante dont quelques Compagnies jouissent dans le pays voisin de Bade, ils se sont décidés à rester en Alsace-Lorraine et à conserver la nationalité de ce pays.

Leur résolution se basait d'abord sur les conventions additionnelles du traité de Francfort qui leur accordaient les droits de la nation la plus favorisée.

Sous le rapport des contestations judiciaires, ils pensaient pouvoir s'appuyer sur la convention franco-badoise du 16 avril 1846, qui dit :

„Art. 1er. Les jugements ou arrêts rendus en matière civile et commerciale par les tribunaux compétents de l'un des deux États contractants, emporteront hypothèque judiciaire dans l'autre; en outre, ils seront exécutoires lorsqu'ils auront acquis l'autorité de la chose jugée, pourvu toutefois que les parties intéressées se conforment aux dispositions de l'article 3 ci-après.

„Art. 2. Sera réputé compétent :

„1° Le tribunal dans l'arrondissement duquel le défendeur a son domicile ou sa résidence; de plus :

„4° En matière de Société, quand il s'agit de contestations entre associés, ou de plaintes portées par des tiers contre la Société, le tribunal dans l'arrondissement duquel elle est établie;

„5° Le tribunal dans l'arrondissement duquel les parties ont élu domicile pour l'exécution d'un acte.

„Art. 3. La partie en faveur de laquelle un jugement aura été rendu dans l'un des deux États, et qui voudra s'en servir dans l'autre État, soit pour faire preuve de chose jugée, soit pour opérer la saisie des biens du débiteur qui se trouvent dans cet État, sera tenue de produire à cet effet une expédition dûment légalisée du jugement, avec la preuve de la signification, et un certificat du greffier constatant qu'il n'existe contre le jugement ni opposition ni appel;

„S'il ne s'agit que de l'inscription d'une hypothèque judiciaire, il suffira d'une expédition légalisée du jugement et d'un acte constatant la signification;

„Sur la production de ces pièces, le jugement sera déclaré exécutoire, soit par la Cour royale ou d'appel, soit par le tribunal de première instance du lieu du domicile du débiteur ou de la situation des biens, suivant que la décision émanera du premier ou du second degré.“

Au point de vue des assurances communales, les pétitionnaires se croyaient garantis par la loi du 24 juillet 1867, qui stipule :

„Art. 1er. Les Conseils municipaux règlent par leurs délibérations les affaires ci-après désignées :

„7° Les assurances des bâtiments communaux.

„En cas de désaccord entre le maire et le Conseil municipal, la délibération ne sera exécutoire qu'après approbation du préfet.“

Ils se croyaient surtout à l'abri de toute défaveur par la soumission aux conditions qui leur furent imposées et qui sont exprimées dans une publication de l'*Amtsblatt* de la Basse-Alsace de 1872, p. 146, qui dit :

„Par décision de M. le Président supérieur du 19 de ce mois, il a été décidé que rien n'entravera les opérations des Compagnies d'assurances étrangères dans le pays d'Empire, si elles se conforment aux conditions suivantes :

„1° D'avoir rempli les conditions de leur pays d'origine ;

„2° D'établir un représentant demeurant en Alsace-Lorraine, responsable vis-à-vis des autorités ;

„3° D'avoir, pour leurs affaires dans ce pays, élu domicile en Alsace-Lorraine par acte notarié dûment enregistré à publier par M. le Président supérieur aux frais des Compagnies ;

„4° De présenter annuellement au Président du département un compte-rendu de leurs opérations.

„En conséquence, toutes les Compagnies d'assurances étrangères qui ont des agents en Basse-Alsace sont invitées à fournir dans le délai de la semaine à dater de ce jour la preuve qu'elles se sont conformées aux conditions des art. 1-3 ci-dessus, et à déclarer qu'elles sont prêtes à l'accomplissement de la condition *sub* 4°. A défaut de ce faire, la continuation de leurs affaires pourra leur être interdite.

„Strasbourg, le 27 juillet 1872.“

Après l'accomplissement de toutes ces conditions, les Compagnies pétitionnaires demandent à être traitées sur un pied d'égalité avec toutes les autres Compagnies établies en Alsace-Lorraine.

Le Gouvernement répond à ces réclamations : Le choix des Compagnies pour l'assurance des bâtiments communaux appartient, il est vrai, au Conseil municipal et au maire ; mais cette autorité communale ne peut agir que sous le contrôle et après approbation de l'autorité supérieure. Le Gouvernement base sa préférence pour les Compagnies allemandes sur la plus grande facilité qu'il a d'être au courant de la situation financière de ces Compagnies ; sur la possibilité de faire exécuter éventuellement tous jugements rendus contre les Compagnies dans toute l'étendue de l'Empire, faculté qu'il n'a pas à l'égard des Compagnies étrangères, car la convention franco-badoise par exemple ne donne le droit d'exécuter un jugement alsacien-lorrain en France qu'après que le tribunal français compétent aura revu l'affaire et rendu le jugement exécutoire. Un fait de cette nature est arrivé à Mannheim, où le tribunal n'a pas accordé l'exécutoire à un jugement français ; la même chose peut arriver en France à l'égard d'un jugement alsacien-lorrain.

La condition d'élection de domicile ne rend les Compagnies justiciables des tribunaux alsaciens-lorrains que pour les affaires faites dans notre pays ; mais, dans d'autres cas, comme par exemple la déconfiture d'une Compagnie, la disparution de son agent, il faudra atteindre la Compagnie à son siège. Le fait est arrivé qu'une commune alsacienne était assurée auprès de la Compagnie d'assurances *Le Pays*, et avait payé d'avance la prime pour une année ; la Compagnie tombe en déconfiture, son agent disparaît sans que l'autorité municipale de ladite commune ait pu en avoir connaissance et par ce fait les bâtiments communaux ne sont plus assurés pendant plusieurs années, et la commune pouvait éprouver des pertes considérables, sans qu'il ne lui restât aucun recours.

Le Gouvernement maintient donc qu'il a non-seulement le droit, mais aussi le devoir de veiller aux intérêts publics et qu'il doit conseiller aux communes de s'adresser de préférence aux Compagnies allemandes, aussi longtemps au moins qu'il ne se sera pas formé en Alsace-Lorraine une grande Compagnie d'assurances indigène, parce qu'il lui est plus facile d'être toujours au courant de leur situation.

La circulaire de S. Ex. M. le Président supérieur

recommande, pour ces mêmes raisons, de limiter à une durée d'un an les traités faits avec des Compagnies étrangères.

Quant au libre agissement de ces Compagnies vis-à-vis des particuliers, il n'entre pas dans les vues du Gouvernement de s'y immiscer ou d'y mettre des entraves.

Pour des faits particuliers d'excès de zèle signalés au Gouvernement, il a été fait des remontrances aux fonctionnaires qui s'en sont rendus coupables. Les Kreisdirectors, pas plus que d'autres fonctionnaires, ne doivent devenir des agents des Compagnies d'assurances, aussi peu que des percepteurs ne doivent refuser le paiement des primes après approbation des traités d'assurances. Si des faits de ce genre sont précisés, le Gouvernement les examinera et en fera justice.

Votre premier bureau, Messieurs, malgré les observations et explications données par MM. les commissaires du Gouvernement, ne saurait se ranger entièrement à leur manière de voir.

Il ne saurait admettre que sur la base d'un seul fait de faillite d'une Compagnie étrangère, il soit pris contre toutes les Compagnies des mesures de nature à leur enlever toutes les assurances communales et par suite à les entraver dans une proportion considérable dans leurs affaires avec le grand public. Car, si bien des personnes ne se laissent pas guider par la manière d'opérer des Conseils municipaux, si elles savent elles-mêmes étudier et apprécier les titres qu'une Compagnie d'assurances peut avoir à leur préférence, il n'en est pas de même de la masse du public qui, voyant le Gouvernement déconseiller et désapprouver les traités avec une Compagnie étrangère, croira que cette compagnie a démérité, que sa situation financière ne peut plus donner les mêmes garanties que précédemment, et ce public saisira la première occasion pour rompre ses traités avec cette Compagnie. Ainsi l'influence du Gouvernement, alors même que ses fonctionnaires ne feraient qu'user de leur droit d'approbation ou de désapprobation des décisions communales, se ferait sentir dans les affaires des Compagnies avec les particuliers.

Que sera-ce donc lorsque ces fonctionnaires se feront, comme nous l'avons cité plus haut, les protecteurs spéciaux de telle ou telle Compagnie; lorsqu'ils deviendront en quelque sorte les hommes d'affaires de ces Compagnies; lorsqu'ils useront de toute leur influence sur les employés sous leurs ordres, notamment sur ceux qui sont le plus en rapport avec le public, comme par exemple les agents des ponts et chaussées, les Wanderlehrer, etc., pour obtenir qu'eux aussi dirigent le public dans le sens indiqué?

Que sera-ce lorsque le Kreisdirector entrera personnellement en lice et donnera, comme nous le cite une lettre du Haut-Rhin, une lettre de recommandation à l'inspecteur d'une Compagnie d'assurances, pour lui servir dans la tournée qu'il fait de commune en commune?

Que sera-ce encore quand, comme dans l'arrondissement de Boulay, le Kreisdirector, non content de recommander spécialement certaines Compagnies, expose les avantages pécuniaires offerts par ces Compagnies, avantages qui paraissent bien exagérés?

Dans ce cas, sans parler de l'atteinte portée à la dignité même de ces fonctionnaires, la conséquence sera la disparition des Compagnies étrangères, ce serait une chose décidée même dans un délai très-rapproché; elles devraient dès à présent s'occuper de la liquidation de leurs affaires en Alsace-Lorraine.

Si, comme l'indiquent des circulaires d'autres Kreisdirectors plus soucieux de la dignité de leurs fonctions, les intentions du Gouvernement ne vont pas aussi loin, il est important qu'il l'affirme et qu'il stipule les conditions de garantie qui lui paraissent indispensables pour pouvoir traiter les Compagnies d'assurances étrangères sur un pied d'égalité avec les Compagnies allemandes; car la disparition des premières causerait en Alsace-Lorraine une grande perturbation des intérêts.

Votre 1re Commission vous propose donc d'appuyer la pétition de MM. les représentants des Compagnies d'assurances étrangères, de prier le Gouvernement de réprimer les excès de zèle de ses fonctionnaires et de leur donner des instructions afin que la désapprobation des traités d'assurances conclus par les communes ne puisse être fondée que sur des considérations purement financières.

Le rapporteur,

Helbig.

DÉLÉGATION D'ALSACE-LORRAINE.

Sixième Session.

COMPTE-RENDU OFFICIEL.

21° SÉANCE

15 mars 1879, 10 heures du matin.

SOMMAIRE : Pétitions diverses.

Président : M. Schlumberger.
Secrétaire : M. Schnéegans.
Présents : Tous les membres, à l'exception de MM. Blandin, Lorette et North.

Le Gouvernement est représenté par Son Exc. M. le Président supérieur, M. le conseiller supérieur Stempel, MM. les conseillers de Sybel, Friedberg, Dursy et Carl, et les assesseurs Dr Bickell et Jacob.

Le procès-verbal de la dernière séance est lu dans les deux langues et adopté, après une observation de M. le Président supérieur.

M. le *Président*. Il a paru dans un journal de Paris une correspondance de Strasbourg donnant des détails tout à fait inexacts sur les débats de la 16° séance où a été discutée la question de l'autonomie de notre pays. Cet article a été publié dans le numéro du journal *le Temps*, du 14 mars 1879, et je me permettrai de vous en citer les passages principaux :

„Nous avons reproduit, dans notre numéro du 11 mars, „le texte du vœu formulé par la Délégation d'Alsace-Lor-„raine en faveur de l'autonomie de la province. Ce vœu, „on se le rappelle, tendait à obtenir pour l'Alsace-Lor-„raine „une Constitution propre comme pays fédéral, avec „siège du Gouvernement à Strasbourg et représentation au „Conseil fédéral."

„On nous écrit *de Strasbourg* que la question préoc-„cupe non-seulement les membres de la Délégation qui „l'ont agitée à plusieurs reprises déjà, mais encore une „grande partie de la population. Tout le monde est d'ac-„cord sur ce point que le régime actuel est intolérable et „ne saurait se prolonger indéfiniment. Il faut toutefois „faire remarquer que le vœu de la Délégation n'a pas ral-„lié les voix des membres lorrains de ce corps délibérant, „et que M. Grad, délégué du Conseil général de la Haute-„Alsace et député de Colmar au Reichstag, n'y a adhéré „qu'avec certaines restrictions, etc.

„Une discussion fort vive s'éleva au moment du vote. „Le règlement veut que le vote ait lieu au scrutin secret, „quand cinq membres en font la demande. Les délégués „lorrains firent cette demande, afin de garantir ceux de „leurs collègues pour lesquels un vote émis dans tel et tel „sens pourrait avoir des conséquences désagréables. *Le* „*Président ne donna pas satisfaction à cette demande. Il* „*procéda au vote par appel nominal*; les députés lorrains, à „l'exception du député autonomiste Lorette, quittèrent la „salle en protestant contre cet acte arbitraire. Le vœu, „dont nous avons reproduit le texte, fut ensuite adopté „par les délégués alsaciens, y compris M. Grad, sous ré-„serve, pour ce dernier, de la déclaration indiquée plus „haut."

Les faits sont entièrement dénaturés dans cette rela-tion, et je crois devoir protester énergiquement contre elle au nom de la dignité du Landesausschuss. J'en appelle à votre souvenir à tous, ce n'est pas ainsi que les choses se sont passées.

M. *Fulter* demande si c'est le passage dont M. le Président a donné lecture qu'il faut considérer comme inexact.

M. le *Président*. Oui, c'est bien ce passage qui con-tient des allégations erronées. Comme l'Assemblée le sait bien, ce n'est pas le Président qui a décidé que le vote se ferait par appel nominal, mais bien la majorité de l'As-semblée, consultée sur ce point par le Président.

De plus, l'article passe entièrement sous silence la demande de vote par appel nominal présentée par écrit par M. Kœchlin et quatre autres membres de l'As-semblée.

M. *Fulter*. La majorité, en déclarant cette relation inexacte, reste conséquente avec elle-même. Mais cela ne change rien à la nature des faits, et la minorité, dont je fais partie, ne saurait partager cet avis. Elle persiste, au contraire, dans son opinion qu'on lui a fait violence en ne faisant pas droit à sa demande de scrutin secret.

M. *Grad*. Puisque le Landesausschuss se constitue en grand justicier de la presse et se croit appelé à appliquer ses corrections aux journaux, Messieurs, j'appellerai l'attention de l'Assemblée sur une correspondance envoyée de Strasbourg à la *Gazette de la Croix* de Berlin et reproduite par la *Norddeutsche Allgemeine Zeitung*, feuille dont on connaît le caractère officieux. Plusieurs de nos honorables collègues ont lu l'article en question et ne s'en trouvent pas flattés. Cette correspondance constate que le régime appliqué jusqu'à présent à l'Alsace-Lorraine et l'Administration du pays avec le concours de ses notables n'a pas favorisé les intérêts politiques de l'Allemagne. Elle engage par conséquent le Gouvernement à renoncer au concours des notables afin de s'appuyer uniquement sur la masse du peuple, c'est-à-dire sur cette partie de la population la moins en mesure de défendre ses intérêts et ses droits. Or, les Assemblées de notables, ce sont, je pense, le Landesausschuss et les Conseils généraux. Ceux d'entre nous, Messieurs, qui s'appliquent à garantir la dignité de l'Assemblée du côté de la presse donneront-ils un témoignage de satisfaction à la correspondance officieuse que j'ai l'honneur de vous signaler?

M. *Goguel*. Je crois que nous ne devrions pas nous passionner ainsi pour des articles de journaux. Nos procès-verbaux font foi de ce qui s'est passé dans nos séances et je crois qu'une Assemblée de trente hommes d'honneur n'a pas besoin d'autre témoignage. Je propose donc de passer simplement à l'ordre du jour sur cette affaire.

MM. *Kœchlin*, *Mieg-Kœchlin* et *Kempf* déposent la proposition suivante :

„L'Assemblée approuvant les paroles du Président „passe à l'ordre du jour."

Cette proposition est adoptée.

M. le *Président* donne ensuite connaissance de la proposition suivante signée par MM. Auscher, Baudry, Fulter, Grad, Junger, Helbig, Kempf, Nessel, Dr Rack, Ritzenthaler, Rudolf, Simonin et Speckel :

„Le Landesausschuss, considérant que l'Alsace-Lor-„raine n'est pas actuellement représentée au Bundesrath, „prie le Chancelier de l'Empire de vouloir bien soutenir „les intérêts particuliers de l'agriculture et de l'industrie „de notre pays dans le nouveau tarif des douanes, en „tenant compte de notre situation douanière au moment „de l'annexion et avant l'abolition de l'échelle mobile. "

Cette proposition est adoptée.

M. *Grad*. A l'appui de la proposition que notre honorable Président vient de nous soumettre au nom d'un certain nombre de nos collègues, je vous rappellerai, Messieurs, que dans le discours du trône prononcé à l'ouverture du Reichstag, l'Empereur manifeste l'intention du Gouvernement d'inaugurer une politique commerciale plus conforme aux intérêts du travail national. L'Empereur et le Chancelier de l'Empire se déclarent décidés à appliquer de nouveau les tarifs de douane en vigueur avant 1865, lors de la conclusion du traité de commerce franco-prussien. Or, en 1865, les droits de douane en vigueur pour l'Alsace-Lorraine étaient ceux du tarif français, fixés en 1860 et qui ont amené l'industrie et l'agriculture du pays à un si haut degré de prospérité. Depuis l'annexion, notre agriculture est en souffrance et nos principales industries se ruinent parce que notre réunion à l'Empire allemand nous a brusquement privés de la protection assurée à nos produits par le tarif français. Si je suis bien informé, les

droits proposés par la Commission impériale du nouveau tarif des douanes, droits basés sur les propositions du *Central-Verband* des industriels allemands, ces droits, dis-je, suffisant pour les produits communs des manufactures de l'Allemagne du sud, ne suffisent pas cependant pour les produits de qualité supérieure et beaucoup plus coûteux des fabriques de l'Alsace. Une raison d'équité demande que nos articles soient protégés par des droits compensateurs en proportion avec les taxes admises pour les articles communs beaucoup moins coûteux et qui exigent une bien moindre somme de travail.

Ces taxes proportionnées à la valeur devront être admises aussi dans l'intérêt de l'industrie des autres Etats allemands. Si nous ne les obtenons pas nous ne pourrons continuer à produire les articles de qualité supérieure que nous avons faits jusqu'à présent, articles qui nous causent maintenant de trop grandes pertes et qui seront à l'avenir importés de l'étranger, de l'Angleterre ou de l'Amérique. Par suite, les manufactures textiles de l'Alsace tout particulièrement devant se porter définitivement sur les articles communs, il en résultera dans ces articles un excès de production sur le marché allemand et une concurrence également préjudiciable pour l'Alsace et pour les autres Etats de l'Allemagne. En conséquence, n'ayant point de Gouvernement propre, ni de représentant particulier au Bundesrath, nous éprouvons le besoin de prier le Chancelier de l'Empire de prendre ces motifs en considération et de bien vouloir se charger de la défense des intérêts particuliers de l'Alsace-Lorraine dans le tarif des douanes actuellement en voie d'élaboration.

La proposition est adoptée.

L'Asssemblée passe ensuite à l'ordre du jour.

Suite de la discussion sur les Pétitions.

M. *Mieg-Kœchlin*, au nom de la 3e Commission, fait un rapport verbal sur les pétitions suivantes :

1° Pétition du président de la chambre des notaires de Metz au sujet du droit de timbre sur les valeurs publiques étrangères;

2° Pétitions de MM. Stef et Estienne, de Maizières, relatives à une indemnité de guerre;

3° Pétition de M. Salmon, de Freystroff, relative au chemin de fer de Teterchen à Thionville.

Ces pétitions sont renvoyées au Gouvernement.

4° Pétition des agents de change demandant le rachat de leurs charges.

M. *Mieg-Kœchlin*, rapporteur, expose que la Commission et le Gouvernement sont d'accord qu'il y a lieu d'accorder une indemnité. La Commission propose donc de renvoyer la pétition au Gouvernement, en s'en référant aux déclarations de l'année dernière et en le priant de chercher une solution équitable de la question.

M. *Kœchlin*. Les conclusions de la Commission ne m'auraient pas décidé à prendre la parole; mais du moment qu'il est dit dans le rapport que nous sommes d'accord en principe qu'une indemnité est due, je crois devoir faire certaines réserves. MM. les agents de change nous disent dans leur lettre qu'ils ne sont pas des changeurs, et que l'achat des francs et des marcs ne rentre pas dans leurs attributions. En parlant d'achat, je n'ai pas entendu que ce fût pour leur propre compte, mais bien comme courtage, et, sous ce rapport, ils auraient pu trouver en Lorraine à utiliser leur activité.

La question me paraît se présenter ainsi : avant la guerre, on a fait la faute de racheter les charges des courtiers ; après la guerre, on a décidé le rachat des charges des officiers ministériels. C'était encore une faute ; mais ces deux fautes doivent-elles nous déterminer à en commettre une nouvelle en rachetant les charges des agents de change ? La situation est pourtant bien simple : les agents de change s'en vont parce que les temps ont changé, parce que leurs fonctions sont devenues inutiles. Ils disparaissent comme ont disparu les copistes après l'invention de l'imprimerie, et les maîtres de poste après la création des chemins de fer. Y a-t-il là un motif pour que nous leur donnions une indemnité ? Ou bien devons-nous les indemniser pour les pertes qu'ils ont subies par suite de l'annexion ? Mais si nous voulions entrer dans cette voie, notre budget ne suffirait pas ; nous ne pouvons absolument pas dédommager pour les pertes résultant de l'annexion.

Sans vouloir donc combattre la proposition de chercher une solution équitable de la question, je crois que nous devons être prudents et ne pas nous exposer à payer peut-être assez cher des places qui ne valent plus grand' chose.

M. le *Président supérieur*. Si j'ai bien compris M. le rapporteur, il a dit que le Gouvernement s'est déclaré d'accord avec la Commission pour accorder une indemnité aux agents de change. Je ne sais absolument rien de la chose. La loi ne renferme aucune disposition sur la suppression et le rachat des charges d'agent de change, et je ne puis pas me rappeler avoir jamais fait une déclaration dans le sens qui vient d'être indiqué par le rapporteur.

M. *Mieg-Kœchlin*. En réponse à ce que vient de dire M. le Président supérieur, je dois dire que la Commission s'est prononcée à l'unanimité pour l'opinion qu'il y a lieu d'accorder effectivement une indemnité, et que M. le commissaire du Gouvernement, qui était présent, n'a fait aucune opposition et a été d'accord avec nous qu'il fallait renvoyer la pétition au Gouvernement, qui la prendrait en considération. Quant aux objections de M. Kœchlin, je répondrai simplement que nous n'avons pas voulu envisager la question au point de vue du droit, mais sous celui de l'équité.

M. *Schnéegans*. La question est non-seulement une question d'équité, mais de logique. Nous avions dans le temps une série de charges vénales avec cautionnement ; je n'ai pas besoin de vous les énumérer. On a supprimé chez nous, avec raison à mon avis, le principe de la vénalité des charges ; on a trouvé que ce principe était faux, et on a racheté les charges vénales, non-seulement celles des courtiers, mais celles de tous les officiers ministériels. Aujourd'hui la vénalité n'existe plus que pour les agents de change. Or il y a là une anomalie singulière et inexplicable que nous ne pouvons pas laisser subsister plus longtemps.

M. *Kœchlin* nous dit qu'on a fait une faute en rachetant les charges vénales. Je ne veux pas discuter la chose ; mais en admettant même que cela ait été une faute, du moment que le principe est généralement admis et que nous avons racheté toutes les charges des officiers ministériels, nous ne pouvons pas faire une exception pour la seule catégorie des agents de change. Ces derniers ont, comme les officiers ministériels, un capital engagé dans leurs charges, et celles-ci étant supprimées de fait, il serait injuste de les laisser subsister en droit, en ce sens qu'on ne rembourserait pas leur capital aux titulaires comme on l'a fait pour les autres officiers ministériels. Voilà la situation. Je ne comprends pas qu'on laisse subsister un petit point de la législation ancienne quand il est directement contraire à un principe généralement reçu dans la législation nouvelle. Nous ne pouvons donc faire mieux que de prier le Gouvernement de mettre à l'étude une loi supprimant les charges des agents de change contre remboursement de ces charges.

M. le *Président supérieur*. Je voudrais seulement faire une observation de fait, c'est qu'il arrive toujours encore des demandes de transfert de ces charges et que je pourrais même citer trois cas spéciaux.

M. *Grad*. Où en irons-nous, Messieurs, avec cette fièvre d'indemnités ? Je ne nous crois pas en mesure d'allouer une indemnité aux agents de change qui ont conservé leurs offices. L'Etat n'a pas le devoir de racheter ces offices, lors même que leurs détenteurs éprouveraient un préjudice par le fait de l'annexion. Mais si nous ouvrons la porte à toutes les demandes qui nous viendront de la part des gens qui ont éprouvé des dommages par suite de notre réunion à l'Empire allemand, ce sera une inondation que les revenus du pays ne suffiront pas à couvrir. Notre industrie a souffert ainsi que notre agriculture des suites de l'annexion. Pour nos cultivateurs, j'indiquerai la perte éprouvée sous l'effet de la suppression du monopole du tabac. Dans le domaine de l'industrie, la perte du tarif français des douanes et l'incorporation à l'union douanière allemande cause à la filature du coton un préjudice annuel de passé 4 millions de francs. Irons-nous indemniser les filateurs de coton et les planteurs de tabac ? Non, sans doute, nous ne le pouvons pas. Nous ne pouvons pas davantage faire des prélèvements sur la caisse publique en faveur des agents de change qui ne gagnent plus assez.

M. *Schnéegans*. Je ne comprends pas la comparaison que veut établir M. Grad entre les charges d'agent de change et une industrie quelconque. Le tissage du fil et du coton est une industrie libre. Les agents de change sont des officiers ministériels nommés par le Gouvernement et liés à leur position. Ils remplissent une espèce de fonction publique ; or toutes ces fonctions ayant été modifiées dans leur essence par la suppression du principe de la vénalité, il n'y a pas de raison pour laisser en vigueur le principe contraire pour les seules charges des agents de change. M. le Président supérieur vient de nous dire qu'il lui arrive encore de temps à autre des demandes de cession de ces charges. Mais il faudrait savoir quels sont les prix offerts. On y trouverait certainement une dépréciation énorme. D'ailleurs ce qui me préoccupe le plus, c'est cette anomalie inexplicable qu'il s'agit de faire disparaître de notre législation. Après avoir payé des sommes considérables pour racheter les autres offices ministériels, nous ne pouvons pas nous dispenser de faire encore un petit sacrifice pour arriver au but si désirable de l'unité de notre législation.

M. *Fulter*. Je me rallie complètement aux observations de l'honorable M. Schnéegans. La question est celle-ci : les agents de change sont-ils assimilables aux autres officiers ministériels ? Si oui, et cela ne fait pas doute pour moi, le principe doit leur être appliqué comme aux autres. Quant aux prix offerts pour ces charges, il est reconnu qu'elles sont tombées de quatre cinquièmes de leur valeur.

Quant à ce que vient de dire M. Grad, son raisonnement serait parfaitement fondé, si à un certain moment nous avions posé en principe que toutes les pertes provenant de l'annexion doivent être indemnisées, comme il a été posé en principe, que la vénalité des offices ministériels doit être supprimée. Mais comme nous n'avons jamais posé de principe de ce genre, nous ne sommes engagés à rien et nous pouvons donc repousser purement et simplement les demandes qui nous seraient adressées. La situation est tout autre pour les agents de change, et je ne puis pour eux que me joindre aux conclusions de la Commission.

M. *Kœchlin*. Je ne puis pas m'associer à la théorie économique exposée par M. Grad, mais la combattre ici nous mènerait trop loin.

L'agent de change, par la nature de ses fonctions, est plus assimilable au courtier qu'à l'officier ministériel, et je ne crois pas, quant à moi, que le principe de la suppression de la vénalité des charges doive trouver application pour eux. Ce principe a été appliqué pour les courtiers avant la guerre, et après la guerre, dans un autre ordre d'idées, pour les officiers ministériels.

Les agents de change se trouvent entre les deux. Les maîtres de poste d'autrefois avaient aussi des brevets d'une valeur considérable, qui ont perdu toute valeur par suite de la création des chemins de fer. C'est là un effet du temps et des progrès de la civilisation, pour lequel personne ne peut être rendu responsable; aussi a-t-on renoncé à l'époque à indemniser les maîtres de poste. Il en est tout à fait de même pour les agents de change aujourd'hui.

M. *Grad*. Je ne rechercherai pas, Messieurs, en quoi ma doctrine économique diffère de celle de M. Kœchlin. Au fond nous sommes mieux d'accord sur cette question que notre honorable collègue paraît le reconnaître. Quant aux objections de M. Schnéegans, je demanderai si jamais on a songé, lors de la suppression des anciennes corporations, à indemniser leurs membres de la perte de leurs privilèges. Pourtant les membres des corporations ont payé à beaux deniers comptants lesdits privilèges, dont le Gouvernement leur octroya naguère le monopole. Au bon temps des corporations, le titre de maître dans n'importe quel métier se payait aussi bien que l'étude d'un notaire. Un apothicaire payait sa charge comme le maître tabellion. Oubliez-vous que pour devenir pharmacien au dernier siècle, le candidat acquittait un droit de maîtrise de 5 000 à 6 000 livres ? Pour être horloger, on acquittait 900 livres de maîtrise. Un jour vint où les droits de maîtrise et les manufactures par *privilège du Roy* disparurent, et personne ne songea à l'obligation d'accorder aux frais de l'Etat, c'est-à-dire de tout le monde, une indemnité quelconque à leurs détenteurs.

M. *Schnéegans*. La situation des maîtres de poste était tout autre que celle des agents de change. Leurs charges n'étaient pas vénales et ils n'avaient pas de cautionnement à fournir. Il s'agit d'ailleurs d'un principe: la vénalité étant supprimée pour tous les offices, nous ne pouvons pas la laisser subsister pour la seule catégorie des agents de change.

M. *Mieg-Kœchlin*, rapporteur, sur la demande du Président, donne encore une fois lecture des conclusions de la Commission, qui sont ensuite mises aux voix et adoptées par l'Assemblée.

5° Pétition d'un sieur Biehl, d'Ensisheim, demandant un emploi d'éclusier;

6° Pétition du maire et du Conseil municipal de Lixheim, demandant l'établissement d'une perception dans cette commune.

Ces deux pétitions sont renvoyées au Gouvernement.

2e Commission.

1° Pétition des huissiers au sujet de la situation qui leur est faite par la nouvelle organisation judiciaire.

M. *Goguel*. Nous avons examiné avec une grande attention la pétition des huissiers. Ces fonctionnaires y font ressortir le changement que va subir leur position, par suite de la nouvelle organisation judiciaire, et il est incontestable que ce changement sera tout à leur désavantage. Pour améliorer autant que possible leur situation, ils demandent entre autres qu'on leur accorde une extension de leurs attributions. La Commission ne s'est pas arrêtée à ce moyen, puisque c'est une loi, et une loi d'Empire, qui règle ces attributions. Mais elle a pensé que le Gouvernement pourrait assurer aux huissiers un minimum de traitement qui leur permît de vivre en tenant compte des frais accessoires. Peut-être serait-il bon aussi de réduire le nombre de ces fonctionnaires pour améliorer la situation des autres.

M. *Kœchlin*. Le moyen proposé par la Commission ne me paraît pas le bon, et il me semble qu'on devrait chercher plutôt à ce que les huissiers puissent vivre sur les sommes qui leur sont payées par les parties. Il semble, d'après ce qu'on nous a dit, que le tarif qui va être introduit est trop bas et qu'il faudrait peut-être l'élever. C'est dans ce sens que nous devons formuler un vœu et chercher à obtenir une modification partielle de la législation de l'Empire.

M. *Schnéegans*. M. Kœchlin parle d'or : c'est effectivement dans le peu d'élévation du nouveau tarif qu'est le vice. Le nombre des actes n'a pas sensiblement diminué, mais ils sont tarifés si bas que leur produit ne permet pas de vivre à ceux qui les font. Un acte qui leur rapportait précédemment deux marcs ne leur sera plus payé à l'avenir que dix pfennig. Ces prix peuvent suffire dans certaines contrées du nord et de l'est de l'Allemagne, mais ici ils sont absolument insuffisants et créent à nos fonctionnaires une situation intolérable. Malheureusement ce tarif est établi d'une manière uniforme par une loi d'Empire et nous ne pouvons rien y changer, il ne nous reste donc qu'à chercher un autre moyen de remédier à cet état de choses que nous ne pouvons pas laisser subsister.

M. *Ditsch*. Nous sommes allés au devant de la demande des pétitionnaires en inscrivant au budget une somme de 30 000 ℳ destinée à leur venir en aide. La question est donc vidée, et il me semble que nous pouvons passer outre.

M. *Kœchlin*. S'il ne s'agissait que de passer outre, je serais parfaitement d'accord avec M. Ditsch et je considérerais la question comme vidée. Mais on nous propose d'aller encore plus loin que cette subvention de 30 000 ℳ, et il m'est impossible de suivre la Commission dans cette voie.

M. *Schnéegans*. M. Ditsch fait erreur. Les 30 000 ℳ n'ont été votés que provisoirement pour venir en aide à des besoins urgents et extrêmes, mais ne touchent en rien au principe d'un traitement minimum que la Commission nous propose d'adopter, et auquel je me rallie entièrement pour mon compte.

M. *Simonin*. M. Kœchlin paraît croire que la situation précaire où vont se trouver les huissiers n'est due qu'au peu d'élévation du nouveau tarif. Cela n'est pas entièrement exact: le tarif sera environ pour trois cinquièmes dans la réduction de traitement qu'ils subiront, tandis que les deux autres cinquièmes disparaîtront par suite de la suppression des frais de voyage.

2° Pétition de M. le notaire Gley, à Saales, demandant une indemnité pour la partie restée française de son notariat.

M. *Ditsch* fait au nom de la Commission le rapport verbal suivant :

Le pétitionnaire demande une indemnité de 12 000 ℳ ou 15 000 fr., payable par la caisse du pays, afin de le couvrir de la perte qu'il prétend avoir éprouvée lors du règlement de la valeur de son office de notaire. La Commission a longuement examiné et discuté la question qui se résume par les faits suivants :

Avant l'annexion le canton de Saales possédait deux études de notaire, ayant pour titulaire le pétitionnaire et M. Géhin, tous deux à la résidence de Saales.

Le canton, par le traité de paix, fut séparé en deux parties, dont l'une, composée de 7 communes y compris le chef-lieu, fut annexée à l'Allemagne, tandis que l'autre comprenant encore 6 communes resta à la France, qui érigea cette partie en un canton distinct avec Provenchères pour chef-lieu.

M. Gley accepta la situation que les événements lui avaient créée, et continua ses fonctions jusqu'aujourd'hui à la résidence de Saales, tandis que son confrère s'empressa après la guerre de transférer sa résidence à Provenchères, pour y continuer aussi l'exercice de ses fonctions.

Tous deux, par suite du rachat de la vénalité des charges des officiers ministériels, furent liquidés et reçurent le paiement de leur indemnité, mais seulement pour la portion calculée sur les communes annexées à l'Allemagne.

M. Gley, se fondant sur sa prétention au droit de présenter un successeur à l'agrément du gouvernement français, avec résidence dans le canton de Provenchères, traita avec son successeur moyennant un certain prix; mais ce droit de présentation lui fut contesté par le gouvernement français, par le motif que M. Gley avait perdu sa qualité de citoyen français.

Le pétitionnaire s'adressa ensuite au ministre de la justice en France, à l'effet d'obtenir le paiement d'une indemnité proportionnée à la perte qu'il a éprouvée dans sa clientèle du canton de Provenchères; mais cette demande fut également repoussée par le ministre français comme non fondée.

Par suite, MM. Gley et Géhin se trouvent aujourd'hui dans cette condition si différente que le premier n'a reçu pour toute chose, et même après un laps de temps de plusieurs années, qu'une indemnité proportionnelle sans intérêts pour prix de son office; tandis que le second, outre l'indemnité proportionnelle aussi qu'il a touchée comptant, conserve encore son droit de propriété sur son office resté seul dans le canton de Provenchères, et pourra ainsi, quand il lui conviendra, céder cet office avec le droit à indemnité qui est garanti par la législation française, indemnité qui sera basée même en partie sur l'ancienne clientèle de M. Gley ajoutée aujourd'hui à celle que M. Géhin possédait déjà dans ce canton. Une pareille inégalité dans deux situations qui devraient être au moins proportionnellement semblables, ne peut manquer de frapper l'esprit le plus ordinaire.

Aussi, la 2e Commission du Landesausschuss, reconnaissant qu'aucune action ne pourrait à l'avenir être utilement tentée de la part de M. Gley vis-à-vis du Gouvernement français; pénétrée cependant, en ne considérant que le point de vue de l'équité, de tout le bien fondé de la demande du pétitionnaire, estime qu'il y a lieu de la part de l'Administration de prendre cette demande en sérieuse considération.

Mais ce qui a plus particulièrement dicté la décision de la Commission, c'est que la situation de M. Gley, à un autre point de vue, est peut-être unique dans le pays.

En effet, il résulte des renseignements fournis par M. le commissaire du Gouvernement, que ce notaire, tout en ayant traité de son office dans des conditions très-défavorables, et malgré une augmentation sensible à laquelle il était parvenu par la suite dans le résultat de ses produits, n'a cependant touché qu'une indemnité inférieure à son prix d'acquisition.

Aussi, la Commission prend-elle ici acte de ce fait, pour que sa décision, quant à M. Gley, ne puisse servir de précédent à d'autres prétentions analogues qui pourraient se produire par la suite.

Et enfin, quant au mode du règlement de l'indemnité, la Commission émet l'avis qu'il y aurait lieu d'appliquer simplement les règles que la loi spéciale sur la question a édictées.

M. *Goguel* confirme les explications du rapporteur.

M. le baron *Zorn de Bulach*. La situation de M. Gley me paraît d'autant plus intéressante qu'un notaire de l'arrondissement de Belfort qui se trouvait tout à fait dans la même situation que lui, a été indemnisé par le Gouvernement français, aux termes de la loi du 28 juin 1877. M. Gley, lui, n'a reçu d'indemnité de personne et sa situation me paraît donc mériter toute notre attention.

M. *Grad*. Non, Messieurs, nous n'avons point de supplément d'indemnité à accorder au notaire Gley pour la perte de ses clients sur le territoire français. Si M. Gley éprouve un préjudice du côté de la France, c'est à la France qu'il doit en réclamer le redressement. L'Alsace-Lorraine ne peut payer les obligations de la France envers les officiers ministériels. Toutes ces demandes d'indemnités qui nous pleuvent de toutes parts me font un effet écœurant. Avec la meilleure volonté du monde nous ne pouvons indemniser tous ceux qui ont éprouvé un tort par suite de l'annexion; les ressources du pays n'y suffiraient pas. Parmi les gens éprouvés par l'annexion, il y a une classe très-intéressante qui serait également appelée à nous demander des indemnités : je veux parler des détenteurs de débits de tabac.

Les débits de tabac ont été attribués, vous le savez, sous le régime français, à d'anciens fonctionnaires, à des employés de l'Etat ou à leurs veuves, comme un supplément de pension en cas de ressources insuffisantes. Or l'annexion a supprimé tous les débits de tabac octroyés par l'Etat avec privilège de la vente. Presque tous les détenteurs de bureaux de tabac sont restés dans le pays après l'annexion. Pas un d'entre eux, personne pour eux n'est venu demander à notre Gouvernement actuel un brin d'indemnité pour la perte des offices pour la vente du tabac. Pourtant cette classe nous présenterait mainte famille dans le besoin, mainte famille pour laquelle une indemnité serait nécessaire, beaucoup plus nécessaire que pour les agents de change ou pour l'honorable notaire privé de ses clients devenus Français dans l'ancien canton de Saales. Est-il bien de notre dignité de puiser ainsi dans la caisse publique, en appuyant toutes ces demandes?

M. *Ditsch*. Ne pas accorder d'indemnité à M. Gley serait dire, en quelque sorte, qu'il a eu tort de ne pas opter, puisqu'en optant sa situation aurait été la même que celle de son collègue M. Géhin.

M. le baron *Zorn de Bulach*. Je ferai encore remarquer que l'étude que M. Gley avait payée 32 000 fr., à une époque où elle était loin d'avoir la valeur qu'il était arrivé à lui donner plus tard par quinze années de zèle et d'activité, ne lui a été rachetée qu'à raison de 28 300 fr., c'est-à-dire à un prix inférieur au prix d'achat. A ce point de vue encore, la situation de M. Gley me paraît digne de tout notre intérêt.

M. *Schnéegans*. En réponse à M. Grad, je lui ferai observer qu'il compare toujours des choses d'ordre tout différent et qui n'ont absolument aucun rapport entre elles. Le cas qu'il a cité est une conséquence de l'annexion, tandis qu'ici c'est la législation qui crée une situation tout à fait anormale pour M. Gley.

M. *Grad*. Tout compte fait, je crois que l'Etat a payé pour les offices ministériels une somme beaucoup plus élevée que ces offices n'ont coûtée à leurs détenteurs primitifs au moment où les charges sont devenues vénales. Le rachat des offices a été une mauvaise mesure.

Après de nouvelles observations de MM. le baron de Bulach, Goguel, Kœchlin et Ditsch, les conclusions du rapport sont mises aux voix et adoptées.

3° Pétition de la commune de Liebsdorf.

M. *Goguel*, rapporteur, fait remarquer que la question est résolue par suite du vote du crédit pour une nouvelle charge de vicaire.

4° Pétition demandant l'établissement d'un Amtsgericht à Mutzig.

M. *Ditsch* fait, au nom de la Commission, le rapport verbal suivant :

La 2e Commission du Landesausschuss a été saisie de cette pétition, appuyée par quatre autres commuues du canton de Molsheim.

Il en résulte que Mutzig n'invoque comme considération principale que les pertes que la localité a éprouvées dans sa situation matérielle depuis quelques années.

D'un autre côté, cette ville n'est appuyée dans ses prétentions que par une faible fraction des communes du canton. Il y aurait nécessité de déposséder Molsheim, qui a des droits très-anciens qu'il s'agirait de sacrifier ; cette ville est un centre administratif et d'affaires important dans le pays ; son accès est facilité par plusieurs lignes de chemins de fer, et elle a pris toutes les dispositions pour l'installation du futur Amtsgericht.

En présence de ces considérations, la 2e Commission du Landesausschuss ne peut qu'exprimer le regret de ne pouvoir appuyer la demande présentée par la ville de Mutzig.

Les conclusions de la Commission sont adoptées.

5° Pétition demandant l'établissement d'Amtstage à Metzerwiese et le transfert dans cette commune des notariats de Kédange et de Luttange.

Conformément aux conclusions présentées au nom de la Commission par M. Goguel, l'Assemblée renvoie cette pétition à la prochaine session.

6° Pétition de la commune de Courcelles, relative à l'établissement d'un Amtsgericht.

M. *Goguel*. Cette pétition a été examinée en même temps que celle de la commune de Rémilly.

L'Assemblée s'est prononcée contre l'établissement d'Amtsgerichte dans ces communes. La Commission vous propose par contre de recommander au Gouvernement de faire tenir alternativement des Amtstage à Courcelles et à Rémilly.

Les conclusions de la Commission sont adoptées après des observations de MM. Fulter et Simonin.

7° Pétition de la commune de Rosheim demandant l'établissement d'un Amtsgericht.

M. *Ditsch* fait, au nom de la Commission, le rapport verbal suivant :

Il résulte des renseignements fournis à votre 2e Commission par M. le commissaire du Gouvernement que le canton civil de Rosheim sera annexé à l'Amtsgericht dont le siège est fixé à Obernai ;

Qu'à la vérité, la population de ce tribunal sera relativement considérable, mais que ce ne sera toutefois qu'après que ces tribunaux auront fonctionné pendant un certain laps de temps que l'on pourra utilement constater si le seul Amtsgericht d'Obernai pourra suffire au service des deux cantons d'Obernai et de Rosheim.

Dans le cas de la négative, l'Administration prendrait une décision dans le but de créer un second tribunal, dont le siège serait très-probablement fixé à Rosheim, et cette décision, à cause de ses conséquences financières, serait soumise à votre examen.

Votre Commission a cru devoir accepter cette déclaration et ne donner ainsi aucune suite, quant à présent, à la demande de la ville de Rosheim.

8° Pétition demandant la prolongation du délai pendant lequel il sera accordé des facilités pour l'examen du notariat.

Sur la proposition de M. *Goguel*, rapporteur, l'Assemblée renvoie cette pétition à la prochaine session.

9° Pétition relative au projet de loi sur la restriction du droit de bâtir dans les nouveaux quartiers de la ville de Strasbourg.

M. *Goguel*, rapporteur, fait remarquer que cette question est résolue par suite du vote de la loi sur l'alignement.

10° Pétition de M. le vicaire Ricklin, à Haguenau, demandant qu'il lui soit alloué le traitement d'aumônier pour l'établissement de correction de Haguenau.

M. *Fulter* fait, au nom de la 1re Commission, le rapport verbal suivant :

La maison de correction de Haguenau fait partie de la paroisse de Saint-Georges, en cette ville. L'ancien aumônier de l'établissement étant trop vieux pour remplir ses fonctions, avait été remplacé par un autre prêtre, qui avait autrefois été aumônier du collège de la ville.

Celui-ci quitta le service à son tour, et l'on dut envoyer les enfants du pénitentier à Haguenau pour y être préparés à la première communion.

Cette tâche échut à l'abbé Ricklin, l'un des vicaires de la paroisse, et il lui fut accordé, à raison de ce service, une rémunération exceptionnelle de 210 $\mathcal{M}$ calculée sur le nombre des enfants et la durée des fonctions qu'il a remplies.

Maintenant le pétitionnaire réclame encore le paiement du traitement d'aumônier pour l'année 1877, pendant laquelle il a également préparé les enfants à la première communion.

Or l'Administration déclare que l'abbé Ricklin n'a jamais été aumônier, et qu'il n'a fonctionné que comme vicaire du curé de Saint-Georges. L'indemnité qu'il a touchée n'était pas obligatoire et ne lui avait été accordée que pour des motifs d'équité. Votre Commission n'a donc pas pu considérer la demande du pétitionnaire comme fondée et vous propose de passer à l'ordre du jour.

M. *Grad* fait observer que l'abbé Ricklin a rempli en 1877 les fonctions d'aumônier, que le crédit est encore ouvert et que par conséquent on doit lui payer le traitement qui lui est dû.

M. le *Président supérieur* fait remarquer que le crédit en question n'est plus disponible.

Conformément aux conclusions de la Commission, l'Assemblée passe à l'ordre du jour.

La séance est levée à midi.

DÉLÉGATION D'ALSACE-LORRAINE.

Sixième Session.

COMPTE-RENDU OFFICIEL.

22ᵉ SÉANCE

22 avril 1879, 2 heures et demie de l'après-midi.

SOMMAIRE : Communications diverses; Deuxième lecture de la proposition Nᵒ 6, projet de loi d'exécution du Code de procédure civile, de la loi des faillites et du Code d'instruction criminelle.

Président : M. Schlumberger,
Secrétaire : M. Schnéegans.
Présents : Tous les membres, à l'exception de MM. Ditsch, Grad, Junger, Reuss et baron Zorn de Bulach.

Le Gouvernement est représenté par M. le Président supérieur, M. de Puttkamer, premier avocat général, et M. Rassiga, procureur impérial.

M. le président communique des lettres de MM. Ditsch, Grad, Reuss et baron Zorn de Bulach, demandant un congé que l'Assemblée leur accorde.

Il communique également la lettre suivante de M. Junger :

Metz, 12 avril 1879.

M. le président de la Délégation à Strasbourg.

En réponse à la convocation que vous avez bien voulu me faire adresser pour la séance du 22 avril courant, j'ai l'honneur de vous faire part, qu'après un long exposé de motifs adressé à M. le président de la Lorraine sous la date du 5 courant, je lui ai confirmé, par une deuxième lettre en date d'hier, ma démission de conseiller général du canton de Boulay et de membre de la Délégation, comme je vous la confirme au besoin par la présente, parce que, n'ayant reçu satisfaction de la part de M. le président par sa lettre du 6 du même mois, rendue publique sans ma participation et contrairement à mon gré, que sur le premier de ces motifs, je désire voir déférer le second, qui touche mon honorabilité officielle, à la sanction de mes commettants; car j'ai une trop haute estime de mes honorables collègues, pour revenir m'asseoir de nouveau au milieu d'eux, avant que d'en avoir vu affirmer mon droit par mes électeurs, *droit dont la convenance du maintien, à cause de mon départ de Boulay pour Metz, m'a été contestée en février dernier*, et qui a été la raison principale du découragement que vous avez pu remarquer dans ma ma-

nière d'agir au milieu de l'honorable Assemblée que vous présidez, lors de nos réunions en février et mars derniers.

Veuillez agréer, Monsieur le président, et faire agréer lors de votre susdite réunion, par mes honorables collègues, avec mes sincères regrets de me voir séparé d'eux, au moins momentanément, l'assurance de mes bons sentiments.   JUNGER.

Le procès-verbal de la dernière séance est lu dans les deux langues et adopté.

M. le président communique cinq pétitions qui lui ont été adressées :

1ᵒ Pétition de la commune de Lützelhausen, concernant le siège de son Amtsgericht;

2ᵒ Pétition du sieur Juillot, demandant une pension;

3ᵒ Pétition d'un sieur Bovant, demandant une indemnité pour la suppression de son débit de tabac par suite de l'annexion;

4ᵒ Pétition d'un sieur Eichenlaub, au sujet de la suppression de ses fonctions comme receveur communal;

5ᵒ Pétition d'un sieur Charles Keller, demandant une pension.

La première de ces pétitions est renvoyée à la 2ᵉ Commission, les quatre autres à la 3ᵉ Commission.

On passe à l'ordre du jour.

Deuxième lecture de la proposition Nᵒ 6, projet de loi d'exécution du Code de procédure civile, de la loi des faillites et du Code d'instruction criminelle.

Le rapport de M. Schnéegans, au nom de la Commission spéciale, ayant été distribué conformément au règlement, l'Assemblée passe à la discussion des articles. (Voir annexe.)

Elle adopte successivement les §§ 1, 2, 3, 4 et 5.

§ 6.

M. l'avocat général *de Puttkamer*, commissaire du Gouvernement, fait observer que le Gouvernement n'a pas d'objection contre les changements proposés à cet article par la Commission, et qu'il laisse à la latitude de l'Assemblée de se prononcer pour le texte primitif ou celui de la Commission.

M. *Schnéegans*. Après la déclaration de M. le commissaire du Gouvernement il ne me reste qu'à donner à l'Assemblée deux mots d'explication sur la portée des changements introduits par la Commission dans la rédaction du § 6. Ce paragraphe commence par prescrire que la publication se fera dorénavant dans la forme nouvelle indiquée au § 4 ; puis il était dit qu'elle aurait lieu, nach Eintritt der Rechtskraft. 'Or le jugement n'acquiert force de chose jugée qu'après l'expiration des délais d'appel et d'opposition. Ce n'est donc qu'après l'expiration d'un certain laps de temps que la publication aurait pu avoir lieu. Nous avons pensé au contraire qu'il valait mieux qu'elle se fît immédiatement, puisqu'il est important que le fait soit immédiatement porté à la connaissance du public, et nous avons préféré mettre que la publication aurait lieu avant l'exécution. Nous assurons par là une publication immédiate, puisque d'après le Code civil l'exécution doit se faire dans les quinze jours qui suivent le prononcé du jugement. Seulement il nous a semblé que ce délai était trop court. Généralement, en effet, l'expédition n'est délivrée que plusieurs jours après la date du jugement, et il résulte de là, ainsi que l'expérience pratique le démontre, des inconvénients très-sérieux. Nous proposons donc d'allonger ce délai à un mois. Il ne sera pas encore trop long ainsi, et d'ailleurs la mesure ne peut léser aucun intérêt. Du reste il va sans dire que ce délai ne commencera à courir que du jour où l'exécution est possible, c'est-à-dire après l'expiration des délais d'opposition ou d'appel; cependant il courrait à partir du jour du jugement dans les cas où l'exécution provisoire a été ordonnée et quand il y a simple *Beschluss*.

Tel est, Messieurs, le sens et la portée des changements que nous avons cru devoir introduire dans le § 6; le Gouvernement n'ayant pas d'objection à faire de son côté, vous n'aurez, je l'espère, aucun scrupule à vous rallier à notre rédaction.

Le § 6 est adopté avec les modifications proposées par la Commission, dans la rédaction suivante : „Un extrait du jugement ou de la décision prononçant la séparation de biens doit être publié avant l'exécution dans la forme prescrite par le § 4.

Le délai prescrit par l'art. 1444 du Code civil est prolongé à un mois et courra du jour où le jugement aura acquis force de chose jugée.

Quand le jugement aura été déclaré provisoirement exécutoire, et quand la séparation de biens aura été prononcée par décision, ce délai courra du jour du jugement ou de la décision.“

L'Assemblée adopte les §§ 7, 8 et 9.

§ 10.

M. *Goguel*. N'y aurait-il pas quelque chose à ajouter aux garanties prescrites par l'alinéa 2 de cet article? Il y est dit qu'„un extrait de tout contrat de mariage entre époux dont l'un est commerçant, devra, dans le délai d'un mois à partir de la conclusion du contrat, être envoyé, afin d'être publié, au greffier du Landgericht dans le ressort duquel le mari a son domicile.“ Il serait peut-être bon d'exiger en outre qu'un extrait fût envoyé et affiché à la mairie où le mari a son domicile. Cette mesure serait plus efficace en pratique que la simple insertion.

M. *Schnéegans*, rapporteur. L'observation de l'honorable M. Goguel a quelque chose de très-fondé. La Commission s'en est occupée à un autre point de vue, et en allant même plus loin que M. Goguel, en ce sens qu'elle a proposé une résolution demandant que tous les contrats de mariage, qu'ils soient conclus entre époux commerçants ou non-commerçants, soient rendus publics par une mesure du genre de celle que propose M. Goguel. Autrefois l'acte de mariage dressé à la mairie faisait mention du contrat de mariage passé entre les époux. Dans bien des cas il y a intérêt à savoir ce qui a été fait sous ce rapport entre les époux, et l'on pouvait aller à la mairie s'en assurer. Aujourd'hui, par suite de la nouvelle loi sur l'état civil, cela n'est plus possible pour tous les contrats autres que ceux des commerçants. Nous avons trouvé cela regrettable, et la Commission vous propose donc dans le rapport „d'exprimer par une résolution le vœu déjà formulé plus d'une fois, qu'une loi d'Empire vienne modifier la loi sur l'état civil, en exigeant la publication des contrats de mariage en général, même entre époux non-commerçants, par une mention dans l'acte de mariage même, ainsi que cela était prescrit avant la promulgation de cette dernière loi.“

La résolution est adoptée ainsi que les art. 10, 11, 12 et 13 du projet.

§ 14.

M. *Goguel*. Au sujet de la procédure relative à l'interdiction, je ferai observer qu'autrefois on avait l'habitude, ou, si je ne me trompe, qu'il était prescrit par la loi de demander préalablement l'avis du conseil de famille. Or je ne vois pas que dans les paragraphes cités dans notre article il soit question du conseil de famille. Je demanderai donc si l'intention de la Commission est de laisser tomber cette formalité d'une demande d'avis au conseil de famille.

M. *Schnéegans*, rapporteur. Les paragraphes dont parle M. Goguel sont ceux du Code de procédure civile, et celui-ci étant loi d'Empire, se trouve complètement en dehors de notre sphère d'action. Il y a d'ailleurs dans notre article quelque chose de très-singulier, c'est que le juge en matière d'interdiction c'est l'Amtsrichter, de sorte que l'article prescrivant que la Vormundschaftsbehörde sera aussi l'Amtsgericht, il arrivera que pour les communications à faire par l'Amtsgericht à la Vormundschaftsbehörde, celui-ci aura à les adresser à lui-même. Il y a là une anomalie évidente. Mais il fallait indiquer ce qu'il faut entendre en Alsace-Lorraine par Vormundschaftsbehörde, autrement on aurait pu croire que c'est le conseil de famille, ce qui est tout à fait faux. Comme son nom l'indique, le conseil de famille n'est qu'un simple conseil qui, une fois la séance levée, n'existe plus; ce n'est donc pas une autorité. D'un autre côté il arrive des cas où l'Amtsgericht d'interdiction est différent de celui qui gère la tutelle, et alors la prescription trouvera son application. C'est pour ces motifs que nous n'avons pas demandé la suppression de l'article malgré l'irrégularité qu'il y a à ce que l'Amtsgericht soit obligé de s'adresser des communications à lui-même.

Les §§ 14 et 15 sont ensuite adoptés.

§ 16.

M. le procureur impérial *Rassiga*, commissaire du Gouvernement. La Commission vous propose, Messieurs, deux modifications au § 16, tel qu'il vous a été soumis par le Gouvernement. La première de ces modifications consiste à retrancher à la fin du paragraphe les mots „en tant que les intéressés s'y seront soumis dans l'acte de partage." Je viens vous prier de vouloir bien maintenir ces mots, et cela pour les raisons suivantes :

D'après le § 702, n° 5, du Code de procédure civile, tous les actes, même ceux passés devant un notaire ou un tribunal, ne sont exécutoires qu'autant que les parties auront, dans l'acte même, déclaré se soumettre à l'exécution. La disposition qui était prise dans la partie finale du § 16 était donc en harmonie avec le principe général posé par la loi d'Empire. Comme conséquence de ce principe, il faudra que les populations s'habituent à l'avenir à se soumettre volontairement à l'exécution. Or qu'arrivera-t-il ? Ou bien les parties se soumettront à l'exécution, et alors la disposition prise par la Commission est inutile ; ou bien elles ne s'y soumettront pas, et dans ce cas elles ne pourront pas comprendre que l'acte de partage entraîne pour elles l'exécution immédiate, et cela sur l'homologation du tribunal, qui n'est pas un jugement rendu contradictoirement entre les parties, mais une simple décision ayant pour but de suppléer au manque de capacité juridique de l'un des intéressés. Un partage d'ailleurs peut se faire aussi, non point devant notaire, mais par simple acte sous seing privé, et dans ce cas n'y aurait-il pas une véritable anomalie à rendre un acte de ce genre exécutoire de plein droit ?

Mais le Gouvernement a des scrupules encore plus grands à faire valoir contre la deuxième modification proposée par la Commission, d'après laquelle les décisions judiciaires homologuant des adjudications provisoires d'immeubles entraîneraient également l'exécution forcée. L'adjudication provisoire était inconnue à la législation française et n'a été introduite en Alsace-Lorraine que par la loi d'Empire du 1er décembre 1873. Quand dans une vente de biens de mineurs ou dépendant d'une faillite ou d'une succession le prix d'estimation n'était pas atteint par les enchères, il fallait, d'après la loi française, retourner devant le tribunal, qui avait à rendre une nouvelle décision au sujet du prix d'estimation. La nouvelle loi au contraire dispose qu'il pourra y avoir une adjudication provisoire, c'est-à-dire une adjudication qui devient définitive si dans le délai de quinze jours elle est ratifiée par le tribunal ou par le conseil de famille. Ici encore un double cas peut se présenter : ou bien le notaire a fait déclarer dans l'acte aux parties qu'elles se soumettent à l'exécution, et alors la disposition proposée par la Commission est inutile ; ou bien le notaire ne l'a pas fait, et alors l'adjudicataire ne s'attend pas à être exposé à une exécution forcée. Il y a là une certaine surprise, une certaine déloyauté même vis-à-vis de l'acquéreur, qui ordinairement n'a pas de connaissances juridiques et ne peut pas savoir que du moment que son enchère n'atteint pas le prix d'estimation, il s'expose à ce que, par suite de l'homologation de l'adjudication, celle-ci devienne exécutoire contre lui. Si donc l'Assemblée tient absolument à ce que les décisions judiciaires homologuant des partages entraînent l'exécution forcée, je la prierai tout au moins de ne pas étendre cette mesure aux adjudications provisoires d'immeubles.

M. *Schnéegans*, rapporteur. La discussion se rapporte à celle des innovations introduites par les nouvelles lois qu'on aura le plus de peine à nous faire comprendre. Chez nous c'était un principe élémentaire que tout acte émanant de la justice ou passé devant notaire était exécutoire de plein droit ; c'était le caractère authentique de l'acte qui le distinguait des simples actes sous seing privé. D'après les nouvelles lois, un acte même authentique ne sera plus exécutoire à moins que les parties n'aient formellement déclaré dans l'acte se soumettre à l'exécution. C'est là une superfétation évidente. Pourquoi forcer le notaire, une fois l'acte fait, à demander encore aux parties si elles veulent encore le rendre exécutoire ? „Evidemment, répondront-elles, c'est pour cela que nous sommes venues devant vous." Mais même les décisions judiciaires ne seront pas toutes exécutoires de plein droit. La loi établit entre les jugements et les simples décisions une distinction excessivement abstraite et dont, avec mon bon sens pratique, je ne puis saisir la raison. Il me semble qu'une décision prise par le juge, en connaissance de cause et après délibération, doit être définitivement obligatoire pour les parties. Je sais bien que nous ne pouvons rien changer à la loi elle-même, mais nous pouvons au moins en restreindre les effets dans la sphère de nos attributions. Nous nous sommes donc fait le raisonnement suivant : quand un acte de partage est soumis au tribunal, ou bien les parties sont d'accord, et le tribunal déclare l'acte définitif. Dans ce cas, pourquoi ne le déclarerait-il pas en même temps exécutoire, puisque sans cela il faudra que les parties reviennent devant le même tribunal et lui disent : voici votre décision, vous avez homologué notre partage, veuillez maintenant rendre cette décision exécutoire. Rien de plus superflu que cette seconde procédure, puisque la deuxième décision, rendant la première exécutoire, ne pourra jamais être refusée. Pourquoi alors conserver une distinction abstraite, bonne seulement en théorie, quand il n'y a aucun intérêt réel à la maintenir et qu'au contraire elle ne fait que créer des lenteurs et des frais inutiles dans la pratique ? Rappelez-vous les vers du poète :

> „Grau, theurer Freund, ist alle Theorie,
> „Und grün des Lebens goldner Baum."

et laissez à la chaire du professeur cette subtilité théorique qui n'a aucune raison d'être en pratique.

On vient de dire, il est vrai, que dans la pratique la disposition ne présentera pas d'inconvénient, attendu que le public s'y habituera. Mais pourquoi abandonner au public une chose qui s'entend de soi ? D'ailleurs nous arriverons ici au second cas qui peut se présenter ; il peut se faire aussi que les parties ne soient pas d'accord sur le partage et qu'il faille une décision du tribunal sur le procès-verbal de contestation du notaire. Dans ce cas, la clause d'exécution n'est pas signée par les parties, et alors nous aurons dans un même jugement une partie, la décision sur la contestation, exécutoire de plein droit, tandis que l'autre partie, c'est-à-dire la décision homologuant le partage, ne sera pas exécutoire. On a fait aussi l'objection que la suppression que nous proposons dans le paragraphe aurait pour effet de rendre exécutoire par suite de l'homologation l'acte de partage sous seing privé. Je répondrai que c'est retourner la thèse : ce qui devient exécutoire, ce n'est pas l'acte, c'est la décision du tribunal. De quelque manière que la convention ait été passée entre les parties, du moment qu'une décision judiciaire est intervenue, il n'y a pas de raison pour refuser à cette décision le caractère exécutoire. Enfin on a dit que si la partie ne s'est pas soumise formellement à l'exécution, on lui impose, en déclarant la décision judiciaire exécutoire de plein droit, une chose qu'elle n'a pas voulue. Je répondrai encore qu'elle n'a peut-être pas voulu que l'acte de partage soit exécutoire de plein droit, mais qu'elle n'a pas pu vouloir qu'une décision judiciaire ne le soit pas. En concluant un partage et en le soumettant à l'homologation du tribunal, elle doit prévoir que cette homologation interviendra et qu'alors elle sera exécutoire comme tout jugement ou toute décision du tribunal doit l'être. La Commission croit donc avoir de très bonnes raisons de maintenir sa proposition.

Reste la deuxième modification introduite par la Commission, celle qui étend la disposition du § 16 aussi aux décisions qui homologuent l'adjudication provisoire d'immeubles. Les raisons qui nous ont déterminés à faire cette addition sont exactement les mêmes que celles que je viens d'invoquer pour les partages. Qu'est-ce, en effet, que l'adjudication provisoire? Autrefois, d'après la loi française, quand une adjudication avait lieu et que la mise à prix n'était pas couverte, il fallait revenir au tribunal qui fixait alors un nouveau chiffre. D'après la loi du 1ᵉʳ décembre 1873, il en est autrement; quand la mise à prix n'est pas couverte, le notaire peut faire ce que l'on appelle une adjudication provisoire, c'est-à-dire une adjudication qui ne devient définitive qu'après une décision du tribunal. Il y a là quelque chose de tout à fait analogue à ce qui se passe pour l'acte de partage, qui lui non plus ne devient définitif qu'après l'homologation judiciaire. Il y a donc parité de motifs et l'on ne voit pas pourquoi, le vendeur et l'acheteur étant tenus par l'homologation du tribunal, cette décision ne serait pas exécutoire au même titre qu'un jugement homologuant un partage d'immeubles. Pourquoi, dans ce cas comme dans l'autre, une nouvelle procédure tout à fait superflue et par le fait de nouveaux embarras de procédure? Nous avons donc pensé devoir assimiler au cas d'homologation d'une liquidation les homologations d'adjudications provisoires. Finalement je proposerai encore, pour éviter la petite incorrection qui résulte dans le texte de la Commission du rapprochement des deux mots „wird“, de modifier ce texte de la manière suivante : „Aus den gerichtlichen Beschlüssen, durch welche eine Theilung oder ein vorläufiger Zuschlag bestätigt wird, findet die gerichtliche Zwangsvorstreckung nach Maßgabe der §§ 662 bis 701, 705 der Civilprozeßordnung statt.“

M. l'avocat général de *Puttkamer*, commissaire du Gouvernement. Le Gouvernement n'a pas d'objection à faire au changement purement rédactionnel proposé en dernier lieu par M. Schnéegans. Quant aux deux autres modifications proposées par la Commission, je prierai M. le président de faire voter l'Assemblée séparément sur chacune d'elles, car leur portée est différente. Le Gouvernement attache une grande importance à ce que les adjudications provisoires d'immeubles ne soient pas déclarées exécutoires de plein droit. La radiation du passage final du projet du Gouvernement a une portée moindre, quoique le maintien en paraisse désirable.

Les nouvelles lois de l'Empire partent en effet du principe que l'exécution forcée ne peut résulter que d'un jugement rendu contradictoirement entre les parties ou d'une convention formelle de ces dernières. Dans le premier cas, l'exécution se fonde sur l'autorité de la décision judiciaire, sur l'impérium que les magistrats de l'ordre judiciaire ont à *exercer* dans l'Etat. Partout ailleurs, elle ne peut découler que de la volonté privée des parties : le caractère authentique de l'acte, l'autorité qui y est attachée par l'intervention du notaire ne suffisent plus; si dans ce cas l'acte doit être exécutoire de plein droit, cette qualité ne peut lui être attribuée que par la déclaration formelle des parties. La modification proposée par la Commission est contraire à ce principe admis par les nouvelles lois de procédure, et l'on se demande s'il y a des raisons suffisantes pour entrer ainsi en conflit avec la législation de l'Empire, d'autant plus que le principe posé par cette dernière ne peut léser aucun intérêt, puisque chacun peut arriver sans difficulté, s'il y tient, à rendre un acte exécutoire. Je proposerai donc à l'Assemblée de maintenir la rédaction du Gouvernement; mais je répète encore une fois que le Gouvernement attache encore plus d'importance à la radiation des mots „ou des adjudications provisoires d'immeubles“ que la Commission propose d'introduire dans le paragraphe.

M. *Lorette*. Je me rallie entièrement aux explications de l'honorable M. Schnéegans, tout en faisant observer que je n'ai pas bien pu comprendre l'économie de la dernière partie du § 16. J'ajouterai toutefois quelques mots sur les adjudications. Lorsqu'une adjudication d'un montant de 10 000 ou de 20 000 ℳ a lieu, chacun des articles dont elle se compose est taxé séparément, et c'est ordinairement pour de petits articles de 10, de 15 ou de 20 ℳ que la mise n'est pas couverte, et il faut alors pour ces petites sommes retourner devant le Conseil de famille, ce qui est très-gênant. Il me semble qu'on devrait ajouter dans la loi que les adjudications partielles sont définitives du moment que le total général est égal à la taxe prévue par le tribunal. C'est, je le répète, presque toujours pour de petits articles qu'on est obligé de retourner devant la justice, et il n'y a d'ailleurs pas d'exemple que l'homologation ait été refusée.

M. *Schnéegans*, rapporteur. J'apprécie l'observation de l'honorable M. Lorette, et je la trouverais parfaitement à sa place si nous avions ici à modifier la loi d'Empire de 1873. La loi que nous discutons est une loi de pure forme, tandis que M. Lorette nous propose de changer une disposition matérielle de la loi sur les ventes d'immeubles, ce qui évidemment ne rentre pas dans le cadre de nos attributions. Quant à notre opinion sur cette loi et aux modifications que nous désirerions y voir introduire, je ne puis que renvoyer à ce qui est dit dans le rapport.

M. le procureur impérial *Rassiga*, commissaire du Gouvernement. La proposition de M. Lorette me paraît à peine acceptable, attendu que l'on peut toujours supposer le cas que des enchères soient si basses qu'il faille leur refuser l'homologation. D'un autre côté, je répondrai à M. Schnéegans qu'il s'exagère les difficultés qui résulteraient en pratique de la nécessité de l'insertion d'une clause d'exécution spéciale dans les actes qui doivent devenir exécutoires de plein droit. Quant à la proposition d'attribuer également le caractère exécutoire aux décisions homologuant des adjudications provisoires d'immeubles, je prie M. Schnéegans de se représenter ce qui arriverait dans ce cas, si lors de l'adjudication d'une série d'immeubles, le notaire n'avait pas fait stipuler par les parties le caractère exécutoire de l'acte. Au lieu que pour les adjudicataires dont l'enchère aurait atteint le prix d'estimation il n'y aurait pas d'exécution forcée, ceux dont les mises sont restées inférieures à ce prix se verraient exposés à ce que le tribunal en homologuant l'adjudication rende celle-ci exécutoire vis-à-vis d'eux. Il y a là une anomalie flagrante qu'il est important de ne pas introduire dans notre législation.

M. *Schnéegans*, rapporteur. Il ne me sera pas difficile de répondre aux objections de M. le commissaire du Gouvernement. Il y a effectivement une différence entre les adjudications définitives et les adjudications provisoires. Les premières ne passent pas devant le tribunal et sont abandonnées aux libres conventions des parties. L'exécution dans ce cas est refusée par le Code de procédure civile, et nous ne pouvons pas de notre propre autorité déclarer ces actes exécutoires de plein droit. Il en est tout autrement des adjudications provisoires, qui passent nécessairement devant les tribunaux. Il y a donc pour celles-ci un élément de plus, puisqu'elles ne sont pas comme les autres de simples conventions, mais des actes confirmés par la justice, qui y attache son autorité. Ce n'est plus l'acte lui-même, c'est la décision judiciaire qui est exécutoire. Qu'arriverait-il, en effet s'il en était autrement ? Il faudrait rendre la décision exécutoire, et pour cela présenter de nouveau requête et obtenir du tribunal une déclaration d'exécution que celui-ci ne peut pas refuser, puisqu'il a ratifié l'acte lui-même. Il est beaucoup plus simple d'éviter toute cette procédure et d'attacher tout de suite le caractère exécutoire à la première décision du tribunal, d'autant plus que cette disposition ne présente aucun inconvénient dans la pratique, et qu'elle ne fait que supprimer une formalité inutile et coûteuse pour les deux parties.

M. le procureur impérial *Rassiga*, commissaire du Gouvernement. Du moment qu'il n'est pas formellement dit dans l'acte du notaire qu'il y aura exécution forcée, les parties peuvent admettre que celle-ci est exclue. Si donc plus tard elles y sont pourtant soumises, ce sera contre leur gré et en quelque sorte par surprise L'adjudicataire en effet ne prend aucune part à la décision d'homologation ultérieure. Cette décision est rendue sur les conclusions du représentant des mineurs, des co-partageants, ou de la masse administrée, sans assignation de l'adjudicataire, qui reste complètement étranger à toute cette procédure. Il y a, je le répète, une singulière anomalie à faire subir dans ce cas l'exécution forcée à l'acquéreur, au lieu qu'il n'y aurait pas été soumis si son offre avait couvert la mise à prix du tribunal.

M. Schnéegans, rapporteur. L'objection de l'honorable préopinant consiste à dire que l'adjudicataire serait soumis à l'exécution contrairement à sa volonté. Cela n'est pas exact : il sait à l'avance que si le tribunal homologue l'adjudication, celle-ci sera définitive et par conséquent exécutoire, quoique la mise à prix ne soit pas atteinte. Je ne vois donc pas en quoi il se trouvera lésé. Si au contraire son offre est supérieure à la mise à prix, il sait encore à quoi il s'engage, il sait qu'il faudra une procédure nouvelle pour rendre l'adjudication exécutoire. D'après les principes de notre Code civil, nul n'est sensé ignorer la loi.

M. le procureur impérial *Rassiga*, commissaire du Gouvernement. En réalité ce principe n'est vrai que théoriquement. Dans la pratique la plupart des gens ne connaissent pas le droit. Le § 702 du Code de procédure civile pose d'ailleurs le principe que l'exécution forcée n'est admissible que quand les parties s'y sont volontairement soumises et la population s'accoutumera nécessairement à ce principe.

M. Schnéegans, rapporteur. On ignorera encore bien plus que l'exécution n'est possible qu'après une convention formelle des parties; car c'est là un principe contraire à toutes les idées reçues chez nous. Notre proposition au contraire étant conforme à ces idées, on la connaîtra et on s'y habituera bien plus facilement. Il n'y a d'ailleurs, je le répète, aucun intérêt à soumettre les parties à une nouvelle procédure complètement inutile.

M. Lorette confirme l'observation de M. Schnéegans.

L'Assemblée adopte ensuite le § 16 avec la rédaction proposée par la Commission, dans les termes suivants : „Les décisions judiciaires homologuant des partages ou des adjudications provisoires d'immeubles entraîneront l'exécution forcée, conformément aux §§ 662 à 701 et 705 du Code de procédure civile.“

§ 17.

La Commission propose la modification suivante de ce paragraphe. „Sur les contraintes relatives aux revenus des domaines et aux revenus publics perçus par les employés de l'enregistrement et des hypothèques, quand elles sont déclarées exécutoires en justice, il sera procédé à l'exécution forcée, conformément aux §§ 671, alinéa 1er, 673 à 685, 686, al. 3 et 688 à 701 du Code de procédure civile. Toutefois le tribunal, etc.“

M. Schnéegans, rapporteur. La modification proposée par la Commission est de pur style. Il était question dans le projet du Gouvernement de „Staatseinkünfte“. Or la disposition devant s'appliquer aussi à d'autres revenus publics que les revenus de l'Etat proprement dits, la Commission vous propose de modifier le paragraphe de la manière suivante : „Sur les contraintes relatives aux revenus des domaines et aux revenus publics perçus par les employés de l'enregistrement et des hypothèques, quand elles sont déclarées exécutoires en justice, il sera procédé à l'exécution forcée, conformément aux §§ 671, alinéa 1er, 673 à 685, 686, alinéa 3 et 688 à 701 du Code de procédure civile.“

Le § 17 est adopté avec la modification ci-dessus.

Sont ensuite adoptés sans modification les §§ 18 et 19.

§ 20.

La Commission propose la suppression de ce paragraphe.

M. *Goguel*. Je crois que la Commission s'est un peu exagéré la portée de la mesure qui était prise dans cet article. Certainement si le délai de deux ans qui existait précédemment avait été maintenu, je comprendrais que la nécessité de présenter un mémoire écrit aurait pu donner lieu à des embarras. Mais le projet du Gouvernement avait réduit ce délai à six semaines et disposait en outre dans le deuxième alinéa que la réclamation écrite interrompait la prescription. Autant qu'il est à ma connaissance, la formalité du mémoire avait passé en pratique dans notre législation : quoique facultative, elle était usitée dans presque la généralité des cas. Elle avait l'avantage de mettre les parties intéressées dans la nécessité de bien élucider la question. D'un autre côté, les employés de l'Administration ne se voyaient pas forcés d'abandonner à des agents inférieurs le soin d'examiner la question qui leur était soumise, ce qui leur permettait d'une part de consacrer aux réclamations une étude moins superficielle, et de l'autre, d'y faire droit quand elle les trouvait justes. En supprimant au contraire la réclamation et en admettant l'action judiciaire immédiate, on arrivera je crois à augmenter le nombre des procès, tandis que j'ai l'intime conviction que le maintien du § 20 aurait pour effet de le diminuer. Au lieu d'être un désavantage pour les populations, la réclamation écrite était plutôt un bien pour elles, puisqu'elle permettait à l'action administrative de se substituer dans bien des cas à l'action judiciaire. Il y a, je le sais, un grand inconvénient à être obligé de paperasser; mais si par là on pouvait éviter des procès, je crois que cet inconvénient serait largement compensé. Entre deux maux il faut toujours choisir le moindre.

M. *Schnéegans*, rapporteur. Je me trouve quelque peu embarrassé dans cette discussion, puisque c'est contrairement à mon avis, et même en mon absence, que la Commission a décidé la suppression du § 20. Je ne puis donc pas soutenir ici avec grande conviction la proposition qui vous est faite par la majorité de la Commission. Les motifs allégués par les partisans de la suppression du § 20 étaient la perte de temps et la difficulté de plus à se faire rendre justice qu'on imposait aux parties en les forçant à procéder d'abord par voie de pétition. Mais, je le répète, je n'aurais pour mon compte pas mieux demandé que de me laisser convaincre par les arguments contraires de l'Administration, et je m'en remets sur ce point entièrement à la prudence de l'Assemblée.

M. *North*. Les motifs qui ont déterminé votre Commission à vous proposer le rejet du § 20 me paraissent très-fondés, et j'ai tout lieu de penser que quelques mots d'explication vous suffiront pour vous faire partager son opinion.

Et d'abord l'interprétation donnée par M. Goguel à ce paragraphe n'est nullement conforme au texte même du projet de loi. Il suffira effectivement de le lire avec attention pour voir qu'il en résulte bien d'autres conséquences que celles qu'en a tiré M. Goguel.

Dans son premier alinéa il établit qu'une action en justice ne peut être intentée à l'Administration de l'enregistrement par les parties intéressées qu'après avoir présenté une demande en restitution au directeur général des douanes et des contributions indirectes, et lorsque cette demande a été rejetée par l'Administration ou qu'il n'y a pas été répondu dans les six semaines.

Dans son deuxième alinéa il établit que la demande en restitution interrompt la prescription dans le cas où l'action judiciaire est intentée dans les six semaines, à partir du jour où le rejet de la demande a été notifié aux parties intéressées.

Le délai pour la prescription ordinaire en matière d'enregistrement est de deux ans; il est donc suffisant pour permettre aux parties de faire valoir leurs droits. Ce paragraphe ne donne donc rien ou presque rien aux parties, mais il donne beaucoup à l'Administration de l'enregistrement. Il met cette dernière à l'abri de toute action judiciaire directe en obligeant les parties à une demande préalable en restitution. Les receveurs de l'enregistrement peuvent donc exiger tout ce que bon leur semble, bien que les droits du fisc soient peut-être douteux. Les parties seront obligées de demander la restitution de ce qui leur a été demandé de trop, et l'Administration a six semaines pour examiner la question avant d'ordonner la restitution. Les parties sont forcées de consigner immédiatement au receveur de l'enregistrement les droits réclamés pour l'enregistrement de l'acte. Si la perception est arbitraire, il a paru juste à votre Commission que la partie intéressée puisse procéder immédiatement et assigner en restitution du droit.

Le § 20 donne à l'Administration un droit exorbitant qui n'a pas d'équivalent chez le particulier, et c'est cette situation que votre Commission n'a pas voulu admettre. Il crée un véritable privilège au profit de l'Administration. Quel sera le résultat de ce privilège?

Votre Commission craint que les receveurs de l'enregistrement, se sentant à l'abri de toute attaque directe, n'en profitent pour agir avec plus d'âpreté à l'égard des contribuables, qu'ils ne se fassent verser des sommes dont la perception ne se trouve pas suffisamment justifiée en droit. Votre Commission n'a pas jugé prudent de donner à l'Administration cette situation privilégiée, qui peut donner lieu à des abus très-graves, et elle a préféré laisser les choses dans l'état actuel.

Aujourd'hui les particuliers peuvent procéder par la voie amiable, par la demande en restitution; ils peuvent également procéder par voie judiciaire immédiatement.

Ils emploient généralement d'abord la voie gracieuse, parce qu'elle est sans frais et plus agréable. Ils n'emploient la voie judiciaire qu'en cas de refus ou dans le cas où leur droit leur paraît indiscutable.

En prononçant le rejet du § 20 vous ne portez aucune modification à la législation existante; vous ne susciterez pas plus de procès qu'il n'y en a eu jusqu'ici. Vous ne ferez que refuser à l'Administration une arme dont elle pourrait faire un abus très-grave au préjudice des contribuables.

Votre Commission a pensé qu'il n'y avait pas lieu d'introduire cette innovation, et je ne doute pas un instant que vous ne partagiez sa manière de voir.

M. *Schnéegans*. Je ne veux pas rentrer dans la discussion de principe, mais ajouter simplement quelques mots sur la position de la question. Le vote va avoir lieu sur l'article 20 du projet; si cet article n'est pas rejeté, comme le propose la Commission, il sera adopté tel quel. Or il était question dans la Commission de faire subir à la rédaction du Gouvernement quelques modifications, et je proposerais, si le rejet n'était pas prononcé, de voter le renvoi de l'article à la Commission, pour y être modifié.

M. *Kœchlin*. La proposition de M. Schnéegans me paraît se résoudre d'elle-même, en ce sens que la Commission, dans son rapport, propose le rejet de l'article. Si l'article n'est pas rejeté, on pourra toujours encore mettre aux voix le renvoi à la Commission. Comme la Commission m'avait confié la direction de ses débats, je crois, en outre, devoir ajouter que le rejet de l'article a été adopté non pas par une majorité, comme M. Schnéegans vient de le dire, mais par l'unanimité des membres présents. Cette décision a été prise à la vérité dans une réunion à laquelle M. Schnéegans n'assistait pas; mais quand elle lui a été communiquée plus tard, il n'a pas fait d'objections. Il a semblé qu'il serait très-dur de retirer au contribuable, en le forçant d'abord à pétitionner, la possibilité d'un recours immédiat contre les exigences de l'Administration. Il y a là plutôt une question de droit que de fait, et je crois qu'en pratique la plupart des cas s'arrangeront à l'amiable, comme par le passé.

M. *Schnéegans*, rapporteur. Quand on m'a annoncé que la Commission avait manifesté l'intention de rayer le paragraphe, il est vrai que je n'ai pas fait d'opposition. Mais cela ne veut pas dire que je me sois rallié à cette opinion. J'avais, pour mon compte, proposé le maintien du paragraphe avec certaines modifications.

M. *North*. Je crois devoir préciser la question. Le rejet du § 20 laisse subsister l'ancienne législation qui existe depuis la loi du 22 frimaire an VII.

Les parties auront la faculté de procéder par la voie gracieuse ou la voie judiciaire. Elles continueront, comme par le passé, à choisir le plus souvent la voie gracieuse; elles n'emploieront la voie judiciaire que lorsque leurs droits nettement établis auront été méconnus par l'Administration. En d'autres termes, la voie gracieuse sera employée lorsque la perception des droits peut donner lieu à une discussion. La voie judiciaire sera choisie par les parties pour repousser un acte arbitraire de l'Administration. Ce système n'a pas donné lieu à des inconvénients et il suffit pour sauvegarder tous les droits.

L'adoption du § 20 établit une modification à la législation existante. Ce paragraphe accorde à l'Administration une protection d'une nature toute particulière et met le public entièrement à la discrétion de l'enregistrement. L'Administration commencera par percevoir les droits dans tous les cas où elle le juge convenable et les parties ne pourront agir qu'après avoir épuisé la voie amiable. Les receveurs de l'enregistrement commenceront par percevoir les droits les plus arbitraires et le public ne peut pas s'en défendre. Il n'a pas d'action directe et immédiate contre l'Administration.

Il n'y a nul inconvénient à supprimer le § 20. Les droits du fisc seront toujours garantis. Car si les droits dus n'ont pas été perçus lors de l'enregistrement d'un acte, l'Administration peut toujours les réclamer jusqu'à la prescription. Seulement le receveur de l'enregistrement sera un peu plus prudent lors de la perception des droits. Il craindra, dans un cas douteux, d'exposer l'Administration à une action directe et immédiate.

Ces motifs me paraissent suffisants pour vous faire prononcer le rejet du § 20.

Le § 20 est ensuite mis aux voix et rejeté par l'Assemblée.

Celle-ci adopte dans les termes du projet les §§ 21, 22, 23, 24 et 25, devenus §§ 20, 21, 22, 23 et 24.

§ 26, devenu 25.

Les alinéas 1 et 2 sont adoptés sans discussion.

A l'alinéa 3, la Commission propose de substituer aux mots de „Chancelier de l'Empire" ceux de „Président supérieur".

M. Schnéegans, rapporteur. Comme il est dit dans le rapport, cet alinéa a donné lieu à une discussion assez longue au sein de la Commission. Nous avons trouvé, au point de vue pratique, qu'il valait mieux adresser la demande en question au Président supérieur, dont la décision serait prise en parfaite connaissance de cause et serait plus prompte que si la demande devait être adressée à Berlin. L'objection qu'on a opposée à cette manière de voir est de pure théorie administrative. On a fait valoir en faveur du maintien du vote primitif du projet qu'il s'agit ici d'un acte d'administration judiciaire rentrant tout naturellement dans le ressort du chef de cette administration, qui est précisément le Chancelier de l'Empire. Ce motif ne nous a pas paru déterminant, d'autant moins que la décision en cette matière semble être plutôt de la compétence du ministre des finances que de celle de l'Administration de la justice, et qu'à certains égards le Président supérieur exerce les attributions du premier. La Commission a donc cru devoir proposer la substitution du Président supérieur au Chancelier de l'Empire.

Depuis le jour où cette décision de la Commission a été prise, la question a complètement changé de face. Cette détermination, en effet, a été antérieure aux discussions du Reichstag sur l'autonomie de notre pays. Nous espérions alors ce qui est arrivé depuis, mais rien n'avait encore été dit. Maintenant, la discussion sur l'autonomie a eu lieu d'une façon très-explicite et très-approfondie; le Gouvernement de l'Empire a fait des déclarations positives dans le sens de nos vœux et nous a donné des promesses formelles. Un projet de loi sur la constitution du pays doit être sous peu soumis au Reichstag. Nous prenons acte de ces promesses, et dès lors nous sommes en droit d'admettre que l'Administration centrale sera établie dans le pays même et qu'un ministre de la justice résidera à Strasbourg, auquel devront être conférées les attributions en question. C'est ainsi que le changement proposé perd en quelque sorte son importance pratique. Si nous conférons aujourd'hui ces attributions au Président supérieur, il est certain que, si un ministère de la justice est établi à Strasbourg, elles devront retourner à ce dernier. La disposition ne serait donc que provisoire et devrait être changée après que la nouvelle organisation du pays sera entrée en vigueur. Dans cette situation, je crois devoir retirer l'amendement de la Commission, et proposer de voter ce 3e alinéa du § 26 dans sa rédaction primitive.

M. l'avocat général *de Puttkamer*, commissaire du Gouvernement. La rédaction de l'alinéa 3, telle qu'elle a été proposée par le Gouvernement, a été motivée par cette considération que l'autorisation de la procédure d'annulation est un acte d'administration judiciaire ou du moins un acte mixte, qui rentre à la fois dans les attributions de l'Administration de la justice et de celle des finances. Le Chancelier de l'Empire réunissant entre ses mains ces deux attributions, l'autorisation du § 16 devait être logiquement de son ressort. La Commission cependant, pour simplifier la marche des affaires, a préféré voir confier la nouvelle attribution à un fonctionnaire résidant dans le pays même, en se disant, non sans raison peut-être, que l'Administration de Berlin serait obligée en règle générale de s'en remettre à l'avis transmis par l'Administration supérieure de Strasbourg et prendrait des décisions conformes. Le motif, dont on ne saurait méconnaître la valeur pratique, a perdu son importance par les déclarations récentes du Prince-Chancelier, qui ont modifié dans un certain sens la situation. C'est une raison de plus pour maintenir le texte primitif du projet de loi, qui seul est conforme à la division actuelle des attributions ministérielles.

M. *Fulter*. Je trouve dans la proposition de la Commission une nouvelle expression du désir de voir gérer les affaires du pays dans le pays même, et je lui donne mon entière approbation. Quant à la constitution à laquelle vient de faire allusion M. Schnéegans, elle reste une simple hypothèse qui peut se réaliser plus ou moins. Or je suis d'avis que nous ne devons pas tabler sur de simples éventualités; il vaut donc mieux s'en tenir à la rédaction proposée par la Commission. Si plus tard nos vœux relatifs au gouvernement du pays dans le pays se réalisent, l'inconvénient d'avoir introduit dans le texte de la loi le terme de *Président supérieur* sera minime, et l'on n'aura pas de peine à le faire disparaître. Pour le moment, il est préférable de conserver ce que nous avons : il faut raisonner en se basant sur les circonstances actuelles. Je prierai donc l'Assemblée de voter la rédaction proposée d'abord par la Commission.

M. *Schnéegans*, rapporteur. Je suis loin de soutenir que la modification proposée par la Commission serait un mal, mais je crois qu'elle n'est plus nécessaire dans la situation actuelle. En effet, le texte primitif du projet ne sera plus lui-même un mal, puisque dans la nouvelle organisation que nous ne tarderons pas à avoir, les attributions en question passeront nécessairement du Chancelier de l'Empire au ministre de la justice en Alsace-Lorraine. Quant à cette nouvelle organisation, je ne voudrais pas la considérer comme une simple hypothèse. Je saisis cette occasion de prendre acte des déclarations et des promesses qui nous ont été faites, et j'estime que le principe de cette organisation est dès aujourd'hui à considérer comme un fait acquis ; les détails d'exécution seuls sont encore à vider. L'établissement du gouvernement du pays dans le pays ne saurait plus faire de doute. Dès lors je ne crois pas qu'il vaille encore la peine de changer le texte du projet, puisqu'il est certain que les difficultés que ce changement voulait prévenir ne se présenteront plus sous peu et que le motif de ce changement disparaîtra très-prochainement. Que ces attributions soient confiées aujourd'hui au Chancelier de l'Empire ou au Président supérieur, elles passeront de toute façon plus tard entre les mains du ministre de la justice en Alsace-Lorraine.

M. *Lorette* se prononce pour l'adoption de la proposition de la Commission, reprise par M. Fulter, d'autant plus que dans la loi sur la nouvelle organisation il y aura sans doute un article disant que les attributions du Président supérieur passeront à tel ou tel fonctionnaire.

M. *Schnéegans*, rapporteur, met en doute cette assertion.

M. *Goguel*. Nous sommes occupés, Messieurs, à faire une loi. Nous avons donc à tenir compte de la situation présente, et non pas de ce qui est probable à l'avenir. A mon avis, la Commission a été très logique en proposant l'amendement en discussion. Qu'arrivera-t-il en effet? Si nos plans d'organisation se réalisent, il sera très facile d'interpréter ce changement et de l'adapter à la nouvelle Constitution. Mais si vous laissez subsister dans le texte le mot de „Chancelier“, vous sanctionnez implicitement le principe que ce n'est pas un fonctionnaire supérieur du pays même, mais un fonctionnaire de Berlin, qui devra être investi de ces attributions. Il semble donc plus prudent et plus logique de maintenir l'amendement de la Commission.

M. *Fulter*. Je prends acte avec autant de plaisir que M. Schnéegans des promesses du Chancelier de l'Empire. Mais en définitive ce ne sont que des promesses, ce n'est pas une certitude. J'espère que nous aurons le gouvernement du pays dans le pays, mais nous sommes si peu fixés sur notre organisation future que nous ne savons même pas ce que sera ce pays.

J'espère bien que l'Alsace-Lorraine sera toujours l'Alsace-Lorraine d'aujourd'hui, mais vous ne pouvez ignorer que certaines paroles prononcées au Reichstag laissent supposer que la question est ouverte et font prévoir la possibilité de changements. Une fois que le projet d'organisation sera élaboré, il doit passer au Reichstag, et vous ignorez complètement ce qu'il en dira. Profitons donc de l'occasion qui nous est offerte d'affirmer une fois de plus notre désir de voir établir le gouvernement du pays dans le pays. C'est ce que nous ne ferons pas en laissant subsister les mots du Chancelier de l'Empire ; mais nous le ferons, en y substituant ceux de Président supérieur.

M. *Kœchlin*. Cette question a été examinée dans la Commission à ce point de vue surtout que, d'après les déclarations des commissaires du Gouvernement, la demande d'autorisation concernait à la fois l'Administration de la justice et celle des finances. Il a semblé à la Commission que l'autorisation rentrait plutôt dans le domaine des finances que de celui de la justice, et que ce n'est qu'après l'autorisation accordée par le ministre des finances que l'exécution en revient à la justice.

C'est dans ces conditions que la Commission avait demandé de remplacer l'instance du Chancelier par celle du Président supérieur comme ministre des finances.

Entre cette décision et la séance d'aujourd'hui, MM. les commissaires du Gouvernement se sont adressés à Berlin pour demander dans quelle mesure ils devaient se rallier ou s'opposer à ce changement, et ce matin même ils ont déclaré que le Gouvernement combattrait l'amendement. L'importance de ce dernier est minime, si l'on considère qu'il y a tout au plus actuellement quatre ou cinq sociétés qui pourront demander que leurs titres soient soumis à la procédure d'annulation. Pour ce motif et puisque le Gouvernement nous dit qu'il tient beaucoup au maintien du texte primitif, j'ai gardé le silence tout à l'heure, quand M. le président a demandé aux membres de la Commission s'ils n'entendaient pas faire d'objection aux déclarations de M. le rapporteur retirant l'amendement.

M. *Schnéegans*, rapporteur. Je ne répondrai qu'un mot à MM. Fulter et Goguel, qui prétendent que le nom du Chancelier, inséré dans le texte, nécessitera plus tard un changement, tandis que, si ces attributions étaient confiées au Président supérieur, elles passeraient tout naturellement au nouveau ministre de la justice. Je ferai observer à mes honorables contradicteurs qu'il n'y a aucune différence, à ce point de vue, entre les deux rédactions. En effet, si nous laissons subsister dans le § 26 le nom du Chancelier de l'Empire, ces fonctions ne lui sont pas conférées en sa qualité de Chancelier de l'Empire, mais en tant que chef de l'Administration de la justice ou des finances en Alsace-Lorraine.

Il est évident qu'avec la nouvelle organisation cette attribution, comme toute autre attribution conférée au Chancelier en cette qualité, passera tout naturellement entre les mains du nouveau titulaire. De façon ou d'autre, il n'y aura aucun inconvénient, et dès lors il semble inutile de modifier le texte du projet.

La proposition de substituer dans le 3e alinéa les mots de „Président supérieur“ à ceux de „Chancelier de l'Empire“, abandonnée par la Commission et reprise par M. Fulter, est mise aux voix et rejetée.

L'alinéa 3 est adopté dans les termes du projet primitif, ainsi que l'alinéa 4 et l'ensemble du § 26, devenu § 25.

Sont ensuite adoptés sans discussion ni modification les §§ 27 à 29, devenus §§ 26 à 28.

Au § 30, devenu § 29, la Commission propose de retrancher les mots de „en blanc“ et de voter le paragraphe dans la rédaction suivante :

„Sont assimilés aux papiers au porteur les titres transmissibles par endossement.“

M. *Schnéegans*, rapporteur, déclare que, toute réflexion faite, cette modification ne lui paraît pas pratique et propose à la Commission d'y renoncer. De prime abord, il semble qu'il n'y ait aucune raison de distinguer pour la procédure d'annulation entre l'endossement rempli et l'endossement en blanc ; mais en y regardant de plus près, on ne tarde pas à remarquer entre les deux endossements une différence essentielle. Il suffit en effet d'être porteur du titre transmissible par endossement en blanc pour pouvoir se l'approprier sans autre forme de procès, tandis qu'avec l'endossement nominal il faut commettre un véritable faux avant de pouvoir se servir du titre volé ou trouvé. Il n'y a donc pas de motif d'étendre la procédure d'annulation à l'endossement nominal, puisque les garanties présentées par cette nature du titre paraissent suffisantes. En conséquence, et reconnaisant mon erreur première, je déclare quant à moi retirer amendement en faveur du texte primitif du projet.

M. *North.* Aux motifs qui viennent de vous être indiués pour le maintien du projet du Gouvernement, il y a eu d'ajouter le suivant : Si l'amortisation pouvait s'appliquer à un titre transmis par un endos régulier, il y aurait n très-grand danger pour le détenteur même d'un effet ui lui a été régulièrement transmis. Confiant dans son roit, il ne lit pas les journaux, et d'un jour à l'autre il ourrait trouver son titre amorti par un ancien possesseur e mauvaise foi et contre lequel un recours serait illusoire.

M. l'avocat-général *de Puttkamer,* commissaire du ouvernement. Les observations des honorables préopiants, dont on ne saurait méconnaître la justesse, me disensent d'entrer dans de longs détails pour combattre amendement de la Commission. La procédure d'annulaon ne peut s'appliquer qu'aux papiers au porteur et non as aux papiers à ordre. Je ne puis donc que vous prier stamment de voter le paragraphe dans son texte primitif.

La Commission, consultée par M. le président, n'élève as d'objection contre le retrait de l'amendement.

Le § 30, devenu § 29, est mis aux voix et adopté vec la rédaction primitive.

Le § 31, devenu § 30, est adopté sans discussion.

Au § 32, devenu § 31, la Commission propose une ddition à l'alinéa 1er et la suppression de l'alinéa 2, en le mplaçant par les alinéas 2 à 5. (Voir l'annexe.)

M. *Schnéegans,* rapporteur, après avoir signalé un hangement de rédaction jugé nécessaire dans le texte lemand, fait remarquer que l'addition proposée par la ommission à l'alinéa 1er n'est pas contestée par le Gouernement. Il est évident que les restrictions du § 31 oivent également être applicables au cas où la demande e déclaration de faillite est rejetée pour cause d'insuffince d'actif. Cette addition s'impose *a fortiori.*

M. le rapporteur déclare ensuite ne pas s'opposer à ce ue, conformément à la demande du Gouvernement, le ot de „débiteur" soit remplacé dans les différents alinéas u paragraphe par celui de „débiteur commun".

M. *Fulter* prie M. le rapporteur de vouloir bien donner uelques explications sur cette expression de „débiteur ommun". Y a-t-il une différence technique entre „débiur" et „débiteur commun", ou ces deux expressions nt-elles identiques ?

M. le procureur impérial *Rassiga,* commissaire du ouvernement. Je commencerai par répondre à M. Fulter ue, dans l'espèce, les expressions de „débiteur" et de ébiteur commun" sont identiques. Il serait, à vrai dire, us correct d'employer ici le mot de „débiteur" seul, uisque dans le cas de l'article 99 de la loi sur les faillites, quel notre paragraphe renvoie également, aucune distriution n'a lieu ; mais comme dans toute la loi sur les failes il n'est question que de „débiteur commun", il paraît us rationnel de se servir ici du même terme consacré. On tend par „débiteur commun" la personne contre laquelle déclaration de faillite a été prononcée ou du moins deandée. Je ferai observer ensuite que M. Schnéegans fait reur en admettant que le Gouvernement ne conteste pas ddition proposée par la Commission à l'alinéa 1er. En fet, si l'alinéa 2 est adopté tel qu'il est proposé et mainnu par le Gouvernement, il faut conséquemment que tte addition soit rejetée; car, d'après l'alinéa 2, les resctions doivent cesser avec la clôture de la procédure de llite, et par conséquent l'addition mentionnée n'aurait

plus aucune raison d'être, puisque dans le cas du § 99 il n'y a ni ouverture ni clôture de la faillite.

Cela dit, je viens combattre tout l'amendement de la Commission au § 31, et cela d'abord pour ce motif que la rédaction proposée par elle n'est pas en harmonie avec la législation de l'Empire. D'après le droit français, la déclaration de faillite entraîne pour le débiteur commun la perte des droits civils et politiques, mais la faillite est exclusivement applicable aux commerçants. Le failli est exclu des listes électorales pour le Corps législatif, les Conseils généraux, les Conseils d'arrondissement et les Conseils municipaux, et n'est par conséquent ni électeur ni éligible; il est également exclu des listes électorales pour les Conseils de prud'hommes et il ne peut être agent de change ni courtier, ni enfin ouvrir un théâtre. Ces restrictions ne cessent en France qu'avec la réhabilitation formelle du commerçant failli, laquelle est subordonnée au paiement intégral, en principal, intérêts et frais de toutes les sommes dues par ce dernier, n'importe que la faillite ait été amenée par la faute ou sans la faute du débiteur.

Ces dispositions rigoureuses étaient en harmonie avec la rigueur du droit pénal français, qui prescrit également la perte durable des droits civiques pour des délits souvent peu graves.

La réhabilitation de commerçants tombés en faillite est très-rare en pratique. J'ai parcouru la statistique des années 1850 à 1870, et j'ai trouvé que très-souvent il n'y a pas eu dans toute la France une seule réhabilitation dans le courant d'une année ; je n'ai pas trouvé une seule année où il y en ait eu plus d'une. Dans la Prusse-Rhénane il y a eu depuis 1807 six et en Alsace-Lorraine depuis 1870 trois cas de réhabilitation. En règle presque générale, c'est donc pour la vie entière que sont imposées les restrictions du droit français.

En Allemagne, la législation pénale, bien moins rigoureuse qu'en France, ne connaît la perte des droits civils et politiques que pour un temps déterminé, qui peut être de 2 à 10 ans pour crimes et de 1 à 5 ans pour délits.

Cette humanité du droit pénal en général doit naturellement se faire jour aussi en matière de faillite. Chez nous, les restrictions des droits civils et politiques sont considérées comme une conséquence du dessaisissement du failli de l'administration et de la disposition de ses biens ; il est donc naturel et logique qu'elles cessent en même temps que l'incapacité relative aux biens. Cette conséquence s'impose en outre par la considération que, d'après le droit actuel, la faillite continue jusqu'au paiement intégral de toutes les dettes ou jusqu'au concordat, tandis que d'après la nouvelle loi, elle ne frappe que les biens du débiteur commun au moment de la déclaration de faillite, et que par suite, en cas d'acquisition de nouveaux biens de la part du failli, les créanciers non payés ne peuvent qu'amener l'ouverture d'une nouvelle procédure de faillite. Or les conséquences de la déclaration de faillite doivent nécessairement cesser avec la clôture de celle-ci.

Aujourd'hui déjà, la législation d'Alsace-Lorraine en cette matière est en contradiction avec celle de l'Empire. Le même citoyen qui est électeur et éligible au Reichstag ne l'est pas aux Conseils généraux, aux Conseils d'arrondissement ni aux Conseils municipaux. Cette anomalie sera plus considérable encore sous l'empire des nouvelles lois judiciaires, car le failli pourra être échevin, juré, etc., tandis qu'il sera incapable d'être conseiller municipal ou courtier !

En présence de cette situation anormale, le Gouvernement ne pouvait rester indifférent ; il devait chercher à y remédier. Remarquez bien, Messieurs, que dorénavant la faillite s'appliquera à tout le monde, aux commerçants comme aux *non-commerçants*. Eh bien! j'admets qu'on puisse user de rigueur envers le commerçant qui, malgré la prévoyance et les qualités d'économie et de bonne administration que lui impose sa profession, abuse de son crédit et tombe en faillite par suite de la mauvaise gestion de ses affaires, mais je ne puis admettre qu'on traite de la même façon le petit bourgeois et le petit paysan que leur manque d'expérience pratique et leur ignorance ont menés à la ruine. Prenez aussi le petit employé ou l'instituteur : une nombreuse famille, des malheurs domestiques peuvent amener leur insolvabilité. Dans presque tous ces cas, il sera difficile de ne pas admettre qu'il y ait eu de la part du failli une certaine faute, une certaine négligence ou imprudence, et dès lors le Landgericht ne pourrait pas en général prononcer la réhabilitation. Et cependant, Messieurs, vous reconnaîtrez qu'il ne serait pas juste de priver ces catégories de personnes de leurs droits civils et politiques, ce qui serait le cas si vous adoptiez l'amendement de la Commission. La dureté de cet amendement est plus évidente encore si l'on songe aux carrières libérales. Parmi les savants, les poètes, les artistes, il n'est pas rare d'en trouver qui s'entendent fort peu aux exigences d'un bon ménage et à une sage administration des biens ; les plus grands génies sont souvent les plus mauvais administrateurs et finissent par être insolvables. Rappelez-vous Mirabeau, le grand homme de la Révolution, et Lamartine, pour lequel on a ouvert une souscription nationale pour le sauver de la ruine complète.

Serait-il juste de priver des hommes pareils de leurs droits civils et politiques, de les exclure des emplois et des corps délibératifs? Certes non, et j'espère que vous ne vous résoudrez pas à pareille mesure. D'ailleurs, je suis convaincu qu'en France on se montrerait aussi plus indulgent et qu'on y suivrait l'exemple de l'Allemagne si la procédure de faillite devait un jour y être étendue aux non-commerçants.

C'est cette différence capitale entre la faillite française et allemande qui explique en quelque sorte les rigueurs françaises ; raison de plus pour abolir ces rigueurs en Alsace-Lorraine, où la distinction entre commerçants et non-commerçants va également disparaître sous le rapport de la faillite.

On pourrait peut-être éviter la trop grande rigueur du § 31 en n'appliquant les restrictions y stipulées qu'aux faillis commerçants, mais il serait irrationnel de rétablir ici cette distinction que la loi sur les faillites a pris à cœur de faire disparaître dans cette matière.

Je vous ferai part encore de quelques scrupules techniques qui parlent contre la proposition de la Commission. Cette proposition contient quelques points essentiellement nouveaux, des dispositions qui n'ont aucune analogie avec le droit actuel. Or, Messieurs, en matière de droit, il faut être conservateur, et les jurisconsultes le sont en effet. Ils n'aiment pas à introduire des innovations, surtout quand dans aucun pays elles n'ont encore été justifiées par l'expérience pratique. Encore faudrait-il que l'innovation fût réellement nécessaire. Or y a-t-il, dans l'espèce, nécessité réelle? Je respecte profondément les sentiments de la Commission, mais je ne le crois pas. Je suis convaincu que l'importance pratique de l'amendement est minime. Voici, à l'appui de cette assertion, quelques données statistiques: En 1876 il y a eu en Alsace-Lorraine 116 faillites; en 1878, 148. Ces chiffres sont relativement petits, surtout si l'on prend en considération la crise commerciale dans laquelle nous vivons. Que signifieraient donc ces 116 ou 148 citoyens exclus du vote et de l'éligibilité parmi des milliers et des centaines de mille? Une goutte d'eau dans la mer, voilà tout.

Vous connaissez mieux que moi, Messieurs, le pays et ses mœurs. Mais autant que j'ai pu m'en convaincre jusqu'ici, l'esprit d'économie, de sage et bonne administration est tellement répandu parmi nos populations alsaciennes-lorraines, qu'en pratique l'amendement de la Commission n'aurait qu'une portée très-faible, du moins pour le droit de vote et d'élection. Vous me répondrez que la portée n'en sera que plus grande pour l'éligibilité. Ici encore, je ne puis mesurer ma connaissance du pays avec la vôtre, mais autant que je puis en juger par mon expérience, la population a un jugement et un esprit si sains, des notions si claires et si nettes, qu'elle se gardera bien d'accorder sa confiance à des personnes qui, par leurs antécédents, se seront montrées indignes de cet honneur. Je suis donc convaincu qu'il n'y a aucun danger à abandonner à l'opinion publique cette question de l'éligibilité. Je crois même qu'en ces matières l'opinion publique est meilleur juge qu'un tribunal, quelque haute opinion que nous ayons de la magistrature et quelque grande que soit la confiance qu'elle nous inspire. Les tribunaux ont à juger des questions de fait et de droit : les questions dont l'amendement de la Commission veut les saisir sont d'une tout autre nature. Il s'agit là d'un jugement sur la conduite privée, la moralité, le caractère de l'homme; ce n'est pas le tribunal, mais la conscience publique qui doit être juge sur ce terrain. Le tribunal, dont les informations seront parfois forcément incomplètes et inexactes et qui souvent sera obligé de recourir à l'intermède des organes de police peut facilement faire erreur. Toutes ces difficultés s'aggraveront s'il s'agit d'un cas où la faillite n'a pas été déclarée en Alsace-Lorraine, mais à l'étranger. La Commission n'a pas nommé le Landgericht qui doit être compétent pour la décision de réhabilitation, et elle a bien fait : il vaut mieux abandonner ce point à la jurisprudence. Je suppose que ce sera le Landgericht préposé au tribunal de la faillite, dans les cas où celle-ci a été déclarée en Alsace-Lorraine, et dans les autres cas, le Landgericht dans le ressort duquel le débiteur commun a son domicile général au moment de la demande en réhabilitation. Admettez maintenant qu'une personne tombée en faillite à Stettin par exemple, ou encore à Marseille ou à Madrid vienne demander sa réhabilitation à Strasbourg. Comment le tribunal peut-il savoir dans ce cas si la faillite n'a été amenée par la faute du failli, ou si, depuis 5 ans, celui-ci n'a pas cessé de mener une conduite sans reproche. C'est complètement impossible; les renseignements exacts et authentiques qu'il est déjà difficile de se procurer pour une personne du pays, feront absolument défaut quand il s'agira d'un étranger.

Je me résume, Messieurs. Si vous songez à la divergence fâcheuse que l'amendement établirait entre la législation du pays et celle de l'Empire, si vous vous rappelez les difficultés pratiques qu'il amènerait, si vous tenez compte enfin du bon sens et de l'esprit éclairé de vos concitoyens, qui jugeront eux-mêmes le failli selon sa juste valeur, je ne doute pas qu'après mûre réflexion vous votiez le projet tel qu'il vous a été présenté par le Gouvernement, malgré les motifs qui peuvent paraître militer en faveur de l'amendement et quelque respect que vous ayez pour les sentiments et les arguments de votre Commission.

M. *Schnéegans*, rapporteur. On a passé de la discu

ion de pure forme à la question de principe, et je vais donc soutenir aussi brièvement que possible la proposition de la Commission.

Nous n'avons pu, Messieurs, admettre le principe que le fait de la clôture de la faillite doive faire tomber la restriction du § 31. La différence de points de vue entre l'Administration et nous réside en ceci que, d'après la théorie de l'Administration, les restrictions du § 31 trouvent leur fondement dans cette autre restriction en vertu de laquelle le failli est limité dans sa capacité, dans la libre administration de sa fortune.

Partant de ce point de vue, l'Administration conclut que ces restrictions entraînant l'une l'autre, elles doivent toutes tomber en même temps, c'est-à-dire après la clôture de la procédure de faillite. Voilà le raisonnement sur lequel on se fonde pour maintenir le texte primitif du projet et qui, à première vue, peut paraître logique. Mais je proteste avec énergie contre ce raisonnement, qui porte certainement à faux. Les restrictions des droits civils et politiques énumérés au § 31 ne résident nullement dans l'incapacité juridique ordinaire du débiteur commun, dans la privation de la libre administration de sa fortune; elles reposent bien plutôt sur des considérations d'ordre moral. Ce n'est pas parce que le failli est par exemple incapable de signer un effet de commerce qu'il doit être sujet à ces restrictions, mais parce qu'il se trouve dans un état d'insolvabilité qui dénote de sa part ou bien une malhonnêteté ou bien une incapacité très-grave dans la gestion de sa fortune. Ce sont donc des motifs d'indignité sur lesquels sont basées ces restrictions, et tant que ces motifs subsistent, tant que les dettes ne sont pas intégralement payées, l'indignité légale qui frappe le failli doit être maintenue. Voilà les motifs qui nous ont déterminés à présenter amendement.

Le projet du Gouvernement entraînerait une modification fâcheuse de nos lois électorales ; nous ne voulons pas le suivre dans cette voie. C'est une question de dignité pour nos assemblées législatives, en même temps qu'une question de haute morale.

Maintenant, Messieurs, on vous a cité quelques exemples à l'encontre de notre proposition, et l'on a dit que le failli peut être excusable. Je soutiens, pour ma part, que les cas de force majeure, les cas où le failli est sans faute, sont très-rares. Sur cent faillis il n'y en a pas deux qui ne méritent pas au moins le reproche de négligence ou de mauvaise administration. Je ne méconnais pas que ces restrictions puissent frapper durement un paysan, un instituteur, un artiste; mais quiconque n'a pas la capacité de gérer sa propre fortune, l'a bien moins encore pour gérer la fortune publique. Cette considération doit primer toutes les autres. Il ne faut pas oublier d'ailleurs qu'il ne s'agit pas de quelques dettes seulement, mais bien de la cessation complète de paiement, et les personnes dans cet état ne doivent pas pouvoir concourir à la gestion des affaires publiques.

Puisqu'on a cité l'exemple de Lamartine, je répondrai que, si mes souvenirs ne me trompent, il n'a plus été député au moment où il a été tellement obéré qu'on dut recourir à une souscription nationale pour lui venir en aide, et je doute fort que, dans cet état, il eût plus jamais voulu briguer de candidature. En tout cas, de pareils exemples n'ont rien à voir dans notre situation ; la moralité exige que les restrictions durent jusqu'au moment où les causes en cessent.

Cependant nous n'avons pas entendu maintenir le droit français dans toute sa rigueur et nous avons fait quelques

concessions. Nous admettons qu'il peut y avoir des cas où l'indulgence est permise, où l'on peut rendre au débiteur, avant le paiement intégral, les droits qu'il a perdus. Ce sont les cas où il n'y a réellement pas de faute de la part du débiteur et où ce dernier s'est conduit, pendant un certain temps, avec une honorabilité parfaite. Dans ces cas, la réhabilitation est abandonnée à l'appréciation, aux lumières du tribunal. On nous a objecté que nous conférions ainsi aux tribunaux un droit d'appréciation du caractère et de la conduite privée des particuliers, et que l'application de cette mesure serait toujours plus ou moins arbitraire; je répondrai tout simplement qu'il n'y a pas moyen de faire autrement. Nous faisons une concession en faveur de telle ou telle situation; il faut bien soumettre à un juge quelconque la question de savoir si cette situation existe ou non, et ce juge ne peut être que le tribunal. N'est-ce pas du reste aussi le tribunal qui, dans bien d'autres cas, en matière pénale par exemple, est naturellement appelé à apprécier ce qu'on a appelé la conduite privée et la moralité de l'homme ?

Il me reste une dernière observation à faire, une dernière objection à réfuter. Elle concerne le cas de déclaration de faillite à l'étranger. Je ne nie pas que des difficultés puissent se présenter, mais nous ne pouvons empêcher que l'application d'une loi ne suscite dans la pratique certaines difficultés. Ici, comme partout ailleurs, il faut abandonner ces difficultés à l'appréciation des tribunaux. Si un failli demande sa réhabilitation pour les causes énoncées dans la loi, le tribunal exigera avant tout les justifications nécessaires; si le demandeur peut les fournir, sa demande pourra être accueillie; dans le cas contraire, le tribunal la rejettera.

Le sentiment dominant et déterminant pour nous, je le répète, c'est que nous ne voulons pas que des personnes qui ne paient pas leurs créanciers, qui sont en état de cessation de paiement permanent, puissent siéger à côté de nous dans nos Assemblées délibératives. Nous n'admettons pas qu'une pareille personne soit éligible. Il est fâcheux que pareille défense n'existe pas en Allemagne, nous le regrettons, et nous ne demandons pas mieux que l'autorité compétente en Allemagne cherche à amener pour l'Empire une modification qui paraît indiquée; mais ici, nous faisons une loi pour *notre* pays, et cette loi s'applique à *nos* Assemblées, et dès lors nous sommes maîtres de faire valoir *nos* idées. Ce n'est pas à nous à sacrifier ici nos sentiments d'ordre moral et de dignité à ce qui peut exister ailleurs.

Le § 32, devenu 31, alinéas 1 à 8, est adopté conformément aux conclusions de la Commission, sauf l'addition du mot „commun" à celui de „débiteur" dans les différents alinéas.

Pour éviter tout malentendu dans l'interprétation de ce § 31, M. *Schnéegans*, rapporteur, déclare que, du dernier alinéa du paragraphe, on ne saurait conclure par argument *a contrario* que dans les cas des n°s 1 et 2 la requête peut être renouvelée immédiatement. Les n°s 1 et 2 sont à entendre dans ce sens que, dans le cas du n° 1, la requête peut être représentée à tout moment, dès que les dettes seront intégralement payées, et que dans le cas du n° 2 elle ne peut jamais être renouvelée.

M. le procureur impérial *Rassiga*, commissaire du Gouvernement, confirme ces déclarations de M. le rapporteur. Dans le cas du n° 1, la requête pourra être représentée à tout instant, pourvu que les conditions exigées soient remplies; dans le cas du n° 2, elle ne peut jamais être représentée, parce que le tribunal reconnaît d'une manière définitive, *causa cognita*, s'il y a eu faute ou non. L'orateur espère que ces déclarations conformes de la Commission et du Gouvernement couperont court à toute interprétation erronée et pense que, dans ces conditions, il est inutile de faire figurer ces délibérations dans le corps même de la loi.

La totalité du § 32, devenu § 31, est adoptée sous le bénéfice de ces observations.

L'Assemblée adopte ensuite sans modification, conformément aux conclusions de la Commission, les §§ 33 à 49, devenus §§ 32 à 48, ainsi que l'ensemble du projet avec les modifications ci-dessus relatées.

Sur la proposition de M. *Mieg-Kœchlin*, l'Assemblée déclare l'urgence de la troisième lecture du projet, et la fixe à demain, à dix heures du matin.

La séance est levée à six heures et demie.

DÉLÉGATION D'ALSACE-LORRAINE.

VIe SESSION.

2e Commission spéciale.

RAPPORT DE M. FERDINAND SCHNÉEGANS.

Proposition N° 6 : Projet de loi d'exécution du Code de procédure civile, de la loi des faillites et du Code d'instruction pénale.

MESSIEURS,

Dans notre dernière session, nous avons discuté et adopté une loi d'exécution en Alsace-Lorraine pour la loi d'organisation judiciaire promulguée pour l'Empire.

Aujourd'hui nos délibérations doivent porter sur les trois autres lois d'Empire qui entreront en vigueur le 1er octobre prochain, à savoir :

1° le Code de procédure civile ;

2° la loi sur les faillites ;

3° le Code d'instruction criminelle.

Toutes ces lois sont accompagnées de lois spéciales d'*introduction*, applicables également à tout l'Empire.

Mais outre les dispositions générales que ces lois d'exécution renferment, il restait à établir certaines règles spéciales relatives à l'application particulière de la nouvelle législation dans chacun des Etats de la Confédération, et c'est pour l'Alsace-Lorraine le projet de loi actuel qui doit remplir ce but.

Pour se rendre compte de la nécessité de cette loi d'introduction, il suffit de se rappeler que si les trois lois d'Empire constituent des Codes embrassant tout l'ensemble des matières qu'elles sont destinées à régler, elles n'en sont pas moins des lois spéciales, en ce sens qu'elles se renferment dans le cadre de leurs titres et qu'elles laissent subsister d'autres lois qui restent encore particulières à chaque Etat jusqu'à ce que la législation générale de l'Empire vienne en embrasser également l'objet par une réglementation uniforme qui constituera finalement un ensemble complet de législation en toutes matières pour l'Empire d'Allemagne.

Ces lois particulières encore en vigueur ne sont pas seulement des lois spéciales, des réglementations de ma-

tières d'exception, elles comprennent notamment le droit civil tout entier, qui chez nous reste régi par le Code civil français ; elles comprennent en outre en matière de procédure même tout ce qui n'est pas du domaine de la procédure contentieuse ordinaire, laquelle fait seule l'objet du nouveau Code de procédure. C'est ainsi que ce dernier laisse subsister toute la procédure non contentieuse ancienne, de même que la procédure devant les juridictions administratives ou autres tribunaux d'exception qui sont maintenus par les §§ 13 et 14 de la loi d'organisation judiciaire.

D'un autre côté, il est certaines matières spéciales qui de leur nature sembleraient devoir rentrer dans le cadre du Code de procédure et que cependant ce dernier a cru devoir réserver, parce qu'en présence des divergences fondamentales qui existent dans le droit civil même des différents Etats, une réglementation uniforme n'était guère possible dans la loi de procédure. De ce nombre est notamment tout ce qui se rapporte au droit hypothécaire, et c'est pour cette raison que le Code de procédure civile a dû abandonner aux législations particulières notamment la réglementation des procédures d'expropriation forcée et d'ordre pour la distribution des prix d'immeubles. Ces matières feront l'objet d'autres projets de loi qui nous seront sans doute présentés prochainement, et restent régies en attendant par nos lois existantes.

Et cependant tel est le rapport étroit et intime qui existe entre les différentes parties de la législation d'un pays, que si d'un côté la loi de procédure nouvelle a cru devoir réserver ces matières spéciales jusqu'à l'introduction d'un Code civil, dont la préparation exigera sans doute encore de longues études, elle n'a pu s'empêcher d'un autre côté de toucher à certains points de droit matériel et d'empiéter ainsi quelque peu sur le domaine de notre Code civil. De là par exemple dans notre projet les paragraphes relatifs aux droits de privilège.

Le but de notre projet de loi peut donc se résumer ainsi :

1° Mettre en harmonie autant que possible avec les principes des lois d'Empire nouvelles, les branches de la législation non réglées par elles, et notamment les procédures qui ne rentrent pas dans le cadre du contentieux ordinaire, ainsi que certains points de droit matériel.

2° Compléter les droits de procédure en certaines matières qu'elles ont abandonnées à la réglementation des législations particulières.

3° Etablir certaines dispositions nécessaires pour la période de transition des lois anciennes aux lois nouvelles.

Il n'est pas besoin sans doute de rappeler que notre mission est restreinte dans les limites du but ainsi défini de notre projet de loi. Quant aux principes inscrits dans les lois d'Empire, nous ne saurions y toucher; et si à plus d'un égard ces principes heurtent nos idées ou nos sentiments, force nous est de nous incliner et de nous borner à en restreindre l'effet, à en atténuer la portée dans le domaine de notre législation particulière là où s'arrête le caractère obligatoire des lois d'Empire, tout en tenant compte dans une large mesure du besoin d'établir une certaine harmonie entre la loi générale et la loi locale.

TITRE I.

Code de procédure civile.

Significations.

§ 1.

Le Code de procédure allemand, dans son titre II, §§ 152 à 190, introduit des modifications profondes dans les principes actuellement en vigueur en ce qui concerne les significations d'actes d'après le Code de procédure civile français.

Parmi ces modifications, il faut noter principalement les suivantes :

a) Les significations, attribuées actuellement aux huissiers dans la procédure ordinaire, peuvent être faites dorénavant par l'entremise de la poste (§§ 161, 164, 167, 176 et s).

b) Elles pourront être faites à la personne d'un mandataire spécial constitué pour le procès (§§ 160 à 164).

c) Dans le cas où la personne à laquelle une signification est faite n'est pas rencontrée dans son domicile, l'acte peut être déposé non-seulement au maire de la commune, mais encore au greffe de l'Amtsgericht, à la poste ou au préposé de la police, et ce dépôt doit être publié tant par un avis affiché à la porte du domicile de la partie, que par une communication à deux voisins, en tant que cela est faisable (§ 167).

d) Les significations à une partie domiciliée hors du territoire de l'Empire, se font par une requête adressée soit aux autorités compétentes du pays où elle demeure, soit à l'ambassadeur ou au consul allemand résidant dans ce pays. Cette requête doit émaner du président du tribunal où l'affaire est pendante (§§ 182 à 185).

e) Quant aux parties n'ayant pas de résidence connue, les significations leur sont faites par voie de publication dans les formes prescrites par les §§ 186 et 187.

Ces innovations, dont nous n'entendons pas donner ici une énumération complète, mais simplement en indiquer les plus essentielles, ne sont faites, comme toutes les dispositions du Code de procédure, que pour la procédure contentieuse ordinaire.

Elles ne s'appliquent donc pas de plein droit à toutes les autres matières, notamment pas aux actes extrajudiciaires et à ceux qui ne rentrent pas dans les matières contentieuses ordinaires, notamment à celles qui appartiennent aux juridictions extraordinaires. Pour tous ces cas le Code de procédure n'atteint pas les règles actuellement en vigueur pour les significations d'actes.

Il paraît à peine nécessaire de relever les anomalies singulières qui résulteraient ainsi de l'existence simultanée de formes différentes selon les cas ou la matière, et les inconvénients qui en naîtraient dans la pratique; et c'est un premier point sur lequel il a paru à bon droit opportun de mettre les formes de la procédure ancienne, là où elle subsiste, en harmonie avec les principes du nouveau Code de procédure civile.

Tel est le but du § 1.

A défaut de ce paragraphe, ce serait du reste déjà une conséquence du principe logique adopté dans le § 48, remplaçant pour la procédure non contentieuse ordinaire toutes les dispositions générales auxquelles les lois spéciales restant en vigueur renvoient, en tant que ces dispositions sont elles-mêmes abrogées, par les prescriptions corrélatives des lois nouvelles.

Remarquons aussi qu'une conséquence du principe du § 1 sera de supprimer certaines dispositions de lois spéciales qui attribuent des significations d'actes à d'autres employés ou fonctionnaires que les huissiers, comme par exemple dans la procédure judiciaire en matière d'expropriation pour cause d'utilité publique.

Votre Commission ne peut que donner son entière approbation à ce § 1.

Preuve par titres.

§ 2.

Le titre 9 du 2° livre du Code de procédure civil s'occupe de la preuve par titres.

§ 380 attribue pleine force probante aux titres émanant d'une autorité publique, dans la limite de ses attributions ou d'une personne investie du droit d'instrumenter dans la limite de ses fonctions, en un mot, aux actes publics, en tant qu'ils constatent une déclaration faite devant cette autorité ou ce fonctionnaire. Tels sont, en général, les actes authentiques passés devant notaire.

Mais il se sépare dans son deuxième alinéa essentiellement des principes de notre législation actuelle, en ce qu'il admet la preuve du contraire.

En d'autres termes, les constatations faites dans les actes publics ne constituent plus, comme jusqu'à présent, des présomptions *juris et de jure*, mais de simples présomptions *juris tantum*, pouvant être combattues par toute espèce de preuve, non-seulement par le serment, mais même la preuve par témoins.

Nous pouvons regretter cette innovation comme dangereuse dans la pratique, en ce qu'elle enlève aux actes authentiques le caractère de sécurité qu'ils avaient dans l'économie du système des preuves établi par le Code civil, en ce qu'elle ouvre un champ libre aux contestations s'appuyant sur un simple dire de témoins plus ou moins dignes de foi, plus ou moins intelligents, en ce que, en un mot, elle réduit l'institution du notariat, si respectée parmi nous en raison des garanties qu'elle présente aux parties, au rôle secondaire de simples rédacteurs, en quelque sorte, d'actes sous seing privé, auxquels foi n'est due que jusqu'à preuve du contraire; mais ici encore, nous sommes obligés de dire : *dura lex, sed lex*. C'est loi d'Empire, inclinons-nous.

§ 383 attribue la même force probante aux actes publics autres que ceux visés par § 380 ; et ici encore la preuve contraire est déclarée admissible par l'alinéa 2, avec cette restriction : „en tant que cette preuve n'est pas exclue par les lois particulières.“

De tels actes sont, ainsi que le disent les motifs de notre projet de loi, entre autres, les exploits d'huissiers, ainsi que les certificats notariés, tels que certificats de vie, certificats de propriété, etc., qui, d'après notre droit actuel, font preuve jusqu'à inscription de faux.

De là une anomalie singulière, en ce que les actes authentiques les plus importants prévus par le § 380 admettraient la preuve contraire, de par la loi d'Empire, tandis que ceux de moindre importance, prévus par le § 383, ne pourraient être attaqués que par la voie de l'inscription de faux, anomalie d'autant plus inadmissible que la procédure d'incident de faux n'ayant pas trouvé place dans le Code de procédure civile nouveau, ces derniers actes vaudraient désormais sans aucun recours possible et jouiraient ainsi d'une autorité tout exceptionnelle, contrairement au principe général inscrit dans le deuxième alinéa du § 259, d'après lequel le juge n'est limité à des règles particulières relativement à la preuve que dans les cas prévus par le Code de procédure.

C'est donc encore en vue de l'unité des principes relatifs à l'admissibilité de la preuve que le § 2 de notre projet assimile les actes dont s'occupe le § 383 à ceux que prévoit le § 380, en étendant aux premiers la suppression des principes de notre législation actuelle sur l'inadmissibilité de la preuve contraire, déjà abrogés par le § 380, pour les actes les plus importants.

Votre Commission aurait sans doute préféré supprimer le deuxième alinéa du § 380 ; mais ne le pouvant pas, elle est obligée de reconnaître que le § 2 du projet contient une disposition logique et indispensable pour rétablir l'unité du principe général posé par la loi nouvelle.

Demandes en séparation de biens.

§ 3.

Le 6e livre du Code de procédure civile (§§ 568 à 592) règle la procédure à suivre en matière de mariage.

Par contre, le § 15, n° 5 de la loi d'introduction de ce Code, laisse subsister les principes du Code de procédure français (art. 865 et suiv.) relatifs à la demande en séparation de biens.

Il a paru cependant convenable, par parité de motifs, de mettre cette procédure en harmonie avec les règles établies par le nouveau Code de procédure, en y appliquant notamment les prescriptions des §§ 568, 577 et 582, concernant la compétence du tribunal, l'exclusion de la preuve par déclaration ou aveu de la partie et la signification d'office des jugements rendus en cette matière.

Votre Commission n'a aucune objection à faire contre l'adoption de ce paragraphe.

§ 4.

Ce paragraphe poursuit un but semblable en ce qui concerne le mode de publication des demandes en séparation de biens.

Il paraît conséquent d'appliquer en cette matière les règles générales adoptées pour les publications par le § 187 du Code.

Elles devront donc se faire indistinctement par l'affichage d'une copie certifiée de la demande au tableau judiciaire, une double insertion d'un extrait dans le journal désigné pour les publications légales et une insertion dans le *Moniteur de l'Empire*, sauf au tribunal à ordonner encore d'autres insertions.

La seconde partie du paragraphe ne fait que reproduire la prescription de l'art. 869 du Code de procédure civile français.

§ 5.

Ce paragraphe introduit une disposition nouvelle dans la procédure des demandes en séparation de biens. Elle simplifie cette procédure pour le cas où le mari se trouve en état de faillite. Partant de ce fait que cette situation justifie suffisamment à elle seule la demande de séparation de biens, elle supprime les formalités inutiles et autorise l'admission de la demande par une simple décision rendue par le tribunal sur requête.

Cette innovation paraît heureuse à tous égards et votre Commission la recommande à votre adoption.

§ 6.

Ce paragraphe s'occupe de la publication et de l'exécution des jugements de séparation de biens.

Il a donné lieu à de sérieux débats au sein de la Commission.

D'après la législation actuelle, tout jugement de séparation de biens doit être publié d'abord conformément aux prescriptions des art. 1445 du Code civil et 872 du Code de procédure civile.

Il doit être exécuté dans la quinzaine de sa date, aux termes de l'art. 1444 du Code civil.

Notre § 6 a pour but d'abord de substituer le mode de publication nouveau, tel qu'il est réglé par le § 4, à celui qui est en usage actuellement.

Il prolonge ensuite le délai d'exécution de l'art. 1444 du Code civil, reconnu trop court dans la pratique, en ce qu'il le fait courir seulement à partir de la publication et non plus à partir du jour du jugement.

A ce double égard, la Commission n'avait aucune objection à faire ; mais elle s'est arrêtée au principe inscrit dans le § 6, d'après lequel les publications ne devraient avoir lieu qu'après que le jugement aurait acquis autorité de chose jugée, c'est-à-dire après expiration des délais d'opposition ou d'appel.

Il nous a semblé que le retard ainsi occasionné dans la publication pourrait léser les intérêts des tiers, et qu'il était préférable de prescrire la publication immédiate après le prononcé du jugement ou de la décision admettant la séparation de biens, d'autant plus que l'exécution même de ce jugement ou de cette décision ne peut avoir lieu qu'après la publication, et que cependant elle doit être regardée comme urgente puisque la loi veut qu'elle ait lieu dans un court délai.

Nous avons donc pensé que la publication devait être autorisée avant que le jugement fût passé en force de chose jugée, en maintenant le double principe qu'elle doit précéder l'exécution et que celle-ci doit avoir lieu dans un bref délai; mais en même temps il nous a paru utile de prolonger ce délai de quinze jours à un mois et de le faire partir, non plus de la date du jugement, mais du jour où l'exécution en est possible, c'est-à-dire dans les cas ordinaires de celui où il a acquis force de chose jugée, et du jour du jugement ou de la décision dans le cas où l'exécution provisoire aura été ordonnée et dans celui où la séparation de biens aura été prononcée par décision en vertu du § 4, puisque dans ce dernier cas elle est exécutoire de plein droit, comme étant susceptible de remontrance (Beschwerde), aux termes du § 702, N° 3 du Code de procédure civile.

Cette dernière modification nous paraît commandée par le principe introduit par le § 645 du nouveau Code de procédure, qui ne permet l'exécution qu'après l'expiration des délais de recours, tandis que dans notre droit ancien elle peut avoir lieu même pendant ces délais, sauf à être suspendue par la signification du recours.

En conséquence la Commission vous propose de modifier le § 6 en lui donnant la rédaction suivante :

„Un extrait du jugement ou de la décision prononçant „la séparation de biens doit être publié avant l'exécution „dans la forme prescrite dans le § 4.

„Le délai prescrit par l'art. 1444 du Code civil est „prolongé à un mois et courra du jour où le jugement aura „acquis force de chose jugée.

„Quand le jugement aura été déclaré provisoirement „exécutoire, et quand la séparation de biens aura été prononcée par décision, ce délai courra du jour du jugement „ou de la décision."

En allemand : „Ein Auszug aus dem die Gütertrennung aus= „sprechenden Urtheil oder Beschluß ist vor dem Vollzug in der im „§ 4 bezeichneten Weise bekannt zu machen.

„Die im Artikel 1444 des Code civil bezeichnete Frist wird „auf einen Monat verlängert."

„Dieselbe läuft vom Tage der Rechtskraft des Urtheils an.

„Ist das Urtheil für provisorisch vollstreckbar erklärt, oder die „Gütertrennung durch Beschluß ausgesprochen, so läuft die Frist „vom Tage der Entscheidung an."

§ 7.

Sous la législation actuelle les créanciers du mari ont le droit de se pourvoir par tierce-opposition contre la séparation de biens prononcée et même exécutée, pendant un délai d'un an à partir de l'accomplissement des formalités de publications (art. 1447 C. c., 873 C. pr. civ.).

Mais le nouveau Code de procédure civile ne connaît pas la tierce-opposition.

Il y a donc lieu d'assurer aux intéressés un recours par voie d'action directe, tout en limitant ce recours au même délai.

C'est ce que fait le § 7, et la Commission y adhère.

Remarquons d'ailleurs, pour empêcher une fausse interprétation, que la restriction de cette action à un an ne se rapporte naturellement qu'au recours contre le jugement de séparation de biens lui-même; et qu'en ce qui concerne les actes frauduleux qui pourraient être faits entre les époux sous forme d'exécution de ce jugement, le droit de les attaquer reste soumis aux règles de droit commun et ne se prescrit donc que par 30 ans.

§ 8.

Ce paragraphe fait simplement pour le cas de rétablissement de la communauté après séparation de biens

ce que les §§ 4 et 6 ont fait pour la demande et le jugement de séparation, en substituant au mode de publication actuel, prescrit par l'art. 1451 du Code civil, celui qu'introduit le Code de procédure nouveau.

§ 9.

Ce paragraphe ne fait qu'énoncer ce qui ressort déjà des §§ 3 et 8. Ces nouvelles dispositions sont mises à la place des art. 1445, al. 1er du Code civil et de tout le titre VIII de l'ancien Code de procédure; il ne resterait de ce titre que les art. 865, exigeant une autorisation du président pour l'introduction de la demande, et 871 donnant aux créanciers du mari, en cours d'instance, le droit de demander communication des pièces justificatives.

Or la première de ces dispositions paraît n'avoir aucune utilité pratique, et doit disparaître comme n'étant pas en harmonie avec le Code de procédure nouveau, qui ne prescrit rien de semblable pour les demandes en divorce ; et la seconde devient inutile à raison des art. 63 et 271 du nouveau Code, qui assurent déjà le même droit à tous les intéressés d'une manière générale.

Le § 9 déclare donc abroger les anciennes règles de procédure relatives à la séparation de biens, les nouvelles formes en harmonie avec le Code de procédure civile allemand s'y trouvant substituées.

Bien entendu, l'al. 2 de l'art. 1445, qui fait remonter l'effet du jugement au jour de la demande, reste en vigueur, de même que l'art. 874 du Code de procédure civile, concernant la renonciation de la femme à la communauté.

Publication des contrats de mariage entre commerçants.

§ 10.

Le § 6 de la loi d'introduction du Code de commerce allemand du 19 juin 1872 ordonnait la publication des contrats de mariage entre époux dont l'un est commerçant, dans les formes de l'art. 872 du Code de procédure français ; le § 8 de la même loi prescrivait en outre l'insertion d'un extrait de ces contrats dans un des journaux désignés conformément à l'art. 13 du Code de commerce pour la publication des inscriptions au registre commercial.

Or l'art. 872 du Code de procédure français est abrogé par le § 9 de notre projet, et c'est pour remplir la lacune qui en résulte que le § 10 porte une nouvelle disposition à substituer au § 6, alinéa 1er, et au § 8 de la loi d'introduction.

Il met ainsi les règles relatives à la publication des contrats de mariage dont s'agit en harmonie avec celles qui sont introduites pour les publications en matière de séparation de biens, en les simplifiant toutefois en ce sens, qu'il déclare une seule insertion dans un journal suffisante.

Votre Commission est d'avis que vous donniez votre approbation à cette modification qui se recommande d'elle-même.

Elle vous propose en outre *d'exprimer par une résolution* le vœu déjà formulé plus d'une fois, qu'une loi d'Empire vienne modifier la loi sur l'état civil, en exigeant la publication des contrats de mariage en général, même entre époux non-commerçants, par une mention dans l'acte de mariage même, ainsi que cela était prescrit avant la promulgation de cette dernière loi.

Divorce.

§ 11.

La Commission n'a que peu d'explications à ajouter aux motifs suffisamment développés de notre projet de loi.

Le Code civil, partant de ce fait que le mariage est prononcé par l'officier de l'état civil, avait admis comme conséquence logique que le divorce aussi devait être prononcé par lui, et que le tribunal n'avait donc qu'à admettre les époux à se présenter devant ce fonctionnaire pour opérer la dissolution du mariage.

Le but pratique que la loi poursuivait par la proclamation de ce principe se rapportait au désir de laisser aux parties, même après prononcé du jugement qui reconnaît la demande fondée, la faculté de maintenir les liens du mariage en se réconciliant dans l'intervalle qui séparait le jugement de l'exécution par un acte de l'état civil, et cette facilité paraissait surtout désirable à raison du principe de l'art. 295 qui interdisait aux époux divorcés de se réunir de nouveau.

Ce motif a disparu depuis la promulgation de la loi d'Empire sur l'état civil.

D'un autre côté, des doutes se sont élevés, ainsi que l'expliquent les motifs de notre projet de loi, sur la question de savoir si les art. 264 à 266 du Code civil relatifs au divorce pour cause déterminée ne sont pas abrogés par le Code de procédure nouveau, tandis que les art. 290 et 294 relatifs au divorce par consentement mutuel seraient expressément maintenus par le § 16, N° 5 de la loi d'introduction de ce Code.

C'est pour couper court à ces doutes et supprimer une superfétation inutile et peu en harmonie avec l'esprit de la législation nouvelle, que notre § 10 exprime le principe formel que dans tous les cas le divorce sera désormais prononcé par le jugement même du tribunal, et qu'en conséquence il abroge les art. 258, 264 à 266, 290 et 294 du Code civil.

Cette abrogation mérite d'autant plus notre approbation que le § 580 du Code de procédure nouveau donne aux juges une latitude suffisante pour surseoir à statuer tant que la réconciliation des parties ne paraît pas invraisemblable, et que d'ailleurs le § 55, alinéa 1er de la loi d'Empire sur l'état civil, assure une constatation authentique des jugements de divorce sur les registres de l'état civil.

Les motifs ajoutent d'ailleurs avec raison que les dispositions du § 11 ne s'appliqueront qu'aux jugements qui seront prononcés après l'entrée en vigueur des nouvelles lois, tandis que pour ceux qui auront été rendus avant le 1er octobre 1879, les prescriptions anciennes resteront applicables.

§ 12.

Aux termes de l'art. 238 du Code civil, l'action en divorce doit être précédée d'une tentative de conciliation, pour laquelle les parties ont à comparaître devant le président du tribunal compétent au jour et à l'heure fixés par son ordonnance.

A partir de ce moment, l'art. 270 autorise la femme demanderesse ou défenderesse à recourir à certaines mesures conservatrices, et l'art. 271 déclare nulle toute obligation contractée par le mari à la charge de la communauté et toute aliénation par lui faite des immeubles de la communauté.

Les principes de ces deux articles sont maintenus par le § 16, n° 4 de la loi d'introduction du Code de procédure civile ; mais la tentative de conciliation de l'art. 238 du Code civil sera remplacée dorénavant par celle du § 571 du Code de procédure civile, qui la met dans la compétence de l'Amtsgericht; et le § 573 permet au président du Landgericht d'en dispenser les parties dans les cas qu'il mentionne.

Il devient donc nécessaire de changer le point de départ du délai auquel les dispositions des art. 270 et 271 du Code civil deviennent applicables, l'ordonnance qu'ils maintiennent étant supprimée, et il est tout logique d'y substituer le jour de l'ordonnance de l'Amtsrichter qui fixe la comparution des parties, ou dans le cas du § 573, l'ordonnance du président qui les en dispense.

Le principe des art. 270 et 271 n'est donc pas altéré ; le point de départ de leur application est seul changé, et cette modification est justifiée par celle que le nouveau Code de procédure introduit dans la procédure en divorce.

Quant aux formes à suivre pour l'application des dispositions de l'art. 270 du Code civil, il va sans dire que ce seront celles que règlent les §§ 815 à 822 du nouveau Code de procédure, ainsi que le prescrit d'ailleurs expressément le § 584 de ce Code.

§ 13.

La disposition de ce paragraphe ne fait autre chose qu'appliquer à la séparation de biens résultant d'un jugement de divorce entre époux dont l'un est commerçant, les principes de publication posés par les §§ 4 et 6 pour la simple séparation de biens, à la place de ceux de l'art. 872 du Code de procédure français, qui avaient été maintenus en vigueur par la loi d'introduction du Code de commerce allemand, § 9, al. 2.

C'est donc une modification de cette dernière loi dans le sens de la législation nouvelle.

De plus, le § 13 étend aussi à ce cas la disposition du § 7 relatif au droit des créanciers intéressés et substituant une action directe au recours par tierce-opposition.

Ce paragraphe a du reste donné lieu au sein de la Commission à une discussion sur la question de savoir si en présence des différentes modifications qui sont faites sur la loi d'introduction du 19 juin 1872, il ne serait pas convenable de refaire cette loi en entier.

Il a été répondu qu'à la vérité un certain nombre de ses dispositions sont abrogées ou modifiées par le nouveau Code de procédure et notre projet de loi actuel, mais qu'il paraît convenable de laisser quant à présent à la jurisprudence le soin de se fixer sur ces points, sauf à les régler plus tard définitivement par une loi quand l'expérience pratique sera acquise.

Votre Commission s'est rendue à ces raisons, et elle vous propose d'adopter le § 13.

Interdictions.

§ 14.

Les §§ 600, 603, 615, 619 et 620 du Code de procédure prévoient différents cas où, à l'occasion d'actions en interdiction ou en mainlevée d'interdiction, des communications doivent être faites par l'Amtsgericht à l'autorité tutélaire.

Or dans notre législation civile il n'existe pas d'administration tutélaire à côté du tuteur lui-même, et de là naît la question de savoir à qui doivent s'adresser ces communications en Alsace-Lorraine.

Le § 14 décide que c'est à l'*Amtsgericht* dans le ressort duquel la tutelle est ou devra être gérée.

Il paraît singulier qu'en exécution de ce principe, les communications en question soient à adresser à l'Amtsgericht, alors que c'est précisément de l'Amtsgericht qu'elles émanent.

Il faut cependant que les prescriptions du Code de procédure civile soient rendues pratiquables chez nous sous une forme quelconque; et puis il peut arriver que l'Amtsgericht saisi de la procédure ne soit pas le même que celui de la gérance de la tutelle; et enfin il importait d'éviter qu'en l'absence d'une disposition explicative semblable on ne pût considérer comme l'autorité tutélaire dans le sens du Code de procédure, le conseil de famille, qui n'a aucun caractère permanent.

La Commission ne voit donc pas de raison suffisante pour s'opposer à l'admission de ce paragraphe.

Les alinéas 2 et 3 du paragraphe ne sont que des conséquences de l'alinéa 1er.

Notons encore pour mémoire deux points que les motifs du § 14 relèvent :

1° Que le Code de procédure abroge implicitement l'art. 501 du Code civil, en tant qu'il prescrit l'inscription des jugements d'interdiction des aliénés sur les tableaux affichés dans la salle d'audience et dans les études des notaires de l'arrondissement ; cette abrogation résulte de ce qu'une proposition qui la prévoyait a été rejetée par la Commission de justice (procès-verbal, p. 467 et 468), et de ce qu'elle a été admise exceptionnellement pour l'interdiction des prodigues seulement par le § 627 du Code, tandis que le § 603 n'en parle pas.

2° Que la loi du 30 juin 1838 sur les personnes non interdites, placées dans un établissement d'aliénés, conserve sa pleine vigueur.

Procédure de partage.

§ 15.

La Commission croit pouvoir s'en référer aux motifs suffisamment étendus annexés à notre projet de loi.

Rappelons simplement que le nouveau Code de procédure ne s'occupe des partages judiciaires que dans son § 28, réglant la compétence, et dans ses §§ 250, 313 à 319, concernant la procédure préparatoire devant un juge-commissaire. Quant aux opérations de partage qui appartiennent plutôt à la juridiction non contentieuse qu'à la procédure de partage même, et de ce nombre sont l'estimation des biens, leur vente, la formation de la masse à partager, celle des lots et leur tirage, elles restent réglées par la législation actuellement en vigueur, c'est-à-dire par le Code de procédure civile français, et la loi du 1er décembre 1873 sur les partages extrajudiciaires et les ventes d'immeubles.

Nous n'avons pas à apprécier ici le mérite de cette dernière loi et des modifications profondes qu'elle a introduites dans toute l'économie de notre législation ancienne. Autrement nous constaterions les regrets sérieux qu'elle a soulevés et continue à soulever de plus en plus à bien des égards, tant au point de vue des garanties pour les intérêts des mineurs que des inconvénients nombreux de la procédure dans la pratique. Bornons-nous à réserver notre juge-

ment définitif pour le moment où nous serons à même d'intervenir efficacement pour réagir contre une réforme malheureuse qui nous paraît, en somme, bien loin de constituer un progrès réel sur nos anciennes lois si homogènes, si sagement conçues et si pratiques.

Et constatons en attendant que, s'adaptant à l'état actuel de notre législation, le § 15 renvoie les ventes des immeubles indivis en cours de partage devant les notaires, à l'exclusion d'un juge-commissaire, tandis que l'établissement des points de contestation est enlevé par le Code nouveau aux notaires pour être attribué au juge-commissaire.

Les alinéas 2 et 3 du paragraphe ne nécessitent pas d'autres explications que celles des motifs du projet.

§ 16.

Aux termes du nouveau Code de procédure civile, le caractère exécutoire n'appartient qu'aux jugements passés en force de chose jugée ou déclarés provisoirement exécutoires (§ 644) et aux actes et titres énumérés au § 702.

Une innovation essentielle réside en ce que les actes émanant des tribunaux et qui ne sont pas de véritables jugements, et les actes notariés ne sont exécutoires de plein droit qu'à la condition que le débiteur s'y soit formellement soumis à l'exécution.

Que cette règle déroge singulièrement à nos notions relatives au caractère authentique des actes passés devant notaire, ainsi qu'à celui de l'institution même du notariat, tel que nous étions heureux de le posséder, nous n'avons pas besoin de le dire.

Que, d'un autre côté, elle établisse une distinction d'une nature tout abstraite entre les actes émanant de la justice elle-même, selon qu'ils constituent de véritables jugements ou de simples décisions, nous ne saurions guère aussi que le constater, sans pouvoir nous rendre compte de son utilité pratique.

Quoi qu'il en soit, les rédacteurs de notre projet de loi ont été frappés de ce qu'aucune des dispositions des paragraphes cités ne s'applique aux décisions judiciaires qui en matière de partage homologuent les conventions des parties; et se basant sur la latitude que le § 706 laisse aux législations particulières d'étendre le caractère exécutoire à d'autres actes que ceux prévus par les §§ 644 et 702, notre § 16 propose de déclarer ces décisions également exécutoires, mais alors seulement que dans l'acte de partage même les parties se sont soumises à l'exécution.

Cette dernière restriction est conforme à celle qui est inscrite au n° 5 du § 702; mais au risque de porter une légère atteinte à l'harmonie absolue qu'on désire établir entre notre législation particulière et les lois d'Empire, votre Commission n'a pas pu se rendre aux raisons qui ont pour conséquence de refuser la force exécutoire de plein droit à une décision judiciaire homologuant un acte de partage après mur examen. Pourquoi un *jugement* serait-il exécutoire, tandis qu'une *décision* ne le serait pas? Et quand, par une seule et même manifestation du pouvoir judiciaire, le tribunal statue sur des contestations soulevées dans un acte de partage et déclare ensuite homologuer cet acte, pourquoi cette sentence serait-elle exécutoire pour sa première partie, qui constitue un jugement, et ne le serait-elle pas pour la seconde, parce qu'on l'appelle une décision? Nous n'avons pas pu saisir l'utilité de cette distinction, pas plus que nous n'avons pu comprendre qu'après une décision rendue, il faille encore recourir à une procédure nouvelle pour la faire déclarer exécutoire, alors cependant que cette demande ne saurait rencontrer aucune objection ni difficulté, et qu'elle devrait être nécessairement et toujours accueillie. Soumettre les parties à l'obligation de dire au juge : Vous avez vérifié notre liquidation, vous l'avez trouvée en tout point conforme aux droits des parties et à la loi, vous l'avez homologuée ; veuillez maintenant rendre votre décision exécutoire par une nouvelle sentence, — cela nous paraît une superfétation parfaitement inutile, alors que cette nouvelle sentence ne saurait être refusée en aucun cas ; et nous préférons supprimer cette nouvelle procédure et économiser aux parties les frais qu'elle occasionnerait, en attribuant de plein droit la force exécutoire à la première décision elle-même, du moment qu'elle sera passée à l'état de chose jugée — ou *décidée*. Nous faisons une loi pour la pratique judiciaire, et non pas des théories de droit abstrait.

D'un autre côté, la raison qui a inspiré le § 16 nous semble s'appliquer également aux décisions qui homologuent des adjudications provisoires d'immeubles dans le cas du troisième alinéa du § 15, et dès lors ces décisions doivent bénéficier, aussi bien que celles qui homologuent un partage, de la disposition du § 16.

Votre Commission vous propose donc d'adopter ce paragraphe, mais en ajoutant après les mots *homologuant des partages* : „ou des adjudications provisoires d'immeubles“, et en supprimant les mots : „en tant que les intéressés s'y seront soumis dans l'acte de partage.“

En allemand : „. . . durch welche eine Theilung oder ein „vorläufiger Zuschlag bestätigt wird.“

Ajoutons, pour répondre à une question qui a été posée dans la Commission, que les actes notariés passés avant l'entrée en vigueur du nouveau Code de procédure restent régis, quant à leur force exécutoire, par la législation actuelle. Cela résulte clairement du § 22 de la loi d'introduction, et cela est confirmé expressément par le § 43 du projet de loi que nous discutons.

Contraintes pour les droits d'enregistrement, d'hypothèque et de domaine.

§ 17.

Ce paragraphe ne fait que reproduire, ainsi que l'autorise le § 706 du nouveau Code de procédure civile, un principe actuellement en vigueur, d'après lequel les contraintes émanées de l'Administration de l'enregistrement et des domaines sont déclarées exécutoires par justice. Le but du paragraphe est de décider que l'exécution s'en fera d'après les principes de la nouvelle loi ; l'alinéa 2 rend simplement inapplicable la faculté généralement accordée au juge par le § 688 de ne permettre, en cas d'opposition, l'exécution provisoire que sous caution, une pareille garantie étant évidemment inutile quand c'est l'État qui poursuit.

La Commission vous propose cependant, d'accord avec MM. les commissaires du Gouvernement, la modification de rédaction suivante, pour éviter une interprétation trop restrictive, la disposition ne devant pas seulement s'appliquer aux revenus de l'Etat proprement dits, mais aussi à d'autres revenus publics, tels que les frais dus aux départements pour l'entretien des personnes placées dans des établissements d'aliénés :

„Sur les contraintes relatives aux revenus des do„maines et aux revenus publics perçus par les employés „de l'enregistrement et des hypothèques, quand elles sont „déclarées exécutoires en justice, il sera procédé . .“

En allemand : „Aus den gerichtlich für vollstreckbar er„klärten Zwangsbefehlen behufs Eintreibung der Domänengefälle „und der den Enregistrements- und Hypothekenbeamten zur Ein„ziehung überwiesenen öffentlichen Einkünfte, findet . . . .“

§ 18.

Ce paragraphe confère le droit de délivrer contrainte au receveur chargé du recouvrement.

Cette disposition a été dans la Commission l'objet de vives attaques. On y a vu une modification profonde des principes administratifs, en ce qu'elle transporte l'initiative et la responsabilité du chef aux simples employés de l'Administration, et qu'elle est de nature à favoriser les poursuites, danger d'autant plus à craindre, qu'en cette matière la contrainte n'est pas, comme en matière de contributions directes, précédée d'une publication des rôles, laissant au contribuable un délai suffisant pour produire ses réclamations.

Il a été répondu que déjà sous notre législation actuelle les contraintes en matière d'enregistrement sont confiées aux receveurs, et qu'il s'agit simplement d'y assimiler celles concernant les revenus domaniaux, qui sont d'une bien moindre importance et donnent lieu à moins de difficultés ; que d'ailleurs les contraintes sont toujours précédées d'un avis sans frais, et que le but qu'on veut atteindre n'est autre chose qu'une simplification du procédé administratif.

A ces raisons l'Administration a ajouté la promesse formelle que dans la pratique les contraintes ne seraient délivrées par les receveurs qu'après autorisation de la direction générale, à moins qu'il n'y ait péril en la demeure.

C'est sur la foi de cette promesse et en en prenant acte, que la Commission vous propose d'adopter le § 18.

§ 19.

Ce paragraphe réservant le droit des débiteurs de former opposition aux contraintes devant le Landgericht compétent et de faire vider la contestation dans les formes de la procédure ordinaire, ne donne lieu à aucune objection.

§ 20.

Sous l'empire de la loi du 22 frimaire an VII, les actions en restitution de perceptions indûment faites se prescrivent par deux ans à partir de l'enregistrement des actes ; elles peuvent d'ailleurs être intentées sans formalités préalables, quoique la remise d'un mémoire les précède généralement dans la pratique, conformément à l'art. 63 de cette loi.

Le § 20 de notre projet innove en ce sens qu'il rend la présentation d'un mémoire préalable obligatoire ; et comme il réduit ainsi le délai pour l'introduction de l'action, il remédie à cet inconvénient en posant dans le 2e alinéa le principe que le mémoire préalable interrompt lui-même la prescription, et cela d'une façon absolue si ce mémoire reste sans réponse de la part de l'Administration, et dans le cas d'une réponse négative à condition que la demande judiciaire soit intentée dans le délai de six semaines à partir de la remise de ce refus.

Cette disposition a été énergiquement attaquée dans la Commission. La majorité a pensé que la nécessité d'un mémoire préalable constituait pour la partie une difficulté nouvelle, souvent même un empêchement à faire valoir ses droits, et par conséquent une aggravation d'autant plus regrettable qu'en cas de contestation sur une perception de droits le paiement effectif en est exigé avant tout; elle a considéré qu'il en résulterait une prolongation du délai de remboursement des droits indûment versés, et peut être pour les receveurs un encouragement regrettable à la perception de droits douteux; et qu'en somme il valait mieux renoncer à cette innovation inutile, afin de laisser aux parties entière liberté de porter leur réclamation devant le juge compétent par une assignation immédiate, sans délai ni formalité préalable.

Votre Commission vous propose donc le rejet du § 20.

Privilèges.

§ 21.

Une innovation importante par laquelle le nouveau Code de procédure civile touche directement à notre droit civil, consiste dans la création au profit du créancier saisissant d'un droit de gage primant tous les privilèges autres que les droits de gage préexistants et ceux qui y sont assimilés en cas de faillite (§ 709).

Si nous avions à dire notre avis sur cette innovation, nous ne serions peut-être pas embarrassés de la critiquer au point de vue économique et comme favorisant les poursuites promptes et sévères d'un côté, de même que les déclarations de faillite; de l'autre, comme seul moyen de faire tomber ce privilège du premier saisissant.

Mais c'est principe de droit d'Empire et nous ne pouvons que nous incliner.

Ajoutons que la restriction posée par le § 709 renvoie aux art. 40 et 41 du nouveau Code des faillites, dont le premier accorde aux créanciers gagistes un droit de préférence sur le prix des objets mobiliers qu'ils ont en gage, et dont le second assimile aux créanciers gagistes ceux qu'il énumère d'une façon limitative.

C'est ainsi, qu'en cas de faillite, un pareil droit de préférence (Absonderungsrecht) est accordé notamment, dans le domaine du droit civil, aux bailleurs et locateurs, aux aubergistes, aux artistes, contre-maîtres, artisans et ouvriers, à ceux qui ont fait des impenses sur des choses mobilières et à ceux auxquels le Code de commerce reconnaît un droit de gage ou de détention.

Est-il besoin de démontrer que ces principes nouveaux atteignent gravement toute la théorie des privilèges mobiliers, telle qu'elle résulte des dispositions du Code civil dans les art. 2100, 2101, 2102, 2104, 2105 et 2107 ?

La conséquence forcée en est, que pour mettre ces dispositions en harmonie avec les lois nouvelles, le premier principe qui s'impose logiquement à notre législation particulière, c'est de ne laisser subsister les privilèges mobiliers que pour les mêmes prétentions auxquelles la loi de la faillite accorde un droit de préférence, autrement il faudrait admettre d'autres privilèges pour le cas où le débiteur est déclaré en faillite que pour le cas contraire, ce qui serait d'autant plus inadmissible que, d'après la nouvelle loi, la déclaration de faillite peut être prononcée contre tous les débiteurs, qu'ils soient commerçants ou non.

C'est là le but du § 21, qui prend ainsi la place des articles du Code civil cités plus haut.

Quant au rang des privilèges entre eux, il se règle aux termes de l'art. 2096 du Code civil, d'après leur qualité. L'application de ce principe a toujours été abandonnée à la jurisprudence; le doute ne peut d'ailleurs guère naître qu'en ce qui concerne le privilège des bailleurs et des locateurs, les autres supposant généralement la possession de l'objet sur lequel ils portent, et le conflit ne pourrait se présenter qu'avec le nouveau privilège du saisissant.

C'est pour écarter cet inconvénient que le deuxième alinéa du § 21 postpose ce dernier à tous les autres privilèges conservés.

Il est bien entendu d'ailleurs que ces modifications ne touchent en rien aux principes du droit français relatifs aux privilèges qui frappent les immeubles seuls.

§ 22.

Cette disposition est d'une nature toute spéciale.

Le § 41, n° 4 du Code des faillites, restreint le privilège des bailleurs en cas de faillite aux loyers de l'année courante et de la dernière année avant l'ouverture de la faillite.

Il a paru nécessaire de fixer également un terme auquel s'arrête le privilège du bailleur vis-à-vis d'une succession vacante ou bénéficiaire, et il était naturel de désigner comme tel le jour du décès du débiteur.

Ce paragraphe ne donne donc lieu à aucune discussion. Il est cependant bon d'ajouter qu'une pareille disposition pourrait paraître utile également pour le cas d'une saisie mobilière; mais le projet s'en dispense par la raison qu'il s'entend de soi-même que dans ce cas ce sera du jour de la saisie même que se calculera la période à laquelle remonte le privilège du bailleur.

§ 23.

Ce paragraphe n'est que la reproduction des dispositions de l'art. 2102 relatives au droit de suite et de revendication des objets soumis au privilège du bailleur. Il n'a donc pas besoin d'autres explications.

§ 24.

Cette disposition est la conséquence nécessaire du § 21. Ce dernier, en restreignant le droit de privilège aux seuls cas qu'il indique, abroge implicitement toutes les dispositions contraires de l'ancien droit, et le § 24 ne fait qu'énoncer ce fait.

Nous ne pouvons donc que donner notre approbation à ce paragraphe, en faisant observer que le deuxième alinéa s'en explique par la raison que la législation actuelle n'admet l'exercice des privilèges qui frappent en même temps les meubles et les immeubles sur ces derniers que subsidiairement, c'est-à-dire à défaut de meubles suffisants; mais que ces privilèges étant supprimés relativement aux meubles, il n'y a plus aucun motif de maintenir cette restriction.

Nous devons cependant, pour éviter un malentendu, vous proposer une légère rectification de rédaction dans le texte français, en mettant à la place des mots : *d'après lesquelles il existerait*, ceux-ci : „*qui créent.*“

Quant à l'énumération des privilèges sur meubles actuellement existants et qui sont ainsi supprimés, nous renvoyons aux motifs du projet, qui nous paraissent suffisamment détaillés.

§ 25.

Les paragraphes précédents laissent subsister les privilèges sur les immeubles établis par l'art. 2103 ainsi que celui des créanciers d'une succession en cas de séparation de patrimoine, prévu par l'art. 2111.

Il est à remarquer aussi qu'aux termes des art. 2106 et suivants du Code civil, les privilèges généraux, tels que ceux qui résultent des deux lois du 5 septembre 1807 en faveur des droits du Trésor sur les biens des comptables et des frais de justice en matière criminelle, correctionnelle et de police, frappent les immeubles indépendamment de toute inscription, tandis que les privilèges spéciaux sur les immeubles sont soumis à la condition d'une inscription, sous peine de dégénérer en simples hypothèques, ne datant, à l'égard des tiers, que de l'époque de l'inscription prise tardivement.

Notre § 25 dispose que ces derniers privilèges vaudront dorénavant même sans inscription, mais seulement à l'égard de créanciers qui n'ont eux-mêmes pas de droit de préférence.

Quelques courtes observations suffiront pour expliquer le but et la portée de cette disposition :

Aux termes des art. 2146 du Code civil et 448 du Code de commerce français, les inscriptions des privilèges et des hypothèques ne pouvaient être prises valablement que jusqu'au jour de la déclaration de faillite ou de l'ouverture d'une succession bénéficiaire.

Il en résultait notamment qu'à défaut de l'inscription dans le délai utile, le privilège du vendeur était perdu en cas de faillite, alors cependant que l'immeuble vendu se trouve dans la masse.

Le remède était dans la faculté appartenant au vendeur de demander la résolution de la vente.

Mais la législation nouvelle, tout en reproduisant la déchéance des articles cités par les dispositions analogues du § 12 du Code des faillites, abolit le droit de résolution par le § 21, en sorte que le vendeur se trouverait réduit à un simple droit de créancier chirographaire en concours avec tous les autres créanciers de la masse.

C'est à titre de tempérament à cette dureté que par une raison d'équité notre § 25 introduit la dispense d'inscription vis-à-vis des créanciers qui n'ont eux-mêmes pas de droit de préférence à faire valoir, et ce principe profitera par parité de situation à tous les autres créanciers privilégiés sur les immeubles aux termes des art. 2103 et 2111 du Code civil, et qui sont ainsi soustraits à l'application du § 12.

C'est donc une concession utile que le § 25 fait dans la limite du possible à des raisons d'équité pour tempérer la rigueur du droit nouveau ; mais il ne faut pas oublier, comme le font justement remarquer les motifs de notre projet, que la nécessité de l'inscription subsiste au regard des créanciers ayant acquis eux-mêmes un droit de préférence sur les immeubles grevés, ainsi que des tiers acquéreurs.

Remarquons aussi, avec les motifs, que le § 12 du Code de faillite ne s'oppose qu'à une inscription nouvelle, tandis que, en conformité de la jurisprudence française, les simples renouvellements périodiques des inscriptions existantes, de même que l'inscription des hypothèques légales pendant l'année déterminée par l'art. 8 de la loi sur la transcription du 23 mars 1855, pourront avoir lieu utilement même après la déclaration de faillite. La raison en est que, dans ces cas, il s'agit de droits déjà acquis valablement à ce moment et que l'inscription ne fait que maintenir. Ce principe résulte d'ailleurs des motifs du § 12 du Code des faillites.

Annulation des titres au porteur.

§ 26.

Le Landesausschuss avait adopté, dans sa session de 1875, un projet de loi sur l'annulation ou l'amortissement des titres au porteur perdus ou détruits ; mais cette loi n'a pas été promulguée par la raison que cette matière devait être réglée par la législation de l'Empire alors à l'étude. Cette prévision a été réalisée par le nouveau Code de procédure civile.

Aux termes du § 837, alinéa 1er, la procédure introduite par le Code s'applique aux lettres de change et aux actes spécialement désignés dans les §§ 301 et 302 du Code de commerce.

Quant à tous les autres titres, la procédure d'amortisation ne s'y applique qu'autant que la loi l'admet, c'est-à-dire pour ceux seulement que la législation particulière désigne. (Même paragraphe, alinéa 2, et § 11 de la loi d'introduction.)

Or, chez nous il n'existe encore aucune loi de cette nature, et c'est le § 26 qui remplit cette lacune, en suivant d'ailleurs les principes du projet de loi de 1875, conformes en général à ceux de la loi française du 15 juin 1872.

Notre paragraphe applique donc la procédure d'amortisation en première ligne aux obligations au porteur de l'Etat, des départements, des communes et des établissements publics (al. 1er), et ensuite aux actions, obligations communales et lettres de gage au porteur de la Société de Crédit foncier et communal en Alsace-Lorraine, autorisée par décret impérial du 18 mars 1872 (al. 2).

L'alinéa 4 réserve enfin l'extension de la procédure d'amortisation à d'autres valeurs au porteur par décision du chancelier.

Cette dernière disposition a donné lieu à une discussion au sein de la Commission : on a soulevé la question de savoir si cette désignation ne devrait pas plutôt être attribuée au Président supérieur pour empêcher des retards préjudiciables.

MM. les commissaires du Gouvernement ont fait valoir en faveur du principe du projet, qu'il s'agit en définitive d'un acte d'administration judiciaire qui est dans les attributions ministérielles appartenant au Chancelier.

Il a été répondu que cette attribution rentrait plutôt dans la compétence du ministre des finances que dans celle de l'Administration de la justice, et que ce n'est qu'après l'autorisation donnée par le premier que le mode d'exécution revient à cette dernière ; qu'à certains égards le Président supérieur exerce les attributions du ministre des finances et qu'en définitive les autorisations de la nature de celles dont s'agit pouvaient être assimilées à celles auxquelles est soumise la création des Sociétés financières et industrielles ; ce sont en réalité de simples actes d'administration et ce n'est qu'après l'autorisation accordée que les conséquences en rentrent dans le domaine judiciaire.

On s'est même demandé s'il y aurait des inconvénients à généraliser l'application de la procédure d'amortisation en l'étendant sans distinction à toutes les Sociétés par actions existant en Alsace-Lorraine ; mais il a été répondu qu'il valait mieux qu'elle fût purement facultative pour celles qui la demanderaient, au lieu de leur être imposée même contre leur gré.

Votre Commission s'est arrêtée à cette considération, qu'en définitive il ne s'agit que d'une question de simple opportunité, n'intéressant qu'un petit nombre de Sociétés existantes, et dont la solution peut être abandonnée sans inconvénient pratique au Président supérieur, qui est mieux à même que le Chancelier d'apprécier les raisons déterminantes dans chaque cas particulier.

Elle vous propose donc d'adopter le § 26, en substituant dans le troisième alinéa le Président supérieur au Chancelier.

Il est à remarquer, d'ailleurs, que cette attribution est destinée à subir une modification après l'introduction de la nouvelle organisation constitutionnelle que nous attendons d'après les déclarations récemment faites devant le Reichstag, et dans laquelle les attributions ministérielles devront passer à d'autres facteurs.

Quant à l'alinéa 4, il vise particulièrement la procédure extrajudiciaire d'amortisation autorisée pour la Société du Crédit foncier et communal par ses statuts approuvés du 18 février 1872. Ces dispositions particulières n'ont plus de raison d'être à partir de l'introduction de la procédure judiciaire réglée par le Code de procédure civile, et sont abolies en conséquence par le dernier alinéa du § 26.

§ 27.

Ce paragraphe n'est qu'une conséquence naturelle de la procédure d'amortisation, en ce qu'il accorde au propriétaire du titre amorti le droit de se faire délivrer une nouvelle expédition.

Il n'a pas besoin d'autre explication.

§ 28.

L'utilité pratique de cette prescription est évidente et en justifie suffisamment l'introduction.

Votre Commission s'est bornée à recommander au Gouvernement de ne pas borner ces publications au *Journal de Strasbourg*, mais de les faire insérer également dans le *Moniteur des communes*, et le représentant du Gouvernement s'est déclaré d'accord avec ce vœu.

§ 29.

Il n'a pas paru opportun d'appliquer la procédure d'amortisation aux coupons d'intérêts et de dividende, ni aux talons de souche, qui ne constituent pas des titres de longue durée. La loi laisse le soin de décider aux tribunaux dans le cas de collision entre le propriétaire du titre même et le porteur des coupons ou talons perdus; et si ces derniers ne sont pas présentés dans le délai après lequel ils sont soumis à la prescription, l'alinéa 2 du § 29 accorde au propriétaire du titre le droit d'en demander le paiement, à condition qu'il ait, dans le même délai, notifié la perte au débiteur, et qu'il justifie de son droit par la production du titre au autrement.

Cette disposition suspend donc la prescription en cas de notification de la perte, en accordant au propriétaire une action en paiement après l'expiration du délai légal de l'art. 2277 du Code civil; mais il est bien entendu que la prescription ainsi suspendue recommence à courir à partir du jour où cette action peut être utilement introduite, c'est-à-dire de celui où expire le délai ordinaire de cinq ans à partir de l'échéance.

§ 30.

Ce paragraphe assimile, quant à l'admission de l'amortisation, les titres transmissibles par endossement aux titres au porteur.

La raison est la même pour les uns et les autres.

Votre Commission vous propose simplement de remplacer les mots *endossement en blanc* par *endossement*, aucun motif n'existant pour exclure les titres transmissibles par un endossement autre qu'en blanc.

En allemand: Blankoindossament durch Indossament.

TITRE II.

Code des faillites.

Inscription aux hypothèques.

§ 31.

Le Code de commerce français confère un droit d'hypothèque aux créanciers sur les immeubles de la masse au moyen d'une inscription à prendre par le syndic conformément aux art. 490, al. 3, et 517.

Ce droit d'hypothèque n'existe plus aux termes du § 180 du nouveau Code des faillites.

Cependant les §§ 106 et 184 prévoient une inscription à prendre lors de l'ouverture ou de la réouverture de la faillite, en laissant aux législations particulières le soin de la prescrire et d'en régler la forme, si elles le jugent utile.

Notre projet admet l'utilité de cette inscription et la prescrit par le § 31, mais bien entendu non plus dans ce sens qu'elle confère un droit d'hypothèque aux créanciers de la masse, droit qui n'est plus admissible, mais simplement comme mesure de publicité destinée à sauvegarder à la fois les intérêts de la masse et ceux des tiers qui agiraient dans l'ignorance du dessaisissement du failli de l'administration de ses biens.

Votre Commission ne peut que donner son approbation à cette disposition.

Capacité juridique du failli.

§ 32.

L'alinéa 1er de ce paragraphe ne peut donner lieu à aucune discussion ; il ne fait que maintenir les restrictions que les lois françaises attachent à la faillite quant aux droits politiques et civils du failli, et qui sont énumérés dans les motifs du projet avec l'indication des différentes lois qui les établissent.

Cette disposition n'aurait peut-être pas été nécessaire, si le Code nouveau n'étendait pas l'état de faillite aux débiteurs non-commerçants ; les conséquences en prennent ainsi un caractère plus général et plus grave, et il a paru dès lors utile de prévenir par une disposition expresse tout doute sur le maintien des principes existants.

Nous ne pouvons donc qu'approuver le premier alinéa du § 32, sauf à y retrancher le mot „commun" qui est inutile. Seulement nous vous proposons d'en appliquer la disposition également au cas où, d'après le § 99 du Code des faillites, la demande de mise en faillite est rejetée par le juge pour insuffisance de l'actif, et d'ajouter après les mots *l'ouverture de la procédure de faillite: „ou le rejet de la demande dans le cas du § 99 du Code des faillites."*

En allemand : après die Eröffnung des Konkursverfahrens : „oder die Abweisung des Eröffnungsantrags im Falle des § 99 der Konkursordnung."

En ceci, du reste, la législation française en vigueur chez nous se rencontre dans les points essentiels avec des dispositions analogues des lois d'Empire, notamment la loi électorale pour le Reichstag du 31 mai 1869, § 3, n° 2, et § 4, la loi d'organisation judiciaire, § 33, n° 3; §§ 85 et 113, et la loi sur les avoués, § 5, n° 3, et § 25.

Mais là où les deux législations s'écartent, c'est qu'en droit français la faillite continue à produire ses effets quant aux incapacités que les lois mentionnées y attachent, même après la clôture de la faillite et sauf réhabilitation en cas de paiement intégral du passif, tandis que les lois allemandes en limitent la durée à celle des opérations même de la faillite ; celles-ci terminées, soit par concordat, soit par clôture, les incapacités cessent de plein droit.

C'est pour mettre notre droit local en harmonie avec les lois allemandes citées, que l'alinéa 2 du § 32 introduit ce dernier principe à la place de celui de notre législation actuelle.

Cette disposition a rencontré une vive opposition au sein de la Commission. Il nous a paru qu'entre les deux systèmes, celui de nos lois anciennes était le plus moral et le plus conforme à la dignité même des fonctions dont les faillis sont exclus. Nous ne saurions comprendre que si un débiteur insolvable ne paie à ses créanciers qu'un dividende plus ou moins réduit, peut-être même rien du tout quand la faillite est close pour insuffisance d'actif ou qu'en conformité du § 99 du Code des faillites la demande même de mise en faillite est rejetée pour le même motif, la loi lui reconnaisse la capacité d'exercer des fonctions publiques, d'être électeur et éligible et de venir siéger dans nos Conseils communaux et départementaux, ainsi qu'au sein même de l'Assemblée législative.

Les objections qui ont été présentées à ces raisons peuvent se résumer ainsi :

1° Le motif des lois allemandes réside en ce que les incapacités dont s'agit étant la conséquence de la déclaration de faillite, doivent logiquement cesser avec la faillite.

2° L'état d'insolvabilité qui motive la faillite n'est pas toujours à imputer à la faute du débiteur, qui n'est souvent que malheureux, et le maintien indéfini des conséquences que la loi y attache constituerait d'autant plus une dureté exagérée qu'aujourd'hui l'état de faillite ne s'appliquera plus exclusivement aux commerçants, mais à tous les débiteurs en général.

3° Enfin et surtout, il ne serait guère admissible que notre législation particulière se mît en cette matière en contradiction avec les lois allemandes, et qu'un failli pût, par exemple, être député au Reichstag, tandis qu'il serait incapable d'être membre d'un Conseil municipal en Alsace-Lorraine.

Ces raisons ne nous ont pas persuadés. La première nous semble porter à faux; ce n'est pas dans la déclaration de faillite que résident les motifs des incapacités dont s'agit, c'est bien plutôt dans l'état d'insolvabilité que la déclaration de faillite ne fait que constater; or cet état d'insolvabilité subsiste jusqu'à paiement intégral du passif, quand même la faillite est close, et dès lors les conséquences doivent en subsister de même.

Sans doute il peut arriver qu'aucun reproche d'improbité ne puisse être adressé au débiteur failli; mais ce sera toujours une rare exception, et alors même il restera toujours ou presque toujours à sa charge un reproche de négligence ou d'imprudence. Nous admettons bien que l'on puisse voir dans le maintien indéfini des incapacités une certaine dureté dans les cas où le débiteur failli serait reconnu excusable, ou bien quand, pendant un certain laps de temps après la clôture de la faillite, sa conduite n'aura pas cessé d'être notoirement honorable.

Aussi admettons-nous volontiers un atermoiement au principe général pour ces cas d'exception, et c'est dans cet ordre d'idées que nous vous proposerons une rédaction qui en tienne compte, en adoucissant la rigueur du principe alors que, d'après l'appréciation du juge compétent, une réhabilitation peut paraître désirable même en dehors du cas de libération complète.

En ce qui concerne enfin la convenance de maintenir l'harmonie avec les lois allemandes, nous n'en méconnaissons pas la portée; cette raison ne nous paraît cependant pas déterminante dans une question où il ne s'agit en définitive que de nos institutions particulières. Que si la loi relative à l'élection et à la constitution du Reichstag a négligé d'exclure les débiteurs insolvables, nous regrettons profondément cette divergence de vues, mais nous ne saurions y voir une raison suffisante pour sacrifier nos sentiments et nos scrupules inspirés par des raisons de haute moralité dans une question qui intéresse l'honneur et la dignité de nos Conseils et Assemblées.

L'objection perdra du reste la majeure partie de sa gravité par les concessions que nous vous proposons d'adopter avec la rédaction suivante à substituer au deuxième alinéa du § 32 :

„Ces restrictions pourront être levées par décision du „Landgericht :

„1° Quand le failli justifiera d'avoir intégralement „acquitté toutes les sommes par lui dues au moment de la „faillite, en principal, intérêts et frais.

„2° Quand après le concordat ou la clôture de la faillite „le tribunal reconnaîtra que l'état de cessation de paiements „a eu lieu sans qu'aucune faute soit à reprocher au failli.

„3° Quand après cinq ans, à partir du concordat ou de „la clôture de la faillite, le tribunal reconnaîtra que le failli „n'a cessé de mener une conduite sans reproche.

„Elle sera, dans tous les cas, rendue en audience non „publique, sur la requête du failli et le ministère public „entendu.

„Elle pourra être attaquée par voie de remontrance „immédiate, tant par le ministère public que par le failli.

„Dans le cas du n° 3 ci-dessus, une requête nouvelle „ne pourra pas être présentée, en cas de rejet, avant deux „ans révolus."

Adjudication d'immeubles.

§ 33.

Ce paragraphe ne fait qu'appliquer à la vente par adjudication publique des immeubles de la masse, les formes prescrites par les §§ 12 et 13 de la loi du 1er décembre 1873, avec cette différence que la vente sera ordonnée par l'Amtsgericht au lieu de l'être par le Landgericht, le premier étant le siège compétent en matière de faillite.

Abrogation de dispositions du Code de commerce français.

§ 34.

Cette disposition ne fait qu'énoncer le fait résultant de la promulgation du Code des faillites que le troisième livre du Code de commerce français relatif aux faillites et banqueroutes se trouve par là même abrogé, sauf l'art. 563, qui, dans le cas où le mari était commerçant au moment de la célébration du mariage et celui où, n'ayant pas alors d'autre profession déterminée, il le sera devenu dans l'année, restreint l'hypothèque légale de la femme aux immeubles qui appartenaient au mari à l'époque de la célébration du mariage ou qui lui sont advenus depuis soit par succession, soit par donation entre vifs ou testamentaire.

Ce dernier principe n'est pas atteint par le Code des faillites, le § 39 laissant aux législations particulières le soin de régler tout ce qui concerne les droits hypothécaires. Le maintien en est recommandé par des motifs de crédit commercial ; mais il est bien entendu qu'il n'est applicable qu'aux faillites de commerçants.

Par contre la disposition du § 35 du Code des faillites, statuant que les revendications d'objets n'appartenant pas au failli sont à juger d'après le droit commun, les art. 558, 559, 560, 561, 562 et 564 sont par là même abrogés en tant que dispositions spéciales restreignant les droits des femmes en cas de faillite ; mais les principes qu'ils rappellent sont maintenus en tant que principes de droit commun, à moins qu'ils ne soient en opposition avec l'une ou l'autre des prescriptions des lois nouvelles.

C'est ainsi que le droit de reprise de la femme quant à ses biens propres mobiliers ou immobiliers ne saurait être contesté malgré l'abrogation des art. 558 et 560, et il est même à observer que toutes les dispositions limitatives que ces articles renfermaient relativement aux preuves admissibles disparaissent par l'introduction du principe nouveau de la liberté entière en matière de preuve.

C'est ainsi encore que la disposition exceptionnelle de l'art. 562 disparaît en faveur de la femme, ainsi qu'il résulte des motifs de la loi des faillites.

Quant à la disposition du deuxième alinéa de l'art. 560 relatif à la délivrance des effets à l'usage de la femme, il y est suppléé par le § 715, n° 1 du Code de procédure civile, applicable aux termes du § 1 de la loi des faillites ainsi que cela est particulièrement reconnu par les motifs du Code des faillites.

L'art. 559 établissant la présomption légale que les biens acquis par la femme du failli appartiennent au mari, ont été payés de ses deniers et doivent être réunis à la masse, sauf la preuve du contraire, se trouve remplacé par le § 37 de la loi des faillites, d'après lequel la femme ne peut réclamer les objets qu'elle a acquis pendant le mariage qu'en prouvant qu'ils n'ont pas été acquis des deniers du mari.

Une mention spéciale est due à l'art. 564, annulant, dans le cas de l'art. 563 (cité plus haut comme maintenu), les avantages faits au contrat de mariage par l'un des époux à l'autre.

Cette disposition devant disparaître comme spéciale et restrictive en cas de faillite, d'après le § 35 du Code nouveau, la conséquence naturelle en est le retour au droit commun et, par conséquent, le maintien pur et simple et, dans tous les cas, des avantages que les époux se sont faits réciproquement.

Il a été objecté qu'en ce qui concerne les objets acquis par la femme pendant le mariage, le § 37 du Code se montre plus sévère, tandis que par suite de l'abrogation de l'art. 564 les dispositions à titre gratuit faites par contrat de mariage doivent être respectées ; mais cette objection a été écartée par la raison que le contrat de mariage étant publié, les créanciers n'ont pas le droit de se plaindre du maintien de ses stipulations qu'ils connaissaient en traitant avec le mari, tandis que dans le § 37 du Code, il s'agit d'empêcher le maintien de véritables actes de libéralité faits pendant le mariage et comme tels tou-

jours révocables ; et que d'ailleurs les avantages assurés par contrat de mariage, en tant qu'ils ne renferment pas des actes d'aliénation immédiate, ne constituent que de simples créances, pour lesquelles la femme entrera dans la masse comme tout autre créancier, sans pouvoir faire valoir aucun droit de privilège ou de préférence.

La Commission vous propose donc, sous le bénéfice des observations qui précèdent, l'adoption du § 34.

Ajoutons que dans la Commission la question a été soulevée de savoir s'il ne serait pas utile d'indiquer à la fin du titre 2, quelles sont les dispositions du Code de commerce français qui restent aujourd'hui en vigueur ?

Mais il a paru difficile, à certains égards même dangereux, d'établir dès maintenant une énumération complète, peut-être inexacte, de cette nature.

Nous nous bornerons donc, sous toutes réserves, à indiquer comme maintenues les dispositions suivantes :

Art. 71 à 73 sur les bourses ;

Art. 74 à 90 sur les agents de change et courtiers, sauf un doute pour l'art. 89, qui les soumet, en cas de faillite, à la poursuite comme banqueroutiers ;

Art. 563, d'après l'exception admise au § 34 de la présente loi ;

Art. 618 et 619, mais en tant seulement qu'ils s'appliquent à l'élection des membres des Chambres de commerce, et non pas à la nomination des juges des Chambres commerciales, laquelle est réglée par la loi d'organisation judiciaire.

Quant aux livres I et II (art. 1er à 436), sauf ce qui est dit des art. 71 à 90, ils ont déjà été abrogés par l'introduction du Code de commerce allemand.

TITRE III.

Dispositions transitoires et finales.

Avec le § 34 nous avons clos la série des dispositions d'un caractère permanent.

Les §§ 35 à 47 s'occupent de mesures de simple transition et par conséquent d'une nature passagère et secondaire, mais qui n'en ont pas moins leur importance pratique.

Nous pourrons nous borner à les passer rapidement en revue.

Dispositions transitoires pour le Code de procédure civile.

§ 35.

Le § 18 de la loi d'introduction du Code de procédure civile pose le principe que les lois de procédure actuelles continueront à être appliquées aux affaires pendantes au 1er octobre 1879.

Le 2e alinéa de ce paragraphe réserve cependant aux législations particulières le droit de déclarer la nouvelle loi applicable même à ces affaires pendantes.

Cette question se trouve dans un rapport intime avec celle de la compétence même des tribunaux anciens et nouveaux, et il importe d'y appliquer les mêmes principes que nous avons adoptés dans le § 10 de la loi d'exécution de la loi d'organisation judiciaire.

La distinction que nous avons admise alors pour la compétence entre les affaires dans lesquelles un jugement aura déjà été rendu avant l'entrée en vigueur de la nouvelle loi et les autres s'impose donc en quelque sorte forcément en ce qui concerne la procédure à y appliquer; d'où cette conséquence logique : Les affaires dans lesquelles une décision sera déjà intervenue continueront à être traitées devant les sièges où elles seront pendantes d'après les anciennes règles de procédure, tandis que celles dans lesquelles une décision n'aura pas encore été rendue seront continuées d'après celles du Code de procédure nouveau.

Il est bon aussi de rappeler qu'en ce qui concerne les affaires commerciales, nous avons décidé que de toute façon elles passeront aux Landgerichte (Chambres commerciales), comme substitués aux tribunaux de commerce peu importe qu'il y ait eu jugement ou non ; et que par suite ces affaires seront soumises toutes aux règles de procédure anciennes.

Les deux alinéas du § 35 ne font que consacrer ces principes et se justifient donc comme une simple conséquence de ceux que nous avons admis dans la loi d'exécution de la loi d'organisation judiciaire.

§ 36.

Ce paragraphe ne fait que déclarer applicables aux procédures suivies dans les anciennes formes les principes du nouveau Code relatifs à l'intervention du ministère public, supprimée pour toutes les affaires autres que les affaires de mariage et d'interdiction. Dans ces dernières elle sera réglée d'après les principes des §§ 586, 589, 595, 604, 605, 607 et 616 du Code de procédure civile.

§ 37.

La procédure de tierce-opposition n'existant plus sous l'empire du nouveau Code de procédure civile contre les jugements rendus tant avant qu'après son entrée en vigueur, aux termes du § 20 de la loi d'introduction, les seuls moyens de recours extraordinaires qui subsistent d'après ce paragraphe sont la demande en nullité et celle en restitution.

C'est ce principe qu'énonce le § 37, en renvoyant, quant à la question de compétence abandonnée par le § 20 cité aux législations particulières, aux règles du § 547, alinéa 1er, du Code de procédure civile.

§ 38.

Cette disposition est conforme au § 21 de la loi d'introduction. Il a paru logique, par analogie du § 35 de notre loi, de prescrire l'application de l'ancien ou du nouveau Code de procédure en matière d'exécution, selon qu'une saisie mobilière aura déjà été faite au moment de l'entrée en vigueur de ce dernier.

§§ 39 à 43

relatifs également à l'exécution judiciaire, le dernier maintenant la force exécutoire aux actes authentiques antérieurs à l'entrée en vigueur du nouveau Code de procédure civile;

§ 44

relatif aux contestations en cours de faillite;

§ 45

le seul relatif à la loi d'instruction pénale;

§§ 46 et 47

qui contiennent des dispositions transitoires d'un caractère général,

n'ont donné lieu à aucune discussion au sein de la Commission.

Nous nous bornerons donc à vous en proposer l'adoption, en nous référant aux motifs de notre projet.

Disposition finale.

§ 48.

Nous avons vu que la loi de la nouvelle législation laisse subsister toutes les lois existantes dont l'objet ne rentre pas dans son cadre ; c'est ainsi que les principes et les procédures dans les matières qui n'appartiennent pas à la procédure contentieuse ordinaire ne sont pas atteints par le Code de procédure, sauf ce que la loi d'exécution que nous discutons statue, pour en mettre les formes en harmonie avec la législation nouvelle.

Mais il arrive fréquemment que des lois particulières renvoient à des dispositions générales actuellement abrogées ou modifiées par les nouvelles lois, ou qu'elles sont complétées par ces dispositions.

Il est donc nécessaire que ces dispositions supprimées ou modifiées soient remplacées dans ces cas par les règles qui leur sont substituées, soit par le Code de procédure civile, la loi des faillites ou la loi d'instruction criminelle, soit par les lois d'introduction qui s'y rapportent.

On a dû renoncer à donner dans notre projet une énumération des différents cas auxquels s'applique ce principe. On se serait exposé au grave danger d'être forcément incomplet, et nous pensons qu'on a sagement fait de se borner à énoncer le principe en termes généraux, en abandonnant à la jurisprudence le soin de trancher les difficultés d'application qui pourront se présenter dans la pratique.

La Commission vous propose donc d'adopter le § 48.

§ 49.

Ce dernier paragraphe fixe l'époque de l'entrée en vigueur de notre loi d'exécution à la même date que celle des lois d'Empire auxquelles elle sert de complément.

Cette disposition ne peut soulever aucune difficulté.

Le rapporteur :

F. Schnéegans.

APERÇU

du projet de loi d'exécution du Code de procédure civile, de la loi des faillites et du Code d'instruction pénale.

PROJET.	**D'après les résolutions de la Commission.**

NOUS, GUILLAUME, par la grâce de Dieu Empereur d'Allemagne, Roi de Prusse, etc.

Au nom de l'Empire, avec l'assentiment du Conseil fédéral et du Landesausschuss d'Alsace-Lorraine, ordonnons pour l'Alsace-Lorraine ce qui suit :

TITRE PREMIER.

CODE DE PROCÉDURE CIVILE.

Significations.

§ 1ᵉʳ.

Les dispositions des §§ 152 à 190 du Code de procédure civile sont applicables aux matières judiciaires ne rentrant pas dans la juridiction contentieuse ordinaire.

§ 1ᵉʳ.

Sans modification.

Preuves par titres.

§ 2.

Sont abrogées les dispositions légales qui excluent ou restreignent la preuve de l'inexactitude des faits qui sont attestés dans les titres authentiques désignés au § 383, alinéa 1ᵉʳ du Code de procédure civile.

§ 2.

Sans modification.

Demandes en séparation de biens.

§ 3.

Les dispositions des §§ 568, 577 et 582 du Code de procédure civile sont applicables aux demandes en séparation de biens (art. 1443 du Code civil).

§ 3.

Sans modification.

§ 4.

Il sera publié, conformément au § 187 du Code de procédure civile, un extrait du libellé de la demande renfermant la désignation des parties et du tribunal, les conclusions et le jour de la plaidoirie. Il devra s'écouler au moins un mois entre le jour de la dernière insertion dans les feuilles publiques et celui de la plaidoirie.

§ 4.

Sans modification.

§ 5.

La séparation de biens pourra être prononcée par le tribunal sur la demande de la femme dont le mari sera tombé en faillite.

La décision pourra être rendue sans plaidoirie préalable. La signification en sera faite d'office.

Elle pourra être attaquée par voie de recours immédiat, conformément aux dispositions du § 540 du Code de procédure civile.

Le jugement prononçant la séparation de biens remonte, quant à ses effets, au jour de la demande.

§ 5.

Sans modification.

§ 6.

Il sera publié dans la forme indiquée au § 4, et après que le jugement aura acquis l'autorité de la chose jugée, un extrait du jugement ou de la décision prononçant la séparation de biens.

Le jugement ou la décision ne seront exécutoires qu'à partir du jour de la dernière insertion dans les feuilles publiques. Le délai de l'article 1444 du Code civil courra également à partir de ce jour.

§ 6.

Un extrait du jugement ou de la décision prononçant la séparation de biens doit être publié avant l'exécution dans la forme prescrite dans le § 4.

Le délai prescrit par l'art. 1444 du Code civil est prolongé à un mois et courra du jour où le jugement aura acquis force de chose jugée.

Quand le jugement aura été déclaré provisoirement exécutoire, et quand la séparation de biens aura été prononcée par décision, ce délai courra du jour du jugement ou de la décision.

§ 7.

Le pourvoi des créanciers en vertu de l'article 1447 du Code civil contre un jugement de séparation de biens ayant acquis l'autorité de la chose jugée, sera exercé au moyen d'une demande formée auprès du tribunal qui aura prononcé la séparation. Cette demande ne pourra être formée que dans le courant de l'année qui suivra la dernière insertion dans les feuilles publiques.

§ 7.

Sans modification.

§ 8.

En cas de rétablissement de la communauté de biens, la publication prescrite par l'article 1451 du Code civil aura lieu dans la forme indiquée au § 4.

§ 8.

Sans modification.

§ 9.

Sont abrogés les articles 1445, alinéa 1er du Code civil et les articles 865 à 873 du Code de procédure civile français.

§ 9.

Sans modification.

Publication des contrats de mariage des commerçants.

§ 10.

Le § 6, alinéa 1er de la loi d'introduction du Code de commerce et de la loi sur les lettres de change du 19 juin 1872 (*Bulletin des lois pour l'Alsace-Lorraine*, p. 213) est modifié comme suit :

Un extrait de tout contrat de mariage entre époux dont l'un est commerçant devra, dans le délai d'un mois à partir de la conclusion du contrat, être envoyé, afin d'être publié, au greffier du tribunal régional dans le ressort duquel le mari a son domicile. La publication se fera par affiche au tableau du tribunal et insertion dans l'une des feuilles publiques désignées aux termes de l'article 13 du Code de commerce pour la publication des transcriptions sur les registres de commerce.

Le § 8 de la loi du 19 juin 1872 est abrogé.

§ 10.

Sans modification.

Divorce.

§ 11.

A l'avenir, le divorce sera prononcé dans le jugement même. Les articles 258, 264 à 266, 290 et 294 du Code civil sont abrogés pour tous les jugements rendus après l'entrée en vigueur du nouveau Code de procédure civile.

§ 12.

La date dont il est fait mention dans les articles 270 et 271 du Code civil ne sera plus déterminée dorénavant d'après l'ordonnance mentionnée auxdits articles, mais d'après l'ordonnance fixant le jour de la tentative de conciliation, ou dans le cas du § 573 du Code de procédure civile, celui de la plaidoirie.

§ 13.

Dans le cas du § 9, alinéa 2 de la loi d'introduction au Code de commerce du 19 juin 1872 (*Bulletin des lois pour l'Alsace-Lorraine*, p. 213), le jugement prononçant le divorce sera publié dans la forme indiquée au § 4. La disposition du § 7 est applicable au droit d'opposition et de pourvoi des créanciers.

Interdictions.

§ 14.

L'autorité chargée du contrôle de la tutelle dans le sens des §§ 600, 603, 615, 619 et 620 du Code de procédure civile est le tribunal cantonal dans le ressort duquel la tutelle est gérée ou devra l'être par suite de l'interdiction.

Ce tribunal aura, dans le cas de l'article 600 du Code de procédure civile, à prendre les mesures conservatoires jugées nécessaires dans l'intérêt de l'interdit et de sa fortune, et pourra nommer à cet effet un administrateur provisoire.

Des mesures analogues seront prises dans l'intérêt de l'interdit dans le cas du § 603 du Code de procédure civile, aussi longtemps qu'il n'aura pas été nommé de tuteur.

Partages.

§ 15.

La vente d'immeubles communs ordonnée dans une procédure de partage judiciaire a lieu par voie d'adjudication publique par-devant notaire.

Les dispositions du § 13, alinéa 1er et des §§ 7 à 9 de la loi du 1er décembre 1873 sur les partages extrajudiciaires d'immeubles (*Bulletin des lois pour l'Alsace-Lorraine*, p. 310), sont applicables à l'ordonnance du tribunal et à la vente.

Si les enchères restent au-dessous du prix d'estimation, l'adjudication provisoire sera homologuée, sous réserve de la disposition de l'article 985 du Code de procédure civile français, par le tribunal ayant ordonné la vente. Sont applicables également les dispositions du § 14 de la susdite loi du 1er décembre 1873.

§ 11.

Sans modification.

§ 12.

Sans modification.

§ 13.

Sans modification.

§ 14.

Sans modification.

§ 15.

Sans modification.

§ 16.

Les décisions judiciaires homologuant des partages entraîneront l'exécution forcée, conformément aux §§ 662 à 701 et 705 du Code de procédure civile, **en tant que les intéressés s'y seront soumis dans l'acte de partage.**

Contraintes des bureaux d'enregistrement et d'hypothèques.

§ 17.

Sur les contraintes relatives **au recouvrement des revenus de l'Etat et des domaines à opérer par les bureaux d'enregistrement et d'hypothèques et déclarées exécutoires en justice,** il sera procédé à l'exécution forcée conformément aux §§ 671, alinéa 1er, 673 à 685. 686, al. 3 et 688 à 701 du Code de procédure civile.

Toutefois le tribunal ne pourra pas ordonner que l'exécution forcée ne sera continuée qu'à charge de fournir caution.

§ 18.

La contrainte ayant pour objet le recouvrement de revenus des domaines sera décernée par le receveur d'enregistrement chargé de toucher ces revenus et déclarée exécutoire par le juge cantonal dans le ressort duquel le receveur aura son domicile légal.

§ 19.

Les réclamations dirigées contre la prétention même ayant donné lieu à une contrainte, seront, conformément aux dispositions du Code de procédure civile, produites sous forme de demande devant le tribunal régional dans le ressort duquel se trouve le tribunal cantonal dont émane la contrainte.

§ 20.

Les demandes en remboursement de droits d'enregistrement, de timbre, d'hypothèques ou autres taxes de ce genre, ne pourront être poursuivies en justice qu'après le rejet d'une réclamation adressée à cet effet par le plaignant au directeur des douanes et des contributions indirectes, ou qu'après un délai de six semaines qui se sera écoulé sans que celui-ci ait donné de réponse.

La réclamation interrompt la prescription. En cas de rejet, l'interruption n'aura lieu qu'en tant que l'action judiciaire sera intentée dans le délai de six semaines après communication du refus.

Priviléges.

§ 21.

Les créanciers désignés dans les §§ 40 et 41 du *Code des faillites* auront un droit de privilège, dans le sens du Code civil, pour les créances et sur les objets auxquels s'étendrait en cas de faillite leur droit de distraction (*Absonderungsrecht*).

Les privilèges des créanciers désignés dans les §§ 40 et 41, n°s 1 à 8 du *Code des faillites*, primeront les privilèges postérieurement acquis par voie de saisie.

§ 16.

Les décisions judiciaires homologuant des partages **ou des adjudications provisoires d'immeubles** entraîneront l'exécution forcée, conformément aux §§ 662 à 701 et 705 du Code de procédure civile.

§ 17.

Sur les contraintes relatives **aux revenus des domaines et aux revenus publics perçus par les employés de l'enregistrement et des hypothèques, quand elles sont déclarées exécutoires en justice,** il sera procédé à l'exécution forcée, conformément aux §§ 671, alinéa 1er, 673 à 685, 686, al. 3 et 688 à 701 du Code de procédure civile.

Toutefois le tribunal ne pourra pas ordonner que l'exécution forcée ne sera continuée qu'à charge de fournir caution.

§ 18.

Sans modification.

§ 19.

Sans modification.

§ 20.

Supprimé.

§ 21.

Sans modification.

§ 22.

Pour l'évaluation de la créance à raison de laquelle il appartient un droit de privilège au bailleur (*Code des faillites*, § 41, n° 4), c'est le jour du décès du testateur qui sera considéré comme époque de l'ouverture de la faillite, en tant qu'il s'agira d'une succession vacante ou acceptée sous bénéfice d'inventaire.

§ 22.

Sans modification.

§ 23.

Le bailleur pourra revendiquer de tout tiers-détenteur les objets garnissant sa maison ou sa ferme qui auront été déplacés sans son consentement. Ce droit s'éteindra si la revendication n'a pas eu lieu dans le délai de quarante jours pour le fermier et dans celui de quinzaine pour le locataire.

§ 23.

Sans modification.

§ 24.

Sont abrogés les articles 2100, 2101, 2102, 2104, 2105 et 2107 du Code civil ainsi que toutes les dispositions contenues dans d'autres lois **d'après lesquelles il existerait** des droits de privilège sur les meubles autres que ceux désignés au § 21.

En tant que les privilèges qui d'après la législation actuelle s'étendent sur les meubles et les immeubles sont restreints par la disposition ci-dessus aux immeubles, ils pourront, relativement à ces derniers, être exercés même sans exécution préalable sur la fortune mobilière du débiteur.

§ 24.

Sont abrogés les articles 2100, 2101, 2102, 2104, 2105 et 2107 du Code civil, ainsi que toutes les dispositions contenues dans d'autres lois **qui créent** des droits de privilège sur les meubles autres que ceux désignés au § 21.

En tant que les privilèges qui d'après la législation actuelle s'étendent sur les meubles et les immeubles sont restreints par la disposition ci-dessus aux immeubles, ils pourront, relativement à ces derniers, être exercés même sans exécution préalable sur la fortune mobilière du débiteur.

§ 25.

Les privilèges sur immeubles désignés dans les articles 2103 et 2111 du Code civil, ainsi que ceux créés par les lois du 5 septembre 1807 et du 17 juillet 1856 pour les frais de justice criminelle, les créances du Trésor envers les comptables et pour les travaux et les avances pour draînage des terrains, seront efficaces, même sans inscription, vis-à-vis des créanciers qui n'auront pas de privilège ou d'hypothèque sur les immeubles en question.

§ 25.

Sans modification.

Annulation des titres au porteur perdus, volés ou détruits.

§ 26.

Conformément aux dispositions du livre neuf du Code de procédure civile, il sera procédé pour les obligations au porteur émises par le pays, les départements, les communes et les établissements publics, à une procédure spéciale qui aura pour but de faire annuler les titres perdus, volés ou détruits.

Il en sera de même pour les actions, obligations communales et lettres de gage au porteur émises par la Société anonyme du Crédit foncier et communal d'Alsace-Lorraine, autorisée par décret impérial du 18 mars 1872 (*Bulletin des lois pour l'Alsace-Lorraine*, p. 163).

Pour d'autres papiers au porteur, le **Chancelier de l'Empire** pourra, sur la demande de celui qui les a émis, autoriser la procédure d'annulation judiciaire.

Il n'y aura pas de procédure d'annulation extrajudiciaire à côté de la procédure judiciaire.

§ 26.

Conformément aux dispositions du livre neuf du Code de procédure civile, il sera procédé pour les obligations au porteur émises par le pays, les départements, les communes et les établissements publics, à une procédure spéciale qui aura pour but de faire annuler les titres perdus, volés ou détruits.

Il en sera de même pour les actions, obligations communales et lettres de gage au porteur émises par la Société anonyme du Crédit foncier et communal d'Alsace-Lorraine, autorisée par décret impérial du 18 mars 1872 (*Bulletin des lois pour l'Alsace-Lorraine*, p. 163).

Pour d'autres papiers au porteur, le **Président supérieur** pourra, sur la demande de celui qui les a émis, autoriser la procédure d'annulation judiciaire.

Il n'y aura pas de procédure d'annulation extrajudiciaire à côté de la procédure judiciaire.

§ 27.

Celui qui a obtenu un jugement d'annulation pourra, en vertu de ce jugement, se faire délivrer à ses frais un nouveau titre au porteur.

§ 28.

Il sera publié d'année en année, d'après les ordres du Président supérieur, des listes des papiers au porteur annulés.

§ 29.

Les coupons d'intérêts, de dividendes et les talons de souche ne sont pas soumis à la procédure d'annulation.

Celui qui, avant l'expiration du délai de prescription (article 2277 du Code civil), aura notifié au débiteur la perte de coupons d'intérêts ou de dividendes faisant partie d'un titre au porteur, et aura justifié de sa possession antérieure par la présentation du titre ou de toute autre manière digne de foi, pourra, une fois le temps de la prescription écoulé, réclamer le paiement des coupons et dividendes notifiés par lui et non retrouvés.

§ 30.

Sont assimilés aux papiers au porteur les titres transmissibles par endossement **en blanc**.

TITRE II.

CODE DES FAILLITES.

Inscription sur les registres hypothécaires.

§ 31.

L'ouverture, ainsi que la reprise de la procédure de faillite devront être inscrites sur les registres des bureaux d'hypothèques dans le ressort desquels le débiteur commun possède des immeubles.

L'inscription a lieu sur la demande par écrit de l'administrateur de la faillite. A cette demande devra être jointe une expédition certifiée par le greffier de l'ordonnance du tribunal.

L'administrateur de la faillite aura de même à provoquer la radiation de l'inscription en cas de clôture ou de cessation de la procédure (Code des faillites, §§ 105, 151, 175, 191).

Capacité juridique du débiteur.

§ 32.

L'ouverture de la procédure de faillite entraînera pour le débiteur commun les mêmes restrictions des droits civils et politiques que la déclaration de faillite d'après les lois existantes.

Ces restrictions cesseront avec la clôture de la procédure de faillite, et pour une procédure déjà terminée avec le jour de l'entrée en vigueur de la présente loi.

§ 27.

Sans modification.

§ 28.

Sans modification.

§ 29.

Sans modification.

§ 30.

Sont assimilés aux papiers au porteur les titres transmissibles par endossement.

§ 31.

Sans modification.

§ 32.

L'ouverture de la procédure de faillite **ou le rejet de la demande dans le cas du § 99 du Code des faillites** entraînera pour le débiteur commun les mêmes restrictions des droits civils et politiques que la déclaration de faillite d'après les lois existantes.

Ces restrictions pourront être levées par décision du Landgericht:

1° Quand le failli justifiera d'avoir intégra-

<table>
<tr><td valign="top" width="50%">

Adjudication d'immeubles.

§ 33.

Si la vente d'un immeuble faisant partie de la masse d'une faillite a lieu par adjudication devant notaire, les dispositions des §§ 12 et 13 de la loi du 1er décembre 1873 sur les partages extrajudiciaires et les ventes judiciaires d'immeubles (*Bulletin des lois pour l'Alsace-Lorraine*, p. 310) devront être appliquées avec cette modification que le tribunal de la faillite remplacera le tribunal civil.

Invalidation de dispositions du Code de commerce.

§ 34.

Le livre III du Code de commerce est abrogé, à l'exception de l'art. 563.

TITRE III.

DISPOSITIONS TRANSITOIRES ET FINALES.

§ 35.

Les contestations civiles pendantes devant les tribunaux régionaux avant l'entrée en vigueur du Code de procédure civile, seront, en tant qu'il n'aura pas encore été rendu de jugement, jugées d'après les dispositions dudit Code.

Pour les affaires qui avant cette époque seront pendantes devant les tribunaux de commerce, il sera toujours fait application des lois de procédure actuelles.

§ 36.

Dans les affaires civiles qui seront encore jugées d'après la législation actuelle, le concours du ministère public comme partie jointe ne sera plus nécessaire.

Toutefois cette disposition ne s'applique pas aux affaires de mariage ou d'interdiction.

§ 37.

Il ne pourra plus être formé de tierce-oppositions contre les jugements qui, avant ou après l'entrée en vigueur de la

</td><td valign="top" width="50%">

lement acquitté toutes les sommes par lui dues au moment de la faillite, en principal, intérêts et frais;

2° Quand après le concordat ou la clôture de la faillite le tribunal reconnaîtra que l'état de cessation de paiements a eu lieu sans qu'aucune faute soit à reprocher au failli;

3° Quand après cinq ans, à partir du concordat ou de la clôture de la faillite, le tribunal reconnaîtra que le failli n'a cessé de mener une conduite sans reproche.

Elle sera, dans tous les cas, rendue en audience non publique, sur la requête du failli et le ministère public entendu.

Elle pourra être attaquée par voie de remontrance immédiate tant par le ministère public que par le failli.

Dans le cas du n° 3 ci-dessus, une requête nouvelle ne pourra pas être présentée, en cas de rejet, avant deux ans révolus.

§ 33.

Sans modification.

§ 34.

Sans modification.

§ 35.

Sans modification.

§ 36.

Sans modification.

§ 37.

Sans modification.

</td></tr>
</table>

présente loi, seront rendus conformément aux lois de procédure actuelles.

Les dispositions du § 547, alinéa 1er du Code de procédure civile, seront applicables aux demandes en nullité et en restitution qui seront formées en vertu du § 20 de la loi d'introduction au Code de procédure civile.

<table>
<tr><td>

§ 38.

Une procédure d'exécution forcée sur biens meubles, ou une procédure ayant pour but de garantir une exécution de ce genre, devront, si elles étaient pendantes avant l'entrée en vigueur du Code de procédure civile, être terminées d'après les dispositions dudit Code, en tant qu'avant cette époque il n'aura pas été pratiqué de saisie.

La disposition du § 35, alinéa 1er, est applicable à une demande en validation de saisie formée, d'après la législation actuelle, au cours d'une procédure pendante d'exécution forcée.

§ 39.

L'ordonnance d'emprisonnement rendue en vertu de la législation actuelle, sera levée sur la demande du débiteur, en tant que le Code de procédure civile n'admet pas l'emprisonnement.

Il en sera de même de la saisie d'objets qui ne sont pas saisissables d'après le Code de procédure civile; toutefois, quand il s'agit de revenus courants, cette disposition ne s'appliquera qu'à ceux échus après l'entrée en vigueur du Code de procédure civile.

Le créancier devra préalablement être entendu.

§ 40.

Une nouvelle saisie pratiquée après l'entrée en vigueur du Code de procédure civile sur des objets mobiliers déjà saisis antérieurement devra se faire conformément aux dispositions dudit code.

En cas de nouvelle saisie de créances ou d'autres droits à exercer sur les biens, les §§ 750 à 753 du Code de procédure civile seront appliqués.

Il en sera de même dans le cas où, déjà avant l'entrée en vigueur du Code de procédure civile, plusieurs créanciers auraient fait pratiquer une saisie-arrêt ou une opposition sur une créance de leur débiteur commun. Les dispositions du § 753, alinéa 1er, 3, 5, ne seront toutefois pas applicables si l'action contre le tiers-débiteur a été pendante avant l'entrée en vigueur du Code de procédure civile. La déclaration prescrite par le § 750 dudit Code devra être faite devant le tribunal compétent pour la procédure de distribution.

§ 41.

Si, par suite de la participation de plusieurs créanciers à une mesure d'exécution, il devra être procédé à une distribution, il sera fait application des §§ 750 à 768 du Code de procédure civile, en tant que la procédure n'aurait pas, déjà avant l'entrée en vigueur dudit Code, été ouverte par ordonnance du juge-commissaire (art. 659 du Code de procédure civile français).

§ 42.

Dans le cas du § 40, al. 1er, le créancier qui aura fait une saisie ou une opposition avant l'entrée en vigueur

</td><td>

§ 38.

Sans modification.

§ 39.

Sans modification.

§ 40.

Sans modification.

§ 41.

Sans modification.

§ 42.

Sans modification.

</td></tr>
</table>

du Code de procédure civile, aura, vis-à-vis des créanciers qui feront une saisie après cette époque, un droit de gage sur l'objet saisi, conformément au § 709 du Code de procédure civile.

§ 43.

L'exécution forcée en vertu de jugements rendus dans une affaire jugée d'après les lois actuelles, ainsi qu'en vertu des titres désignés au § 22 de la loi d'introduction au Code de procédure civile, aura lieu sur une expédition exécutoire délivrée conformément aux dispositions actuelles.

La recevabilité des moyens de défense dirigés contre le droit même, ainsi que la suspension de l'exécution forcée à raison de l'interjection d'une voie de recours, sont soumises aux règles de la législation actuelle.

Disposition transitoire pour le Code des faillites.

§ 44.

Les dispositions du Code de procédure civile, ainsi que celles des §§ 134, al. 2, et 136 du Code des faillites, seront applicables aux contestations qui, après l'entrée en vigueur du Code de procédure civile, s'élèveront au cours d'une procédure de faillite ouverte avant cette époque et qui auront pour objet :

a. L'existence ou la qualité privilégiée d'une créance produite à la faillite ;

b. Une revendication ;

c. La demande d'annulation d'un acte juridique du failli ou une demande de restitution à la masse ;

d. La prétention d'un tiers sur la masse ;

e. Le compte d'un syndic.

La contestation devra être soulevée au moyen d'une demande spéciale.

Disposition transitoire relative au Code d'instruction criminelle.

§ 45.

L'appel des jugements en première instance rendus par les tribunaux régionaux avant l'entrée en vigueur du nouveau Code d'instruction criminelle sera jugé par la chambre civile du tribunal régional, et dans les tribunaux où il existe plusieurs chambres civiles, par la première chambre, composée de cinq membres.

Dispositions transitoires générales.

§ 46.

Les §§ 152 à 190 du Code de procédure civile seront applicables aux assignations en matières civiles, criminelles et de faillites, qui seront jugées d'après la législation actuelle.

Les assignations au parquet, en matière criminelle, auront lieu conformément au § 41 du Code d'instruction criminelle.

§ 47.

Dans les affaires civiles, de faillites et criminelles qui seront jugées d'après la législation actuellement en vigueur il sera fait application des dispositions des §§ 157 à 160,

§ 43.

Sans modification.

§ 44.

Sans modification.

§ 45.

Sans modification.

§ 46.

Sans modification.

§ 47.

Sans modification.

162, 164, 167 de la loi sur l'organisation judiciaire, relatives à l'assistance que les tribunaux se doivent entre eux, des §§ 177 à 185 sur le maintien de l'ordre et des §§ 194 à 199 et 201 à 204 sur la délibération, le vote et les vacations des tribunaux.

§ 48.

En tant que les lois existantes renvoient à des dispositions abrogées par suite de l'entrée en vigueur du Code de procédure civile, du Code des faillites ou du Code d'instruction criminelle, ou sont complétées par elles, ces dispositions seront remplacées par celles desdites lois de l'Empire, des lois d'introduction à ces dernières et de la présente loi.

§ 49.

La présente loi entrera en vigueur en même temps que la loi sur l'organisation judiciaire.

En foi de quoi, etc.

Donné, etc.

§ 48.

Sans modification.

§ 49.

Sans modification.

Le rapporteur,

Ferd. Schnéegans.

DÉLÉGATION D'ALSACE-LORRAINE.

Sixième Session.

COMPTE-RENDU OFFICIEL.

23ᵉ SÉANCE

23 avril 1879, 10 heures du matin.

SOMMAIRE : Communications diverses; 3ᵉ lecture de la proposition Nᵒ 6, projet de loi d'exécution du Code de procédure civile, de la loi des faillites et du Code d'instruction criminelle.

Président : M. Schlumberger.
Secrétaire : M. Schnéegans.
Présents : tous les membres, à l'exception de MM. Ditsch, Grad, Bach, Reuss et baron Zorn de Bulach.

Le Gouvernement est représenté par Son Exc. M. le Président supérieur, M. le premier avocat général de Puttkamer et M. le procureur impérial Rassiga.

M. le président communique une lettre de M. Bach demandant un congé. Le congé est accordé.

M. le secrétaire donne lecture dans les deux langues du procès-verbal de la 2ᵉ séance, qui est adopté.

M. le président fait part à l'Assemblée qu'il a reçu les pétitions suivantes :

1ᵒ Pétition du sieur Wagner, à Montigny, relative à une réclamation contre un employé des douanes et des contributions indirectes ;

2ᵒ Pétition de la Chambre des notaires de Strasbourg, relative à la loi sur les adjudications forcées ;

3ᵒ Pétition du Conseil municipal et de divers habitants de la commune de Hochfelden, relative à la construction d'un chemin de fer de Deux-Ponts à Hochfelden et à Strasbourg, par Ingwiller et Bouxwiller.

A raison de leur présentation tardive, ces pétitions sont renvoyées au Gouvernement.

On passe à l'ordre du jour.

Troisième lecture de la proposition Nᵒ 6, projet de loi d'exécution du Code de procédure civile, de la loi des faillites et du Code d'instruction criminelle.

Personne n'ayant demandé la parole dans la discussion générale, l'Assemblée passe à la discussion des articles.

Elle adopte successivement sans discussion et tels qu'ils ont été votés en 2ᵉ lecture, les §§ 1 à 48 de la loi, ainsi que la totalité de celle-ci.

M. le président fait ensuite part à l'Assemblée que le Gouvernement ayant fait droit au vote de l'Assemblée relatif à la constitution d'un bureau permanent, toutes les communications devront, dans l'intervalle des sessions, être adressées au bureau du Landesausschuss.

M. *Mieg-Kœchlin* fait, au nom de la 3ᵉ Commission, au sujet des 4 pétitions de MM. Juillot, Bovant, Eichenlaub et Keller, qui ont été renvoyées à cette Commission dans la séance d'hier, un rapport verbal concluant au renvoi de ces pétitions au Gouvernement.

Le renvoi est prononcé.

M. *Simonin* fait, au nom de la 2ᵉ Commission, un rapport verbal sur la pétition de la commune de Metzerwiese, demandant le transfert dans cette commune de l'étude de notaire de Kédange.

La Commission est d'avis d'appuyer cette demande auprès du Gouvernement. Ces conclusions sont adoptées.

M. Simonin fait en outre, au nom de la 2ᵉ Commission, sur la pétition des sieurs Kohler à Thionville et Hauth à Metz, demandant une prolongation de 2 ans du délai fixé pour l'obtention du certificat de capacité prescrit par la loi du 29 ventôse an XI, un rapport verbal tendant au renvoi de ces pétitions à une prochaine session.

Ce renvoi est prononcé.

M. *Nessel* fait ensuite, au nom de la 2ᵉ Commission, le rapport verbal suivant sur la pétition de la commune de Lützelhausen, demandant à être réunie à l'Amtsgericht de Schirmeck.

Les circonstances énoncées dans la pétition n'ont pas pu être vérifiées par la Commission à cause du peu de temps qui lui restait pour examiner la question. Comme il n'y a nullement péril en la demeure, la Commission propose le renvoi de la pétition à la prochaine session, en priant le Gouvernement d'étudier la question dans l'intervalle, afin de pouvoir donner à l'Assemblée une opinion basée sur des faits.

Ces conclusions sont adoptées.

Sur la proposition de M. le secrétaire, l'Assemblée décide ensuite :

1° que le procès-verbal de la dernière séance sera arrêté par une Commission, composée du bureau et de MM. Klein, Kœchlin et North;

2° que les épreuves des compte-rendus officiels des 2 dernières séances seront envoyées à tous les membres, qui auront à faire leurs réclamations dans le délai de 4 jours, et que l'impression définitive aura lieu après que la rédaction en aura été arrêtée par une Commission composée de MM. Goguel, Klein, North, Schnéegans et baron Zorn de Bulach.

M. le Président. Messieurs, dans une laborieuse session vous avez successivement voté le budget de 1879-1880, approuvé les excédants de dépenses de l'année 1877, donné décharge des comptes de 1874; vous avez voté une loi sur les constructions dans la ville de Strasbourg, une loi sur l'Administration des domaines, une loi concernant l'instruction publique et une autre concernant les prisons, une loi concernant l'exécution des nouvelles lois judiciaires en Alsace-Lorraine; vous avez consenti une subvention pour le chemin de fer, antérieurement concédé, de Teterchen à Diedenhofen; vous avez émis votre avis sur 45 pétitions, et vous avez renouvelé un vœu concernant la constitution politique de l'Alsace-Lorraine.

Il résulte des déclarations qui ont été faites au Reichstag que cette question va être l'objet de mesures législatives.

Nous espérons que ces mesures seront conformes aux vœux du pays, et que dans la nouvelle organisation notre aimé et respecté Président supérieur sera appelé à continuer à l'Alsace-Lorraine ses éminents services. (Vive approbation.)

M. le *Président supérieur.* J'exprimerai, Messieurs, mes remercîments pour les sentiments affectueux que vous venez de me témoigner, en vous remerciant à mon tour de la manière efficace avec laquelle vous avez contribué à amener le pays à la phase actuelle de son développement et de son retour à la mère-patrie allemande. Puissent vos successeurs dans la nouvelle organisation marcher du même pas que vous vers le but auquel tend l'Alsace-Lorraine, de devenir un État confédéré autonome de l'Empire d'Allemagne.

Je vous remets l'ordre de Sa Majesté qui m'autorise à clore aujourd'hui le Landesausschuss, et je déclare par conséquent close la 6° session de la Délégation d'Alsace-Lorraine.

La séance est levée à 11 heures et demie du matin.